CAPITALISMO, SOCIALISMO E DEMOCRACIA

FUNDAÇÃO EDITORA DA UNESP

Presidente do Conselho Curador
Mário Sérgio Vasconcelos

Diretor-Presidente
Jézio Hernani Bomfim Gutierre

Superintendente Administrativo e Financeiro
William de Souza Agostinho

Conselho Editorial Acadêmico
Danilo Rothberg
Luis Fernando Ayerbe
Marcelo Takeshi Yamashita
Maria Cristina Pereira Lima
Milton Terumitsu Sogabe
Newton La Scala Júnior
Pedro Angelo Pagni
Renata Junqueira de Souza
Sandra Aparecida Ferreira
Valéria dos Santos Guimarães

Editores-Adjuntos
Anderson Nobara
Leandro Rodrigues

CAPITALISMO, SOCIALISMO E DEMOCRACIA

JOSEPH A. SCHUMPETER

INTRODUÇÃO
Joseph E. Stiglitz

TRADUÇÃO
Luiz Antônio Oliveira de Araújo

editora
unesp

Título original em inglês:
Capitalism, socialism and democracy

Primeiramente publicado nos Estados Unidos
Primeira publicação no Reino Unido, 1943
Primeira publicação na Routledge Classics, 2010, por Routledge

© 1976, 2010 George Allen & Unwin
© 2010 Introduction Joseph E. Stiglitz

Todos os direitos reservados
Tradução autorizada a partir da edição em língua inglesa publicada por
Routledge, membro do grupo Taylor & Francis

© 2016 Editora UNESP

Direito de publicação reservados à:
Fundação Editora da Unesp (FEU)
Praça da Sé, 108
01001-900 – São Paulo – SP
Tel.: (00xx11)3242-7171
Fax.: (0xx11) 3242-7172
www.editoraunesp.com.br
feu@editora.unesp.br

Dados Internacionais de Catalogação na Publicação (CIP)
Vagner Rodolfo CRB-8/9410

S392c

    Schumpeter, Joseph A., 1883-1950
        Capitalismo, socialismo e democracia / Joseph A. Schumpeter; tradução de Luiz Antônio Oliveira de Araújo. São Paulo: Editora da Unesp, 2017.

        Tradução de: *Capitalism, socialism and democracy*
        Inclui índice.
        ISBN: 978-85-393-0691-6

        1. Economia. 2. Capitalismo. 3. Socialismo. 4. Democracia. 5. Marxismo.
I. Araújo, Luiz Antônio Oliveira de. II. Título.

2017-385   CDD: 335.4
                                                                                     CDU: 330.85

Índice para catálogo sistemático

1. Economia: Marxismo 335.4
2. Economia: Marxismo 330.85

Editora afiliada:

SUMÁRIO

Introdução de Joseph E. Stiglitz   7

PARTE I
A DOUTRINA MARXISTA

Prólogo   17

1 Marx, o profeta   19

2 Marx, o sociólogo   25

3 Marx, o economista   41

4 Marx, o professor   71

PARTE II
O CAPITALISMO PODE SOBREVIVER?

Prólogo   91

5 A taxa de crescimento da produção total   93

6 O capitalismo plausível   105

7 O processo da destruição criativa   117

8 As práticas monopolistas   125

9 Temporada de defeso   151

10 O desaparecimento da oportunidade de investimento   157

11 A civilização do capitalismo   171

12 As paredes desabam   185

13 Hostilidade crescente   201

14 Decomposição   219

PARTE III

O CAPITALISMO PODE FUNCIONAR?

15 Desobstruindo o terreno   231

16 A planta socialista   239

17 Comparação de plantas   259

18 O elemento humano   275

19 Transição   299

PARTE IV

SOCIALISMO E DEMOCRACIA

20 A configuração do problema   319

21 A doutrina clássica da democracia   339

22 Outra teoria da democracia   365

23 Conclusão   385

PARTE V

ESBOÇO HISTÓRICO DOS PARTIDOS SOCIALISTAS

Preâmbulo   413

24 A minoridade   415

25 A situação que Marx enfrentou   423

26 De 1875 a 1914   435

27 Da Primeira à Segunda Guerra Mundial   475

28 As consequências da Segunda Guerra Mundial   505

PREFÁCIOS E COMENTÁRIOS SOBRE DESENVOLVIMENTOS POSTERIORES

Prefácio à primeira edição, 1942   545

Prefácio à segunda edição, 1946   549

Prefácio à terceira edição, 1949   555

A marcha para o socialismo   563

Índice remissivo   577

INTRODUÇÃO

Joseph E. Stiglitz

É SEMPRE UM PRAZER RELER a obra monumental *Capitalismo, socialismo e democracia*, tão relevante hoje quanto na época da sua primeira publicação, em 1942. Tornou-se uma obra clássica não só na economia como na ciência política. Expressões como *concorrência schumpeteriana* e *destruição criativa* entraram no dicionário, e há uma Sociedade Joseph A. Schumpeter que promove as suas ideias. A republicação do seu livro é uma ótima ocasião para refletir sobre o porquê de as suas ideias terem tanta influência – e sobre o porquê de não terem tido a influência que deviam.

No reino da economia, ele *se opôs* ao modelo do equilíbrio competitivo então prevalecente – e prevalecente hoje. Esse modelo, muitas vezes chamado de walrasiano, referência ao economista francês Léon Walras, o primeiro a lhe dar articulação matemática, ou Arrow-Debreu, alusão aos dois prêmios Nobel americanos que estabeleceram as condições em que existia um equilíbrio em tal modelo, e no qual o equilíbrio tinha eficiência de Pareto (ou seja, era eficiente no sentido de que ninguém podia melhorar a sua situação sem piorar a de outra pessoa). Trata-se do conhecido modelo oferta e demanda ensinado em qualquer curso de princípios de economia. E, nele, o monopólio é o flagelo: os monopólios estorvam a produção e aumentam os preços.

Para Schumpeter, o coração do capitalismo era a inovação, e a inovação exigia certo grau de poder monopólico. A concorrência schumpeteriana substituiu a concorrência no mercado pela concorrência *para* o mercado. Se a concorrência fosse perfeita, os inovadores não conseguiriam se apropriar de nenhum retorno das suas inovações, e, sem inovações, as economias se estagnariam. Escrevendo em um período em que as economias capitalistas não primavam pela excelência – a Grande Depressão, na qual grandes frações do capital e dos recursos humanos ficaram ociosos, ao custo de um enorme sofrimento humano durante um longo período –, Schumpeter ainda pôde observar a grande extensão da história. Tais flutuações haviam ocorrido repetidamente, e, mesmo tendo em conta a perda de produção durante esses episódios, ele notava o aumento enorme do padrão de vida que o capitalismo trouxera consigo e, provavelmente, continuaria trazendo. Era otimista até no tocante à eliminação da pobreza: com pouca evidência de crescimento da desigualdade à medida que as rendas médias aumentavam, era provável que os de baixo viessem a conhecer a prosperidade. Apesar desses sucessos de longo prazo, ele não era otimista quanto ao triunfo do capitalismo na batalha política (ou ideológica) com o socialismo. Pode-se ver o livro como a sua contribuição para a batalha intelectual que lhe parecia iminente.

De certo modo, Schumpeter venceu. Hoje em dia, ninguém acha o "socialismo" um modo de organização da produção de bens e serviços superior ao capitalismo. O aumento do padrão de vida criado pela economia de mercado ultrapassou qualquer coisa imaginável nos anos 1940. O ritmo da inovação foi até mais rápido do que ele esperava. Atualmente, falamos em economia da "inovação".

Entretanto, em outro sentido, hoje Schumpeter é tão *outsider* na corrente principal dos economistas quanto era há três quartos de século. A abordagem do "equilíbrio", que ele criticava com tanta contundência, continua sendo o paradigma dominante. E o capitalismo enfrenta uma nova ameaça, não do socialismo, mas da direita, dos próprios capitalistas: no presente, a questão é principalmente a de salvar o capitalismo dos capitalistas, de uma forma de estatismo muito pior, em certos aspectos, que o socialismo, algo que chamei de "welfarismo empresarial", no qual o poder do Estado é usado para proteger os ricos e poderosos, não os pobres e a sociedade em geral. Trata-se de

INTRODUÇÃO

uma falha decorrente das limitações do tipo de democracia competitiva que ele proclamava.

O meu compêndio de princípios foi, por exemplo, o primeiro a dedicar um capítulo às questões da inovação que Schumpeter considerava central no capitalismo. Na maioria dos programas de pós-graduação em economia, dedica-se pouco tempo à "teoria do crescimento endógeno", a ideia de que o ritmo da inovação é determinado pelas decisões econômicas –, mas uma pequena fração do tempo que se dedica às teorias de equilíbrio baseadas em modelos de concorrência perfeita. Dá-se pouca atenção ao vínculo entre a estrutura industrial e o ritmo da inovação – o foco do interesse de Schumpeter.[1]

Parte do problema de Schumpeter era o da linguagem: ele escrevia em palavras, mas a linguagem da economia moderna é a matemática. As suas ideias precisavam ser traduzidas, e, como sói acontecer, perde-se muita coisa no processo de tradução. E, entretanto, às vezes se ganha algo. A matemática possibilita mais precisão na articulação das suposições e conclusões. Schumpeter fala nas virtudes do capitalismo ao promover a inovação. Parece menos preocupado com os monopólios – em todo caso, eles seriam temporários, já que a inovação leva um monopolista a ser substituído por outro. Mas a economia trata da escassez de recursos, e a pergunta natural de um economista é: ela aloca recursos para a inovação de maneira eficaz?

Não é uma crítica a Schumpeter dizer que ele não respondeu plenamente a essa pergunta ou que as respostas que a sua discussão sugere não são totalmente corretas: ele estava lançando um "modelo" de capitalismo marcadamente diferente do modelo do equilíbrio que prevalecia havia tanto tempo. A sua contribuição foi recomendar aos economistas um caminho diferente a seguir. E os poucos que o seguiram acharam interessantes respostas provisórias, caso ainda o sejam. Os monopólios podem ser muito menos temporários do que pensava Schumpeter; embora, em alguns casos, a ameaça de entrada seja um incentivo importante à inovação, em outros, para manter o poder

---

1 Os economistas só deram séria atenção teórica à questão cerca de 35 anos depois da obra de Schumpeter. Ver, por exemplo, P. Dasgupta e J. E. Stiglitz, "Industrial Structure and the Nature of Innovative Activity", *Economic Journal*, v.90, n.358, p.266-293, jun. 1980, e "Uncertainty, Market Structure and the Speed of R&D", *Bell Journal of Economics*, v.11, n.1, p.1-28, primavera 1980.

monopólico, as empresas dedicam recursos consideráveis à criação de barreiras socialmente improdutivas à entrada. Ao fazê-lo, as titulares podem desestimular o ritmo geral da inovação. A Microsoft tornou-se a encarnação de como uma titular é capaz de inibir a inovação. Essa e outras empresas altamente inovadoras – em criar novas formas de barreiras à entrada e em extrair dividendos do seu poder monopólico.

A impulsão para o aumento dos lucros incentiva a inovação, de modo que não surpreende que, se os retornos privados não estiverem bem alinhados com os retornos sociais, a própria inovação fique distorcida. A. C. Pigou, em Cambridge, já havia ressaltado a distinção entre os retornos privados e os sociais, mas ela não alcançara a relevância que as sensibilidades modernas às externalidades ambientais, por exemplo, lhe deram. Mencionei um exemplo no parágrafo precedente: as inovações na capacidade de usar o poder monopólico para criar novas barreiras à entrada. Os fabricantes de cigarros usaram a inovação para criar produtos mais viciantes. A indústria financeira, para criar produtos que explorassem melhor a ignorância e os pontos fracos humanos dos seus clientes. A indústria farmacêutica se dedicou a criar drogas populares lucrativas ou as que aumentam o crescimento do cabelo, mas pesquisou pouco as doenças que afetam os pobres de todo o mundo. Como o carbono não tem preço, não admira que não tenha havido incentivos para encontrar novas maneiras de reduzir as emissões de carbono.

O fato de a rentabilidade privada e a social diferirem tão notoriamente também ajuda a explicar por que os argumentos ingênuos sobre os benefícios positivos dos processos evolucionários são equivocados. Schumpeter tinha razão em enfocar os benefícios de longo prazo da inovação, em oposição aos benefícios de curto prazo da "eficiência estática", que são centrais para a abordagem da teoria do equilíbrio. A maior parte dos aumentos do padrão de vida resulta das inovações. E ele tinha razão em enfatizar a compensação entre a eficiência de curto prazo e os benefícios dinâmicos de longo prazo: um sistema de patentes significa que o conhecimento é usado temporariamente com menos eficácia – há uma perda da sua eficiência estática, assim como do exercício do poder monopólico. Mas, se um sistema de patentes gerar mais inovação, os benefícios de longo prazo podem perfeitamente exceder os custos de curto prazo. Essa é uma mensagem que os estrategistas dos países

INTRODUÇÃO

em desenvolvimento e das instituições financeiras internacionais (o Banco Mundial e o FMI) recomendam levar a sério: as políticas industriais, como as implementadas pela Coreia, podem levar a algumas ineficácias de curto prazo, mas estas são suplantadas pelos ganhos dinâmicos.

Mas a ideia de que os processos evolucionários levam necessariamente a padrões de vida sempre crescentes não é persuasiva. Aliás, a crise recente lançou mais dúvidas sobre a validez dessas perspectivas. Por exemplo, as instituições financeiras que mais compreenderam a natureza do risco e empreenderam ações mais prudentes (*e.g.*, não se endividaram excessivamente) não teriam sobrevivido. Os investidores receberiam retornos aparentemente mais baixos e exigiriam que a gestão fosse substituída. Sem dúvida, os que argumentaram a favor de mais prudência podem perguntar: "Eu não disse?". Mas as firmas (e a sua administração) que foram aniquiladas na "destruição criativa" do processo de otimismo irracional e risco de análise deficiente não ressuscitam facilmente. Com efeito, as estruturas de recompensa possibilitaram àqueles que levaram a economia para o abismo sair com bilhões e bilhões – menos do que teriam recebido se as suas análises errôneas estivessem certas, porém muito mais do que mereciam, considerando os custos que eles impuseram ao resto da sociedade.

Do mesmo modo, parece injustificado o otimismo de Schumpeter com que *todos* os cidadãos (ou a maioria deles) se beneficiariam com o capitalismo dinâmico. Sem usar essas palavras, ele parece ter acreditado na "economia do gotejamento". Naturalmente, se o capitalismo abusivo não levar ao aumento da desigualdade e se as rendas médias crescerem, a pobreza se reduzirá. Mas o capitalismo do século XXI mostra que a desigualdade pode aumentar de tal modo que a maioria dos indivíduos acabam sendo muito mal servidos pela sorte: a renda familiar média vem caindo e hoje (monetariamente corrigida) está mais baixa do que há uma década. E isso não leva em conta o declínio da sensação de bem-estar em virtude do aumento da insegurança e da degradação ambiental. Os que estão perdendo a casa e as economias de uma vida em consequência das "inovações" do sistema financeiro americano não acham muita consolação na ideia de que *talvez* os seus netos venham a estar em situação melhor. (A percepção de que, por exemplo, a renda média do trabalhador homem na faixa dos trinta anos hoje é mais baixa do que há três décadas também pode diminuir a confiança na "economia do gotejamento".)

Uma das contribuições importantes de Schumpeter foi gerar reflexões mais profundas sobre os sistemas de inovação. Atualmente, há muito mais reconhecimento do papel central do Estado na promoção da ciência básica. Mas o Estado sempre desempenhou um papel fundamental na promoção de tecnologia, e já o fazia muito antes que Schumpeter escrevesse este tratado. Hoje, pensamos no papel do Estado de ajudar a criar as inovações mais transformadoras do século xx, inclusive a internet; mas, mesmo no século xix, ele financiou a primeira linha telegráfica e não só apoiou a pesquisa que propiciou os fundamentos do aumento da produtividade agrícola dos Estados Unidos, como também prestou os serviços de extensão que levaram esse conhecimento aos agricultores. Mais controversa é a aparente ênfase dada por Schumpeter ao papel das grandes empresas, muitas vezes monopolistas, na promoção da inovação; há uma importante vertente da pesquisa a argumentar que uma boa parcela das inovações modernas e importantíssimas tem origem em empresas novas e menores. Posto que alguns aspectos do processo de inovação possam ser rotinizados, a criatividade real não pode, e, se as grandes empresas suprimirem as oportunidades das recém-chegadas, a inovação há de sofrer.

As discussões recentes sobre a inovação também prestam muita atenção ao papel dos direitos de propriedade intelectual, e é surpreendente a pouca atenção que Schumpeter parece dar à questão. Mas a questão ilustra a mudança no debate: todos concordam quanto ao papel central das empresas privadas; o debate sobre o socialismo acabou. A pergunta é: que tipo de capitalismo promove mais a inovação? Sugeri acima a necessidade de o Estado ter um papel importante na pesquisa básica e até em certos aspectos de P&D aplicados. O Estado precisa "estabelecer as regras do jogo". Reconhece-se cada vez mais que os direitos de propriedade intelectual precariamente concebidos (excessivamente fortes) inibem a inovação. Interesses empresariais especiais têm trabalhado para "cercar os *commons*" do conhecimento, dificultando o acesso ao conhecimento – o *input* mais importante para o avanço da ciência e tecnologia. Os emaranhados de patentes (reivindicações concorrentes de propriedade intelectual) inibem a inovação. E os monopólios costumam debilitar os incentivos à inovação. O resultado é o regime de propriedade intelectual retardar verdadeiramente o ritmo da inovação – e não falta quem veja com preocupação que este talvez seja o caso dos Estados Unidos de hoje.

O regime de propriedade intelectual, como outras regras e regulações que governam a economia, é resultado do processo político. E, na sua análise dos processos políticos, Schumpeter faz uma vez mais uma contribuição seminal. Uma vez mais, enfoca o papel da concorrência – neste caso, a disputa da liderança política. Ele conhece as imperfeições no processo de concorrência política tal como no de concorrência no mercado. Sugeri que ele pode ser demasiado otimista com as virtudes da competição imperfeita no mercado, prestando pouca atenção aos seus efeitos adversos. O mesmo se aplica ao reino da concorrência política. Os últimos anos viram como os partidos políticos usam o poder político para restringir a concorrência e distorcer os resultados, *e.g.*, mediante manipulações e, em alguns casos, dificultando mais o voto dos seus prováveis opositores. As contribuições de campanha e o lobismo também distorcem o processo político, com consequências evidentes na crise atual: o setor financeiro primeiro foi bem-sucedido em "comprar" a desregulamentação, e depois um *bailout* maciço.

Mais importante, Schumpeter enxergou a interação entre economia e política. Temia, talvez, que, depois da Grande Depressão e na decepção com o desempenho da economia de mercado, a verdadeira virtude desta – o seu caráter inovador – fosse desconsiderada. Criticou corretamente os economistas, cuja análise se baseava em um modelo particular de economia de mercado, um modelo de equilíbrio, no qual a inovação não tinha nenhum papel. Nesse modelo, a concorrência perfeita era o ideal, e, uma vez alcançado esse ideal, o mercado era plenamente eficiente. Mas, no zelo de assegurar que ninguém fechasse os olhos para as virtudes do capitalismo baseado em mercados imperfeitos, ele próprio fechou os olhos para as suas limitações.

As inovações sociais são tão importantes quanto as tecnológicas. Sem uma compreensão dessas limitações, não podemos melhorar a nossa economia de mercado. A preocupação de hoje não é que ela corresponda ao ideal de alguns economistas. O problema é que o crescimento realizado não seja sustentável e que os benefícios do crescimento ocorrido caibam a apenas uma fração da população. Mas, ao nos dar um modo alternativo de ver como funciona o nosso sistema econômico e político, Schumpeter nos forneceu alguns dos instrumentos essenciais com que prosseguir na busca infindável de uma sociedade melhor.

PARTE I

A DOUTRINA MARXISTA

PRÓLOGO

A MAIOR PARTE DAS CRIAÇÕES do intelecto ou da imaginação desaparecem para sempre em um prazo que varia entre de uma hora a uma geração. No entanto, algumas não desaparecem. Pode ser que sofram eclipses, mas retornam, e retornam não como elementos irreconhecíveis de uma herança cultural, mas com a sua roupagem individual, com as suas cicatrizes pessoais que se podem ver e tocar. Essas, podemos perfeitamente chamá-las de grandes – não é uma desvantagem desta definição ligar grandeza a vitalidade. Tomada nesse sentido, essa é, sem dúvida, a palavra que se aplica à mensagem de Marx. Mas há uma vantagem adicional em definir a grandeza pelos ressurgimentos: desse modo, ela se torna independente do nosso amor ou ódio. Não precisamos acreditar que uma grande realização seja necessariamente uma fonte de luz ou impecável nos seus desígnios ou pormenores fundamentais. Pelo contrário, podemos acreditar que ela é um poder das trevas; podemos considerá-la fundamentalmente errada e dela discordar em muitos pontos particulares. No caso do sistema marxista, esses julgamentos adversos ou mesmo a reprovação correta, pela sua própria incapacidade de ferir mortalmente, só servem para ressaltar a força da sua estrutura.

18   CAPITALISMO, SOCIALISMO E DEMOCRACIA

Os últimos vinte anos presenciaram um interessantíssimo renascimento marxista. Não surpreende que o grande mestre do credo socialista tenha se afirmado na Rússia soviética. E não deixa de ser característico de tais processos de canonização que, entre o verdadeiro significado da mensagem de Marx e a prática e a ideologia bolchevistas, abra-se pelo menos um grande abismo como o que separava a religião dos humildes galileus da prática e da ideologia dos príncipes da Igreja ou dos senhores da guerra da Idade Média.

Mas outro renascimento é menos fácil de explicar: o *revival* marxista nos Estados Unidos. Esse fenômeno é interessante porque, até a década de 1920, não havia uma corrente marxista importante no movimento trabalhista nem entre os intelectuais americanos. O marxismo existente sempre tinha sido superficial, insignificante e sem prestígio. Além disso, o tipo bolchevista de ressurgimento não produziu sobressalto semelhante nos países antes mais impregnados de marxologia. Especialmente na Alemanha, país de fortíssima tradição marxista, uma pequena seita ortodoxa conservou-se atuante durante o *boom* socialista do pós-guerra tal como fizera durante a depressão anterior. Mas os líderes do pensamento socialista (não só os ligados ao Partido Social-Democrata, como também os que iam muito além do seu cauteloso conservantismo em questões práticas) se mostraram pouco dispostos a retomar os antigos princípios e, ao mesmo tempo que adoravam a divindade, tinham o cuidado de mantê-la a distância e de raciocinar em matéria econômica exatamente como os outros economistas. Fora da Rússia, portanto, o fenômeno americano é único. Não nos preocupam as suas causas. Mas vale a pena examinar o perfil e o significado da mensagem que tantos americanos tomam como sua.[1]

---

1 Restringiremos ao mínimo as referências aos escritos de Marx e não forneceremos dados da sua vida. Isso parece desnecessário, pois qualquer leitor que desejar uma lista daquelas e um esboço desta encontrará tudo de que precisa em qualquer dicionário, mas especialmente na *Encyclopaedia Britannica* ou na *Encyclopaedia of the Social Sciences*. O mais conveniente é iniciar o estudo de Marx pelo primeiro volume de *Das Kapital* (primeira tradução inglesa de S. Moore e E. Aveling, editada por F. Engels, 1886). Apesar da enorme quantidade de trabalho mais recente, acho que a biografia de F. Mehring é a melhor, pelo menos do ponto de vista do leitor comum.

1

MARX, O PROFETA

Não foi por descuido que se inseriu uma analogia com o mundo da religião no título deste capítulo. Há mais do que analogia. Em um importante sentido, o marxismo é uma religião. Para o crente, apresenta primeiramente um sistema de fins últimos que encerram o significado da vida e são padrões absolutos pelos quais julgar os fatos e as ações; e, em segundo lugar, um guia para esses fins que implica um plano de salvação e a indicação do mal do qual a humanidade, ou uma parcela escolhida da humanidade, há de ser salva. Podemos especificar ainda mais: o socialismo marxista pertence ao subgrupo que promete o paraíso no lado de cá do túmulo. Creio que a formulação dessas características por parte de um hierólogo possibilitaria classificações e comentários que talvez aprofundassem a essência sociológica do marxismo muito mais do que qualquer coisa que um mero economista possa dizer.

O ponto menos importante disso é que explica o sucesso do marxismo.[1] Uma façanha puramente científica, ainda que fosse muito mais perfeita do que no caso de Marx, jamais teria ganhado imortalidade, no sentido histórico,

---

[1] A qualidade religiosa do marxismo também explica a atitude característica do marxista ortodoxo para com os adversários. Para ele, tal como para o crente de uma fé, o adversário não só

como a dele. Tampouco o seu arsenal de *slogans* partidários o teria logrado. Parte do seu sucesso, bem que uma parte muito secundária, é efetivamente atribuível à grande quantidade de frases incendiárias, acusações ardorosas e gesticulações furibundas, prontas para serem usadas em qualquer palanque, que ele põe à disposição dos seus paroquianos. A única coisa que precisa ser dita a respeito desse aspecto do assunto é que tal munição serviu e serve muito bem aos seus fins, mas a sua produção trouxe consigo uma desvantagem: para forjar tais armas para a arena da luta social, Marx teve, ocasionalmente, de torcer ou eludir as opiniões que decorreriam logicamente do seu sistema. No entanto, se não tivesse sido mais que um provedor de fraseologia, ele estaria morto a esta altura. A humanidade é ingrata por esse tipo de serviço e esquece rapidamente o nome das pessoas que escrevem o libreto das suas óperas políticas.

No entanto, Marx era profeta, e, para compreender a natureza da sua realização, temos de visualizá-la no marco da época em que viveu. Esta foi o zênite dos feitos burgueses e o nadir da civilização burguesa, o tempo do materialismo mecanicista, de um meio cultural que ainda não havia dado sinal de que trazia no ventre uma nova arte e um novo modo de vida e que se abandonava à mais repulsiva banalidade. A fé em qualquer sentido real se dissipava rapidamente em todas as classes da sociedade, e, com ela, o único raio de luz (à parte o que porventura resultasse das atitudes de Rochdale e das caixas econômicas) se extinguia no mundo do operário, ao passo que os intelectuais se diziam satisfeitíssimos com a *Lógica* de Mill e a *Poor Law*.

Ora, para milhões de corações humanos, a mensagem marxista do paraíso terrestre do socialismo representou um novo raio de luz e um novo sentido da vida. Chame a religião marxista de falsificação se quiser, ou de caricatura da fé – há muito que dizer a esse respeito –, mas não negue nem deixe de admirar a grandeza da realização. Pouco importa que quase todos aqueles milhões fossem incapazes de entender e apreciar a mensagem no seu verdadeiro significado. Essa é a sina de todas as mensagens. O importante é que aquela foi concebida e transmitida de modo a ser aceitável para a mentalidade positivista da

---

está em erro, mas também em pecado. A discordância é condenada tanto intelectual quanto moralmente. Não pode haver desculpa para ela uma vez que a Mensagem já foi revelada.

MARX, O PROFETA

época – que, sem dúvida, era essencialmente burguesa, mas não há paradoxo em dizer que o marxismo é essencialmente um produto do espírito burguês. Isso se deve, por um lado, à formulação insuperavelmente vigorosa do sentimento de ser lesado e maltratado, que é a atitude autoterapêutica dos muitos fracassados, e, por outro, à proclamação de que a libertação socialista desses males era uma certeza suscetível de prova racional.

Note-se com que excelência a arte aqui consegue entretecer as ânsias extrarracionais, que a religião esmorecida deixara a zanzar feito cães sem dono, e as tendências racionalistas e materialistas do tempo, então inelutáveis, que não toleravam nenhum credo que não tivesse conotação científica ou pseudocientífica. Pregar o objetivo seria ineficaz; analisar um processo social despertaria o interesse de apenas algumas centenas de especialistas. Mas pregar com a roupagem da análise e analisar tendo em vista necessidades fundamente sentidas, foi isso que conquistou a adesão apaixonada e deu ao marxista a suprema vantagem que consiste na convicção de que aquilo que a gente é e simboliza não pode ser derrotado, mas há de triunfar no fim. Isso, obviamente, não esgota a realização. A força pessoal e o fulgor da profecia trabalham independentemente do conteúdo do credo. Sem eles, nenhuma nova vida e nenhum novo significado da vida podem ser revelados com eficácia. Mas isso não nos interessa aqui.

Algo é preciso dizer acerca da contundência e da perfeição da tentativa de Marx de provar a inevitabilidade da meta socialista. Mas basta uma observação sobre o que acima chamamos de sua formulação dos sentimentos da maioria frustrada. Naturalmente, não se tratava de uma formulação dos sentimentos reais, conscientes ou inconscientes. Antes podemos chamá-la de uma tentativa de substituir os sentimentos reais por uma revelação verdadeira ou falsa da lógica da evolução social. Ao fazer isso e ao atribuir – de modo bastante irrealista – às massas a obsoleta noção de "consciência de classe", ele, sem dúvida, falsificou a verdadeira psicologia do operário (que é centrada no desejo de vir a ser pequeno-burguês e de receber a ajuda da força política para chegar a esse *status*), mas, à medida que a sua doutrina entrava em vigor, ele tratou de expandi-la e nobilitá-la. Não derramou uma lágrima sentimental sobre a beleza da ideia socialista. Essa é uma das suas pretensões de superioridade sobre os socialistas utópicos. Tampouco glorificou o operário como herói da lida cotidiana como o burguês gosta de fazer quando teme pelos seus dividendos. Marx era inteiramente isento da tendência, tão notória em alguns dos seus seguidores mais fracos, a adular o operário. Provavelmente, tinha uma percepção nítida do que são as massas e enxergava muito mais adiante os objetivos sociais inteiramente além do que elas pensavam ou queriam. De resto, jamais ensinou quaisquer ideais como se fossem dele. Semelhante vaidade lhe era inteiramente alheia. Como todo verdadeiro profeta se apresenta como modesto porta-voz da sua divindade, Marx não pretendia senão falar a lógica do processo dialético da história. Em tudo isso, há uma dignidade que compensa as muitas mesquinharias e vulgaridades com que, no trabalho e na vida, essa dignidade formou uma aliança tão estranha.

Outro ponto, enfim, não se pode deixar de mencionar. Marx era pessoalmente demasiado erudito para se misturar com os professores vulgares de socialismo que não enxergavam um palmo adiante do nariz. Era perfeitamente capaz de compreender uma civilização e o valor "relativamente absoluto" dos seus valores, por afastado dela que se sentisse. Nesse aspecto, não se pode oferecer melhor testemunho do seu espírito aberto do que o *Manifesto comunista*, que é um primoroso relato[2] das realizações do capitalismo; e, mesmo pronunciando *pro futuro* a sua pena de morte, Marx nunca deixou de reconhecer a necessidade histórica do capitalismo. Essa atitude decerto implica muitas coisas que ele próprio não estaria disposto a aceitar. Mas, sem dúvida, fortalecia-o e lhe era mais fácil de aceitar devido à percepção da lógica orgânica das coisas, à qual a sua teoria da história dá uma expressão particular. Para Marx, as coisas

---

2 Pode parecer exagero. Mas citemos a autorizada tradução inglesa: "A burguesia [...] foi a primeira a mostrar do que a atividade humana é capaz. Criou maravilhas superiores às pirâmides do Egito, aos aquedutos romanos, às catedrais góticas. [...] A burguesia [...] arrasta todas as nações [...] para a civilização. [...] Criou cidades enormes [...] e, assim, tirou uma grande parte da população do abrutamento [*sic*] da vida no campo. [...] A burguesia, durante o seu domínio de classe apenas secular, criou forças produtivas mais numerosas e mais colossais do que juntas fizeram todas as gerações passadas". Note-se que todas as realizações mencionadas são atribuídas *unicamente à burguesia*, e isso é mais do que afirmariam muitos economistas genuinamente burgueses. Eis o que eu queria dizer com a passagem acima – e inteiramente diferente das opiniões do marxismo vulgarizado de hoje ou do blá-blá-blá veblenista do radical não marxista moderno. Permita-me esclarecer de pronto: não se pressupõe nada mais do que isso em tudo quanto direi na segunda parte acerca do desempenho do capitalismo.

sociais acatavam uma ordem, e por mais que ele tivesse sido conspirador de botequim em certos momentos da vida, o seu verdadeiro eu desprezava esse tipo de coisa. Para Marx, o socialismo não era uma obsessão que obliterava todas as demais facetas da vida e criava um ódio e um desprezo doentios e tolos pelas outras civilizações. E, em mais de um sentido, há justificação para o título reivindicado para o seu tipo de pensamento e volição socialistas, unidos graças à sua posição fundamental: socialismo científico.

2

MARX, O SOCIÓLOGO

AGORA TEMOS DE FAZER uma coisa desagradabilíssima para os devotos. Obviamente, eles se ressentem de qualquer aplicação da análise fria ao que consideram a própria fonte da verdade. Mas uma das coisas que mais os contraria é dividir a obra de Marx em pedaços e discuti-los um por um. Eles diriam que o ato em si demonstra a incapacidade do burguês de compreender o fulgurante todo cujas partes se complementam e se explicam reciprocamente, de modo que o verdadeiro significado se perde quando uma parte ou aspecto é considerado isoladamente. Mas não temos escolha. Ao perpetrar o crime e falar no Marx sociólogo depois do Marx profeta, não pretendo negar nem a presença de uma unidade de visão social que consegue dar à sua obra certa medida de unidade analítica e, mais ainda, uma aparência de unidade, nem o fato de o autor ter correlacionado cada parte dela, ainda que intrinsecamente independente, com todas as demais. Não obstante, em cada província do vasto reino, há independência bastante para possibilitar ao estudioso aceitar os frutos do seu trabalho em uma delas e rejeitá-los em outra. Perde-se no processo boa parte do *glamour* da fé, mas algo se ganha quando se resgata uma verdade importante e estimulante que é muito mais valiosa por si só do que seria quando atada a destroços inúteis.

Isso se aplica antes de mais nada à filosofia de Marx, que podemos arredar do nosso caminho de uma vez por todas. Homem de formação alemã e espírito especulativo, ele tinha um rigoroso conhecimento básico e um interesse apaixonado pela filosofia. O ponto de partida e o amor da sua juventude foi a filosofia pura de estilo alemão. Durante algum tempo, Marx a considerou a sua verdadeira vocação. Era neo-hegeliano, coisa que significa mais ou menos que, embora aceitassem as atitudes fundamentais e os métodos do seu mestre, ele e o seu grupo descartavam as interpretações conservadoras da filosofia de Hegel, adotadas por muitos dos seus adeptos, e as substituíam por outras inteiramente opostas. Esse antecedente transparece em todos os seus escritos sempre que tem oportunidade. Não admira que os seus leitores alemães e russos, de inclinação espiritual e educação semelhantes, se agarrem principalmente a esse elemento e dele façam a chave do sistema.

Isso considero um erro e uma injustiça com a capacidade científica de Marx. Ele foi fiel ao seu amor juvenil até o fim da vida. Gostava de certas analogias formais que se podem encontrar entre a sua argumentação e a de Hegel. Gostava de declarar o seu hegelianismo e de usar a fraseologia hegeliana. Mas isso é tudo. Marx nunca trocou a ciência positiva pela metafísica. É isso que ele diz no prefácio à segunda edição do primeiro volume de *Das Kapital*, e se pode provar que o que diz é verdade e não autoengano analisando a sua argumentação, que em toda parte se baseia nos fatos sociais, e as verdadeiras fontes das suas proposições, nenhuma das quais se escora no domínio da filosofia. Coisa que os comentaristas e críticos que partiram do lado filosófico naturalmente eram incapazes de fazer por carecer de conhecimento das ciências sociais envolvidas. Ademais, a propensão do edificador de sistema filosófico tornou-os contrários a qualquer outra interpretação que não proviesse de um princípio filosófico. Assim, enxergavam filosofia nas afirmações mais prosaicas sobre a experiência econômica, deslocando a discussão para a via errada, confundindo tanto amigos quanto inimigos.

No seu trabalho, o sociólogo Marx lançou mão de um equipamento que consistia sobretudo em um vasto domínio dos fatos históricos e contemporâneos. O seu conhecimento destes sempre foi um tanto antiquado, pois ele era o mais livresco dos homens e, portanto, os materiais fundamentais, ao contrário do material dos jornais, sempre lhe chegavam com atraso. Mas dificilmente

MARX, O SOCIÓLOGO

lhe escapava uma obra do seu tempo que tivesse importância ou amplitude geral, ainda que lhe escapasse grande parte da literatura monográfica. Conquanto não se possa enaltecer a completude da sua informação nesse campo tanto quanto a sua erudição no terreno da teoria econômica, Marx era capaz de ilustrar a sua visão social não só com grandes panoramas históricos, como também com muitos pormenores, a maioria dos quais, no tocante à fiabilidade, estava acima dos padrões dos outros sociólogos da época. Esses acontecimentos, ele os abrangia em um relance, neles se embrenhando por entre as eventuais irregularidades da superfície e mergulhando até a grandiosa lógica das coisas históricas. Nisso não havia meramente paixão. Não havia meramente impulso analítico. Havia as duas coisas. E o resultado da sua tentativa de formular essa lógica, a chamada interpretação econômica da história,[1] é, sem dúvida, um dos grandes feitos individuais da sociologia até hoje. Diante dele, é ocioso indagar se essa realização é inteiramente original ou não, e quanto se deve creditar a predecessores alemães e franceses.

A interpretação econômica da história *não* significa que os homens sejam movidos, consciente ou inconscientemente, total ou principalmente, por motivos econômicos. Pelo contrário, a explicação do papel e do mecanismo de motivos não econômicos e a análise do modo pelo qual a realidade social se reflete na psique individual é um elemento essencial da teoria e uma das suas contribuições mais significativas. Marx não pretendia que as religiões, a metafísica, as escolas artísticas, as ideias éticas e as volições políticas fossem redutíveis a *motivos* econômicos ou carecessem de importância. Apenas tentou descobrir as *condições* econômicas que as moldavam e explicavam a sua ascensão e queda. Todos os fatos e argumentos de Max Weber se ajustam perfeitamente ao sistema de Marx.[2] Os grupos e classes sociais e a maneira como esses grupos ou classes explicavam a si mesmos a sua existência, situação e comportamento eram, naturalmente, o que mais lhe interessava. Ele fulminou a sua mais biliosa ira sobre os historiadores que tomavam ao pé da

---

1 Publicada pela primeira vez no feroz ataque à *Philosophie de la misère* de Proudhon, intitulado *Das Elend der Philosophie*, 1847. Outra versão foi incluída no *Manifesto comunista*, 1848.

2 Isto se refere às investigações de Weber da sociologia das religiões e particularmente ao seu estudo *Die protestantische Ethik und der Geist des Kapitalismus*, republicado nas suas obras completas.

letra essas atitudes e as suas verbalizações (as ideologias ou, como diria Pareto, *derivações*) e tentavam interpretar a realidade social por meio delas. Mas, se para Marx as ideias ou valores não eram as forças motrizes primárias, tampouco eram mera fumaça. Se me é permitido usar a analogia, elas tinham no motor social o papel das correias de transmissão. Não podemos mencionar *en passant* o interessantíssimo desenvolvimento do pós-guerra desses princípios que nos permitiria explicar isso da melhor maneira, a sociologia do conhecimento.[3] Mas era necessário dizê-lo porque, nesse aspecto, Marx tem sido persistentemente mal compreendido. Até mesmo o amigo Engels, diante do seu túmulo, definiu a teoria em questão como se significasse precisamente que os indivíduos e grupos são regidos por motivos econômicos, o que, em alguns aspectos importantes, é equivocado e, de resto, lamentavelmente banal.

E, já que estamos nisso, também podemos defender Marx contra outro mal-entendido: a interpretação *econômica* da história é frequentemente chamada de interpretação *materialista*. O próprio Marx lhe deu esse nome. Tal expressão muito aumentou a sua popularidade entre certas pessoas, e a sua impopularidade entre outras. Mas isso não tem o menor sentido. A filosofia de Marx não é mais materialista que a de Hegel, e a sua teoria da história não é mais materialista que qualquer outra tentativa de explicar o processo histórico pelos meios à disposição da ciência empírica. Deve ficar claro que isso é logicamente compatível com qualquer crença metafísica ou religiosa – exatamente como qualquer descrição física do mundo. A própria teologia medieval fornece métodos para estabelecer essa compatibilidade.[4]

O que a teoria realmente diz pode-se colocar em duas proposições: (1) As formas ou condições da produção são o determinante fundamental das estruturas sociais que, por sua vez, engendram atitudes, ações e civilizações. Marx ilustra esse significado com a famosa afirmação que o "moinho manual" gera sociedades feudais; e o "moinho a vapor", sociedades capitalistas. Embora a proposição enfatize perigosamente o elemento tecnológico, pode

---

3 A palavra alemã *Wissenssoziologie* e os melhores nomes a mencionar são os de Max Scheler e Karl Mannheim. O artigo deste sobre o assunto no *Dicionário alemão de sociologia* (*Handwörterbuch der Soziologie*) pode servir de introdução.

4 Conheci vários radicais católicos, entre eles um padre, todos muito devotos, que adotavam essa opinião e, aliás, se declaravam marxistas em tudo, salvo nas questões relacionadas com a sua fé.

ser aceita desde que se entenda que a tecnologia não é tudo nela. Simplificando um pouco e reconhecendo que, ao fazê-lo, perdemos grande parte do significado, podemos dizer que o que forma a nossa mente é o trabalho cotidiano, e que é a posição que ocupamos no processo produtivo que determina a nossa visão das coisas ou o lado das coisas que vemos – e o campo de manobra social à disposição de cada um de nós. (2) As formas da produção têm lógica própria; quer dizer, mudam segundo necessidades a elas inerentes para produzir as suas sucessoras meramente com o seu próprio trabalho. Para ilustrar com o mesmo exemplo de Marx: o sistema caracterizado pelo "moinho manual" cria uma situação econômica e social na qual a adoção do método mecânico de moagem passa a ser uma necessidade prática que os indivíduos ou grupos são impotentes para alterar. O surgimento e o funcionamento do "moinho a vapor", por sua vez, cria novas funções e situações sociais, novos grupos e opiniões, que se desenvolvem e interagem de tal modo que ultrapassam a sua própria estrutura. Aqui, pois, temos o propulsor que, em primeiro lugar, é responsável pelo econômico e, em consequência disso, por todas as outras mudanças sociais, um propulsor cuja ação em si não requer nenhum impulso exterior.

Ambas as proposições contêm, sem dúvida, uma grande quantidade de verdade e são, como verificaremos mais adiante, inestimáveis hipóteses de trabalho. A maior parte das objeções atuais falham completamente, todas as que, por exemplo, apontam para a influência dos fatores éticos ou religiosos, ou a já levantada por Eduard Bernstein, que com deliciosa simplicidade afirma que "os homens têm cabeça" e, portanto, podem agir como escolherem. Depois do que se disse acima, não há necessidade de insistir na fragilidade de tais argumentos: é claro que os homens "escolhem" o seu modo de agir, que não é diretamente imposto pelos dados objetivos do ambiente; mas escolhem a partir de pontos de vista, opiniões e propensões que não formam outro conjunto de dados independentes, mas são, eles próprios, moldados pelo conjunto objetivo.

Sem embargo, surge a pergunta se a interpretação econômica da história é mais do que uma aproximação conveniente que, é de esperar, funciona menos satisfatoriamente em alguns casos do que em outros. Uma qualificação óbvia ocorre no princípio. As estruturas, os tipos e as atitudes sociais são moedas que não se fundem prontamente. Uma vez formadas, elas persistem, possivelmente séculos a fio, e, como as estruturas e os tipos diferentes apresentam diferentes graus dessa capacidade de sobreviver, quase sempre constatamos que esse comportamento grupal e nacional se afasta mais ou menos daquilo que esperaríamos que fosse se tentássemos inferi-lo das formas dominantes do processo produtivo. Posto que tenha aplicação geral, isso é mais claramente visível quando uma estrutura muito durável se transfere fisicamente de um país a outro. A situação social criada na Sicília pela conquista normanda ilustrará o meu pensamento. Tais fatos, Marx não os passou por alto, mas não compreendeu todas as suas implicações.

Um caso relacionado é de significado mais ominoso. Consideremos o surgimento da propriedade agrária de tipo feudal no reino dos francos nos séculos VI e VII. Este decerto foi um acontecimento importantíssimo que plasmou a estrutura da sociedade durante muito tempo e *também influenciou as condições da produção, inclusive as necessidades e a tecnologia*. Mas a sua explicação mais simples se acha na função da liderança militar anteriormente exercida por famílias e indivíduos que (embora mantendo a antiga função) se tornaram senhores feudais após a conquista definitiva do novo território. Isso não se ajusta nada bem ao esquema marxista e pode facilmente ser interpretado de modo a apontar para outra direção. Fatos dessa natureza podem, sem dúvida, ser assimilados mediante hipóteses auxiliares, mas a necessidade de recorrer a tais hipóteses geralmente é o começo do fim de uma teoria.

Muitas outras dificuldades que surgem no curso das tentativas de interpretação histórica por meio do esquema marxista são superáveis desde que se admita certo grau de interação entre a esfera da produção e as outras esferas da vida social.[5] Mas o *glamour* da verdade fundamental que cerca o esquema depende precisamente do rigor e da simplicidade da relação unilateral que ele afirma. Se isso for questionado, a interpretação econômica da história terá de se pôr no seu lugar entre outras proposições de tipo semelhante – como uma de muitas verdades parciais – ou então de abdicar em outra que mostre uma verdade mais fundamental. No entanto, nem a sua posição como

---

5 Posteriormente, Engels admitiu isso sem reservas. Plekhanov avançou ainda mais nessa direção.

uma realização nem a sua praticidade como uma hipótese de trabalho ficam prejudicadas por isso.

Para os devotos, naturalmente, o esquema marxista é simplesmente a chave mestra de todos os segredos da história humana. E, se às vezes nos sentimos inclinados a sorrir das aplicações um tanto ingênuas que lhe dão, convém lembrar que tipo de argumentos ele substituiu. Até a irmã aleijada da interpretação econômica da história, a teoria marxista das classes sociais, fica sob uma luz mais favorável quando temos isso em mente.

Uma vez mais, ela é uma contribuição importante que temos de registrar. Os economistas são estranhamente lerdos para reconhecer o fenômeno das classes sociais. Claro que eles sempre classificaram os agentes cuja interação produzia os processos com que lidavam. Mas essas classes eram simplesmente conjuntos de indivíduos que apresentavam uma característica comum: assim, algumas pessoas eram classificadas de proprietárias ou operárias porque possuíam terra ou vendiam os serviços do seu trabalho. No entanto, longe de ser criaturas do observador que classifica, as classes sociais são entidades vivas que existem como tais. E a sua existência gera consequências que são totalmente preteridas por um esquema que encara a sociedade como um agrupamento amorfo de indivíduos ou famílias. Que importância tem precisamente o fenômeno das classes sociais para a pesquisa no campo da teoria puramente econômica é uma questão bastante aberta. Não há dúvida de que ele é importantíssimo para muitas aplicações práticas e para todos os aspectos mais amplos do processo social em geral.

Grosso modo, pode-se dizer que as classes sociais entraram em cena na famosa afirmação do *Manifesto comunista*, segundo a qual a história da sociedade é a história da luta de classes. Claro que isso é elevar o tom exageradamente. Porém, mesmo que o baixemos, propondo que os fatos históricos geralmente se podem interpretar em termos de interesses e atitudes de classe e que as estruturas de classe existentes são sempre um fator relevante na interpretação histórica, ainda resta muita coisa que nos permite falar em uma concepção quase tão valiosa quanto a própria interpretação econômica da história.

Claro está que o sucesso no trajeto apontado pelo princípio da luta de classes depende da validez da teoria de classes que adotemos. A nossa visão da história e todas as nossas interpretações dos padrões culturais e do mecanismo da mudança social diferirão segundo escolhamos, por exemplo, a teoria racial de classes e, como Gobineau, reduzamos a história humana à história da luta das raças, ou ainda a teoria de classes da divisão do trabalho, à moda de Schmoller ou de Durkheim, e entendamos os antagonismos de classes como antagonismos entre interesses de grupos vocacionais. A gama de possíveis diferenças de análise não se restringe ao problema da natureza das classes. Seja qual for o ponto de vista que adotemos a esse respeito, as interpretações diferentes resultarão das diferentes definições de interesse de classe[6] e das diferentes opiniões sobre como se manifesta a ação de classe. O tema é um viveiro de preconceitos e mal entrou no estágio científico.

Por curioso que seja, ao que se sabe Marx não trabalhou sistematicamente aquele que, sem dúvida, era um dos aspectos fundamentais do seu pensamento. É possível que tenha adiado a tarefa até que fosse tarde demais, justamente porque o seu pensamento funcionava de tal modo em termos de conceitos de classe que não lhe pareceu necessário preocupar-se com uma declaração definitiva. É igualmente possível que alguns pontos dela permanecessem irresolutos na sua mente e que o seu caminho rumo a uma teoria de classes acabada tenha sido obstruído por certas dificuldades que ele mesmo criou para si ao insistir em uma concepção puramente econômica e muito simplificada do fenômeno. O próprio Marx e os seus discípulos ofereceram aplicações da sua teoria subdesenvolvida a padrões particulares do que a sua própria *History of the Class Struggles in France* é o melhor exemplo.[7] Para além disso, não se fez nenhum progresso real. A teoria do seu principal colaborador, Engels, era do tipo da divisão do trabalho e essencialmente não marxista nas suas implicações. De resto, não temos senão esclarecimentos e resumos

---

6 O leitor há de perceber que as nossas opiniões sobre o que são classes e sobre o porquê da sua existência não determinam quais são os interesses dessas classes e como cada classe agirá sobre o que "ela" – os seus líderes, por exemplo, ou a massa que a compõe – considera ou sente, a longo ou a curto prazo, errônea ou corretamente, que são interesses seus. O problema do interesse de grupo é espinhoso e traiçoeiro, independentemente da natureza dos grupos estudados.

7 Outro exemplo é a teoria socialista do imperialismo que comentaremos adiante. A interessante tentativa de O. Bauer de interpretar os antagonismos entre as várias raças que habitavam o império austro-húngaro em termos de luta de classes entre capitalistas e operários (*Die Nationalitätenfrage*, 1905) também é digna de menção, conquanto o talento do analista só sirva para revelar a inadequação da ferramenta.

– alguns de força e brilho impressionantes – espalhados nos escritos do mestre, particularmente em *Das Kapital* e no *Manifesto comunista*.

O trabalho de agrupar esses fragmentos é delicado e não se pode fazer aqui. Todavia, a ideia básica é bastante clara. O princípio estratificador consiste na propriedade ou na exclusão da propriedade dos meios de produção como as fábricas, o maquinário, as matérias-primas e os bens de consumo que entram no orçamento do operário. Assim, temos fundamentalmente duas – e só duas – classes: a dos proprietários, os capitalistas, e a dos despossuídos que são obrigados a vender o seu trabalho, a classe operária ou proletariado. É claro que não se nega a existência de grupos intermediários como os formados pelos agricultores e artesãos, que empregam mão de obra, mas também executam trabalho braçal, e pelos funcionários e profissionais liberais, mas eles são tratados como anomalias que tendem a desaparecer ao longo do processo capitalista. As duas classes fundamentais são, em virtude da lógica da sua situação e independentemente da vontade individual, antagônicas em substância. Os conflitos dentro de cada uma delas e as colisões entre os subgrupos ocorrem e podem ter importância historicamente decisiva. Mas, em última análise, esses conflitos e colisões são fortuitos. O antagonismo que não é fortuito, e sim inerente à essência da sociedade capitalista, se escora no controle privado dos meios de produção: a própria natureza da relação entre a classe capitalista e o proletariado é o confronto: a guerra de classes.

Como veremos, Marx procura mostrar que, nessa guerra de classes, os capitalistas se destroem reciprocamente e, enfim, destruirão o próprio sistema capitalista. Também tenta mostrar que a propriedade do capital leva a mais acumulação. Mas essa maneira de argumentar e a própria definição que transforma a propriedade de uma coisa na característica constitutiva de uma classe social só serve para aumentar a importância da questão da "acumulação primitiva", ou seja, da questão de como os capitalistas vieram a ser capitalistas em primeira instância ou como adquiriram a quantidade de bens que, segundo a doutrina marxista, era necessária para que eles pudessem iniciar a exploração. Nessa questão, Marx é muito menos explícito.[8] Rejeita com desprezo o conto da carochinha (*Kinderfibel*) burguês segundo o qual algumas pessoas,

---

8 Cf. *Das Kapital*, v.i, cap. xxvi: "O segredo da acumulação primitiva".

ao contrário de outras, se tornaram – e ainda se tornam diariamente – capitalistas por ter inteligência superior e energia no trabalho e na poupança. Ele fez bem em caçoar da história dos bons moços. Porque, como todo político sabe perfeitamente, recorrer à piada é, sem dúvida, um método excelente de se livrar de uma verdade incômoda. Ninguém que olhe para um fato histórico e contemporâneo com a mente despojada de preconceitos deixa de observar que essa história da carochinha, embora esteja longe de contar toda a verdade, conta grande parte dela. Inteligência e energia acima do normal explicam o sucesso industrial e, em particular, a *criação* de posições industriais em nove de dez casos. E, justamente nas etapas iniciais do capitalismo e de toda carreira industrial individual, a poupança era e é um elemento importante no processo, ainda que não exatamente como diz a economia clássica. É verdade que ninguém chega ordinariamente ao *status* de capitalista (empregador industrial) poupando parte dos vencimentos ou do salário a fim de equipar a sua fábrica com os fundos assim reunidos. O grosso da acumulação vem dos lucros e, portanto, pressupõe lucros – aliás, é exatamente essa a diferença entre poupança e acumulação. Tipicamente, os meios necessários para abrir uma empresa são fornecidos pelo empréstimo de poupanças de outras pessoas (a existência das quais em muitas parcelas pequenas é fácil de explicar) ou dos depósitos que os bancos criam para o uso do presumível empresário. No entanto, este tem por norma poupar: a função da sua poupança é alçá-lo acima da necessidade da lida cotidiana pelo pão de cada dia e dar-lhe espaço e tempo para pensar, desenvolver os seus planos e garantir cooperação. Em termos de teoria econômica, Marx acertou – embora com certo exagero – ao negar à poupança o papel que os autores clássicos lhe atribuíam. Mas errou nas conclusões a que chegou. E a caçoada é menos justificável do que seria se a teoria clássica estivesse certa.[9]

---

9 Não me deterei no desenvolvimento do fato, mas tenho de lembrar que a teoria clássica não é tão errônea quanto Marx pretendia que fosse. "Poupar", no sentido mais literal, era, especialmente nas etapas iniciais do capitalismo, um método importante de "acumulação original". Ademais, havia outro método parecido, embora não idêntico. Muitas fábricas dos séculos XVII e XVIII eram meros barracões erguidos pelo dono com o trabalho das próprias mãos e, para funcionar, precisavam do equipamento mais simples. Nesses casos, o trabalho braçal do

Sem embargo, a caçoada deu resultado e ajudou a abrir caminho para a teoria alternativa da acumulação primitiva de Marx. Mas a sua teoria alternativa não é tão precisa como podíamos desejar. A força – o roubo –, a sujeição das massas a facilitar a sua espoliação e o resultado da pilhagem, por sua vez, a facilitar a sujeição – isso era perfeito, é claro, e admiravelmente condizente com as ideias comuns entre todos os tipos de intelectuais, ainda mais na nossa época do que na de Marx. Mas, evidentemente, isso não resolve o problema, que é explicar como algumas pessoas adquiriram o poder de subjugar e roubar. A literatura popular não se preocupa com isso. Não deveria pensar em deixar a questão por conta dos escritos de John Reed. Mas nós estamos às voltas com Marx.

Ora, a qualidade histórica de todas as teorias importantes de Marx pelo menos oferece uma aparência de solução. Para ele, é essencial à *lógica* do capitalismo, e não apenas um fato, ter nascido de um estado feudal da sociedade. Naturalmente, a mesma questão acerca das causas e do mecanismo da estratificação social também se coloca neste caso, porém Marx aceitava substancialmente a opinião burguesa que o feudalismo era um império da força,[10] no qual a sujeição e a exploração das massas já eram fatos consumados. Ele estendeu a teoria das classes concebida principalmente para as condições da sociedade capitalista para a sua predecessora feudal – como fez com boa parte do aparato conceitual da teoria econômica do capitalismo,[11] e contrabandeou para o recinto feudal alguns dos problemas mais espinhosos para que reaparecessem em um Estado estabelecido, na forma de dados, na análise do padrão capitalista. O explorador feudal simplesmente foi substituído pelo explorador capitalista. Nos casos em que os senhores feudais se transformaram em industriais,

---

futuro capitalista e uma pequena poupança eram as únicas coisas necessárias – além do cérebro, é claro.

10 Muitos autores socialistas, além de Marx, tinham essa confiança acrítica no valor explicativo do elemento força e do controle dos meios físicos com que exercê-la. Ferdinand Lassalle, por exemplo, tem pouco a oferecer além de canhões e baionetas como explicação da autoridade governamental. Para mim, é motivo de assombro tanta gente ser cega para a fragilidade de tal sociologia e para o fato de que seria, obviamente, muito mais verdadeiro dizer que o poder leva ao controle dos canhões (e dos homens dispostos a usá-los) do que achar que o controle dos canhões gere poder.

11 Isso constitui uma das afinidades da doutrina de Marx com a de K. Rodbertus.

isso solucionaria o que restava do problema. A evidência histórica empresta certo apoio a esse ponto de vista: muitos senhores feudais, particularmente na Alemanha, realmente construíram e dirigiram fábricas, muitas vezes com os meios financeiros oriundos da sua renda feudal e com o trabalho da população agrícola (às vezes dos seus servos, ainda que não necessariamente).[12] Em todos os outros casos, o material disponível para preencher a lacuna é inequivocamente inferior. A única maneira sincera de exprimir a situação é que, do ponto de vista marxista, não há explicação satisfatória, isto é, nenhuma explicação sem lançar mão de elementos não marxistas que levam a conclusões não marxistas.[13]

Isso, porém, vicia a teoria nas suas fontes tanto históricas quanto lógicas. Como a maioria dos métodos de acumulação posterior – a acumulação primitiva, tal como era, prossegue durante toda a era capitalista –, não é possível dizer que a teoria de Marx das classes sociais esteja inteiramente certa, *salvo* nas dificuldades com processos em um passado remoto. Mas é supérfluo, talvez, insistir nas deficiências de uma teoria que, mesmo nos exemplos mais favoráveis, não se aproxima do núcleo do fenômeno que ela se propõe a explicar e que jamais devia ter sido levada a sério. Podem-se encontrar esses exemplos principalmente na época da evolução capitalista que derivou o seu caráter do predomínio da empresa de tamanho médio administrada pelo proprietário. Além do alcance desse tipo, as posições de classe, embora na maior parte dos casos refletissem mais ou menos posições econômicas correspondentes, costumam ser mais a causa do que a consequência destas: obviamente, o sucesso nos negócios não é em toda parte o único caminho da eminência social, e, somente ali onde ele o é, a propriedade dos meios de produção pode determinar

---

12 Na primeira edição de *Theorie des modernen Kapitalismus*, W. Sombart tentou explorar esses casos ao máximo. Mas a tentativa de basear a acumulação primitiva inteiramente na acumulação da renda da terra mostrou-se inútil como o próprio Sombart enfim reconheceu.

13 Isto permanece verdadeiro mesmo se admitirmos o roubo no limite máximo possível sem transpor a esfera do folclore intelectual. O roubo participou deveras da formação do capital comercial muitas vezes e em muitos lugares. A riqueza fenícia, assim como a inglesa, oferece exemplos conhecidos. Porém, mesmo assim a explicação marxista é inadequada porque, em última análise, o roubo bem-sucedido há de se apoiar na superioridade pessoal dos ladrões. E, assim que se admite isso, sugere-se uma teoria muito diferente de estratificação social.

causalmente a posição de um grupo na estrutura social. Entretanto, mesmo assim, tornar a propriedade o elemento definidor é tão razoável quanto seria definir o soldado como um homem que porventura está armado. A divisão hermética entre pessoas que (com os seus descendentes) devem ser eternos capitalistas e outras que (com os seus descendentes) devem ser eternos proletários não só é totalmente irreal – coisa que já se mostrou muitas vezes –, como perde de vista o ponto principal das classes sociais: a incessante ascensão e queda de famílias individuais aos estratos superiores e para fora deles. Todo os fatos a que me refiro são óbvios e inegáveis. Se eles não figuram na tela marxista, o motivo só pode estar nas suas implicações não marxistas.

Não é supérfluo, porém, considerar o papel que essa teoria tem na estrutura de Marx e indagar a que intenção analítica – independentemente do seu uso como parte do equipamento de um agitador – ele queria que ela servisse.

Por um lado, convém ter em mente que, para Marx, a teoria das classes sociais e a interpretação econômica da história não eram o que são para nós, *i.e.*, duas doutrinas independentes. Com Marx, aquela complementa esta de um modo particular e, assim, restringe – torna mais definido – o *modus operandi* das condições ou formas da produção. Estas determinam a estrutura social e, por meio da estrutura social, todas as manifestações da civilização e toda a marcha da história cultural e política. Mas a estrutura social é, para todas as épocas não socialistas, definida em termos de classes – as duas classes –, que são as verdadeiras *dramatis personae* e, ao mesmo tempo, as únicas criaturas *imediatas* da lógica do sistema capitalista de produção que, por meio delas, afeta tudo o mais. Isso explica por que Marx foi obrigado a tornar as suas classes fenômenos puramente econômicos, e inclusive fenômenos que eram econômicos em um sentido muito restrito: com isso, ele se impediu de ter uma visão mais profunda deles, mas no lugar exato do seu esquema analítico em que os situou, não tinha escolha senão fazê-lo.

Por outro lado, Marx desejava definir o capitalismo do mesmo modo como define a sua divisão de classes. Basta um pouco de reflexão para convencer o leitor de que isso não é necessário nem natural. Na verdade, foi um ousado golpe de estratégia analítica que ligou o destino do fenômeno de classe ao destino do capitalismo de tal modo que o socialismo, que na realidade nada tem a ver com a presença ou a ausência de classes sociais, se tornasse, por definição, o único tipo possível de sociedade sem classes, com exceção dos grupos primitivos. Essa tautologia engenhosa não podia ser obtida mediante definições de classes *e* de capitalismo diferentes das escolhidas por Marx: a definição pela propriedade privada dos meios de produção. Por isso tinha de haver somente duas classes, a dos proprietários e a dos não proprietários, e, por isso, todos os outros princípios de divisão, mesmo que muito mais plausíveis, precisavam ser severamente abandonados, descartados ou reduzidos ao dele.

O exagero do caráter definitivo e da importância da linha divisória entre a classe capitalista, naquele sentido, e o proletariado só foi superado pelo exagero do antagonismo entre eles. Para qualquer espírito não deformado pelo hábito de dedilhar as contas do rosário marxista, devia ser óbvio que a sua relação é, em tempos normais, principalmente de cooperação e que qualquer teoria contrária deve se apoiar muito em casos patológicos para corroboração. Na vida social, o antagonismo e a cooperação[14] são, naturalmente, tanto ubíquos quanto inseparáveis, a não ser em casos raríssimos. Sinto-me quase tentado a dizer que havia menos disparate na antiga visão harmonista – ainda que não lhe faltassem absurdidades – do que na construção marxista do abismo intransponível entre os proprietários e os usuários das ferramentas. No entanto, uma vez mais, ele não tinha escolha, não por querer chegar a resultados revolucionários – afinal, podia muito bem derivá-los de dezenas de outros esquemas – mas em virtude das exigências da sua própria análise. Se a luta de classes era o conteúdo da história e também o meio de ocasionar a aurora socialista, e se tinha de haver unicamente aquelas duas classes, a relação entre elas só podia ser antagônica em princípio, pois, do contrário, a força do sistema marxista de dinâmica social se perderia.

Ora, posto que Marx *defina* o capitalismo sociologicamente, *i.e.*, pela instituição do controle privado dos meios de produção, é a sua teoria econômica que fornece a *mecânica* da sociedade capitalista. Essa teoria econômica deve mostrar como os dados sociológicos incorporados em conceitos como classe, interesses de classe, comportamento de classe, troca entre as classes atuam por intermédio de valores econômicos, lucros, salários, investimentos etc., e como eles engendram precisamente o processo econômico que, enfim, destruirá o

---

14 *Synagogism* no original em inglês. (N. T.)

seu próprio arcabouço institucional e, ao mesmo tempo, criará as condições para o surgimento de outro mundo social. Essa teoria particular das classes sociais é o instrumento analítico que, ligando a interpretação econômica da história aos conceitos da economia do lucro, ordena todos os fatos sociais, torna todos os fenômenos confocais. Portanto, ela não é simplesmente uma teoria de um fenômeno individual destinada a explicar esse fenômeno e nada mais. É uma função orgânica que tem muito mais importância no sistema marxista do que a medida do sucesso com que resolve o problema imediato. É preciso enxergar essa função se quisermos entender como um analista da estatura de Marx pôde tolerar as suas limitações.

Existem, e sempre existiram, certos entusiastas que admiram a teoria marxista das classes sociais. Porém, muito mais compreensíveis são os sentimentos dos que admiram a força e a grandeza dessa síntese como um todo a ponto de se dispor a tolerar praticamente qualquer quantidade de defeitos nas partes componentes. Vamos tentar avaliar isso mais adiante (capítulo 4). Mas antes temos de ver como a mecânica econômica de Marx se isenta da tarefa que o seu plano geral lhe impõe.

3

MARX, O ECONOMISTA

COMO TEÓRICO DA ECONOMIA, Marx foi antes de tudo um homem de grande erudição. Pode parecer estranho eu achar necessário dar tanta importância a esse elemento no caso de um autor que chamei de gênio e de profeta. No entanto, é importante apreciar isso. Os gênios e os profetas geralmente não se sobressaem pela erudição profissional, e a sua originalidade, quando eles a têm, muitas vezes se deve justamente ao fato de carecerem dessa sapiência. Mas nada na economia de Marx se pode explicar pela falta de conhecimento ou preparo na técnica da análise teórica. Ele era um leitor voraz e um trabalhador infatigável. Deixava escapar pouquíssimas contribuições relevantes. E digeria tudo quanto lia enfrentando cada fato ou argumento com uma paixão pelo detalhe raríssima em uma pessoa cujo interesse costumava abranger civilizações inteiras e desenvolvimentos seculares. Criticando e rejeitando ou aceitando e coordenando, Marx sempre ia ao fundo das coisas. A maior prova disso está na sua obra *Teorias da Mais-Valia*, que é um monumento de ardor teórico. Esse empenho incessante em aprender e dominar tudo quanto pudesse ser dominado concorreu para libertá-lo de preconceitos e objetivos extracientíficos, posto que ele certamente trabalhasse para confirmar uma visão inequívoca. Para o seu intelecto prodigioso, o interesse pelo problema como problema era automaticamente importantíssimo; e, por mais que tenha torcido a importância dos seus *resultados* finais, quando trabalhava, ele se esforçava principalmente para aguçar os instrumentos de análise oferecidos pela ciência do seu tempo, para superar as dificuldades lógicas e para edificar sobre o alicerce assim adquirido uma teoria que era verdadeiramente científica em natureza e intenção, fossem quais fossem os seus defeitos.

É fácil ver por que tanto os amigos quanto os inimigos entenderam mal a natureza da sua realização no campo puramente econômico. Para os amigos, Marx era muito mais do que um mero teórico profissional, de modo que seria uma verdadeira blasfêmia dar excessiva importância a esse aspecto da sua obra. Os inimigos, que se ressentiam das suas atitudes e do marco da sua argumentação teórica, achavam quase impossível admitir que, em algumas partes da sua obra, Marx fazia exatamente o tipo de coisa que eles valorizavam muito quando apresentado por outras mãos. Ademais, nas suas páginas, o metal frio da teoria econômica vinha imerso em tamanha riqueza de frases afervoradas que adquiria uma temperatura que não era naturalmente a sua. Quem dá de ombros para o direito de Marx de ser considerado um analista no sentido científico naturalmente tem em mente aquelas frases, não o pensamento, a linguagem apaixonada e a veemente acusação de "exploração" e "pauperização"[1] (esta provavelmente é a melhor maneira de traduzir a palavra *Verelendung*, que nada tem de bom alemão assim como este monstro nada tem de bom inglês. Em italiano é *immheerimenio*). Sem dúvida, todas essas coisas e muitas outras, como as suas insinuações maldosas ou o seu comentário vulgar acerca de *lady* Orkney,[2] são partes importantes do espetáculo, eram importantes para o próprio Marx e o são tanto para os devotos quanto para os ímpios. Explicam em parte por que muita gente insiste em ver nos teoremas de Marx algo a mais e até algo fundamentalmente diferente das proposições análogas do seu mestre. Mas elas não afetam a natureza da sua análise.

Quer dizer então que Marx tinha um mestre? Tinha. O entendimento real da sua economia começa com o reconhecimento de que, como teórico,

---

1 *Immiseration* no original em inglês. (N. T.)

2 Amiga de Guilherme III, o rei tão impopular no seu tempo que havia se tornado um ídolo da burguesia inglesa.

ele era discípulo de Ricardo. E não só no sentido de a sua argumentação partir das proposições de Ricardo, mas também no sentido muito mais significativo de ele ter aprendido com Ricardo a arte de teorizar. Sempre usou as ferramentas de Ricardo, e todo problema teórico se lhe apresentava na forma de dificuldades que lhe ocorriam no estudo profundo de Ricardo e de sugestões para outra obra que Marx neles colhera. Ele mesmo reconhecia boa parte disso, embora naturalmente não admitisse que a sua atitude para com Ricardo fosse tipicamente a de um discípulo que vai ao professor, ouve-o falar várias vezes e em frases quase sucessivas de excesso de população e de população excessiva, e então vai para casa e tenta resolver o problema. Talvez seja compreensível os dois partidos da controvérsia em torno a Marx se haverem recusado a reconhecer tal coisa.

A influência de Ricardo não foi a única que agiu sobre a economia de Marx, mas, à parte a de Quesnay, de quem ele derivou a sua concepção fundamental do processo econômico como um todo, nenhuma outra precisa ser mencionada em um esboço como este. O grupo de escritores ingleses que, entre 1800 e 1840, tentaram desenvolver a teoria do valor-trabalho pode ter fornecido muitas sugestões e detalhes, mas, para os nossos fins, ele se inclui na referência à corrente de pensamento ricardiana. Vários autores, com alguns dos quais Marx foi indelicado em proporção inversa à distância que deles o separava e cujo trabalho se desenvolvia paralelamente ao seu em muitos pontos (Sismondi, Rodbertus, John Stuart Mill), não devem ser levados em conta, assim como tudo que não se relacione diretamente com o argumento principal – por exemplo, o desempenho visivelmente fraco de Marx no campo da moeda, no qual não conseguiu chegar ao nível ricardiano.

Façamos agora um resumo brevíssimo da argumentação marxista, inevitavelmente injusto em muitos elementos da estrutura de *Das Kapital* que, em parte inacabado, em parte castigado por sucessivos ataques, ainda ergue o seu poderoso perfil diante de nós!

1. Marx se associou ao grupo ordinário de teóricos do seu tempo, e também de uma época posterior, quando fez de uma teoria do valor a pedra fundamental da sua estrutura teórica. A sua teoria do valor é a ricardiana. Creio que uma destacada autoridade como o professor Taussig discordava disso e sempre frisou as diferenças. Há muita diferença no enunciado, no método de

dedução e na implicação sociológica, mas não há nenhuma no teorema em si, a única coisa que interessa ao teórico de hoje.[3] Tanto Ricardo quanto Marx dizem que o valor de toda mercadoria é (em equilíbrio perfeito e concorrência perfeita) proporcional à quantidade de trabalho nela contida, contanto que esse trabalho seja condizente com o padrão existente de eficácia da produção (a "quantidade de trabalho socialmente necessária"). Ambos medem essa quantidade em horas de trabalho e usam o mesmo método a fim de reduzir diferentes qualidades de trabalho a um padrão único. Ambos encontram dificuldades iniciais inerentes a essa abordagem de maneira similar (quer dizer, Marx as encontra tal como aprendeu a encontrá-las com Ricardo). Nenhum dos dois tem coisa útil a dizer a respeito do monopólio ou do que hoje chamamos de concorrência imperfeita. Ambos respondem aos críticos com os mesmos argumentos. Os de Marx são simplesmente menos corteses, mais prolixos e mais "filosóficos" no pior sentido da palavra.

Todo o mundo sabe que essa teoria do valor é insatisfatória. Na prolongada discussão acerca dela, a razão não está toda de um lado e os seus adversários têm usado muitos argumentos incorretos. O ponto essencial não é se o trabalho é a verdadeira "fonte" ou "causa" do valor econômico. Essa questão pode ser de interesse primordial para os filósofos sociais que dela querem deduzir reivindicações éticas para o produto, e o próprio Marx não era indiferente a esse aspecto do problema. Mas, para a economia como ciência positiva,

---

3   No entanto, cabe indagar se essa era a única coisa que importava para o próprio Marx. Ele tinha a ilusão que Aristóteles, *i.e.*, de que o valor, embora fosse um fator na determinação dos preços relativos, era coisa diferente e existia independentemente dos preços relativos ou das relações de troca. A proposição de que o valor de uma mercadoria é a quantidade de trabalho nela incorporada não pode significar nada além disso. Assim sendo, *há* uma diferença entre Ricardo e Marx, já que os valores daquele são simplesmente valores de troca ou preços relativos. Vale a pena mencionar isso porque, se aceitarmos essa ideia de valor, grande parte da sua teoria que nos parece insustentável ou até sem sentido deixaria de sê-lo. É claro que não a aceitamos. A situação não melhoraria se, acatando alguns especialistas nas obras de Marx, adotássemos a opinião segundo a qual, sendo uma "substância" diferente ou não, os seus valores quantidade de trabalho têm a mera função de servir de instrumentos com que explicar a divisão da renda social total em renda do trabalho e renda do capital (sendo, nesse caso, a teoria dos preços relativos individuais uma questão secundária). Pois, como veremos adiante, a teoria do valor de Marx também malogra nessa tarefa (aceitando-se que seja possível divorciar essa tarefa do problema dos preços individuais).

que tem de descrever ou explicar processos reais, é muito mais importante indagar como a teoria do valor-trabalho funciona enquanto instrumento de análise, e o grande problema é que ela funciona pessimamente.

Para começar, não funciona absolutamente fora do caso da concorrência perfeita. Em segundo lugar, mesmo com a concorrência perfeita, nunca funciona *fluidamente*, a menos que o trabalho seja o único fator de produção e, além disso, se for todo de um só tipo.[4] Se não se cumprir uma dessas condições, haverá necessidade de hipóteses adicionais, e as dificuldades analíticas aumentarão a ponto de se tornar incontroláveis. Por isso, raciocinar nos termos da teoria do valor do trabalho é raciocinar sobre um caso muito especial e sem importância prática, ainda que algo se possa dizer a seu favor se a interpretarmos no sentido de certa aproximação das tendências históricas dos valores relativos. A teoria que a substituiu – na sua primeira forma e agora fora de moda, conhecida como teoria da utilidade marginal – pode reclamar superioridade em muitos pontos, mas o verdadeiro argumento a seu favor é que ela é muito mais geral e se aplica igualmente bem, por um lado, aos casos de monopólio e concorrência imperfeita e, por outro, à presença de outros fatores e de trabalho de muitos tipos e qualidades diferentes. Além disso, se introduzirmos nessa teoria as suposições restritivas mencionadas, evidencia-se a proporcionalidade entre valor

---

4 A necessidade da segunda suposição é particularmente nociva. A teoria do valor do trabalho pode ser capaz de lidar com diferenças na qualidade do trabalho devidas ao treinamento (habilidade adquirida): então a cota adequada do trabalho que entra no processo de treinamento teria de ser acrescentada a cada hora de trabalho qualificado para que pudéssemos, sem sair do âmbito do princípio, calcular a hora de trabalho executado por um operário qualificado como determinado múltiplo de uma hora de trabalho não qualificado. Mas esse método falha no caso das diferenças "naturais" de qualidade do trabalho em virtude das diferenças de inteligência, força de vontade, força física ou agilidade. Então é preciso recorrer à diferença de valor das horas respectivamente trabalhadas pelo operário naturalmente inferior e o naturalmente superior – valor que não é explicável pelo princípio da quantidade de trabalho. Aliás, Ricardo faz precisamente isso: simplesmente diz que as qualidades diferentes serão colocadas, de algum modo, na sua relação correta pelo jogo do mecanismo do mercado, de modo que enfim possamos dizer que um trabalho de uma hora feito pelo operário A é equivalente a um múltiplo definido do trabalho realizado pelo operário B. Mas Ricardo perde totalmente de vista que, com esse argumento, ele recorre a outro princípio de avaliação e abandona o da quantidade de trabalho que, desse modo, falha desde o começo dentro do seu próprio recinto e antes que tenha oportunidade de falhar devido à presença de outros fatores que não o trabalho.

e quantidade de trabalho aplicado.[5] Portanto, deve estar claro que era perfeitamente absurdo para os marxistas questionar, como inicialmente tentaram fazer, a validez da teoria da utilidade marginal do valor (que era a que lhes fazia frente), mas também que é incorreto chamar de "errada" a teoria do valor do trabalho. Em todo caso, ela está morta e enterrada.

2. Embora, ao que parece, não tivessem plena consciência de todas as fragilidades da posição em que se colocaram ao adotar esse ponto de partida, Ricardo e Marx se deram conta de algumas delas bastante claramente. Em particular, ambos pelejaram com o problema de eliminar o elemento dos Agentes dos Serviços Naturais, que, obviamente, ficam privados do seu devido lugar no processo de produção e distribuição por uma teoria do valor apoiada apenas na quantidade de trabalho. A conhecida teoria ricardiana da renda da terra é, essencialmente, uma tentativa de conseguir essa eliminação; e a teoria marxista, outra. Tão logo tenhamos um aparato analítico que cuide da renda com a naturalidade com que cuida dos salários, toda dificuldade desaparece. Então não há necessidade de dizer mais nada sobre os méritos ou deméritos intrínsecos da doutrina de Marx da renda absoluta em oposição à renda diferencial nem sobre a sua relação com a de Rodbertus.

No entanto, mesmo deixando isso de lado, continuamos às voltas com a dificuldade oriunda da presença do capital no sentido de estoque de meios de produção que, por sua vez, são produzidos. Para Ricardo, a questão era muito simples: na famosa seção IV do primeiro capítulo dos seus *Principles*, ele introduz e aceita como um fato, sem tentar questioná-lo, que ali onde bens de capital como fábricas, maquinário e matéria-prima são usados na produção de uma mercadoria, esta será vendida por um preço que dará um lucro líquido ao proprietário desses bens de capital. Ricardo percebeu que esse fato tem a ver com o período de tempo decorrido entre o investimento e o surgimento de produtos vendáveis e que isso imporá desvios dos valores reais desses

---

5 De fato, decorre da teoria da utilidade marginal do valor que, para haver equilíbrio, cada valor deve ser distribuído entre os usos produtivos possíveis de modo que a última unidade alocada a qualquer uso produza o mesmo valor que a última unidade alocada a cada um dos demais usos. Se não houver outros fatores, salvo trabalho de um tipo e de uma qualidade, isso significa obviamente que os valores ou preços relativos de todas as mercadorias deve ser proporcional ao número de homens-horas nelas contidos, desde que haja concorrência perfeita e mobilidade.

produtos com relação à proporcionalidade de homens-horas neles "contidas" – inclusive os homens-horas que entraram na produção dos próprios bens de capital – sempre que esses períodos não forem os mesmos em todas as indústrias. Isso ele assinala com muita tranquilidade, como se, em vez de contradizer o seu teorema fundamental sobre o valor, fosse decorrência dele, e não vai além disso, restringindo-se a alguns problemas secundários que surgem nessa conexão e acreditando, obviamente, que a sua teoria continua descrevendo o determinante básico do valor.

Marx também introduziu, aceitou e discutiu o mesmo fato e jamais o questionou como tal. Também se deu conta de que ele parecia desmentir a teoria do valor do trabalho. Mas reconheceu a inadequação do tratamento dado por Ricardo ao problema e, ainda que aceitando o problema tal como ele o apresentou, passou a atacá-lo seriamente, dedicando-lhe centenas de páginas, ao passo que Ricardo não lhe dedicou mais que algumas frases.

3. Ao fazê-lo, Marx não só mostrou uma percepção muito mais aguda da natureza do problema envolvido como aperfeiçoou o aparato conceitual que recebeu. Por exemplo, substituiu com bons resultados a distinção de Ricardo entre capital fixo e circulante pela distinção entre capital constante e variável (salário), e as noções rudimentares de Ricardo sobre a duração dos processos de produção pelo conceito bem mais rigoroso de "estrutura orgânica do capital". Também fez muitas outras contribuições para a teoria do capital. No entanto, agora vamos nos restringir à sua explicação do lucro líquido do capital, à sua teoria da exploração.

As massas nem sempre se sentiram frustradas e exploradas. Mas os intelectuais que para elas formulavam pontos de vista sempre lhes disseram que o eram, sem necessariamente dar um significado preciso a essa fórmula. Marx não poderia fugir do *slogan* mesmo que quisesse. Seu mérito e sua realização foi perceber a fragilidade dos vários argumentos com que os tutores da opinião das massas antes dele tentavam mostrar como a exploração surgiu, os quais abastecem até hoje o arsenal do radical comum. Nenhum dos *slogans* habituais sobre o poder de barganha e a trapaça o satisfazia. Ele queria provar que a exploração não provinha de situações individuais ocasional e acidentalmente; mas resultava da própria lógica do sistema capitalista, inevitável e inteiramente independente de qualquer intenção individual.

E o fez assim: o cérebro, os músculos e os nervos do operário constituem, digamos, um fundo ou estoque de trabalho potencial (*Arbeitskraft*, geralmente traduzido por força de trabalho). Esse fundo ou estoque, Marx o considera como uma espécie de substância que existe em quantidade definida e, na sociedade capitalista, é uma mercadoria como qualquer outra. Podemos elucidar esse pensamento tendo em conta o caso da escravidão: a ideia de Marx é que não há nenhuma diferença essencial, embora haja muitas secundárias, entre o contrato de salário e a compra de um escravo – de fato, o que o empregador do trabalho "livre" compra não é, como no caso da escravidão, o próprio trabalhador, e sim uma cota definida da soma total do seu trabalho potencial.

Ora, como o trabalho nesse sentido (não o *serviço* do trabalho ou o homem-hora efetivo) é uma mercadoria, a lei do valor lhe é aplicável. Em outras palavras, em equilíbrio e concorrência perfeita, ele deve alcançar um salário proporcional ao número de *horas* de trabalho que entrou na sua "produção". Mas que número de *horas* de trabalho entra na produção do estoque de trabalho potencial que está armazenado sob a pele do operário? Bem, o número de *horas* de trabalho que foram e são necessárias para criar, alimentar, vestir e alojar o trabalhador.[6] Isso constitui o valor desse estoque, e, se o operário vender partes dele – expressas em dias, semanas ou anos –, receberá salários que correspondem ao valor-trabalho dessas partes, assim como o traficante, ao vender um escravo, receberia, em equilíbrio, um preço proporcional ao número total dessas *horas* de trabalho. Convém observar uma vez mais que Marx se mantém cautelosamente afastado dos *slogans* populares que, em uma ou em outra forma, sustentam que, no mercado de trabalho capitalista, o operário é roubado ou enganado, ou que, na sua lamentável fraqueza, é simplesmente obrigado a aceitar quaisquer termos impostos. A coisa não é tão simples assim: ele recebe o valor integral do seu trabalho potencial.

No entanto, quando adquirem aquele estoque de serviços potenciais, os "capitalistas" passam a ter a possibilidade de fazer o operário trabalhar mais horas – prestar efetivamente mais serviços – do que o necessário para produzir

---

6 Essa é – excluída a distinção entre "força de trabalho" e trabalho – a solução que S. Bailey (*A Critical Discourse on the Nature, Measure and Causes of Value*, 1895), por antecipação julgou absurda, como o próprio Marx não deixou de notar (*Das Kapital*, v.i, cap. xix).

aquele estoque ou estoque potencial. Têm condições de extrair, nesse sentido, mais horas reais de trabalho do que pagaram. Como os produtos resultantes também são vendidos a um preço proporcional aos homens-horas que entram na sua produção, há uma diferença entre os dois valores – oriunda unicamente do *modus operandi* da lei de valores marxista – a qual, necessariamente e por força do mecanismo dos mercados capitalistas, fica para o capitalista. Trata-se da mais-valia (*Mehrwert*).[7] Ao se apropriar dessa diferença, o capitalista "explora" o trabalho, conquanto pague aos operários não menos do que o valor integral do seu trabalho potencial e receba dos consumidores não mais do que o valor integral dos produtos que vende. Observe-se que não há nenhum apelo a coisas como preços desleais, restrição da produção ou trapaça no mercado dos produtos. É claro que Marx não pretendia negar a existência de tais práticas. Mas as enxergava na sua perspectiva verdadeira e, por conseguinte, não baseou nelas nenhuma conclusão fundamental.

Vejamos *en passant* a pedagogia disso: embora especial e apartado do seu sentido comum, o significado pode ser o que a palavra "exploração" adquire agora, por duvidoso que seja o apoio que deriva da Lei Natural e das filosofias dos mestres e escritores do Iluminismo, ela acaba sendo recebida sob o manto do argumento científico e, assim, tem por finalidade consolar o discípulo a caminho de travar as suas batalhas.

No que se refere aos méritos desse argumento científico, devemos distinguir cautelosamente dois aspectos dele, um dos quais tem sido persistentemente negligenciado pelos críticos. Ao nível ordinário da teoria de um processo econômico estacionário, é fácil mostrar que, pelas próprias suposições de Marx, a doutrina da mais-valia é insustentável. A teoria do valor-trabalho, ainda que a pudéssemos considerar válida para todas as outras mercadorias, não pode se aplicar à mercadoria trabalho, pois isso implicaria que os operários, como as máquinas, são produzidos conforme cálculos de custo racional. Como eles não o são, não há justificativa para presumir que o valor da força de trabalho seja proporcional aos homens-horas que entram na sua "produção". Logicamente, Marx teria melhorado a sua situação se

---

7 A taxa de mais-valia (grau de exploração) é definida como a razão entre a mais-valia e o capital variável (salário).

aceitasse a "lei de ferro dos salários" de Lassalle ou simplesmente argumentasse em termos malthusianos, como fez Ricardo. Mas, já que ele se recusou muito sensatamente a fazê-lo, a sua teoria da exploração perde um dos seus apoios essenciais desde o começo.[8]

Ademais, é perfeitamente possível demonstrar que o equilíbrio competitivo não pode existir em uma situação em que todos os empregadores capitalistas tenham ganhos de exploração. Pois, nesse caso, eles tentariam individualmente expandir a produção, e o efeito de massa disso tenderia inevitavelmente a aumentar as taxas de salário e a reduzir os ganhos desse tipo a zero. Sem dúvida, seria possível corrigir um pouco o caso apelando para a teoria da concorrência imperfeita, introduzindo atrito e inibições institucionais do funcionamento da concorrência, reforçando todas as possibilidades de entraves na esfera do dinheiro e do crédito, e assim por diante. Dessa maneira, só se poderia apresentar uma argumentação moderada, a qual Marx teria desprezado energicamente.

Mas a questão ainda tem outro aspecto. Basta olhar para a meta analítica de Marx para entender que ele não precisava aceitar o combate num terreno em que seria facilmente derrotado. Isso só é tão fácil enquanto vermos na teoria da mais-valia exclusivamente uma proposição referente a processos econômicos estacionários em equilíbrio perfeito. Como o que ele visava na análise não era um estado de equilíbrio, ao qual na sua opinião a sociedade capitalista não pode chegar nunca, mas, pelo contrário, um processo de mudança incessante na estrutura econômica, a crítica feita acima não chega a ser completamente decisiva. A mais-valia talvez seja impossível no equilíbrio perfeito, mas pode estar sempre presente porque esse equilíbrio nunca tem a possibilidade de se estabelecer. Talvez ela sempre *tenda* a desaparecer e, entretanto, continue presente por ser constantemente recriada. Essa defesa não salvará a teoria do valor, particularmente quando aplicada à própria mercadoria trabalho, nem o argumento acerca da exploração tal como está. Mas nos possibilita dar uma interpretação mais favorável ao resultado, posto que uma teoria satisfatória da mais-valia a prive da conotação especificamente marxista. Esse aspecto é muito importante. Deita uma nova luz também sobre outras

---

8 Veremos mais adiante como Marx tentou substituir esse apoio.

MARX, O ECONOMISTA

partes do aparato de análise econômica de Marx e avança consideravelmente na explicação de por que esse aparato não recebeu um abalo mais fatal das bem-sucedidas críticas dirigidas aos seus fundamentos.

4. Entretanto, se continuarmos no nível em que geralmente se discutem as doutrinas marxistas, mergulhamos cada vez mais em dificuldades, ou melhor, percebemos o que fazem os devotos quanto tentam trilhar o caminho do mestre. Para começar, a doutrina da mais-valia não facilita a solução dos problemas mencionados acima, que são criados pela discrepância entre a teoria do valor-trabalho e os fatos simples da realidade econômica. Pelo contrário, dificulta-a porque, segundo ela, o capital constante – isto é, o capital não salário – não transmite ao produto mais valor do que perde na sua produção; só o capital salário o faz, e, consequentemente, os lucros auferidos devem variar, tal como entre as empresas, segundo a composição orgânica dos respectivos capitais. Marx acredita que a concorrência entre os capitalistas gera uma redistribuição da "massa" total da mais-valia de modo que cada empresa aufira lucros proporcionais ao seu capital total ou que as taxas de lucro individuais se igualem. Vemos de pronto que a dificuldade pertence à categoria dos problemas espúrios que sempre resultam de tentativas de esforço de usar uma teoria pouco sólida;[9] e a solução, à categoria do desespero como conselheiro. Todavia, Marx acreditava não só que esta servia para estabelecer o surgimento de taxas de lucro uniformes e para explicar como, por causa disso, os preços relativos das mercadorias se desviavam dos seus valores em termos de trabalho,[10] mas também que a sua teoria oferecia uma explicação de outra "lei"

---

9 No entanto, nela há um elemento a que não falta solidez, e a percepção do qual, ainda que vaga, se deve creditar a Marx. Não é um fato inquestionável, como quase todos os economistas acreditam mesmo hoje, que os meios de produção produzidos gerem um lucro líquido em uma economia perfeitamente estacionária. Se, na prática, eles normalmente parecem gerar lucros líquidos, isso pode muito bem se dever ao fato de a economia nunca ser estacionária. Pode-se interpretar o argumento de Marx sobre o lucro líquido do capital como um modo sinuoso de reconhecê-lo.

10 A sua solução para esse problema, ele a incorporou em manuscritos a partir dos quais o amigo Engels compilou o terceiro volume póstumo de *Das Kapital*. Portanto, não temos diante de nós o que o próprio Marx talvez desejasse dizer em definitivo. Tal como ficou, a maioria dos críticos não vacilou em condená-lo por haver, no terceiro volume, contradito inteiramente a doutrina do primeiro. À primeira vista, esse veredicto não se justifica. Se nos colocarmos na

que ocupava um lugar importante na doutrina clássica, a saber, a afirmação de que a taxa de lucro tem uma tendência inerente a cair. Aliás, isso decorre muito plausivelmente do aumento da importância relativa da parte constante do capital total nas indústrias de bens salariais: se nessas indústrias a importância relativa das instalações e do equipamento aumenta, como faz ao longo da evolução capitalista, e se a taxa de mais-valia ou o grau de exploração continua sendo a mesma, a taxa de retorno do capital total declinará em geral. Esse argumento suscitou muita admiração, e é presumível que o próprio Marx o contemplasse com a satisfação que costumamos sentir quando uma teoria nossa explica uma observação que não entrou na sua construção. Seria interessante discuti-la pelos seus méritos e independentemente dos erros cometidos por Marx em derivá-la. Mas não é preciso fazê-lo, pois ela é suficientemente condenada pelas suas premissas. No entanto, uma proposição parecida, posto que não idêntica, fornece uma das "forças" mais importantes da dinâmica marxista e, ao mesmo tempo, o vínculo entre a teoria da exploração e a história seguinte da estrutura analítica de Marx, habitualmente chamada de teoria da acumulação.

Os capitalistas transformam em capital – meios de produção – a parte principal do butim arrancado ao trabalho explorado (segundo alguns discípulos, praticamente a sua totalidade). Descartadas as conotações insinuadas pela fraseologia de Marx, isso em si não passa, naturalmente, da afirmação de um fato muito conhecido, descrito amiúde em termos de poupança e investimento. Mas, para Marx, esse mero fato não era suficiente: como o processo

---

perspectiva de Marx, como é o nosso dever em uma questão desse tipo, não é absurdo enxergar a mais-valia como uma "massa" produzida pelo processo social de produção considerado como uma unidade e fazer do resto uma questão de distribuição dessa massa. E, se isso não é absurdo, continua sendo possível sustentar que os preços relativos das mercadorias, como ele deduz no terceiro volume, procede da teoria da quantidade de trabalho do primeiro. Por isso, não é correto asseverar, como fizeram alguns escritores de Lexis a Cole, que a teoria do valor de Marx é completamente divorciada e não contribui em nada para a sua teoria dos preços. Porém Marx pouco tem a ganhar por ser isento de contradição. A acusação restante é suficientemente forte. A melhor contribuição para toda a questão de como valores e preços se relacionam entre si no sistema marxista, que também alude a algumas das melhores intervenções em uma controvérsia pouco fascinante, é L. von Bortkiewicz, "Wertrechnung und Preisrechnung im Marxschen System", *Archiv für Sozialwissenschaft und Sozialpolitik*, 1907.

capitalista se desdobrava dentro de uma lógica inexorável, o fato tinha de fazer parte dessa lógica, o que significa, praticamente, que devia ser necessário. Tampouco seria satisfatório aceitar que essa necessidade proviesse da psicologia social da classe capitalista, por exemplo, à maneira de Max Weber, que tornou as atitudes puritanas – e a abstenção do prazer hedonista dos lucros obviamente condiz perfeitamente com esse padrão – um determinante causal do comportamento capitalista. Marx não desprezou nenhum apoio que lhe parecesse capaz de derivar desse método.[11] Mas tinha de haver algo mais substancial do que isso para um sistema concebido como o dele, algo que compelisse os capitalistas a acumular independentemente do que eles sentissem com isso e que fosse suficientemente poderoso para ser responsável por esse padrão psicológico. E, felizmente, há.

Para expor a natureza dessa compulsão a poupar, parece-me conveniente aceitar um ponto da doutrina de Marx: ou seja, presumir como ele que, para a classe capitalista, economizar implica *ipso facto* um aumento correspondente do capital real.[12] Esse movimento sempre ocorrerá, no primeiro caso, na parte variável do capital total, o capital salário, mesmo que a intenção seja a de aumentar a parte constante, em particular, aquela que Ricardo chamava de capital fixo – principalmente o maquinário.

Quando discuti a teoria da exploração de Marx, observei que, em uma economia perfeitamente competitiva, os ganhos de exploração induziriam os capitalistas a expandir ou tentar expandir a produção, porque, do ponto de vista de todos eles, isso significaria mais lucro. Para tanto, teriam de acumular. Ademais, o efeito de massa disso tenderia a reduzir a mais-valia pela consequente elevação das taxas de salário, quando não também da consequente

---

11 Por exemplo, em um lugar (*Das Kapital*, v.i, p.654, da edição Everyman), ele se supera em retórica pitoresca a esse respeito – indo, penso eu, além do que convém ao autor da interpretação econômica da história. Acumular pode ser ou não ser "Moisés e todos os profetas" (!) para a classe capitalista e tais voos podem nos impressionar ou não pelo ridículo – com Marx, os argumentos desse tipo e nesse estilo sempre sugerem certa fragilidade que precisa ser escondida.

12 Para Marx, poupar ou acumular é idêntico à conversão da "mais-valia em capital". Não pretendo discrepar disso, conquanto as tentativas individuais de poupar não aumentem necessária e automaticamente o capital real. A opinião de Marx me parece muito mais próxima da verdade do que a contrária, apadrinhada por muitos dos meus contemporâneos, mas que não creio que valha a pena contestar aqui.

queda dos preços dos produtos – um ótimo exemplo das contradições inerentes ao capitalismo, tão caras a Marx. E também para o capitalista individual essa tendência constituiria outro motivo para que ele se sentisse compelido a acumular,[13] embora, no fim, isso piorasse as coisas para a classe capitalista como um todo. Portanto, haveria uma espécie de compulsão a acumular mesmo em um processo no mais estacionário que, como mencionei acima, não pudesse alcançar equilíbrio estável enquanto a acumulação não tivesse reduzido a mais-valia a zero e, por conseguinte, destruído o próprio capitalismo.[14]

Não obstante, outra coisa é muito mais importante e muito mais drasticamente imperiosa. Na realidade, a economia capitalista não é e não pode ser estacionária. Tampouco se expande de modo contínuo. É revolucionada incessantemente *por dentro*, por novas iniciativas, isto é, pela introdução de novas mercadorias, de novos métodos de produção ou de novas oportunidades comerciais na estrutura industrial tal como existe em qualquer momento. Todas as estruturas existentes e todas as condições de negócio estão sempre em processo de mudança. Toda situação é subvertida antes que tenha tempo de se estabilizar. Na sociedade capitalista, progresso econômico é sinônimo de turbulência. E, como veremos na próxima parte, nessa turbulência, a concorrência funciona de maneira completamente diferente de como funcionaria em um processo estacionário, ainda que perfeitamente competitivo. As possibilidades de colher ganhos produzindo coisas novas ou produzindo

---

13 Em geral, economiza-se naturalmente menos de uma renda menor que de uma maior. Porém, economiza-se mais de qualquer renda que não se espera que dure ou que se espera que decresça do que se economizaria da mesma renda se se soubesse que ela permaneceria pelo menos estável no seu montante atual.

14 Até certo ponto, Marx reconhece isso. Mas pensa que, se os salários aumentarem a ponto de interferir na acumulação, a taxa desta decrescerá "porque o estímulo do ganho fica rebotado", de modo que "o mecanismo do processo de produção capitalista remove os obstáculos que ele mesmo cria temporariamente" (*Das Kapital*, v.i, cap. xxv, seção i). Ora, *essa* tendência do mecanismo capitalista a se equilibrar certamente não está fora de cogitação e qualquer afirmação nesse sentido exigiria, no mínimo, cuidadosa qualificação. Mas o ponto interessante é que chamaríamos essa afirmação de extremamente antimarxista se acaso a encontrássemos na obra de outro economista e que, tanto quanto for defensável, ela enfraquece muito o significado principal do argumento de Marx. Nesse ponto e em muitos outros, Marx mostra em um grau surpreendente os grilhões que o prendiam à economia burguesa da sua época, a qual ele acreditava ter rompido.

coisas antigas a custo mais baixo se materializam constantemente e exigem novos investimentos. Esses produtos e métodos novos não concorrem com os produtos e métodos antigos em termos de igualdade, mas com uma vantagem decisiva que pode significar a morte destes. É assim que se dá o progresso na sociedade capitalista. Para não se deixar baratear, *toda* empresa acaba sendo obrigada a fazer o mesmo, a também investir e, a fim de ser capaz disso, a reinvestir parte dos seus lucros, *i.e.*, a acumular.[15] Assim, todo o mundo acumula.

Pois bem, Marx enxergou mais claramente esse processo de mudança industrial e entendeu a sua importância essencial mais plenamente que qualquer outro economista do seu tempo. Isso não quer dizer que tenha compreendido corretamente a sua natureza ou analisado com acerto o seu mecanismo. Para ele, esse mecanismo se reduz à mera mecânica das massas de capital. Marx não tinha uma teoria da empresa adequada e a sua incapacidade de distinguir o empreendedor do capitalista, aliada a uma técnica teórica defeituosa, é responsável por muitos casos de *non sequitur* e por muitos equívocos. Mas a simples visão do processo era suficiente por si só para muitos dos propósitos que ele tinha em mente. O *non sequitur* deixa de ser uma objeção fatal quando se pode fazer com que aquilo que não decorre das premissas de Marx decorra de outras; e até mesmo os erros rematados e as interpretações equivocadas geralmente são redimidos pela exatidão substancial da orientação do argumento no curso do qual ocorrem – em particular, podem se tornar inócuos para os passos seguintes da análise que, para o crítico incapaz de entender essa situação paradoxal, parecem irreparavelmente condenados.

Já tivemos um exemplo disso. Tal como é, a teoria da mais-valia de Marx não se sustenta. Mas, como o processo capitalista produz, sim, ondas recorrentes de lucros excedentes temporários sobre o custo, coisa que outras teorias podem explicar perfeitamente, se bem que de modo nada marxista, o passo seguinte de Marx, dedicado à acumulação, não ficou completamente viciado pelos seus deslizes anteriores. De maneira semelhante, ele não demonstrou

---

15 Naturalmente, esse não é o único método de financiar o avanço tecnológico. Mas é praticamente o único que Marx tomou em consideração. Como se trata de um método deveras importante, podemos acompanhá-lo nisso, posto que outros métodos, particularmente o do empréstimo bancário, *i.e.*, da criação de depósitos, geram consequências próprias, de modo que seria realmente necessário incluí-los para projetar um quadro correto do processo capitalista.

satisfatoriamente a dita compulsão a acumular tão essencial à sua argumentação. Mas as falhas da sua explicação não causam maiores danos porque, como já dissemos, nós mesmos podemos apresentar de pronto uma explicação mais satisfatória, na qual, entre outras coisas, a queda dos lucros se põe por si só no seu devido lugar. A taxa de lucro agregada sobre o capital industrial total não precisa declinar a longo prazo, nem pelo motivo marxista de o capital constante aumentar em relação ao capital variável,[16] nem por qualquer outro. É suficiente que, como vimos, o lucro de cada fábrica individual seja ameaçado incessantemente pela concorrência real ou potencial de novas mercadorias ou de novos métodos de produção que, cedo ou tarde, o transformará em prejuízo. Assim, obtemos uma força motriz e até um análogo da proposição de Marx segundo a qual o capital constante não produz mais-valia – pois nenhum conjunto individual de bens de capital é uma fonte eterna de ganhos excedentes –, sem ter de recorrer às partes da sua argumentação cuja validez é duvidosa.

Outro exemplo provém do elo seguinte da cadeia de Marx, a sua teoria da concentração, ou seja, o tratamento por ele dispensado à tendência do processo capitalista a dilatar tanto o maquinário industrial quanto as unidades de controle. A única coisa que ele tem para oferecer como explicação,[17] quando despojado das suas imagens, se reduz a declarações desinteressantes que "a luta da concorrência se trava barateando as mercadorias", coisa que "depende, *caeteris paribus*, da produtividade do trabalho"; que isso, por sua vez, depende da

---

16 Segundo Marx, os lucros naturalmente também podem declinar por outro motivo, *i.e.*, por causa de uma queda da taxa de mais-valia. Isso pode decorrer do aumento das taxas de salário ou de reduções, por exemplo, pela legislação, das horas diárias de trabalho. É possível alegar, mesmo do ponto de vista da teoria marxista, que isso induzirá os "capitalistas" a substituírem o trabalho por bens de capital que economizem mão de obra, assim aumentando temporariamente o investimento, independentemente do impacto de novas mercadorias e do avanço tecnológico. Em 1837, Nassau W. Senior publicou um panfleto intitulado *Letter on the Factory Act*, no qual tentou mostrar que a redução proposta da duração da jornada de trabalho resultaria no aniquilamento dos lucros na indústria do algodão. Em *Das Kapital*, v.1, cap. VII, seção 3, Marx fulmina ferozes diatribes contra a publicação. A argumentação de Senior deveras beira a tolice. Porém Marx devia ter sido a última pessoa a criticá-la, pois ela combina perfeitamente com a sua teoria da exploração.

17 Cf. *Das Kapital*, v.1, cap. XXV, seção 2.

escala da produção; e que "os grandes capitais derrotam os pequenos".[18] Isso é muito parecido com o que dizem os manuais correntes sobre a matéria, e nada tem de muito profundo ou admirável em si. É particularmente inadequado devido à ênfase exclusiva dada ao tamanho dos "capitais" individuais, ao passo que, na descrição dos efeitos, Marx se atrapalha com a sua técnica, que é incapaz de lidar efetivamente com o monopólio ou com o oligopólio.

Sem embargo, não é injustificada a admiração que tantos economistas de fora do rebanho afirmam sentir por essa teoria. Um dos motivos é que prever o advento da grande empresa foi, considerando-se as condições da época de Marx, uma proeza e tanto. Ele uniu cuidadosamente a concentração ao processo de acumulação, ou melhor, visualizou aquela como parte desta, e não só como parte do seu padrão factual como também da sua lógica. Percebeu corretamente algumas das consequências – por exemplo, que "o volume crescente das massas individuais de capital vem a ser a base material de uma revolução ininterrupta do próprio modo de produção" – além de outras, ainda que de modo unilateral ou distorcido. Marx eletrizou a atmosfera em torno ao fenômeno com todos os dínamos da guerra e da política de classes – só isso teria bastado para alçar a sua exposição muito acima dos áridos teoremas envolvidos, particularmente para as pessoas sem imaginação própria. E o mais importante foi ele ter logrado seguir adiante, quase inteiramente desimpedido pela motivação inadequada das características individuais do seu panorama e por aquilo que, para o profissional, parece ser falta de rigor na argumentação, porque, afinal de contas, os gigantes industriais ainda eram coisa o futuro, assim como a situação social que eles estavam fadados a criar.

5. Dois outros itens completarão este esboço: a teoria de Marx da *Verelendung* ou, para usar o equivalente inglês que arrisquei adotar, da pauperização,[19] e a sua (e de Engels) teoria do ciclo econômico. Naquela, tanto a análise quanto a visão fracassam irrevogavelmente; nesta, ambas se mostram corretas.

Sem dúvida, Marx sustentava que, no transcurso da evolução capitalista, as taxas de salário reais e o padrão de vida das massas declinariam nas

---

18 Essa conclusão, geralmente denominada teoria da expropriação, é, para Marx, a única base puramente econômica da luta em que os capitalistas se destroem mutuamente.

19 *Immiserization* no original em inglês (N. T.).

camadas mais bem pagas e não melhorariam nas mais mal pagas, e que isso não ocorreria devido a circunstâncias acidentais ou ambientais, e sim por força da própria lógica do processo capitalista.[20] É claro que esse foi um prognóstico singularmente infeliz, e os marxistas de todos os tipos têm tido enorme dificuldade para engolir uma evidência tão claramente adversa. Inicialmente, e em alguns casos isolados mesmo nos nossos dias, eles mostraram uma notável tenacidade para tentar salvar aquela "lei" como a declaração de uma tendência real apresentada pelas estatísticas dos salários. Depois tentaram lhe atribuir outro significado, quer dizer, fazer com que se referisse não às taxas de salário real ou à parte absoluta que vai para a classe operária, mas à parcela relativa da renda do trabalho na renda nacional total. Posto que algumas passagens de Marx possibilitem uma interpretação nesse sentido, isso viola flagrantemente o significado da maioria delas. Ademais, de nada serviria aceitar essa interpretação, pois as principais conclusões de Marx pressupõem que a porção *absoluta per capita* do trabalho declinaria ou, pelo menos, não aumentaria: se ele estivesse realmente pensando na porção relativa, isso não faria senão agravar os seus problemas. Por fim, a proposição em si continuaria errada, porque a parte relativa dos salários e vencimentos na renda total varia pouco de ano a ano e é notavelmente constante no decorrer do tempo: certamente não revela nenhuma tendência a declinar.

Não obstante, parece haver outro modo de sair da dificuldade. É possível que uma tendência cesse de aparecer nas nossas séries estatísticas periódicas – que, como neste caso, chegam até a mostrar a tendência oposta – mas nem por isso ela deixa de ser inerente ao sistema investigado, pois pode ter sido suprimida por condições excepcionais. Aliás, essa é a orientação adotada pela maioria dos marxistas modernos. As condições excepcionais se acham

---

20 Há uma primeira linha de defesa que os marxistas, como a maioria dos apologistas, estão habituados a opor à intenção crítica atocaiada por trás de afirmações tão terminantes. É que Marx não deixou totalmente de enxergar o reverso da medalha e, com muita frequência, "reconheceu" casos de aumento de salário e assim por diante – como, de fato, ninguém podia deixar de enxergar –, sendo a implicação que ele teria antecipado plenamente o que quer que um crítico tivesse a dizer. Um escritor tão prolixo, que intercala em sua argumentação tão fartas camadas de análise histórica, naturalmente facilita mais a defesa do que qualquer fundador da Igreja. Mas de que vale "reconhecer" um fato recalcitrante se ele não pode influenciar as conclusões?

MARX, O ECONOMISTA

na expansão colonial ou, mais geralmente, no acesso a novos países durante o século XIX, que teriam inaugurado um "período de defeso" para as vítimas da exploração.[21] Na próxima parte, teremos oportunidade de abordar essa questão. Por ora, notemos que os fatos emprestam certo apoio *prima facie* a esse argumento, cuja lógica também é impecável e, portanto, poderia resolver a dificuldade se essa tendência, pelo contrário, se assentasse em bases sólidas.

Mas o problema é que a estrutura teórica de Marx nada tem de confiável nesse setor: tal como no caso da visão, os fundamentos analíticos estão errados. A base da teoria da pauperização é a teoria do "exército industrial de reserva", *i.e.*, do desemprego gerado pela mecanização do processo de produção.[22] E a teoria do exército de reserva, por sua vez, baseou-se na doutrina exposta no capítulo de Ricardo sobre o maquinário. Em nenhuma outra parte – salvo na teoria do valor, é claro – a argumentação de Marx depende tão completamente da de Ricardo sem acrescentar nada essencial.[23] Falo, naturalmente, apenas na teoria pura do fenômeno. Marx, como sempre, adicionou muitos retoques, como a oportuna generalização pela qual a substituição de operários qualificados por não qualificados é integrada ao conceito de desemprego; também após uma infinita profusão de exemplos e fraseologia; e, o mais importante, acrescentou o cenário impressionante, o vasto pano de fundo do seu processo social.

Inicialmente, Ricardo tendeu a participar do ponto de vista, muito comum em todas as épocas, segundo o qual a introdução de máquinas no processo produtivo dificilmente deixaria de beneficiar as massas. Quando passou a duvidar dessa opinião ou, em todo caso, da sua validez geral, ele, com franqueza característica, reviu a sua posição. Não menos caracteristicamente, recuou ao

---

21 O próprio Marx sugeriu essa ideia, bem que os neomarxistas a tenham desenvolvido.

22 Naturalmente, é preciso distinguir esse tipo de desemprego dos outros. Em particular, Marx nota o tipo que deve a sua existência às variações cíclicas da atividade econômica. Como os dois não são independentes e como, na sua argumentação, ele geralmente se apoia neste tipo, não naquele, surgem dificuldades de interpretação das quais nem todos os críticos parecem ter plena consciência.

23 Isso deve ser óbvio para qualquer teórico, a partir de um estudo não só das *sedes materiae*, *Das Kapital*, v.i, cap. XV, seções 3, 4, 5 e especialmente 6 (em que Marx trata da teoria da compensação, a ser comentada mais adiante), como também dos cap. XXIV e XXV, nos quais, de modo parcialmente diferente, ele repete e elabora as mesmas coisas.

fazê-lo, e usando o seu método habitual de "imaginar casos forçados", produziu um exemplo numérico, muito conhecido por todos os economistas, para mostrar que as coisas também podiam tomar outro rumo. Não pretendeu negar, por um lado, que estava provando tão só uma possibilidade – posto que não improvável – ou, por outro, que no fim o benefício líquido para o trabalho resultaria dos efeitos ulteriores da mecanização sobre a produção total, os preços etc.

O exemplo é correto até certo ponto.[24] Os métodos um pouco mais sofisticados de hoje corroboram o seu resultado à medida que admitem a possibilidade que ele visava estabelecer, bem como a contrária; vão além expondo as condições formais que determinam se resultará esta ou aquela consequência. Claro está que essa é a única coisa que a teoria pode fazer. São necessários outros dados para prever o efeito real. Mas, para os nossos fins, o exemplo de Ricardo tem outro atributo interessante. Ele toma o de uma empresa que possui determinada quantidade de capital, emprega determinado número de operários e resolve dar um passo rumo à mecanização. Para tanto, atribui a um grupo desses operários a tarefa de construir uma máquina que, quando estiver instalada, possibilitará à empresa dispensar parte desse grupo. Os lucros, eventualmente, pode ser que permaneçam os mesmos (depois dos ajustes competitivos que eliminarão qualquer ganho temporário), mas a renda bruta será destruída na quantia exata dos salários anteriormente pagos aos operários agora "libertos". A ideia de Marx da substituição do capital variável (salário) pelo constante é quase a réplica exata dessa maneira de colocar a questão. Do mesmo modo, a ênfase de Ricardo sobre o consequente *excesso* populacional tem um paralelo exato na ênfase de Marx sobre a população *excedente*, expressão que ele alterna com "exército industrial de reserva". Verdadeiramente, a doutrina de Ricardo é absorvida de cabo a rabo.

Mas aquilo que pode ser aceitável, desde que nos atenhamos ao propósito restrito que Ricardo tinha em vista, torna-se inadequadíssimo – aliás, fonte de outro *non sequitur*, dessa vez sem a redenção de uma visão acertada dos resultados finais – quando consideramos a superestrutura levantada por Marx

---

24 Ou pode ser corrigido sem perder o significado. Há alguns pontos duvidosos no argumento que provavelmente se devem à sua técnica lamentável – que tantos economistas adorariam perpetuar.

sobre um alicerce tão frágil. Ele mesmo parece ter tido esse sentimento. Porque se agarrou, com uma energia que tem qualquer coisa de desesperado, ao resultado condicionalmente pessimista do seu mestre como se o argumento forte deste fosse o único possível e, com energia ainda mais desesperada, combateu os autores que desenvolveram as implicações da sugestão de Ricardo das compensações que a era da máquina podia oferecer ao trabalho mesmo que o efeito imediato da introdução do maquinário significasse prejuízo (teoria da compensação, a maior aversão de todos os marxistas).

Não lhe faltavam motivos para seguir esse rumo. Marx precisava muito de uma base firme para a sua teoria do exército de reserva, que devia atender a dois fins fundamentalmente importantes, além de outros secundários. Primeiramente, vimos que ele privou a sua doutrina da exploração do que chamei de um suporte essencial devido à sua ojeriza, perfeitamente compreensível em si, a lançar mão da teoria malthusiana da população. Esse suporte foi substituído pelo sempre presente, porque sempre recriado,[25] exército de reserva. Em segundo lugar, a visão particularmente estreita do processo de mecanização por ele adotada era essencial para motivar as frases bombásticas do capítulo xxxii do primeiro volume de *Das Kapital*, que, de certo modo, são o *finale* glorificador não só desse volume como de toda a obra de Marx. Vou citá-las integralmente – mais integralmente do que o ponto em discussão requer – a fim de dar aos meus leitores um vislumbre de Marx na atitude que explica igualmente bem o entusiasmo de uns e o desprezo de outros. Sejam um amontoado de coisas que nada são, sejam o próprio núcleo da verdade profética, ei-las:

> De braço dado com essa centralização ou a expropriação de muitos capitalistas por poucos, desenvolve-se [...] o entrelaçamento de todas as nações na rede do mercado mundial e, com isso, o carácter internacional do regime capitalista. Junto com a redução constante do número de magnatas do capital, que usurpam e monopolizam todas as vantagens desse processo de transformação, cresce a massa

---

25 Naturalmente é necessário frisar a criação incessante. Seria muito injusto com as palavras de Marx, assim como com o seu significado, imaginar, como fizeram alguns críticos, que ele supunha que a introdução do maquinário expulsava as pessoas do trabalho e as deixava individualmente desempregadas para sempre. Ele não negava a absorção, e a crítica baseada na prova de que qualquer desemprego criado sempre será absorvido erra inteiramente o alvo.

da miséria, da opressão, da escravidão, da degradação, da exploração; mas com isso também cresce a revolta da classe operária, cada vez mais numerosa, disciplinada, unida e organizada pelo mecanismo do próprio processo de produção capitalista. O monopólio do capital torna-se um entrave para o modo de produção que com ele e sob ele brotou e floresceu. A centralização dos meios de produção e a socialização do trabalho chegam enfim a um ponto em que se tornam incompatíveis com o seu tegumento capitalista. Este se rompe. Soa o dobre fúnebre da propriedade privada capitalista. Os expropriadores são expropriados.

6. É difícil elogiar o trabalho de Marx no campo dos ciclos econômicos. A sua parte realmente valiosa consiste em dezenas de observações e comentários, a maioria dos quais de natureza fortuita, que estão dispersos em quase todos os seus escritos, inclusive em muitas cartas. As tentativas de reconstrução de tal *membra disjecta* de um corpo, que não aparece em carne e osso em parte alguma e talvez nem existisse na mente do próprio Marx, a não ser em forma embrionária, podem gerar facilmente resultados diferentes em diferentes mãos e ser viciadas pela compreensível tendência do admirador a creditar a Marx, mediante a interpretação conveniente, praticamente todos os resultados da pesquisa ulterior que o próprio admirador aprovar.

A massa comum de amigos e inimigos não se deu nem se dá conta do tipo de tarefa que o comentarista é obrigado a enfrentar por causa da natureza caleidoscópica da contribuição de Marx nessa matéria. Vendo que Marx se manifestava sobre ela com tanta frequência e que a sua importância para o seu tema fundamental era grande, deram por líquido e certo que tinha de haver uma bem-definida teoria marxista do ciclo que se poderia derivar do resto da sua lógica do processo capitalista, tanto quanto, por exemplo, a teoria da exploração deriva da teoria do trabalho. Consequentemente, saíram à procura dessa teoria, e é fácil adivinhar o que foi que lhes ocorreu.

Por um lado, Marx, sem dúvida, enaltece – posto que sem dar uma explicação adequada – o poder extraordinário do capitalismo de desenvolver a capacidade produtiva da sociedade. Por outro, enfatiza incessantemente a miséria crescente das massas. Não é a coisa mais natural do mundo concluir que as crises ou depressões se devem ao fato de as massas exploradas não poderem comprar aquilo que o aparato de produção sempre em expansão produz

MARX, O ECONOMISTA

63

ou está prestes a produzir, e que, por isso e também por outros motivos que não precisamos repetir, a taxa de lucro declina até o nível da falência? Assim, parece que chegamos efetivamente, conforme o aspecto do problema que queiramos sublinhar, às margens de uma teoria do subconsumo ou da super-produção do tipo mais desprezível.

A explicação foi efetivamente classificada entre as teorias fundadas no subconsumo.[26] Podem-se invocar duas circunstâncias em apoio a essa classificação. Primeiro, no tocante à teoria da mais-valia e também a outras matérias, é óbvia a afinidade das teorias de Marx com as de Sismondi e Rodbertus. E esses homens acatavam o ponto de vista do subconsumo. Não era insensato inferir que Marx tivesse feito a mesma coisa. Em segundo lugar, algumas passagens das suas obras, particularmente a breve referência às crises contida no *Manifesto comunista*, se prestam, sem dúvida, a essa interpretação, embora as manifestações de Engels se prestem muito mais.[27] Mas isso carece de importância já que Marx, mostrando muita circunspecção, as repudiou expressamente.[28]

---

26 Embora essa interpretação tenha entrado na moda, vou mencionar somente dois autores, um dos quais é responsável por uma versão modificada dela, ao passo que o outro pode testemunhar a sua persistência: Tugan-Baranowsky, *Theoretische Grundlagen des Marxismus*, 1905, que por esse motivo condenou a teoria das crises de Marx, e M. Dobb, *Political Economy and Capitalism*, 1937, que lhe é mais simpático.

27 O ponto de vista um tanto banal de Engels a esse respeito está mais bem expresso no seu polêmico livro intitulado *Herrn Eugen Dührings Umwälzung der Wissenschaft*, 1878, naquela que veio a ser uma das passagens mais frequentemente citadas na literatura socialista. Lá ele faz uma exposição muito pitoresca da morfologia das crises que, por certo, é boa para fins de conferências populares, mas também, no lugar de uma explicação, afirma que "a expansão do mercado não pode acompanhar a expansão da produção". Também se refere, aprovando-a, à opinião de Fourier manifesta na expressão autoexplicativa *crises pléthoriques*. Contudo, não se pode negar que Marx escreveu parte do cap. x e é corresponsável por todo o livro.

Observo que os poucos comentários sobre Engels contidos no presente trabalho são claramente críticos. Isso é lamentável e não se deve a nenhuma intenção de diminuir os méritos desse homem eminente. Contudo, acho necessário admitir com franqueza que, intelectualmente e em especial como teórico, ele era muito inferior a Marx. Não se pode ter certeza de que sempre haja compreendido o pensamento deste. Por isso, convém usar as suas interpretações com cuidado.

28 *Das Kapital*, v.ii, p.476 da tradução inglesa de 1907. No entanto, cf. também *Theorien über den Mehrwert*, v.ii, cap. iii.

O fato é que ele não tinha nenhuma teoria simples dos ciclos econômicos. E não se pode derivar nenhuma das suas "leis" do processo capitalista. Mesmo que aceitemos a sua explicação da origem da mais-valia e concordemos que a acumulação, a mecanização (crescimento relativo do capital constante) e o excedente demográfico, este aprofundando inexoravelmente a miséria das massas, se conectam em um encadeamento lógico que termina na catástrofe do sistema capitalista – mesmo nesse caso, falta-nos um fator que confira necessariamente a flutuação cíclica ao processo e explique uma alternância *imanente* de prosperidades e depressões.[29] Sem dúvida, muitos acidentes e incidentes estão sempre à mão para que os usemos a fim de compensar os defeitos da explicação fundamental. Há erros de cálculo e de expectativas, além de outros equívocos, há ondas de otimismo e pessimismo, excessos especulativos e reações aos excessos especulativos e há a fonte inesgotável dos "fatores externos". Do mesmo modo que o processo mecânico de acumulação de Marx continua em ritmo uniforme – e não há nada que mostre por que não o faria em princípio –, a evolução geral que ele descreve também *poderia* prosseguir em ritmo uniforme; no que diz respeito à sua lógica, ela é essencialmente sem prosperidade e sem depressão.

Claro que isso não é necessariamente uma desgraça. Muitos outros teóricos sustentaram e sustentam simplesmente que as crises ocorrem quando se verifica um transtorno de suficiente importância. Tampouco chegou a ser uma desvantagem absoluta para Marx, pois o libertou, pelo menos uma vez, da escravidão do seu sistema e o deixou à vontade para olhar para os fatos sem ter de violentá-los. Consequentemente, ele considera uma grande variedade de elementos mais ou menos relevantes. Por exemplo, usa um tanto superficialmente a intervenção do dinheiro nas transações de mercadorias – e nada mais – para refutar a proposição de Say acerca da impossibilidade de uma saturação geral; ou a liquidez dos mercados monetários para explicar desenvolvimentos desproporcionais nos ramos caracterizados por investimentos

---

29 Para o leigo, o contrário parece tão óbvio que não seria fácil justificar esta afirmação mesmo que tivéssemos todo o espaço do mundo. A melhor maneira de o leitor se convencer da sua verdade é pelo estudo da argumentação de Ricardo sobre o maquinário. O processo lá descrito pode causar qualquer quantidade de desemprego e, no entanto, prosseguir indefinidamente sem provocar uma ruptura, a não ser a derrocada final do sistema. Marx concordaria com isso.

maciços em bens de capital duráveis; ou incentivos especiais como a abertura de mercados ou o surgimento de novas necessidades sociais para motivar acelerações repentinas da "acumulação". Tenta, sem muito sucesso, transformar o crescimento populacional em um fator de flutuações.[30] Observa, embora não a explique realmente, que a escala da produção se expande "aos trancos" que são "o prelúdio de sua contração igualmente repentina". Com habilidade, diz que "a superficialidade da economia política se mostra no fato de ela encarar a expansão e a contração do crédito, que são um mero sintoma das mudanças periódicas do ciclo industrial, como a sua causa.[31] E o capítulo dos incidentes e acidentes, ele o submete, é claro, a uma pesada contribuição.

Tudo isso corresponde ao bom senso e é substancialmente correto. Encontramos praticamente todos os elementos que sempre entram em qualquer análise séria dos ciclos econômicos, e no conjunto há pouquíssimos erros. Ademais, não se deve esquecer de que a mera percepção da existência de movimentos cíclicos foi um grande aporte para a época. Muitos economistas anteriores a ele os pressentiram. No entanto, no fundamental, centraram a atenção nos desmoronamentos espetaculares que passaram a se chamar "crises". E não souberam vê-las à sua luz verdadeira, ou seja, à luz do processo cíclico de que elas são meros incidentes. Consideraram-nas, sem olhar além ou para baixo, como desgraças isoladas que acontecem em consequência de erros, excessos, abuso ou do funcionamento defeituoso do mecanismo de crédito. Marx, creio eu, foi o primeiro economista a se alçar acima dessa tradição e a antecipar a obra de Clément Juglar – à parte o complemento estatístico. Ainda que, como vimos, não tenha oferecido uma explicação adequada do ciclo econômico, ele enxergou claramente o fenômeno e entendeu grande parte do seu mecanismo. Também como Juglar, falou sem hesitação em um ciclo decenal "interrompido

---

30 Também nisso Marx não fica sozinho. No entanto, seria justo esperar que ele finalmente visse a fragilidade da sua abordagem, e é relevante notar que as suas observações a respeito figuram no terceiro volume e não podem ser consideradas a expressão do seu ponto de vista definitivo.

31 *Das Kapital*, v.i, cap. xxv, seção 3. Imediatamente depois dessa passagem, ele dá um passo em uma direção também muito conhecida pelo estudioso das teorias modernas dos ciclos econômicos: "Os efeitos, por sua vez, se tornam causas, e os acidentes variáveis inerentes a todo o processo, *que reproduzem as suas próprias condições* (grifo meu), tomam a forma de uma periodicidade".

por flutuações menores".[32] Intrigado com a questão de qual era a causa daquele período, considerou a ideia de que talvez tivesse a ver com a vida útil do maquinário na indústria do algodão. E há muitos outros sinais de preocupação com os ciclos econômicos como problema distinto das crises. Isso basta para lhe garantir proeminência entre os pais da pesquisa moderna dos ciclos.

Outro aspecto a ser mencionado. Na maior parte dos casos, Marx empregou o termo crise no significado ordinário, falando da crise de 1825 ou da de 1847 como fazem outras pessoas. Mas também o empregou com um significado diferente. Acreditando que a evolução do capitalismo um dia convulsionaria o arcabouço institucional da sociedade capitalista, ele pensava que, antes que ocorresse o verdadeiro colapso, o capitalismo começaria a funcionar com atritos crescentes e apresentaria sintomas de doença fatal. A esse estágio, que naturalmente deve ser visualizado como um período histórico mais ou menos prolongado, ele aplicou o mesmo termo. E mostra a tendência a ligar essas crises recorrentes à crise fundamental da ordem capitalista. Chega até a sugerir que aquelas devem ser encaradas como antecipações da derrocada final. Como isso pode parecer a muitos leitores uma chave da teoria marxista das crises no sentido comum, é necessário indicar que os fatores que, segundo Marx, serão responsáveis pela derrocada final não podem, sem uma boa dose de hipóteses adicionais, ser responsabilizados pelas depressões recorrentes,[33] e que a chave não nos leva além da proposição trivial de que a "expropriação dos expropriadores" pode ser coisa mais fácil em uma depressão do que em um período de prosperidade.

---

32 Engels foi mais além. Algumas de suas notas relativas ao terceiro volume de Marx revelam que ele suspeitava da existência de oscilações mais prolongadas. Posto que tendesse a interpretar a fragilidade comparativa das prosperidades e a intensidade comparativa das depressões, nas décadas de 1870 e 1880, mais como uma mudança estrutural do que como o efeito da fase de depressão de uma onda de mais longa duração (exatamente como fazem muitos economistas modernos no tocante aos desenvolvimentos do pós-guerra e especialmente da última década), pode-se ver nisso certa antecipação do trabalho de Kondratieff sobre os ciclos mais prolongados.

33 Para se convencer disso, o leitor só precisa voltar a dar uma olhada na citação da p.61-2. Na realidade, embora brinque frequentemente com a ideia, Marx evita se entregar a ela, o que é muito significativo, pois ele não tinha o costume de perder uma oportunidade de generalizar.

MARX, O ECONOMISTA

7. Finalmente, a ideia de que a evolução do capitalismo destruirá – ou superará as instituições da sociedade capitalista (*Zusammenbruchstheorie*, a teoria da catástrofe inevitável) oferece um último exemplo de *non sequitur* combinado com uma visão profunda que ajuda o autor a salvar a sua conclusão.

Baseada no aumento da miséria e da opressão que incitarão as massas à revolta, a "dedução dialética" de Marx é invalidada pelo *non sequitur* que vicia o argumento destinado a demonstrar o aumento inevitável da miséria. Além disso, faz tempo que os marxistas, inclusive os ortodoxos em tudo o mais, começaram a duvidar da validez da proposição de que a concentração do controle industrial é necessariamente incompatível com o "tegumento capitalista". O primeiro deles a exprimir essa dúvida mediante um argumento bem organizado foi Rudolf Hilferding,[34] um dos líderes do importante grupo de neomarxistas que, na verdade, se inclinava para a inferência oposta, *v.g.* que por meio da concentração o capitalismo podia ganhar estabilidade.[35] Deixando para a próxima parte o que tenho a dizer sobre a matéria, afirmarei que Hilferding parece ir longe demais, embora, como veremos, a opinião atualmente muito generalizada nos Estados Unidos de que as grandes empresas "se transformam em um estorvo para o processo de produção" careça de fundamento, e embora as conclusões de Marx não decorram efetivamente das suas premissas.

Não obstante, mesmo que os fatos e o raciocínio de Marx fossem mais errôneos do que são, o seu resultado podia mesmo assim ser verdadeiro à medida que ele simplesmente afirma que a evolução capitalista destruirá os fundamentos da

---

34 *Das Finanzkapital*, 1910. Naturalmente, já haviam surgido muitas vezes dúvidas baseadas em várias circunstâncias secundárias para mostrar que Marx atribuíra demasiado peso às tendências que ele acreditava ter demonstrado e que a evolução social era um processo muito mais complexo e muito menos coerente do que ele imaginava. É suficiente mencionar E. Bernstein; cf. cap. xxvi. Mas a análise de Hilferding, longe de alegar circunstâncias atenuantes, combate essa conclusão por princípio e colocando-se no próprio terreno de Marx.

35 Essa proposição foi confundida muitas vezes (inclusive pelo seu autor) com a proposição de que as flutuações econômicas tendem a se atenuar progressivamente. Pode ser assim ou não (1929-1932 não constitui um argumento contrário). No entanto, uma maior estabilidade do *sistema* capitalista, *i.e.*, um comportamento um pouco menos temperamental das séries de preços e quantidades, não implica necessariamente uma estabilidade maior, *i.e.*, uma capacidade maior da *ordem* capitalista de resistir a ataques, nem é necessariamente por ela implicada. As duas coisas se relacionam, mas não se confundem.

sociedade capitalista. Creio que será assim. E duvido que seja exagero chamar de profunda uma visão na qual essa verdade se revelou para além de qualquer dúvida em 1847. Agora é um lugar-comum. O primeiro que a tornou lugar-comum foi Gustav Schmoller. Sua Excelência o professor von Schmoller, conselheiro privado da Prússia e membro da Câmara Alta prussiana não tinha propensões revolucionárias nem se dava a gesticulações subversivas. Mas afirmava serenamente a mesma verdade. Também preferia calar o "como" e o "por quê".

É quase desnecessário fazer um resumo minucioso. Por imperfeito que seja, o nosso esboço é suficiente para estabelecer que: em primeiro lugar, ninguém que tenha algum interesse pela análise puramente econômica pode falar em sucesso absoluto; em segundo, ninguém que tenha algum interesse pelas construções audaciosas pode falar em fracasso absoluto.

No tribunal que julga a técnica teórica, o veredicto há de ser desfavorável. A adesão a um aparato analítico que sempre foi inadequado e, mesmo no tempo de Marx, estava se tornando rapidamente obsoleto; uma longa lista de conclusões que ou não decorrem das premissas, ou são completamente errôneas; equívocos que, se corrigidos, alteram inferências essenciais, transformando-as às vezes nas suas contrárias – disso tudo se pode acusar com razão o técnico teórico Marx.

Não obstante, mesmo nesse tribunal será necessário atenuar o veredicto por dois motivos.

Primeiro, conquanto Marx errasse com frequência – às vezes irremediavelmente –, os seus críticos estavam longe de sempre ter razão. Como entre eles figuravam economistas excelentes, deve-se registrar o fato a seu favor, especialmente porque Marx não pôde enfrentar a maior parte deles.

Em segundo lugar, igualmente a seu favor se devem registrar as contribuições de Marx, tanto as críticas quanto as positivas, para um grande número de problemas individuais. Em um esboço como este, não é possível enumerá-las, muito menos fazer-lhes justiça. Mas tivemos um relance de algumas delas quando discutimos o seu tratamento do ciclo econômico. Também mencionei algumas que melhoraram a nossa teoria da estrutura do capital físico. Os esquemas que ele concebeu nesse campo, bem que não impecáveis, voltaram a se mostrar úteis em trabalhos recentes que parecem bastante marxistas em certas passagens.

MARX, O ECONOMISTA 69

Não obstante, um tribunal de apelação – mesmo que ainda restrito a questões teóricas – poderia se sentir inclinado a proferir uma sentença inteiramente oposta. Porque há uma contribuição verdadeiramente importante que se pode invocar em oposição aos erros teóricos de Marx. Por entre todos os elementos errôneos ou mesmo acientíficos da sua análise, flui uma ideia fundamental que nada tem de errôneo nem de acientífico: a concepção de uma teoria, não simplesmente de um número indefinido de situações específicas desconexas ou da lógica das quantidades econômicas em geral, mas da sucessão efetiva dessas situações ou do processo econômico tal como se desenvolve por impulso próprio, no tempo histórico, produzindo a cada instante aquela situação que por si só engendrará a seguinte. Assim, o autor de tantas ideias falsas foi igualmente o primeiro a intuir o edifício intelectual que, mesmo atualmente, continua sendo a teoria econômica do futuro, para cuja construção acumulamos, lenta e laboriosamente, pedras e argamassa, dados estatísticos e equações funcionais.

E Marx não só concebeu essa ideia, como tentou realizá-la. Todos os defeitos que desfiguram a sua obra devem ser julgados de outra maneira se se levar em consideração a grande finalidade a que a sua argumentação tenta servir, ainda que ela não os redima completamente, como em alguns casos. Contudo, Marx realmente conseguiu uma coisa de importância fundamental para a metodologia da economia. Os economistas sempre fizeram o trabalho do historiador econômico, ou então se serviram dos trabalhos históricos dos outros – mas os fatos da história econômica eram relegados a um compartimento separado. Entravam na teoria – quando entravam – meramente no papel de ilustração ou, talvez, de confirmação das conclusões. Só se misturavam com ela mecanicamente. Ora, a mistura de Marx é química; quer dizer, ele as introduziu no próprio argumento que produz as conclusões. Foi o primeiro economista de alta categoria que viu e ensinou sistematicamente que a teoria econômica pode ser transformada em análise histórica e que a narrativa histórica pode ser transformada em *histoire raisonnée*.[36] Ele não tentou resolver

---

36 Se por isso os discípulos devotos pretenderem que ele fixou o objetivo da escola histórica da economia, não se pode rejeitar facilmente essa pretensão, posto que a obra da escola de Schmoller fosse totalmente independente da sugestão de Marx. Mas se continuarem

o problema análogo relativo à estatística. Mas, de certo modo, está implícito no outro. Isso também responde à pergunta de até que ponto, da maneira explicada no fim do capítulo anterior, a teoria econômica de Marx consegue implementar o seu arcabouço sociológico. Não o consegue; porém, mesmo fracassando, ela fixa uma meta e define um método.

---

pretendendo que só Marx e mais ninguém sabia racionalizar a história, ao passo que os homens da escola histórica só sabiam descrever os fatos sem penetrar o seu significado, eles porão tudo a perder. Pois aqueles homens sabiam analisar efetivamente. Se as suas generalizações eram menos arrebatadas; e as suas narrações, menos arbitrárias que as de Marx, isso só lhes pode ser creditado.

4

MARX, O PROFESSOR

AGORA TEMOS DIANTE DE NÓS os principais componentes da estrutura marxista. Que dizer da imponente síntese no seu conjunto? A pergunta não é ociosa. Se há um caso em que o todo é maior que a soma das partes, trata-se justamente deste. Ademais, a síntese pode ter estragado tanto o trigo ou aproveitado tanto o joio, ambos presentes em praticamente todas as passagens, que o todo pode ser mais verdadeiro ou mais falso do que qualquer parte tomada isoladamente. Por fim, não esqueçamos a mensagem que provém unicamente do todo. Desta, porém, não se dirá mais nada. Cada qual que decida por si o que ela significa para ele.

A nossa época se subleva contra a necessidade inexorável da especialização e clama por uma síntese, e em nenhum campo o faz com tanta veemência como nas ciências sociais, nas quais o elemento não profissional tem um peso enorme.[1] Mas o sistema de Marx ilustra bem isso, embora a síntese possa significar nova luz, também significa novos grilhões.

---

1 O elemento não profissional está fortemente representado entre os admiradores de Marx, que, indo além da atitude do *economista* marxista típico, ainda tomam *ipsis litteris* tudo quanto ele escreveu. Isso é muito significativo. Em todo grupo nacional de marxistas, há pelo menos

72 CAPITALISMO, SOCIALISMO E DEMOCRACIA

Vimos que, na argumentação marxista, a sociologia e a economia se interpenetram. Na intenção e, até certo grau, também na prática, elas são uma só. Portanto, todos os conccitos e proposiçõcs importantes são tanto cconômicos quanto sociológicos e têm o mesmo significado nos dois planos – se é que, do nosso ponto de vista, ainda podemos falar em planos da argumentação. Assim, a *categoria* econômica "trabalho" e a *classe* social "proletariado" se tornam, pelo menos em princípio, congruentes, idênticas aliás. Ou a distribuição funcional dos economistas – isto é, a explicação do modo pelo qual as rendas surgem como remuneração dos serviços produtivos, independentemente da classe social a que pertença qualquer receptor de tal remuneração –, só entra no sistema marxista na forma de distribuição entre as classes sociais e, desse modo, adquire uma conotação diferente. Ou o capital, no sistema marxista, só é capital se estiver nas mãos de uma classe capitalista distinta. Nas mãos do operário, as mesmas coisas não são capital.

Não pode haver a menor dúvida quanto ao fluxo de vitalidade que a análise recebe com isso. Os conceitos fantasmagóricos da teoria econômica começam a respirar. O teorema exangue mergulha em *agmen, pulverem et clamorem*; sem perder a qualidade lógica, ela deixa de ser uma simples proposição acerca das propriedades lógicas de um sistema de abstrações; passa a ser a pincelada que pinta o feroz pandemônio da vida social. Tal análise não só transmite um significado mais rico do que toda análise econômica descreve, como também abrange um campo muito mais vasto – arrasta todo tipo de classe para dentro do seu quadro, esteja essa ação de classe em conformidade ou não com as normas ordinárias do procedimento econômico. Guerras, revoluções, legislação de todos os tipos, mudanças na estrutura dos governos, em suma, todas as coisas de que a economia não marxista trata simplesmente como perturbações externas encontram lugar ao lado, por exemplo, de investimentos em maquinário ou de contratos coletivos – tudo é abrangido por um esquema explicativo único.

---

três leigos para cada economista qualificado, e mesmo esse economista, por via de regra, só é marxista no sentido restrito definido na introdução desta parte: venera a imagem, mas lhe dá as costas quando se trata de pesquisar.

Ao mesmo tempo, tal procedimento tem os seus defeitos. Os sistemas conceituais submetidos a um jugo desse tipo arriscam perder facilmente em eficiência tudo quanto ganham em vivacidade. A parelha operário-proletário pode servir de exemplo expressivo, ainda que um tanto banal. Na economia não marxista toda remuneração de serviços pessoais participa da categoria salário, sejam as pessoas grandes juristas, estrelas do cinema, executivos ou garis. Como todas essas remunerações têm muito em comum do ponto de vista do fenômeno econômico envolvido, tal generalização não é fútil nem estéril. Pelo contrário, chega a ser esclarecedora, até mesmo no que se refere ao aspecto sociológico das coisas. Mas igualar trabalho a proletário é toldá-la; na verdade, é eliminá-la de vez do nosso quadro. Do mesmo modo, um teorema econômico útil periga, devido à sua metamorfose sociológica, se impregnar de erro e não de significado mais rico e vice-versa. Assim, a síntese em geral e a síntese nos moldes de Marx em particular podem desembocar facilmente tanto em economia pior quanto em pior sociologia.

A síntese em geral, ou seja, a coordenação dos métodos e resultados de diferentes vias de acesso, é uma coisa difícil, e poucos têm competência para fazê-la. Por conseguinte, geralmente ninguém a faz, e os estudantes que aprendem a ver somente as árvores individuais clamam pela floresta. Mas não se dão conta de que o problema é em parte um *embarras de richesse* e de que a floresta sintética chega a ser singularmente parecida com um campo de concentração intelectual.

A síntese nos moldes marxistas, *i.e.*, a coordenação das análises econômica e sociológica com o fim de levar tudo a um objetivo único é, claro está, particularmente apta a ter essa aparência. O objetivo – a *histoire raisonnée* da sociedade capitalista – é suficientemente amplo, mas o quadro analítico nem tanto. De fato, há um estreito vínculo entre fatos políticos e teoremas econômicos; mas esse vínculo é forçado e nenhum dos dois consegue respirar. Os marxistas afirmam que o seu sistema resolve todos os grandes problemas que desconcertam a economia não marxista; sim, resolve-os, mas para tanto os mutila. Este ponto exige certa elaboração.

Disse há pouco que a síntese de Marx abarca todos os fatos históricos – como as guerras, as revoluções, as mudanças legislativas – e todas as instituições sociais – como a propriedade, as relações contratuais, as formas de governo – que os economistas não marxistas costumam tratar como fatores perturbadores ou como dados, o que quer dizer que eles não se propõem a explicá-los, limitando-se a analisar os seus *modi operandi* e as suas consequências. Tais fatores ou dados são naturalmente necessários para delimitar o objeto e o alcance de qualquer programa de pesquisa. Se nem sempre são especificados expressamente, é só porque se espera que todos saibam o que eles são. A característica peculiar do sistema marxista é sujeitar os próprios fatos históricos e instituições sociais ao processo explanatório da análise econômica ou, para usar a linguagem técnica, tratá-los não como dados, mas como variáveis.

Assim, as Guerras Napoleônicas, a Guerra da Crimeia, a Guerra de Secessão, a Guerra Mundial de 1914, as Fondas Francesas, a grande Revolução Francesa, a Revolução de 1830 e a de 1848, o livre-comércio inglês, o movimento trabalhista como um todo, assim como qualquer uma das suas manifestações particulares, a expansão colonial, as mudanças institucionais, a política nacional e partidária de todas as épocas e todos os países – tudo isso entra no domínio da economia marxista, que afirma encontrar explicações teóricas em termos de guerra de classes, de tentativas de exploração e de revolta contra ela, de acumulação e de mudança qualitativa da estrutura do capital, de mudanças da taxa de mais-valia e da taxa de lucro. O economista já não tem de se contentar em dar respostas técnicas a questões técnicas; em vez disso, ensina à humanidade o sentido oculto das suas lutas. A "política" já não é um fator independente que se pode e deve abstrair em uma investigação dos dados fundamentais e, quando ela interfere, atua de acordo com as preferências de cada um no papel de um garoto travesso que mexe na máquina quando o engenheiro se distrai, ou então no de um *deus ex machina* graças à misteriosa sabedoria de uma espécie duvidosa de mamíferos chamados com toda deferência de "estadistas". Não – a própria política é determinada pela estrutura e a conjuntura do processo econômico e se torna uma transmissora de efeitos tão completamente ao alcance da teoria econômica quanto qualquer compra ou venda.

Repito que nada é mais fácil de entender do que o fascínio exercido por uma síntese que nos oferece tal resultado. É particularmente compreensível no jovem e nos habitantes intelectuais do nosso mundo jornalístico, para os quais os deuses parecem ter conferido o dom da eterna juventude. Febrilmente impacientes por entrar em ação, ansiosos por salvar o mundo disto ou daquilo, contrariados com o tédio indescritível dos manuais, insatisfeitos emocional e intelectualmente, incapazes de fazer síntese por esforço próprio, eles encontram o que anelam em Marx. Eis a chave de todos os segredos mais íntimos, a varinha de condão que dirige todos os acontecimentos, grandes e pequenos. Estão em posse de um esquema explicativo que é ao mesmo tempo – se me for permitido incorrer momentaneamente em hegelianismo – o mais geral e o mais concreto. Já não precisam se sentir excluídos dos grandes acontecimentos da vida – repentinamente, penetram com um olhar de desprezo as majestosas marionetes da política e dos negócios que nunca sabem do que se trata afinal. E quem os pode culpar, tendo em conta as alternativas disponíveis?

Sim, é claro – mas, à parte isso, eu me pergunto em que consiste o serviço prestado pela síntese marxista? Não é e nunca foi provável que o humilde economista que descreve a transição da Inglaterra para o livre-comércio ou as primeiras realizações da legislação fabril britânica se esqueça de mencionar as condições estruturais da economia inglesa que produziram essas medidas políticas. Se não o faz em um curso ou em um livro de teoria pura, é simplesmente para tornar a sua análise mais precisa e eficaz. O que o marxista tem a acrescentar é apenas a insistência no princípio e, para aplicá-lo, uma teoria particularmente estreita e retorcida. Sem dúvida, essa teoria produz resultados, aliás muito simples e definidos. Mas basta aplicá-la sistematicamente a casos individuais para que fiquemos cansadíssimos do interminável refrão da guerra de classes entre proprietários e não proprietários, e para que nos demos conta de um doloroso senso de inadequação ou, pior ainda, de banalidade naquele, caso não acatemos por juramento o esquema subjacente; ou nesta, caso o acatemos.

Os marxistas têm o hábito de apontar triunfalmente para o sucesso do diagnóstico de Marx das tendências econômicas e sociais supostamente inerentes à evolução capitalista. Como vimos, isso tem certa justificativa: mais claramente que qualquer outro escritor da sua época, Marx discerniu o advento da grande empresa e, além disso, algumas características das situações consequentes. Também vimos que, nesse caso, a visão prestou ajuda à análise de modo a remediar algumas insuficiências desta e a chegar a uma síntese mais veraz do que eram os próprios elementos constitutivos da análise. Mas isso é tudo. E a esse feito se deve contrapor o fracasso da previsão da pauperização crescente, o resultado conjunto da visão errada e da análise defeituosa, nas quais se basearam muitas especulações marxistas sobre evolução futura dos acontecimentos sociais. Quem deposita confiança na síntese de Marx como um todo para compreender as situações e os problemas presentes arrisca se equivocar deploravelmente.[2] De fato, parece ser isso o que hoje sentem muitos marxistas.

Em particular, não há motivo de orgulho na maneira como a síntese marxista explica a experiência da década passada. Todo período de depressão ou de recuperação insatisfatória corrobora qualquer previsão pessimista exatamente tão bem quanto corrobora a de Marx. Neste caso, a impressão contrária é criada pelo discurso do burguês desacoroçoado ou do intelectual exaltado cujos temores e esperanças neles imprimiram, naturalmente, um matiz marxista. Mas nenhum fato real justifica um diagnóstico especificamente marxista, menos ainda a inferência de que o que presenciamos, longe de ser uma simples depressão, foram os sintomas de uma mudança estrutural no processo capitalista tal como Marx esperava que ocorresse. Pois, como veremos na próxima parte, todos os fenômenos observados, como o desemprego acima do normal, a falta de oportunidade de investimento, a redução do valor monetário, as perdas etc., se encaixam no conhecido modelo dos períodos de depressão predominante como a década de 1870, a qual Engels comentou com uma moderação que devia servir de exemplo aos seus ardorosos sequazes de hoje.

Dois exemplos memoráveis ilustram tanto os méritos quanto os deméritos da síntese marxista enquanto máquina de resolver problemas.

---

2 Alguns marxistas responderiam que os economistas não marxistas simplesmente não contribuem em nada para a compreensão do nosso tempo, de modo que a situação do discípulo de Marx é melhor nesse aspecto. Deixando de lado a questão de se é melhor não dizer nada do que dizer algo errado, convém ter em mente que isso não é verdade, pois, na realidade, tanto os economistas quanto os sociólogos de obediência não marxista têm contribuído substancialmente, ainda que geralmente em questões individuais. Menos ainda essa pretensão marxista pode se basear em uma comparação entre as teorias de Marx e as das escolas austríaca, de Walras ou de Marshall. Os membros desses grupos se interessam inteiramente na maior parte dos casos, principalmente em todos os casos, por teoria econômica. Portanto, a sua contribuição é incomensurável com a síntese de Marx. Poderia ser comparada unicamente com o aparato teórico de Marx e, nesse campo, a comparação seria totalmente vantajosa para eles.

MARX, O PROFESSOR

Primeiramente, consideremos a teoria marxista do imperialismo. Todas as suas raízes se encontram na obra principal de Marx, mas ela foi desenvolvida pela escola neomarxista que floresceu nas duas primeiras décadas deste século e, sem renunciar à comunhão com os antigos defensores da fé, como Karl Kautsky, muito fez para rever o sistema. O seu centro era Viena; os seus líderes eram Otto Bauer, Rudolf Hilferding e Max Adler. No campo do imperialismo, muitos outros deram continuidade à sua obra, com mudanças de tom secundárias, sendo Rosa Luxemburgo e Fritz Sternberg os mais destacados. A argumentação é como se segue.

Como, por um lado, a sociedade capitalista não pode existir e o seu sistema econômico não pode funcionar sem lucros, e como, por outro, os lucros são eliminados constantemente pelo próprio funcionamento do sistema, o esforço incessante para mantê-los vivos passa a ser o objetivo central da classe capitalista. A acumulação acompanhada pela mudança qualitativa da composição do capital é, como vimos, um remédio que, embora alivie momentaneamente a situação do capitalista individual, a torna pior no fim. Assim, cedendo à pressão da taxa de lucro decrescente – recordemos que ela decresce tanto porque o capital constante aumenta relativamente ao capital variável quanto porque, se os salários tendem a subir, e as jornadas de trabalho, a diminuir, a taxa de mais-valia declina –, o capital procura saídas nos países em que ainda é possível explorar o trabalho à vontade e em que o processo de mecanização ainda não avançou. Assim, presenciamos uma exportação de capital aos países não desenvolvidos que consiste, essencialmente, na exportação de bens de capital ou de bens de consumo a serem usados para comprar trabalho ou adquirir coisas com que comprar trabalho.[3] Mas isso também é exportação de capital no sentido comum da expressão, pois as mercadorias exportadas não serão pagas – pelo menos não imediatamente – com bens, serviços ou dinheiro

---

3 Refiro-me às quinquilharias trocadas por escravos com os chefes tribais ou por mercadorias com que comprar o trabalho nativo. Para não alongar a exposição, não me ocupo do fato de essa exportação de capital no sentido considerado se inserir, em geral, no comércio global dos dois países, o qual também compreende outras transações de mercadorias desvinculadas do processo aqui analisado. Naturalmente, essas transações facilitam muito a exportação de capital, mas não afetam a sua essência. Também omitirei outros tipos de exportação de capital. A teoria em discussão não é nem pretende ser uma teoria geral do comércio e das finanças internacionais.

do país importador. E se transforma em colonização se, a fim de salvaguardar o investimento tanto contra a reação hostil do ambiente nativo ou, se se preferir, contra a sua resistência à exploração – quanto contra a concorrência de outros países capitalistas, o país não desenvolvido for subjugado politicamente. Em geral, esse resultado se obtém com a força militar fornecida pelos próprios capitalistas colonizadores ou pelo seu governo, que, assim, se ajusta à definição do *Manifesto comunista*: "o governo do Estado moderno não passa de um comitê para gerir os negócios comuns de toda a burguesia". É claro que a força não será usada exclusivamente com fins defensivos. Haverá conquista, atritos entre os países capitalistas e guerras intestinas entre burguesias rivais.

Outro elemento vem completar esta teoria do imperialismo tal como é habitualmente apresentada. Sendo provocada pela queda da taxa de lucro nos países capitalistas, a expansão colonial há de ocorrer nas etapas finais da evolução capitalista – aliás, os marxistas falam no imperialismo como uma fase, de preferência, a última fase do capitalismo. Portanto, ela coincidiria com um alto grau de concentração do controle capitalista sobre a indústria e com o declínio do tipo de concorrência que caracterizou a época da empresa pequena e média. O próprio Marx não insistiu muito na tendência resultante à restrição monopolista da produção nem na consequente tendência a proteger a reserva de caça doméstica contra a intrusão de caçadores clandestinos procedentes dos outros países capitalistas. Talvez ele fosse um economista muito competente para confiar tanto assim nessa linha de raciocínio. Mas os neomarxistas dela tiraram partido com deleite. Assim, obtemos não só outro estímulo para a política imperialista e outra fonte de imbróglios imperialistas, mas também, como subproduto, uma teoria de um fenômeno que não é necessariamente imperialista em si: o protecionismo moderno.

Assinalemos outra complicação nesse processo que será de grande utilidade para o marxista na tarefa de explicar outras dificuldades. Quando os países não desenvolvidos se desenvolverem, declinará a exportação de capital do tipo definido acima. Pode ser que haja um período durante o qual a metrópole e a colônia trocarão, por exemplo, produtos manufaturados por matérias-primas. Mas, no fim, as exportações de manufaturados também terão de declinar enquanto a concorrência colonial se afirma na metrópole. As tentativas de retardar o advento desse estado de coisas suprirão novas fontes de atrito, dessa vez entre cada antigo país capitalista e as suas colônias, de guerras de independência e assim por diante. Mas, em todo caso, as portas das colônias acabarão se fechando para o capital doméstico, que não poderá mais fugir dos lucros em via de extinção em casa para pastagens mais ricas no exterior. Podem-se prever com toda confiança a falta de saídas, a capacidade excessiva, a paralisação completa dos negócios e, no fim, a recorrência regular de falências nacionais e outros desastres – talvez guerras mundiais provocadas pelo mero desespero capitalista. A história é simples assim.

Essa teoria é um bom exemplo – talvez o melhor – da maneira como a síntese marxista tenta resolver problemas e, fazendo-o, adquirir autoridade. Tudo parece decorrer com admirável facilidade de duas premissas fundamentais firmemente incrustradas no alicerce do sistema: a teoria das classes e a teoria da acumulação. Uma série de fatos vitais da nossa época parece ser perfeitamente explicada. Todo o labirinto da política internacional dá a impressão de se desemaranhar graças a um único e poderoso golpe de análise. E, no processo, vemos por que e como a ação de classe, permanecendo sempre intrinsecamente a mesma, assume a forma de ação política ou econômica conforme as circunstâncias que determinam rigorosamente os métodos e a fraseologia táticos. Se, em face dos meios e oportunidades à disposição de um grupo de capitalistas, for mais vantajoso negociar um empréstimo, este será negociado. Se, diante dos meios e oportunidades existentes, for mais benéfico fazer a guerra, haverá guerra. Esta alternativa não tem menos direito que aquela de integrar a teoria econômica. Mesmo o simples protecionismo deriva agora, sem dificuldade, da própria lógica da evolução capitalista.

Ademais, essa teoria tira muita vantagem de uma virtude que ela tem em comum com a maior parte dos conceitos marxistas no campo da geralmente chamada economia aplicada. Trata-se do seu vínculo estreito com o fato histórico e contemporâneo. Provavelmente, nenhum leitor leu o meu resumo sem se surpreender com a abundância de exemplos históricos justificadores que se acumula facilmente diante dos seus olhos a cada passo da argumentação. Ele não ouviu falar na opressão da mão de obra nativa pelos europeus em muitas partes do mundo, por exemplo, no que os índios da América Central e do Sul sofreram nas mãos dos espanhóis, ou na caça e no tráfico de escravos e na exploração dos cúlis importados? A exportação de capitais não esteve sempre presente nos países capitalistas? E não se fez acompanhar quase invariavelmente da conquista militar que servia para subjugar os nativos e combater as outras potências europeias? A colonização não teve sempre um lado visivelmente militar, inclusive quando era inteiramente empreendida por sociedades comerciais como a Companhia das Índias Orientais ou a Companhia Britânica da África do Sul? Acaso o próprio Marx teria desejado um exemplo melhor do que Cecil Rhodes e a guerra dos bôeres? Não é suficientemente óbvio que as ambições coloniais foram, para dizer o mínimo, um fator importante nas perturbações europeias a partir de cerca de 1700? Quanto ao presente, quem não ouviu falar, por um lado, na "estratégia das matérias-primas" e, por outro, nas repercussões na Europa do crescimento do capitalismo nativo nos trópicos? E assim por diante. No que diz respeito ao protecionismo – ora, isso é tão claro quanto pode ser qualquer outra coisa.

Mas é melhor tomarmos cuidado. Uma comprovação aparente mediante casos favoráveis à primeira vista, que não são analisados minuciosamente, pode ser muito enganosa. Além disso, como sabem todos os advogados e todos os políticos, insistir energicamente em dados conhecidos ajuda muito a levar um júri ou um parlamento a aceitar a interpretação que se lhe deseja sugerir. Os marxistas têm explorado essa técnica ao máximo. Neste exemplo, ela é particularmente bem-sucedida, pois os fatos em questão combinam as virtudes de ser conhecidos superficialmente por todos e de ser compreendidos a fundo por pouquíssimos. De fato, embora não possamos entrar em uma discussão pormenorizada aqui, mesmo uma reflexão apressada é suficiente para sugerir a suspeita de que "isso não é assim".

Na próxima parte, faremos algumas observações sobre a posição da burguesia com relação ao imperialismo. Consideremos agora a questão de se, caso a interpretação marxista da exportação de capital, da colonização e do protecionismo fosse correta, também seria adequada como uma teoria de todos os fenômenos em que pensamos quando empregamos esse termo equívoco e erroneamente usado: imperialismo. É claro que sempre podemos definir o imperialismo de modo a significar exatamente o que a interpretação marxista implica; e sempre podemos nos declarar convencidos de que todos aqueles fenômenos *têm de* ser explanáveis à maneira marxista. Mas então o problema do imperialismo – sempre admitindo que a teoria é em si correta – não seria "resolvido" senão tautologicamente.[4] Ainda restaria considerar se a abordagem marxista ou, aliás, qualquer abordagem puramente econômica leva a uma solução que não seja tautológica. Entretanto, não precisamos nos preocupar com isso agora, pois o chão afunda sob os nossos pés antes que cheguemos tão longe.

À primeira vista, a teoria parece se ajustar aceitavelmente a alguns casos. Os exemplos mais importantes são as conquistas inglesas e holandeses nos trópicos. Mas a outros casos, como a colonização da Nova Inglaterra, ela não se ajusta de modo algum. E a teoria marxista do imperialismo não descreveu satisfatoriamente nem mesmo o caso do tipo anterior. É óbvio que não bastava reconhecer o papel da atração do lucro na motivação da expansão colonial.[5] Os neomarxistas não se prestaram a afirmar tão horrenda banalidade. Para que eles levassem esses casos em conta, também era preciso que a expansão colonial tivesse sido provocada da maneira indicada, *i.e.*, sob a pressão da acumulação sobre a taxa de lucro, portanto como um sintoma do capitalismo decadente ou, no mínimo, em plena maturidade. Mas a época heroica da

---

4 O perigo das tautologias ocas que pende sobre nós é bem ilustrado pelos casos individuais. Assim, a França conquistou a Argélia, a Tunísia e o Marrocos, e a Itália conquistou a Abissínia pela força militar sem que nenhum interesse capitalista significativo as pressionasse a fazê-lo. Na verdade, a presença de tais interesses foi um pretexto dificílimo de sustentar, e o seu desenvolvimento subsequente foi um processo lento que transcorreu de maneira bastante insatisfatória sob pressão governamental. Caso isso não pareça muito marxista, replicar-se-á que se empreendeu a ação sob a pressão de interesses capitalistas potenciais ou antecipados ou que, em última análise, "tinha de" haver algum interesse ou necessidade objetiva capitalista no fundo daquelas decisões. E podemos sair à caça da prova corroboradora, que nunca falta inteiramente, já que os interesses capitalistas, como todos os outros, são de fato afetados por qualquer situação e dela tiram vantagem, e também porque as condições particulares do organismo capitalista sempre apresentam algumas características que podem, sem cair no absurdo, ser ligadas às políticas de expansão nacional. Evidentemente, só uma convicção preconcebida, e nada mais, pode nos levar a assumir uma tarefa ingrata como esta; sem tal convicção, nunca nos ocorreria embarcar nela. E realmente não precisamos fazer esse trabalho; podemos simplesmente dizer "tem de ser assim" e nos dar por contentes com isso. Eis o que eu queria dizer com explicação tautológica.

5 Tampouco é suficiente destacar o fato de todos os países terem "explorado" as suas colônias. Porque essa foi a exploração de um país como um todo por um país como um todo (de todas as classes por todas as classes) e nada tem a ver com o tipo de exploração especificamente marxista.

aventura colonial foi justamente a do capitalismo incipiente e imaturo, quando a acumulação apenas começava e aquela pressão – e também e sobretudo qualquer obstáculo à exploração da mão de obra doméstica – se notabilizava pela inexistência. O elemento monopólio não inexistia. Pelo contrário, era muito mais evidente do que hoje. Mas isso torna ainda mais absurdo o constructo que converte tanto o monopólio quanto a conquista propriedades específicas do capitalismo tardio.

Ademais, o outro pilar da teoria, a luta de classes, não se acha em situação melhor. É preciso usar antolhos para se concentrar nesse aspecto da expansão colonial que dificilmente há de ter desempenhado mais que um papel secundário e para interpretar em termos de luta de classes um fenômeno que oferece alguns dos exemplos mais impressionantes de cooperação de classes. Ela foi um movimento tanto por salários mais altos quanto por lucros maiores e, a longo prazo, certamente beneficiou (em parte por causa da exploração do trabalho *nativo*) mais o proletariado do que o interesse capitalista. Mas não quero insistir nos seus *efeitos*. O ponto essencial é que a sua *causação* não tem muito a ver com guerra de classes e não mais a ver com a estrutura de classe do que na medida em que a expansão foi dirigida por grupos ou indivíduos pertencentes à classe capitalista ou que a ela tiveram acesso pelo empreendimento colonial. Se, no entanto, nós nos desfizermos dos antolhos e deixarmos de encarar a colonização ou o imperialismo como um mero incidente na guerra de classes, não resta quase nada que seja especificamente marxista. O que Adam Smith tem a dizer a respeito é igualmente valioso – na realidade, mais até.

Resta apreciar o subproduto, a teoria neomarxista do protecionismo moderno. A literatura clássica está repleta de invectivas contra os "interesses sinistros" – na época principalmente, mas nunca inteiramente, os interesses agrários – que reclamando proteção perpetrou um crime imperdoável contra o bem-estar público. Assim, os clássicos tinham lá uma teoria causal do protecionismo – e não só uma teoria das suas consequências – e, se agora acrescentarmos os interesses protecionistas das grandes empresas modernas, teremos ido tão longe quanto é razoável ir. Os economistas modernos simpatizantes do marxismo se equivocam realmente quando dizem que mesmo agora os seus colegas burgueses não enxergam a relação entre a tendência ao protecionismo e a tendência a grandes unidades de controle, posto que esses colegas nem sempre achem necessário sublinhar um fato tão óbvio. Não que os clássicos e os seus sucessores até o presente estivessem certos no tocante ao protecionismo: a sua interpretação era e é tão unilateral quanto a marxista, sem contar que eles geralmente se equivocam na avaliação das consequências e dos interesses em jogo. Mas, pelo menos nos últimos cinquenta anos, tomaram conhecimento do componente monopolista do protecionismo tanto quanto os marxistas, o que não foi tão difícil considerando o caráter banal da descoberta.

E superaram a teoria marxista em um aspecto importantíssimo. Qualquer que fosse o valor da sua doutrina econômica – talvez não muito grande – eles quase sempre[6] persistiram nela. No caso, foi uma vantagem. A proposição segundo a qual muitos direitos protecionistas devem a existência à pressão das grandes empresas, que os querem usar com o fim de manter os seus preços no país acima do nível a que normalmente chegariam, possivelmente para poder vender mais barato no exterior, é banal, mas correta, se bem que nenhuma tarifa não se tenha devido inteira ou principalmente a essa causa particular. É a síntese marxista que a torna inadequada ou errada. Se a nossa ambição for simplesmente entender todas as causas e implicações do protecionismo moderno, políticas, sociais e econômicas, ela é inadequada. Por exemplo, o forte apoio dado pelo povo americano à política protecionistas, sempre que tem oportunidade de manifestar a sua opinião, se explica não pelo amor às grandes empresas ou pelo domínio por elas exercido, e sim pelo desejo fervoroso de construir e manter um mundo próprio e ficar livre de todas as vicissitudes do resto do mundo. A síntese que desconsidera tais elementos do caso, longe de ser um ativo, é um passivo. Mas, se a nossa ambição for reduzir todas as causas e implicações do protecionismo moderno, sejam elas quais forem, ao elemento monopolista da indústria moderna como a única *causa causans* e se formularmos a proposição nesse sentido, ela passa a ser errada. As grandes

---

6 Nem sempre eles se restringiam às suas teorias econômicas. Quando saíam desse terreno, os resultados eram pouco animadores. Assim, os escritos puramente econômicos de James Mill, embora não sejam particularmente valiosos, não podem ser simplesmente rechaçados como de nível desesperadamente inferior. O verdadeiro absurdo – e absurdo banal – está nos seus artigos sobre o governo e temas afins.

empresas são capazes de tirar vantagem do sentimento popular e costumam promovê-lo, mas é absurdo dizer que o criaram. A síntese que leva a – devíamos dizer "postula" – tal resultado vale menos que nenhuma síntese.

A coisa piora infinitamente se, alheios aos fatos e contrariando o bom senso, elevarmos essa teoria da exportação de capital e colonização à explicação fundamental da política internacional, que se resolveria em uma luta, por um lado, de grupos capitalistas monopolistas entre si e, por outro, de cada um deles com o respectivo proletariado. Esse tipo de coisa pode ser útil como propaganda partidária, mas, de resto, simplesmente mostra que as histórias da carochinha não são um monopólio da economia burguesa. Aliás, as grandes empresas – ou a *haute finance* dos Fugger aos Morgan – exercem pouquíssima influência na política externa, e, na maior parte dos casos nos quais a grande indústria como tal ou os interesses bancários como tais conseguiram se afirmar, o seu diletantismo ingênuo resultou em fiasco. Atualmente mais do que nunca, a atitude dos grupos capitalistas para com a política das suas nações é predominantemente adaptativa, não causativa. Também dependem em um grau surpreendente de considerações de curto prazo igualmente distantes de quaisquer planos profundamente meditados e de todo interesse de classe "objetivo" e determinado. Neste ponto, o marxismo degenera na formulação de superstições populares.[7]

Em todas as partes da estrutura marxista, encontram-se outros exemplos equivalentes. Para mencionar um, a já citada definição da natureza dos governos no *Manifesto comunista* por certo tem um elemento de verdade. Em muitos casos, essa verdade explica as atitudes governamentais para com as manifestações mais óbvias dos antagonismos de classes. Mas, ainda que verdadeira,

---

7 Essa superstição se parece muito com outra cultivada por muita gente boa e de mentalidade simplista, que explica a si mesma a história moderna com base na hipótese de que, em algum lugar, há uma comissão de judeus sumamente inteligentes e malévolos que, nos bastidores, controlam a política internacional ou talvez toda a política. Os marxistas não são vítimas dessa superstição específica, mas a deles não é de nível mais elevado. É curioso notar que, quando me defrontei com adeptos de uma ou outra doutrina, sempre tive muita dificuldade para responder de um modo que me fosse satisfatório. Isso não se deve unicamente à circunstância de que é sempre difícil refutar afirmações factuais. A principal dificuldade vinha do fato de as pessoas carentes de conhecimento de primeira mão dos negócios internacionais e dos seus personagens também carecerem de um órgão para a percepção do absurdo.

a teoria incorporada nessa definição é banal. A única coisa que vale a pena é investigar o "porquê" e o "como" da vasta maioria dos casos nos quais a teoria ou deixa de coincidir com o fato, ou, ainda que com ele coincidente, deixa de descrever corretamente o comportamento real dos "comitês para gerir os negócios comuns da burguesia". Uma vez mais, em praticamente todos os casos, é possível dar à teoria a aparência de uma verdade tautológica, pois não há nenhuma política, salvo a de exterminar a burguesia, que não possa ser acusada de servir a um interesse burguês econômico ou extraeconômico, a curto ou a longo prazo, pelo menos no sentido de protegê-lo de coisas ainda piores. Isso, entretanto, não torna a teoria mais valiosa. Mas passemos ao nosso segundo exemplo do poder de resolver problemas da síntese marxista.

O emblema de socialismo científico, que segundo Marx o distingue do socialismo utópico, consiste na prova de que o socialismo é inevitável, independentemente da vontade ou do desejo humanos. Como já se afirmou antes, isso significa que, em virtude da sua própria lógica, a evolução capitalista tende a destruir a ordem de coisas capitalista e a produzir a socialista.[8] Até que ponto Marx conseguiu demonstrar a existência dessas tendências?

No concernente à tendência à autodestruição, a pergunta já teve resposta.[9] A doutrina segundo a qual a economia capitalista desabará inevitavelmente por razões puramente econômicas não foi demonstrada por Marx, como as objeções de Hilferding bastariam para mostrar. Por um lado, algumas das suas proposições sobre os fatos futuros que são essenciais para a argumentação ortodoxa, especialmente a referente ao crescimento inevitável da miséria e da opressão, são insustentáveis; por outro lado, o colapso da ordem capitalista não decorreria necessariamente dessas proposições, mesmo que fossem todas verdadeiras. Porém Marx viu corretamente outros fatores na situação que o processo capitalista tende a desenvolver, como – assim espero mostrar – o próprio resultado final. Quanto a este, talvez seja necessário substituir o nexo marxista por outro, e o termo "colapso" pode se revelar inadequado, particularmente se for compreendido no sentido de um colapso causado pela falência

---

8 Cf. também Parte II, Prólogo.

9 Cf. *supra*, cap. 3, § 7.

do motor da produção capitalista; mas isso não afeta a essência da doutrina, por mais que afete a sua formulação e algumas das suas implicações.

Quanto à tendência ao socialismo, primeiro convém compreender que é um problema diferente. A ordem de coisas capitalista ou qualquer outra está evidentemente sujeita à derrocada – ou a ser superada pela evolução econômica e social – e, no entanto, é possível que a fênix socialista não renasça das próprias cinzas. Pode ser que venha o caos e, a menos que definamos como socialismo qualquer alternativa não caótica ao capitalismo, há outras possibilidades. O tipo particular de organização social que o marxista ortodoxo médio – antes do advento do bolchevismo em todo caso – parecia prever é, certamente, apenas um dentre muitos casos possíveis.

O próprio Marx, ao mesmo tempo que se abstinha prudentemente de descrever os pormenores da sociedade socialista, salientava as condições do seu advento: por um lado, a presença de unidades gigantescas de controle industrial – que, naturalmente, facilitariam muito a socialização – e, por outro, a presença de um proletariado oprimido, escravizado, explorado, mas também numerosíssimo, *disciplinado*, unido e organizado. Isso sugere muita coisa a respeito da batalha final que será a etapa aguda do conflito secular entre as duas classes que então se enfrentarão pela última vez. Também sugere algo acerca do que virá a seguir; sugere a ideia de que o proletariado como tal "tomará o poder" e, mediante a sua ditadura, porá fim à "exploração do homem pelo homem" e estabelecerá a sociedade sem classes. Se o nosso propósito fosse provar que o marxismo é um membro da família dos credos milenaristas, isso bastaria. Como não é esse aspecto que nos interessa, e sim um prognóstico científico, obviamente não basta. Schmoller pisava um terreno muito mais firme. Porque, embora também se recusasse a se comprometer com minúcias, ele obviamente visualizou o processo como uma burocratização progressiva, nacionalização etc., que terminaria em um socialismo de Estado, coisa que, gostemos ou não, pelo menos tem um sentido definido. Assim, Marx não consegue transformar a possibilidade socialista em uma certeza, ainda que lhe concedamos a íntegra da teoria do colapso; se a contestarmos, o fracasso ocorre *a fortiori*.

Em nenhum caso, porém – mesmo que aceitemos o raciocínio de Marx ou qualquer outro –, a ordem socialista se realizará automaticamente; ainda

MARX, O PROFESSOR   87

que a evolução capitalista propiciasse todas as condições para tanto e da maneira mais marxista concebível, seria necessária uma ação específica para a sua implantação.[10] Tal necessidade, naturalmente, coincide com a doutrina de Marx. A revolução não é senão a roupa com que a sua imaginação gostava de vestir essa ação. A sua insistência na violência é compreensível, talvez, em um homem que, nos seus anos de formação, viveu toda a agitação de 1848 e, embora fosse bem capaz de desprezar a ideologia revolucionária, nunca se livrou das suas peias. Além disso, a maior parte do seu público dificilmente daria ouvidos a uma mensagem a que faltasse o sagrado toque de clarim. Enfim, conquanto ele visse a possibilidade de transição pacífica, pelo menos na Inglaterra, pode não ter visto a sua probabilidade. Na época, não era tão fácil enxergá-la, coisa que a sua ideia predileta de duas classes em ordem de batalha tornava ainda mais difícil. Aliás, o seu amigo Engels se deu ao trabalho de estudar tática. Mas, ainda que se possa relegar a revolução ao terreno do supérfluo, a necessidade de ação específica persiste.

Isso também resolveria o problema que tem dividido os discípulos: revolução ou evolução? Se entendi o pensamento de Marx, não é difícil dar a resposta. Aos seus olhos, a evolução era a mãe do socialismo. Ele era muito fortemente impregnado de um senso de lógica inerente às coisas sociais para acreditar que a revolução pudesse substituir alguma parte do trabalho da evolução. Não obstante, a revolução entra no seu sistema, mas só para escrever a conclusão sob uma série completa de premissas. Portanto, a revolução marxista difere inteiramente, em natureza e função, das revoluções tanto da burguesia radical quanto do conspirador socialista. É essencialmente revolução na plenitude de tempo.[11] É verdade que os discípulos que não gostam dessa conclusão e especialmente da sua aplicação ao caso russo[12] apontam para muitas passagens dos livros sagrados que parecem contradizê-las. Mas, nessas passagens, o próprio Marx contradiz o seu pensamento mais profundo

---

10 Cf. Parte III, cap. 5.

11 Convém anotar esse ponto para referência futura. Voltaremos reiteradamente ao tema e, entre outras coisas, discutiremos os critérios dessa "plenitude do tempo".

12 Karl Kautsky, no prefácio a *Theorien über den Mehrwert*, chegou a reivindicar a revolução de 1905 para o socialismo marxista, embora seja patente que a única coisa que ela teve de marxista foi a fraseologia de uns poucos intelectuais.

e maduro que se desprende inequivocamente da estrutura analítica de *Das Kapital* c – como todo pensamento inspirado no senso da lógica inerente das coisas leva, sob o brilho fantástico de pedras falsas, uma implicação claramente conservadora. E por que não, afinal? Nenhuma argumentação séria apoia incondicionalmente um "ismo".[13] Dizer que Marx, destituído da sua fraseologia, pode ser interpretado em sentido conservador é dizer apenas que ele pode ser levado a sério.

---

13 Essa tese podia ser levada muito mais adiante. Em particular, não há nada especificamente socialista na teoria do valor-trabalho; naturalmente, qualquer um que tenha familiaridade com o desenvolvimento histórico dessa doutrina admite isso. Mas o mesmo vale para a teoria da exploração (salvo a expressão, é claro). Basta reconhecer que a existência da mais-valia, assim denominada por Marx, é – ou pelo menos era – uma condição necessária para o surgimento de tudo quanto o conceito de civilização abrange (a qual, na realidade, seria difícil negar), e pronto. Claro que para ser socialista não é necessário ser marxista; mas tampouco é suficiente ser marxista para ser socialista. Podem-se imprimir conclusões socialistas ou revolucionárias a qualquer teoria científica; nenhuma teoria científica as implica necessariamente. E nenhuma nos manterá naquilo que Bernard Shaw chama em algum lugar de furor sociológico, a menos que o seu autor saia do seu caminho para excitar as nossas paixões.

PARTE II

O CAPITALISMO PODE SOBREVIVER?

PRÓLOGO

O CAPITALISMO PODE SOBREVIVER? Não. Não creio que possa. Mas a minha opinião, como a de qualquer outro economista que se tenha manifestado a esse respeito, é em si completamente desinteressante. O que importa em qualquer tentativa de prognóstico social não é o sim ou o não que resume os fatos e argumentos que a ele conduzem, mas os próprios fatos e argumentos. Eles contêm tudo quanto há de científico no resultado final. Tudo o mais não é ciência, e sim profecia. A análise, seja econômica, seja outra qualquer, nunca gera mais que uma explicação das tendências presentes em um modelo observável. E essas tendências jamais dizem o que *acontecerá* ao modelo, mas somente o que *pode acontecer* se elas continuarem a agir como agiram no período abrangido pela nossa observação e se nenhum outro fator intervier. "Inevitabilidade" ou "necessidade" não significa mais do que isso.

Deve-se ler o que se segue com essa reserva em mente. Mas as nossas conclusões e sua fiabilidade têm outras limitações. O processo de vida social é uma função com tantas variáveis, muitas das quais não se sujeitam a nenhum tipo de medição, que mesmo um simples diagnóstico de determinado estado de coisas se torna duvidoso, sem falar nas formidáveis fontes de erro que se abrem quando tentamos um prognóstico. Mas não convém exagerar essas dificuldades. Veremos que as características dominantes do quadro permitem claramente certas inferências, que, sejam quais forem as qualificações que venham a ser acrescentadas, têm muita força para ser negligenciadas pelo fato de não se poder prová-las como se prova uma proposição euclidiana.

Mencionemos outro ponto antes de começar. A tese que vou me esforçar para demonstrar é de que o desempenho presente e futuro do sistema capitalista é tal que rejeita a ideia do seu colapso sob o peso do fracasso econômico, mas que o seu próprio sucesso solapa as instituições sociais que o protegem e cria, "inevitavelmente", as condições nas quais ele não poderá viver e que designam claramente o socialismo como o seu herdeiro legítimo. Portanto, a minha conclusão final não difere, por mais que o faça a argumentação de que ela decorre, da apresentada pela maioria dos autores socialistas e, em particular, por todos os marxistas. Mas, para aceitá-la, não é preciso ser socialista. O prognóstico nada implica acerca da desejabilidade do curso dos fatos que se predizem. Se um médico prevê que o seu paciente vai morrer logo, não significa que ele o deseje. Pode-se detestar o socialismo ou pelo menos encará-lo com olhos friamente críticos e, no entanto, antever o seu advento. Muitos conservadores o fizeram e fazem.

Tampouco é necessário aceitar esta conclusão para se qualificar de socialista. Pode-se admirar o socialismo e acreditar ardentemente na sua superioridade econômica, cultural e ética, mas, ao mesmo tempo, estar convencido de que a sociedade capitalista não tem nenhuma tendência à autodestruição. Aliás, há socialistas que acham que, com o passar do tempo, a ordem capitalista se fortalece e se estabiliza, de modo que é quimérico esperar o seu colapso.

5

A TAXA DE CRESCIMENTO DA PRODUÇÃO TOTAL

A ATMOSFERA DE HOSTILIDADE AO CAPITALISMO, que em breve teremos de explicar, torna muito mais difícil do que seria em outras circunstâncias formar uma opinião racional acerca das suas realizações econômicas e culturais. Atualmente, o espírito público o trata com tanta má vontade que a condenação do capitalismo e das suas obras passou a ser quase um requisito da etiqueta da discussão. Seja qual for a sua preferência política, todo escritor ou orador se apressa a aderir a esse código e a ostentar atitude crítica, falta de "complacência", crença na inadequação das realizações capitalistas, aversão ao capitalista e simpatia pelos interesses anticapitalistas. Qualquer outra atitude é considerada não só tola, como antissocial e vista como indício de subserviência imoral. Claro está que isso é perfeitamente natural. As novas religiões sociais sempre têm tal efeito. Só que isso não facilita em nada a tarefa do analista: em 300 d. C., não devia ser fácil explicar as realizações da civilização antiga a um cristão fervoroso. Por um lado, as verdades mais óbvias são pura e simplesmente rejeitadas *a limine*;[1] por outro, toleram-se ou se aplaudem os erros mais grosseiros.

---

[1] No entanto, há outro método de lidar com a verdade óbvia, ainda que incômoda: o de caçoar da sua banalidade. Essa caçoada presta tão bons serviços quanto uma refutação, pois, por via

O primeiro teste do desempenho econômico é a produção total, a soma integral das mercadorias e serviços produzidos em determinada unidade de tempo: um ano, um trimestre ou um mês. Os economistas procuram medir as variações dessa quantidade por meio de índices derivados de certo número de séries representativas da produção de mercadorias individuais. "A lógica rigorosa é uma mestra severa, e, se a respeitássemos, jamais construiríamos nem usaríamos nenhum índice de produção",[2] pois tanto o material e a técnica de construção de tais índices como o próprio conceito de produção total de mercadorias diferentes, que se produzem em proporções sempre cambiantes, são uma questão discutível.[3] Entretanto, creio que esse artifício é suficientemente confiável para nos dar uma ideia geral.

Desde a guerra de Secessão, os Estados Unidos dispõem de séries individuais suficientemente boas e numerosas para possibilitar a construção de tal índice da produção. Tomando o que se conhece por índice Day-Persons de produção total, constatamos que, de 1870 a 1930, a taxa média anual de crescimento foi de 3,7% e, só na parte de manufaturados, de 4,3%. Vamos nos concentrar no primeiro número para visualizar o que significa. Para tanto, primeiro temos de aplicar uma correção: como a importância relativa do equipamento industrial durável aumentava constantemente, a produção disponível para o consumo não pode ter crescido no mesmo ritmo da produção total. Temos de levar isso em conta. Mas creio que uma redução de 1,7% é ampla:[4] assim, chegamos a uma taxa de crescimento da "produção disponível" de 2% (juros compostos) ao ano.

Suponhamos agora que a máquina capitalista continue produzindo a essa taxa de crescimento durante mais meio século a partir de 1928. A essa

---

de regra, o público médio ignora totalmente o fato de ela dissimular a impossibilidade de contestação: um interessante fenômeno de psicologia social.

2 A. F. Burns, *Production Trends in the United States Since 1870*, p.262.

3 Não podemos abordar esse problema aqui. No entanto, algo diremos a seu respeito quando voltarmos a encontrá-lo no próximo capítulo. Para um tratamento mais detido, cf. o meu livro sobre *Business Cycles*, cap. IX.

4 Essa redução é, na realidade, absurdamente grande. Cf. também a estimativa do professor F. C. Mill de 3,1% no período 1901–1913 e de 3,8% no período 1922–1929 (construção excluída). *Economic Tendencies in the United States*, 1932).

A TAXA DE CRESCIMENTO DA PRODUÇÃO TOTAL 95

suposição não faltam objeções que terão de ser examinadas posteriormente, mas não se pode objetá-la com base em que, na década de 1929 a 1939, o capitalismo já houvesse deixado de manter esse padrão, pois a depressão que se estendeu do último trimestre de 1929 ao terceiro trimestre de 1932 não prova que tenha havido uma ruptura secular no mecanismo propulsor da produção capitalista, porque depressões igualmente graves ocorreram reiteradamente – cerca de uma em cada 55 anos – e porque os efeitos de uma delas – a de 1873 a 1877 – foram levados em conta na média anual de 2%. A recuperação abaixo do normal até 1935, a prosperidade abaixo do normal até 1937 e a recaída posterior são facilmente explicáveis pelas dificuldades inerentes à adaptação a uma nova política fiscal, a uma nova legislação trabalhista e a uma mudança geral de atitude do governo para com a empresa privada – fatores esses que convém distinguir, em um sentido a ser definido mais adiante, do funcionamento propriamente dito do aparato de produção.

Como neste ponto da exposição os mal-entendidos seriam especialmente indesejáveis, quero ressaltar que a última frase não pressupõe nem uma crítica desfavorável à política do New Deal nem a afirmação – que considero exata, mas da qual não preciso neste momento – de que as medidas desse tipo são, a longo prazo, incompatíveis com o funcionamento efetivo do sistema de empresa privada. Por ora, limito-me a observar que uma mudança tão completa e tão rápida do cenário social afeta inevitavelmente o rendimento social durante algum tempo, coisa que o mais ardoroso partidário do New Deal deve *e também pode* admitir. Quanto a mim, não vejo como seria possível explicar de outro modo o fato de este país, que teve a melhor chance de se recuperar rapidamente, haver sido precisamente o que teve a recuperação mais insatisfatória. Aliás, a mesma explicação vale para o único caso mais ou menos parecido, o da França. Segue-se que o curso dos acontecimentos durante a década de 1929 a 1939 não constitui *per se* um motivo válido para se recusar a escutar a nossa argumentação, que, ademais, pode servir em todo caso para ilustrar o significado do desempenho do capitalismo no passado.

Pois bem, se a partir de 1928 a produção disponível nas condições da ordem capitalista continuasse a se desenvolver como antes, *i.e.*, a uma taxa média a longo prazo de 2% ao ano, ela alcançaria, depois de cinquenta anos, em 1978, um volume aproximadamente 2,7 (2,6916) vezes maior que o de 1928.

A fim de traduzir isto em termos de renda real média *per capita*, observemos, em primeiro lugar, que o nosso tipo de aumento da produção total pode se igualar aproximadamente à taxa de crescimento da soma total das rendas monetárias privadas disponíveis para o consumo,[5] corrigida com base no poder aquisitivo dos dólares do consumidor. Em segundo lugar, temos de formar uma ideia do crescimento demográfico a se esperar; optamos pela estimativa do sr. Sloane, que dá 160 milhões de almas em 1978. Portanto, a renda média *per capita* nesses cinquenta anos aumentaria para um pouco mais que o dobro da de 1928, que era de cerca de 650 dólares, ou a aproximadamente 1.300 dólares *de poder aquisitivo de 1928*.[6]

Talvez alguns leitores achem apropriada a inclusão de uma ressalva sobre a distribuição da renda monetária total. Até há uns quarenta anos, muitos economistas acreditavam, assim como Marx, que o processo capitalista tendia a alterar a participação relativa no total nacional de modo a invalidar a inferência óbvia da nossa média, já que os ricos ficariam mais ricos; e os pobres, mais pobres, pelo menos relativamente. Mas essa tendência não existe. Independentemente do que se pense a respeito dos procedimentos estatísticos concebidos para esse objetivo, uma coisa é certa: a estrutura da pirâmide de rendas, expressa em termos monetários, não se alterou muito durante o período compreendido pelo nosso material estatístico – que, no caso da Inglaterra, abrange todo o século XIX[7] –, e a participação relativa de vencimentos

---

5 O "consumo" inclui a aquisição de bens de consumo duráveis como automóveis, refrigeradores e imóveis. Não distinguimos bens de consumo fugaz daquele às vezes denominado "capital de consumo".

6 Quer dizer, a renda real média *per capita* cresceria a juros compostos de 13/8%. Ocorre que, na Inglaterra, durante o século anterior à Primeira Guerra Mundial, a renda real *per capita* aumentou quase exatamente a essa taxa (cf. *lord* Stamp em *Wealth and Taxable Capacity*). Não se pode depositar muita confiança nessa coincidência. Mas creio que ela serve para mostrar que o nosso pequeno cálculo não é desvairadamente absurdo. No número 241 dos *National Industrial Conference Board Studies*, tabela 1, p.6 e 7, verificamos que a "renda nacional *per capita* realizada", corrigida pelo índice de custo de vida do Federal Reserve Bank of New York e pelo National Industrial Conference Board, era, em 1929, pouco mais que quatro vezes a cifra de 1829: um resultado semelhante aos anteriores, se bem que de valor bem mais duvidoso.

7 Cf. Stamp, op. cit. Pode-se observar o mesmo fenômeno em todos os países sobre os quais há informações estatísticas suficientes, se delas excluirmos o efeito perturbador dos ciclos de amplitude variável compreendidos pelo material disponível. A medida da distribuição da renda

e salários também se manteve substancialmente constante no período. Enquanto discutirmos o que o motor capitalista poderia fazer se o deixássemos funcionar por si mesmo, não há por que acreditar que a distribuição da renda ou a sua dispersão relativamente à nossa média seja, em 1978, significativamente diferente da de 1928.

Um modo de expressar o nosso resultado é dizer que, se o capitalismo repetisse o seu desempenho passado durante meio século a partir de 1928, acabaria com tudo que, segundo os padrões atuais, se pode chamar de pobreza, mesmo nas camadas mais baixas da população, salvo unicamente os casos patológicos.

E isso não é tudo. Sejam quais forem os seus méritos ou deméritos, o nosso índice certamente não exagera a taxa real de crescimento. Não leva em conta a mercadoria chamada "ócio voluntário". As novas mercadorias escapam ou são inadequadamente representadas por um índice que tem de se apoiar, em grande medida, em mercadorias básicas ou produtos intermediários. Pelo mesmo motivo, deixamos de registrar quase inteiramente os melhoramentos de qualidade, ainda que constituam, em muitos ramos, a própria essência do progresso obtido – não há como expressar adequadamente a diferença entre um automóvel de 1940 e um de 1900 ou a medida em que caíram os preços dos automóveis por unidade de utilidade. Seria mais próximo do possível estimar em que proporção aumentou o rendimento de certas quantidades de matérias-primas ou de produtos semiacabados, pois, embora as propriedades físicas de, por exemplo, um lingote de aço ou uma tonelada de carvão permaneçam invariáveis, o seu rendimento econômico representa um múltiplo do que era sessenta anos atrás. Mas pouco se pesquisou nessa direção. Não tenho ideia do que aconteceria ao nosso índice se houvesse um método para corrigi-lo com base nesses fatores e em outros análogos. Contudo, é certo que a sua taxa de mudança aumentaria·e que aqui temos uma reserva com a qual proteger a estimativa adotada contra os efeitos de qualquer revisão decrescente imaginável. Ademais, mesmo que tivéssemos como medir a mudança da eficiência tecnológica dos produtos industriais, essa medida ainda não nos

---

(ou da desigualdade das rendas) concebida por Vilfreo Pareto é suscetível de objeção. Mas o fato em si não dependente dos seus defeitos.

daria uma ideia adequada do significado de tais progressos do ponto de vista da dignidade ou da intensidade ou da satisfação da vida humana – de tudo quanto os economistas de uma geração anterior condensaram sob o título "satisfação das necessidades". E isso, afinal, é para nós a consideração relevante, o verdadeiro "fruto" da produção capitalista, a razão pela qual estamos interessados pelo índice de produção, e os quilos e litros que nele figuram não valeriam a pena por si sós.

Mas voltemos aos nossos 2%. Há um ponto importante para uma avaliação correta dessa cifra. Afirmei acima que, falando em termos gerais, a participação relativa na renda nacional permaneceu substancialmente constante nos últimos cem anos. Entretanto, isso só é verdadeiro se a medirmos em dinheiro. Medida em termos reais, a participação relativa mudou substancialmente a favor dos grupos de renda mais baixa. Tal evolução se deve a que a máquina capitalista constitui, em última instância, um mecanismo de produção em massa, o que também significa inevitavelmente produção para as massas, ao passo que, se subirmos na escala das rendas individuais, constatamos que uma proporção crescente é gasta em serviços pessoais e em mercadorias manufaturadas, cujos preços são, em grande medida, uma função das taxas de salários.

É fácil confirmar essas afirmações. Sem dúvida, há coisas à disposição do operário moderno que o próprio Luís xiv gostaria muito de ter, mas não podia: por exemplo, as próteses dentárias modernas. Em conjunto, porém, um orçamento do nível do Rei Sol pouco teria a ganhar com as conquistas capitalistas. Pode-se presumir que mesmo a possibilidade de viajar mais depressa teria pouca importância para um nobre tão solene. A iluminação elétrica não aumentaria o conforto de alguém com dinheiro suficiente para comprar um grande número de velas e pagar criados que cuidassem delas. O tecido barato, os artigos acessíveis de algodão e raiom, os sapatos, os automóveis etc. é que são as contribuições típicas da produção capitalista, e, de modo geral, não teriam grande importância para o homem rico. A rainha Elisabete possuía meias de seda. A contribuição capitalista consiste tipicamente não em fornecer mais meias de seda às rainhas, e sim em colocá-las ao alcance das operárias em troca de quantidades de trabalho constantemente decrescentes.

O mesmo fato se sobressai ainda mais se dermos uma olhada nas ondas de longa duração na atividade econômica, cuja análise revela melhor que qualquer outra coisa a natureza e o mecanismo do processo capitalista. Cada uma dessas ondas consiste em uma "revolução industrial" e na absorção dos seus efeitos. Por exemplo, podemos observar estatística e historicamente – o fenômeno é tão claro que mesmo a nossa informação escassa basta para comprová-lo – a ascensão de uma dessas ondas de longa duração no final da década de 1780, a sua culminação por volta de 1800, o seu descenso e depois uma espécie de recuperação terminando no início da década de 1840. Tratava-se da Revolução Industrial, tão cara aos autores de manuais. Pisando-lhe os calcanhares, porém, veio outra parecida a produzir uma nova onda de longa duração que ascendeu na década de 1840, chegou ao auge pouco antes de 1857 e refluiu em 1897, para ser sucedida, por sua vez, por outra que culminou por volta de 1911 e agora está em pleno refluxo.[8]

Essas revoluções remodelam periodicamente a estrutura existente da indústria pela introdução de novos métodos de produção: a fábrica mecanizada, a eletrificada, a síntese química e outras que tais; novas mercadorias, como os serviços ferroviários, os automóveis, os eletrodomésticos; novas formas de organização – o movimento de fusão; novas fontes de abastecimento: a lã de La Plata, o algodão americano, o cobre do Catanga; novas rotas comerciais e mercados em que vender e assim por diante. Esse processo de mutação industrial proporciona o impulso fundamental que dá a tônica geral à economia: enquanto essas coisas se iniciam, temos expansão rápida e "prosperidade" predominante – interrompida, sem dúvida, pelas fases negativas dos ciclos mais breves que se sobrepõem ao elã fundamental – e, enquanto essas coisas vão se completando e os seus resultados afluem, presenciamos a eliminação dos elementos antiquados da estrutura industrial e uma "depressão" predominante. Assim, há prolongados períodos de alta e queda dos preços, das taxas de juros, do emprego etc., cujos fenômenos constituem as peças do mecanismo desse processo de rejuvenescimento recorrente do aparato produtivo.

Ora, esses resultados sempre consistem em uma avalanche de bens de consumo que aprofunda e alarga permanentemente o fluxo de renda real, posto que, em princípio, provoque distúrbios, perdas e desemprego. E, se

---

8 Trata-se das "ondas de longa duração" que, na literatura dos ciclos econômicos, são associadas principalmente ao nome de N. D. Kondratieff.

observarmos essas avalanches de bens de consumo, tornamos a constatar que todos eles consistem em artigos de consumo de massa e aumentam o poder aquisitivo do dólar salário mais que o de qualquer outro dólar – em outras palavras, que o processo capitalista eleva progressivamente o nível de vida das massas não por acaso, mas graças ao seu mecanismo. E o faz por meio de uma série de vicissitudes, a gravidade das quais é proporcional à velocidade do avanço. Mas o faz efetivamente. Os problemas do suprimento de mercadorias às massas foram resolvidos com sucesso, um após outro,[9] à medida que eram colocados ao alcance dos métodos da produção capitalista. O mais importante dos ainda restantes, o da habitação, está se aproximando de uma solução por meio da casa pré-fabricada.

E isso não é tudo. A apreciação de uma ordem econômica seria incompleta – e incidentalmente não marxista – se se restringisse à produção material entregue aos vários grupos da sociedade pelo correspondente sistema de distribuição econômica, deixando de lado todos os fins que o sistema não serve diretamente, mas para o qual fornece os meios, assim como a vontade política, e todas as realizações culturais que são induzidas pela mentalidade que ele engendra. Deixando para mais adiante a consideração dessas realizações (capítulo XI), voltemo-nos agora para certos aspectos do progresso social que o regime capitalista possibilita.

A técnica e a atmosfera da luta pela legislação social obnubilam dois fatos em si óbvios: por um lado, parte dessa legislação pressupõe sucesso capitalista prévio (em outras palavras, riqueza que teve de ser criada anteriormente pela empresa capitalista) e, por outro, grande parte do que a legislação social desenvolve e generaliza foi iniciada previamente pela ação da própria classe capitalista. Naturalmente, os dois fatos devem ser acrescentados à soma total das realizações do capitalismo. Ora, se o sistema seguisse o curso que seguiu nos sessenta anos anteriores a 1928 e realmente chegasse aos 1.300 dólares *per capita*, é fácil ver que todas as aspirações até hoje formuladas pelos reformadores sociais – praticamente sem exceção, inclusive a maior parte

---

9 Isto se aplica, naturalmente, às mercadorias agrícolas, cuja produção em massa barata foi inteiramente obra da grande empresa capitalista (ferrovias, marinha mercante, máquinas agrícolas, fertilizantes).

A TAXA DE CRESCIMENTO DA PRODUÇÃO TOTAL

dos excêntricos – seriam atendidas automaticamente ou poderiam ser atendidas *sem interferência significativa no processo capitalista*. Em especial, a ampla provisão para os desempregados seria um fardo tolerável ou até mesmo leve. A irresponsabilidade na criação de desemprego e no financiamento do auxílio aos desempregados poderia, naturalmente, criar problemas insolúveis em qualquer época. Mas, administrada com prudência normal, uma despesa anual *média* de 16 bilhões de dólares para um núcleo *médio* de 16 milhões de desempregados, inclusive os seus dependentes (10% da população), não seria um problema grave com uma renda nacional disponível da ordem dos duzentos bilhões de dólares (poder aquisitivo de 1928).

Chamo a atenção do leitor para o motivo pelo qual o desemprego, que todos convêm em que deve ser uma das questões mais importantes em qualquer discussão sobre o capitalismo – alguns críticos chegam a basear a sua acusação exclusivamente nesse elemento do caso –, tem um papel relativamente secundário na minha argumentação. Não creio que o desemprego figure entre os males, como a pobreza, que a evolução capitalista possa eliminar. Tampouco acredito que o percentual de desemprego tenda a aumentar a longo prazo. A única série que abrange um período substancial – aproximadamente os sessenta anos anteriores à Primeira Guerra Mundial – é a que dá o percentual dos trabalhadores sindicalizados desempregados na Inglaterra. Trata-se de uma série tipicamente cíclica e não mostra nenhuma tendência (a não ser horizontal).[10] Como isso é teoricamente compreensível – não há razão teórica para questionar a evidência –, as nossas duas proposições parecem comprovadas para o período anterior ao conflito até 1913 inclusive. No pós-guerra e na maioria dos países, o desemprego geralmente se manteve a um nível excepcionalmente elevado mesmo antes de 1930. Mas esse e mais ainda o desemprego da década de 1930 podem se explicar por causas que nada têm a ver com uma tendência a longo prazo dos percentuais de desemprego *devido a razões inerentes ao próprio mecanismo capitalista*. Mencionei anteriormente as revoluções

---

10 Essa série foi tabelada e analisada com frequência. Cf., por exemplo, A. C. Pigou, *Industrial Fluctuations*, ou o meu *Business Cycles*. Parece haver em todos os países um mínimo irredutível de desemprego e, superposto a ele, um movimento cíclico, cujo componente mais forte tem um período de nove a dez anos.

industriais tão características do processo capitalista. O desemprego acima do normal é uma das características dos períodos de adaptação que sucedem à "fase de prosperidade" de cada uma delas. Nós o observamos na década de 1820 e na de 1870, e o período ulterior a 1920 simplesmente não se distingue dos precedentes nesse aspecto. Portanto, o fenômeno é essencialmente temporal, no sentido de que dele não se pode inferir nada para o futuro. Mas houve vários outros fatores que tenderam a intensificá-lo: as consequências da guerra, os deslocamentos do comércio exterior, a política salarial, certas modificações institucionais que levaram as cifras das estatísticas a subirem, a política fiscal da Inglaterra e da Alemanha (também teve importância nos Estados Unidos a partir de 1935) etc. Alguns deles são, sem dúvida, sintomas de uma "atmosfera" na qual o capitalismo só há de funcionar com eficiência decrescente. Esta, porém, é outra questão que retomaremos mais adiante.

Sem embargo, seja permanente, seja temporal, piorando ou não, o desemprego, sem dúvida alguma, é e sempre foi um flagelo. Na próxima parte deste livro, teremos de arrolar a sua possível eliminação entre as pretensões de superioridade da ordem socialista. No entanto, sustento que a autêntica tragédia não é o desemprego *per se*, mas o desemprego agravado pela impossibilidade de suprir adequadamente as necessidades dos desempregados *sem comprometer as condições do progresso econômico ulterior*: porque, obviamente, o sofrimento e a degradação – a destruição dos valores humanos – que associamos ao desemprego, posto que não o desperdício de recursos produtivos, seriam eliminados em grande parte e o desemprego perderia praticamente todo o seu terror se a vida privada dos desempregados não fosse seriamente afetada pela perda do emprego. Não se pode negar que no passado – digamos, mais ou menos até o fim do século XIX – a ordem capitalista não só não queria como era incapaz de socorrer os desempregados. Mas, como ela terá condições de fazê-lo se mantiver o seu desempenho passado durante mais meio século, essa acusação acabará entrando no limbo povoado pelos tristes espectros do trabalho infantil, da jornada de dezesseis horas, de cinco pessoas morando em um quarto, que é tão apropriado realçar quando falamos no custo social passado das realizações capitalistas, mas que não são necessariamente relevantes para a ponderação das alternativas para o futuro. A nossa época se situa, de certo modo, entre as insuficiências das primeiras etapas da evolução capitalista e as

A TAXA DE CRESCIMENTO DA PRODUÇÃO TOTAL

possibilidades que ela poderá realizar no sistema quando chegar à maturidade plena. Pelo menos nos Estados Unidos, a melhor parte da tarefa poderia ser realizada inclusive agora sem impor uma tensão excessiva ao sistema. Ao que parece, as dificuldades não consistem tanto na falta de um excedente de recursos suficiente para eliminar os tons mais escuros do quadro: consistem, por um lado, no fato de as cifras do desemprego terem aumentado em virtude das políticas anticapitalistas praticadas além do necessário da década de 1930 e, por outro, no fato de a opinião pública, assim que toma consciência do seu dever para com os desempregados, se apressar a adotar métodos de auxílio financeiro economicamente irracionais e métodos relaxados e perdulários de administrar tal auxílio.

Boa parte da mesma argumentação se aplica às possibilidades futuras – e em grande medida às presentes – que a evolução capitalista oferece no concernente à proteção dos idosos e dos enfermos, à educação, à higiene e assim por diante. Também se poderia esperar razoavelmente, do ponto de vista das economias familiares individuais, que um número crescente de mercadorias saia da categoria dos bens econômicos e fique disponível até o ponto de saciedade. Isso se poderia conseguir mediante acordos entre os órgãos públicos e as empresas produtoras ou por meio da nacionalização ou municipalização, pois o desenvolvimento gradual seria, naturalmente, uma característica da evolução futura mesmo de um capitalismo livre de travas.

6

O CAPITALISMO PLAUSÍVEL

A ARGUMENTAÇÃO DO CAPÍTULO precedente parece sujeita a uma réplica tão destruidora quanto óbvia. Projetei no futuro a taxa média de crescimento da produção total disponível realizada nos sessenta anos anteriores a 1928. Se fosse um mero recurso para ilustrar o significado do desenvolvimento passado, o procedimento não teria como chocar a consciência estatística. Mas, ao pressupor que os próximos cinquenta anos podiam apresentar uma taxa média de crescimento semelhante, aparentemente cometi um crime estatístico; claro está que um registro histórico da produção durante determinado período não justifica absolutamente nenhuma extrapolação,[1] muito menos uma que se estenda por meio século. Portanto, cumpre ressaltar uma vez mais que a minha

---

[1] Esta proposição vale, conforme os princípios gerais, para toda série temporal *histórica*, já que o próprio conceito de sequência histórica pressupõe a ocorrência de mudanças irreversíveis na estrutura econômica, as quais deve-se esperar que afetem a lei de qualquer quantidade econômica dada. Por conseguinte, a justificação teórica e, como norma, o tratamento estatístico são necessários mesmo para as extrapolações mais modestas. No entanto, pode-se frisar que o nosso caso é um tanto favorecido pelo fato de que, no vasto campo abrangido pela combinação das séries de produção, as particularidades dos itens individuais se compensarão reciprocamente até certo ponto.

extrapolação não pretende prognosticar o comportamento real da produção no futuro. Além de ilustrar o significado do desempenho anterior do sistema, ela simplesmente visa dar uma ideia quantitativa do que o mecanismo capitalista pode concebivelmente realizar se repetir o seu desempenho passado durante mais meio século – o que é coisa muito diferente. A questão de saber se se pode esperar que ele o faça será respondida de maneira totalmente independente da extrapolação. Para tanto, temos de empreender agora uma investigação longa e difícil.

Antes de discutir a chance de o capitalismo repetir o desempenho passado, precisamos, evidentemente, tentar descobrir em que sentido a taxa de crescimento da produção observada realmente mede o desempenho passado. Sem dúvida, o período que supriu os nossos dados foi de capitalismo comparativamente sem travas. Mas essa constatação em si não fornece uma relação de causa e efeito suficiente entre o mecanismo capitalista e o desempenho registrado. Para acreditar que aqui há algo mais que uma coincidência, temos de nos convencer, em primeiro lugar, de que existe uma relação lógica entre a ordem capitalista e a taxa de crescimento da produção observada. Em segundo, de que, dada tal relação, a taxa de crescimento realmente se deveu a ela, não a condições particularmente favoráveis que nada tinham a ver com o capitalismo.

Esses dois problemas devem ser resolvidos antes que se coloque o da "repetição do desempenho". O terceiro ponto se reduz, pois, à questão de se há um motivo pelo qual o mecanismo capitalista não conseguiria, nos próximos quarenta anos, seguir funcionando como funcionou no passado.

Nós nos ocuparemos de cada um desses pontos sucessivamente.

O nosso primeiro problema pode ser reformulado da seguinte maneira: por um lado, temos um conjunto considerável de dados estatísticos a descreverem um tipo de "progresso" que foi admirado até por espíritos muito críticos. Por outro, temos um conjunto de fatos ligados à estrutura do sistema econômico em vigor naquele período e ao modo como ele funcionou; a partir desses fatos, a análise destilou o que tecnicamente se denomina "modelo" de realidade capitalista, *i.e.*, um quadro generalizado das suas características essenciais. O desejo de saber se esse tipo de economia foi favorável, irrelevante ou desfavorável ao desempenho que observamos e, caso tenha sido favorável, se aquelas características podem dar, razoavelmente, uma explicação adequada desse desempenho. Descartando as tecnicidades tanto quanto possível, abordaremos a questão com espírito de bom senso.

i. À diferença da classe dos senhores feudais, a burguesia comercial e industrial cresceu graças ao sucesso nos negócios. A sociedade burguesa foi plasmada em um molde puramente econômico: todos os seus alicerces, vigas e faróis são feitos de material econômico. O edifício fica de frente para o lado econômico da vida. Os prêmios e os castigos são medidos em termos pecuniários. Subir ou descer significa ganhar ou perder dinheiro. Isso, obviamente, ninguém pode negar. Mas desejo acrescentar que, dentro do seu arcabouço, esse arranjo social é, ou pelo menos foi, singularmente eficaz. Em parte, apela para um esquema de motivos de simplicidade e vigor insuperáveis e, em parte, cria esse mesmo esquema. Cumpre com rapidez inexorável as promessas de riqueza e as ameaças de ruína com que sanciona as suas normas de conduta. Onde quer que o estilo de vida burguês se afirme a ponto de toldar as luzes dos outros mundos sociais, essas promessas são fortes o bastante para atrair a grande maioria das inteligências excepcionais e identificar sucesso com sucesso econômico. Elas não são distribuídas aleatoriamente; no entanto, têm um quê sedutor do jogo de azar: e este não é como a roleta, parece-se mais com o pôquer. Os prêmios são atribuídos à competência, à energia e à capacidade de trabalho acima do normal; mas, se fosse possível medir essa competência em geral ou a contribuição individual que participa da realização de cada sucesso específico, os prêmios realmente pagos provavelmente seriam considerados desproporcionados tanto a uma quanto à outra. Outorgam-se prêmios espetaculares a uma pequena minoria de vencedores, prêmios muito maiores do que o necessário para mobilizar o esforço particular, impulsionando com muito mais eficácia do que uma distribuição mais equitativa e mais "justa" a atividade da grande maioria dos homens de negócios, que em troca não recebem senão uma compensação modesta, ou nada, ou menos que nada e, não obstante, fazem o máximo possível, pois estão com os olhos fitos nos prêmios grandes e superestimam as suas oportunidades de obtê-los. Do mesmo modo, as ameaças se dirigem à incompetência. Mas, embora os incompetentes e os métodos obsoletos sejam eliminados de fato, às vezes muito rapidamente, às vezes com atraso, o fracasso também ameaça e inclusive atinge muitas pessoas capazes, assim instigando a *todos*, sempre com muito mais eficácia do que um sistema de castigos mais equitativo e mais "justo". Enfim, tanto o sucesso quanto o malogro nos negócios são de uma objetividade ideal. Nem um nem outro pode ser contestado.

Convém observar particularmente um aspecto dessa luta pelo bom êxito, tanto para referência futura quanto pela sua importância para a presente argumentação. Do modo indicado e também de outros modos que discutiremos mais adiante, a ordem capitalista, tal como se concretiza na instituição da empresa privada, prende efetivamente a classe burguesa às suas tarefas. Porém faz mais do que isso. O mesmo aparato que condiciona para o desempenho os indivíduos e as famílias que, em um tempo determinado, formam a classe burguesa também selecionam, *ipso facto*, os indivíduos e as famílias que ascenderão a essa classe ou dela serão excluídos. Essa combinação da função propulsora com a função seletiva não é automática. Pelo contrário, a maioria dos métodos de seleção social, à diferença dos "métodos" de seleção biológica, não garante o rendimento do indivíduo selecionado; e a sua incapacidade de garanti-lo constitui um dos problemas cruciais da organização socialista, que discutiremos quando chegarmos a outra etapa da nossa investigação. Por ora, limitemo-nos a observar que o sistema capitalista resolve muito bem esse problema: na maior parte dos casos, quem primeiro ascende à classe dos empresários e depois, *dentro dela*, mostra ser um homem de negócios capaz e tem a possibilidade de continuar ascendendo exatamente até o limite da sua capacidade – simplesmente porque, no esquema capitalista, subir a uma posição e nela ter sucesso geralmente são (ou eram) sinônimos. Esse fato, tantas vezes obscurecido pelo esforço autoterápico dos fracassados para negá-lo, é muito mais importante para a avaliação da sociedade capitalista e a sua civilização que qualquer coisa que se possa colher na teoria pura do mecanismo capitalista.

2. No entanto, todas as conclusões a que se pode chegar a partir dessa ideia de "desempenho máximo de um grupo selecionado em condições ótimas" não ficariam invalidadas pelo fato de esse desempenho se orientar não para o serviço social – a produção para o consumo, digamos –, mas para o ganho de dinheiro, para a maximização dos lucros em vez de para o bem-estar social? Naturalmente, essa sempre foi a opinião mais popular fora da classe

O CAPITALISMO PLAUSÍVEL

109

burguesa. Os economistas ora a combatem, ora a adotam. Com isso, contribuem com algo muito mais valioso do que os juízos a que chegam individualmente, os quais, na maioria dos casos, não refletem mais do que a sua posição social, os seus interesses e a suas simpatias ou antipatias. Eles aumentaram vagarosamente o nosso conhecimento factual e o nosso poder analítico, de modo que as respostas a muitas perguntas que hoje podemos dar são, sem dúvida, muito mais corretas, posto que menos simplistas e menos absolutas do que as dos nossos predecessores.

Para não retroceder muito no tempo, os chamados economistas clássicos eram praticamente unânimes.[2] A maior parte deles condenava vários aspectos das instituições sociais da época e a maneira como elas funcionavam. Combatiam os privilégios dos latifundiários e aprovavam reformas sociais – especialmente a legislação fabril – que não condiziam absolutamente com o *laisser-faire*. Mas nem por isso deixavam de estar convencidos de que, no marco institucional do capitalismo, os interesses próprios do fabricante e do comerciante estimulavam o rendimento máximo no interesse de todos. Às voltas com o problema que estamos discutindo, não hesitariam muito em atribuir a taxa de crescimento da produção total à empresa relativamente livre e à motivação do lucro – talvez mencionassem a "legislação benéfica" como uma condição, mas, com isso, aludiriam à remoção de entraves, especialmente à supressão ou à redução dos direitos aduaneiros protecionistas durante o século XIX.

Atualmente, é dificílimo apreciar esses pontos de vista adequadamente. Eram, naturalmente, a opinião típica da classe burguesa inglesa, e os antolhos burgueses são notórios em praticamente todas as páginas escritas pelos autores clássicos. Não menos notórios são os antolhos de outro tipo: os clássicos raciocinavam em função de uma situação histórica particular que idealizavam acriticamente e a partir da qual generalizavam acriticamente. Além disso, a maioria deles parecia argumentar exclusivamente em função dos interesses

---

2 Neste livro, a expressão "economistas clássicos" designa os principais economistas ingleses cuja obra foi publicada entre 1776 e 1848. Dentre eles, os mais destacados são Adam Smith, Ricardo, Malthus, Senior e John Stuart Mill. É importante ter isso em mente, porque entrou em moda um uso muito mais amplo da expressão.

ingleses e dos problemas da sua época. Esse é o motivo pelo qual, nos outros países e em outras épocas, as pessoas detestavam as suas teorias econômicas, muitas vezes a ponto de nem se dar ao trabalho de compreendê-las. Mas de nada serve rejeitar a sua doutrina por tais razões. Um homem com preconceitos pode, não obstante, dizer a verdade. As proposições desenvolvidas a partir de casos especiais podem, não obstante, ser geralmente válidas. E os inimigos e sucessores dos clássicos tinham e têm antolhos e preconceitos apenas diferentes, mas não menos numerosos; consideravam e consideram casos diferentes, mas não menos especiais.

Do ponto de vista do analista econômico, o principal mérito dos clássicos consiste em ter dissipado, juntamente com muitos outros grandes erros, a ideia ingênua de que a atividade econômica na sociedade capitalista, por girar em torno à motivação do lucro, vai necessariamente de encontro aos interesses dos consumidores; ou, para dizê-lo em outras palavras, que a meta de ganhar dinheiro desvia a produção dos seus objetivos sociais; ou, enfim, que os lucros privados, tanto por si sós como pela distorção do processo econômico que induzem, sempre são uma perda líquida para todos, salvo para aqueles que os auferem e, portanto, constituiriam um ganho líquido a ser colhido pela socialização. Se examinarmos a lógica dessa proposição e de outras parecidas, que nenhum economista qualificado jamais pensou em defender, a refutação clássica pode parecer banal. Mas basta analisar todas as teorias e os *slogans* que, consciente ou inconscientemente, elas implicam e que hoje nos querem servir uma vez mais, para que tenhamos mais respeito pela contribuição dos clássicos. Permito-me acrescentar de pronto que os autores clássicos também compreendiam perfeitamente, ainda que o tenham exagerado, o papel da poupança e da acumulação e vinculavam a poupança à taxa de "progresso" que observavam de maneira fundamentalmente correta, conquanto só aproximadamente. Acima de tudo, a sua doutrina continha sabedoria prática, um senso de responsabilidade a longo prazo e um tom viril que contrastam, favoravelmente, com os histerismos modernos.

Mas, entre conceber que a busca do lucro máximo e a tendência ao rendimento máximo não são necessariamente incompatíveis e demonstrar, por outro lado, que – pelo menos na imensa maioria dos casos – a primeira implica necessariamente a segunda, há um abismo muito maior do que supunham os clássicos e sobre o qual eles nunca lograram estender uma ponte. O estudioso moderno das suas doutrinas não cessa de se perguntar como era possível que eles ficassem satisfeitos com os seus argumentos ou confundissem esses argumentos com provas; à luz da análise ulterior, a *teoria* dos clássicos, qualquer que fosse a medida de verdade contida na sua intuição, não passa de um castelo de cartas.[3]

3. Essa análise ulterior, nós a faremos em duas etapas – prolongando-a não mais que o necessário para esclarecer o nosso problema. Historicamente, a etapa inicial nos levará à primeira década do século xx, a segunda abordará alguns desenvolvimentos da economia científica no pós-guerra. Francamente, não sei que utilidade isso terá para o leitor não profissional; como qualquer outro ramo do conhecimento, a economia, à medida que o seu aparato analítico se aprimora, se afasta fatalmente do período feliz em que era possível tornar acessíveis a qualquer pessoa instruída, mas sem capacitação especial, todos os problemas, métodos e resultados. Em todo caso, vou fazer o possível.

Pode-se associar a primeira etapa a dois grandes nomes até hoje reverenciados por inúmeros discípulos – pelo menos pelos que não acham de mau gosto manifestar reverência por algo ou alguém, coisa que muitos acham, sem dúvida –: Alfred Marshall e Knut Wicksell.[4] A sua estrutura teórica pouco tem em comum com a dos clássicos – posto que Marshall tenha feito o possível para ocultar o fato –, mas conserva a proposição clássica de que, no caso da concorrência perfeita, o interesse do produtor no lucro tende a maximizar a produção. Inclusive dá uma prova quase satisfatória. Só que, quando se tentou enunciá-la e demonstrá-la mais corretamente, a proposição perdeu grande

---

3 O leitor há de recordar o destaque que demos à diferença entre teoria e intuição no caso de Marx. No entanto, sempre é importante lembrar que a capacidade de enxergar as coisas na perspectiva correta pode ser, e geralmente é, divorciada da capacidade de raciocinar corretamente e vice-versa. É por isso que um homem pode ser um ótimo teórico e, contudo, dizer disparates absolutos ao enfrentar a tarefa de diagnosticar uma situação histórica concreta.

4 *Principles* de Marshall (primeira edição, 1890) e *Lectures* de Wicksell (primeira edição sueca, 1901, tradução inglesa, 1934) são dignos da primazia que aqui lhes dou devido à influência que exerceram sobre muitos espíritos ainda em formação e porque lidaram com a teoria em um espírito inteiramente prático. Em termos puramente científicos, cumpre dar a precedência à obra de Léon Walras. Nos Estados Unidos, os nomes a serem mencionados são J. B. Clark, Irving Fisher e F. W. Taussig.

parte do seu conteúdo – sim, sobreviveu à operação, mas ficou emaciada, quase sem vida.[5] Sem embargo, pode-se demonstrar, no quadro das hipóteses gerais da análise Marshall-Wicksell, que as firmas que não podem exercer, por ação individual própria, nenhuma influência sobre o preço dos seus produtos ou dos fatores de produção que empregam – de modo que não teria sentido chorar o fato de qualquer aumento da produção tender a reduzir os preços e elevar os custos – expandirão a sua produção até o ponto em que o custo adicional que elas têm de aceitar para gerar outro pequeno incremento da produção (custo marginal) for exatamente igual ao preço que podem obter por esse incremento, ou seja, que essas empresas produzirão tanto quanto puderem sem incorrer em prejuízo. E é possível demonstrar que o volume dessa produção coincidirá, em geral, com o da produção "socialmente desejável". Em linguagem mais técnica, neste caso, do ponto de vista da firma individual, os preços não são variáveis, mas parâmetros; e onde isso ocorre, há um estado

---

5 Nesta nota, antecipando um argumento posterior (cf. adiante, cap. 8, § 6), esclarecerei brevemente a passagem acima. A análise do mecanismo da economia do lucro levou não só à descoberta de exceções ao princípio de que a indústria competitiva tende a maximizar a produção, mas também à descoberta de que a prova do próprio princípio requer hipóteses que o reduzem a pouco mais que um truísmo. Todavia, o seu valor prático fica particularmente prejudicado pelas seguintes considerações:

1. O princípio, à medida que possa ser provado, se aplica a um estado de equilíbrio estático. A realidade capitalista é essencialmente um processo de troca. Portanto, na avaliação do desempenho da empresa competitiva, a questão de se ela tenderia ou não a maximizar a produção em uma condição estacionária perfeitamente equilibrada do processo econômico é quase irrelevante.

2. O princípio, tal como o formulou Wicksell, é o que restou de uma proposição mais ambiciosa que figura igualmente na obra de Marshall, bem que em forma rarefeita: o teorema segundo o qual a indústria competitiva tende a maximizar a satisfação das necessidades. Entretanto, mesmo que deixemos de lado as graves objeções que se podem opor a falar em magnitudes psíquicas não observáveis, é fácil ver esse teorema reduzido a uma banalidade, a saber, quaisquer que sejam os dados e, em particular, a ordenação institucional de uma sociedade, a ação humana, à medida que é racional, sempre procurará tirar o máximo de vantagem de qualquer situação dada. Na verdade, o teorema se reduz a uma definição da ação racional e, consequentemente, pode ser comparado com teoremas parecidos aplicáveis, por exemplo, à sociedade socialista. Mas isso também vale para o princípio da produção máxima. Nem um nem outro formula uma virtude específica da empresa privada competitiva. Isso não significa que tais virtudes não existam. Mas significa que elas não são simplesmente inerentes à *lógica* da concorrência.

de equilíbrio no qual toda a produção atinge o seu ponto máximo e todos os fatores são plenamente empregados. Usualmente, este caso é denominado concorrência perfeita. Recordando o que se disse a respeito do processo seletivo que opera em todas as empresas e nos seus gestores, podíamos conceber, na verdade, uma ideia muito otimista dos resultados que são de esperar em um grupo de pessoas altamente selecionadas que, dentro desse quadro, são obrigadas, em virtude do móvel do lucro, a empregar toda a sua energia para maximizar a produção e minimizar os custos. Em particular, pode parecer à primeira vista que um sistema condizente com esse modelo apresentaria uma ausência notável de algumas das principais fontes de desperdício social. Basta um pouco de reflexão para ver que essa não é senão outra maneira de formular o conteúdo da frase precedente.

4. Passemos à segunda etapa. Naturalmente, a análise Marshall-Wicksell não perdeu de vista os muitos casos que não se ajustam a esse modelo. Tampouco os perderam de vista os clássicos, que reconheceram casos de "monopólio", sendo que o próprio Adam Smith observou meticulosamente o predomínio de procedimentos para restringir a concorrência[6] e as diferenças na flexibilidade dos preços resultantes de tais práticas. Mas eles encaravam tais casos como exceções e, além disso, como exceções susceptíveis de serem eliminadas com o tempo. Marshall partilhava dessa opinião em certa medida: embora tivesse desenvolvido a teoria do monopólio de Cournot[7] e embora tivesse antecipado análises posteriores, chamando a atenção para o fato de a maioria das firmas terem mercados próprios, nos quais impõem os preços em vez de simplesmente aceitá-los;[8] ele, tal como Wicksell, ajustou as suas conclusões gerais ao padrão da concorrência perfeita, sugerindo assim, bem à maneira dos clássicos, que a concorrência perfeita era a regra. Nem Marshall

---

6 Ele chegou a sublinhar, de modo surpreendentemente parecido com as atitudes atuais, a discrepância entre os interesses de cada ramo da produção e os do público e falou nas conspirações contra este, que, na sua opinião, podiam se originar em qualquer banquete de homens de negócios.

7 Augustin Cournot, 1938.

8 É por isso que se pode fazer com que a teoria ulterior da concorrência imperfeita remonte a Marshall. Posto que não tenha elaborado essa concepção, ele enxergou o fenômeno mais corretamente do que muitos protagonistas da dita tese: em especial, não exagerou a sua importância.

e Wicksell nem os clássicos viram que a concorrência perfeita é a exceção e que, mesmo que fosse a regra, haveria muito menos motivo para congratulação do que se pode imaginar

Se examinarmos mais detidamente as condições – nem todas explicitamente formuladas ou mesmo percebidas com clareza por Marshall e Wicksell – que é preciso preencher para que se produza a concorrência perfeita, perceberemos imediatamente que, fora da produção agrícola em massa, não pode haver muitos exemplos dela. O agricultor fornece o algodão ou trigo nas seguintes condições: do seu ponto de vista, os preços correntes do algodão ou do trigo são dados, se bem que muito variáveis, e não podendo influenciá-los pela ação individual, ele simplesmente adapta a sua produção; como todos os agricultores fazem a mesma coisa, os preços e as quantidades acabam se ajustando como requer a teoria da competição perfeita. Mas isso não é assim com muitos produtos agrícolas: por exemplo, as aves, os embutidos, as verduras e muitos laticínios. E no concernente a quase todos os produtos acabados e serviços da indústria e do comércio, cada merceeiro, cada posto de gasolina, cada fabricante de luvas, de creme de barbear ou de serrotes tem um pequeno e precário mercado próprio que ele tenta – é obrigado a tentar – construir e manter recorrendo à estratégia de preços, à estratégia da qualidade – "diferenciação dos produtos" – e à publicidade. Assim, obtemos um modelo completamente diferente que parece não dar motivos para esperar que ele gere os resultados da competição perfeita e que se adapta muito mais ao esquema monopolista. Nesses casos, falamos em concorrência monopolista, cuja teoria foi uma das contribuições mais importantes da economia do pós-guerra.[9]

Resta uma vasta gama de produtos substancialmente homogêneos – principalmente as matérias-primas industriais e os produtos semiacabados como os lingotes de aço, o cimento, os tecidos de algodão e outros que tais – para os quais parecem não prevalecer as condições para o surgimento da concorrência monopolista. Assim é. Mas, em geral, manifestam-se consequências análogas nos mercados à medida que grande parte deles constitui o domínio

---

9 Cf. particularmente E. S. Chamberlin, *Theory of Monopolistic Competition*, e Joan Robinson, *The Economics of Imperfect Competition*.

de empresas de muito grande porte, que, isolada ou concertadamente, podem manipular os preços mesmo sem diferenciar os produtos: é o caso do oligopólio. Uma vez mais, o esquema do monopólio, adequadamente adaptado, parece condizer com esse tipo de comportamento muito mais do que o esquema da concorrência perfeita.

Quando se reconhece que o predomínio da competição monopolista ou oligopolista ou da combinação das duas, muitas proposições que a geração de economistas de Marshall-Wicksell costumava ensinar com extrema confiança tornam-se impraticáveis ou muito mais difíceis de provar. Isso vale, primeiramente, para as proposições que giram em torno ao conceito de equilíbrio, *i.e.*, determinado estado do organismo econômico para o qual qualquer outro estado temporário tende sempre e que apresenta certas propriedades simples. Na verdade, no caso geral do oligopólio, não há absolutamente nenhum equilíbrio determinado e é possível que se verifique uma interminável sequência de marchas e contramarchas, um estado de guerra perpétuo entre as empresas. É verdade que existem muitos casos especiais em que, teoricamente, há um estado de equilíbrio. Em segundo lugar, mesmo nesses casos, não só é muito mais difícil alcançar esse equilíbrio na concorrência perfeita – e mais difícil ainda preservá-lo – como parece provável que a concorrência "benéfica" do tipo clássico seja substituída pela concorrência "predatória" ou "sanguinária", ou simplesmente por lutas pelo controle da esfera financeira. Tais manobras constituem muitas fontes de desperdício social, às quais se somam outras mais, como o custo das campanhas publicitárias, a supressão de novos métodos de produção (a compra de patentes para não as usar) e assim por diante. E o mais importante: nas condições consideradas, o equilíbrio, ainda que finalmente alcançado por um método sumamente oneroso, já não garante nem o pleno emprego nem a produção máxima no sentido da teoria da concorrência perfeita. O equilíbrio *pode* existir sem o pleno emprego: *tem de* existir, ao que parece, a um nível de produção abaixo do limite máximo, porque a estratégia de conservação do lucro, impossível nas condições da concorrência perfeita, passa agora não só a ser possível como a se impor.

Pois bem, isso não corrobora o que o cidadão comum (a menos que seja um homem de negócios) sempre pensou da questão do negócio privado? A análise moderna não refutou completamente a doutrina clássica, justificando a opinião popular? Afinal, não é verdade que há pouco paralelismo entre produzir para o lucro e produzir para o consumidor e que a empresa privada é pouco mais que um dispositivo para restringir a produção a fim de extorquir lucros que se podem definir corretamente como taxas e resgates?

7

O PROCESSO DA DESTRUIÇÃO CRIATIVA

As teorias da concorrência monopolista e oligopolista e as suas variantes populares podem ser usadas de dois modos para sustentar a opinião segundo a qual a realidade capitalista é desfavorável ao rendimento máximo na produção. É possível alegar que sempre foi assim e que a produção nunca deixou de se expandir, apesar da sabotagem secular perpetrada pela burguesia dirigente. Os defensores dessa proposição teriam de provar que a taxa de crescimento observada se pode explicar por uma sequência de circunstâncias favoráveis independentes do mecanismo da empresa privada e suficientemente fortes para vencer a resistência burguesa. É justamente essa a questão que vamos discutir no capítulo 9. Contudo, os adeptos de tal variante pelo menos contam com a vantagem de evitar o problema de ordem histórica que os partidários da proposição alternativa são obrigados a enfrentar. Esta afirma que, outrora, a realidade capitalista tendia a favorecer o rendimento produtivo máximo ou, em todo caso, um rendimento produtivo considerável a ponto de constituir um elemento importante em qualquer avaliação séria do sistema; mas que, de lá para cá, a posterior disseminação de estruturas monopolistas reverteu aquela tendência.

Primeiramente, isso envolve a criação de uma idade de ouro da concorrência perfeita inteiramente imaginária, que, em dado momento e de algum modo, se transformou na era monopolista, muito embora seja evidente que a concorrência perfeita nunca foi mais real do que atualmente. Em segundo lugar, é mister notar que a taxa de crescimento da produção não diminuiu a partir da década de 1890, ou seja, a partir do período em que, segundo suponho, a preponderância das grandes corporações se afirmou pelo menos na indústria; que não há nada no comportamento das séries temporais da produção total que insinue uma "ruptura da tendência"; e, o mais importante, que o padrão de vida moderno das massas melhorou no período da "grande empresa" relativamente livre de entraves. Se arrolarmos os itens que entram no orçamento do operário moderno e acompanharmos a evolução dos seus preços a partir de 1899, não em termos monetários, mas de horas de trabalho para comprá-los – *i.e.*, os preços nominais de cada ano divididos pela taxa de salário-hora de cada ano –, é surpreendente a taxa do avanço que, considerando a melhora espetacular das qualidades, parece ter sido maior – e não menor – do que nunca até o presente. Se os economistas fôssemos menos dados ao pensamento volitivo e mais à observação dos fatos, duvidaríamos imediatamente do realismo de uma teoria que nos levasse a esperar um resultado muito diferente. Mas isso não é tudo. Quando entramos nos pormenores e examinamos os itens individuais nos quais o progresso foi mais conspícuo, a pista leva não à porta das firmas que operam em condições de concorrência comparativamente livre, e sim à dos grandes conglomerados – que, como no caso da mecanização da agricultura, também contribuíram para o progresso do setor competitivo –, e no nosso espírito se insinua a chocante suspeita de que talvez as grandes empresas, longe de pressionar o nível de vida para baixo, tenham-no elevado.

Na verdade, as conclusões mencionadas no fim do capítulo anterior são quase completamente falsas. No entanto, derivam de observações e teoremas quase inteiramente verdadeiros.[1] Tanto os economistas quanto os publicistas se

---

1 Na realidade, tais observações e teoremas não são inteiramente satisfatórios. As exposições usuais da doutrina da concorrência imperfeita deixam, particularmente, de dar a devida atenção aos muitos casos importantes em que, até mesmo no plano da teoria estática, a concorrência imperfeita se aproxima dos resultados da concorrência perfeita. Em outros casos, os resultados diferem, mas a concorrência imperfeita oferece compensações que, embora não entrem em nenhum índice de produção, contribuem para aquilo que o índice de produção deve medir em última instância: os casos nos quais uma empresa defende o seu mercado

O PROCESSO DA DESTRUIÇÃO CRIATIVA

deixaram levar pelos fragmentos da realidade que porventura conseguiram apreender. Viram corretamente a maior parte desses fragmentos. Desenvolveram corretamente a maior parte das suas propriedades formais. Mas uma análise tão fragmentária não permite tirar nenhuma conclusão válida acerca da realidade capitalista como um todo. E, se mesmo assim as tirarmos, só acertaremos por acaso. Foi o que se fez. Mas a casualidade feliz não compareceu.

O ponto essencial a compreender é que, lidar com o capitalismo é lidar com um processo evolucionário. Pode parecer estranho alguém passar por alto um fato tão óbvio que, ademais, Karl Marx realçou há muito tempo. Entretanto, aquela análise fragmentária, que gera o grosso das nossas proposições a respeito do funcionamento do capitalismo moderno, persiste em deixá-lo de lado. Voltemos a expor esse ponto e vejamos a relevância que tem para o nosso problema.

O capitalismo é, por natureza, uma forma ou método de transformação econômica e não só não é, como não pode ser estacionário. E o caráter evolucionário do processo capitalista não se deve meramente ao fato de a vida econômica transcorrer em um ambiente social e natural que se transforma incessantemente e cujas transformações alteram os dados da ação econômica; esse fato é importante e essas mudanças (guerras, revoluções e assim por diante) geralmente condicionam as mutações industriais, mas não são a sua principal causa motriz. Esse caráter evolucionário também não se deve a um crescimento quase automático da população e do capital ou aos caprichos dos sistemas monetários, que tampouco figuram entre as suas principais causas motrizes. O impulso fundamental que põe e mantém em movimento a máquina capitalista é dado pelos novos bens de consumo, os novos métodos de produção ou transporte, os novos mercados e as novas formas de organização industrial criadas pela empresa capitalista.

Como vimos no capítulo precedente, o conteúdo do orçamento do operário, digamos de 1760 a 1940, não cresceu simplesmente com base em linhas invariáveis, mas sofreu um processo de mudança qualitativa. Do mesmo modo, a história do aparato produtivo de uma fazenda típica, a partir do início

---

estabelecendo, por exemplo, uma reputação de qualidade e serviço. Não obstante, a fim de simplificar a exposição, não vamos questionar essa doutrina no seu próprio terreno.

da racionalização da rotação dos cultivos, da lavra e da engorda até a mecanização atual – somada aos silos e às ferrovias – é uma história de revoluções. E de revoluções é a história do aparato produtivo da indústria do ferro e do aço, desde o forno a carvão até o de hoje, e a do aparato produtivo de energia, desde a roda hidráulica até a usina moderna, e a do transporte desde a diligência até o avião. A abertura de novos mercados, estrangeiros ou nacionais, e o desenvolvimento organizacional da oficina de artesão e da manufatura para os conglomerados como a U. S. Steel ilustram o mesmo processo de mutação industrial que revoluciona incessantemente a estrutura econômica *de dentro para fora*,[2] destruindo incessantemente a antiga, criando incessantemente a nova. Esse processo de destruição criativa é o fato essencial do capitalismo. O capitalismo consiste nesse processo e é nele que toda empresa capitalista tem de viver. Esse fato é relevante para o nosso problema de duas maneiras.

Em primeiro lugar, como estamos às voltas com um processo em que todos os elementos demoram consideravelmente a revelar as suas verdadeiras características e os seus efeitos definitivos, não tem sentido avaliar o seu rendimento *ex visu* de um momento dado; cabe-nos julgá-lo ao longo do tempo, à medida que ele se desdobra em décadas ou séculos. Um sistema – qualquer sistema, econômico ou não – que, em cada momento dado, utiliza as suas possibilidades plenamente e com o maior proveito pode, no entanto, em longo prazo, ser inferior a um sistema que não o faz em *nenhum* momento dado, porque, para ele, deixar de fazê-lo pode ser uma condição para o nível ou a velocidade do rendimento em longo prazo.

Em segundo lugar, como estamos às voltas com um processo orgânico, a análise do que se passa em uma parte isolada dele – por exemplo, um conglomerado ou indústria individual – pode efetivamente esclarecer detalhes do mecanismo, mas não conduzir a conclusões mais gerais. Cada movimento da estratégia econômica só adquire o seu significado verdadeiro quando colocado em relação com esse processo e dentro da situação por ele criada. Deve

---

2 Essas revoluções não são rigorosamente incessantes; ocorrem em discretos acometimentos separados entre si por intervalos de comparativa calma. Todavia, o processo como um todo atua incessantemente, no sentido de que sempre há revolução ou absorção dos resultados da revolução, sendo que ambos juntos formam o que se conhece por ciclos econômicos.

ser visto no seu papel de vendaval perene de destruição criativa; não pode ser compreendido independentemente dele nem com base na hipótese de uma calmaria perene.

Mas é precisamente essa a hipótese adotada pelos economistas que, *ex visu* de um momento dado, examinam, por exemplo, o comportamento de uma indústria oligopolista – uma indústria consistente em algumas grandes empresas – e nela observam as conhecidas manobras e contramanobras que visam unicamente a altos preços e a restrições à produção. Eles aceitam os dados da situação momentânea como se esta não tivesse passado nem futuro e pensam que entendem o que há para entender se interpretarem o comportamento dessas empresas mediante o princípio da maximização do lucro com referência àqueles dados. A dissertação usual do teórico e o relatório usual da comissão do governo praticamente nunca tentam encarar esse comportamento, de um lado, como resultado de um fragmento da história passada e, de outro, como uma tentativa, por parte dessas empresas, de se manterem firmes num terreno que desliza sob os seus pés. Em outras palavras, o problema que usualmente se toma em consideração é como o capitalismo administra as estruturas existentes, sendo a questão relevante a de saber como as cria e como as destrói. Enquanto não o reconhecer, o investigador faz um trabalho sem sentido. Tão logo o reconhece, a sua visão das práticas capitalistas e das suas consequências sociais se modifica consideravelmente.[3]

A primeira coisa a ser descartada é a concepção tradicional do *modus operandi* da concorrência. Os economistas finalmente começam a sair da etapa em que só enxergavam a concorrência dos preços. Assim que a concorrência da qualidade e o esforço de venda são admitidos no recinto sagrado da teoria, a variável preço é retirada da sua posição dominante. No entanto, o que praticamente monopoliza a atenção do teórico continua sendo a concorrência em um molde rígido de condições invariantes, especialmente os métodos de produção e as formas de organização industrial. Mas, na realidade capitalista

---

3 Deve-se compreender que é somente a nossa avaliação do rendimento econômico que se modifica tanto, não o nosso juízo moral. Devido à sua autonomia, a aprovação ou a reprovação moral é inteiramente independente da nossa avaliação do resultado social (ou qualquer outro), a menos que adotemos um sistema moral como o utilitarismo, que faz com que a aprovação ou a reprovação moral dele dependa *ex definitione*.

(em oposição à sua imagem estampada nos manuais), o que conta não é esse tipo de concorrência, e sim a concorrência da nova mercadoria, da nova tecnologia, da nova fonte de abastecimento, do novo tipo de organização (por exemplo, a unidade de controle em grandíssima escala), ou seja, a concorrência que impõe uma vantagem decisiva em custo ou qualidade e que ataca não nas margens dos lucros e da produção das empresas existentes, mas nos seus alicerces e na sua própria existência. Esse tipo de concorrência é tão mais eficaz que a outra quanto um bombardeio em comparação com o arrombamento de uma porta, e tanto mais importante quanto passa a ser relativamente indiferente que a concorrência, no sentido ordinário, funcione mais ou menos prontamente; em todo caso, a poderosa alavanca que, em longo prazo, expande a produção e baixa os preços é feita de outra matéria.

Seria quase desnecessário mencionar que a concorrência do tipo que agora temos em mente atua não só quando se concretiza, mas também quando é meramente uma ameaça permanente. Ela disciplina antes de atacar. O homem de negócios se sente em uma situação concorrencial mesmo quando é o único no seu ramo ou, ainda que não o seja, quando ocupa uma posição tal que nenhum auditor do governo consegue detectar uma concorrência efetiva entre ele e quaisquer outras firmas do mesmo ramo ou de um ramo afim e, consequentemente, conclui que as suas queixas da concorrência não passam de simulacro. Em muitos casos, se bem que não em todos, essa pressão impõe em longo prazo um comportamento muito parecido com o padrão de um sistema de concorrência perfeita.

Muitos adotam o ponto de vista contrário, que ilustraremos com um exemplo. Suponhamos que em um bairro haja certo número de varejistas que tentam melhorar a sua posição relativa esforçando-se para aprimorar o serviço e a "atmosfera", mas evitam a concorrência dos preços e se atêm aos métodos da tradição local: um quadro de rotina estagnante. À medida que outros entram no negócio, esse quase equilíbrio é destruído, mas de um modo que não beneficia a clientela. Com o estreitamento do espaço econômico ao redor de cada loja, os seus proprietários já não conseguem ganhar a vida e tendem a remediar a situação elevando os preços em um acordo tácito. Isso reduz ainda mais as suas vendas e, assim, o estrangulamento sucessivo cria uma situação em que uma oferta potencial crescente vem acompanhada de preços crescentes em vez de decrescentes, e de vendas decrescentes em vez de crescentes.

Esses casos ocorrem efetivamente, e é correto e conveniente analisá-los. Mas, como mostram os exemplos habitualmente invocados, são casos marginais encontráveis principalmente nos setores mais distantes de tudo quanto é mais característico da atividade capitalista.[4] Além disso, são transitórios por natureza. No caso do comércio varejista, a concorrência que importa não é a das lojas adicionais do mesmo tipo, e sim a da loja de departamentos, a da cadeia de lojas, a do comércio por reembolso postal e a do supermercado, que, cedo ou tarde, destruirão essas pirâmides.[5] Ora, uma construção teórica que descuida esse elemento essencial do caso estudado perde de vista tudo o que é mais tipicamente capitalista nele; mesmo que ela fosse lógica e factualmente correta, seria como encenar *Hamlet* sem o príncipe dinamarquês.

---

4 Isso também é demonstrado por um teorema que encontramos com frequência em exposições da teoria da concorrência imperfeita, a saber, o teorema segundo o qual, em condições de concorrência imperfeita, as empresas industriais e comerciais tendem a ser irracionalmente pequenas. Como, ao mesmo tempo, a competição imperfeita é considerada uma característica importantíssima da indústria moderna, só nos resta perguntar em que mundo esses teóricos vivem, a menos que eles só pensem nos casos marginais evocados acima.

5 A mera ameaça desse ataque não pode ter a sua influência disciplinadora habitual nas condições ambientais e pessoais particulares do comércio varejista em escala reduzida, pois o pequeno comerciante fica demasiado atado à sua estrutura de custo e, ainda que consiga administrar muito bem dentro das suas limitações inescapáveis, jamais poderá se adaptar aos métodos dos concorrentes que podem se dar ao luxo de vender pelo preço pelo qual ele compra.

8

AS PRÁTICAS MONOPOLISTAS

O QUE SE DISSE ATÉ AQUI é realmente suficiente para dar ao leitor condições de interpretar a maioria dos casos práticos que provavelmente encontrará e de comprovar a deficiência da maior parte das críticas à economia do lucro, que se apoiam, direta ou indiretamente, na ausência de uma concorrência perfeita. Mas, como a validez da nossa argumentação sobre algumas dessas críticas pode não ser evidente à primeira vista, vale a pena elaborar um pouco a fim de tornar alguns pontos mais explícitos.

1. Acabamos de ver que, tanto enquanto fato como enquanto ameaça, o impacto das inovações – as novas tecnologias, por exemplo – sobre a estrutura existente de uma indústria reduz consideravelmente o efeito e a importância em longo prazo das práticas que visam, mediante a restrição da produção, conservar as posições estabelecidas e maximizar os lucros delas provenientes. Cabe reconhecer agora o fato de que as práticas restritivas desse tipo, desde que sejam eficazes, adquirem um novo significado no vendaval perene da destruição criativa, significado esse que elas não teriam em um estado estacionário ou em um estado de crescimento lento e equilibrado. Em cada um desses casos, o único resultado produzido pela estratégia restritiva é o aumento dos lucros às expensas dos compradores, a não ser que, no caso do avanço

equilibrado, tal estratégia mostre ser a maneira mais fácil e eficaz de obter os meios com que financiar o investimento suplementar.[1] Mas, no processo de destruição criativa, as práticas restritivas podem contribuir muito para estabilizar o navio e atenuar as dificuldades temporárias. Aliás, esse é um argumento muito conhecido e que sempre reaparece em épocas de depressão e, como todos sabem, ganhou muita popularidade nos governos e nos seus assessores econômicos – como atesta a NRA.[2] Mas, ainda que tenha sido mal-usado e erroneamente aplicado a ponto de levar a maioria dos economistas a desprezá-lo de todo o coração, os mesmos assessores responsáveis pelo mau uso e os erros perdem de vista,[3] invariavelmente, a sua justificação muito mais geral.

Praticamente qualquer investimento implica, como um complemento necessário da ação empresarial, certas medidas de salvaguarda como o seguro ou a cobertura. Os investimentos de longo prazo em condições rapidamente cambiantes, sobretudo em condições que mudam ou podem mudar a qualquer momento sob o impacto de novas mercadorias e tecnologias, são como atirar em um alvo não só pouco visível, como também em movimento e que, ainda por cima, se desloca aos trancos. Isso torna necessário recorrer a meios protetores como as patentes ou o segredo temporário de fabricação ou, em alguns casos, os contratos de longo prazo segurados antecipadamente. Mas esses meios protetores, que a maioria dos economistas aceita como elementos normais da gestão racional,[4] são apenas casos especiais de uma classe maior

---

1 Os teóricos tendem a considerar culpado de erro grave quem admite essa possibilidade e a provar imediatamente que o financiamento com empréstimos bancários ou de poupadores particulares ou, no caso da empresa pública, o financiamento com o produto de um imposto de renda é muito mais racional que o financiamento com o excedente de lucros auferidos mediante a política restritiva. Para alguns modelos de comportamento, eles têm toda a razão. Para outros, não. Acredito que tanto o capitalismo quanto o comunismo do tipo russo pertencem a esta categoria. Mas o importante é que as considerações teóricas de curto prazo não podem resolver o problema, que voltaremos a encontrar na próxima parte, embora contribuam para a sua solução.

2 National Recovery Administration (Administração Nacional de Recuperação), órgão administrativo criado pelo governo estadunidense, em 1933, no contexto do New Deal. (N. T.)

3 É particularmente fácil mostrar que uma política que visa preservar a "paridade de preços" não tem sentido e é muito nociva.

4 Não obstante, alguns economistas acham que mesmo esses meios são obstruções ao progresso que, embora talvez necessárias na sociedade capitalista, não existiriam na socialista. Posto

que compreende muitos outros, os quais a maioria dos economistas condena, posto que não difiram fundamentalmente dos reconhecidos.

Por exemplo, se um risco de guerra é assegurável, ninguém se opõe a que uma empresa repasse o custo do seguro aos compradores dos seus produtos. Porém, mesmo que não seja possível assegurá-lo, esse risco não deixa de ser um elemento do custo em longo prazo, e, em tal caso, uma estratégia de preços visando ao mesmo fim dará a impressão de envolver restrição desnecessária e produzir lucro excessivo. Do mesmo modo, se uma patente não puder ser assegurada ou se, mesmo assegurada, não ficar efetivamente protegida, talvez seja necessário lançar mão de outros expedientes para justificar o investimento. Entre eles, figura a política de preços que possibilita amortizar mais rapidamente do que seria racional em outras circunstâncias ou ainda o investimento adicional a fim de obter um excedente de capacidade a ser usado unicamente para agressão ou defesa. De maneira parecida, se não for possível firmar antecipadamente contratos de longo prazo, a empresa investidora pode ser obrigada a conceber outros meios para garantir os clientes potenciais.

Ao analisar tais estratégias econômicas *ex visu* de determinado momento, o economista ou agente do governo incumbido da investigação se depara com políticas de preço que lhe parecem predatórias e com restrições da produção que lhe parecem sinônimas de perda de oportunidades de produzir. Não percebe que as restrições desse tipo são, nas condições do vendaval perene, incidentes geralmente inevitáveis de um processo de expansão de longo prazo que elas mais protegem do que impedem. Isso não é mais paradoxal do que dizer que os automóveis são mais velozes *por ter* freios do que seriam se não os tivessem.

2. Essa tese se mostra mais claramente no caso dos setores da economia que, em determinado momento, porventura recebem o impacto dos produtos e métodos novos sobre a estrutura industrial existente. A melhor maneira de ter uma ideia vívida e realista da estratégia industrial consiste, sem dúvida, em observar o comportamento dos novos conglomerados ou indústrias que introduzem mercadorias ou procedimentos novos (como a indústria do alumínio)

---

que contenha certa verdade, isso não afeta a proposição segundo a qual a proteção dada pelas patentes etc. é, nas condições da economia do lucro, um fator de incentivo, não de inibição.

ou então reorganizam uma parte ou a totalidade de uma indústria (como, por exemplo, a antiga Standard Oil Company).

Como vimos, tais conglomerados são agressores por natureza e sabem empunhar com muita eficácia a arma da concorrência. Só em casos raríssimos, a sua intrusão deixa de melhorar a produção total em quantidade ou qualidade, ambas por meio do próprio método novo – ainda que nunca plenamente explorado – e pela pressão que exercem sobre as empresas preexistentes. Mas as condições em que esses agressores se acham são tais que, para alcançar os seus fins de ataque e defesa, eles também precisam de outras armas além do preço e da qualidade dos produtos, as quais também têm de ser estrategicamente manipuladas o tempo todo para dar a impressão de que as únicas coisas que fazem são restringir a produção e manter os preços elevados.

Por um lado, em muitos casos, não se podem realizar planos em grandíssima escala se os seus autores não contarem desde o começo seja com o desencorajamento da concorrência em virtude da exigência de um grande capital ou da falta de experiência, seja com a disponibilidade de meios de inibi-la ou paralisá-la a fim de ganhar tempo e espaço para desenvolvimentos posteriores. Até mesmo a conquista do controle financeiro sobre conglomerados rivais em posições inexpugnáveis por qualquer outro meio ou a obtenção de privilégios que ofendem o senso público de jogo limpo – tarifas ferroviárias especiais – aparece a uma luz diferente quando se considera exclusivamente a sua influência em longo prazo sobre a produção total;[5] eles *podem* ser métodos de remover os obstáculos que a instituição da propriedade privada põe

---

5 A qualificação acrescentada elimina, penso eu, toda causa legítima de afronta que a frase acima possa gerar. Se essa qualificação não for suficientemente explícita, peço licença para repetir que o aspecto moral neste caso permanece, como deve permanecer em todos, inteiramente alheio à argumentação econômica. Quanto ao mais, tenha em conta o leitor que, mesmo ao se ocupar de ações indubitavelmente criminais, todo juiz e todo júri civilizados levam em conta o propósito ulterior em função do qual se perpetrou o delito e chegam a conclusões diferentes se o ato criminoso levar a resultados por eles considerados socialmente desejáveis ou não. Outra objeção seria mais pertinente. Se uma empresa só pode prosperar lançando mão de tais métodos, essa circunstância não prova por si só que ela não gera nenhum ganho social? Pode-se escorar esse ponto de vista em um argumento muito simples. Mas ele fica debilitado por uma grave reserva *ceteris paribus*. Quer dizer, aplica-se unicamente para um conjunto de condições mais ou menos equivalentes a excluir o processo de destruição criativa, ou seja, a realidade

no caminho do progresso. Em uma sociedade socialista, esse tempo e esse espaço não seriam menos necessários. Teriam de ser garantidos por ordem da autoridade central.

Por outro, a empresa seria na maioria dos casos impossível se não se soubesse desde o começo que é provável o surgimento de situações excepcionalmente favoráveis, que, se forem exploradas mediante a manipulação dos preços, da qualidade e da quantidade, proporcionam lucros suficientes para enfrentar as situações excepcionalmente desfavoráveis, contanto que estas sejam tratadas de modo semelhante. Uma vez mais, isso requer uma estratégia geralmente restritiva no curto prazo. Na maioria dos casos bem-sucedidos, ela mal consegue atingir o seu objetivo. No entanto, em alguns, é tão exitosa que chega a gerar lucros muito acima do necessário para induzir o investimento correspondente. Tais casos constituem a isca que atrai o capital a caminhos inexplorados. A sua presença explica em parte como é possível um segmento tão grande do mundo capitalista trabalhar em troca de nada: na metade da próspera década de 1920, aproximadamente a metade das empresas dos Estados Unidos operava com prejuízo, com lucro zero ou com um lucro que, se tivesse sido previsto, seria insuficiente para justificar o esforço e a despesa envolvidos.

Não obstante, a nossa argumentação se estende para além dos casos dos novos conglomerados, dos métodos e das indústrias. As grandes empresas antigas e as indústrias estabelecidas, diretamente atacadas ou não, seguem vivendo no vendaval perene. No processo de destruição criativa, surgem situações nas quais muitas firmas que soçobram conseguiriam continuar vivendo útil e vigorosamente se tivessem podido suportar determinada tempestade. À parte essas crises ou depressões gerais, surgem situações locais em que a rápida mudança dos dados, que é característica desse processo, desorganiza uma indústria a ponto de lhe infligir prejuízos anormais e de criar desemprego evitável. Enfim, não tem sentido tentar conservar indefinidamente indústrias obsoletas; mas tem sentido tentar evitar o seu desabamento rumoroso e tentar transformar uma derrota, que pode vir a ser o centro de efeitos depressivos cumulativos, em uma retirada ordenada. Inversamente, no caso das indústrias

---

capitalista. Pensando bem, vê-se que a analogia da prática em discussão sobre as patentes basta para mostrar isso.

que, mesmo tendo semeado vento, continuam ganhando terreno em vez de perdê-lo, pode-se falar em um avanço ordenado.[6]

Obviamente, tudo isso não passa de bom senso do mais banal. Mas é desconsiderado com uma persistência tão obstinada que às vezes surgem dúvidas quando à sinceridade. E se segue que, com o processo de destruição criativa, a auto-organização industrial tem outro lado além das realidades que os teóricos costumam relegar aos livros e cursos de ciclos econômicos. As "restrições comerciais" do tipo cartel, assim como as constituídas de meros acordos tácitos sobre a concorrência de preços, podem ser remédios eficazes em condições de depressão. À medida que o são, são capazes de produzir, no fim, uma expansão da produção total não só mais estável, como também maior do que se poderia obter com uma corrida desenfreada, que por certo viria acompanhada de catástrofes. Tampouco se pode alegar que essas catástrofes ocorrem em qualquer caso. Sabemos o que se passou em cada caso histórico, mas

---

6 Um bom exemplo que ilustra esse ponto – e, aliás, muitos pontos da nossa argumentação geral – é a história das indústrias automobilística e de raiom no pós-guerra. A primeira ilustra muito bem a natureza e o valor daquela que podemos chamar de concorrência "editada". O período de bonança terminou por volta de 1916. Depois disso, porém, uma legião de empresas se acotovelaram na indústria, a maioria das quais já tinha sido eliminada em 1925. Dessa luta feroz de vida ou morte, surgiram três conglomerados que atualmente respondem por 80% das vendas totais. Estão sob a pressão da concorrência à medida que, apesar das vantagens de uma posição estabelecida, de uma sofisticada organização de vendas e serviço etc., qualquer falha na manutenção e melhora da qualidade dos seus produtos ou qualquer tentativa de combinação monopolista atrairia novos concorrentes. Entre si, os três conglomerados se comportam de um modo que se pode chamar mais de respeito mútuo que de concorrência: eles se abstêm de certos expedientes agressivos (que, aliás, também estariam ausentes em uma concorrência perfeita); mantêm-se no mesmo ritmo, procurando assim obter certos lucros marginais. Isso já dura mais de quinze anos, e não é óbvio que, se durante esse período tivessem prevalecido as condições de uma concorrência teoricamente perfeita, o público teria à sua disposição automóveis melhores ou mais baratos, nem que os operários receberiam salários mais altos ou teriam emprego mais abundante e mais estável. A indústria do raiom teve o seu tempo das vacas gordas no segundo decênio do século xx. Apresenta as características que acompanham a introdução de uma mercadoria em campos já plenamente ocupados e as medidas que se impõem em tais condições com uma clareza ainda maior que na indústria automobilística. Também há várias outras diferenças; mas o caso é fundamentalmente parecido. A expansão da produção do raiom, em quantidade e qualidade, é conhecida por todos. No entanto, uma política restritiva controlou cada momento dessa expansão.

temos uma ideia muito imperfeita do que podia ter se passado, levando em consideração o ritmo vertiginoso do processo, se tais travas tivessem faltado por completo.

Por extensiva que seja, a nossa argumentação não compreende todos os casos de estratégia restritiva ou reguladora, muitos dos quais têm, sem dúvida, o efeito nocivo sobre o desenvolvimento em longo prazo da produção que se atribui indiscriminadamente a todos eles. E, mesmo nos casos abrangidos pela nossa argumentação, o efeito líquido é uma questão das circunstâncias e do modo e o grau em que a indústria se regula em cada caso individual. De certo é tão concebível que um sistema de cartéis onipresentes sabote todo o progresso quanto que realize, com custos social e privado menores, tudo que se atribui à concorrência perfeita. Eis porque a nossa tese não constitui um argumento contrário à regulação estatal. Ela mostra, isto sim, que não há nenhuma razão geral que justifique o "desmembramento indiscriminado dos trustes" ou a perseguição de tudo quanto seja qualificado de restrição comercial. Uma regulação racional, não vindicativa, por parte da autoridade pública constitui um problema delicadíssimo cuja solução não pode ser confiada a um órgão governamental qualquer, sobretudo quando se ergue um clamor geral contra as grandes empresas.[7] Mas a nossa argumentação, concebida para refutar a *teoria* predominante e as inferências que a partir dela se fazem acerca da relação entre o capitalismo moderno e o desenvolvimento da produção total, não gera senão outra *teoria*, ou seja, mais uma opinião sobre os fatos e mais um princípio pelo qual interpretá-los. Isto basta para os nossos fins. Quanto ao resto, que falem os fatos.

3. Agora algumas palavras a respeito do tema dos preços rígidos, que têm chamado tanta atenção ultimamente. Trata-se realmente de um aspecto particular do problema que estamos discutindo. Definiremos rigidez da seguinte

---

7 Infelizmente, essa afirmação é um obstáculo para qualquer acordo sobre as políticas a serem adotadas, quase tão efetivo quanto seria a recusa mais radical a admitir a legitimidade de uma regulamentação estatal. Na realidade, torna a discussão ainda mais amarga. Os políticos, os funcionários públicos e os economistas podem fazer frente ao que eu denominaria educadamente a oposição irredutível dos "realistas econômicos". Para eles é muito mais difícil tolerar as dúvidas sobre a sua competência, que em nós se acumulam especialmente quando vemos o espírito legalista em plena atividade.

maneira: um preço é rígido se for menos sensível à mudança das condições de oferta e demanda do que seria se prevalecesse a concorrência perfeita.[8]

Quantitativamente, o grau de rigidez dos preços nesse sentido depende do material e do método de mensura que escolhermos e, portanto, é uma questão duvidosa. Mas, seja qual for o material ou o método, a verdade é que os preços estão longe de ser tão rígidos como parecem. Não faltam motivos pelos quais aquilo que é, efetivamente, uma mudança de preço não aparece no quadro estatístico; em outras palavras, pelos quais existe muita rigidez espúria. Vou mencionar só uma classe dela intimamente ligada aos fatos realçados pela nossa análise.

Já chamei a atenção para a importância, para o processo capitalista em geral e para o seu mecanismo competitivo em particular, da irrupção de novas mercadorias. Ora, uma mercadoria nova pode, efetivamente, derrubar a estrutura preexistente e satisfazer determinada necessidade a preços muito mais baixos por unidade de serviço (serviço de transporte por exemplo) sem que, no entanto, nenhum preço registrado mude no processo; a flexibilidade no sentido real da palavra pode vir acompanhada de rigidez no sentido formal. Há outros casos, não desse tipo, em que a redução do preço é o único motivo para o lançamento de uma nova marca, ao passo que a antiga continua com a cotação anterior: mais uma redução de preço que não aparece. Além disso, a grande maioria dos novos bens de consumo – especialmente os tantos acessórios da vida moderna – são introduzidos primeiramente em uma forma experimental e insatisfatória, na qual não poderiam conquistar os seus mercados potenciais. A melhora da qualidade dos produtos é, pois, uma característica universal do desenvolvimento dos conglomerados individuais e das indústrias. Quer essa melhora envolva custos adicionais, quer não, um preço constante de uma mercadoria em vias de aprimoramento não deve ser considerado rígido sem que se leve a investigação mais adiante.

---

8 Essa definição é suficiente para os nossos fins, mas não seria satisfatória para outros. Cf. o artigo de D. D. Humphrey no *Journal of Political Economy*, outubro de 1937, e o de E. S. Mason na *Review of Economic Statistics*, maio de 1938. O professor Mason mostrou, entre outras coisas, que, contrariamente a uma crença generalizada, a rigidez dos preços não está aumentando ou, em todo caso, não é maior do que há quarenta anos, resultado que basta por si só para invalidar algumas inferências da atual doutrina da rigidez.

AS PRÁTICAS MONOPOLISTAS

Naturalmente, subsistem muitos casos de genuína rigidez de preços: preços que são mantidos constantes por uma questão de política comercial ou que permanecem invariáveis porque, por exemplo, é difícil mudar o preço fixado por um cartel depois de laboriosas negociações. Para apreciar a influência desse fato sobre o desenvolvimento em longo prazo da produção, é necessário perceber em primeiro lugar que essa rigidez é essencialmente um fenômeno de curto prazo. Não há exemplos importantes de rigidez de preços de longo prazo. Seja qual for a indústria fabricante ou o grupo de artigos manufaturados de certa importância que optemos por investigar durante determinado período, praticamente sempre constatamos que, em longo prazo, os preços não deixam de se adaptar ao progresso tecnológico – com frequência, reagem com quedas espetaculares –,[9] a não ser que fenômenos ou medidas de ordem monetária os impeçam de fazê-lo ou, em alguns casos, alterações autônomas das taxas de salário que, obviamente, têm de ser levadas em conta em correções adequadas exatamente como as mudanças de qualidade dos produtos.[10] E a nossa análise anterior mostra suficientemente por que tem de ser assim no processo de evolução capitalista.

O que a estratégia empresarial em questão realmente visa – e, aliás, a única coisa que pode conseguir – é evitar as flutuações sazonais, fortuitas e cíclicas dos preços e fazer com que eles variem unicamente em reação a mudanças mais fundamentais nas condições subjacentes a essas flutuações. Como as mudanças mais fundamentais demoram a se declarar, essa estratégia se traduz em um movimento lento, a passos discretos, mantendo um preço até que se

---

9 Em regra, eles não caem como cairiam em condições de concorrência perfeita. Mas isso só é verdadeiro *ceteris paribus*, e essa reserva priva a proposição de toda importância prática. Já chamei a atenção para esse ponto e voltarei a ele adiante (§ 5).

10 Do ponto de vista do bem-estar, convém adotar uma definição diferente da nossa e medir as mudanças de preço em termos de horas de trabalho atualmente necessárias para ganhar os dólares com que comprar determinadas quantidades de bens de consumo manufaturados, tendo em conta as mudanças de qualidade. Já fizemos isso no curso de uma argumentação anterior. Então se revela uma tendência para a baixa que é verdadeiramente impressionante. As mudanças no nível dos preços colocam outro problema. Se refletirem influências monetárias, elas devem ser eliminadas para que se alcance a maioria dos objetivos de uma investigação da rigidez. Mas, não devem ser eliminadas se refletirem o efeito combinado de eficiências crescentes em todas as linhas de produção.

vislumbrem novos contornos relativamente duráveis. Em linguagem técnica, tal estratégia visa seguir uma função escalonada que se aproxime das tendências de longo prazo. E é justamente isso que vem a ser, na maior parte dos casos, uma rigidez de preços autêntica e voluntária. Aliás, a maioria dos economistas o admite, pelo menos por implicação. Pois, conquanto alguns dos seus argumentos acerca da rigidez só sejam verdadeiros se o fenômeno for de longo prazo – por exemplo, a maior parte dos argumentos que afirmam que a rigidez de preços priva os consumidores dos frutos do progresso tecnológico –, na prática, eles mensuram e discutem primordialmente a rigidez cíclica e, em especial, o fato de muitos preços não caírem, ou pelo menos não caírem rapidamente, nas recessões ou depressões. Portanto, a questão real é como a rigidez de curto prazo afetaria o desenvolvimento em longo prazo da produção total.[11] Dentro dessa questão, o único problema realmente importante é: os preços que permanecem altos na recessão ou depressão influenciam, sem dúvida, a situação econômica nessas fases dos ciclos; se tal influência for muito perniciosa – fazendo com que as coisas piorem muito mais do que piorariam se houvesse flexibilidade perfeita em toda parte –, as consequências ruinosas causadas podem afetar a produção também nos períodos subsequentes de recuperação e prosperidade e, assim, reduzir permanentemente a taxa de crescimento da produção total a um nível inferior ao que atingiria na ausência de tal rigidez. Apresentaram-se dois argumentos a favor desse ponto de vista.

Para esclarecer ao máximo o primeiro, suponhamos que uma indústria que se recusa a baixar os preços na recessão continue vendendo exatamente a mesma quantidade de produto que venderia se os tivesse baixado. Neste caso, os compradores desembolsariam a quantia que a indústria lucra com a rigidez. Se esses compradores forem do tipo que gasta o quanto pode e a indústria ou

---

11 Todavia, convém observar que esse curto prazo pode durar mais do que a expressão "curto prazo" geralmente pressupõe – às vezes dez anos ou até mais. Não há um ciclo, há muitos ciclos simultâneos de duração variável. Um dos mais importantes dura em média nove anos e meio. As mudanças estruturais que requerem ajustes de preço ocorrem, nos casos importantes, em períodos mais ou menos dessa duração. No entanto, o desenvolvimento pleno das transformações espetaculares só se revela no fim de períodos muito mais prolongados. Para pensar com justiça os preços do alumínio, do raiom e dos automóveis é preciso examinar um período de 45 anos.

AS PRÁTICAS MONOPOLISTAS

aqueles que recebem o seu lucro líquido não gastarem o incremento obtido e o mantiverem depositado ou com ele amortizarem empréstimos bancários, é possível que o gasto total da economia se reduza. Se isso ocorrer, outras indústrias ou empresas podem sofrer e, se por esse motivo também adotarem restrições, arriscamos chegar a um acúmulo de efeitos depressivos. Em outras palavras: a rigidez pode influenciar a quantidade e a distribuição da renda nacional de modo a reduzir os saldos ou a aumentar os saldos ociosos ou, se adotarmos um nome popular inapropriado, as economias. Tal caso é concebível. Mas o leitor não terá dificuldade para se convencer de que a sua importância prática, se é que ele a tem, é muito pequena.[12]

O segundo argumento gira em torno dos efeitos perturbadores que a rigidez de preços pode exercer se, na própria indústria individual ou em outro setor, levar a uma restrição adicional da produção, *i.e.*, a uma restrição maior que a que em todo caso deve ocorrer em uma depressão. Como o condutor mais importante desses efeitos é o aumento incidente do desemprego – aliás, a desestabilização do emprego é a acusação que mais comumente se faz contra a rigidez de preços – e o consequente encolhimento da despesa total, esse argumento segue as pegadas do primeiro. O seu peso prático é consideravelmente reduzido, posto que os economistas discordem muito quanto à extensão dessa redução, pela consideração que, nos casos mais conspícuos, a rigidez de preços é motivada precisamente pela pouca sensibilidade da demanda às variações dos preços em curto prazo dentro da escala do factível. Na depressão, as pessoas preocupadas com o futuro dificilmente compram um carro novo mesmo que o preço esteja 25% mais baixo, especialmente se a aquisição for facilmente adiável e se a redução induzir a expectativa de novas reduções.

Sem embargo, independentemente disso, o argumento é inconclusivo porque, uma vez mais, está viciado por uma cláusula *ceteris paribus*,

---

12 O melhor método de fazer isso é elaborar cautelosamente *todas* as hipóteses implicadas não só no caso forçado imaginado, como também nos casos corriqueiros, que têm mais probabilidade de ocorrer na prática. Ademais, não se deve esquecer que o lucro resultante dos preços mantidos altos pode ser o meio de evitar a bancarrota ou, pelo menos, a necessidade de interromper as operações, duas coisas que seriam mais capazes de desencadear uma "espiral viciosa" descendente do que uma possível redução do gasto total. Cf. os comentários sobre o segundo argumento.

inadmissível quando se trata do processo de destruição criativa. Do fato – caso seja mesmo um fato – de se poderem vender maiores quantidades *ceteris paribus* se os preços forem mais flexíveis não decorre que a produção das mercadorias em questão, ou a produção total e, portanto, o emprego aumentem. Porque, na medida em que se pode supor que a recusa a baixar os preços fortaleça a posição das indústrias que adotam essa política, seja por lhe aumentar a renda, seja simplesmente por evitar o caos nos seus mercados – quer dizer, contanto que seja algo mais do que um erro da parte delas –, essa política é capaz de transformar em fortalezas aqueles que, de outro modo, seriam centros de devastação. Como já vimos, de um ponto de vista mais geral, com as restrições incidentes a essa política, pode-se manter a produção total e o emprego em nível mais elevado do que alcançariam se se deixasse a depressão causar estragos na estrutura de preços.[13] Em outras palavras, nas condições criadas pela evolução capitalista, a flexibilidade perfeita e universal dos preços pode, na depressão, desestabilizar ainda mais o sistema em vez de estabilizá-lo como, sem dúvida, faria nas condições propostas pela teoria geral. Uma vez mais, reconhece-se grande parte desse risco nos casos em que o economista simpatiza com os interesses diretamente afetados, por exemplo, no caso da mão de obra e da agricultura: ele admite bastante prontamente que aquilo que parece rigidez talvez não passe de adaptação regulada.

É possível que o leitor fique um tanto surpreso ao constatar o pouco que resta de uma doutrina a que se conferiu tanta importância nos últimos anos. Para alguns, a rigidez dos preços passou a ser o defeito capital da ordem capitalista e o fator (quase) fundamental da explicação das depressões. Mas isso não é de admirar. Os indivíduos e os grupos se agarram a qualquer coisa que se possa ostentar como uma descoberta que venha a dar apoio às tendências políticas do momento. A doutrina da rigidez dos preços, dotada de tão pouca verdade, não é nem de longe o pior exemplo desse abuso.

4. Outra doutrina cristalizou-se em um *slogan* com o seguinte conteúdo: na era da grande empresa, a manutenção do valor de investimento existente – conservação do capital – passa a ser o principal objetivo da atividade

---

13 Os teóricos exprimem essa possibilidade dizendo que, na depressão, as curvas da demanda podem descer muito mais violentamente se se retirarem todos os suportes que sustentam os preços.

empresarial e, provavelmente, porá fim a todo melhoramento que reduza os custos. Por conseguinte, a ordem capitalista se torna incompatível com o progresso.

Como vimos, o progresso pressupõe a destruição de valores de capital nas camadas com as quais uma mercadoria ou um método novo concorre. Na concorrência perfeita, os investimentos antigos têm de se adaptar com sacrifício ou de ser abandonados; mas, na ausência da concorrência perfeita e quando cada ramo industrial é controlado por alguns grandes conglomerados, estes podem combater de várias maneiras o ataque ameaçador à sua estrutura de capital e evitar perdas nas contas de capital; quer dizer, têm a possibilidade de combater o próprio progresso e o combatem.

À medida que essa doutrina simplesmente formula um aspecto particular da estratégia comercial restritiva, não há necessidade de acrescentar nada à argumentação já esboçada neste capítulo. Tanto no referente aos limites dessa estratégia quanto no tocante às suas funções no processo da destruição criativa, não faríamos senão repetir o já dito. Isso fica ainda mais óbvio se observarmos que conservar os valores de capital é a mesma coisa que conservar os lucros. Aliás, a teoria moderna tende a usar o conceito de valor líquido atual dos ativos (= valores de capital) em vez do conceito de lucro. Naturalmente, tanto os valores dos ativos quanto os lucros não são meramente conservados, e sim maximizados.

Mas a questão da sabotagem aos melhoramentos para reduzir o custo ainda pede um comentário *en passant*. Como mostra um pouco de reflexão, é suficiente considerar o caso de um conglomerado que controla um dispositivo tecnológico – por exemplo, uma patente – cujo uso envolveria o descarte de parte ou de todo o seu equipamento. Acaso ele renunciaria ao uso dessa tecnologia para conservar os seus valores de capital, ao passo que uma gestão não presa aos interesses capitalistas, como uma gestão socialista, poderia usá--la e a usaria em proveito de todos?

É novamente tentador levantar a questão do fato. A primeira coisa que um conglomerado moderno faz quando sente que pode se dar ao luxo de fazê-lo é criar um departamento de pesquisa, no qual todo o pessoal sabe que o seu pão depende do sucesso em conceber inovações. Obviamente, essa prática não sugere aversão ao progresso tecnológico. Tampouco podemos replicar referindo-nos aos casos das grandes empresas que adquiriram patentes, mas as usaram sem pressa ou simplesmente não as usaram. Porque não faltam bons motivos para que isso aconteça; por exemplo, o processo patenteado pode se revelar ruim ou, pelo menos, inadequado ao uso em base comercial. Por outro lado, os próprios inventores e os economistas ou funcionários públicos encarregados de uma investigação não são juízes imparciais, e seus relatórios e queixas podem apresentar um quadro muito distorcido.[14]

Mas não estamos tratando de uma questão teórica. Todos concordam que a gestão privada e a socialista introduzem melhoramentos quando têm a expectativa de, com o novo método de produção, obter um custo unitário total do produto menor que o obtido com o método atualmente em uso. Se essa condição não for cumprida, sustenta-se que a gestão privada não adota um método redutor de custo enquanto a fábrica e o equipamento existentes não estiverem completamente amortizados, ao passo que a gestão socialista o substitui, em benefício da sociedade, por qualquer novo método disponível que reduza o custo, *i.e.*, sem se preocupar com os valores de capital. Ocorre, porém, que não é assim.[15]

O gerenciamento privado, sendo guiado pelo motivo do lucro, não pode ter mais interesse do que o gerenciamento socialista em manter os valores de qualquer prédio ou máquina. A única coisa que a gestão privada procura fazer é maximizar o valor líquido total atual dos ativos, que é igual ao valor descontado do rendimento esperado. Isso equivale a dizer que ela sempre adota um novo método de produção susceptível de produzir um fluxo maior que o produzido pelo método atualmente empregado de renda futura por cada unidade

---

14 Incidentalmente, convém notar que as práticas restritivas em discussão, presumindo-se que existam em medida apreciável, não deixam de ter efeitos compensatórios no bem-estar social. Aliás, os próprios críticos que falam em sabotagem do progresso sublinham, ao mesmo tempo, as perdas *sociais* resultantes do ritmo do progresso capitalista, especialmente o desemprego por ele provocado e que seria atenuado até certo ponto por uma evolução mais lenta. Afinal, o progresso tecnológico é excessivamente rápido ou excessivamente lento para eles? Seria melhor se esses senhores se pusessem de acordo.

15 Observe-se que, mesmo se o argumento fosse correto, continuaria sendo inadequado sustentar a tese de que o capitalismo é, nas condições propostas, "incompatível com o progresso tecnológico". A única coisa que ele demonstraria é, em alguns casos, a presença de um moderado atraso na introdução de novos métodos.

do fluxo correspondente de despesas futuras, ambos os fluxos descontados em valores atuais. O valor do investimento anterior, tenha ele ou não por contrapartida uma dívida consolidada a ser amortizada, não entra absolutamente, salvo no sentido e na proporção em que também entraria no cálculo subjacente às decisões de uma gestão socialista. Enquanto o uso das máquinas antigas economizar custos futuros em comparação com a introdução imediata de novos métodos, o seu valor útil remanescente é, naturalmente, um elemento de decisão tanto para o gerente capitalista quanto para o socialista; no mais, o passado é passado para ambos, e qualquer tentativa de conservar o valor do investimento passado conflitaria tanto com as normas derivadas do motivo do lucro quanto com as normas estabelecidas para o comportamento de um gestor socialista.

Sem embargo, não é verdade que as empresas privadas donas de equipamento cujo valor está ameaçado por um novo método que elas também controlam – se não o controlarem, não há problema nem censura – só adotem o novo método se, com ele, o custo unitário total for menor que o obtido com o antigo ou se o investimento anterior já estiver totalmente amortizado *conforme o plano adotado antes do surgimento do novo método*. Ora, se a expectativa for de que as máquinas novas, quando instaladas, durem mais que o resto do período anteriormente previsto para o uso das máquinas velhas, o seu valor residual descontado a partir dessa data é mais um ativo a se levar em conta. Tampouco é verdade, por motivos análogos, que uma gestão socialista, agindo racionalmente, adote sempre e imediatamente qualquer método novo que prometa produzir a custos unitários totais mais baixos ou que isso seja socialmente benéfico.

Não obstante, há outro elemento que afeta profundamente o comportamento nessa matéria e que se perde de vista invariavelmente.[16] Trata-se do que se poderia chamar de conservação *ex ante* do capital na expectativa de novo melhoramento. Frequentemente, se não na maior parte dos casos, uma empresa em atividade não enfrenta simplesmente a questão de adotar ou não determinado novo método de produção que pode ser considerado o melhor

---

16 Naturalmente, há muitos outros elementos. O leitor há de entender que, ao tratar de questões de princípios, é impossível discutir a fundo todos os temas abordados.

e que, na forma imediatamente disponível, é de esperar que mantenha essa posição durante algum tempo. Um novo tipo de máquina não passa de um elo em uma cadeia de aperfeiçoamentos e pode ficar obsoleto em pouco tempo. Em um caso como esse, obviamente não seria racional seguir a cadeia, elo por elo, sem levar em conta a perda de capital sofrida a cada vez. A questão real passa a ser em que elo a empresa deve agir. A resposta tem de consistir em uma espécie de compromisso entre considerações que se apoiam muito em conjeturas. Mas, por via de regra, a empresa deve esperar certo tempo para ver como a cadeia se comporta. E, para o *outsider*, isso pode perfeitamente parecer uma tentativa de asfixiar o progresso a fim de conservar os valores de capital *existentes*. No entanto, até o mais paciente dos camaradas ficaria revoltado se uma gestão socialista fosse obtusa a ponto de seguir o conselho do teórico e renovar todo ano as instalações e o equipamento.

5. O título que escolhi para este capítulo se justifica porque a maior parte dele trata de fatos e problemas que a linguagem comum associa ao monopólio ou às práticas monopolistas. Até aqui, me abstive tanto quanto possível de usar esses termos a fim de reservar para uma seção separada alguns comentários sobre certos tópicos especificamente ligados a eles. Mas não direi nada que já não tenha sido abordado de uma forma ou de outra.

(a) Comecemos pela própria palavra. Monopolista significa vendedor único. Portanto, literalmente, monopolista é aquele que vende qualquer coisa que não seja, em todos os aspectos, inclusive a embalagem, o ponto de venda e o serviço, exatamente igual ao que vendem os outros, como é o caso de todo vendeiro, ou de todo armarinheiro, ou de todo vendedor ambulante de sorvete Good Humor que não se alinha simplesmente com os vendedores de sorvete da mesma marca. Contudo, não é isso que temos em mente quando falamos de monopolistas. Temos em mente apenas os vendedores únicos cujos mercados não estão abertos à intromissão de produtores potenciais da mesma mercadoria e de produtores reais de mercadorias similares ou, falando em termos um pouco mais técnicos, somente os vendedores únicos colocados na presença de determinado jogo de curvas de demanda inteiramente independente da sua própria ação, assim como de quaisquer reações à sua ação por parte das outras empresas. A tradicional teoria Cournot-Marshall do monopólio, tal como foi ampliada e corrigida por autores posteriores, só se sustenta se o definirmos

AS PRÁTICAS MONOPOLISTAS

deste modo, e, ao que parece, não tem sentido chamar de monopólio qualquer coisa a que essa teoria não se aplique.

Mas se, por conseguinte, adotarmos essa definição, fica imediatamente evidente que casos puros de monopólio de longo prazo têm de ser raríssimos e que, mesmo as aproximações toleráveis dos requisitos do conceito têm de ser ainda mais raras que os casos de concorrência perfeita. O poder de explorar à vontade determinado sistema de demanda – ou um que mude independentemente da ação do monopolista e das reações que ela provoca – dificilmente pode persistir, nas condições de capitalismo intacto, durante um período longo o suficiente para que a análise da produção total o tome em consideração, a não ser que ele conte com o respaldo da autoridade pública, por exemplo, no caso dos monopólios fiscais. Não é fácil encontrar ou mesmo imaginar uma grande empresa moderna não protegida *desse modo – i.e.*, mesmo que protegida por taxas alfandegárias ou proibições de importação – que, no entanto, exerça esse poder (salvo temporariamente). Até mesmo os conglomerados ferroviários e de energia elétrica tiveram, primeiramente, de criar a demanda dos seus serviços e, depois, de defender o seu mercado contra a concorrência. Fora da zona dos serviços públicos, a posição de vendedor único só pode ser conquistada – e mantida durante décadas – sob a condição de ele não se comportar como um monopolista. A seguir, vamos nos ocupar rapidamente do monopólio de curto prazo.

Então, por que tanto se fala em monopólio? A resposta não deixa de ser interessante para o estudioso da psicologia da discussão política. Naturalmente, o conceito de monopólio, como qualquer outro, costuma ser usado de modo impreciso. Fala-se em um país que tem o monopólio disto ou daquilo[17]

---

17 Esses ditos monopólios chamaram a atenção recentemente em conexão com a proposta de privar as nações agressoras de certas matérias-primas. Por analogia, as lições dessa discussão têm certa relação com o nosso problema. Primeiramente, depositou-se grande esperança nas possibilidades dessa arma. Depois, examinando-a mais detidamente, as pessoas se deram conta de que as suas listas de tais matérias-primas estavam encolhendo, pois ficou cada vez mais claro que há pouquíssimas coisas que não podem ser produzidas ou substituídas pelas nações em questão. E, por fim, surgiu a suspeita de que, embora se possa exercer certa pressão sobre elas em curto prazo, a evolução em longo prazo acabará reduzindo a praticamente nada o que resta nas listas.

ainda que a indústria em questão enfrente muita concorrência etc. Mas isso não é tudo. Os economistas, os funcionários públicos, os jornalistas e os políticos desse país obviamente gostam da palavra porque ela passou a ser um termo de opróbrio que certamente desperta a hostilidade do público a qualquer interesse assim rotulado. No mundo anglo-americano, o monopólio é execrado e associado à exploração parasitária desde os séculos XVI e XVII, quando era prática administrativa inglesa criar uma grande quantidade de posições de monopólio, as quais, por um lado, correspondiam perfeitamente ao modelo teórico do comportamento monopolista e, por outro, justificavam plenamente a onda de indignação que impressionou até a grande Elizabeth.

Nada é tão retentivo quanto a memória de uma nação. A nossa época oferece outros exemplos mais importantes da reação de uma nação ao que aconteceu há séculos. Aquela prática tornou o público anglófono de tal modo consciente do monopólio que ele adquiriu o hábito de atribuir àquele poder sinistro praticamente tudo quando o desagradava nos negócios. Para o burguês liberal típico em particular, o monopólio passou a ser o pai de quase todos os abusos – aliás, o seu ogro favorito. Adam Smith,[18] pensando principalmente nos monopólios do tipo Tudor e Stuart, censurava-os com terrível dignidade. *Sir* Robert Peel – que, como a maioria dos conservadores sabia lançar mão ocasionalmente do arsenal dos demagogos –, no famoso epílogo do seu último mandato e que tanto irritou os seus correligionários, falou em um monopólio do pão e do trigo, embora a produção de grão fosse perfeitamente concorrencial apesar do protecionismo.[19] E, nos Estados Unidos, monopólio está se tornando praticamente sinônimo de empresa em larga escala.

---

18 Essa atitude acrítica de Adam Smith e dos clássicos em geral era mais desculpável que no caso dos seus sucessores, pois a grande empresa, como a entendemos, ainda não tinha surgido. Porém, mesmo assim, eles foram longe demais. Em parte, isso se deve ao fato de não terem nenhuma teoria do monopólio satisfatória, coisa que os levou a empregar o termo um tanto promiscuamente (Adam Smith e até mesmo Senior interpretavam, por exemplo, a renda da terra como um lucro monopolista), mas também a considerar praticamente ilimitado o poder de exploração dos monopolistas, o que naturalmente é um erro mesmo nos casos mais extremos.

19 Este exemplo ilustra o modo como o termo continua entrando furtivamente em usos ilegítimos. Proteção da agricultura e monopólio de produtos agrícolas são coisas totalmente diferentes. A luta de Peel era contra o protecionismo, não contra um cartel inexistente de proprietários fundiários. Mas, no combate ao protecionismo, ele também procurava aplauso. E,

AS PRÁTICAS MONOPOLISTAS

(b) A teoria do monopólio simples e seletivo ensina que, com exceção dos casos-limite, o preço do monopólio é mais elevado; e a sua produção, menor que o preço e a produção concorrenciais. Isso é verdadeiro desde que o método e a organização da produção – e tudo o mais – sejam exatamente os mesmos em ambos os casos. Na realidade, porém, há métodos superiores à disposição do monopolista que, ou não estão ao alcance de toda uma multidão de concorrentes, ou não estão ao seu alcance tão rapidamente: porque há vantagens que, embora não rigorosamente inatingíveis no nível concorrencial da empresa, na verdade, só são atingíveis ao nível monopólico, por exemplo, ou porque a monopolização pode aumentar a esfera de influência dos cérebros mais bem-dotados e diminuir a dos medíocres,[20] ou porque o monopólio goza de um prestígio financeiro desproporcionalmente maior. Sempre que é assim, aquela proposição deixa de ser verdadeira. Em outras palavras, esse argumento a favor da concorrência falha completamente, pois os preços monopólicos não são necessariamente mais elevados nem as produções monopólicas menores do que seriam os preços e as produções concorrenciais nos níveis de eficiência produtiva e organizacional que estão ao alcance do tipo de empresa compatível com a hipótese concorrencial.

Não pode haver nenhuma dúvida razoável que, nas condições da nossa época, tal superioridade é, de fato, a característica marcante da típica empresa em larga escala, posto que o mero tamanho não seja necessário nem suficiente para explicá-la. Essas empresas não só surgem no processo de destruição criativa e funcionam de um modo inteiramente diferente do esquema estático, como também, em muitos casos de importância decisiva, suprem a forma necessária ao alcançamento do objetivo proposto. Criam grande parte daquilo

---

evidentemente, não havia maneira mais fácil de consegui-lo do que chamar os protecionistas de monopolistas.

20 O leitor há de observar que, como regra geral, embora esse tipo particular de superioridade seja simplesmente indiscutível, os cérebros medíocres, especialmente se os seus donos forem totalmente eliminados, resistem a admiti-la, e que a simpatia do público e do economista vulgar está sempre do lado dos frágeis, não dos fortes. É possível que isso tenha a ver com uma tendência a subestimar as vantagens de custo ou qualidade da combinação quase monopolista, que, atualmente, é tão pronunciada quanto era a tendência a exagerá-las nos prospectos ou anúncios típicos dos patrocinadores de tais combinações.

que exploram. Consequentemente, a conclusão usual acerca da sua influência sobre a produção a longo prazo seria inválida mesmo que elas fossem mono pólios genuínos no sentido técnico da palavra.

A motivação é totalmente irrelevante. Mesmo que o único objetivo fosse a oportunidade de fixar preços monopolistas, a pressão dos métodos aperfeiçoados ou do enorme aparato geralmente tenderia a deslocar o ponto do ótimo monopolista em direção ou abaixo do preço de venda concorrencial no sentido acima, fazendo assim o trabalho – parcial, integral ou mais que integral – do mecanismo concorrencial,[21] *mesmo que se pratiquem restrições e fique uma capacidade produtiva constantemente excedente.* É claro que, se os métodos de produção, organização etc. não se aperfeiçoarem pela monopolização ou em conexão com ela, como é o caso de um cartel comum, o teorema clássico do preço e da produção monopolistas volta a ter sentido.[22] O mesmo ocorre com outra ideia popular: a de que a monopolização tem um efeito soporífero. Também não é difícil achar exemplos disso. Mas não se deve erigir nenhuma teoria geral com base neles, pois, especialmente na indústria manufatureira, uma posição de monopólio geralmente não é travesseiro fofo sobre o qual dormir. Tanto para conquistá-la como para mantê-la, são indispensáveis a vigilância e a energia. A influência soporífera que há na economia moderna se deve a outra causa que mencionaremos mais adiante.

---

21 A Aluminium Company of America não é um monopólio no sentido técnico tal como definimos acima, entre outros motivos porque teve de construir o seu programa de demanda, fato suficiente para excluir um comportamento condizente com o esquema Cournot-Marshall. Mas a maioria dos economistas lhe dá esse nome e, na falta de casos autênticos, faremos o mesmo na redação desta nota. De 1890 a 1929, o preço do produto básico desse vendedor único caiu a cerca de 12% ou, corrigido pela mudança do nível de preço (índice de preços no atacado do Departamento do Trabalho), a aproximadamente 8,8%. A produção subiu de 30 para 103.400 toneladas métricas. A proteção pela patente cessou em 1909. A argumentação a partir de custos e lucros na crítica a esse "monopólio" tem de ter por líquido e certo que uma multidão de empresas concorrenciais teria sido igualmente bem-sucedida na pesquisa de redução do custo, no desenvolvimento econômico do aparato produtivo, no ensino de novos usos para o produto e na evitação de colapsos perniciosos. São essas, de fato, as hipóteses pressupostas pela crítica desse tipo, *i.e.*, não leva em conta o fator propulsor do capitalismo moderno.

22 Cf., no entanto, *supra*, § 1.

(c) Em curto prazo, as posições genuínas de monopólio ou próximas delas são muito mais frequentes. Durante uma inundação, o vendeiro de uma cidadezinha de Ohio se transforma em um verdadeiro monopolista durante horas ou mesmo dias. Todo açambarcador bem-sucedido pode ter um monopólio momentâneo. É possível que uma empresa especializada em rótulos de papel para garrafas de cerveja se ache em circunstâncias tais – os concorrentes potenciais compreendendo que os lucros aparentemente bons não tardariam a ser destruídos se eles entrassem no ramo – que lhe permitam atuar à vontade em um trecho moderado, mas ainda definido, da curva da demanda, pelo menos até que o rótulo de metal reduza a curva da demanda a cacos.

Os novos métodos de produção ou as novas mercadorias, especialmente estas, não conferem monopólio *per se*, mesmo que usados ou produzidas por uma única empresa. O produto do novo método tem de competir com os produtos do antigos e a mercadoria nova precisa ser introduzida, ou seja, é obrigada a construir o seu programa de demanda. Em regra, nem as patentes nem as práticas monopolistas alteram isso. Mas podem nos casos de superioridade espetacular do novo recurso, particularmente se for possível alugá-lo como o maquinário da indústria de calçados; ou, no caso das novas mercadorias, para as quais se estabeleceu a curva da demanda permanente antes que a patente expirasse.

Assim, é verdade que há ou pode haver um elemento de autêntico ganho monopolista nesses lucros empresariais que são os prêmios oferecidos pela sociedade capitalista ao inovador bem-sucedido. Mas a importância quantitativa desse elemento, a sua natureza fugaz e a sua função no processo em que ele surge o situam em uma classe à parte. Para uma grande empresa, o principal valor de uma posição de vendedor único garantida por uma patente ou uma estratégia monopolista não consiste tanto na oportunidade de se comportar temporariamente conforme o esquema monopolista quanto na proteção que ela oferece contra a desorganização temporária do mercado e o espaço que garante para o planejamento em longo prazo. Entretanto, aqui o argumento se funde com a análise anteriormente apresentada.

6. Olhando para trás, percebemos que a maior parte dos fatos e argumentos considerados neste capítulo tende a tirar o brilho do halo que outrora circundava a concorrência perfeita, assim como sugere uma ideia mais

favorável da sua alternativa. Agora reformularei rapidamente a nossa tese a partir desse ângulo.

A própria teoria tradicional, mesmo sem sair do seu recinto predileto de economia estacionária ou em crescimento constante, vem descobrindo, deste o tempo de Marshall e Edgeworth, um número crescente de exceções às antigas proposições acerca da concorrência perfeita e, incidentalmente, do livre-comércio que abalaram a confiança absoluta nas virtudes tão do agrado da geração que floresceu entre Ricardo e Marshall – *grosso modo*, a de J. S. Mill na Inglaterra, e de Francesco Ferrara no continente. Especialmente as proposições segundo as quais um sistema de concorrência perfeita idealmente economiza os recursos disponíveis e os aloca de modo a que sejam ótimos com relação a determinada distribuição da renda – proposições importantíssimas para a questão do comportamento da produção – agora já não podem ser mantidas com a antiga confiança.[23]

Muito mais profunda é a brecha aberta pelos trabalhos mais recentes no campo da teoria dinâmica (Frisch, Tinbergen, Roos, Hicks e outros). Análise dinâmica é a análise de sequências temporais. Ao explicar por que certa magnitude econômica – por exemplo, um preço – é a que é em determinado momento, ela leva em consideração não só o estado de outras magnitudes econômicas no mesmo momento, como faz a teoria estática, mas também o seu estado em pontos anteriores do tempo, e as expectativas quanto aos seus valores futuros. Pois bem, a primeira coisa que descobrimos ao elaborar as proposições que relacionam magnitudes pertencentes a diferentes pontos temporais[24] é o fato de que, uma vez destruído o equilíbrio por uma perturbação qualquer, o processo de estabelecimento de um novo não é tão seguro, rápido e econômico quanto pretendia a antiga teoria da concorrência perfeita; e a possibilidade de a própria luta pelo ajuste levar o sistema para mais longe, não para mais perto, do novo equilíbrio. Isso acontece na maioria dos casos,

---

23 Como não podemos abordar o tema, remeterei o leitor ao artigo do sr. R. F. Kahn intitulado "Some Notes on Ideal Output" (*Economic Journal*, março de 1935), que abrange grande parte da questão.

24 A palavra dinâmica é usada de maneira imprecisa e tem muitos significados diferentes. A definição do texto foi formulada por Ragnar Frisch.

a menos que a perturbação seja pequena. Em muitos casos, o atraso no ajuste é suficiente para produzir esse resultado.

Aqui me restrinjo a ilustrar esse fator de desequilíbrio com o exemplo mais antigo, mais simples e mais conhecido. Suponhamos que a demanda e a oferta *projetada* estejam em equilíbrio em um mercado de trigo em situação de concorrência perfeita, mas que a intempérie reduza a safra abaixo daquilo que os agricultores pretendiam fornecer. Se o preço subir consequentemente e, por esse motivo, os agricultores produzirem a quantidade de trigo que valeria a pena produzir se o novo preço fosse o de equilíbrio, haveria um colapso no mercado de trigo no ano seguinte. Se então os agricultores restringirem proporcionalmente a produção, pode resultar um preço ainda mais elevado que no primeiro ano, induzindo uma expansão da produção ainda maior que a verificada no segundo ano. E assim por diante (desde que o processo se comporte segundo a lógica pura) indefinidamente. Ao examinar as hipóteses envolvidas, o leitor perceberá sem dificuldade que não há por que temer que preços cada vez mais altos e produção cada vez maior se alternem até o Dia do Juízo. Mas, ainda que reduzido a proporções razoáveis, o fenômeno é suficiente para mostrar certas fragilidades evidentes do mecanismo da concorrência perfeita. Assim que se perceberem essas fragilidades, sai de cena grande parte do otimismo que costumava adornar as implicações práticas da teoria desse mecanismo.

Mas, do nosso ponto de vista, temos de avançar para além disso.[25] Se tentarmos visualizar como a concorrência perfeita funciona ou funcionaria no

---

25 Convém observar que a característica definidora da teoria dinâmica nada tem a ver com a natureza da realidade econômica a que se aplica. Trata-se muito mais de um método geral de análise que do estudo de um processo particular. Podemos empregá-lo para analisar uma economia estacionária tanto quanto se pode analisar uma economia em evolução recorrendo aos métodos estáticos ("estática comparada"). Por isso, a teoria dinâmica não precisa levar e não leva em conta o processo da destruição criativa, que, para nós, constitui a essência do capitalismo. Está, sem dúvida, mais bem equipada que a teoria estática para lidar com as numerosas questões de mecanismo que surgem na análise desse processo. Mas não é uma análise do próprio processo e trata das perturbações individuais resultantes de determinadas situações e estruturas exatamente como trata de outras perturbações. Portanto, julgar o funcionamento da concorrência perfeita do ponto de vista da evolução capitalista não é a mesma coisa que julgá-lo do ponto de vista da teoria dinâmica.

processo de destruição criativa, chegaremos a um resultado ainda mais desalentador. Isso não há de nos surpreender, considerando que todos os fatos essenciais desse processo estão ausentes do esquema geral da vida econômica que gera as proposições tradicionais sobre a concorrência perfeita. Ainda que arriscando ser repetitivo, vou ilustrar esse ponto uma vez mais.

A concorrência perfeita pressupõe a entrada livre em toda e qualquer indústria. É bem verdade, nessa teoria geral, que a entrada livre em todas as indústrias é uma condição para a alocação ótima dos recursos e, portanto, para a maximização da produção. Se o nosso mundo econômico consistisse em algumas indústrias consolidadas que produzissem mercadorias conhecidas com métodos estabelecidos e substancialmente invariantes e se nada acontecesse a não ser a mão de obra e as poupanças adicionais combinadas para estabelecer novas empresas do tipo existente, quaisquer obstáculos à sua entrada no ramo que desejassem significaria uma perda para a comunidade. Mas a entrada perfeitamente livre em uma *nova* esfera de atividade pode tornar absolutamente impossível o acesso a ela. É dificílimo conceber a introdução de novos métodos de produção e de novas mercadorias se houver concorrência perfeita – e imediata – desde o começo. E isso significa que tudo quanto chamamos de progresso econômico é incompatível com ela. De fato, a concorrência perfeita é e sempre foi provisoriamente suspensa quando da introdução de algo novo – automaticamente ou por meio de medidas concebidas *ad hoc* –, mesmo em condições perfeitamente concorrenciais em tudo o mais.

Do mesmo modo, a crítica habitual aos preços rígidos é perfeitamente pertinente no sistema tradicional. A rigidez é um tipo de resistência à adaptação que a competição perfeita e imediata exclui. E, dada a índole da adaptação e das condições sobre as quais versa a teoria tradicional, é uma vez mais verdadeiro que tal resistência significa prejuízo e redução da produção. Mas vimos que, nos arrancos e vicissitudes do processo de destruição criativa, o contrário pode ser igualmente verdadeiro: a flexibilidade perfeita e instantânea é capaz de produzir até catástrofes gratuitas. É claro que isso também pode ser evidenciado pela teoria dinâmica geral, que, como notamos acima, mostra que certas tentativas de adaptação intensificam o desequilíbrio.

Repetindo, a partir das suas próprias hipóteses, a teoria tradicional tem razão em afirmar que os lucros acima do necessário, em cada caso individual, para atrair a quantidade de equilíbrio dos meios de produção, inclusive a capacidade empresarial, indicam e ao mesmo tempo implicam prejuízo social líquido e que a estratégia empresarial que visa mantê-los vivos tolhe o crescimento da produção total. A concorrência perfeita inibiria ou eliminaria tais lucros excedentes e não daria espaço a essa estratégia. Mas, como no processo de evolução capitalista esses lucros adquirem novas funções orgânicas – não quero reiterar quais são elas –, o fato não pode continuar sendo atribuído incondicionalmente ao modelo perfeitamente concorrencial, pelo menos no que diz respeito à taxa de crescimento secular da produção total.

Finalmente, pode-se demonstrar deveras que, a partir das mesmas hipóteses, que equivalem a excluir a maior parte das características distintivas da realidade capitalista, uma economia perfeitamente concorrencial é comparativamente livre de desperdício e, em particular, dos tipos de desperdício que associamos muito rapidamente à sua homóloga. Mas isso não nos revela que aspecto assume o problema do desperdício nas condições determinadas pelo processo de destruição criativa.

Por um lado, grande parte daquilo que, sem referência a essas condições, daria a impressão de ser desperdício puro e simples, deixa de merecer tal qualificação no momento em que é colocado na devida relação com elas. Por exemplo, o tipo de capacidade excedente que deve a sua existência à prática de "construir antecipadamente à demanda" ou à de adaptar a capacidade aos picos cíclicos da demanda reduzir-se-ia muito em um regime de concorrência perfeita. Mas, quando se toma em consideração *todos* os fatos do caso, deixa de ser correto dizer que a concorrência perfeita sai ganhando nesse quadro. Porque, embora uma empresa que é obrigada a aceitar e não pode fixar preços use, efetivamente, toda a sua capacidade susceptível de produzir a custos marginais cobertos pelos preços vigentes, disso não decorre que ela teria a capacidade quantitativa e qualitativa que o grande conglomerado pôde criar justamente porque estava em condições de empregá-la "estrategicamente". A capacidade excedente desse tipo pode constituir – e o faz em alguns casos, em outros não – uma razão para proclamar a superioridade da economia socialista. Mas não para afirmar a superioridade do tipo perfeitamente concorrencial da economia capitalista sobre o tipo "monopoloide".

Por outro lado, funcionando nas condições da evolução capitalista, a própria ordem perfeitamente concorrencial apresenta desperdícios peculiares. A empresa do tipo compatível com a concorrência perfeita é, em muitos casos, inferior em eficiência interna, especialmente em tecnológica. E, sendo assim, desperdiça oportunidades. Mesmo quando ela se empenha em aperfeiçoar os seus métodos de produção, é possível que desperdice capital, pois se acha em uma situação menos favorável para evoluir e julgar as novas possibilidades. E, como já vimos, uma indústria perfeitamente concorrencial é muito mais sujeita a ser destroçada – e a disseminar os bacilos da depressão – sob o impacto do progresso ou da perturbação externa do que o grande conglomerado. Em última instância, a agricultura americana, as minas de carvão e a indústria têxtil inglesas são muito mais custosas para os consumidores e afetam a produção *total* de modo muito mais prejudicial do que se cada uma delas fosse dirigida por uma dezena de bons cérebros.

Assim, não basta argumentar que, como a concorrência perfeita é impossível nas condições industriais modernas – ou como sempre o foi –, o estabelecimento em larga escala tem de ser aceito como um mal necessário inseparável do progresso econômico, o qual as forças inerentes do seu próprio aparato produtivo o impedem de sabotar. Somos obrigados a aceitar que ele passou a ser o mais poderoso motor desse progresso e, em particular, da expansão em longo prazo da produção total não só apesar de, como também graças a, em considerável medida, essa estratégia que parece ser tão restritiva quando observada no caso individual e a partir de um ponto individual do tempo. Nesse aspecto, além de impossível, a concorrência perfeita é inferior e não tem por que ser apresentada como um modelo de eficiência ideal. Portanto, é um erro basear a teoria da regulação governamental da indústria no princípio de que a grande empresa deve ser forçada a funcionar como a sua indústria funcionaria na concorrência perfeita. E os socialistas fariam bem em apoiar as suas críticas nas virtudes de uma economia coletivista, não das do modelo concorrencial.

9

TEMPORADA DE DEFESO

Cabe ao leitor decidir até que ponto a análise precedente atingiu o seu objetivo. A economia não passa de uma ciência empírica e interpretativa que pressupõe que, em questões como a nossa, é possível estreitar o espaço da divergência, mas não o reduzir a zero. Pelo mesmo motivo, a solução do nosso primeiro problema não faz senão levar à porta de outro, que, em uma ciência experimental, não surgiria absolutamente.

O primeiro problema, como coloquei (p.105), foi descobrir se há ou não uma "relação lógica" entre as características estruturais do capitalismo, tais como as descrevem diversos "modelos" analíticos, e o desempenho econômico, tal como o representa o índice da produção total para a época do capitalismo intacto ou relativamente livre de entraves. A minha resposta afirmativa a essa pergunta se estribou em uma análise conduzida nas formas aprovadas pela maioria dos economistas, pelo menos até o momento em que entrou em cena o fenômeno usualmente designado como tendência moderna ao controle monopolista. Depois disso, a minha análise desviou-se das linhas habituais em uma tentativa de mostrar que aquilo que praticamente todo o mundo atribui ao capitalismo da concorrência perfeita (seja uma construção teórica, seja uma realidade histórica de uma ou de outra época) também deve ser atribuído, e em maior grau, ao capitalismo da grande empresa. No entanto, como não podemos pôr a força motriz e o motor em um laboratório experimental e fazê-los funcionar em condições cuidadosamente controladas, não há como provar de maneira incontestável que o capitalismo da grande empresa é de fato capaz de gerar o resultado observado, a saber, o desenvolvimento da produção. A única coisa que podemos dizer é que o desempenho foi dos mais impressionantes e que a ordenação capitalista favoreceu a sua realização. E é justamente por isso que não podemos nos deter na nossa conclusão e temos de enfrentar outro problema.

A priori, ainda seria possível explicar o rendimento observado pelas circunstâncias excepcionais que se teriam manifestado em qualquer sistema institucional. A única maneira de lidar com essa possibilidade consiste em examinar a história econômica e política do período em questão e discutir as circunstâncias excepcionais que porventura encontrarmos. Atacaremos o problema tendo em conta todos os candidatos ao papel de circunstâncias extraordinárias não inerentes ao processo econômico do capitalismo que foram considerados admissíveis pelos economistas e os historiadores. São cinco os candidatos.

O primeiro é a ação governamental, que, para os fins desta argumentação, pode ser considerada como um fator externo ao mundo econômico, muito embora eu concorde com Marx que a política e a administração não são fatores independentes, e sim elementos do processo social que estamos analisando. O período entre aproximadamente 1870 e 1914 apresenta um caso quase ideal. Seria difícil achar outro igualmente livre tanto dos estímulos quanto das limitações provenientes do setor político do processo social. Já se tinha levado a cabo grande parte da remoção dos entraves à atividade empresarial, à indústria e ao comércio em geral. Estavam se impondo novos e diferentes entraves e fardos – a legislação social etc. –, mas ninguém há de afirmar que fossem fatores importantes na situação econômica anterior a 1914. Houve guerras, mas nenhuma delas foi economicamente relevante a ponto de gerar efeitos decisivos de um ou de outro modo. A Guerra Franco-Prussiana, que resultou na fundação do Império Alemão, pode suscitar dúvidas, mas, afinal, o acontecimento economicamente relevante foi a fundação da Zollverein. Houve despesas com armamentos, mas, nas circunstâncias do decênio que chegou ao fim em 1914, na qual elas adquiriram dimensões realmente importantes, foram mais uma desvantagem que um estímulo.

O segundo candidato é o ouro. É muita sorte não termos de enveredar pelo matagal de questões que cerca o *modus operandi* da nova pletora de ouro que irrompeu a partir de aproximadamente 1890. Pois, como nos primeiros vinte anos do período o ouro foi realmente escasso e como a taxa de crescimento da produção total da época não foi menor do que seria mais tarde, a produção de ouro não pode ter sido um fator primordial no desempenho produtivo do capitalismo, independentemente da sua influência sobre as crises e os *booms*. O mesmo vale para a política monetária, que, na época, não era de tipo agressivo, e sim adaptativo.

Terceiro, houve o crescimento demográfico que, sendo causa ou consequência do avanço econômico, foi um dos fatores dominantes na situação econômica. A menos que estejamos dispostos a asseverar que ele foi *exclusivamente* consequência do progresso econômico e a presumir que toda variação da produção sempre ocasiona uma variação demográfica correspondente, e, ao mesmo tempo, nos recusemos a aceitar o nexo inverso, o que é obviamente absurdo, esse fator deve ser catalogado como um candidato elegível. Por ora, basta um breve comentário para esclarecer a situação.

Um número maior de trabalhadores remunerados geralmente produz mais do que um número menor, seja qual for a organização social. Por conseguinte, se for possível – como naturalmente é – presumir que qualquer parte do crescimento demográfico real, durante essa época, ocorreu independentemente dos resultados produzidos pelo sistema capitalista, no sentido de que teria ocorrido em qualquer sistema, a população tem de figurar, nessa medida, na lista dos fatores externos. Na mesma medida, o crescimento da produção total observado não expressa o rendimento capitalista, mas o exagera.

No entanto, mantendo-se todas as outras coisas iguais, um número maior de trabalhadores remunerados geralmente produz menos *per capita* dos empregados ou da população do que um número algo menor, seja qual for a organização social. Isso decorre do fato de que quanto maior for o número de trabalhadores, menor será a quantidade de outros fatores com os quais o trabalhador individual coopera.[1] Portanto, se se escolher a produção *per capita* da população para mensurar o rendimento capitalista, é possível que o aumento observado subestime o rendimento real, pois parte dele terá sido absorvida para compensar a queda da produção *per capita* que teria ocorrido na sua ausência. Outros aspectos do problema serão considerados mais adiante.

O quarto e o quinto candidatos contam com mais apoio entre os economistas, mas podemos deixá-los de lado enquanto nos ocuparmos de rendimento antigo. Um deles é a conquista de novas terras. As vastas extensões territoriais que, em termos econômicos, entraram na esfera euro-americana naquele período; a massa gigantesca de produtos alimentícios e matérias-primas, agrícolas ou não, por elas fornecida; as tantas cidades e indústrias que grassaram em toda parte na base por elas oferecida – acaso esse não foi um fator inteiramente excepcional no desenvolvimento da produção, um fator único? E essa bênção não teria produzido um enriquecimento enorme, fosse qual fosse o sistema econômico que recebesse o seu impacto? Há uma corrente de pensamento socialista que aceita esse ponto de vista e, aliás, com ele explica a não realização da previsão de Marx referente à miséria crescente. Atribui ao resultado da exploração de ambientes virgens a responsabilidade pelo fato de não termos visto ainda mais exploração do trabalho; devido a esse fator, o proletariado teve oportunidade de gozar uma temporada de defeso.

Não há dúvida quanto à importância das oportunidades propiciadas pela existência de países novos. E é claro que elas eram únicas. Mas as "oportunidades objetivas" – quer dizer, as que existem independentemente de toda e qualquer ordenação social – sempre são pré-requisitos do progresso, e cada uma delas é historicamente única. A presença de carvão e ferro na Inglaterra ou de petróleo nos Estados Unidos e em outros países não é menos importante e constitui-se em uma oportunidade igualmente única. Todo o processo capitalista, como qualquer outro processo econômico evolucionário, consiste unicamente em explorar tais oportunidades à medida que entram no horizonte do empresário, e não tem sentido tentar isolar a expansão geográfica a fim

---

[1] Essa afirmação está longe de ser satisfatória, mas parece suficiente para os nossos fins. A parte capitalista do mundo, tomada como um todo, decerto teria se desenvolvido, desde então, além dos limites dentro dos quais opera a tendência oposta.

de tratá-la como um fator externo. Há menos razão ainda para fazê-lo já que a abertura desses países novos foi feita passo a passo por empresas mercantis que proporcionaram todos os meios necessários para tanto (a construção de ferrovias e usinas elétricas, de transporte marítimo, maquinário agrícola etc.). Assim, esse processo foi uma parte essencial da realização capitalista e esteve em pé de igualdade com as outras. Por isso, podemos incluir legitimamente os seus resultados nos 2% da nossa taxa média de crescimento da produção global. Podíamos voltar a invocar o *Manifesto comunista* em apoio a esta tese.

O último candidato é o progresso tecnológico. Afinal, o desempenho observado não se deveu muito mais ao fluxo de invenções que revolucionaram a técnica de produção do que à avidez de lucro do empresário? A resposta é negativa. A aplicação de tais inovações tecnológicas estava na essência dessa avidez. E o próprio inventar, como logo veremos mais detidamente, já era uma função do processo capitalista, responsável pelos hábitos mentais que produzem a invenção. Portanto, é erradíssimo – e também antimarxista – dizer, como dizem muitos economistas, que a iniciativa capitalista e o progresso tecnológico eram dois fatores distintos do desenvolvimento da produção observado; eles eram essencialmente a mesma coisa, ou, se se preferir, aquela era a força motriz deste.

Tanto as terras novas quanto o progresso tecnológico podem se tornar perturbadores tão logo passemos à extrapolação. Por mais que sejam realizações do capitalismo, é concebível que não se repitam. E, conquanto agora tenhamos desenvolvido uma argumentação razoável para provar que o comportamento observado da produção *per capita* da população, no período de plena maturidade do capitalismo, não foi um mero acidente, mas pode ser tomado como medida aproximada do rendimento capitalista, ainda temos de enfrentar outra questão: a de até que ponto é legítimo presumir que o motor capitalista funcionará – ou funcionaria de deixassem – no futuro próximo, por exemplo, durante mais quarenta anos, com o mesmo sucesso com que funcionou no passado.

10

O DESAPARECIMENTO DA OPORTUNIDADE DE INVESTIMENTO

PODE-SE DEMONSTRAR DE MODO SUMAMENTE revelador a natureza desse problema sobre o pano de fundo da discussão contemporânea. A geração atual de economistas presenciou não só uma depressão mundial de gravidade e duração inusitadas, como também um período subsequente de recuperação vacilante e insatisfatória. Já apresentei a minha interpretação desses fenômenos e expus os motivos pelos quais duvido que eles indiquem necessariamente uma ruptura na tendência da evolução capitalista.[1] Mas é natural que muitos, se não a maioria, dos nossos colegas economistas tenham outra opinião. Na verdade, eles sentem, exatamente como alguns dos seus predecessores sentiram entre 1873 e 1896 – posto que, então, esse ponto de vista não haja transposto as fronteiras da Europa – que o processo capitalista está prestes a passar por uma transformação fundamental. Segundo esse parecer, testemunhamos não só uma depressão e uma recuperação ruim, acentuada talvez pelas políticas anticapitalistas, como também os sintomas de uma perda permanente de vitalidade que é de esperar que prossiga e forneça o tema dominante dos movimentos restantes da sinfonia capitalista; consequentemente, não se pode

---

1 Cf. cap. 5, p.94-5.

fazer nenhuma inferência sobre o futuro a partir do funcionamento do motor capitalista e do seu desempenho no passado.

Muitos autores para os quais o desejo não é o pai do pensamento com partilham essa opinião. Mas temos de compreender por que os socialistas (para os quais ele o é) se aproveitaram com tanta celeridade desse fruto inesperado, sendo que alguns chegaram a transferir para esse terreno toda a base da sua argumentação anticapitalista. Ao fazê-lo, colheram a vantagem adicional de poder voltar a se apoiar na tradição marxista, a qual, como observei acima, os economistas capacitados entre eles se sentiam cada vez mais impelidos a descartar. Porque, no sentido explicado no primeiro capítulo, Marx havia previsto tal estado de coisas: segundo ele, antes da derrocada final, o capitalismo passaria por uma etapa de crise permanente, interrompida temporariamente por frágeis recuperações ou casualidades favoráveis. E isso não é tudo. Um modo de expor o problema do ponto de vista marxista consiste em realçar o efeito da acumulação e da concentração do capital sobre a taxa de lucro e, por meio da taxa de lucro, sobre a oportunidade de investimento. Como o processo capitalista sempre foi propelido por uma grande quantidade de investimento corrente, mesmo a eliminação parcial deste bastaria para tornar plausível o prognóstico de que o processo se encaminha para a ruína. Essa linha particular da argumentação marxista parece concordar, sem dúvida, não só com alguns fatos característicos da década passada – desemprego, reservas excedentes, saturação nos mercados monetários, margens de lucro insatisfatórias, estagnação do investimento privado –, mas também com várias interpretações não marxistas. Por certo, entre Marx e Keynes não há um abismo tão grande como o que separava Marx de Marshall e Wicksell. Tanto a teoria marxista como a sua contrapartida não marxista ficam bem consignadas na expressão autoexplicativa que vamos empregar: a teoria do desaparecimento da oportunidade de investimento.[2]

Convém observar que essa teoria realmente coloca três problemas distintos. O primeiro se relaciona com a questão que serve de título a esta parte. Como nada no mundo social é *aere perennius* e como a ordem capitalista constitui essencialmente o arcabouço de um processo de transformação não

---

2 Cf. o meu *Business Cycles*, cap. xv.

só econômica como também social, não há muito espaço para divergência na resposta. A segunda questão é se as forças e os mecanismos oferecidos pela teoria do desaparecimento da oportunidade de investimento são os que merecem ênfase. Nos próximos capítulos, vou apresentar outra teoria do que finalmente liquidará o capitalismo, mas subsistirão vários paralelismos. No entanto, há um terceiro problema. Mesmo que os mecanismos realçados pela teoria do desaparecimento da oportunidade de investimento fossem, por si sós, adequados a estabelecer a presença no processo capitalista de uma tendência em longo prazo à paralisação total, não se segue necessariamente que as vicissitudes da década de 1930 se devessem a eles e – coisa importante a acrescentar para os nossos fins – que cumpra esperar que vicissitudes parecidas persistam durante os próximos quarenta anos.

Por ora, vamos nos ocupar principalmente do terceiro problema. Mas grande parte do que vou dizer também se aplica ao segundo. Os fatores invocados para justificar um prognóstico pessimista no tocante ao rendimento do capitalismo no futuro próximo e para negar a ideia de que o desempenho passado venha a se repetir podem se dividir em três grupos.

Há, primeiramente, os fatores ambientais. Já se afirmou e ainda falta demonstrar que o processo capitalista produz uma distribuição de poder político e uma atitude sociopsicológica – expressa nas políticas correspondentes – que lhe são hostis, e é de esperar que se fortaleçam a ponto de, enfim, cercear o funcionamento do motor capitalista. Deixarei esse fenômeno de lado para consideração posterior. O que agora se segue deve-se ler com as devidas ressalvas. Mas convém notar que essa atitude hostil e os fatores com ela relacionados também afetam a potência motriz da própria economia burguesa do lucro, e que, portanto, as ressalvas abrangem mais do que se pode imaginar à primeira vista – mais, em todo caso, que a mera "política".

Em segundo lugar, há o próprio motor capitalista. A teoria do desaparecimento da oportunidade de investimento não inclui necessariamente, embora esteja estreitamente ligada a ela, a outra teoria segundo a qual o capitalismo moderno da grande empresa representa uma forma petrificada de capitalismo à qual são naturalmente inerentes as práticas restritivas, a rigidez de preços, a atenção exclusiva à conservação dos valores de capital existentes etc. Já nos ocupamos dessas questões.

Finalmente, há o que se pode descrever como "material" do qual o sistema capitalista se alimenta, *i.e.*, as oportunidades abertas a empresas e investimentos novos. A teoria em discussão dá tanta importância a esse elemento que justifica o rótulo que nela afixamos. São os seguintes os principais motivos pelos quais se afirma que as oportunidades das empresas e dos investimentos privados estão desaparecendo: saturação, população, novas terras, possibilidades tecnológicas e a circunstância de muitas oportunidades de investimento existentes pertenceram à esfera pública, não à privada.

1. Em cada situação dada das necessidades humanas e da tecnologia (no sentido mais amplo da palavra), há naturalmente, para cada taxa de salário real, determinada quantidade de capital fixo e circulante que implica saturação. Se as necessidades e os métodos de produção se tivessem congelado definitivamente em 1800, tal ponto teria sido alcançado há muito tempo. Mas porventura não é concebível que essas necessidades um dia estejam tão completamente satisfeitas que se congelem para sempre? Logo desenvolveremos algumas consequências dessa hipótese; mas, enquanto nos ocuparmos do que pode acontecer nos próximos quarenta anos, é evidente que não precisamos nos preocupar com essa possibilidade.

Se ela chegasse a se materializar, o atual declínio da taxa de natalidade e sobretudo o encolhimento real da população seriam um fator importante da redução das oportunidades de investimento, salvo nas atividades de reposição. Porque, se as necessidades de todos estivessem satisfeitas ou quase satisfeitas, o incremento do número de consumidores seria, *ex hypothesi*, a única fonte de demanda adicional. Mas, independentemente dessa possibilidade, a redução da taxa de crescimento demográfico não ameaça *per se* a oportunidade de investimento nem a taxa de crescimento da produção total *per capita*.[3] Um breve exame da argumentação usual a favor da tese contrária nos convence facilmente disso.

---

3 Isso também é correto relativamente a um pequeno declínio do número absoluto de pessoas como talvez não demore a ocorrer na Grã-Bretanha (cf. E. Charles, *London and Cambridge Economic Service*, Memo., n.40). Um declínio absoluto considerável criaria problemas adicionais. Mas os descartaremos porque não se pode esperar que isso ocorra no espaço de tempo considerado. No entanto, o envelhecimento da população apresenta outros problemas econômicos, políticos e sociopsicológicos. Posto que eles já estejam começando a se manifestar – existe

Por um lado, sustenta-se que o declínio da taxa de crescimento da população total ocasiona, *ipso facto*, a redução da taxa de crescimento da produção e, por conseguinte, do investimento, pois restringe a expansão da demanda. Isso não procede. Necessidade e demanda efetiva não são a mesma coisa. Se fossem, as nações mais pobres apresentariam a demanda mais vigorosa. Na realidade, os elementos da renda liberados pela queda da taxa de natalidade podem ser desviados por outros canais e estão particularmente sujeitos a isso em todos os casos em que o desejo de expandir demandas alternativas é o próprio motivo da ausência de filhos. Decerto, pode-se invocar um argumento simples sublinhando o fato de as curvas da demanda características do aumento da população serem particularmente calculáveis e, por isso, oferecerem oportunidades de investimento particularmente seguras. Mas os desejos que geram oportunidades alternativas não são muito menos previsíveis em determinado estado de satisfação das necessidades. Claro está que os prognósticos relativos a certos ramos isolados da produção, especialmente da agricultura, não são dos mais brilhantes. Mas não se deve confundi-los com o prognóstico da produção total.[4]

Por outro lado, pode-se alegar que o declínio da taxa de crescimento demográfico tende a restringir a produção do lado da oferta. No passado, o crescimento rápido era, com muita frequência, uma das condições do desenvolvimento observado da produção, e é possível concluir *a contrario* que a escassez crescente do fator trabalho vem a ser um fator limitador. No entanto, não se invoca muito esse argumento e com ótimas razões. O fato que, no início de 1940, a produção industrial dos Estados Unidos era 120% mais

---

praticamente uma espécie de "*lobby* dos idosos" –, tampouco podemos abordá-los. Mas convém observar que, enquanto a idade da aposentadoria continuar sendo a mesma, o percentual dos que têm de ser atendidos sem contribuir não precisa ser afetado por um percentual decrescente de pessoas com menos de quinze anos de idade.

4 Parece predominar em muitos economistas a impressão de que o aumento da população constitui *per se* outra fonte de demanda de investimento. Ora, todos esses operários novos não têm de ser equipados com ferramentas e um complemento de matérias-primas? Entretanto, essa necessidade nada tem de evidente. A não ser que o aumento demográfico possibilite a redução dos salários, essa implicação quanto à oportunidade de investimento carece de fundamento, e, mesmo nesse caso, seria de esperar o encolhimento do investimento por operário empregado.

elevada que a média do período 1923-1925, ao passo que o emprego nas fábricas era de cerca de 100%, dá uma resposta adequada para o futuro previsível. O volume do desemprego atual; o fato de, com a queda da taxa de natalidade, as mulheres ficarem cada vez mais liberadas para o trabalho produtivo e de a taxa de mortalidade decrescente significar o prolongamento da duração da existência útil, o fluxo inesgotável de inventos que se traduzem em economia de trabalho; a possibilidade (relativamente maior do que seria no caso de aumento demográfico rápido) de evitar fatores de produção complementares de qualidade inferior (suspendendo em parte o efeito da lei dos lucros declinantes): tudo isso dá amplo apoio à expectativa do sr. Colin Clark de que o rendimento por homem-hora aumente na próxima geração.[5]

É claro que, mediante uma política de salários altos e redução da jornada de trabalho e com uma interferência política que relaxe a disciplina da força de trabalho, se pode fazer com que o fator mão de obra escasseie artificialmente. Aliás, a comparação do rendimento econômico dos Estados Unidos e da França de 1933 a 1940 com o desempenho econômico do Japão e da Alemanha no mesmo período sugere que já aconteceu algo assim. Mas isso pertence ao grupo dos fatores ambientais.

Como a minha argumentação não tardará a mostrar copiosamente, estou muito longe de subestimar a importância do fenômeno em discussão. Parece-me que o declínio da taxa de natalidade é uma das características mais significativas da nossa época. Veremos que, mesmo do ponto de vista puramente econômico, ele é de importância capital, tanto como sintoma quanto como causa da mudança da motivação. Mas essa é uma questão bem mais complexa. Aqui só nos ocupamos dos efeitos mecânicos do declínio da taxa de crescimento populacional, e esses efeitos decerto não justificam nenhum prognóstico pessimista referente ao desenvolvimento da produção *per capita* nos próximos quarenta anos. Assim sendo, os economistas que por esse motivo anunciam um "fiasco" não fazem senão o que, infelizmente, sempre se inclinaram a fazer: assim como outrora, por razões totalmente infundadas, amedrontavam o público com o perigo do número

---

5 *National Income and Outlay*, p.21.

O DESAPARECIMENTO DA OPORTUNIDADE DE INVESTIMENTO   163

excessivo de bocas que alimentar,[6] hoje o ameaçam com o perigo econômico da falta delas.

2. Passemos para a abertura de novas terras: aquela oportunidade única de investimento que nunca mais se repetirá. Mesmo que, a bem da argumentação, admitamos que a fronteira geográfica da humanidade está fechada para sempre – coisa por si só não tão óbvia diante do fato de, no presente, haver desertos onde outrora havia campos cultivados e cidades populosas – e mesmo que também admitamos que nada jamais contribuirá tanto para o *bem-estar* humano como os produtos alimentícios e as matérias-primas das novas terras – o que é mais plausível –, disso não decorre que a produção total *per capita* tenha de declinar ou de aumentar a uma taxa mais baixa no próximo meio século. Isso seria realmente de esperar se as terras que entraram na esfera capitalista no século xix tivessem sido exploradas a ponto de agora produzir rendas decrescentes. Mas não é esse o caso e, como acabamos de indicar, o declínio da taxa de crescimento demográfico exclui do domínio das considerações práticas a ideia de que a resposta da natureza ao esforço humano já é ou logo será menos generosa que antes. O progresso tecnológico inverteu efetivamente essa tendência, e uma das previsões mais seguras é a de que, no futuro calculável, viveremos em um *embarras de richesse* tanto de produtos alimentícios quanto de matérias-primas, podendo dar rédeas soltas à expansão da produção total, com a qual saberemos o que fazer. Isso também se aplica aos recursos minerais.

Resta outra possibilidade. Conquanto a atual produção *per capita* de produtos alimentícios e matérias-primas não apresente nenhuma tendência a diminuir e até possa aumentar, as grandes oportunidades abertas para as empresas e, portanto, para o investimento oferecidas pelo trabalho de

---

6 As previsões demográficas, desde as do século xvii, quase sempre erraram. Contudo estas ainda têm desculpa. Até mesmo a doutrina de Malthus a tem. Mas não consigo enxergar desculpa para a sua sobrevivência. Já na segunda metade do século xix, devia estar claro para todo o mundo que as únicas coisas valiosas na lei da população de Malthus são as suas limitações. O primeiro decênio deste século comprovou definitivamente o caráter fictício dessa "lei". Mas até mesmo uma autoridade da envergadura do sr. Keynes tentou revitalizá-la no pós-guerra! E, em 1925, o sr. H. Wright, no seu livro sobre população, falou em "desperdício das conquistas da civilização por um mero crescimento numérico". Será que a economia nunca chegará à maioridade?

desenvolver países novos parecem ter desaparecido com a conclusão dessa tarefa, e já se vaticina todo tipo de dificuldades oriundas da consequente redução das possibilidades de aplicação das poupanças. Presumiremos uma vez mais, a bem da argumentação, que esses países estão definitivamente desenvolvidos e que as poupanças, incapazes de se adaptar ao encolhimento das oportunidades de investimento, venham a causar problemas e desperdícios, a menos que se abram outras possibilidades. As duas suposições são sumamente irrealistas. Mas não temos necessidade de questioná-las porque a conclusão quanto ao desenvolvimento futuro da produção depende de uma terceira hipótese completamente desprovida de fundamento, a saber, a falta de outras possibilidades de aplicação.

Essa terceira hipótese se deve simplesmente à falta de imaginação e exemplifica um equívoco que, com muita frequência, distorce a interpretação histórica. As características peculiares de um processo histórico que impressiona o analista tendem a se transformar, na sua mente, em causas fundamentais, estejam elas qualificadas ou não para esse papel. Por exemplo, a muitas vezes denominada "ascensão do capitalismo" coincide aproximadamente com a afluência da prata das minas de Potosí e com uma situação política em que as despesas dos príncipes geralmente excediam a sua renda, de modo que eles eram obrigados a tomar empréstimos incessantemente. Ambos os fatos são obviamente relevantes de diversas maneiras para o desenvolvimento econômico da época – não á absurdo ligá-los até mesmo às revoltas camponesas e aos conflitos religiosos do século XVI. Por isso, o analista apressado arrisca chegar à conclusão de que a ascensão da ordem capitalista tem um vínculo causal com esses acontecimentos no sentido de que, sem eles (e alguns outros fatores do mesmo tipo), o mundo feudal não teria podido se transformar no capitalista. Mas essa é realmente outra proposição para a qual, à primeira vista, não há nenhuma justificação. A única coisa que se pode afirmar é que esse foi o rumo tomado pelos acontecimentos. Daí não se deduz que não houvesse outros. Neste caso, não se pode dizer sequer que aqueles fatores favoreceram o desenvolvimento capitalista, pois, ainda que o tenham favorecido em alguns aspectos, obviamente o retardaram em outros

Do mesmo modo, como vimos no capítulo anterior, as oportunidades para as empresas oferecidas pelas novas regiões a serem exploradas eram certamente únicas, mas só no sentido em que todas as oportunidades o são. É gratuito supor não só que o "fechamento da fronteira" causará um vácuo como também que, sejam eles quais forem, os passos que dermos nesse vácuo serão necessariamente menos importantes em qualquer sentido que atribuamos à palavra. Ora, a conquista do ar pode perfeitamente ser mais importante do que foi a conquista da Índia; não convém confundir as fronteiras geográficas com as econômicas.

É verdade que a posição relativa dos países ou regiões podem mudar significativamente à medida que um tipo de oportunidade de investimento é substituído por outro. Quanto menor for o país ou região e quanto mais estreitamente a sua sorte estiver ligada a um elemento particular do processo produtivo, menos confiança sentiremos no futuro que os aguarda quando esse elemento se esgotar. Assim, os países ou regiões agrícolas *podem* perder permanentemente para os produtos sintéticos competitivos (por exemplo, o raiom, os corantes, a borracha sintética), e talvez não lhes sirva de consolação saber que, no processo tomado como um todo, houve ganho líquido na produção total. Também é verdade que as possíveis consequências dessa concorrência "tecnológica" podem se intensificar muito com a divisão do mundo econômico em esferas nacionais hostis. E é verdade, enfim, que a única coisa que podemos afirmar é que o desaparecimento das oportunidades de investimento devido ao desenvolvimento dos países novos – se é que elas desaparecem de fato – não causa um vazio que teria necessariamente de afetar a taxa de crescimento da produção total. Não podemos afirmar que elas serão realmente substituídas por oportunidades pelo menos equivalentes. Podemos assinalar o fato de que outros desenvolvimentos surgirão naturalmente desse desenvolvimento nos mesmos países ou em outros; é lícito depositar alguma confiança na capacidade do motor capitalista de sempre encontrar ou criar novas oportunidades, já que é justamente esse o fim para o qual ele se orienta; mas tais considerações não nos levam a superar as nossas conclusões negativas. E isso basta se recordarmos os motivos que nos levaram a abordar este tema.

3. Uma argumentação análoga se aplica à opinião amplamente aceita, segundo a qual já se deu o grande salto no avanço tecnológico e só nos resta proceder a aperfeiçoamentos de somenos. Contanto que esse ponto de vista não reproduza as impressões concebidas a partir do estado de coisas durante

e depois da crise mundial – quando uma ausência aparente de novos projetos de primeira magnitude fazia parte da conhecida paisagem de qualquer grande depressão – ele exemplifica melhor ainda que o "fechamento da fronteira da humanidade" o erro de interpretação que os economistas são tão propensos a cometer. No momento, estamos no grau mais baixo do descenso da onda empresarial que criou a usina elétrica, a indústria elétrica, a eletrificação da agricultura e domiciliar, além do automóvel. Achamos tudo isso maravilhoso e não conseguimos imaginar de onde hão de vir oportunidades de importância comparável. Na realidade, porém, as promessas que nos faz tão somente a indústria química é muito maior do que era possível prever, por exemplo, em 1880, sem falar que a mera utilização das descobertas da era da eletricidade e da moderna produção de moradias para as massas seria suficiente para oferecer oportunidades de investimento durante longos anos.

As possibilidades tecnológicas são um mar inexplorado. Podemos esquadrinhar uma região geográfica e avaliar a fertilidade relativa dos lotes individuais, ainda que só com referência a determinada técnica da produção agrícola. Dada essa técnica e desconsiderando os seus desenvolvimentos futuros, podemos imaginar (bem que isso seja historicamente errado) que os melhores lotes são cultivados em primeiro lugar, depois deles, os de qualidade imediatamente inferior e assim sucessivamente. A cada instante considerado durante esse processo, somente os terrenos relativamente inferiores são destinados à exploração futura. Mas não se pode raciocinar assim a respeito das possibilidades futuras do avanço tecnológico. Do fato de algumas terem sido exploradas antes que as outras, não se pode inferir que aquelas eram mais produtivas que estas. E as possibilidades que ainda jazem no regaço dos deuses podem ser mais ou menos produtivas que as que já entraram no nosso campo de observação. Uma vez mais, isso não gera senão um resultado negativo que não pode se transformar em positivo, apesar do fato de o "progresso" tecnológico tender se tornar mais ágil e eficaz com a sistematização e a racionalização da pesquisa e da gestão. Mas, para nós, o resultado negativo é suficiente: não há motivo para esperar a redução da taxa de produção mediante a exaustão das possibilidades tecnológicas.

4. Falta examinar duas variantes desse aspecto da teoria do desaparecimento da oportunidade de investimento. Alguns economistas afirmam que,

O DESAPARECIMENTO DA OPORTUNIDADE DE INVESTIMENTO **167**

em uma ou outra época, a força de trabalho de cada país teve de ser munida do equipamento necessário. Segundo eles, isso se realizou *grosso modo* durante o século XIX, e a sua realização criou incessantemente uma nova demanda de bens de capital, ao passo que, doravante, salvo os investimentos auxiliares, só resta satisfazer a demanda de reposição. O período de construção capitalista acabou sendo afinal um *intermezzo* único, caracterizado pela tensão extraordinária de todas as energias da economia capitalista a fim de criar para si o complemento necessário de ferramentas e máquinas e, assim, se equipar para passar a produzir em um ritmo agora impossível de manter. Esse é um quadro verdadeiramente assombroso do processo econômico. Acaso não havia equipamento no século XVIII ou, aliás, na época em que os nossos ancestrais moravam em cavernas? E, se havia, por que os acréscimos ocorridos no século XIX foram mais saturadores que todos os verificados até então? Além disso, em regra, os acréscimos ao arsenal capitalista concorrem com as peças preexistentes, cuja utilidade econômica eles destroem. Portanto, a tarefa de suprir equipamento nunca pode ser resolvida de uma vez por todas. Os casos em que as reservas para reposição bastam para solucionar o problema – como comumente seria a norma na ausência de todo progresso tecnológico – são excepcionais. Isso é particularmente claro ali onde os novos métodos de produção se incorporaram às novas indústrias; obviamente, as fábricas de automóveis não foram financiadas com as contas de depreciação das ferrovias.

Sem dúvida, o leitor há de observar que, mesmo que pudéssemos aceitar as premissas dessa argumentação, não se seguiria necessariamente nenhum prognóstico pessimista quanto à taxa de expansão da produção total. Pelo contrário, poder-se-ia chegar à conclusão contrária, ou seja, de que a possessão de um estoque considerável de bens de capital que adquire imortalidade econômica por meio da renovação contínua não faria senão facilitar o crescimento posterior da produção total. Assim sendo, a conclusão seria corretíssima. O argumento se apoia inteiramente nas perturbações esperáveis se uma economia orientada para a produção de bens de capital enfrentar um recuo da taxa de crescimento da demanda correspondente. Mas é possível exagerar facilmente a importância dessas perturbações, que, aliás, não ocorrem de súbito. A indústria do aço, por exemplo, produtora quase exclusivamente de bens de capital não teve grandes dificuldades para se transformar em produtora principalmente de bens de consumo duráveis ou de produtos semiacabados para a produção desses bens. E, embora a compensação nem sempre seja possível em cada indústria de bens de capital existente, o princípio envolvido é o mesmo em todos os casos.

A outra variante é a seguinte: as grandes arrancadas de atividade econômica, que costumavam difundir os sintomas de prosperidade por todo o organismo econômico, naturalmente sempre foram associadas às expansões das despesas dos produtores que, por sua vez, eram associadas à construção de fábricas e equipamento adicionais. Ora, alguns economistas descobriram, ou acham que descobriram, que, atualmente, os novos processos tecnológicos tendem a absorver menos capital fixo do que no passado, particularmente na época da construção das ferrovias. A conclusão é que, doravante, a importância relativa das despesas com a construção de capital decrescerá. Como isso afetará desfavoravelmente aqueles arranques intermitentes de atividade econômica que, evidentemente, têm muito a ver com a taxa de crescimento da produção total observada, decorre que essa taxa está fadada a declinar, especialmente se se mantiver a antiga taxa poupança.

Ocorre que, até o presente, essa tendência dos novos métodos tecnológicos a se tornarem cada vez mais poupadores de capital não foi suficientemente verificada. O material estatístico até 1929 – os dados posteriores não são adequados ao nosso fim – apontam para o lado oposto. A única coisa que os adeptos da teoria em questão oferecem é certo número de exemplos isolados aos quais é possível opor outros. Mas concedamos que tal tendência exista. Então nos deparamos com o problema formal que, no passado, preocupou tantos economistas no caso das descobertas poupadoras de mão de obra. Elas podem afetar os interesses dos operários de modo favorável ou desfavorável, mas ninguém duvida que, em conjunto, favoreçam a expansão da produção. E – deixando de lado as possíveis perturbações no processo poupança-investimento, cuja gravidade está na moda exagerar – isso não difere do caso das inovações que economizam despesas com bens de capital *por unidade de produto final*. Aliás, pode-se dizer, sem se afastar muito da verdade, que quase todo novo processo economicamente praticável poupa tanto mão de obra quanto capital. As ferrovias eram, presumivelmente, poupadoras de capital em comparação com as despesas de transporte, de diligência ou carroça, do mesmo

O DESAPARECIMENTO DA OPORTUNIDADE DE INVESTIMENTO 169

número de passageiros e da mesma quantidade de bens que hoje viajam por via férrea. Do mesmo modo, a produção de seda com amoreiras e bichos-da--seda pode ser mais consumidora de capital que – não sei – a de uma quantidade equivalente de tecido de raiom. Isso pode ser muito desalentador para os proprietários de capital já aplicado naquela, mas não significa redução da oportunidade de investimento. E decerto não significa necessariamente redução da expansão da produção. Os que esperam ver o capitalismo desabar unicamente em virtude do fato de o efeito produtivo de uma unidade de capital ser mais elevado do que era antigamente arriscam passar muito tempo esperando.

5. Finalmente, como o tema costuma ocupar economistas empenhados em convencer o público da necessidade de gastos governamentais deficitários, outro ponto nunca deixa de ser invocado, a saber, que as oportunidades de investimento subsistentes condizem mais com a empresa pública que com a privada. Isso procede até certo ponto. Primeiramente, com o aumento da riqueza, é provável que se imponham certos tipos de despesas que não se prestam naturalmente a nenhum cálculo custo-benefício, como as de embelezamento das cidades, as de saúde pública etc. Em segundo lugar, um setor de atividade industrial cada vez mais dilatado, como o dos meios de comunicação, dos portos, da produção de energia, dos seguros etc., tende a entrar na esfera da administração pública, simplesmente porque se ajusta cada vez mais aos seus métodos. De modo que é de esperar que o investimento nacional e municipal se expanda, absoluta e relativamente, mesmo em uma sociedade fundamentalmente capitalista, assim como outras formas de planificação pública.

Mas isso é tudo. Para reconhecê-lo, não há necessidade de formular hipóteses sobre a evolução do setor privado da atividade industrial. Ademais, para o nosso propósito, pouco importa que, no futuro, o investimento e a consequente expansão da produção venham a ser financiados e administrados em maior ou menor grau por órgãos públicos, e não pelos privados, a menos que, além disso, se sustente que o financiamento público se imporá porque a empresa privada não terá condições de enfrentar os déficits previsíveis no futuro de *todo* investimento. Mas nós já discutimos disso.

11

A CIVILIZAÇÃO DO CAPITALISMO

SAINDO DO TERRENO DAS CONSIDERAÇÕES puramente econômicas, agora nos voltamos para o complemento cultural da economia capitalista – para a sua *superestrutura* sociopsicológica, se quisermos empregar a linguagem marxista – e para a mentalidade característica da sociedade capitalista e, em particular, da classe burguesa. Condensados ao extremo, os fatos significativos podem ser apresentados como se segue.

Há cinquenta mil anos, o homem enfrentava os perigos e as oportunidades do seu meio de um modo que alguns pré-historiadores, sociólogos e etnólogos concordam que era mais ou menos equivalente à atitude dos selvagens modernos.[1] Dois elementos dessa atitude são especialmente importantes

---

1 Esse tipo de pesquisa remonta a um passado distante. Mas creio que as obras de Lucien Lévy-Bruhl marcaram o ponto de partida de uma nova etapa científica. Cf., em particular, *Fonction mentales dans les sociétés inférieures* (1909) e *Le surnaturel et la nature dans la mentalité primitive* (1931). Há um longo caminho entre a posição sustentada no primeiro trabalho e a mantida no segundo, cujos marcos são discerníveis em *Mentalité primitive* (1921) e *L'âme primitive* (1927). Para nós, Lévy-Bruhl é uma autoridade particularmente útil porque compartilha plenamente a nossa tese – aliás, a sua obra parte dela –, segundo a qual as funções "executivas" do pensamento e da estrutura mental do homem são determinadas, pelo menos parcialmente, pela

para nós: a natureza "coletiva" e "afetiva" do processo mental primitivo e, superpondo-se parcialmente a ela, o papel do que aqui chamarei, não muito corretamente, de magia. Com o primeiro elemento, designo o fato de que, nos grupos sociais pequenos e indiferenciados ou não muito diferenciados, as ideias coletivas se impõem ao espírito individual com muito mais rigor do que nos grupos grandes e complexos; e de que se chega a conclusões e decisões por métodos que, do nosso ponto de vista, podem se caracterizar por um critério negativo: a indiferença pelo que chamamos de lógica e, em particular, pela regra que exclui a contradição. E, com o segundo, refiro-me ao uso de um conjunto de crenças que, na realidade, não são inteiramente desligadas da experiência – nenhum artifício de magia pode sobreviver a uma série ininterrupta de fracassos –, mas que se inserem na sequência de fenômenos observados, entidades ou influências derivadas de fontes não empíricas.[2] A semelhança desse tipo de processo mental com o dos neuróticos foi observada por G. Dromard (1911; a sua expressão *délire d'interpretation* é especialmente sugestiva) e por S. Freud (*Totem und Tabu*, 1913). Mas isso não quer dizer que ele seja estranho à mente do homem normal contemporâneo. Pelo contrário, qualquer discussão de questões políticas há de convencer o leitor de que um grupo grande dos nossos processos mentais – importantíssimo do ponto de vista da ação – tem exatamente a mesma natureza.

Consequentemente, o pensamento ou o comportamento racional e uma civilização racionalista não pressupõem a ausência dos critérios mencionados, mas somente uma ampliação lenta, mas incessante, do setor da vida social no qual os indivíduos ou grupos enfrentam determinada situação, primeiramente, procurando dela tirar o máximo proveito possível, confiando mais ou menos – mas nunca inteiramente – nas suas próprias faculdades; em segundo lugar, fazendo-o de acordo com as regras da coerência que chamamos de

---

estrutura da sociedade na qual se desenvolvem. Pouco importa que, no caso de Lévy-Bruhl, esse princípio provenha não de Marx, mas de Comte.

2 Um crítico benevolente da passagem acima censurou-me dizendo que não é possível que eu creia no que ela diz, pois, nesse caso, eu devia considerar a "força" do físico como um procedimento mágico. É precisamente isso que quero dizer, a não ser que se convenha que a palavra "força" é simplesmente o nome de uma constante multiplicada pela segunda derivada de tempo de deslocamento. Cf. a última frase do parágrafo.

lógica; e, em terceiro, fazendo-o com base e suposições que satisfaçam duas condições: que o seu número seja mínimo e que todas elas possam se exprimir em termos de experiência potencial.[3]

Tudo isso é, naturalmente, muito inadequado, mas basta para o nosso propósito. No entanto, há mais um ponto no conceito de civilizações racionalistas que mencionarei aqui para referência futura. Quando está suficientemente desenvolvido, o hábito da análise racional das tarefas cotidianas da vida e do comportamento racional perante elas se volta para a massa de ideias coletivas, critica-as e, até certo ponto, as "racionaliza" mediante perguntas como, por exemplo, o que justifica a existência dos reis e dos papas, ou a da subordinação, ou a dos dízimos, ou a da propriedade. Incidentalmente, é importante notar que, embora a maioria de nós aceite essa atitude como sintoma de um "estágio superior" do desenvolvimento mental, esse juízo de valor não é confirmado necessariamente e em todos os sentidos pela experiência. A atitude racionalista pode lançar mão de informações e técnicas tão inadequadas que, para um observador de um período ulterior, as ações – e especialmente uma propensão cirúrgica geral – por ela induzidas chegam a parecer inferiores, mesmo de um ponto de vista puramente intelectual, às ações e às propensões anticirúrgicas associadas a atitudes que a maioria dos contemporâneos se sente inclinada a atribuir a um Q. I. baixo. Grande parte do pensamento político dos séculos xvii e xviii ilustra essa verdade sempre esquecida. Não só em profundidade de visão social, como também em análise lógica, a posterior contracrítica "conservadora" era claramente superior, embora não passasse de motivo de riso para os escritores do Iluminismo.

Ora, presumivelmente, a atitude racional se impôs ao espírito humano principalmente por necessidade econômica; é à nossa tarefa econômica cotidiana que nós, enquanto raça, devemos o nosso treinamento elementar em pensamento e comportamento racionais: não hesito em dizer que toda lógica deriva do padrão de decisão econômica ou, para usar uma das minhas frases prediletas, o padrão econômico é a matriz da lógica. Isso parece plausível pelo seguinte motivo: suponhamos que um homem "primitivo" use a mais elementar das máquinas, já apreciada pelos nossos primos gorilas, uma vara, e que essa vara se

---

3 Escolhi essa expressão kantiana a fim de evitar uma objeção óbvia.

quebre na sua mão. Se ele tentar remediar o dano recitando uma fórmula mágica – poderia, por exemplo, murmurar Oferta e Demanda ou Planejamento e Controle na expectativa de que, se repetir as palavras exatamente nove vezes, os dois fragmentos voltem a se unir –, significa que o nosso homem ainda não saiu da esfera do pensamento pré-racional. Se procurar a melhor maneira de juntar os fragmentos ou de obter outra vara, ele será racional no nosso sentido. É claro que as duas atitudes são possíveis. Mas é evidente que, nesta e na maioria das outras ações econômicas, o malogro de uma fórmula mágica será muito mais óbvio do que seria o de uma fórmula destinada a tornar o nosso homem vitorioso em um combate ou feliz no amor ou a livrar a sua consciência do peso da culpa. Isso se deve ao rigor inexorável e, na maior parte dos casos, ao caráter quantitativo que distingue a economia das outras esferas da ação humana, talvez também à impávida monotonia do ritmo interminável das necessidades e satisfações econômicas. Uma vez forjado, o hábito racional, sob a influência pedagógica das experiências favoráveis, se dissemina pelas outras esferas e também abre os olhos humanos para essa coisa prodigiosa que é o fato.

Esse processo é independente de qualquer roupagem particular da atividade econômica, portanto, também da roupagem capitalista. O mesmo vale para a motivação do lucro e o interesse egoísta. O homem pré-capitalista não é, na realidade, menos "rapinante" que o capitalista. Os servos da gleba, por exemplo, ou os senhores feudais afirmavam os seus interesses egoístas com uma energia perfeitamente brutal. Mas o capitalismo desenvolve a racionalidade do comportamento e lhe acrescenta um novo gume de duas maneiras interconectadas.

Em primeiro lugar, eleva a unidade monetária – que não é criação do capitalismo – a unidade contábil. Quer dizer, a prática capitalista transforma a unidade de dinheiro em uma ferramenta dos cálculos racionais de custo e lucro, da qual o grande monumento é a contabilidade de partidas dobradas.[4]

---

4 Esse elemento foi sublinhado e, *more suo*, supersublinhado por Sombart. A contabilidade de partidas dobradas foi a última etapa de um longo e tortuoso caminho. O seu predecessor imediato foi o costume de fazer, de vez em quando, um inventário e calcular o lucro ou o prejuízo; cf. A. Sapori in *Biblioteca Storica Toscana*, VII, 1932. O tratado de contabilidade de Luca Pacioli, 1494, representa pela sua data um marco importante. Para a história e a sociologia do Estado, é vital observar que a contabilidade racional só foi introduzida na administração dos fundos

A CIVILIZAÇÃO DO CAPITALISMO 175

Sem entrar nessa questão, notemos que o cálculo custo-lucro, produto sobretudo da evolução rumo à racionalidade econômica, tem, por sua vez, efeito sobre essa racionalidade; cristalizando e definindo numericamente, dá um forte impulso à lógica empresarial. E, assim definido e quantificado no setor econômico, esse tipo de lógica ou de atitude ou de método inicia então a sua carreira de conquistador, subjugando – racionalizando – as ferramentas e as filosofias do homem, a sua prática médica, a sua imagem do cosmo, a sua visão da vida; na realidade, tudo, inclusive o seu conceito de beleza e de justiça e as suas ambições espirituais.

Nesse aspecto, é altamente significativo que a ciência matemático-experimental moderna se tenha desenvolvido, nos séculos XV, XVI e XVII, não só paralelamente ao processo social que se costuma denominar "ascensão do capitalismo", como também fora da fortaleza do pensamento escolástico e frente à sua desdenhosa hostilidade. No século XV, a matemática se ocupava principalmente de questões de aritmética comercial e de arquitetura. Os inventos mecânicos utilitários, inventados pelo homem do tipo artesão, estavam na origem da física moderna. O robusto individualismo de Galileu era o individualismo da classe capitalista em ascensão. O médico começou a se alçar acima da parteira e do barbeiro. O artista, que era ao mesmo tempo engenheiro e empresário – do tipo imortalizado por homens como Da Vinci, Alberti, Cellini; o próprio Dürer trabalhou em planos de fortificação –, fornece a melhor ilustração do meu pensamento. Ao maldizer tudo isso, os professores escolásticos das universidades italianas mostraram ter mais senso do que lhes atribuímos. O problema não era com as afirmações heterodoxas individuais. Qualquer escolástico decente era considerado capaz de manipular os seus textos para que se ajustassem ao sistema copérniciano. Mas esses professores perceberam muito corretamente o espírito por trás daquelas proezas – o espírito do individualismo racionalista, o espírito gerado pelo capitalismo em ascensão.

Em segundo lugar, o capitalismo em ascensão produziu não só a atitude mental da ciência moderna, que consiste em fazer certas perguntas e em tratar de respondê-las de certo modo, como também o homem e os meios.

---

públicos no século XVIII e que, mesmo então, o foi de modo imperfeito e na forma rudimentar da contabilidade "cameralista".

Destruindo o ambiente feudal e perturbando a paz intelectual da casa senhorial e da aldeia (embora sempre houvesse muito que discutir e disputar em um convento), mas especialmente criando o espaço social para uma nova classe, que se arrimava na realização individual no campo econômico, ele, por sua vez, atraiu para esse campo as vontades e os intelectos vigorosos. A vida econômica pré-capitalista não dava espaço para realizações que possibilitassem transpor as barreiras de classe ou, para expressá-lo de outro modo, que fossem susceptíveis de criar posições sociais comparáveis às dos membros das classes então dominantes. Não que ela inibisse a ascensão em geral.[5] Mas a atividade econômica, falando em termos amplos, era de índole essencialmente subalterna, inclusive no caso dos artesãos que subiam à cúpula das guildas – e dela dificilmente conseguiam sair. As principais vias de a ascensão social e grandes rendas eram a Igreja – quase tão acessível durante a Idade Média quanto é hoje –, à qual podemos acrescentar os tribunais dos grandes latifundiários e a hierarquia dos senhores da guerra – bastante acessíveis para qualquer homem física e psiquicamente capaz até a metade do século XII e não totalmente inacessíveis depois dele. Só quando a empresa capitalista – primeiro comercial e financeira, depois mineira e enfim industrial – desenvolveu as suas possibilidades, a capacidade e a ambição supranormais começaram a transformar os negócios em uma terceira via. O sucesso era rápido e conspícuo, mas se tem exagerado muito o prestígio social que o acompanhou inicialmente. Se examinarmos de perto a carreira de Jacob Fugger, por exemplo, ou a de Agostino Chigi, constatamos facilmente que eles tiveram muito pouco a ver com o rumo da política de Carlos V ou do papa Leão X e que pagaram um alto preço pelos privilégios que gozaram.[6] Entretanto, o sucesso empresarial fascinava

---

5 Estamos demasiado inclinados a considerar a estrutura social medieval estática e rígida. Na verdade, houve uma incessante *circulation des aristocraties*, para usar a expressão de Pareto. Os elementos que compunham o estrato superior por volta de 900 haviam praticamente desaparecido em 1500.

6 Os Médici não são realmente uma exceção, porque, embora a sua fortuna os tenha ajudado a obter o controle da república florentina, é esse controle, e não a riqueza *per se*, que explica o papel desempenhado pela família. Em todo caso, eles são os únicos mercadores que ascenderam a ponto de se colocar em pé de igualdade com o estrato superior do mundo feudal. Só encontramos exceções reais ali onde a evolução capitalista *criou* um ambiente ou destruiu completamente o estrato feudal: por exemplo, em Veneza e na Holanda.

A CIVILIZAÇÃO DO CAPITALISMO

suficientemente a todos, salvo os extratos mais elevados da sociedade feudal, para atrair a maioria dos melhores cérebros e, assim, gerar mais sucesso – e energia adicional com que alimentar o motor racionalista. Nesse sentido, o capitalismo – e não simplesmente a atividade econômica em geral – foi a força propulsora da racionalização do comportamento humano.

E agora, depois de prolongada espera, estamos enfim diante do objetivo imediato ao qual nos devia trazer esta argumentação complexa, posto que muito simplificada.[7] Não só a fábrica mecanizada moderna e o volume da produção que ela brota, não só a tecnologia e a organização econômica modernas, mas também todas as características e realizações da civilização moderna são, direta ou indiretamente, produtos do processo capitalista. Devem ser incluídos em todo balanço dele e em todo veredicto sobre os seus feitos e malfeitos.

Temos o crescimento da ciência racional e a longa lista das suas aplicações. Os aviões, os refrigeradores, os televisores, e assim por diante, são imediatamente reconhecíveis como frutos da economia do lucro. Mas, ainda que, em regra, os hospitais modernos não sejam operados com fins lucrativos, não deixam de ser produtos do capitalismo não só, reitero, porque o processo capitalista fornece os meios e a vontade, como porque – e muito mais fundamentalmente – a racionalidade capitalista supriu os hábitos mentais que desenvolveram os métodos usados nesses hospitais. E as vitórias, ainda não completamente obtidas, mas a caminho disso, sobre a sífilis, a tuberculose e o câncer serão realizações capitalistas tanto quanto os automóveis, os oleodutos ou o aço Bessemer. No caso da medicina, há uma profissão capitalista por trás dos métodos, capitalista tanto porque, em grande medida, opera em um espírito de negócio quanto porque é uma emulsão da burguesia industrial e comercial. Mas, mesmo que não fosse assim, a medicina e a higiene modernas não deixariam de ser subprodutos do processo capitalista, assim como a educação moderna.

Temos a arte capitalista e o estilo de vida capitalista. Se nos restringirmos à pintura como exemplo, tanto a bem da brevidade quanto porque,

---

7 O objetivo *imediato*, porque a análise contida nas últimas páginas nos será útil para outros propósitos. Na realidade, ela é fundamental para toda e qualquer discussão séria do grande tema do capitalismo e do socialismo.

nesse campo, a minha ignorância é ligeiramente menos completa do que nos demais, e se (equivocadamente, na minha opinião) concordarmos em tomar como ponto de partida de uma época os afrescos na capela Arena e seguir-mos a linha (por detestáveis que sejam tais argumentos "lineares") Giotto–Macaccio–Vinci–Michelangelo–Greco, ainda que se enfatizem até não mais poder os arderes místicos deste, não se pode obliterar o meu ponto de vista perante ninguém que tenha olhos para ver. E os experimentos de Vinci se oferecem aos incrédulos que desejam, por assim dizer, tocar a racionalidade capitalista com a ponta dos dedos. Se a projetarmos, essa linha (sim, eu sei) pode nos levar (ainda que talvez à força) ao contraste entre Delacroix e In-gres. E eis que chegamos: Cézanne, Van Gogh, Picasso ou Matisse se encar-regam do resto. A liquidação expressionista das formas objetivas nos oferece uma conclusão maravilhosamente lógica. A história do romance capitalista (que culmina com o de Goncourt: "Documents written up") seria um exem-plo melhor ainda. Mas isso é óbvio. A evolução do estilo de vida capitalista pode ser facilmente descrita – e talvez de maneira mais reveladora – em ter-mos da gênese do traje de passeio.

Temos, enfim, tudo quanto se pode agrupar em torno ao ponto cen-tral simbólico do liberalismo de Gladstone. A expressão "democracia indivi-dualista" seria igualmente pertinente, aliás, melhor, pois com ela queremos abranger algumas coisas que Gladstone não aprovaria e uma atitude moral e espiritual que, acoitada na cidadela da fé, ele na verdade detestava. Poderia me deter aqui se a liturgia radical não consistisse em grande parte em pito-rescos desmentidos do que pretendo expressar. Os radicais podem proclamar que as massas continuam clamando pela salvação do padecimento insupor-tável e arrastam os seus grilhões na escuridão e no desespero, mas é claro que nunca houve tanta liberdade pessoal – do espírito e do corpo – *para todos*; nunca tanta disposição a tolerar e até a financiar os inimigos mortais da clas-se dominante, nunca tanta simpatia ativa pelo sofrimento real e simulado, nunca tanta propensão a aceitar encargos sociais como na sociedade capi-talista moderna, e tudo quanto há de democracia, fora das comunidades ru-rais, se desenvolveu historicamente na esteira do capitalismo tanto moderno quanto antigo. Uma vez mais, podem-se citar muitos fatos do passado para montar um contra-argumento que, por eficaz que seja, é irrelevante em uma

A CIVILIZAÇÃO DO CAPITALISMO 179

discussão das condições presentes e das alternativas futuras.[8] Se decidirmos deveras empreender uma disquisição histórica, até mesmo muitos dos fatos que, aos olhos dos críticos radicais, podem parecer adequadíssimos à sua tese terão, com frequência, outra aparência quando vistos à luz de uma comparação com os fatos correspondentes da experiência pré-capitalista. E não se pode replicar que "aqueles eram tempos diferentes", já que foi justamente a evolução capitalista que fez a diferença.

Devem-se mencionar especialmente dois pontos. Indiquei anteriormente que a legislação social ou, de um modo mais geral, as reformas institucionais em benefício das massas não são uma coisa simplesmente imposta à sociedade capitalista pela necessidade inelutável de aliviar a miséria cada vez mais profunda dos pobres; nada disso: ocorre além de elevar o padrão de vida das massas graças aos seus efeitos automáticos, o processo capitalista também propicia os meios "e a vontade" indispensáveis a essa legislação. As palavras entre aspas requerem uma explicação complementar que se encontra no princípio da propagação da racionalidade. O processo capitalista racionaliza o comportamento e as ideias e, assim fazendo, expulsa do nosso espírito, juntamente com a crença metafísica, todo tipo de ideias místicas e românticas. Desse modo, remodela não só os métodos de alcançarmos os nossos objetivos, como também esses mesmos objetivos finais. O "livre-pensamento", no sentido de monismo materialista, laicismo e aceitação prática do mundo do lado de cá do túmulo, deriva dessa reconfiguração não por uma necessidade lógica, mas, apesar disso, com muita naturalidade. Por um lado, o nosso senso de dever herdado, privado da sua base tradicional, passa a se concentrar em ideias utilitárias acerca do melhoramento da humanidade, que, sem dúvida muito ilogicamente, parece resistir mais à crítica racionalista do que o faz, por exemplo, o temor a Deus. Por outro, essa mesma racionalização da alma despoja os direitos de classe, sejam quais forem, de todo *glamour* de sanção supraempírica. E isso, junto com o entusiasmo tipicamente capitalista pela eficiência e o serviço – tão completamente diferente do corpo de ideias que

---

8 Até Marx, em cuja época as acusações desse tipo estavam longe de ser tão absurdas como hoje, evidentemente achava conveniente fortalecer o seu argumento insistindo em situações que, mesmo então, estavam superadas ou em vias de desaparecer.

o cavaleiro típico de outrora associaria a tais palavras – engendra essa "vontade" no seio da própria burguesia. O feminismo, fenômeno essencialmente capitalista, ilustra ainda mais claramente esse ponto. O leitor há de perceber que é preciso entender essas tendências "objetivamente" e que, portanto, nenhum *discurso* antifeminista ou antirreformista e inclusive nenhuma oposição temporária a qualquer medida particular pode provar o que quer que seja contra esta análise. Tais coisas são precisamente sintomas das tendências que elas pretendem combater. Voltaremos a isso nos próximos capítulos.

Ademais, a civilização capitalista é racionalista e "anti-heroica"; as duas coisas a par e par, é claro. O sucesso na indústria e no comércio requer muita estâmina; contudo, as atividades industrial e comercial são essencialmente não heroicas no sentido do cavaleiro – nada de brandir espadas, de proezas físicas, de galopar a cavalo encouraçado ao encontro do inimigo (de preferência herege ou pagão) –, e a ideologia que glorifica a ideia de lutar por lutar e da vitória pela vitória definha no escritório, em meio às colunas de cifras. Consequentemente, sendo dona de bens capazes de atrair o assaltante e o coletor de impostos e não compartindo ou até detestando a ideologia do guerreiro, que conflita com o seu utilitarismo "racional", a burguesia industrial e comercial é fundamentalmente pacifista e costuma fazer questão da aplicação dos preceitos morais da vida privada às relações internacionais. É verdade que, ao contrário da maioria, mas como algumas outras características da civilização capitalista, o pacifismo e a moralidade internacional também foram adotados em ambientes não capitalistas e por instituições pré-capitalistas, por exemplo, pela Igreja romana na Idade Média. Não obstante, a moralidade internacional e o pacifismo modernos são produtos do capitalismo.

Já que, como vimos na primeira parte deste livro, a doutrina marxista – especialmente a neomarxista, e inclusive uma parte considerável da opinião não socialista – se opõe vigorosamente a esta proposição,[9] faz-se necessário observar que ela não tenciona negar que muitas burguesias travaram combates magníficos em defesa da pátria, ou que comunidades quase puramente burguesas – como a ateniense e a veneziana – muitas vezes foram agressivas quando lhes foi conveniente, ou que a burguesia sempre rejeitou

---

9 Cf. a nossa discussão da teoria marxista do imperialismo, Parte I, cap. IV.

A CIVILIZAÇÃO DO CAPITALISMO 181

os lucros da guerra e as vantagens do crescimento do comércio pela conquista e nunca se deixou recrutar pelo nacionalismo belicoso dos seus senhores ou líderes feudais ou pela propaganda de algum grupo especialmente interessado. Só afirmo, para começar, que tais exemplos de combatividade capitalista não se explicam – exclusiva ou primordialmente como pretende o marxismo – em termos de interesses ou situações de classe que engendrem sistematicamente guerras de conquista capitalistas; em seguida, que há uma diferença entre fazer aquilo que se considera a tarefa normal da vida, para a qual cada um se prepara permanentemente e em cujos termos se define o sucesso ou o fracasso de toda uma existência, e se entregar a uma atividade alheia à própria pessoa, à qual seu trabalho e mentalidade não se ajustam e na qual o êxito aumenta o prestígio da menos burguesa das profissões; e, por fim, que essa diferença peleja constantemente – tanto nas questões internacionais quanto nas nacionais – contra o uso da força militar e a favor das soluções pacíficas, inclusive quando o saldo da vantagem pecuniária está claramente do lado da guerra, coisa que, nas circunstâncias modernas, não tem muita probabilidade de acontecer. Na realidade, quanto mais completamente capitalista forem a estrutura e a atitude de uma nação, constata-se que mais pacifista e mais propensa a contar os custos da guerra ela é. Devido à natureza complexa de cada modelo específico, isso só poderia ser plenamente demonstrado mediante uma análise histórica pormenorizada. Mas a atitude burguesa para com o militar (exércitos permanentes), o espírito e os métodos com os quais as sociedades burguesas fazem a guerra, bem como a disposição com que, em todo caso sério de conflito prolongado, elas se submetem a princípios não burgueses são conclusivos por si sós. Portanto, a teoria marxista segundo a qual o imperialismo é a fase superior (ou derradeira) da evolução capitalista malogra independentemente de quaisquer objeções puramente econômicas.

Mas não vou recapitular, como é presumível que o leitor espere. Quer dizer, não vou convidá-lo, antes que ele decida depositar confiança em uma alternativa não testada preconizada por homens não testados, a olhar uma vez mais para a impressionante realização econômica e a ainda mais impressionante realização cultural da ordem capitalista e para a promessa imensa que ambas fazem. Não me proponho a sustentar que essas realizações e essa promessa bastem por si sós para estear a tese de que se deve permitir que o sistema capitalista continue funcionando e, como se poderia demonstrar facilmente, livre os ombros da humanidade do fardo da pobreza.

Isso não teria sentido. Mesmo que a humanidade tivesse tanta liberdade de escolha quanto o empresário a tem para optar entre duas máquinas concorrentes, nenhum juízo de valor decisivo decorre necessariamente dos fatos e das relações entre os fatos que tentei esclarecer. No que se refere ao rendimento econômico, não se segue que os homens sejam "mais felizes" ou estejam "mais à vontade" na sociedade industrial de hoje do que em um feudo ou em uma aldeia medieval. Quanto ao desempenho cultural, pode-se aceitar cada uma das palavras que escrevi e, no entanto, detestar do fundo do coração o seu utilitarismo e a destruição total dos valores espirituais que ele traz consigo. De resto, como ainda voltarei a sublinhar na nossa discussão da alternativa socialista, pode-se ter menos interesse pela eficiência do sistema capitalista na produção de valores econômicos e culturais do que pelo tipo de ser humano moldado pelo capitalismo e depois abandonado à própria sorte, ou seja, livre para arruinar a sua vida. Há um tipo de extremista cuja sentença condenatória contra a civilização capitalista se alicerça unicamente na estupidez, na ignorância ou na irresponsabilidade, que não pode ou não quer reconhecer os fatos mais óbvios e muito menos as suas implicações mais amplas. Mas mesmo quem se encontra em um plano superior é susceptível de chegar a um veredicto completamente hostil.

Não obstante, favoráveis ou não, os juízos de valor sobre o rendimento capitalista são de pouco interesse, pois a humanidade não é livre para escolher. Isso não se deve apenas ao fato de a massa das pessoas não ter condições de comparar alternativas racionalmente e tender a sempre aceitar o que lhe dizem. Há um motivo muito mais profundo. Os fenômenos econômicos e sociais são movidos por impulso próprio, e as situações resultantes compelem os indivíduos e os grupos, queiram ou não, a se comportarem de determinadas maneiras: não por lhes destruírem a liberdade de escolha, mas por moldarem as suas preferências e reduzirem as possibilidades de opção. Se isso é a quintessência do marxismo, só nos cabe tratar de ser marxistas. Consequentemente, o rendimento capitalista não serve nem mesmo para um prognóstico. A maioria das civilizações desapareceram sem ter tido tempo de cumprir todas as suas promessas. Por isso não vou argumentar, com base no vigor desse rendimento, que seja provável que o *intermezzo* capitalista se prolongue. Aliás, agora vou chegar justamente à conclusão oposta.

12

AS PAREDES DESABAM

I. O ocaso da função empresarial

Na nossa discussão da teoria do desaparecimento da oportunidade de investimento, fizemos uma ressalva a favor da possibilidade de as necessidades econômicas da humanidade um dia serem tão completamente satisfeitas que reste pouco motivo para dar continuidade ao esforço produtivo. Sem dúvida alguma, ainda estamos muito longe desse estado de saciedade, mesmo que nos mantenhamos no esquema atual de necessidades; e, se levarmos em conta o fato de que, quanto mais elevado for o nível de vida alcançado, mais essas necessidades se dilatam automaticamente e novas necessidade surgem ou se criam,[1] a saciedade passa a ser um objetivo esquivo, sobretudo se incluirmos o ócio entre os bens de consumo. Entretanto, olhemos de relance para essa possibilidade, supondo, de modo ainda mais irrealista, que os métodos de produção tenham atingido um estado de perfeição tal que já não admita aprimoramento.

---

[1] Wilhelm Wundt chamava isso de "heterogonia dos fins" (*Heterogonie der Zwecke*).

Sobreviria um estado mais ou menos estacionário. Sendo um processo essencialmente evolucionário, o capitalismo se atrofiaria. Aos empresários, não restaria nada a fazer. Eles se veriam em uma situação muito parecida com a dos generais em uma sociedade em que a paz permanente estivesse perfeitamente garantida. Os lucros e, com eles, a taxa de juro convergiriam para zero. O estrato burguês que vive de lucro e juros tenderia a desaparecer. A gestão da indústria e do comércio se tornaria uma questão de administração corrente, e o seu pessoal adquiriria, inevitavelmente, as características de uma burocracia. Assim, surgiria quase automaticamente um socialismo de tipo muito moderado. A energia humana se afastaria dos negócios. As atividades extraeconômicas passariam a atrair os cérebros e a oferecer ocasião para a aventura.

Para o futuro previsível, essa visão não tem importância. Porém, muito mais importância tem o fato de que muitos dos efeitos sobre a estrutura da sociedade e sobre a organização do processo produtivo que poderíamos esperar de uma satisfação aproximadamente completa ou de uma perfeição técnica absoluta também se podem esperar de uma evolução já claramente observável. O próprio progresso pode se mecanizar tanto quanto a gestão de uma economia estacionária, e a mecanização do progresso afeta o empreendedorismo e a sociedade capitalista quase tanto quanto a cessação do progresso econômico. Para enxergar isso, basta rever, em primeiro lugar, em que consiste a função de empresário e, em segundo, o que essa função significa para a sociedade burguesa e para a sobrevivência da ordem capitalista.

Já vimos que a função do empresário é reformar ou revolucionar o método de produção explorando uma invenção ou, mais geralmente, uma possibilidade tecnológica inédita para produzir ou uma nova mercadoria, ou uma mercadoria antiga de maneira nova, abrindo uma nova fonte de abastecimento de material ou uma nova saída para os produtos, reorganizando uma indústria, e assim por diante. As primeiras etapas da construção de ferrovias, a produção de energia elétrica antes da Primeira Guerra Mundial, o vapor e o aço, o automóvel e a aventura colonial constituem exemplos espetaculares de um amplo gênero de negócios que abrange inúmeros exemplos mais modestos, até chegar, no degrau inferior da escada, a coisas como ter sucesso em um tipo especial de embutido ou de escova de dente. Esse tipo de atividade é a principal responsável pelas "prosperidades" recorrentes que revolucionam o organismo econômico e pelas "recessões" recorrentes que se devem à influência desequilibradora dos produtos ou métodos novos. Empreender tais inovações é difícil e constitui-se em uma função econômica distinta, primeiramente, porque elas escapam às tarefas rotineiras que todo o mundo entende e, em segundo lugar, porque o meio ambiente opõe diversos tipos de resistência que, conforme as condições sociais, vão da simples recusa a financiar ou a comprar uma coisa nova até a agressão física a quem tenta produzi-las. Para atuar com confiança além da zona delimitada pelas balizas conhecidas e superar essas resistências, são necessárias aptidões de que só uma pequena fração da população é dotada e que definem tanto o tipo quanto a função empresarial. Esta função não consiste, essencialmente, em inventar o que quer que seja nem em criar as condições exploradas pela empresa. Consiste em obter resultados.

Essa função social já vem perdendo importância e está fadada a perdê-la em um ritmo cada vez mais acelerado no futuro, mesmo que o próprio processo econômico do qual o empreendedorismo era a principal força propulsora continue funcionando sem cessar. Pois, por um lado, agora é muito mais fácil do que no passado realizar tarefas alheias à nossa rotina habitual: a própria inovação vem se reduzindo a rotina. O progresso tecnológico passa a ser cada vez mais a atividade de equipes de especialistas capacitados que produzem o que lhes é encomendado e fazem com que o produto funcione de modo previsível. O romantismo da antiga aventura comercial se esvai rapidamente, porque hoje se podem calcular com rigor tantas coisas que outrora só se vislumbravam em um estalo de gênio.

Por outro lado, a personalidade e a força de vontade pesam necessariamente menos em ambientes já habituados à mudança econômica – dos quais o melhor exemplo é o fluxo incessante de novos bens de consumo e de produção – e que, em vez de lhe opor resistência, aceitam-na como coisa prosaica. É improvável que a resistência dos interesses ameaçados pela inovação do processo produtivo desapareça enquanto a ordem capitalista persistir. Essa resistência é, por exemplo, o grande obstáculo no caminho da produção em massa de habitação barata, que pressupõe a mecanização radical e a eliminação total dos métodos ineficazes de trabalho no canteiro de obras. Mas todos os outros tipos de resistência – particularmente a dos consumidores e produtores a novos produtos simplesmente por serem novos – já desapareceram quase inteiramente.

Assim, o progresso econômico tende a se despersonalizar e a se automatizar. O trabalho burocrático e coletivo tende a substituir a ação individual. Uma vez mais, a referência à analogia militar auxiliará a esclarecer esse ponto essencial.

Outrora, aproximadamente até as Guerras Napoleônicas inclusive, generalato significava liderança; e sucesso, sucesso pessoal do comandante, que auferia os "lucros" correspondentes em termos de prestígios social. A técnica da guerra e a estrutura dos exércitos sendo o que eram, a decisão individual e o poder de mando do líder – até mesmo a sua presença física montando um vistoso cavalo – eram elementos essenciais nas situações estratégicas e táticas. A presença de Napoleão era e tinha de ser sentida nos campos de batalha. Não é mais assim. O trabalho burocrático racionalizado e especializado enfim elimina a personalidade, o resultado calculável substitui a "visão". O grande chefe já não tem oportunidade de se arrojar ao combate. Está se transformando em um burocrata a mais – o qual nem sempre é difícil substituir por outro.

Ou tomemos outra analogia militar. A guerra na Idade Média era um assunto muito pessoal. Os cavaleiros de armadura praticavam uma arte que exigia treinamento a vida toda, e cada um deles era individualmente importante em virtude da sua habilidade e destreza pessoais. É fácil entender por que esse ofício veio a ser a base de uma classe social no sentido mais pleno e rico do termo. Mas a mudança social e tecnológica solapou e por fim destruiu tanto a função quanto a posição daquela classe. A guerra não cessou por causa disso. Simplesmente passou a ser cada vez mais mecanizada – enfim de tal modo que o sucesso naquela que hoje é uma mera profissão já não tem a antiga conotação de façanha pessoal que alçaria não só o homem, como também o seu grupo a uma posição durável de liderança social.

Atualmente, um processo social semelhante – em última análise, o mesmo processo social – solapa o papel e, com ele, a posição social do empresário capitalista. Esse papel, posto que menos glamoroso que o dos senhores da guerra medievais, grandes ou pequenos, também é ou era apenas outra forma de liderança individual atuando em virtude da força pessoal e da responsabilidade direta pelo sucesso. A sua posição, como a das classes guerreiras, fica ameaçada tão logo a função que ele exerce no processo social perde a importância, e pouco importa se isso se deve ao desaparecimento da necessidade social por ele atendida ou se essas necessidades passaram a ser satisfeitas por outros métodos mais impessoais.

Mas isso afeta a posição de todo o estrato burguês. Conquanto não sejam necessariamente ou mesmo tipicamente elementos desse estrato desde o princípio, os empresários nele ingressam quando são bem-sucedidos. De modo que, ainda que eles não formem *per se* uma classe social, a classe burguesa os absorve, assim como as suas famílias e conexões, recrutando-se e revitalizando-se permanentemente, ao passo que, ao mesmo tempo, as famílias que rompem a sua relação ativa com os "negócios" dela acabam saindo em uma ou duas gerações. Entre os dois extremos, situa-se o grosso do que denominamos industriais, comerciantes, financistas e banqueiros; eles se acham na fase intermediária entre a aventura empresarial e a mera administração corrente de um domínio herdado. A renda de que vive essa classe e sobre a qual se esteia a sua posição social é produzida pelo sucesso desse setor mais ou menos ativo – que, naturalmente, pode formar mais de 90% do estrato burguês, como acontece nos Estados Unidos – e dos indivíduos em ascensão a essa classe. Portanto, econômica e sociologicamente, direta e indiretamente, a burguesia depende do empresário e, enquanto classe, vive e morrerá com ele, embora seja muito provável que ocorra, como ocorreu no caso da civilização feudal, uma etapa de transição mais ou menos prolongada, etapa em que ela talvez se sinta incapaz tanto de morrer quanto de viver.

Sintetizando essa parte da nossa tese: se a evolução capitalista – o "progresso" – cessar ou se tornar completamente automática, a base econômica da burguesia industrial ficará reduzida enfim a salários como os que remuneram o trabalho administrativo corrente, com exceção dos resquícios de quase rendas e lucros semimonopólicos, que é de esperar que perdurem algum tempo, se bem que decrescendo. Como a empresa capitalista, graças ao seu próprio sucesso, tende a automatizar o progresso, conclui-se que ela tende a se tornar supérflua a si mesma – a se partir em cacos sob o peso do seu próprio êxito. A unidade industrial gigantesca e perfeitamente burocratizada não só desaloja a empresa pequena ou média e "expropria" os seus donos, como, no fim, também elimina o empresário e expropria a burguesia como classe, que, no processo, arrisca perder não só a sua renda, como também, o que é infinitamente mais importante, a sua função. Os verdadeiros pioneiros do socialismo não serão os intelectuais ou agitadores que o pregavam, e sim os Vanderbilt, os Carnegie e os Rockfeller.

Pode ser que esse resultado não agrade muito os socialistas marxistas e menos ainda os de "denominação" mais popular (Marx diria vulgar), mas, enquanto prognóstico, não difere do deles.

II. A destruição dos estratos protetores

Até aqui, consideramos os efeitos da evolução capitalista sobre as bases econômicas que sustentam as camadas superiores da sociedade capitalista e a sua posição e prestígio social. Mas esses efeitos se estendem ao arcabouço institucional que as protegia. Ao demonstrá-lo, tomaremos o termo na sua acepção mais ampla, de modo a incluir não só as instituições jurídicas, como ainda as atitudes da opinião e da política públicas.

1. Em primeiro lugar, a evolução capitalista destruiu ou fez o possível para destruir a organização institucional do mundo feudal: o solar, a aldeia, as guildas dos artesãos. Os fatos e mecanismos desse processo são demasiado conhecidos para nos deter. A destruição se perpetrou de três modos. O mundo do artesão foi destruído principalmente pelos efeitos automáticos da concorrência do empresário capitalista; a ação política de remoção das organizações e regulações atróficas apenas confirmou os resultados. O mundo do senhor e do camponês foi destruído principalmente pela ação política – em alguns casos revolucionária –, e o capitalismo simplesmente supervisionou as transformações adaptativas como, por exemplo, a da estrutura agrária da Alemanha em unidades de produção agrícola em larga escala. Mas, juntamente com essas revoluções industrial e agrária, operou-se uma transformação não menos revolucionária na atitude geral da autoridade legislativa e da opinião pública. Junto com a antiga organização, desapareceram os privilégios econômicos e políticos das classes ou grupos que nela costumavam exercer o protagonismo, particularmente as isenções de imposto e as prerrogativas políticas da nobreza da terra, da fidalguia e do clero.

As PAREDES DESABAM 191

Economicamente, tudo isso significou para a burguesia a ruptura de muitos entraves e a remoção de muitas barreiras. Politicamente, significou a substituição de uma ordem, na que o burguês era um súdito humilde, por outra mais congenial à sua mentalidade racionalista e aos seus interesses imediatos. Mas, ao examinar esse processo do ponto de vista atual, é possível que o observador se pergunte se, afinal de contas, essa emancipação completa foi boa para o burguês e o seu mundo. Pois aqueles entraves não só estorvavam, como também protegiam. Antes de prosseguirmos, convém esclarecer e apreciar cuidadosamente esse ponto.

2. Os processos correlatos da ascensão da burguesia capitalista e dos Estados nacionais produziram, nos séculos XVI, XVII e XVIII, uma estrutura social que talvez nos pareça ambígua, posto que não fosse mais ambígua ou transicional do que qualquer outra. Tomemos o exemplo revelador da monarquia de Luís XIV. O poder subjugou a aristocracia da terra, mas, ao mesmo tempo, tratou de apaziguá-la oferecendo-lhe emprego e pensões e aceitando, condicionalmente, a sua pretensão a uma posição de classe dominante. O mesmo poder real sujeitou o clero e a ele se aliou.[2] Por fim, fortaleceu a sua influência sobre a burguesia, antiga aliada na luta contra os potentados territoriais, protegendo e incentivado o seu empreendimento a fim de explorá-lo com mais eficácia por sua vez. Os camponeses e o (pequeno) proletariado industrial foram igualmente dirigidos, explorados e protegidos pela autoridade pública – posto que, no caso do *ancien régime* francês, a proteção fosse muito menos manifesta que, por exemplo, no da Áustria de Maria Teresa ou de José II – e, indiretamente, pelos latifundiários e industriais. Esse não era simplesmente um governo nos moldes do liberalismo do século XIX, *i.e.*, um órgão social instituído para exercer funções limitadas e a ser financiado com uma verba mínima. Em princípio, a monarquia dirigia tudo, desde a consciência das pessoas até o padrão da seda fabricada em Lyon, e, financeiramente, se empenhava em arrecadar o máximo de renda. Embora o rei não fosse propriamente absolutista, a autoridade pública tudo abarcava.

O diagnóstico correto desse modelo é de suma importância para o nosso tema. O monarca, a corte, o exército, a igreja e a burocracia viviam cada

---

2 O galicianismo foi apenas o reflexo ideológico dessa política.

vez mais da renda criada pelo processo capitalista, e mesmo as fontes de renda feudais se dilataram em consequência dos desenvolvimentos capitalistas contemporâneos. Cada vez em maior grau, as políticas interna e externa, assim como as mudanças institucionais, eram plasmadas de modo a condizer com esse desenvolvimento e a impulsioná-lo. *Dadas as circunstâncias*, os elementos feudais na estrutura da monarquia dita absoluta só podem ser considerados atavismos, e não é outro o diagnóstico que adotaríamos naturalmente à primeira vista.

Examinando-os mais detidamente, porém, percebemos que esses elementos eram mais do que isso. O arcabouço de aço dessa estrutura ainda consistia em material humano da sociedade feudal, e esse material continuava se comportando conforme os padrões pré-capitalistas. Povoava as repartições do Estado, constituía a oficialidade do exército, concebia as políticas – funcionava como uma classe dirigente e, ainda que levasse em conta os interesses burgueses, tinha o cuidado de se distanciar da burguesia. O rei, peça central do sistema, era rei pela graça de Deus, e, por mais que ele tirasse vantagem das possibilidades econômicas inerentes ao capitalismo, a raiz do seu poder continuava sendo feudal, no sentido não só histórico, como também no sociológico da palavra. E isso era mais do que atavismo. Tratava-se de uma simbiose ativa de duas camadas sociais, uma das quais, sem dúvida, sustentava a outra economicamente e por ela era sustentada politicamente. Seja o que for o que pensamos dos sucessos e fracassos dessa acomodação, fosse o que fosse o que o próprio burguês pensava na época ou depois – e dos aristocratas parasitas e vadios –, essa simbiose era essencial àquela sociedade.

3. Só *daquela* sociedade? O curso posterior dos fatos, mais bem exemplificado pelo caso inglês, sugere a resposta. O elemento aristocrático continuou com as rédeas do comando nas mãos *até o fim do período do capitalismo intacto e vital*. Não há dúvida de que aquele elemento – bem que em nenhuma parte tão efetivamente como na Inglaterra – absorveu de pronto os cérebros dos outros estratos que se deixavam atrair pela política; assumiu o papel de representante dos interesses burgueses e travou as batalhas da burguesia; teve de abrir mão dos seus últimos privilégios jurídicos; mas, com essas credenciais e para fins que já não eram os seus próprios, continuou a se encarregar do motor político, a administrar o Estado, a governar.

AS PAREDES DESABAM

A parte economicamente ativa dos estratos burgueses não se opôs muito a isso. No conjunto, aquela espécie de divisão do trabalho lhes convinha e agradava. Nas ocasiões em que se sublevaram contra ela ou assumiram o poder político sem necessidade de sublevação, não tiveram um sucesso notório no exercício do governo nem se mostraram capazes de se manter por si sós. Coloca-se, pois, a questão de saber se é realmente justo presumir que esses malogros simplesmente se deveram à falta de oportunidade de adquirir experiência e, com ela, as atitudes de uma classe politicamente dirigente.

A resposta é não. Tais fracassos têm um motivo mais fundamental, dos quais são bons exemplos as experiências alemã e francesa nas tentativas de erigir governos burgueses – motivo esse que se voltará a visualizar contrastando a figura do industrial ou do comerciante com a do senhor medieval. A "profissão" deste não só o qualificava admiravelmente para a defesa dos seus interesses de classe: ele era capaz de defendê-los com a força dos braços, e isso projetava um halo ao seu redor e o habilitava ao governo dos homens. A atitude combativa era importante, porém muito mais importância tinha o seu *glamour* místico e a atitude senhorial: a capacidade e o hábito de comandar e de ser obedecido que inspiravam respeito em todas as classes da sociedade e em todas as situações da vida. Esse prestígio era tão grande, e essa atitude, tão útil que a posição de classe sobreviveu às condições sociais e tecnológicas que a originaram, e, mediante a transformação da sua função de classe, os senhores e cavaleiros mostraram-se capazes de se adaptar a situações sociais e econômicas bem diferentes. Com extrema facilidade e graça, metamorfosearam-se em cortesãos, administradores, diplomatas, políticos e militares de um tipo que nada tinha a ver com o do cavaleiro medieval. E – fenômeno sumamente surpreendente quando nos pomos a pensar – um resíduo desse antigo prestígio sobrevive até hoje e não só aos olhos das nossas damas.

No tocante ao industrial e ao comerciante, o contrário é verdadeiro. Por certo, neles não há vestígio do *glamour* místico que realmente importa no governo dos homens. A bolsa de valores é um substituto medíocre do Santo Graal. Já vimos que o industrial e o comerciante, como empresários que são, também têm uma função de liderança. Mas a liderança econômica desse tipo não se transforma facilmente, como a liderança militar do senhor medieval, em liderança de nações. Pelo contrário, o livro-razão e o cálculo dos custos absorvem e confinam.

Chamei o burguês de racionalista e anti-heroico. Ele só conta com meios racionalistas e anti-heroicos para defender a sua posição ou sujeitar uma nação à sua vontade. Pode impressionar pelo que as pessoas esperam do seu desempenho econômico, pode defender a sua causa, pode prometer dar dinheiro ou ameaçar não o dar, pode contratar os serviços mercenários de um *condottiere* ou de um político ou de um jornalista. Mas isso é tudo, e tudo isso é muito superestimado no referente ao seu valor político. Tampouco as suas experiências e hábitos de vida são do tipo que inspiram fascínio pessoal. Um gênio dos negócios pode ser, e frequentemente é, completamente incapaz de afugentar um ganso – tanto no salão quanto na tribuna. Ciente disso, ele prefere que o deixem em paz e não se mete em política.

Uma vez mais, ao leitor ocorrerão exceções. Porém, uma vez mais, elas não terão muita importância. A aptidão, o interesse e o sucesso dos burgueses na administração municipal são a única exceção importante na Europa, e veremos que isso reforça a nossa tese em vez de fragilizá-la. Antes do advento da metrópole moderna, que já não é um assunto burguês, a administração das cidades tinha afinidade com a gestão dos negócios. A compreensão dos seus problemas e a autoridade para resolvê-los dentro dos limites urbanos eram naturais no fabricante e no mercador, e os interesses locais da manufatura e do comércio forneciam a maior parte da matéria da sua política que, consequentemente, se prestava a ser tratada com os métodos e no espírito do escritório mercantil. Em condições excepcionalmente favoráveis, essas raízes brotaram desenvolvimentos excepcionais, como os das repúblicas veneziana e genovesa. O caso dos Países Baixos se encaixa no mesmo modelo, mas é particularmente instrutivo pelo fato de a república dos mercadores malograr invariavelmente no grande jogo da política internacional e de, em praticamente todas as situações de emergência, ter de entregar as rédeas a um senhor da guerra de compleição feudal. Quanto aos Estados Unidos, seria fácil enumerar as circunstâncias singularmente favoráveis – bem que em rápido desaparecimento – que explicam o seu caso.[3]

---

3 Essa linha de raciocínio será retomada na Parte IV.

4. A conclusão é óbvia: salvo em circunstâncias excepcionais, a classe burguesa está mal equipada para enfrentar os problemas, tanto domésticos quanto internacionais, que um país de certa importância tem de enfrentar. Os próprios burgueses o sentem apesar de toda a fraseologia que parece negá-lo, e as massas também o sentem. Dentro de um marco protetor feito de material não burguês, a burguesia pode ser bem-sucedida não só na defensiva política, como também na ofensiva, especialmente na oposição. Durante algum tempo, ela se sentiu segura a ponto de se dar ao luxo de atacar o próprio marco protetor; é o que exemplifica com perfeição a oposição burguesa como a existente na Alemanha imperial. Mas, sem a proteção de um grupo não burguês, a burguesia é politicamente indefesa e incapaz não só de liderar a sua nação, como até mesmo de cuidar dos seus próprios interesses de classe. O que equivale a dizer que ela precisa de um amo.

Mas o processo capitalista, tanto pelo seu mecanismo econômico quanto pelos seus efeitos psicossociológicos, se desfez desse amo protetor ou, como nos Estados Unidos, nunca lhe deu, ou a um seu substituto, oportunidade de se desenvolver. As implicações disso são reforçadas por outra consequência do mesmo processo. A evolução capitalista elimina não só o rei *Dei Gratia* como também os redutos que, se tivessem podido se manter, seriam formados pela aldeia e a guilda de artesãos. Naturalmente, nenhuma organização era sustentável na forma exata em que o capitalismo a encontrou. Mas as políticas capitalistas levaram a destruição muito além do que era inevitável. Atacaram o artesão em reservas nas quais ele podia ter sobrevivido indefinidamente. Impuseram ao camponês todas as bênçãos do liberalismo primitivo: a possessão livre e desamparada e toda a corda individualista de que ele precisava para se enforcar.

Ao destruir o arcabouço pré-capitalista da sociedade, o capitalismo destruiu não só as barreiras que lhe impediam o progresso, como também os contrafortes que evitavam o seu colapso. Esse processo de destruição, impressionante na sua necessidade inexorável, não foi meramente uma questão de remover a madeira podre institucional, mas de remover parceiros do estrato capitalista, com os quais a simbiose era um elemento essencial ao equilíbrio do capitalismo. Tendo descoberto esse fato toldados por tantos *slogans*, podemos perfeitamente indagar se é deveras correto encarar o capitalismo como uma forma social *sui generis* ou se, na realidade, ele não passa da última fase da decomposição daquilo que costumamos chamar de feudalismo. No conjunto, me inclino a acreditar que as suas peculiaridades bastam para fazer um tipo e para aceitar que a simbiose de classe que devem a sua existência a épocas e processos diferentes como a regra, não como uma exceção – pelo menos foi a regra nos últimos seis mil anos, *i.e.*, desde que os lavradores primitivos do solo foram sujeitados por nômades montados. Mas não vejo grande objeção à visão oposta à que acabo de me referir.

III. A destruição do quadro institucional da sociedade capitalista

Voltamos da nossa digressão com uma carga de fatos ominosos. Eles são quase suficientes, posto que não inteiramente, para fundamentar a nossa próxima tese, a saber, que o processo capitalista, do mesmo modo como destruiu o quadro institucional da sociedade feudal, também está solapando o seu próprio.

Indicamos acima que o próprio sucesso da empresa capitalista tende, paradoxalmente, a debilitar o prestígio e o peso social da classe fundamentalmente associada a ela e que a empresa gigante tende a desalojar a burguesia da função à qual ela deve esse peso social. A correspondente mudança do significado e a perda incidental de vitalidade das instituições do mundo burguês e das suas atitudes típicas são fáceis de rastrear.

Por um lado, o processo capitalista ataca inevitavelmente a base econômica do pequeno produtor e do pequeno comerciante. O que ele fez com o estrato pré-capitalista também faz – e se valendo do mesmo mecanismo concorrencial – com o estrato inferior da indústria capitalista. Claro que Marx ganha pontos aqui. É verdade que os fatos da concentração industrial não coincidem com as ideias que o público vem aprendendo a entreter a esse respeito (cf. capítulo 19). O processo não foi tão longe e está menos livre de contratempos e tendências compensatórias do que muitas exposições de vulgarização nos levariam a acreditar. Em particular, a empresa em larga escala não só aniquila, como também cria, em certa medida, espaço para a pequena empresa produtora e especialmente para a comercial. Também no caso dos camponeses e agricultores, o mundo capitalista se mostrou tanto disposto quanto capaz de implementar uma política de conservação cara, mas eficaz no conjunto. No entanto, em longo prazo, não pode haver muita dúvida quanto ao fenômeno da concentração progressiva e às suas consequências. Além disso, fora do campo da agricultura, a burguesia tem demonstrado pouco conhecimento do problema[4] e da sua importância para a sobrevivência da ordem capitalista. Os lucros que se podem auferir com a racionalização da organização da produção e, especialmente, com o barateamento do tortuoso caminho que as mercadorias percorrem da fábrica até o último consumidor são mais do que a mente do homem de negócios típico pode resistir.

Ora, é importante descobrir exatamente em que consistem essas consequências. Um tipo muito comum de crítica social, da qual já nos ocupamos, lamenta o "declínio da concorrência" e a iguala ao declínio do capitalismo devido às virtudes que ela atribui à concorrência e aos vícios que enxerga nos "monopólios" industriais modernos. Nesse esquema de interpretação, a monopolização faz o papel de arteriosclerose e reage sobre as chances da ordem capitalista com um rendimento econômico cada vez mais insatisfatório. Vimos as razões para rejeitar essa opinião. Economicamente, nem as vantagens da concorrência nem os inconvenientes inerentes à concentração do controle econômico são consideráveis como quer essa argumentação. E, seja como for, ela desconsidera o ponto mais importante. Mesmo que todos os conglomerados gigantescos fossem administrados com uma perfeição que merecesse o aplauso dos anjos do céu, as consequências políticas da concentração não deixariam de ser o que são. A estrutura política de uma nação é profundamente afetada pela eliminação de uma legião de pequenas e médias empresas de proprietários-gerentes que, juntamente com os seus dependentes, assistentes e servidores, pesam quantitativamente nas eleições e exercem sobre aquela que podemos denominar classe dos quadros uma influência que nenhuma administração de grande empresa é capaz de exercer; o próprio fundamento

---

4 No entanto, alguns governos o fizeram; o governo imperial da Alemanha se empenhou muito em combater esse tipo particular de racionalização, e, atualmente, há uma forte tendência a fazer o mesmo nos Estados Unidos.

da propriedade privada e da liberdade de contratar se erode em uma nação em que os seus tipos mais vitais, mais concretos e mais significativos desaparecem do horizonte moral do povo.

Por outro lado, o processo capitalista também ataca a sua própria estrutura institucional – continuemos visualizando a "propriedade" e a "liberdade de contratar" como *partes pro toto* – no interior das grandes empresas. Salvo os casos que ainda são de considerável importância, nos quais uma corporação é praticamente propriedade de um indivíduo ou de uma família, a figura do proprietário e, com ela, o seu interesse específico sumiram do mapa. Nela encontramos executivos assalariados e uma legião de gerentes e subgerentes assalariados. Há ainda os grandes acionistas. E os pequenos. O primeiro grupo tende a adquirir a atitude de empregado e raramente se identifica – caso isso porventura aconteça – com o interesse dos acionistas, mesmo nos casos mais favoráveis, *i.e.*, nos casos em que ele se identifica com os interesses da sociedade anônima como tal. O segundo grupo, mesmo que considere a sua conexão com a corporação permanente e mesmo que se comporte efetivamente como os acionistas devem se comportar segundo a teoria financeira, está afastado tanto das funções quanto das atitudes do proprietário. Quanto ao terceiro grupo, os pequenos acionistas geralmente não se preocupam muito com o que, para a maior parte deles, é uma fonte de renda secundária e, preocupando-se ou não, dificilmente se importam, a menos que queiram explorar, diretamente ou por meio de representantes, a sua capacidade de incomodar os administradores; sendo maltratados amiúde e achando-se maltratados mais amiúde ainda, inclinam-se quase regularmente a uma atitude hostil para com as "suas" corporações, para com a grande empresa em geral e, particularmente quando as coisas vão mal, para com a própria ordem capitalista. Nenhum elemento desses três grupos, nos quais esquematizei a situação típica, toma incondicionalmente a atitude característica desse curioso fenômeno, tão cheio de significado e em vias de desaparecimento tão rápido, designado pelo termo "propriedade".

A liberdade de contrato está no mesmo barco. No seu tempo de vitalidade plena, significava contratação individual regulada pela escolha individual entre um número indefinido de possibilidades. O contrato de hoje em dia, estereotipado, desindividualizado, impessoal e burocratizado – tais qualificativos têm aplicação muito mais geral, mas caracterizam particularmente bem o contrato de trabalho –, que apenas oferece liberdade de escolha restrita e quase sempre se reduz a um *pegar ou largar*, não conserva nenhuma das características antigas, das quais as mais importantes são incompatíveis com a existência de conglomerados que tratam com outros conglomerados gigantes ou com massas impessoais de operários ou consumidores. O vazio se preenche com o mataréu tropical das novas estruturas jurídicas – e um pouco de reflexão mostra que isso dificilmente podia ser diferente.

Assim, o processo capitalista arrasta para o segundo plano todas essas instituições, particularmente a da propriedade e a da liberdade de contrato, que expressavam as necessidades e as práticas da atividade econômica verdadeiramente "privada". Quando não as suprime, como já fez com a liberdade de contrato no mercado de trabalho, ele atinge o mesmo objetivo deslocando a importância relativa das formas jurídicas existentes – por exemplo, as formas jurídicas próprias das sociedades anônimas em oposição às da sociedade de participação ou da empresa individual – ou lhes alterando o conteúdo e os significados. Ao substituir os muros e as máquinas de uma fábrica por uma simples carteira de títulos, o processo capitalista depaupera a ideia de propriedade. Relaxa o controle outrora tão forte – controle no sentido de direito legal e de capacidade efetiva do proprietário de fazer o que quiser com o que é seu; controle também no sentido de que o detentor do título perde a vontade de lutar, econômica, física e politicamente, pela "sua" fábrica e pelo seu controle sobre ela, de morrer, se necessário, no seu umbral. E a evaporação daquela que podemos denominar substância material da propriedade – a sua realidade visível e palpável – afeta não só a atitude dos detentores de ações, como também a dos operários e a do público em geral. Desmaterializada, desfuncionalizada e ausente, a propriedade não impressiona nem suscita subordinação moral como fazia a forma vital da propriedade. Enfim, não restará *ninguém* que realmente se disponha a defendê-la – ninguém dentro nem fora do recinto dos grandes conglomerados.

13

HOSTILIDADE CRESCENTE

I. A atmosfera social do capitalismo

A PARTIR DA ANÁLISE DOS DOIS CAPÍTULOS precedentes, não devia ser difícil entender como o processo capitalista produziu essa atmosfera de hostilidade quase universal à sua ordem social, à qual me referi no início desta parte. O fenômeno é tão surpreendente e tanto a explicação marxista quanto a popular são tão inadequadas que é desejável desenvolver um pouco mais a sua teoria.

1. Como vimos, o processo capitalista acaba minimizando a importância da função pela qual vive a classe capitalista. Também vimos que ele tende a erodir as camadas protetoras, a desmontar as suas próprias defesas, a dispersar as guarnições das suas trincheiras. E, enfim, vimos que o capitalismo cria uma atitude mental crítica que, depois de ter destruído a autoridade moral de tantas outras instituições, no fim se volta contra a sua própria; o burguês descobre com assombro que a atitude racionalista não se restringe a questionar a legitimidade dos reis e dos papas, mas também ataca a propriedade privada e todo o esquema de valores burgueses.

Assim, a fortaleza burguesa fica politicamente indefesa. As fortalezas indefesas são um convite à agressão, especialmente quando contêm um butim valioso. Os agressores se colocam em um estado de hostilidade racionalizada, como de costume.[1] Sem dúvida, é possível suborná-los durante algum tempo. Mas esse último recurso deixa de funcionar quando eles descobrem que podem se apoderar de tudo. Isso explica em parte aquilo que nos propomos a explicar. Até onde é válido – já que, naturalmente, não explica o fenômeno por completo –, esse elemento da nossa teoria é confirmado pela alta correlação que existe historicamente entre a indefensabilidade burguesa e a hostilidade à ordem capitalista: embora tivesse muito mais razão para crescer, a hostilidade de princípio era mínima quando não faltava segurança à posição burguesa; ela se propagou *pari passu* com o desabamento das paredes protetoras.

2. Mas seria perfeitamente possível perguntar e, aliás, muitos industriais sinceramente convencidos de que cumprem o seu dever com todas as classes da sociedade se perguntam com ingênuo espanto: por que a ordem capitalista precisaria da proteção de poderes extracapitalistas ou de lealdades extrarracionais? Ela não pode sair triunfante da provação? Os nossos argumentos anteriores não mostraram suficientemente que não lhe faltam credenciais utilitárias que apresentar? Não é possível fazer uma defesa perfeita dela? E esses industriais decerto não hão de deixar de assinalar que um operário consciente, ao ponderar os prós e os contras do seu contrato com, por exemplo, um dos grandes conglomerados do aço ou do automóvel pode muito bem chegar à conclusão de que, tendo tudo em conta, ele não está em situação tão ruim assim e que as vantagens dessa barganha não ficam todas só de um lado. Sim, com certeza; só que tudo isso é irrelevante.

Porque, primeiramente, é um erro acreditar que o ataque político surge principalmente de uma querela e pode ser paralisado por uma justificação. Não se pode enfrentar efetivamente a crítica política com argumentos racionais. O fato de a crítica à ordem capitalista proceder de uma atitude mental crítica, *i.e.*, de uma mentalidade que desdenha a lealdade a valores

---

[1] Espero que o meu uso do verbo "racionalizar" com dois significados diferentes não suscite confusão. Uma fábrica é "racionalizada" quando aumenta a sua eficácia produtiva por unidade de gasto. "Racionalizamos" uma ação nossa quando suprimos a nós mesmos e aos demais de razões para que ela satisfaça a nossa pauta de valores independentemente de quais sejam os nossos verdadeiros impulsos.

HOSTILIDADE CRESCENTE

extrarracionais não leva a que a refutação racional seja aceita. Tal refutação pode rasgar a indumentária do ataque, mas não atinge a força motriz extrarracional que sempre se esconde atrás dele. A racionalidade capitalista não elimina as impulsões sub-racionais ou suprarracionais. Simplesmente faz com que elas se descontrolem ao lhes suprimir o freio da tradição sagrada ou semissagrada. Em uma civilização que carece de meios e até de vontade de discipliná-las e guiá-las, essas impulsões se revoltam. E, quando se revoltam, pouco importa que, em uma cultura racionalista, as suas manifestações geralmente sejam racionalizadas de algum modo. Assim como nunca se cobraram justificações utilitárias dos reis, dos senhores e dos papas em um estado de ânimo judicial que aceitasse a possibilidade de uma resposta satisfatória, o capitalismo é julgado por juízes que já estão com a sentença de morte no bolso. Vão proferi-la, seja qual for a defesa que ouçam; o único sucesso que uma defesa vitoriosa talvez possa alcançar é uma mudança na acusação. A razão utilitária é, em qualquer caso, frágil para impulsionar uma ação coletiva. Em hipótese alguma pode competir com os determinantes extrarracionais de conduta.

Em segundo lugar, o sucesso da acusação fica bem compreensível quando nos damos conta do que implicaria a aceitação da defesa do capitalismo. Essa defesa, mesmo que fosse muito mais vigorosa do que realmente é, não poderia ser simplificada. Para compreendê-la, o grande público teria de ser dotado de um discernimento e de uma capacidade de análise além do seu alcance. Ora, praticamente todo disparate que já se disse a respeito do capitalismo teve como campeão um economista profissional. No entanto, mesmo desconsiderando isso, o reconhecimento racional do desempenho econômico do capitalismo e das esperanças que nele se pode ter exigiria dos pobres uma façanha moral quase impossível. Essas realizações só se sobressaem quando adotamos uma perspectiva distante; qualquer argumento pró-capitalista deve se apoiar em considerações de longo prazo. Em curto prazo, são os lucros e as ineficiências que dominam a paisagem. Para aceitar o seu destino, o igualitarista ou o cartista de outrora teria de se contentar em ter esperanças para os netos. Para se identificar com o sistema capitalista, o desempregado de hoje teria de esquecer completamente o seu destino pessoal; e o político de hoje, a sua ambição pessoal. Os interesses em longo prazo da sociedade estão tão profundamente incrustados nos estratos superiores da sociedade burguesa que é perfeitamente natural que o povo os considere interesses exclusivos dessa classe. Para as massas, o que importa é a perspectiva a curto prazo. Como Luís XV, elas sentem *après nous le déluge*, e, do ponto de vista do utilitarismo individualista, esse sentimento é, claro está, perfeitamente racional.

Em terceiro lugar, há as inquietudes cotidianas e as expectativas de inquietudes com que todo o mundo tem de lutar em qualquer sistema social: os atritos e as decepções, os fatos desagradáveis maiores ou menores que machucam, incomodam ou frustram. Presumo que cada um de nós está mais ou menos habituado a atribuí-los inteiramente àquela parte da realidade que fica fora da sua pele, e a adesão *emocional* à ordem social – *i.e.*, justamente aquilo que o capitalismo é constitucionalmente incapaz de produzir – é necessária para superar o impulso hostil com que reagimos a eles. Se não houver adesão emocional, esse impulso se desenvolve livremente e acaba se transformando em um elemento permanente da nossa estrutura psíquica.

Em quarto lugar, o padrão de vida cada vez mais elevado e, particularmente, o lazer proporcionado pelo capitalismo moderno ao operário que desfruta de pleno emprego... ora, não tenho necessidade de concluir a sentença ou de elaborar um dos argumentos mais antigos e indigestos e, infelizmente, também mais verdadeiros. O progresso secular que é dado por líquido e certo e unido à insegurança individual agudamente ressentida é, naturalmente, a melhor receita para engendrar a agitação social.

II. A sociologia do intelectual

Não obstante, nem a oportunidade de ataque nem as querelas reais ou simuladas bastam para produzir por si sós uma hostilidade ativa contra a ordem social, por mais que a favoreçam. Para que essa atmosfera se desenvolva, é mister a existência de grupos interessados em incentivar e organizar o ressentimento, em alimentá-lo, expressá-lo e dirigi-lo. Como mostrarei na Parte IV, a massa do povo nunca desenvolve opiniões definidas por iniciativa própria. E é ainda menos capaz de articulá-las e transformá-las em atitudes e ações coerentes. Pode unicamente seguir ou se recusar a seguir a grupo dirigente que se oferecer para liderá-la. Enquanto não descobrirmos os grupos

HOSTILIDADE CRESCENTE

sociais qualificados para desempenhar esse papel, a nossa teoria da atmosfera de hostilidade ao capitalismo ficará incompleta.

Falando em termos genéricos, as condições favoráveis a uma hostilidade geral ou a um ataque específico ao sistema social tendem invariavelmente a fazer com que surjam grupos dispostos a explorá-las. Mas, no caso da sociedade capitalista, convém notar um fato suplementar: ao contrário de qualquer outro tipo de sociedade, o capitalismo cria, educa e subsidia, inevitavelmente e em virtude da própria lógica da sua civilização, um interesse especial pela agitação social.[2] A explicação desse fenômeno, que é tão curioso quanto importante, decorre da nossa argumentação do capítulo 11, mas pode ficar mais reveladora com uma incursão à sociologia do intelectual.

1. Esse tipo não é fácil de definir. A dificuldade está no fato sintomático do caráter da espécie. Os intelectuais não são uma classe social no sentido em que o são os camponeses ou os operários industriais; eles vêm dos quatro cantos do mundo social, e grande parte das suas atividades consiste em se combater reciprocamente e em formar as pontas de lança de interesses de classe que não os seus. Entretanto, desenvolvem atitudes e interesses de grupo suficientemente fortes para levar grande parte deles a se comportar da maneira geralmente associada ao conceito de classes sociais. Uma vez mais, não podem ser definidos simplesmente como a soma total das pessoas com instrução superior; isso obliteraria as características mais importantes do tipo. Contudo, quem a tiver tido – e, salvo casos excepcionais, ninguém que não a teve – é um intelectual potencial; e o fato de a sua mente ser equipada de modo semelhante facilita-lhes a compreensão mútua e estabelece um vínculo. Tampouco atenderia o nosso propósito tornar o conceito equivalente à qualidade de membro das profissões liberais; por exemplo, os médicos ou advogados não são intelectuais no sentido relevante, a não ser que falem ou escrevam sobre temas alheios à sua competência profissional, coisa que, sem

---

2　Todo sistema social é sensível à revolta, e, em todo sistema social instigá-la é um bom negócio em caso de sucesso e, por isso, atrai tanto cérebros quanto músculos. Já era assim nos tempos feudais. Mas os nobres guerreiros que se rebelavam contra os seus superiores atacavam pessoas ou posições individuais. Não atacavam o sistema feudal como tal. E a sociedade feudal como um todo não apresentava tendências a estimular – intencionalmente ou não – ataques contra o seu próprio sistema social.

dúvida, eles fazem com frequência, principalmente os advogados. Todavia, há uma conexão íntima entre os intelectuais e as profissões. Porque *algumas* profissões – especialmente se incluirmos o jornalismo – realmente pertencem quase inteiramente ao domínio do tipo intelectual; os membros de *todas* as profissões liberais têm a oportunidade de vir a ser intelectuais; e muitos intelectuais exercem uma profissão liberal para ganhar a vida. Enfim, uma definição estabelecida em oposição ao trabalho braçal seria excessivamente ampla.[3] No entanto, a fórmula "clã dos escrevinhadores" do duque de Wellington me parece excessivamente restrita.[4] Tanto quanto *hommes de lettres*.

Mas podíamos fazer coisa pior do que seguir o Duque de Ferro. Os intelectuais são, de fato, gente que exerce o poder da palavra falada e escrita, e uma das peculiaridades que os distingue dos outros oradores e escritores é a ausência de responsabilidade direta pelos negócios práticos. Essa característica em geral explica outra: a ausência de conhecimento de primeira mão, o qual só a experiência real pode dar. A terceira característica do intelectual é constituída pela atitude crítica, determinada tanto pela sua situação de expectador – na maior parte dos casos também de *outsider* – quanto pelo fato de a principal chance de ele se impor estar na sua capacidade real ou potencial de incomodar. A profissão do não profissional? Diletantismo profissional? Gente que fala de tudo porque não entende de nada? O jornalista de Bernard Shaw em *The Doctor's Dilemma*? Não, não. Eu não disse isso nem foi isso que quis dizer. Esse tipo de coisa seria mais falso que ofensivo. Desistamos de tentar definir com palavras e procuremos uma definição demonstrativa, "epidíctica": no museu grego, podemos ver o objeto cuidadosamente rotulado. Os sofistas, os filósofos e os retóricos dos séculos v e iv a. C. – por mais que detestassem ser colocados no mesmo saco, pertenciam à mesma espécie – ilustram com primor o que quero dizer. O fato de praticamente todos eles serem professores não afeta em nada o valor da ilustração.

---

3 Para minha tristeza, descobri que o *Oxford English Dictionary* não registra o significado que desejo dar ao termo "intelectual". Apresenta a acepção da expressão "um banquete de intelectuais", mas em conexão com "poderes superiores do intelecto", coisa que aponta para uma direção bem diferente. Fiquei desconcertado, como é natural, mas não consegui descobrir outra palavra que atendesse igualmente bem o meu propósito.

4 A expressão de Duke figura em *The Croker Papers* (ed. L. J. Jennings, 1884).

HOSTILIDADE CRESCENTE

2. Ao analisar a natureza racionalista da civilização capitalista (capítulo 11), observei que o desenvolvimento do pensamento racional naturalmente precedeu em milhares de anos a ascensão da ordem capitalista; do mesmo modo – deixando de lado o mundo greco-romano –, encontramos intelectuais em épocas inteiramente pré-capitalistas, por exemplo, no reino dos francos e nos países nos quais este se dissolveu. Mas eles eram pouco numerosos; quase sempre religiosos, frades na maioria; e só uma parcela infinitesimal da população tinha acesso aos seus trabalhos escritos. Sem dúvida, os indivíduos fortes chegavam, ocasionalmente, a desenvolver pontos de vista inortodoxos e até mesmo a divulgá-los para públicos populares. No entanto, isso implicava antagonizar um ambiente rigorosamente organizado – do qual, ao mesmo tempo, era difícil escapar – e correr o risco de receber o tratamento reservado aos hereges. Mesmo assim, isso era quase impossível sem o apoio ou a conivência de um grande senhor ou chefe militar, como mostra a tática do missionário. No geral, pois, os intelectuais estavam sob controle, e rebelar-se contra a autoridade não era brincadeira, mesmo em tempos de desorganização e licença excepcionais, como durante a peste negra (em 1348 e depois).

Mas, se o mosteiro engendrou o intelectual do mundo medieval, foi o capitalismo que o libertou e lhe deu a imprensa. A lenta evolução do intelectual leigo foi meramente um aspecto desse processo; a coincidência do surgimento do humanismo com o do capitalismo é deveras surpreendente. Os humanistas eram principalmente filólogos, mas – e isso exemplifica bem um ponto mencionado acima – não tardaram a invadir os campos dos costumes, da política, da religião e da filosofia. Isso não se deveu unicamente ao conteúdo das obras clássicas que eles interpretavam juntamente com a gramática: o caminho entre a crítica do texto e a crítica da sociedade é mais curto do que parece. Sem embargo, o intelectual típico não achava a menor graça na ideia da fogueira que continuava à espera do herege. Em regra, tinha muito mais preferência pelas honrarias e o conforto. E tais coisas, afinal, só se obtinham dos príncipes temporais ou espirituais, ainda que os humanistas fossem os primeiros intelectuais a ter um público no sentido moderno. A atitude crítica se fortalecia a cada dia. Mas a crítica *social* – para além da implícita em certos ataques à Igreja Católica e, em particular, ao seu chefe – não floresceu em tais condições.

Não obstante, há mais de uma maneira de receber honrarias e emolumentos. A adulação e a subserviência geralmente são menos rendosas que as suas contrárias. Essa não foi uma descoberta de Aretino, mas nenhum mortal o superou na arte de explorá-la.[5] Carlos v era um bom marido; mas, durante as suas campanhas, que o mantinham muitos meses longe de casa, vivia como um cavalheiro do seu tempo e da sua classe. Pois bem, o público – e o que mais importava a Carlos, a sua imperatriz – não precisava ficar sabendo de nada disso, contanto que os argumentos do tipo e do peso certos fossem devidamente entregues ao grande crítico da política e da moral. Carlos os pagava. Mas acontece que isso não era uma simples chantagem, que geralmente beneficia só uma parte e inflige grandes perdas à outra. Ele sabia por que pagava, posto que, sem dúvida, tivesse a possibilidade de impor o silêncio com métodos mais baratos e drásticos. Carlos nunca manifestou ressentimento. Pelo contrário, até se desviava do seu caminho para honrar o escritor. Obviamente, queria mais do que silêncio e, na realidade, recebia plena contrapartida dos presentes que dava.

3. De certo modo, pois, a pena de Aretino era mais forte que a espada. Mas, por ignorância talvez, não conheço exemplos comparáveis desse tipo nos 150 anos seguintes,[6] durante os quais os intelectuais parecem não ter tido nenhum papel importante fora e independentemente das profissões estabelecidas, principalmente o direito e a Igreja. Ora, esse retrocesso coincide com o retrocesso da evolução capitalista ocorrido na maior parte dos países da Europa continental nesse conturbado período. E os intelectuais participaram da subsequente recuperação da empresa capitalista. O livro menos custoso, o jornal ou panfleto barato, juntamente com a ampliação do público, que em parte resultou dessa queda de preços, mas em parte foi um fenômeno independente devido ao acesso da burguesia industrial à riqueza e à influência e ao aumento incidental da importância política de uma opinião pública anônima – todos esses benefícios, assim como a remoção crescente dos entraves, são subprodutos do sistema capitalista.

---

5 Pietro Aretino, 1492-1556.

6 Na Inglaterra, porém, a extensão e a importância da literatura panfletária aumentaram muito no século xvii.

HOSTILIDADE CRESCENTE

Nos primeiros três quartos do século XVIII, o mecenas individual perdeu vagarosamente a importância capital que tinha inicialmente na carreira do intelectual. Mas, pelo menos nos grandes sucessos, discernimos claramente a relevância crescente do novo elemento: o apoio do mecenas coletivo, o público burguês. Nesse e em todos os outros aspectos, Voltaire é um exemplo valioso. A sua própria superficialidade, que lhe possibilitou abranger tudo, da religião à óptica newtoniana, aliada a uma vitalidade indomável e a uma curiosidade insaciável, a uma ausência perfeita de inibições, a um instinto infalível e a uma aceitação total das tendências do seu tempo, tudo isso permitiu a esse crítico acrítico e poeta e historiador medíocre fascinar – e vender. Ele também especulou, enganou, aceitou regalos e sinecuras, mas sempre manteve a independência alicerçada na sólida base do seu sucesso com o público. Mais instrutiva ainda seria a discussão do caso e do tipo de Rousseau, posto que inteiramente diferentes.

Nos últimos decênios do século XVIII, um episódio impressionante evidenciou a natureza do poder de um intelectual *freelance* que trabalhava exclusivamente com o mecanismo sociopsicológico chamado opinião pública. Aconteceu na Inglaterra, que então era o país mais avançado na rota da evolução capitalista. É bem verdade que os ataques de John Wilkes ao sistema político inglês foram lançados em circunstâncias singularmente favoráveis; ademais, não se pode dizer que ele realmente haja derrubado o governo do conde de Bute, que nunca teve a menor chance e estava fadado a ruir por uma dezena de outros motivos; mas o *North Briton* de Wilkes foi a gota d'água que quebrou a espinha política do lorde Bute. O *North Briton* n. 45 foi a primeira descarga de uma campanha que garantiu a abolição dos mandados de prisão gerais e deu um grande passo rumo à liberdade de imprensa e às eleições. Isso não quer dizer que ele tenha feito história ou criado as condições para a mudança das instituições sociais, mas quer dizer, sim, que desempenhou o papel de uma ajudante de parteira.[7] A incapacidade dos inimigos de Wilkes

---

7 Não temo que algum historiador da política ache que exagerei a importância do sucesso de Wilke. Mas receio a objeção ao fato de tê-lo chamado de *freelance* e à implicação de que ele tudo devia ao coletivo e nada a um mecenas individual. No início, Wilke foi, sem dúvida, incentivado por uma *coterie*. No entanto, creio que um exame mais detido admitirá que isso não teve importância decisiva e que todo o apoio e todo o dinheiro e as honrarias que ele obteve

de neutralizá-lo é o fato mais significativo de todo o episódio. Eles evidentemente tinham sob o seu comando todo o poder de um governo organizado. Mas algo os fez retroceder.

Na França, os anos anteriores à Revolução e a própria Revolução trouxeram o tabloide demagógico (Marat, Desmoulins), que, no entanto e ao contrário dos nossos, não desprezou inteiramente o estilo e a gramática. Mas precisamos nos apressar. O Terror e, mais sistematicamente, o Primeiro Império deram fim a isso. Seguiu-se então um período, interrompido pelo regime do *roi bourgeois*, de repressão mais ou menos enérgica que se prolongou até que o Segundo Império se sentisse obrigado a afrouxar as rédeas – aproximadamente no meado da década de 1860. Na Europa central e meridional, esse período teve mais ou menos a mesma duração, e, na Inglaterra, condições análogas prevaleceram do começo das guerras revolucionárias até a ascensão de Canning ao poder.

4. O fracasso das tentativas de sujeitar os intelectuais – algumas prolongadas e decididas – feitas nesse período por praticamente todos os governos europeus mostra como é impossível deter a maré dentro do arcabouço da sociedade capitalista. A história desses governos não é mais que a repetição, nas mais diferentes versões, da do governo inglês com Wilkes. Na sociedade capitalista – ou em uma sociedade que contenha um elemento capitalista de importância decisiva –, qualquer ataque aos intelectuais esbarra na fortaleza privada das economias burguesas, as quais, ou parte das quais, oferecem proteção aos perseguidos. Além disso, tal ataque deve ser feito em conformidade com os princípios burgueses de procedimento legislativo e administrativo, que, sem dúvida, pode ser dilatado e retorcido, mas impede a perseguição além de certo ponto. O estrato burguês pode aceitar ou até aplaudir a violência fora da lei quando está completamente irritado ou aterrorizado, mas só temporariamente. Em um regime puramente burguês, como o de Luís Filipe, as tropas podem abrir fogo contra os grevistas, mas a polícia não pode prender os intelectuais ou tem de soltá-los imediatamente; do contrário, o estrato burguês, ainda que reprove violentamente alguns dos seus atos, os apoia,

---

depois foram uma consequência e um tributo ao sucesso anterior e a uma posição adquirida independentemente junto ao público.

pois a liberdade que ele reprova não pode ser destruída sem também destruir a liberdade que ele aprova.

Observe-se que não atribuo à burguesia uma dose irrealista de generosidade ou idealismo. Tampouco realço indevidamente o que as pessoas pensam, sentem e querem – sobre cuja importância quase concordo com Marx, se bem que não inteiramente. Ao defender os intelectuais como grupo – claro que não cada indivíduo – a burguesia se defende a si própria e ao seu estilo de vida. Só um governo de natureza e credo não burgueses – nas circunstâncias modernas, só um governo socialista ou fascista – é suficientemente forte para discipliná-los. Para tanto, terá de alterar as instituições tipicamente burguesas e reduzir drasticamente a liberdade individual de *todas* as camadas sociais da nação. E é improvável que semelhante governo respeite as empresas privadas.

Isso explica a relutância e a incapacidade da ordem capitalista de controlar efetivamente o seu setor intelectual. A relutância em questão é a relutância em usar coerentemente métodos incompatíveis com a mentalidade plasmada pelo processo capitalista; a incapacidade é a de fazê-lo no quadro das instituições moldadas pelo processo capitalista e sem se submeter a normas não burguesas. Assim, por um lado, a liberdade de discussão pública que envolva a liberdade de mordiscar os fundamentos da sociedade capitalista é inevitável em longo prazo. Por outro, o grupo intelectual não pode deixar de mordiscá-los, pois vive da crítica e toda a sua posição depende da crítica mordaz; e a crítica das pessoas e dos fatos, em uma situação em que nada é sacrossanto, resulta fatalmente em crítica das classes e das instituições.

5. Algumas pinceladas completarão o quadro moderno. Citemos o aumento dos recursos; a elevação do padrão de vida e de lazer das massas que mudou e ainda está mudando a composição do mecenas coletivo cujos gostos o intelectual tem de atender; o barateamento ainda em curso do livro e do jornal e o conglomerado jornalístico em grande escala;[8] e agora o rádio;

---

8 O surgimento e o crescimento até os nossos dias do conglomerado jornalístico em larga escala ilustram dois pontos que estou ansioso por frisar: os aspectos, relações e efeitos múltiplos de *todo* elemento concreto do sistema social impedem as proposições simples e unilaterais, e a importância de distinguir os fenômenos de curto prazo dos de longo prazo, para os quais proposições diferentes e, às vezes, opostas são verdadeiras. O conglomerado jornalístico de larga escala é, na maior parte dos casos, simplesmente uma empresa capitalista com fins lucrativos.

finalmente, havia e há a tendência à supressão completa das restrições, destruindo constantemente as tentativas de resistência de curto prazo com as quais a sociedade burguesa se revela uma disciplinadora tão incompetente e, às vezes, tão infantil.

Não obstante, há outro fator. Um dos aspectos mais importantes dos estágios tardios da civilização capitalista é a vigorosa expansão do aparato educacional e, particularmente, das instituições de ensino superior. Esse desenvolvimento não era nem é menos inevitável que o desenvolvimento da unidade industrial de larguíssima escala,[9] mas, diferentemente desta, foi e

---

Isso não implica que ele abrace os interesses capitalistas ou de qualquer outra classe. *Pode* abraçá-los, mas só por um ou mais dos seguintes motivos, cuja limitada importância é óbvia: porque é subsidiado por um grupo capitalista justamente para defender os seus interesses ou opiniões – quanto maior for o conglomerado e suas vendas, tanto menor é a importância desse elemento; porque tem a intenção de vender a um público de gostos burgueses – isso, muito importante até 1914, atualmente age em sentido contrário; porque os anunciantes preferem utilizar um meio com que tenham afinidade – mas, na maior parte dos casos, eles encaram essa questão de modo muito pragmático; porque os proprietários fazem questão de certa linha editorial, independentemente do seu interesse nas vendas – até certo ponto, eles o fazem e especialmente o fizeram, mas a experiência ensina que não resistem quando o conflito com os seus interesses pecuniários nas vendas é grave. Em outras palavras, o conglomerado jornalístico em larga escala é um instrumento poderosíssimo para elevar a posição e aumentar a influência do grupo intelectual, mas mesmo agora não está completamente sob o seu controle. Ele significa emprego e um público amplo, mas também significa "amarras". Isso tem importância principalmente em curto prazo; quando luta por mais liberdade para fazer o que quiser, o jornalista individual pode ser derrotado facilmente. Mas esse aspecto de curto prazo – assim como a lembrança de grupo das situações passadas – é o que impregna a mente do intelectual e o que determina as cores do quadro de escravidão e martírio que ele pinta para o público. Na realidade, devia ser um quadro de conquista. Mas, neste e em muitos outros casos, conquista e vitória são um mosaico composto de derrotas.

9 Atualmente, esse desenvolvimento é encarado pela maioria das pessoas do pondo de vista do ideal de tornar as instituições de ensino de todo tipo disponíveis a todos os que se sentem inclinados a usá-las. Esse ideal é mantido com tanto vigor que quaisquer dúvidas a seu respeito são consideradas quase universalmente como nada menos que indecentes, situação que os comentários geralmente fúteis dos dissidentes não contribuem para melhorar. Na realidade, aqui tropeçamos em uma série de problemas extremamente complexos de sociologia da educação e de ideais educativos impossíveis de abordar sem transpor os limites deste esboço. Por isso restringimos o parágrafo acima a duas trivialidades incontestáveis e esquivas que bastam para

HOSTILIDADE CRESCENTE

é fomentado de tal modo pela opinião e a autoridade públicas que avançou muito mais do que teria avançado por impulso próprio. Independentemente do que pensemos desse fenômeno a partir de outros pontos de vista e independentemente da sua causa precisa, várias consequências recaem sobre o tamanho e a atitude do grupo intelectual.

Primeiramente, na medida em que a instrução superior aumenta e, com ela, a oferta de serviços das profissões liberais, quase liberais e de todas as atividades de "colarinho branco" além do ponto determinado por considerações de custo–rendimento da educação, pode surgir um caso particularmente importante de desemprego setorial.

Em segundo lugar, juntamente com esse desemprego ou no lugar dele, ela cria condições de emprego insatisfatórias: emprego em trabalhos de baixo padrão ou com salários inferiores aos dos trabalhadores braçais mais bem pagos.

Terceiro, isso pode criar "inempregabilidade" de um tipo particularmente desconcertante. O indivíduo que passou pela faculdade ou universidade se torna com facilidade psiquicamente inempregável em ocupações braçais sem ter necessariamente adquirido empregabilidade em uma profissão liberal. Esse seu fracasso se deve ou à falta de capacidade natural – perfeitamente compatível com a aprovação nos exames acadêmicos –, ou a deficiências do ensino; e os dois casos passam a ocorrer, absoluta e relativamente, com mais frequência à medida que cada vez mais pessoas são recrutadas para a instrução superior e à medida que a quantidade de ensino requerida aumenta independentemente de quantos professores e acadêmicos a natureza resolveu produzir. Descuidar disso e agir como se as escolas, as faculdades e as universidades fossem mera questão de dinheiro gera consequências tão óbvias que é ocioso insistir nelas. Qualquer um que tenha a ver com seleção de pessoal e seja qualificado para julgar a matéria conhece casos em que, em uma dezena de candidatos a um emprego, todos formalmente qualificados, não se acha um único capaz de exercer a função satisfatoriamente.

Todos os desempregados, os insatisfatoriamente empregados e os inempregáveis se deslocam para as atividades em que os padrões são menos

---

os nossos propósitos. Mas, claro está, elas não solucionam os problemas maiores que temos de deixar de lado e cuja ausência comprova a incompletude da minha exposição.

definidos ou em que têm importância aptidões ou conhecimentos de outro tipo. Eles engrossam a hoste de intelectuais no sentido estrito do termo, cujo número aumenta desproporcionalmente. Entram em um estado mental de insatisfação total. A insatisfação gera ressentimento. E este geralmente se racionaliza na crítica social que, como já vimos, é, em todo caso, a atitude típica do expectador intelectual para com os homens, as classes e as instituições, especialmente em uma civilização racionalista e utilitária. Ora, aqui estão os números; uma situação de grupo bem definida de coloração proletária; e um interesse de grupo a plasmar uma atitude grupal que explica muito mais realisticamente a hostilidade à ordem capitalista do que pode explicar a teoria – ela própria uma racionalização no sentido psicológico – segundo a qual a virtuosa indignação do intelectual com os males do capitalismo simplesmente representa a inferência lógica de fatos ultrajantes e não é melhor que a teoria dos amantes que pretendem que os seus sentimentos são a consequência lógica das virtudes do ser amado.[10] Além disso, a nossa teoria também explica o fato de essa hostilidade aumentar, em vez de diminuir, com cada realização da evolução capitalista.

Naturalmente, a hostilidade do grupo intelectual – que chega a ser a reprovação moral da ordem capitalista – é uma coisa; e a atmosfera geral hostil que cerca o sistema capitalista, outra. Esta é o fenômeno realmente significativo; e, não sendo simplesmente o produto daquela, flui em parte de fontes independentes, algumas das quais foram mencionadas acima; à medida que o faz, é a matéria-prima com a qual o grupo intelectual trabalha. Entre as duas, há relações de toma lá dá cá que a escassez de espaço me impede de elucidar. Todavia, os contornos gerais de semelhante análise são suficientemente óbvios, e creio que basta repetir que o papel do grupo intelectual consiste principalmente em estimular, dar-lhe energia e expressão verbal e organizar o material constituído pelos descontentes e só secundariamente em lhe acrescentar algo. Alguns aspectos particulares ilustram o princípio.

---

10 O leitor há de observar que essas teorias seriam irrealistas mesmo que os fatos do capitalismo ou as virtudes do bem-amado fossem de fato aquilo que a crítica social ou o amante acredita que são. Também convém notar que, na esmagadora maioria dos casos, tanto os críticos quanto os amantes são obviamente sinceros; em regra, nem o mecanismo psicossociológico nem o psicofísico entra na ribalta do ego, a não ser mascarado de sublimação.

HOSTILIDADE CRESCENTE

6. A evolução capitalista produz um movimento operário que, obviamente, não é criação do grupo intelectual. Mas não surpreende que o movimento e o demiurgo intelectual se encontrem. O sindicalismo nunca desejou liderança intelectual, mas os intelectuais invadiram a política sindical. E tinham uma importante contribuição a fazer: verbalizaram o movimento, forneceram-lhe teorias e *slogans* – guerra de classes é um ótimo exemplo –, deram-lhe autoconsciência e, ao fazê-lo, modificaram-lhe o significado. Ao executar essa tarefa a partir do seu ponto de vista, eles naturalmente o radicalizaram e, enfim, imprimiram uma tendência revolucionária às práticas sindicais mais burguesas, tendência que a maioria dos dirigentes não intelectuais ressentiram muito no início. Mas havia outro motivo para isso. Ao escutar o intelectual, o operário tem quase invariavelmente consciência de um abismo intransponível ou mesmo de uma rematada desconfiança. Para dominá-lo e competir com as lideranças não intelectuais, o intelectual é levado a tomar rumos inteiramente desnecessários para aquelas, que podem se dar ao luxo de falar sem reservas. Carecendo de autoridade genuína e sempre correndo o risco de que o mandem não se meter com o que não é da sua conta, o intelectual é obrigado a adular, prometer e incitar; a alimentar alas esquerdistas e minorias ressentidas, a defender casos duvidosos e submarginais, a apelar para o extremismo, a se declarar disposto a obedecer; em suma: é obrigado a se comportar com as massas exatamente como os seus predecessores se comportavam primeiramente com os superiores eclesiásticos, depois com os príncipes e os outros protetores individuais e, mais recentemente, com o senhor coletivo de compleição burguesa.[11] Assim, conquanto não tenham criado o movimento operário, os intelectuais o transformaram em algo substancialmente diferente do que seria sem eles.

A atmosfera social, para cuja teoria vimos acumulando pedras e cimento, explica por que a política pública se mostra cada vez mais hostil aos interesses capitalistas, a ponto de enfim se recusar por princípio a levar em conta as exigências do regime capitalista e de se tornar um grave obstáculo ao seu funcionamento. Entretanto, as atividades do grupo intelectual têm com a política anticapitalista uma relação mais direta do que se deduz da sua participação

---

11 Tudo isso será ilustrado e mais desenvolvido na Parte v.

na formulação dessa política. Os intelectuais raramente se tornam políticos profissionais e mais raramente ainda ocupam cargos de responsabilidade. Em compensação, trabalham nos politburos, escrevem panfletos e discursos partidários, atuam como secretários e conselheiros, criam a reputação jornalística do político individual, que, embora não seja tudo, pouca gente pode se dar ao luxo de abrir mão dela. Fazendo tais coisas, eles imprimem até certo ponto a sua mentalidade a quase tudo que se faz.

A influência efetivamente exercida varia muito, conforme a situação do jogo político, desde a mera formulação até a viabilização ou inviabilização política de uma medida. Mas sempre há muito campo de ação para ela. Quando dizemos que os políticos e os partidos individuais são expoentes de interesses de classe, estamos, na melhor das hipóteses, enfatizando só a metade da verdade. A outra metade, tão importante quanto ou até mais, se evidencia quando consideramos que a política é uma profissão que envolve interesses próprios – interesses que podem colidir ou coincidir com os dos grupos "representados" por um homem ou um partido.[12] A opinião individual e a partidária são, mais que qualquer outra coisa, sensíveis aos fatores da situação política que afetam diretamente a carreira ou a posição do indivíduo ou partido. Alguns deles são controlados pelo grupo intelectual mais ou menos do mesmo modo que o código moral de uma época que exalta a causa de alguns interesses e relega a dos outros tacitamente ao esquecimento.

Por fim, a atmosfera social ou código de valores afeta não só as políticas – o espírito da legislação –, como também a prática administrativa. Porém, uma vez mais, também há uma relação mais direta entre o grupo intelectual e a burocracia. As burocracias da Europa são de origem pré-capitalista e extracapitalista. Entretanto, por mais que a sua composição tenha mudado no transcorrer dos séculos, elas nunca se identificaram totalmente com as burguesias, os seus interesses ou o seu esquema de valores, e nunca viram nela muito mais do que um ativo a ser administrado no interesse do monarca ou da nação. Com exceção de certas inibições devidas à sua capacitação e

---

12 Isso, naturalmente, também se aplica aos próprios intelectuais com relação à sua classe de origem ou à que eles pertencem econômica e culturalmente. Retomaremos essa questão no capítulo 23.

experiência profissionais, os burocratas estão, pois, expostos a uma conversão pelo intelectual moderno, com o qual, por meio de uma educação parecida, têm muito em comum,[13] ao passo que o espírito de casta dos funcionários públicos, que em muitos casos erguia uma barreira entre eles e os intelectuais, desapareceu nas últimas décadas. Ademais, nas épocas de rápida expansão da esfera da administração pública, grande parte do pessoal adicional requerido tem de ser recrutada diretamente no grupo intelectual – como mostra o caso dos Estados Unidos.

---

13 Para exemplos, cf. cap. 26.

14

DECOMPOSIÇÃO

I. Confrontados com a hostilidade crescente do meio ambiente e com as práticas legislativa, administrativa e judicial oriundas dessa hostilidade, os empresários e capitalistas – aliás, todo o estrato que aceita a forma de vida burguesa – finalmente acabam deixando de atuar. Os seus objetivos normais passam rapidamente a ser inatingíveis; e o seu esforço, fútil. A mais glamorosa dessas metas burguesas, a fundação de uma dinastia industrial, já se tornou inatingível na maioria dos países, e mesmo as mais modestas são tão difíceis de alcançar que tendem a deixar de ser consideradas dignas da luta à medida que se percebe mais nitidamente a persistência dessas condições hostis.

Tendo em conta o papel da motivação burguesa na explicação da história da economia dos últimos dois ou três séculos, a sua asfixia pelas reações desfavoráveis da sociedade ou a sua fragilização pelo desuso constitui-se, sem dúvida, em um fator adequado para explicar o fracasso do processo capitalista – desde que o observemos como um fenômeno permanente – e muito mais relevante que qualquer um dos apresentados pela teoria do desaparecimento da oportunidade de investimento. De modo que é interessante observar que aquela motivação não só é ameaçada por forças externas à mentalidade burguesa, como também tende a desaparecer devido a causas internas. Naturalmente, há uma estreita interdependência entre as duas ordens de fatores. Mas não podemos chegar ao verdadeiro diagnóstico se não tentarmos destrinçá-las.

Já nos ocupamos de uma dessas "causas internas". Eu a denominei "eva poração da substância da propriedade". Vimos que, normalmente, o homem de negócios moderno, seja o empresário, seja o administrador, é do tipo executivo. Da lógica da sua posição, ele adquire algo da psicologia do empregado assalariado em atividade em uma organização burocrática. Sendo ele acionista ou não, a sua vontade de lutar e de resistir não é nem pode ser igual à do homem que conhecia a propriedade e as suas responsabilidades no sentido mais pleno dessas palavras. Seu sistema de valores e sua concepção de dever passam por uma mudança profunda. É claro que os meros acionistas já não têm a menor importância – independentemente da redução da sua participação pelo Estado regulador e tributador. Assim, o conglomerado moderno, mesmo sendo produto do processo capitalista, socializa a mentalidade burguesa; estreita implacavelmente o escopo da motivação capitalista; e, ademais, enfim mata as suas raízes.[1]

2. Não obstante, há outra "causa interna" ainda mais importante: a desintegração da família burguesa. Os fatos a que aludo são demasiado conhecidos para precisar de explicação minuciosa. Para os homens e as mulheres das sociedades capitalistas modernas, a vida familiar e a paternidade significam menos do que significavam outrora e, por isso, são modeladoras de comportamento menos profundas; o filho ou a filha rebelde que professa desprezo pelos padrões "vitorianos" expressa, ainda que incorretamente, uma verdade inegável. O peso desses fatos não fica prejudicado pela nossa incapacidade de mensurá-los estatisticamente. A taxa de nupcialidade nada prova, pois a palavra casamento abrange tantos significados sociológicos quando o termo propriedade, e o tipo de aliança que costumava se formar

---

[1] Muitos negam isso. E o fazem porque derivam a sua impressão do passado e dos *slogans* gerados pela história quando a grande transformação institucional operada pela grande sociedade anônima ainda não se havia manifestado. Também é possível que eles pensem no espaço que a manipulação das sociedades anônimas costumava dar à satisfação ilegal das ambições capitalistas. Mas isso joga água no meu moinho: o fato de, nas sociedades anônimas, o ganho pessoal – à parte salário e gratificações – só poder ser obtido mediante práticas ilegais ou semi-ilegais mostra exatamente que a ideia estrutural dessas sociedades se opõe a isso.

pelo contrato de casamento pode desaparecer completamente sem nenhuma alteração na construção jurídica ou na frequência do contrato. Tampouco a taxa de divórcio é mais significativa. Não importa quantos casamentos se dissolvem por decisão judicial: o que importa é o número de uniões que carecem do conteúdo essencial do modelo antigo. Se, na nossa era estatística, os leitores fizerem questão de uma mensura estatística, a proporção de casamentos sem filhos ou com filho único, posto que ainda inadequado para quantificar o fenômeno a que me refiro, pode se aproximar tanto quanto esperamos de indicar a sua importância numérica. Atualmente, o fenômeno se estende a mais ou menos todas as classes. Mas surgiu primeiramente no estrato burguês (e intelectual) e, para os nossos fins, é inteiramente nessa classe que reside o seu valor sintomático e também causal. O fenômeno é totalmente atribuível à racionalização de tudo na vida, que, como vimos, é um dos efeitos da evolução capitalista. Aliás, é um dos resultados da passagem da racionalização para a esfera da vida privada. Todos os outros fatores geralmente citados à guisa de explicação podem se reduzir prontamente a esse.

Tão logo homens e mulheres aprendem a lição utilitária e se recusam a aceitar a vigência das convenções tradicionais para eles criadas pelo meio social; tão logo adquirem o hábito de ponderar as vantagens e desvantagens de qualquer curso de ação plausível – ou, como também se pode dizer, tão logo introduzem na vida privada uma espécie de sistema inarticulado de contabilidade de custos –, eles não podem deixar de ter consciência dos pesados sacrifícios pessoais impostos, nas circunstâncias atuais, pelos vínculos familiares, especialmente pelo da paternidade e, ao mesmo tempo, do fato, salvo no caso dos agricultores e camponeses, de os filhos terem deixado de ser um ativo econômico. Esses sacrifícios não consistem somente nos itens mensuráveis pela régua monetária, também incluem uma quantidade enorme de perda de conforto, de sossego, de oportunidade de desfrutar alternativas cada vez mais atraentes e variadas – alternativas a serem comparadas com as alegrias da paternidade, que vêm sendo submetidas a uma análise crítica cada vez mais rigorosa. Longe de ser fragilizada, a consequência disso é fortalecida pelo fato de o balanço das vantagens e desvantagens estar provavelmente incompleto, talvez mesmo redondamente equivocado. Porque o maior ativo, a contribuição feita pela paternidade para a saúde física e moral – para a "normalidade", pode-se dizer –, particularmente no caso das mulheres, escapa quase invaria-velmente ao foco racional dos indivíduos modernos que, tanto na vida priva-da quanto na pública, tende a centrar a atenção em detalhes verificáveis de relevância utilitária imediata e a zombar da ideia de necessidades ocultas da natureza humana ou do organismo social. O ponto que desejo frisar está, creio eu, claro sem necessidade de mais explicação. Pode ser resumido na pergunta que se apresenta tão claramente no espírito de muitos pais ou mães poten-ciais: "Por que sacrificar as nossas ambições e empobrecer a nossa vida para ser insultados e desprezados na velhice?".

Ao mesmo tempo que o processo capitalista, em virtude da atitude psi-cológica que cria, esfuma progressivamente os valores da vida familiar e elimi-na as inibições de consciência que a antiga tradição moral poria no caminho de uma forma diferente de vida, ele fomenta novos gostos. No tocante à infecun-didade voluntária, a criatividade capitalista produz anticonceptivos cada vez mais eficazes que superam a resistência do mais forte dos impulsos humanos. No tocante ao estilo de vida, a evolução capitalista diminui a desejabilidade do lar familiar burguês e cria alternativas a ele. Acima chamei a atenção para a evaporação da propriedade industrial; agora me cabe chamá-la para a eva-poração da propriedade dos bens de consumo.

Até os últimos decênios do século XIX, a casa urbana e a casa de cam-po eram, em toda parte, não só os recantos agradáveis e convenientes da vida privada das classes abastadas, como também indispensáveis. Tanto a hospi-talidade em qualquer escala e em qualquer estilo como o próprio conforto, a dignidade, o repouso e a sofisticação da família dependiam da possessão de um *foyer* provido dos empregados domésticos adequados. Assim, a organização condensada na palavra "lar" era aceita como natural pela média dos homens e mulheres de *status* burguês, exatamente como se consideravam naturais o casamento e os filhos: a "fundação de uma família".

Atualmente, por um lado, as amenidades do lar burguês estão ficando menos óbvias do que o seu ônus. Aos olhos críticos de uma época crítica, é provável que ele seja visto sobretudo como uma fonte de aborrecimentos e despesas que raramente conseguem se justificar. Isso seria assim independen-temente dos impostos, dos salários e das atitudes do estafe doméstico moder-nos, os quais são resultados típicos do processo capitalista e, naturalmente,

DECOMPOSIÇÃO

reforçam muito a má vontade para com um modo de vida que, no futuro próximo, será quase universalmente reconhecido como antiquado e antieconômico. Nesse aspecto, como em outros, estamos vivendo uma fase transitória. A família burguesa média tende a reduzir as dificuldades de administrar a enorme casa urbana e a não menos espaçosa casa de campo, substituindo-as por estabelecimentos pequenos e mecanizados e pelo máximo de serviço externo e vida externa, transferindo a hospitalidade para o restaurante ou o clube.

Por outro lado, o lar do tipo antigo já não é um requisito indispensável da vida confortável e refinada na esfera burguesa. O prédio de apartamentos e o hotel residencial representam um tipo racionalizado de moradia e outro estilo de vida que, quando estiver plenamente desenvolvido, atenderá, sem dúvida, a nova situação e suprirá todos os acessórios de conforto e requinte. Decerto, nem esse estilo nem a sua concha estão plenamente desenvolvidos em parte alguma e, por ora, só oferecem vantagem no custo se levarmos em conta os incômodos e inconvenientes inerentes à administração de um lar moderno. Mas já oferecem outras vantagens: a facilidade do uso pleno da grande variedade de distrações modernas, do viajar, da mobilidade rápida, da possibilidade de transferir a carga das coisinhas miúdas da existência para os musculosos ombros dos serviços altamente especializados.

É fácil ver que, nos estratos superiores da sociedade capitalista, isso por sua vez é relevante para os problemas dos filhos. Uma vez mais, há interação: o desaparecimento do lar espaçoso – o único em que se pode desdobrar a rica existência de uma família numerosa – e o atrito crescente com que ela funciona constituem-se em mais um motivo para evitar as preocupações da paternidade;[2] mas o declínio do desejo de procriar torna menos desejável a casa ampla.

Já disse que, por enquanto, o novo estilo de vida burguesa não oferece nenhuma vantagem decisiva em termos de custo. Mas isso se refere apenas aos custos correntes da satisfação das necessidades da vida privada. Quanto às despesas gerais, mesmo a vantagem puramente pecuniária já é óbvia. E, à medida que os gastos com os elementos mais duráveis da vida familiar – especialmente a casa, os quadros, a mobília – costumavam ser financiados principalmente

---

2 Em parte, as relações modernas entre pais e filhos são naturalmente condicionadas pela desintegração dessa sólida estrutura da vida familiar.

com as rendas anteriores, podemos dizer que o processo reduz drasticamente a necessidade de acumulação de "capital de bens de consumo". É claro que isso não significa que, atualmente, a demanda de "capital de bens de consumo" seja menor do que era, ainda que relativamente; a demanda crescente de bens de consumo duráveis por parte das rendas pequena e média mais do que contrabalança esse efeito. Mas significa, no que diz respeito ao componente hedonista do padrão de motivos aquisitivos, que a desejabilidade das rendas superiores a certo nível diminuiu. Para se convencer disso, basta o leitor visualizar a situação com espírito totalmente prático; o homem ou casal bem-sucedido ou o homem ou casal da "sociedade" que pode pagar a melhor acomodação disponível em hotel, navio e trem e os objetos de consumo e uso pessoal da melhor qualidade disponível – os quais provêm cada vez mais da esteira rolante da produção em série – terá,[3] sendo as coisas o que são, tudo quanto ele deseja *para si* com certa intensidade. E é fácil ver que um orçamento estabelecido sobre essas bases é muito inferior ao correspondente às exigências de um estilo de vida "senhorial".

3. Para saber o que tudo isso significa para a eficiência do sistema capitalista, basta lembrar que a família e o lar familiar costumavam ser a mola propulsora da motivação do lucro tipicamente burguês. Nem sempre os economistas deram a devida importância a esse fato. Quando examinamos mais detidamente a sua ideia de interesse próprio dos empresários e capitalistas, não podemos deixar de constatar que o resultado que esse interesse supostamente devia produzir não coincidia absolutamente com o que era de esperar do interesse próprio racional dos indivíduos isolados ou dos casais sem filhos que já não olham para o mundo pelas janelas de um lar familiar. Consciente ou inconscientemente, esses economistas analisaram o comportamento do homem cujas opiniões e motivações são plasmados por tal lar e que pensa em trabalhar e poupar principalmente para a esposa *e os filhos*. Quando essas motivações se esvanecem na visão moral do homem de negócios, surge diante de

---

3 O efeito sobre o orçamento do consumidor da disponibilidade crescente de artigos produzidos em massa se acentua com a diferença de preço entre eles e os artigos correspondentes feitos por encomenda, que aumenta em virtude da elevação dos salários *pari passu* com o declínio da desejabilidade relativa destes; o processo capitalista democratiza o consumo.

nós um tipo diferente de *homo oeconomicus*, que se interessa por coisas diferentes e age de modo diferente. Para ele e do ponto de vista do seu utilitarismo individualista, o comportamento do tipo antigo seria, de fato, completamente irracional. Ele perde o único tipo de romantismo e heroísmo que resta na civilização antirromântica e anti-heroica do capitalismo: o heroísmo do *navigare necesse est, vivere non necesse est.*[4] E perde a ética capitalista que exorta ao trabalho para o futuro, independentemente de colher ou não os seus frutos.

O último ponto pode ser expresso de modo mais revelador. No capítulo anterior, observou-se que a ordem capitalista confia os interesses de longo prazo da sociedade aos estratos superiores da burguesia. Na realidade, confia-os à motivação familiar inerente a esses estratos. A burguesia trabalhava primordialmente para investir, e era menos pelo padrão de consumo que pelo padrão de acumulação que lutava, tentando defendê-lo dos governos movidos por considerações de curto prazo.[5] Com o declínio da força propulsora fornecida pela motivação familiar, o horizonte temporal do homem de negócios fica reduzido, aproximadamente, à sua expectativa de vida. E agora é possível que ele se mostre menos disposto que antes a exercer a função de ganhar, poupar e investir, mesmo que não tenha por que temer que o resultado só sirva para inflar os impostos a pagar. Adota uma mentalidade hostil à poupança e aceita cada vez mais facilmente as *teorias* antipoupança características de uma *filosofia* de curto prazo.

Mas o homem de negócios não se limita a aceitar tais teorias. Tomando uma atitude diferente para com a empresa em que trabalha e adotando um programa de vida privada diferente, ele tende a adquirir uma visão diferente dos valores e padrões da ordem de coisas capitalista. A característica mais surpreendente do quadro é, talvez, a extensão em que a burguesia, além de educar os seus próprios inimigos, se deixa educar por eles. Ela absorve os *slogans* do radicalismo em voga e parece bastante disposta a passar por um processo de conversão a um credo hostil à sua própria existência. Vacilante e de

---

4 "Navegar é preciso, viver não é preciso". Inscrição em uma velha casa de Bremen.

5 Dizem que, em matéria econômica, "o Estado pode adotar o ponto de vista do prazo mais longo". Mas, salvo em certas matérias alheias à política partidária, como a conservação dos recursos naturais, ele dificilmente o adota.

má vontade, resigna-se parcialmente com as implicações desse credo. Isso seria deveras surpreendente e difícil de explicar, não fosse o fato de o burguês típico estar perdendo rapidamente a fé no seu próprio credo. E isso, por sua vez, se torna plenamente compreensível quando nos damos contas do lento desaparecimento das condições sociais que originaram esse credo.

A própria maneira característica como os interesses capitalistas específicos e a burguesia como um todo se comportam ao enfrentar um ataque direto confirma essa tese. Eles falam e argumentam – ou contratam quem fale e argumente por eles; agarram-se a toda chance de acomodação; estão sempre dispostos a ceder; jamais travam combate sob a bandeira dos seus próprios ideais e interesses – em parte alguma dos Estados Unidos houve resistência real à imposição de encargos financeiros massacrantes durante a década passada nem à legislação trabalhista incompatível com a administração eficaz da indústria. Ora, como o leitor certamente há de saber agora, estou longe de superestimar o poder político da grande empresa ou da burguesia em geral. E, além disso, me disponho a fazer grandes concessões à covardia. Porém, mesmo assim, até agora não lhes faltaram meios de defesa, e a história está repleta de exemplos de triunfo de pequenos grupos que, acreditando na sua causa, se empenharam em lutar até o fim. A única explicação para tanta docilidade é que a ordem burguesa já não tem sentido para a própria burguesia e que, portanto, pouco importa quando tudo se diz e nada se faz.

Assim, o mesmo processo econômico que solapa a posição da burguesia diminuindo a importância das funções dos empresários e capitalistas, desfazendo-se dos estratos e das instituições protetores e criando uma atmosfera de hostilidade também decompõe por dentro as forças motoras do capitalismo. Nada mostra tão bem que a ordem capitalista não só se apoia em pilares feitos de material extracapitalista, como também deriva a sua energia de padrões de comportamento extracapitalistas que, ao mesmo tempo, ela está fadada a destruir.

Redescobrimos aquilo que, a partir de diferentes pontos de vista e, segundo me parece, arrimado em bases inadequadas, já foi descoberto várias vezes: o sistema capitalista tem uma tendência inerente à autodestruição que, nos estágios iniciais, pode perfeitamente se manifestar como uma tendência a retardar o progresso.

Não vou me deter para reiterar que os fatores objetivos e subjetivos, econômicos e extraeconômicos, reforçando-se mutuamente em um imponente concerto, contribuem para esse resultado. Tampouco vou me demorar a mostrar o que já deve ser óbvio e ficará ainda mais óbvio nos capítulos subsequentes, a saber, que esses fatores engendram não só a destruição da civilização capitalista, como o surgimento da socialista. Todos eles apontam para essa direção. O processo capitalista não só destrói o seu arcabouço institucional, como cria as condições para outro. Destruição pode não ser a palavra certa afinal. Talvez eu deva falar em transformação. O resultado do processo não é simplesmente um vazio que se possa preencher com o que quer que venha a dar as caras; as coisas e as almas se transformam de modo a se tornarem cada vez mais propensas à forma de vida socialista. Com cada ponto de apoio que se retira da base da estrutura capitalista, desaparece uma impossibilidade do plano socialista. A *visão* de Marx estava correta nesses dois aspectos. Também podemos concordar com ele em vincular a transformação social específica que estamos presenciando a um processo econômico que funciona como o seu motor principal. Afinal, aquilo que a nossa análise, se estiver correta, refuta é de importância secundária, por essencial que seja o seu papel no credo socialista. No fim, não há tanta diferença como se pode imaginar entre dizer que o crepúsculo do capitalismo se deve ao seu sucesso ou dizer que se deve ao seu fracasso.

Mas a nossa resposta à pergunta que serve de título a esta parte coloca muito mais problemas do que os resolve. Considerando o que se segue neste livro, o leitor não deve perder de vista:

Primeiramente, que, até aqui, nada sabemos do tipo de socialismo que porventura surgirá no futuro. Para Marx e para a maior parte dos seus seguidores – e essa é uma das piores deficiências da sua doutrina –, o socialismo significava uma coisa muito bem definida. Mas ocorre que essa definidade não vai além da noção de nacionalização da indústria, e, com esta, pode-se considerar compatível com uma enorme variedade de possibilidades econômicas e culturais.

Em segundo lugar, que até agora tampouco sabemos ao certo o modo pelo qual se deve esperar que o socialismo chegue, mas que há uma grande quantidade de possibilidades que vão desde a burocratização gradual até a mais pitoresca revolução. Falando em termos rigorosos, não sabemos sequer se o socialismo virá para ficar. Repetindo: perceber uma tendência e visualizar o seu objetivo é uma coisa, e prever que esse objetivo será deveras atingido e que o estado de coisas resultante será viável e até permanente é outra muito diferente. Antes de se asfixiar (ou se deleitar) na masmorra (ou no paraíso) do socialismo, a humanidade pode muito bem se consumir nos horrores (ou nas glórias) das guerras imperialistas.[6]

Em terceiro lugar, que os vários componentes da tendência que estamos tentando descrever, posto que discerníveis em toda parte, não se revelaram completamente até agora. As coisas progrediram em escalas diferentes nos diversos países, mas em nenhum deles avançaram a ponto de nos autorizar a dizer com segurança até onde elas vão precisamente ou a afirmar que a sua "tendência subjacente" se fortaleceu muito para estar sujeita a algo mais grave que retrocessos temporários. A integração industrial está longe de se completar. A concorrência, real e potencial, ainda é um fator relevante em qualquer situação econômica. A empresa continua ativa, a liderança do grupo burguês segue sendo a força motriz do processo econômico. A classe média ainda é uma potência política. As normas e as motivações burguesas, embora cada vez mais debilitadas, continuam vivas. A sobrevivência das tradições – e a propriedade familiar de carteiras de ações majoritárias – ainda faz com que muitos executivos se comportem como o gerente–proprietário de outrora. A família burguesa não pereceu; aliás, apega-se à vida com tanta tenacidade que, até agora, nenhum político responsável ousou tocá-la por nenhum método que não o da tributação. Tanto do ponto de vista da prática imediata quanto para fins de uma previsão em curto prazo – e nessas coisas um século é um "curto prazo" –,[7] todos esses fenômenos de superfície podem ser mais importantes que a tendência a outra civilização que trabalha vagarosamente nas profundezas.

---

6 Escrito no verão de 1935.

7 Eis porque os fatos e argumentos apresentados neste e nos dois capítulos anteriores não invalidam o meu raciocínio a respeito dos possíveis resultados econômicos de mais de cinquenta anos de evolução capitalista. A década de 1930 pode perfeitamente ter sido o derradeiro suspiro do capitalismo – naturalmente, a guerra atual aumenta muito a probabilidade de que tenha sido. Mas repito que não foi. Em todo caso, não há razões *puramente econômicas* que impeçam o capitalismo de transpor com sucesso uma nova etapa, e essa é a única coisa que quis demonstrar.

PARTE III
O CAPITALISMO PODE FUNCIONAR?

15

DESOBSTRUINDO O TERRENO

O SOCIALISMO É VIÁVEL? Claro que é. Não podemos duvidar disso se presumirmos, primeiramente, que se tenha chegado à necessária etapa de desenvolvimento industrial e, em segundo lugar, que os problemas transicionais sejam resolvidos com sucesso. Naturalmente, nada impede que nos sintamos bem apreensivos com essas suposições ou com questões sobre a possibilidade de esperar que a forma socialista de sociedade seja democrática, e sobre a probabilidade de ela, democrática ou não, funcionar bem. Discutiremos tudo isso mais adiante. Mas, se aceitarmos aquelas suposições e descartarmos estas dúvidas, a resposta às perguntas restantes é claramente sim.

Antes de tentar provar isso, gostaria de arredar alguns obstáculos do caminho. Até aqui, fomos um tanto displicentes com certas definições e agora devemos corrigir isso. Vislumbraremos apenas dois tipos de sociedade e só incidentalmente mencionaremos outros. Esses tipos, nós os chamaremos de mercantil e socialista.

Define-se sociedade mercantil por um modelo institucional do qual nos basta mencionar dois elementos: a propriedade privada dos meios de produção e a regulação do processo produtivo por contrato (ou administração ou inciativa) privado. Entretanto, esse tipo de sociedade não é em regra puramente burguês. Porque, como vimos na Parte II, uma burguesia industrial e comercial geralmente não é capaz de existir senão em simbiose com um estrato não burguês. Tampouco a sociedade mercantil é idêntica à sociedade capitalista. Esta, um caso especial daquela, define-se pelo fenômeno adicional da criação do crédito: pela prática, responsável por muitas características distintivas da vida econômica moderna, de financiar as empresas com créditos bancários, *i.e.*, com dinheiro (notas ou depósitos) manufaturado para esse fim. Mas, como a sociedade mercantil, enquanto uma alternativa ao socialismo, na prática sempre aparece na forma particular de capitalismo, não faz grande diferença se o leitor preferir manter o contraste tradicional entre capitalismo e socialismo.

Por sociedade socialista, designaremos um modelo institucional em que o controle dos meios de produção e da própria produção é exercido por uma autoridade central – ou, dito de outro modo, no qual, por questão de princípio, os assuntos econômicos da sociedade pertencem à esfera pública, não à privada. Já se chamou o socialismo de Proteu intelectual. Há muitas maneiras de defini-lo – ou seja, muitas maneiras aceitáveis, à parte as tolas como a que diz que socialismo significa pão para todos –, e a nossa não é necessariamente a melhor. Mas há nela alguns pontos que convém levar em conta, mesmo arriscando ser tachado de detalhista.

A nossa definição exclui o socialismo gremial, o sindicalismo e outros tipos. Isso porque aquele que podemos chamar de socialismo centralista se mostra, no meu entender, tão superior aos demais que seria perda de tempo considerar as outras formas. Mas, se adotarmos esse termo para indicar o único tipo de socialismo que vamos ter em conta, precisamos ser cautelosos para evitar um mal-entendido. O termo socialismo centralista é empregado unicamente com a intenção de excluir a existência de uma pluralidade de unidades de controle, de modo que cada uma, em princípio, represente um interesse próprio diferente, particularmente a existência de uma pluralidade de setores territoriais autônomos que acabariam reproduzindo os antagonismos da sociedade capitalista. Essa exclusão dos interesses setoriais pode perfeitamente ser considerada irrealista. Mas ela é essencial.

Sem embargo, a nossa expressão não pretende sugerir centralismo nem no sentido de que a autoridade central, que chamaremos alternativamente de "conselho central" ou "ministério da produção", seja necessariamente absoluta nem no sentido de que toda a iniciativa de caráter executivo parta exclusivamente dela. No que ser refere ao primeiro ponto, o conselho ou ministério pode ser obrigado a submeter o seu plano a um congresso ou parlamento. Também é possível que exista uma autoridade supervisora e de controle – uma espécie de *cours des comptes* que tenha até mesmo o poder de vetar determinadas decisões. No tocante ao segundo ponto, deve-se dar certa liberdade de ação e se pode dar uma liberdade quase ilimitada aos "homens-chave", por exemplo, aos gestores das indústrias ou fábricas individuais. Por ora, vou fazer a temerária suposição de que já se encontrou experimentalmente e, aliás, já se outorgou a quantidade racional de liberdade, de modo que a eficiência não está à mercê nem das ambições desenfreadas dos subordinados nem do acúmulo de relatórios e perguntas sem resposta na escrivaninha do ministro – nem das ordens dadas por este que lembrem as diretivas de Mark Twain sobre a colheita de batatas.

Não defini separadamente coletivismo nem comunismo. Não usarei de modo algum aquele termo e recorrerei a este só incidentalmente com referência a grupos assim autointitulados. Mas, se tivesse de usá-los, eu os consideraria como sinônimos de socialismo. Analisando o uso histórico, a maioria dos escritores tentou dar-lhes significados diferentes. É verdade que o termo comunista tem sido escolhido muito coerentemente para denotar ideias mais enérgicas e radicais do que as outras. Por outro lado, um dos documentos clássicos do socialismo se intitula *Manifesto "comunista"*. E a diferença de princípio nunca foi fundamental – a existente não é menos pronunciada dentro do campo socialista do que entre ele e o campo comunista. Os bolcheviques se dizem comunistas e, ao mesmo tempo, os verdadeiros e únicos socialistas. Únicos e verdadeiros ou não, eles certamente são socialistas.

Evito as expressões possessão ou propriedade estatal de recursos naturais, fábricas e equipamento. Esse ponto tem certa importância na metodologia das ciências sociais. Sem dúvida, há conceitos que não guardam relação com nenhum período ou mundo social particular, como, por exemplo, necessidade, escolha ou bem econômico. Outros, porém, embora tenham tal relação no seu significado cotidiano, são refinados pelo analista a ponto de perdê-la.

Preço e custo podem servir de exemplos.[1] Mas ainda há outros que, em virtude da sua natureza, não toleram transplante e conservam eternamente o sabor de determinado arcabouço institucional. É perigosíssimo e, aliás, chegaria a ser uma distorção do relato histórico usá-los fora do mundo ou cultura social que eles habitam. Ora, a possessão ou a propriedade – também a tributação, creio eu – são habitantes do universo da sociedade mercantil, exatamente como os cavaleiros e os feudos o são do mundo feudal.

O mesmo vale para o Estado. Podemos, naturalmente, defini-lo pelo critério da soberania e então falar em um Estado socialista. Mas, para que o conceito tenha sustança, e não meramente um eflúvio jurídico ou filosófico, não se deve introduzir essa expressão na discussão acerca da sociedade feudal ou da socialista, já que nenhuma delas estabeleceu nem estabeleceria a linha divisória entre a esfera pública e a privada da qual emana o significado essencial a esse conceito. Para conservar o seu significado com toda riqueza de funções, métodos e atitudes, mais vale dizer que o Estado, produto dos choques e compromissos entre os senhores feudais e a burguesia, fará parte das cinzas das quais há de surdir a fênix socialista. Por conseguinte, não o usei na minha definição de socialismo. É claro que o socialismo pode ser instituído por um ato do Estado. Mas não vejo nenhum inconveniente em dizer que o Estado morre nesse ato: como indicou Marx e repetiu Lenin.

Em um aspecto, enfim, a nossa definição concorda com todas as outras que deparei até aqui, a saber, no sentido em que ela gira em torno de um ponto exclusivamente econômico. Todo socialista deseja revolucionar a sociedade a partir do ângulo econômico, e todas as bênçãos que ele espera virão de uma mudança nas instituições econômicas. Isso, obviamente, implica uma teoria sobre a causação social: a teoria de que o modelo econômico é o elemento relativamente operativo na soma total dos fenômenos que chamamos de sociedade. Contudo, duas observações se sugerem.

Em primeiro lugar, já se indicou na parte anterior a propósito do capitalismo, e se deve indicar agora com referência ao socialismo, que o aspecto

---

1 Preço, na teoria moderna, é definido como um mero coeficiente de transformação. Custo, no sentido de custo de oportunidade, é uma categoria lógica geral. Mas isso retomaremos em breve.

econômico não é o único e tampouco o mais importante para nós, os observadores, nem para as pessoas chamadas a confiar no socialismo. Ao defini-lo como o defini, não procurei negar isso. E, para ser justo com todos os socialistas civilizados que encontrei ou li, devo declarar que o mesmo vale para eles: que, quando sublinham o elemento econômico devido à importância causativa que o seu credo lhe atribui, não querem sugerir que as únicas coisas pelas quais vale a pena lutar sejam os bifes e os aparelhos de rádio. Sem dúvida, não faltam socialistas odiosamente obstinados que são precisamente dessa opinião. E tampouco faltam não socialistas que, na caça aos votos, enfatizam a promessa econômica por causa da sua atratividade imediata. Assim fazendo, eles distorcem e degradam o seu credo. Não faremos a mesma coisa. Pelo contrário, teremos em mente que o socialismo visa a metas mais elevadas do que encher a barriga, assim como o cristianismo não se restringe aos valores um tanto hedonistas de céu e inferno. Antes e acima de tudo, o socialismo significa um mundo cultural novo. E é concebível que, por ele, a pessoa seja ardorosamente socialista mesmo convencida de que o sistema socialista é inferior ao capitalista em termos de desempenho econômico.[2] Portanto, nenhum argumento meramente econômico contra ou a favor pode ser decisivo, por mais bem-sucedido que seja em si.

Mas, em segundo lugar, que mundo cultural? Podemos tentar responder a essa pergunta analisando as manifestações de reconhecidos socialistas a fim de ver se delas surge um tipo. À primeira vista, o material se mostra abundante. Alguns socialistas estão sempre prontos, de mãos postas e com o sorriso dos bem-aventurados nos lábios, para entoar o cântico da justiça, da igualdade e da liberdade em geral, e da liberdade da "exploração do homem pelo homem" em particular, da paz e do amor, dos grilhões rompidos e das energias culturais liberadas, de novos horizontes abertos, de novas dignidades reveladas. Mas isso é Rousseau salpicado de um pouco de Bentham. Outros proclamam simplesmente os interesses e apetites da ala radical do sindicalismo. Outros, no entanto, são notavelmente reticentes. Porque desprezam os *slogans* baratos, mas não são capazes de imaginar coisa melhor? Porque, embora

---

2 Naturalmente, a recíproca também é verdadeira: podemos admitir as pretensões econômicas do socialismo e, não obstante, rejeitá-lo por razões culturais.

imaginem outra coisa, têm dúvidas quanto à sua atratividade popular? Porque sabem que discrepam irremediavelmente dos seus camaradas?

Não podemos avançar por esse caminho. Em vez disso, temos de enfrentar aquela que designarei como "indeterminação cultural do socialismo". Aliás, conforme a nossa definição, bem como todas as outras, uma sociedade pode ser plena e verdadeiramente socialista e, no entanto, governada por um monarca absoluto ou contar com a organização mais democrática possível; pode ser aristocrática ou proletária; pode ser uma teocracia e hierárquica ou ateia ou indiferente à religião; pode ser muito mais rigorosamente disciplinada que um exército moderno ou completamente desprovida de disciplina; pode ser ascética ou de espírito eudemonista, enérgica ou relaxada; preocupada só com o futuro ou só com o presente; belicosa e nacionalista ou pacífica e internacionalista; igualitária ou anti-igualitária, pode ter a ética dos senhores ou a ética dos escravos; a sua arte pode ser subjetiva ou objetiva;[3] as suas formas de vida, individualistas ou padronizadas; e – o que para alguns de nós bastaria para conquistar a adesão ou suscitar o desprezo – pode se reproduzir a partir da sua linhagem supranormal ou subnormal e, portanto, gerar super--homens ou sub-homens.

Por que é assim? Bem, a escolha é do leitor. Ele pode dizer ou que Marx errou e o sistema econômico não determina a civilização, ou que o sistema econômico completo a determinaria, mas, sem o auxílio de outros dados e hipóteses econômicos, o elemento que constitui o socialismo no nosso sentido não a determina. Aliás, não obteríamos melhores resultados com o capitalismo se tentássemos reconstruir o seu mundo cultural a partir exclusivamente dos dados incorporados à nossa definição desse regime econômico. É verdade que, neste caso, temos a impressão de uma determinação e achamos possível raciocinar sobre as tendências da civilização capitalista. Mas isso só ocorre porque estamos na presença de uma realidade histórica que nos supre de todos os dados adicionais de que precisamos e exclui, *via facit*, um número infinito de possibilidades.

---

3 Por paradoxal que pareça, o individualismo e o socialismo não são necessariamente contrários. Pode-se argumentar que a forma socialista de organização garante a "verdadeira" realização individualista da personalidade. Isso, na realidade, estaria bem dentro da linha marxista.

Sem embargo, usamos a palavra determinação em um sentido bastante restrito e técnico e, ademais, com referência a todo um mundo cultural. A indeterminação, nesse sentido, não é uma barreira absoluta às tentativas de descobrir certos aspectos ou tendências que a ordem socialista, como tal, pode ter mais probabilidade de produzir que as outras, especialmente os aspectos e as tendências relativos a determinados pontos do organismo cultural. Tampouco é impossível formular hipóteses adicionais razoáveis. Coisa que o exame das possibilidades arroladas acima torna óbvia. Se, por exemplo, acreditarmos como fazem muito socialistas – equivocadamente, penso eu – que as guerras não passam de formas do conflito de interesses capitalistas, concluiremos prontamente que o socialismo é pacifista e não belicoso. Ou, se presumirmos que o socialismo evolui juntamente com certo tipo de racionalismo, do qual é inseparável, concluiremos que ele provavelmente é irreligioso ou mesmo antirreligioso. Tentaremos a sorte neste jogo aqui e ali, embora, em regra, valha mais a pena dar a palavra ao único grande mestre nesse campo: Platão. Mas nada disso exclui o fato de o socialismo ser, verdadeiramente, um Proteu *cultural* e de só podermos tornar as suas possibilidades culturais mais definidas se nos resignarmos a falar em casos especiais no bojo do gênero socialista: cada um dos quais por certo há de ser o único verdadeiro para quem o defende, mas qualquer um deles pode estar à nossa espera no futuro.

16

A PLANTA SOCIALISTA

ANTES DE MAIS NADA, devemos averiguar se há ou não algo errado na lógica pura de uma economia socialista. Porque, embora nenhuma prova da solidez dessa lógica chegue a converter quem quer que seja ao socialismo ou a demonstrar que ele é uma proposição viável, a prova da incoerência lógica ou mesmo o fracasso de uma tentativa de provar a sua coerência lógica bastaria por si só para mostrar a absurdidade inerente a esse sistema.

Mais precisamente, pode-se formular a nossa pergunta da seguinte maneira: dado um sistema socialista da espécie considerada, é possível deduzir unicamente dos seus dados e das normas do seu comportamento racional determinadas decisões sobre o que produzir e como produzir, ou, para expressar a mesma coisa no *slogan* da economia exata, esses dados e normas, nas circunstâncias de uma economia socialista, produzem equações independentes, compatíveis – *i.e.*, livres de contradição – e em número suficiente para determinar inequivocamente as incógnitas do problema perante o conselho central ou o ministério da produção?

1. A resposta é afirmativa. Não há nada errado na lógica pura do socialismo. E isso é tão óbvio que não me teria ocorrido insistir no assunto não fosse pelo fato de ele ter sido negado e pelo fato ainda mais curioso de os socialistas

ortodoxos não terem conseguido dar uma resposta condizente com os requisitos científicos antes de receber lições de economistas de opinião e simpatias fortemente burguesas.

A única autoridade digna de menção que sustenta a resposta negativa é o professor L. Von Mises.[1] Partindo da proposição segundo a qual o comportamento econômico racional pressupões cálculos de custo racionais, portanto de preços de fatores de custo, portanto de mercados que os fixam, ele conclui que, em uma sociedade socialista, como não haveria tais mercados, faltariam os fachos luminosos da produção racional, de modo que o sistema teria de funcionar totalmente ao acaso. A essa e a outras críticas semelhantes, ou talvez a algumas dúvidas próprias, os expoentes credenciados da ortodoxia socialista inicialmente não tinham muito a opor, salvo o argumento de que a gestão socialista poderia partir do sistema de valores desenvolvido pela sua predecessora capitalista – o que é, sem dúvida, importante para uma discussão das dificuldades práticas, mas de modo algum para a questão de princípio – ou entoar o hino de louvor às glórias milagrosas do seu paraíso, no qual seria fácil descartar os truques capitalistas, como a racionalidade do custo, e no qual os camaradas resolveriam todos os problemas ajudando-se com os bens que manam copiosamente dos armazéns sociais. Mas isso equivale a aceitar a crítica, e alguns socialistas realmente parecem aceitá-la mesmo hoje.

O economista que resolveu a questão de um modo que deixou pouco por fazer, salvo a elaboração e o esclarecimento de pontos de importância secundária, foi Enrico Barone, a cuja argumentação remeto os leitores que quiserem uma demonstração rigorosa.[2] Aqui há de bastar um breve esboço da sua tese.

---

1 Agora o seu trabalho, publicado em 1920, está disponível em inglês; cf. *Collectivist Economic Planning* (F. A. von Hayek, ed., 1935). Cf. ainda o seu *Gemeinwirtschaf*, tradução inglesa intitulada *Socialism* (1937.)

2 Mais de uma dezena de economistas haviam insinuado a solução antes de Barone. Entre eles, figuravam autoridades como F. von Wieser (no seu *Natural Value*, 1893) e Pareto (*Cours d'Économie politique*, v.ii, 1897). Ambos perceberam o fato de que a lógica fundamental do comportamento econômico é a mesma tanto na sociedade mercantil quanto na sociedade socialista, da qual decorre a solução do problema. Mas Barone, um seguidor de Pareto, foi o primeiro a elaborá-la. Cf. o seu artigo intitulado "Il Ministro della Produzione nello Stato Collettivista", in *Giornale degli Economisti*, 1908; tradução inglesa incluída no volume *Collectivist Economic Planning* mencionado na nota anterior.

Considerada do ponto de vista dos economistas, a produção – inclusive o transporte e todas as operações inerentes à comercialização – não é senão a combinação racional dos "fatores" existentes dentro dos limites impostos pelas condições tecnológicas. Em uma sociedade mercantil, a tarefa de combinar os fatores envolve comprá-los ou alugá-los, e as rendas individuais típicas de tal sociedade surgem nesse mesmo processo de compra ou aluguel. Em outras palavras, a produção e a "distribuição" do produto social são apenas aspectos diferentes de um processo único que afeta a ambas simultaneamente. Ora, a diferença lógica – ou puramente teórica – mais relevante entre a economia mercantil e a socialista é que, nesta, isso já deixou de ser assim. Como, *prima facie*, não há valores de mercado dos meios de produção e, o que é mais importante, mesmo se houvesse, os princípios da sociedade socialista não admitiriam fazer deles o critério de distribuição, ela carece do automatismo distributivo da sociedade mercantil. O vazio tem de ser preenchido por um ato político, digamos, pela constituição da comunidade. Assim, a distribuição passa a ser uma operação distinta e, pelo menos na lógica, inteiramente desvinculada da produção. Esse ato ou decisão política teria de resultar do caráter econômico e cultural da sociedade, do seu comportamento, dos seus fins e das suas realizações e, por sua vez, determinaria tudo isso em grande medida; mas, do ponto de vista econômico, teria um caráter completamente arbitrário. Como assinalamos acima, essa comunidade pode adotar uma norma igualitária – e isso, uma vez mais, em qualquer um dos muitos significados que se podem associar aos ideais igualitários – ou admitir desigualdades no grau que se desejar. Pode até mesmo distribuir com o intuito de produzir um rendimento máximo na direção que se desejar – um caso particularmente interessante. Pode estudar os desejos dos camaradas individuais

---

Não é possível nem necessário fazer justiça à rica safra produzida pelo último trabalho. Só vou mencionar os seguintes como especialmente importantes de um ou de outro modo: Fred M. Taylor: "The Guidance of Production in a Socialist State", in *American Economic Review*, março de 1929; K. Tisch: *Wirtschaftsrechnung und Verteilung im sozialistischen Gemeinwesen*, 1932; H. Zassenhaus: "Theorie der Planwirtschaft", in *Zeitschrift für Nationalökonomie*, 1934; especialmente Oskar Lange: "On the Economic Theory of Socialism", in *Review of Economic Studies*, 1936/7, republicado como livro por Lange e Taylor, mesmo título, 1938, e A. P. Lerner, cujos artigos citarei em uma nota posterior.

ou resolver lhes dar o que esta ou aquela autoridade julgar melhor para eles; o *slogan* "a cada um segundo as suas necessidades" pode ter qualquer significado. Mas é preciso estabelecer *uma norma*. Para os nossos fins, basta considerar um caso muito especial.

2. Suponhamos que a persuasão ética da nossa comunidade socialista seja totalmente igualitária, mas, ao mesmo tempo, prescreva que os camaradas tenham a liberdade de escolher como bem entenderem os bens de consumo que o ministério pode ou quer produzir – é claro que a comunidade pode se recusar a produzir certas mercadorias, por exemplo, as bebidas alcoólicas. Além disso, presumamos que o ideal igualitário adotado se concretize mediante a entrega a cada pessoa – as crianças e, possivelmente, outros indivíduos podem ser computados como frações de pessoa se assim decidir a autoridade competente – de um cupom que represente o seu direito a certa quantidade de bens de consumo equivalente ao produto social disponível no período em questão dividido pelo número de pretendentes, sendo que todos os cupons perdem o valor no fim desse período. Podemos imaginar tais cupons como bônus que dão direito a uma fração da totalidade dos alimentos, das roupas, dos utensílios domésticos, das casas, dos automóveis, dos filmes e de tudo o mais que foi ou está sendo produzidos para o consumo (com o fim de ser entregue aos consumidores) durante o período considerado. Para evitar uma massa complexa e desnecessária de trocas que de outro modo haveria entre os camaradas, expressamos as pretensões não em bens, e sim em quantidades iguais de unidades convenientemente escolhidas, mas sem um significado concreto – podemos chamá-las simplesmente de unidades, de luas, de sóis ou até de dólares – e regulamos as unidades de cada mercadoria que se devem entregar em troca de determinado número de cupons. Nas nossas hipóteses, esses "preços" cobrados pelos armazéns sociais sempre teriam de atender a condição de que cada um deles, multiplicado pela quantidade existente de mercadorias a que ele se refere, teria por resultado, somando todos esses produtos parciais, o total, de outro modo arbitrário, dos direitos dos camaradas. Mas o ministério não precisa fixar os "preços" individuais, a não ser mediante sugestões iniciais. Dados os gostos e as "rendas em dólares" iguais, os camaradas revelarão, pela sua reação a essas sugestões iniciais, a que preços estão dispostos a adquirir todo o produto social, salvo os artigos que não interessam a ninguém, e então

A PLANTA SOCIALISTA

o ministério terá de aceitar esses preços se quiser esvaziar os armazéns. Isso se fará de um modo adequada e, assim, o princípio da participação igual será cumprido em um sentido muito plausível e de um modo determinado com toda clareza.

Sem embargo, isso pressupõe, naturalmente, que já se produziu determinada quantidade de cada bem. O verdadeiro problema, cuja possibilidade de ser solucionado tem sido negada, é justamente como fazer isso racionalmente, *i.e.*, de um modo que resulte na máxima satisfação dos consumidores,[3] dentro dos limites impostos pelos recursos disponíveis, as possibilidades tecnológicas e as outras condições ambientais. É evidente que uma decisão sobre o plano de produção tomada, por exemplo, pelo voto da maioria dos camaradas deixaria inteiramente de preencher esse requisito,[4] porque, neste caso, certamente algumas pessoas e possivelmente todas elas não obteriam o que querem e o que ainda seria possível lhes dar sem reduzir a satisfação das outras. No entanto, é igualmente claro que se pode alcançar de outro modo a racionalidade econômica nesse sentido. Para o teórico, isso decorre da proposição elementar segundo a qual os consumidores, ao avaliar ("demandar") os bens de consumo, também avaliam *ipso facto* os meios de produção que entram na produção desses bens. Para o leigo, a prova da possibilidade de um plano racional de produção na nossa sociedade socialista pode ser suprida como segue.

3. Para facilitar as coisas, presumiremos que os meios de produção estão presentes em quantidades determinadas e, por ora, inalteráveis. Também suporemos que o conselho central se transforme em um comitê de determinada indústria ou, melhor ainda, estabeleceremos para cada indústria uma autoridade incumbida de gerenciá-la e de cooperar com o conselho central que, por sua vez, dirige e coordena todos esses gerentes de indústria ou comissões de gestão. O conselho central exerce essa função alocando recursos produtivos – que estão todos sob o seu controle – às gerências industriais de acordo

---

3 Se os teóricos modernos criticarem essa inflexão de frase, eu os convido a considerar a quantidade inteiramente desnecessária de circunlóquios que uma formulação mais correta envolveria sem oferecer, para os fins desta argumentação, nenhuma vantagem compensatória.

4 Isso não quer dizer que ela não preenchesse os requisitos do ponto de vista de outra definição de racionalidade. Aqui não se faz nenhuma afirmação sobre como o arranjo em discussão se compara com outros. Logo retomaremos o assunto.

com certas regras. Presumamos que o conselho determine que as gerências industriais recebam quaisquer quantidades de bens e serviços de produção que decidirem solicitar desde que observem três condições: primeira, elas têm de produzir o mais economicamente possível; segunda, em troca de cada unidade de bens e serviços de produção solicitada, são obrigados a transferir para o conselho central determinado número de dólares de consumo que obtiveram mediante entregas anteriores de bens de consumo, ou, como também se poderia dizer, o conselho central se declara disposto a "vender" a qualquer gerência industrial quantidades ilimitadas de bens e serviços de produção pelos "preços" estabelecidos; terceira, as gerências são obrigadas a solicitar e usar as quantidades que são capazes de usar (e não menos) desde que produzam da maneira mais econômica possível, sem ter de "vender" nenhuma parte dos seus produtos por menos "dólares" do que elas são obrigadas a transferir para o conselho central em troca das quantidades correspondentes de meios de produção. Em linguagem mais técnica, esta condição significa que a produção em todas as linhas deve ser tal que torne os "preços" iguais (não simplesmente proporcionais) aos custos marginais.[5]

---

5 Esse princípio, que decorre da lógica geral da escolha, só foi aceito universalmente quando o sr. A. P. Lerner o enfatizou e defendeu em uma série de notas e artigos publicados principalmente na *Review of Economic Studies* (também no *Economic Journal*, setembro de 1937), que constituem uma contribuição importante para a teoria da economia socialista, para a qual aproveito esta oportunidade para chamar a atenção do leitor. Também é correto, como proposição dessa lógica da escolha, dizer que a condição acima deveria prevalecer sobre a regra da igualação dos preços ao custo total por unidade sempre que entrar em conflito com ela. Mas a relação entre ambas foi um tanto obscurecida por uma confusão de coisas diferentes e requer esclarecimento.

O conceito de custo marginal, que significa o incremento do custo total em que é necessário incorrer para aumentar a produção em uma pequena quantidade, permanece indeterminado enquanto não o relacionarmos com determinado período de tempo. Assim, se a questão for transportar ou não um passageiro adicional em um trem que fará a viagem com ou sem ele, o custo marginal a se levar em conta pode ser igual a zero e, em todo caso, reduzidíssimo. Isso se pode expressar dizendo que, do ponto de vista de um período muito breve – uma hora ou um dia ou mesmo uma semana –, praticamente tudo constitui despesas gerais, inclusive os lubrificantes e o carvão, e essas despesas gerais não entram no custo marginal. Mas, quanto mais prolongado for o período considerado, mais elementos de custo entram no custo marginal, antes de mais nada, tudo quanto geralmente se inclui na noção de custo primário e depois disso e em proporção cada vez maior, aquilo que os homens de negócios chamam de despesas gerais,

A PLANTA SOCIALISTA

Assim, a tarefa de cada conselho industrial fica determinada com toda nitidez. Exatamente como hoje, em uma indústria que funciona em regime de concorrência perfeita, cada empresa sabe o que e quanto produzir, e como produzi-lo tão logo sejam dadas as possibilidades tecnológicas, as relações dos consumidores (suas despesas e rendas) e os preços dos meios de produção, as gerências industriais da nossa comunidade socialista também saberão o que produzir, como produzi-lo e que quantidade de fatores "comprar" do conselho central quando se publicarem os "preços" deste e quando os consumidores revelarem as suas "demandas".

Em certo sentido, esses "preços", ao contrário dos "preços" dos bens de consumo, são fixados unilateralmente pelo conselho central. Entretanto,

---

até que, para um prazo muito longo ou do ponto de vista da planificação de uma unidade industrial ainda inexistente, não reste nada (ou praticamente nada) na categoria despesas gerais, e é preciso levar em conta todos os elementos de despesa, inclusive a depreciação, no cálculo do custo marginal, desde que esse princípio não seja modificado, no caso de alguns fatores como o leito de uma ferrovia, pelo fato tecnológico de eles só serem disponíveis ou utilizáveis em grandíssimas unidades ("indivisibilidade"). Portanto, sempre se devem distinguir os custos marginas dos custos primários (marginais).

Ora, geralmente associamos a condição em discussão ao princípio de que as gerências socialistas – exatamente como as capitalistas – precisam, em todos os momentos, esquecer o passado se quiserem agir racionalmente; isso quer dizer que, nas suas decisões, elas não devem levar em conta os valores contábeis dos investimentos existentes. Mas essa é apenas uma regra de comportamento em curto prazo em uma situação determinada. Não quer dizer que essas gerências devam negligenciar *ex ante* os elementos que se *cristalizarão* em custos fixos ou em despesas gerais. Negligenciá-los seria um comportamento irracional com relação às horas de trabalho e às unidades de recursos naturais que entram na produção das despesas gerais, desde que haja um uso alternativo para elas. Mas levá-los em consideração geralmente implica igualar os preços ao custo total por unidade de produto, contanto que as coisas se desenvolvam de acordo com os planos e contanto que as exceções se devam principalmente ao obstáculo tecnológico à racionalidade representado pela indivisibilidade ou a desvios do curso real das coisas com relação aos planos, este último princípio, afinal, não expressa tão mal assim a lógica desses planos. Embora seja a coisa mais racional a fazer em uma situação de curto prazo, não faz parte dessa lógica operar uma indústria com déficit. É importante observar isso por dois motivos.

Em primeiro lugar, porque isso costuma ser negado. Inclusive já se sugeriu até que o bem-estar aumentaria (*i.e.*, em longo prazo) se os preços sempre se igualassem aos custos marginais em *curto prazo*, excluída a depreciação, e que as despesas gerais (por exemplo, o custo de uma ponte) deviam ser financiadas pela tributação. A nossa regra, tal como exposta no texto, não quer dizer isso, e tal comportamento não seria racional.

também se pode dizer que os gerentes de indústria exprimem uma "demanda" claramente determinada de bens de produção tanto quanto os consumidores exprimem a de bens de consumo. A única coisa que falta para completar a nossa prova é uma regra para a atividade de fixação de preços do conselho central que esteja em conformidade com o paradigma do máximo. Mas essa regra é óbvia. O conselho simplesmente tem de estabelecer um só preço para cada espécie e qualidade de bens de produção – se o conselho discriminar, *i.e.*, cobrar das diversas gerências preços diferentes de artigos da mesma espécie e qualidade, tal discriminação teria de se justificar, em geral,[6] por razões não econômicas – e de providenciar para que esse preço "esvazie" o mercado", *i.e.*, que não fique nas suas mãos nenhuma quantidade bens de produção sem uso e que não se solicite nenhuma quantidade adicional por esses "preços". Essa regra normalmente basta para assegurar um cálculo racional de custo e, portanto, uma alocação economicamente racional dos recursos produtivos – pois aquele não é senão um método racional de garantir e comprovar esta – e, portanto, a racionalidade do plano de produção nas sociedades socialistas. A prova decorre da consideração do fato de que, enquanto essa regra for observada, nenhum elemento da produção pode ser desviado para outra linha de produção sem causar a destruição de tantos (ou mais) valores de consumo, expressos em termos de dólares de consumo, quantos esse elemento acrescentaria ao seu novo emprego. Isso equivale a dizer que a produção se expande, em todas as direções que permitirem as condições gerais do meio exterior à sociedade,

---

Em segundo lugar, porque, em um decreto de março de 1936, a autoridade central russa, ao abolir para várias indústrias o sistema de subvenções até então em vigor, prescreveu que os preços deviam ser regulados de modo a se igualarem ao custo total médio por unidade, mais um adicional para acumulação. Quanto à primeira parte dessa regra, pode-se dizer que, embora não seja rigorosamente correta, se afasta menos da correção do que podem fazer supor as formulações incorretas desse princípio; quanto à segunda parte, é preciso dizer que a objeção a ela se fragiliza muito quando levamos em conta as condições ou exigências de um desenvolvimento econômico rápido – o leitor há de recordar o argumento exposto na Parte II a favor da causa capitalista –, e que é perfeitamente concebível que o governo soviético tivesse razão *tanto* ao adotar a política de subvenções, que chegava a financiar até investimentos com prejuízo, *quanto* ao abolir parcialmente essa prática em 1936.

6 Essa regra tem exceções que, embora sejam importantes, não afetam o rumo da nossa apresentação.

até onde for possível levá-la racionalmente e não mais além, e também completa a nossa defesa da racionalidade da planificação socialista em um processo estacionário de vida econômica, no qual tudo é previsto corretamente e se repete e o no qual não acontece nada que transtorne o plano.

4. Mas não surgem grandes dificuldades se transpusermos os limites da teoria do regime estacionário e admitirmos os fenômenos inerentes à transformação industrial. No que diz respeito à lógica econômica, não se pode afirmar que o socialismo do tipo considerado, ainda que teoricamente capaz de enfrentar as incumbências recorrentes da administração de uma economia estacionária, malograria necessariamente na solução dos problemas apresentados pelo "progresso". Mais adiante, veremos por que apesar de tudo, para ter sucesso, é importante que a sociedade socialista inicie a sua carreira não só dotada o mais ricamente possível pela sua predecessora capitalista – de experiência e técnicas, bem como de recursos materiais –, como também depois que a sociedade capitalista tiver entrado na maturidade, realizado o grosso do seu trabalho e se aproximado de um estado estacionário. Mas o motivo disso não é que sejamos incapazes de conceber um método racional e claramente determinado para que a sociedade socialista aproveite todas as oportunidades de aperfeiçoamento do seu aparato industrial que se apresentarem.

Suponhamos que se haja projetado uma máquina nova e mais eficaz para o processo produtivo da indústria x. Para excluir os problemas que o financiamento do investimento traz consigo – que serão considerados em breve – e para isolar uma série claramente determinada de fenômenos, presumiremos que a nova máquina pode ser produzida pelas mesmas fábricas que que até agora produziam as máquinas menos eficazes e exatamente ao mesmo custo, expresso em termos de força produtiva. A gerência da indústria x, cumprindo a primeira cláusula das suas instruções – a saber, a regra de produzir o mais economicamente possível –, adota a nova máquina e assim passa a produzir a mesma quantidade de mercadorias com uma quantidade menor de meios de produção. Consequentemente, dali por diante estará em condições de transferir para o ministério ou conselho central uma quantidade de dólares de consumo menor que a quantidade recebida dos consumidores. Chamemos essa diferença como quisermos, por exemplo D, ou "pá" ou "lucro". Na realidade, a gerência violará a condição imposta pela terceira cláusula das suas instruções se auferir esse "lucro" e, se cumprir essa cláusula e produzir imediatamente a quantidade maior agora requerida para satisfazer essa condição, esses lucros nunca surgirão. Mas a sua existência potencial nos cálculos da gerência é suficiente para fazê los exercer a única função a eles reservada na nossa hipótese, a saber, a de indicar de um claramente determinado a direção e a extensão da realocação de recursos que agora é racional levar a cabo.

Se, num momento em que os recursos disponíveis da sociedade estiverem plenamente empregados na tarefa de prover determinado nível de consumo, se sugerir uma melhora – como uma nova ponte ou uma ferrovia nova – que requeira o uso de fatores adicionais ou, como também se pode dizer, um investimento adicional, os camaradas terão de trabalhar mais horas do que as que até agora supusemos fixadas por lei ou de restringir o seu consumo ou as duas coisas ao mesmo tempo. Nesse caso, as nossas hipóteses, concebidas com a finalidade de resolver o problema fundamental da maneira mais simples possível, excluem uma solução automática, *i.e.*, uma decisão a que o conselho central e as gerências industriais poderiam chegar seguindo passivamente – e sem deixar de cumprir as três regras – a orientação das indicações objetivas. Mas é claro que essa é uma deficiência do nosso esquema, não da economia socialista. A única coisa que precisamos fazer se desejarmos ter essa solução automática é revogar a lei que invalida todas as pretensões sobre os bens de consumo não usados no período para o qual foram produzidos, renunciar ao princípio da igualdade absoluta de renda e dar ao conselho central o poder de oferecer bônus pelas horas extras de trabalho e – que nome dar a isso? – bem, digamos, pela economia. A condição de que as melhoras ou os investimentos possíveis sejam empreendidos em tal extensão que o menos tentador deles proporcione um "lucro" igual aos bônus que é preciso oferecer para atrair as quantidades de horas extras ou de economia (ou das duas coisas) necessárias para isso determina então, claramente, todas as novas variáveis que o nosso problema introduz, contanto que as horas extras e a economia sejam, no relevante intervalo, funções monovalentes dos respectivos bônus.[7] Os "dólares" desembolsados como contravalor destes, convém considerá-los como

---

7 Convém observar que o problema só surge com investimento *novo*. Esse investimento é atualmente necessário para manter um processo estacionário em movimento e pode ser e seria

adicionais aos dólares de renda emitidos antes. Os reajustes que isso imporia em várias direções não precisam nos deter.

Mas esse argumento sobre investimento deixa ainda mais claro que o esquema que parecia mais bem adaptado ao nosso propósito particular não é nem a única planta possível de uma economia socialista nem necessariamente a mais recomendável a uma sociedade socialista. O socialismo não precisa ser igualitário. Mas nenhuma quantidade de desigualdade de *renda* que se pode esperar razoavelmente que uma sociedade socialista tolere tem probabilidade de produzir a taxa de investimento que uma sociedade capitalista produz nas fases cíclicas médias. Nem mesmo as desigualdades capitalistas são suficientes para isso e precisam ser reforçadas pela acumulação das sociedades anônimas e pela "criação" de crédito bancário, métodos que não são particularmente automáticos nem determinados inequivocamente. Se, portanto, uma sociedade socialista desejar obter uma taxa de investimento real igual ou até maior – claro que não tem necessidade disso – deve lançar mão de outros métodos além da poupança. A acumulação a partir dos "lucros", que poderia se materializar em vez de continuar sendo apenas potencial, como sugerimos acima, algo análogo à criação de crédito seria bastante viável. Contudo, seria muito mais natural deixar a questão para o conselho central e para o congresso ou parlamento, que juntos poderiam resolvê-la como parte do orçamento social; ao passo que o voto sobre a parte "automática" das operações econômicas da sociedade seria puramente formal ou talvez de controle, o voto sobre o item investimento – pelo menos na sua quantidade – envolveria uma decisão real e estaria em pé de igualdade com o voto sobre as despesas militares etc. A coordenação dessa decisão com as decisões "automáticas" sobre a quantidade e a qualidade dos bens de consumo individuais não apresentaria dificuldades insuperáveis. Mas, ao aceitar essa solução, devemos abrir mão da adesão ao princípio básico do nosso esquema em um ponto importantíssimo.

---

sustentado exatamente como todos os itens de custo. Em particular, não haveria juros. Aproveito a oportunidade para observar que a atitude dos socialistas para com o fenômeno dos juros não é uniforme. St. Simon os admitia como quase natural, Marx os excluía da sociedade socialista. Alguns socialistas modernos voltam a admiti-los. A prática russa os admite.

Outros aspectos da nossa planta podem ser alterados mesmo dentro do seu arcabouço geral. Por exemplo, com uma exceção condicional quanto às horas extras, não outorguei aos camaradas individuais a faculdade de decidir o volume de trabalho que farão, bem que, na qualidade de votantes e de outras maneiras, eles têm tanta influência sobre essa decisão quanto na distribuição de renda e assim por diante. Tampouco lhes dei mais liberdade de escolha de ocupação do que o conselho central, dentro das exigências do seu plano geral, talvez possa e se disponha a lhes dar. Podemos visualizar esse arranjo mediante a analogia com o serviço militar obrigatório. Tal plano se aproxima muito do *slogan* "a cada um segundo a sua necessidade, de cada um segundo a sua capacidade" – ou, em todo caso, com algumas modificações secundárias, pode se adaptar a ele. Mas, alternativamente, também podemos deixar que os camaradas individuais decidam quanto e que tipo de trabalho hão de fazer. Nesse caso, a autoridade teria de tentar a alocação racional da força de trabalho por meio de um sistema de incentivos – uma vez mais com a oferta de bônus não só pelas horas extras, como também por todo o trabalho, de modo a garantir em toda parte a "oferta" de mão de obra de todos os tipos e graus de capacitação adequada à estrutura da demanda dos consumidores e ao programa de investimento. Esses bônus teriam de guardar uma relação óbvia com o caráter atraente ou tedioso do emprego, com a qualificação que se deve adquirir para exercê-lo e, portanto, também com a escala de salários de uma sociedade capitalista. Posto que não convenha exagerar a analogia desta com tal sistema socialista de bônus, podemos falar em um "mercado de trabalho". Claro está, a inserção desse mecanismo faria muita diferença na nossa planta. Mas não afetaria a determinabilidade do sistema socialista. Na realidade, a sua racionalidade formal se acentuaria ainda mais vigorosamente.

5. O mesmo ocorreria com a parecença familiar entre a economia mercantil e a socialista, a qual o leitor não pode ter deixado de notar desde o princípio. Como essa semelhança agradou a não socialistas e a alguns socialistas e contrariou outros socialistas, convém expor uma vez mais e explicitamente no que ela consiste e a que se deve. Então ficará claro que são bem poucos os motivos de agrado ou de contrariedade. Na tentativa de construir um esquema racional de economia socialista, recorremos a mecanismos e conceitos tradicionalmente especificados por termos que conhecemos graças às nossas discussões sobre

os processos e problemas da economia capitalista. Descrevemos um mecanismo que se compreende imediatamente quando pronunciamos as palavras "mercado", "compra e venda", "concorrência" e assim por diante. Parece que usamos, ou raramente deixamos de usar, termos de sabor capitalista como preço, custo, renda e até lucro, ao passo que juros, salário e outros, inclusive dinheiro, nos rondaram, por assim dizer, ao longo do caminho.

Consideremos aquele que para a maioria dos socialistas decerto seria um dos piores casos, o da renda no sentido de lucro proveniente do uso produtivo de agentes naturais, por exemplo, da "terra". Evidentemente, o nosso esquema não pode implicar que a renda da terra seja paga aos latifundiários. O que implica então? Simplesmente que qualquer tipo de terra que não for abundante a ponto de satisfazer as necessidades de um futuro previsível deve ser usado economicamente ou alocado racionalmente, tal como a mão de obra ou qualquer outro tipo de recurso produtivo. Para tanto, é mister estabelecer um índice de significação econômica com o qual qualquer novo uso que se fizer da terra seja comparado e por meio do qual ela entre no processo de contabilidade social. Se não se fizer isso, a comunidade estará se comportando irracionalmente. Mas fazê-lo não pressupõe nenhuma concessão ao capitalismo ou ao espírito do capitalismo. Tudo quanto é mercantil ou capitalista na renda da terra, nas suas associações tanto econômicas como sociológicas, e tudo quanto agrade ao advogado da propriedade privada (a renda privada, o latifundiário etc.) foram completamente excluídos.

As "rendas" com que dotamos os camaradas no começo não são salários. Na verdade, a análise mostraria que elas se compõem de elementos econômicos díspares, dentre os quais só um pode ser vinculado à produtividade marginal do trabalho. Os bônus que introduzimos posteriormente têm mais a ver com os salários da sociedade capitalista. Mas a contrapartida destes não existe realmente em lugar nenhum, salvo nos livros do conselho central e, uma vez mais, consiste em um mero índice de significação associado, com o fim de alocação racional, a todo tipo de grau de mão de obra: um índice no qual desapareceu todo um feixe de significações pertencentes ao mundo capitalista. Convém observar *en passant* que, como podemos dar o nome que quisermos às unidades em que se dividem os cupons que representam os direitos de cada camarada a certa quantidade de bens de consumo, nada nos impede de chamá-los de horas de trabalho. E, como o número total dessas unidades não é – nos limites estabelecidos pela conveniência – menos arbitrário, podemos igualá-lo às horas realmente trabalhadas, ajustando todos os tipos e graus de trabalho a uma qualidade padrão à guisa de Ricardo e Marx. Enfim, a nossa comunidade pode adotar, tanto quanto qualquer outro, o princípio de que a "renda" deve ser proporcional às horas de trabalho padrão com que cada camarada contribui. Então teremos um sistema de cédulas–trabalho. E o mais interessante nisso tudo é que, excluindo as dificuldades técnicas que não nos interessam agora, tal sistema se mostrará perfeitamente viável. Mas é fácil ver por que, mesmo assim, essas "rendas" não seriam "salários". Não é menos óbvio que a viabilidade desse arranjo nada prova a favor da teoria do valor trabalho.

Não vejo necessidade de realizar a mesma operação com o lucro, os juros, o preço e o custo. A esta altura, a causa dessa semelhança familiar está nitidamente visível sem ela: o nosso socialismo não toma nada emprestado do capitalismo, mas o capitalismo toma muita coisa emprestada da lógica perfeitamente geral da escolha. Qualquer comportamento racional apresenta, naturalmente, certas semelhanças formais com qualquer outro comportamento racional, e ocorre que, na esfera do comportamento econômico, a influência modeladora da mera racionalidade vai muito além, pelo menos no plano da teoria pura. Os conceitos que expressam o modelo behaviorista se impregnam de todos os significados particulares de uma época histórica e tendem a conservar, na mente do leigo, as cores assim adquiridas. Se o nosso conhecimento histórico dos fenômenos econômicos tivesse sido adquirido em ambientes socialistas, hoje daríamos a impressão de tomar emprestados conceitos socialistas para analisar o processo capitalista.

Até aqui, os economistas de mentalidade capitalista não têm por que comemorar a descoberta de que o socialismo, afinal de contas, só pode utilizar mecanismos e categorias capitalistas. Tampouco os socialistas teriam por que objetar. Pois só a mentalidade mais ingênua é capaz de se decepcionar com o fato de o milagre socialista não criar uma lógica própria, e só as variantes mais grosseiras e burras do credo socialista podem se sentir ameaçadas por qualquer demonstração nesse sentido: as variantes para as quais o processo capitalista não passa de uma feroz mixórdia absolutamente sem lógica nem ordem. As pessoas sensatas das duas persuasões podem concordar quanto a essa semelhança e, no entanto, continuar tão separadas como sempre. Mas é possível que subsistisse uma objeção de ordem terminológica: é lícito argumentar que não convém empregar termos carregados de significado que, mesmo sendo acidental, não deixa de ter grande importância, ainda que nem todos saibam eliminá-lo. Além disso, não devemos esquecer que uma pessoa pode aceitar o resultado a que se chegou acerca da igualdade essencial entre a lógica econômica da produção socialista e a da mercantil e, não obstante, questionar o esquema ou modelo particular por meio do qual se chegou a tal resultado (cf. adiante).

Mas isso não é tudo. Alguns economistas socialistas, assim como não socialistas, têm se mostrado não só dispostos, mas até ansiosos por reconhecer uma parecença familiar entre a economia socialista do tipo aqui discutido e a mercantil de concorrência perfeita. Quase se pode falar em uma escola do pensamento socialista que tende a glorificar a concorrência perfeita e a defender o socialismo alegando que ele oferece o único método pelo qual se podem atingir os resultados da concorrência perfeita no mundo moderno. As vantagens táticas obtidas com a adoção desse ponto de vista são suficientemente óbvias para explicar o que, à primeira vista, parece ser uma amplidão de espírito surpreendente. Um socialista competente que enxerga tão claramente quanto qualquer outro economista as fragilidades dos argumentos marxistas e populares pode, assim, admitir tudo quanto ele acha possível admitir sem comprometer as suas convicções, porque as admissões se referem a uma etapa histórica que (caso tenha existido) está certamente morta e enterrada; restringindo judiciosamente o seu veredicto condenatório ao caso não concorrencial, ele tem a possibilidade de emprestar um apoio qualificado a algumas acusações, como a de que a produção capitalista moderna está a serviço do lucro, não do consumo das pessoas, as quais, em outro contexto, seriam meramente tolas; e pode desconcertar e confundir os bons burgueses dizendo-lhes que o socialismo não fará senão aquilo que eles sempre quiseram e que os seus ulemás sempre pregaram. Mas as vantagens analíticas de sublinhar essa parecença familiar não são tão grandes assim.[8]

Como já vimos, o conceito exangue da concorrência perfeita, que a teoria econômica elaborou para os seus próprios fins, gira em torno de saber se

---

8 Cf. cap. 8.

as empresas individuais podem ou não influenciar os preços dos seus produtos e dos seus fatores de custo. Se não puderem – ou seja, se cada empresa for uma mera gota de água no oceano e, portanto, tiver de aceitar os preços que governam o mercado –, o teórico fala em competição perfeita. E é possível demonstrar que, nesse caso, o efeito maciço da reação passiva de todas as empresas individuais resulta em preços de mercado e em volumes de produção com certas propriedades formais semelhantes às dos índices de significação econômica e dos volumes de produção da nossa planta da economia socialista. Entretanto, em tudo quanto realmente interessa – nos princípios que regem a formação de rendas, a seleção dos líderes industriais –, em tudo quanto constitui a fisionomia do capitalismo concorrencial, a planta é justamente o contrário da concorrência perfeita e muito mais distanciada do capitalismo da grande empresa.

Portanto, embora eu não pense que se possa contestar a nossa planta por ter tomado empréstimo do mercantilismo ou por desperdiçar o santo óleo socialista a fim de ungir essa coisa ímpia, tenho muita simpatia pelos socialistas que a contestam por outros motivos. É verdade que eu mesmo indiquei que o método de construção de um "mercado" de bens de consumo e de orientar a produção segundo as indicações dele derivadas se aproxima mais que qualquer outro, por exemplo, o método de decisão pelo voto majoritário, de dar a cada camarada individual o que ele quer – não existe instituição mais democrática que um mercado – e que, neste sentido, ele resulta em um "máximo de satisfação". Mas esse máximo é tão somente de curto prazo e,[9] ademais, se refere aos desejos reais dos camaradas tal como eles o sentem no momento. Só mesmo o socialismo do bife pode se contentar com semelhante meta. Não posso condenar nenhum socialista por desprezá-la e por sonhar com novas formas culturais para a argila humana, talvez até com uma nova argila; a verdadeira promessa do socialismo, se é que existe, vai nessa direção. Os socialistas que são dessa opinião ainda podem permitir que a sua comunidade seja conduzida pelos gostos reais dos camaradas nas questões que apresentam unicamente

---

9 No entanto, *trata-se* de um máximo provável e, como tal, estabelece a racionalidade econômica desse tipo de socialismo exatamente como o máximo concorrencial estabelece a racionalidade da economia concorrencial. E em nenhum caso isso significa muito.

A PLANTA SOCIALISTA

o aspecto hedonista. Mas adotarão um Gosplan não só para a sua política de investimento, como nós mesmos fizemos condicionalmente, como também para todos os fins que apresentam outros aspectos. Eles ainda podem deixar os camaradas escolherem à vontade entre ervilha e feijão. Podem vacilar quanto ao leite ou ao uísque e às drogas e aos melhoramentos habitacionais. E não deixarão os camaradas escolherem entre a vadiagem e os templos – se estes forem autorizados a representar o que os alemães chamam deselegante, mas reveladoramente, de (manifestações) objetivas da cultura.

6. Portanto, cumpre indagar se, caso alijemos os nossos "mercados", também não jogaremos no mar a racionalidade e a determinabilidade. A resposta é óbvia. Teria de haver uma autoridade encarregada de avaliar, *i.e.*, determinar os índices de significação de todos os bens de consumo. Dado o seu sistema de valores, essa autoridade poderia fazê-lo de maneira perfeitamente determinada, exatamente como Robinson Crusoe.[10] E o resto do processo de planejamento poderia então seguir o seu curso de modo muito parecido com o que fez na nossa planta original. Os cupons, os preços e as unidades abstratas continuariam servindo para fins de controle e cálculo de custo, posto que perdessem a afinidade com a renda disponível e as *suas* unidades. Reapareceriam todos os conceitos derivados da lógica geral da ação econômica.

Por conseguinte, qualquer tipo de socialismo centralista pode perfeitamente transpor o primeiro obstáculo – a determinabilidade e a coerência lógica do planejamento socialista –, e também podemos transpor imediatamente o seguinte. Este seria a "impossibilidade prática" à qual, ao que parece, a maioria dos economistas antissocialistas se inclinam agora, depois de haver aceitado a derrota na questão puramente lógica. Eles afirmam que o nosso conselho central teria de enfrentar uma tarefa de complicação insuperável,[11] e alguns acrescentam que, para funcionar, o arranjo socialista pressuporia uma reforma completa das almas ou do comportamento – segundo prefiramos denominá-lo –, a qual a experiência histórica e o bom senso mostram que está

---

10 Talvez fosse por isso que Marx mostrava um interesse tão considerável pela economia de Crusoe.

11 Essa é a linha adotada pela maioria dos autores de persuasão não socialista que aceitam as credenciais lógicas do socialismo. Podem-se mencionar os professores Robins e von Hayek como as principais autoridades favoráveis a essa tese.

fora de cogitação. Deixando para depois a consideração do último ponto, podemos facilmente resolver o primeiro.

Primeiramente, ao leitor, basta uma olhadela na nossa solução do problema teórico para se convencer de que ela é eminentemente operacional; quer dizer, não só estabelece uma possibilidade lógica, como, ao fazê-lo, mostra os passos com os quais essa possibilidade se realiza na prática. Isso se sustenta mesmo se, para enfrentar diretamente a questão, exigirmos que o plano de produção seja elaborado *ab ovo, i.e.*, sem nenhuma experiência prévia de quantidades e valores e tendo por única base de partida uma inspeção dos recursos e dos procedimentos técnicos disponíveis e um conhecimento genérico de quem são os camaradas. Além disso, é preciso ter em conta que, na situação moderna, a economia socialista requer a existência de uma burocracia enorme ou, pelo menos, de condições sociais favoráveis ao seu surgimento e funcionamento. Esse requisito constitui um dos motivos pelos quais nunca se devem discutir os problemas econômicos do socialismo sem referência a determinados estados do meio social ou a situações históricas. Pode ser que semelhante aparato administrativo mereça ou não os comentários despectivos que alguns de nós costumamos fazer a respeito da burocracia – logo falaremos nisso –, mas agora pouco importa se é de esperar que a burocracia execute bem ou mal a sua tarefa; a única coisa que importa é que, se ela existir, não há por que acreditar que desabará sob peso da tarefa que lhe cabe.

Em qualquer situação normal, a burocracia disporia de informações suficientes que lhe possibilitariam aproximar-se prontamente das quantidades corretas de produção nos principais ramos, e o resto seria questão de ajustes por tentativa e erro informados. Até aqui, não há nenhuma diferença muito fundamental entre as economias socialista e mercantil e tampouco com os problemas nos quais o teórico esbarra quando demonstra como um sistema econômico se dirige a um estado que seja "racional" ou "ótimo" no sentido de satisfazer certas condições máximas, ou com os problemas que os gerentes enfrentam na prática real.[12] Se admitirmos uma experiência prévia da qual partir,

---

12 Alguns autores parecem pressupor que o processo pelo qual se alcança o equilíbrio seria o *mesmo* de um estado de concorrência perfeita. Mas não é assim. O ajuste passo a passo em reação

A PLANTA SOCIALISTA

como faz a maioria dos socialistas e especialmente Karl Kautsky sempre fez, a tarefa fica naturalmente muito simplificada, sobretudo se essa experiência for do tipo da grande empresa.

Mas, em segundo lugar, outra coisa decorre de um novo exame da nossa planta: a solução dos problemas enfrentados pela gestão socialista não só seria tão possível quanto a solução prática dos problemas enfrentados pelas gestões mercantis, como seria mais fácil. Disso nos convencemos prontamente observando uma das dificuldades mais importantes da direção de uma empresa – a dificuldade que absorve a maior parte da energia de um líder empresarial bem-sucedido – constituída pelas incertezas que cercam cada decisão. Uma das mais relevantes dentre elas consiste, por sua vez, nas dúvidas sobre a reação dos concorrentes reais ou potenciais e sobre a possível evolução da situação econômica geral. Embora outras classes de incertezas devam, sem dúvida, persistir em uma comunidade socialista, não deixa de ser razoável esperar que essas duas desapareçam quase completamente. As gerências das indústrias e fábricas socializadas teriam condições de saber exatamente o que os outros companheiros propõem fazer e nada os impediria de se unirem para uma ação concertada.[13] O conselho central poderia atuar e, até certo ponto, atuaria inevitavelmente como um centro de troca de informações e como coordenador de decisões – pelo menos tanto quanto um escritório de cartel investido de plenos poderes. Isso reduziria imensamente a quantidade de trabalho a ser feito nas oficinas dos cérebros gestores e, para dirigir tal sistema, seria necessária muito menos inteligência do que a exigida para pilotar um conglomerado de certa importância em meio às ondas e vagalhões do mar capitalista. Isso basta para confirmar a nossa proposição.

---

tão só às variações de preço pode facilmente errar o alvo. É por isso que, no texto, falo em ensaio e erro "informados".

13 À medida que isso vem sendo feito nas economias capitalistas, é um passo importantíssimo em direção ao socialismo. Aliás, reduz progressivamente as dificuldades da transição e é, em si, um sintoma do advento da etapa transicional. Combater essa tendência incondicionalmente equivale a combater o socialismo.

17

COMPARAÇÃO DE PLANTAS

I. Um ponto preliminar

O LEITOR QUE ME ACOMPANHOU até aqui naturalmente espera que eu faça uma apreciação comparativa do plano socialista. Talvez seja sensato decepcionar essa expectativa. Porque qualquer um que não careça completamente de senso de responsabilidade enxerga que a comparação entre um sistema que temos vivido e outro que por enquanto não passa de uma imagem mental – nenhum socialista há de aceitar a experiência russa como uma realização plena – só pode ser extremamente temerária. Mas vamos correr o risco, tendo permanentemente em conta que, além do reino do fato e do argumento pelo qual vamos viajar, existe o reino das preferências, convicções e avaliações individuais no qual não podemos entrar. E aumentaremos as chances de sucesso restringindo severamente a nossa meta e reconhecendo francamente as dificuldades e armadilhas.

Em particular, não compararemos o mundo cultural da sociedade mercantil com o da socialista. Aquilo que chamo de indeterminabilidade cultural do socialismo basta em si para vetar a tentativa. Mas também temos outro motivo para nos abster. Mesmo que a civilização socialista significasse um modelo definido, a avaliação comparativa seria duvidosa. Há idealistas e monomaníacos que não veem a menor dificuldade nisso e adotam alegremente, como padrão de comparação, um aspecto que eles valorizam a ponto de excluir tudo o mais e que esperam que o seu socialismo apresente. Mas, se resolvermos fazer coisa melhor, tanto quanto a nossa vista possa alcançar, para enxergar todas as facetas de uma civilização à luz que nasce e morre com ela, descobriríamos instantaneamente que toda civilização é um mundo em si e incomensurável com qualquer outra.

Não obstante, há um ponto que tolera a comparação de realizações culturais reais e possíveis e, contudo, entra no âmbito do nosso tipo de análise. Afirma-se amiúde que o plano socialista, retirando a preocupação econômica dos ombros do indivíduo, libertará energias culturais incalculáveis que atualmente se perdem na luta pelo pão de cada dia. Em certa medida, essa tese é verdadeira: qualquer sociedade "planificada" pode fazê-lo, assim como também pode, por outras razões e em outros aspectos, asfixiar certas possibilidades culturais. Pode-se objetar que as autoridades públicas, tais como as conhecemos, não estão preparadas para a responsabilidade de descobrir e fomentar o talento até a fase de frutificação, e não há nenhum motivo sólido para acreditar que elas teriam reconhecido Van Gogh mais cedo do que o reconheceu a sociedade capitalista. Mas essa objeção passa ao largo do ponto essencial, pois a autoridade pública não precisa ir tão longe assim. A única coisa necessária é que Van Gogh receba a sua "renda", como qualquer outro cidadão, e não seja obrigado a trabalhar demais; nos casos normais, isso seria suficiente para dar ao talentoso a necessária oportunidade de desenvolver a capacidade criativa – se bem que, quando reflito a esse respeito, não tenho tanta certeza de que fosse suficiente no caso de Van Gogh.

Mas há outra objeção de mais peso. Nesta matéria como em outras, é provável que o advogado do socialismo perca de vista – em geral, está apaixonadamente decidido a não admitir – até que ponto o mundo moderno já satisfaz alguns dos seus ideais. O capitalismo proporciona ao talento, em grau muito mais elevado do que a maioria de nós acredita, o trampolim para a sua carreira. Não deixa de ter um fundo de verdade o *slogan* brutal do burguês típico – que irrita muitos homens de valor – segundo o qual não vale a pena se preocupar com quem não sabe aproveitar esse trampolim. Ainda que nem

COMPARAÇÃO DE PLANTAS

sempre corresponda ao padrão por nós escolhido, não se pode dizer que ele não exista. O capitalismo moderno não só oferece sistematicamente meios de proteger e fomentar quase todos os tipos de capacidade na fase inicial de desenvolvimento – tanto que, em alguns ramos, a dificuldade não está em encontrar meios para o talento, e sim em encontrar quem tenha alguma pretensão de se considerar um talento para se beneficiar dos meios oferecidos – como também, pela própria lei da sua estrutura, tende a promover o indivíduo capaz e, muito mais efetivamente, a família capaz. Assim, embora haja perdas sociais,[1] particularmente na classe do gênio semipatológico, é improvável que sejam muito graves.

II. Análise da eficiência comparativa

Fiquemos, porém, na esfera econômica, posto que espero ter deixado bem claro que lhe atribuo uma importância apenas secundária.

1. Os limites do nosso alcance são evidentíssimos e, portanto, as armadilhas hão de ser menos perigosas na primeira etapa, que continua se ocupando unicamente de plantas. Adiando uma vez mais a discussão sobre as dificuldades transicionais, para abordá-las em separado, e supondo por ora que elas foram superadas com sucesso, basta dar uma olhada nas implicações da nossa prova da possibilidade e da praticabilidade do sistema socialista para perceber que não faltam razões para acreditar na superioridade da sua eficiência econômica.

Essa superioridade só precisa ser provada com relação ao capitalismo da grande empresa ou "monopolista" porque a superioridade sobre o capitalismo "concorrencial" decorre *a fortiori*, coisa evidenciada pela nossa análise no capítulo 8. Muitos economistas, devido ao fato de que, em condições completamente irrealistas, é possível apresentar todo tipo de proposições lisonjeiras

---

1 Os exemplos exageram muito essa situação, mesmo os que não desaparecem, como costuma acontecer, quando devidamente estudados. Além disso, algumas dessas perdas ocorrem independentemente da organização particular da sociedade; nem todas as perdas na ordem capitalista se devem à ordem capitalista.

ao capitalismo concorrencial, adquiriram o hábito de enaltecê-lo em detrimento do seu sucessor "monopolista". Por isso, quero repetir que, mesmo que esses elogios fossem inteiramente justificáveis – coisa que não são – e que a concorrência perfcita dos teóricos se tivesse concretizado no campo da indústria e do transporte – coisa que jamais aconteceu – e, finalmente, mesmo que todas as acusações feitas à grande empresa fossem inteiramente justificáveis – o que está longe de ser o caso –, continuaria sendo um fato que a eficiência real do mecanismo de produção capitalista na era das unidades em grandíssima escala é muito maior do que na época precedente de unidades pequenas e médias. É uma questão de registro estatístico. Mas, se recordarmos a explicação teórica do fato, também nos daremos conta de que o tamanho cada vez maior das unidades de controle e toda a estratégia econômica que o acompanha foram incidentes não só inevitáveis como também, em grande medida, condições para o desempenho refletido nesse registro; em outras palavras, as possibilidades tecnológicas e organizacionais abertas para as empresas do tipo compatível com a concorrência mais ou menos perfeita nunca teria produzido resultados parecidos. De modo que não tem sentido indagar como funcionaria o capitalismo sob a concorrência perfeita. Por conseguinte, à parte o fato de que o socialismo herdará um capitalismo "monopolista" e não concorrencial, não precisamos nos incomodar com o caso da concorrência, a não ser incidentalmente.

A eficiência econômica de um sistema, nós a reduziremos à eficiência produtiva, a qual, em todo caso, não é nada fácil de definir. Naturalmente, as duas alternativas a serem comparadas têm de se referir ao mesmo momento: passado, presente ou futuro.[2] Mas isso não basta. Porque a pergunta relevante não é o que a gestão socialista poderia fazer, *ex visu* de determinado momento, com o aparato capitalista existente – para nós, isso é tão destituído de interesse quanto o que a gestão socialista faria com determinado estoque de bens de consumo –, e sim que aparato produtivo existiria ou teria existido

---

2 Essa regra devia ser evidente por si só, mas é violada com frequência. Por exemplo, muitas vezes se compara o atual desempenho econômico da Rússia soviética com a do regime tzarista no início da Primeira Guerra Mundial. Mas o intervalo de um quarto de século retirou todo o significado dessa comparação. A única que talvez fosse significativa seria com os valores de uma tendência extrapolada com base nos dados numéricos do período 1890–1914, por exemplo.

se, no lugar de uma gestão capitalista, uma socialista tivesse comandado a sua construção. A massa de informações a respeito dos recursos produtivos reais e potenciais acumulados nos últimos vinte anos, por valiosa que seja para outros fins, não nos é de grande serventia na luta com a nossa dificuldade. E a única coisa que podemos fazer é arrolar tais diferenças entre os mecanismos do sistema econômico da sociedade socialista e os da mercantil, tais como as possamos perceber, e avaliar-lhes a importância da melhor maneira possível.

Presumamos que, no momento da comparação, o número, a qualidade, os gostos e a distribuição da população por idade sejam os mesmos em ambos os casos. Neste caso, consideraremos relativamente mais eficiente o sistema no qual virmos motivos para esperar que, *em longo prazo*, venha a produzir o maior fluxo de bens de consumo por unidade de tempo igual.[3]

2. Essa definição requer comentário. Note-se que ela não identifica eficiência econômica com bem-estar econômico ou com determinada satisfação de necessidades. Ainda que *toda* economia socialista concebível fosse, no sentido que damos à palavra, menos eficaz que *toda* economia mercantil concebível, a maioria das pessoas – aliás todos os indivíduos com que o socialista típico se preocupa – poderia estar "melhor" ou "mais feliz" ou "mais satisfeita"

---

3 Como o fluxo de renda real capitalista e o socialista consistirão, até certo ponto, em mercadorias diferentes e conterão as mercadorias comuns a ambos em proporções algo diferentes – ainda que, na ausência de hipóteses adicionais acerca da variação da distribuição de rendas disponíveis, seja impossível estimar a importância da variação –, a comparação coloca delicadas questões teóricas. Se na sociedade capitalista se produzir mais vinho e menos pão que na socialista, qual dos fluxos é maior? Em qualquer tentativa de responder à pergunta, encontram-se, em escala muito ampliada, as dificuldades inerentes à comparação de fluxos de renda no mesmo quadro social de um ano para outro (ou seja, à construção de um índice de produção total). No entanto, para os nossos fins, a seguinte definição soluciona suficientemente o problema *teórico*: diremos que um fluxo é maior que o outro se, e unicamente se, ele produzir um total monetário maior do que o outro, qualquer que seja o sistema de preços utilizado na avaliação de ambos. Se um fluxo produzir uma importância maior quando os dois são avaliados, por exemplo, pelo sistema de preço capitalista e, ao mesmo tempo, produzir uma importância menor quando avaliados pelo sistema de preço socialista, diremos que eles são iguais como se realmente tivessem produzido totais iguais nos dois sistemas de preço – o que simplesmente quer dizer que acreditamos que a diferença, em geral, não será muito significativa nesse caso. Naturalmente, tal definição não resolve o problema *estatístico*, porque não podemos ter diante de nós dois fluxos ao mesmo tempo.

naquela do que nesta. A minha primeira e principal resposta é que, mesmo em tais casos, a eficiência relativa conserva um significado independente e que, em todos os casos, ela há de ser uma consideração importante. Mas, em segundo lugar, não creio que percamos muito por adotar um critério que pospõe esses aspectos. No entanto, esta é uma matéria muito discutível, sobre a qual convém ser mais explícito.

Para iniciar, os socialistas convictos derivam a satisfação do mero fato de viver em uma sociedade socialista.[4] Para eles, o pão socialista pode saber mais doce que o pão capitalista simplesmente por ser socialista, e seria assim mesmo que achassem ratos nele. Se, além disso, o sistema socialista particular adotado coincidir com os princípios morais da pessoa, como, por exemplo, o socialismo igualitário coincidiria com os princípios morais de muitos socialistas, esse fato e a consequente gratificação do senso de justiça da mencionada pessoa naturalmente figurará na lista de títulos de superioridade do sistema. Para o bom funcionamento do sistema, essa adesão moral não é de modo algum indiferente; a sua importância até mesmo para a eficiência no nosso sentido terá de ser discutida mais adiante. Mas, à parte isso, é melhor todos admitirmos que a nossa fraseologia acerca da justiça etc. se reduz em grande medida ao fato de gostarmos ou não de certa forma de sociedade.

Não obstante, parece haver um argumento puramente econômico a favor do socialismo igualitário ou de qualquer socialismo cuja estrutura admita mais igualdade de rendas. Os economistas, pelo menos os que não sentem escrúpulo em tratar a satisfação das necessidades como quantidade mensurável e em comparar e somar a satisfação de pessoas diferentes, têm todo direito de alegar que determinado estoque ou fluxo de bens de consumo geralmente produz o máximo de satisfação se for distribuído igualitariamente. Daí que um sistema igualitário tão eficiente quanto o seu homólogo mercantil proporcione um nível mais elevado de bem-estar. Até mesmo um sistema igualitário menos eficiente é capaz disso. A maior parte dos teóricos modernos

---

4 De fato, às vezes somos convidados a desconsiderar os defeitos reconhecidos do plano socialista em troca do privilégio de vir a ser membros da sociedade socialista. Esse argumento, que formula com franqueza o sentimento verdadeiramente socialista, não é de modo algum desarrazoado como pode parecer. Na realidade, torna supérfluos todos os outros argumentos.

rejeitaria esse argumento alegando que a satisfação não é mensurável ou que a comparação e a soma da satisfação de pessoas diferentes carecem de sentido. Não precisamos ir tão longe. Basta notar que o argumento igualitário é particularmente vulnerável à objeção apresentada na nossa análise da prática monopolista: o problema não é como distribuir determinada quantidade independentemente dos princípios de distribuição de renda. As rendas salariais podem perfeitamente ser mais elevadas em uma sociedade mercantil que admite desigualdades irrestritas do que seriam em um socialismo igualitário. Enquanto não se tiver razoável certeza de que o mecanismo socialista de produção é pelo menos quase tão eficiente quanto o mecanismo mercantil foi, é ou será no momento da comparação, o argumento sobre a distribuição segue sendo inconclusivo – aliás, uma petição de princípio – mesmo que optemos por aceitá-lo.[5] E, tão logo se coloque a questão da eficiência produtiva, o argumento distributivo será supérfluo na maioria dos casos; a menos que se baseie exclusivamente em ideais morais, ele só inclinará a balança em casos-limite.

3. Sem embargo, há outro motivo pelo qual se poderiam associar níveis semelhantes de eficiência produtiva a níveis diferentes de bem-estar. A maioria dos socialistas afirma que determinada renda nacional avança mais em uma sociedade socialista do que em uma capitalista porque aquela faria dela um uso mais econômico. Essas economias seriam consequência do fato de certos tipos de sociedade poderem, em virtude da sua organização, ser indiferentes ou hostis a certos fins aos quais outros tipos, também em virtude da sua organização, alocam partes consideráveis dos seus recursos. Por exemplo, um socialismo pacifista economizaria em armamento; um ateu, em igrejas, e, por conseguinte, ambos poderiam ter mais hospitais. É assim, naturalmente. Mas, como isso envolve avaliações que não se podem atribuir com confiança ao socialismo em geral – embora se possam atribuir a muitos socialistas individuais –, a questão não nos interessa aqui.

---

5 Pode-se expressar o argumento que assim descartamos dizendo que, sendo as outras coisas iguais, o máximo socialista é maior que o máximo concorrencial. No entanto, devido à natureza puramente formal dos dois máximos, não tem sentido compará-los, como devem ter evidenciado as considerações anteriores.

Quase todas as sociedades socialistas – mas não a do tipo platônico – certamente realizaria outro tipo de economia, a saber, a economia procedente da eliminação da classe ociosa, do "ricaço desocupado". Como, do ponto de vista socialista, é muito adequado desconsiderar a satisfação das necessidades dos indivíduos pertencentes a esse grupo e avaliar as suas funções culturais em zero – posto que os socialistas civilizados sempre mantenham as aparências acrescentando: no mundo de hoje –, há obviamente um ganho líquido a ser feito pelo regime socialista. Quanto perdemos se aplicarmos um teste de eficiência que despreze esse ganho?

Naturalmente, a moderna tributação da renda e da herança vem reduzindo rapidamente o problema à insignificância quantitativa, mesmo independentemente dos métodos fiscais aplicados no financiamento da guerra atual. Mas essa tributação é a expressão de uma atitude anticapitalista e, possivelmente, a precursora da eliminação completa das faixas de renda tipicamente capitalistas. Portanto, temos de colocar a nossa questão em uma sociedade capitalista ainda não atacada nas suas raízes econômicas. No caso dos Estados Unidos, parece razoável escolher os dados de 1929.[6]

Definamos os ricos como aqueles que têm renda igual ou superior a 50 mil dólares. Em 1929, eles receberam aproximadamente 13 bilhões de dólares de um total nacional de 93 bilhões.[7] Desses 13 bilhões, temos de deduzir impostos, poupanças e doações para fins públicos, pois a eliminação desses itens não constituiria poupanças para o regime socialista; somente os gastos dos ricos para consumo próprio é que seria "poupado" no sentido exato da palavra.[8]

---

6 Os Estados Unidos são o país que mais se presta a esse teste. Na maioria dos países europeus, o problema se complicaria, pelo menos no tocante ao século XIX ou mesmo até 1914, devido à presença de altas rendas de origem pré-capitalista, mas que foram dilatadas pela evolução capitalista.

7 Cf. H. G. Moulton, M. Levin e C. A. Warburton, *America's Capacity to Consume* (1934), p.206. Esses números são verdadeiramente muito grosseiros. Compreendem rendas de ocupações e investimentos, assim como oriundas de vendas de propriedade e do aluguel avaliado de casas habitadas pelos seus proprietários.

8 Veremos que o fato de a autoridade socialista usar, presumivelmente, essas poupanças e doações para fins diferentes não afeta o argumento.

COMPARAÇÃO DE PLANTAS

Essas despesas não se podem estimar com precisão. A única coisa que podemos esperar é uma ideia das ordens de magnitude envolvidas. Como a maioria dos economistas que se dispuseram a correr o risco as calculou em menos de um terço dos 13 bilhões, pode-se dizer com bastante segurança que essa despesa não excede os 4 bilhões de dólares ou cerca de 4,6% da renda nacional total. Ora, esses 4,6% compreendem todas as despesas de consumo procedentes das rendas superiores dos negócios e dos profissionais liberais, de modo que o ricaço desocupado não pode ter absorvido mais que 1% ou 2% no máximo. E, à medida que a motivação familiar continua ativa, não se poderia considerar a totalidade dessa despesa como irrelevante para o desempenho propício à eficiência do mecanismo econômico.

Alguns leitores sentirão, sem dúvida, que o limite de 50 mil dólares é indevidamente alto. Claro está que se poderia economizar mais com eliminação ou a redução ao nível de subsistência das rendas de todas as pessoas, ricas ou pobres, que são ociosas em termos econômicos.[9] Seria possível economizar ainda mais, pode-se dizer, se se racionalizasse a distribuição de todas as rendas mais elevadas para colocá-las em uma correspondência mais estreita com o desempenho. Mas os argumentos que serão expostos na próxima seção sugerem que as grandes esperanças depositadas nestas considerações levarão à decepção.

Mas não quero insistir. Porque, se o leitor atribuir a essas economias mais importância do que me parece justificável, a conclusão a que chegaremos só se aplicará *a fortiori*.

---

9 Deve-se observar que a renda constituída exclusivamente de lucros de investimentos não é um indicativo de ociosidade econômica de quem a recebe, pois o seu trabalho pode ser incorporado ao seu investimento. O exemplo de sala de aula serve tanto quanto uma argumentação mais prolongada: suponhamos que um homem lavre um pedaço de terra com o trabalho das suas mãos; o rendimento que que ele recebe depois é um "rendimento de um melhoramento feito pelo homem" ou, como a denominam os economistas, uma quase renda. Se o melhoramento for permanente, não se distinguirá da renda da terra propriamente dita e, portanto, parecerá a própria encarnação da renda imérita, quando, na realidade, é uma forma de salário se definirmos salário como um rendimento atribuível ao esforço produtivo pessoal. Generalizando, podemos dizer que se pode empreender esse esforço a fim de obter uma renda que pode, mas não necessariamente, ter a forma de salário.

III. Motivos da superioridade da planta socialista

Assim, o nosso critério de superioridade ou inferioridade abrange, afinal, mais terreno do que parece. Mas, se nos ativermos a ele, que será da vigorosa defesa da superioridade da planta socialista de que falei anteriormente?

O leitor que leu atentamente a análise do capítulo 8 tem todo o direito de ficar perplexo. Como vimos, a maior parte dos argumentos usualmente apresentados a favor do regime socialista e contra o capitalista falha quando se levam devidamente em consideração as condições criadas para as empresas por uma rápida taxa de progresso. Examinados de perto, alguns desses argumentos chegam até a tomar a direção oposta. Boa parte dos fenômenos considerados patológicos passa agora por fisiológicos: para preencher funções importantes no processo de destruição criativa. Muitos desperdícios trazem consigo compensações que invalidam a inferência, às vezes completamente, em outros casos parcialmente. A alocação socialmente irracional de recursos não é necessariamente tão frequente ou importante quanto dizem. Além disso, em alguns casos, não tem menos probabilidade de ocorrer em uma economia socialista. O excesso de capacidade, também parcialmente inevitável em uma economia socialista, muitas vezes justifica uma interpretação que rebate toda crítica. E inclusive faltas inescusáveis não passam, afinal, de incidentes de uma realização suficientemente grande para perdoar uma grande quantidade de pecados.

A resposta à nossa questão procede do último parágrafo do capítulo anterior. A sua validez pode ser duvidosa enquanto a evolução capitalista tiver pleno impulso, mas passa a ser decisiva quando ela desacelera *permanentemente*, seja por motivos inerentes ao seu mecanismo econômico, seja por motivos externos a ele.

Há casos em que as indústrias capitalistas operam em circunstâncias tais que os preços e a produção se tornam teoricamente indeterminados. Isso pode ocorrer, embora não ocorra sempre, quando há oligopólio. Em uma economia socialista, tudo é claramente determinado – com exceção dos casos-limite sem importância prática. Porém, mesmo quando existe um estado teoricamente determinado, alcançá-lo é muito mais difícil e caro na economia capitalista do que na socialista. Naquela, são necessários infinitos movimentos e

COMPARAÇÃO DE PLANTAS

contramovimentos e é preciso tomar decisões em uma atmosfera de incerteza que rebota o fio da ação, ao passo que essa estratégia e a incerteza estariam ausentes neste. Isto não se aplica unicamente ao capitalismo "monopolista", mas, ainda mais, bem que por outros motivos, à espécie concorrência como mostram o caso do ciclo do porco[10] e o comportamento das indústrias mais ou menos perfeitamente concorrenciais nas depressões gerais e nas vicissitudes que lhes são próprias.

Mas isso significa mais do que parece à primeira vista. As soluções determinadas dos problemas da produção são racionais ou ótimas do ponto de vista de certos dados, e tudo quanto encurta, aplaina ou proteja o caminho que leva a elas economiza energia humana e recursos materiais e reduz os custos mediante os quais se obtêm determinados resultados. Se os recursos assim economizados não forem desperdiçados completamente, a eficiência no nosso sentido deve aumentar necessariamente.

Sob o título dessa seção, algumas das acusações generalizadas ao sistema capitalista que examinamos acima parecem relativamente justificadas. Tomemos como exemplo a capacidade excedente. Não é verdade que ela estaria totalmente ausente no socialismo; seria absurdo o conselho central exigir a utilização plena de uma ferrovia que percorre uma região ainda desabitada. Tampouco é verdade que a capacidade excedente signifique perda em todos os casos. Mas há tipos de capacidade excedente que geram perdas e podem ser evitadas por uma gestão socialista, sendo o caso principal o da capacidade de reserva para fins de guerra econômica. Seja qual for a importância do caso particular – não creio que seja muito considerável –, ele evidencia um ponto já mencionado aqui: há coisas que, nas condições da evolução capitalista, são ou podem ser perfeitamente racionais e até necessárias e, portanto, não precisam absolutamente constituir imperfeições *ex visu* da ordem capitalista; tampouco precisam constituir fragilidades do capitalismo "monopolista" em comparação com o concorrencial se eles estiverem associados, como condições, a realizações daquele que estejam fora do alcance deste; porém, mesmo que seja assim, eles ainda podem constituir fragilidades em comparação com a planta socialista.

---

10 Cf. cap. 8.

Isso se aplica particularmente aos fenômenos que participam do mecanismo dos ciclos econômicos. A empresa capitalista não carece de reguladores, alguns dos quais também se podem encontrar na prática do ministério da produção. Mas a planificação do progresso, especialmente a coordenação sistemática e a distribuição ordenada em períodos de inovações em todos os ramos, seria incomparavelmente mais eficaz na evitação de altas repentinas em algumas épocas e de reações depressivas em outras do que quaisquer variações automáticas ou manipuladas da taxa de juros ou do suprimento de crédito. Aliás, isso eliminaria a causa das altas e baixas cíclicas, ao passo que, na ordem capitalista, só é possível mitigá-las. E o processo de eliminação do obsoleto, que no capitalismo – especialmente no capitalismo concorrencial – significa paralisações e perdas temporárias em parte gratuitas, pode se reduzir àquilo que "eliminação do obsoleto" significa para a mente do leigo, e isso dentro de um plano abrangente que preveja a transferência para outros usos dos elementos não obsoletos das fábricas ou equipamentos obsoletos. Concretamente: na ordem capitalista, uma crise centrada na indústria do algodão pode paralisar a construção civil; na ordem socialista, naturalmente também é possível que a produção de artigos de algodão tenha de ser drasticamente reduzida em curto prazo, posto que isso seja pouco provável; mas tal redução daria motivo para intensificar a construção civil em vez de paralisá-la.

Sejam quais forem os objetivos econômicos desejados por quem quer que tenha condições de realizá-los, a gestão socialista poderia atingi-los com menos perturbações e perdas sem incorrer necessariamente nos inconvenientes que acompanham as tentativas de planificar o progresso no âmbito das instituições capitalistas. Pode-se exprimir um aspecto disso dizendo que a gestão socialista pode manter um rumo que se aproxime da tendência da produção em longo prazo, desenvolvendo assim uma tendência que, como vimos, não é estranha à política da grande empresa. E poderíamos sintetizar o conjunto da nossa argumentação dizendo que a socialização significa um passo além da grande empresa no caminho por ela traçado ou, o que vem a ser a mesma coisa, que a gestão socialista pode perfeitamente se mostrar superior ao capitalismo da grande empresa, assim como este se mostrou superior ao tipo de capitalismo concorrencial do qual a indústria inglesa de cem anos atrás era o protótipo. É possível que as gerações futuras venham a encarar os argumentos

COMPARAÇÃO DE PLANTAS

sobre a inferioridade do plano socialista como nós encaramos os argumentos de Adam Smith sobre as sociedades anônimas, os quais também não eram totalmente falsos.

Naturalmente, tudo quanto disse até aqui se refere exclusivamente à lógica das plantas e, portanto, a possibilidades "objetivas" que o socialismo pode ser totalmente incapaz de realizar na prática. Mas, do ponto de vista puramente lógico, é inegável que a planta socialista é traçada com um grau superior de racionalidade. Esta, creio eu, é a maneira correta de colocar a questão. Não se trata de um caso de racionalidade *versus* irracionalidade. O camponês cuja reação ao preço do porco e ao da forragem produz o ciclo do porco age, individualmente e do ponto de vista do momento, de maneira perfeitamente racional. Assim age a direção de um conglomerado que manobra em situação oligopolista. Assim age a empresa que se expande na alta e se retrai na recessão. É o tipo e o escopo da racionalidade que faz a diferença.

Isso decerto não é tudo que se pode alegar a favor do plano socialista. Mas, no que diz respeito à pura lógica de uma economia socialista, a maior parte dos argumentos que não são comprovadamente errados está, na verdade, implícita no aqui exposto.

O desemprego dá um exemplo sumamente importante. Na Parte II, vimos que, no tocante aos interesses dos desempregados, a sociedade capitalista que chegou a um grau suficientemente avançado para oferecer uma oportunidade de socialização bem-sucedida presumivelmente não deixa muito a desejar. Mas, no referente ao prejuízo causado à coletividade, o argumento anterior pressupõe que, em uma sociedade socialista, o desemprego será menor graças sobretudo à eliminação das depressões, e que, lá onde ele porventura ocorrer, principalmente em consequência do progresso tecnológico, o ministério da produção terá condições – faça o que fizer – de redirecionar os desempregados a outros empregos, os quais, se a planificação corresponder às suas possibilidades, já estarão à espera deles.

Uma pequena vantagem também inerente à racionalidade superior do plano socialista resulta do fato de, na ordem capitalista, as inovações geralmente ocorrerem em empresas individuais e se disseminarem lentamente e enfrentando resistência. Se o ritmo do progresso for rápido, muitas vezes um grande número de empresas se aferram aos métodos antigos ou apresentam eficiência abaixo do normal. Na ordem socialista, toda inovação pode teoricamente ser implantada por decreto; e as práticas abaixo do normal, serem eliminadas prontamente. Chamo essa vantagem de "pequena" porque, em regra, o capitalismo também lida com a ineficácia de modo muito eficaz. É claro que a probabilidade de essa vantagem particular, grande ou pequena, ser aproveitada por uma burocracia é outra questão; sempre se pode esperar que uma burocracia decente imponha as *suas* normas a todos os seus membros, mas isso não diz que normas serão essas. Contudo, não se deve perder de vista que, na prática, as superioridades possíveis podem se transformar em inferioridades reais.

Uma vez mais, os gerentes ou gerentes-proprietários de empresas pequenas ou médias são, em regra, principalmente engenheiros ou vendedores ou organizadores e, ainda que não lhes falte competência, eles raramente fazem todas as coisas igualmente bem. Constatamos com frequência que mesmo as empresas bem-sucedidas são geridas mediocremente em um aspecto ou outro – como mostram os relatórios dos especialistas em eficiência – e, por conseguinte, os seus líderes estão no lugar errado. A economia socialista poderia, como faz a moderna empresa de larguíssima escala, aproveitá-los mais, usando-os exclusivamente naquilo que eles realmente sabem fazer. Mas as considerações óbvias, que não precisam nos deter, não permitem nutrir grandes esperanças nesse aspecto.

Não obstante, há uma vantagem de importância primordial que não é visível na nossa planta tal como a traçamos. A característica distintiva da sociedade mercantil é a divisão entre a esfera pública e a privada – ou, se se preferir, o fato de haver, na sociedade mercantil, uma esfera privada que contém muito mais do que a ela destina a sociedade feudal ou a socialista. Essa esfera privada é distinta da pública não só em termos conceituais, como também de fato. As duas são, em grande medida, dotadas de pessoal diferente – a história da autonomia local oferece a exceção mais conspícua – e organizadas e também dirigidas segundo princípios diferentes e muitas vezes opostos, que geram padrões geralmente incompatíveis.

O atrito só pode se ausentar temporariamente de semelhante arranjo, cuja natureza paradoxal seria para nós uma fonte de assombro se não estivéssemos tão acostumados com ela. Na realidade, o atrito já estava presente muito antes que degenerasse em antagonismo em consequência das guerras de conquista travadas cada vez com mais sucesso pelos homens da esfera pública contra o domínio burguês. Esse antagonismo gera luta. A maior parte das atividades do Estado no campo econômico aparece então à luz bem caracterizada pela velha expressão do economista burguês: *interferência estatal*. Essas atividades interferem efetivamente em todos os sentidos da palavra, especialmente no de entravar e paralisar o funcionamento do mecanismo de produção privada. Não se pode afirmar que elas sejam bem-sucedidas com frequência, mesmo em eficiência produtiva crescente. Mas, na medida em que o são, a atividade do conselho central tem ainda mais chance de também o ser, ao passo que, no caso socialista, se evitariam inteiramente os custos e prejuízos provocados pela luta. E essas perdas são consideráveis, especialmente se incluirmos toda a preocupação causada pelas investigações e perseguições incessantes e pelos consequentes efeitos desalentadores sobre as energias que impulsionam a economia.

Convém mencionar um elemento específico desses custos. Ele consiste na absorção de capacidade por atividades meramente defensivas. Uma parte considerável do trabalho total dos advogados entra na luta da empresa com o Estado e os seus órgãos. Pouco importa chamarmos isso de obstrução viciosa do bem comum ou de defesa do bem comum contra a obstrução viciosa. Sempre persiste o fato de que, na sociedade socialista, não haveria necessidade nem espaço para essa parte da atividade jurídica. A economia resultante não se pode mensurar satisfatoriamente pelos honorários dos advogados envolvidos, que são insignificantes. Mas nada tem de insignificante a perda social gerada pelo emprego improdutivo de muitos dos melhores cérebros. Considerando que os bons cérebros são raríssimos, a sua transferência para outras atividades há de ter uma importância apreciável.

O atrito ou antagonismo entre a esfera pública e a privada se intensificou desde que as rendas feudais dos príncipes perderam a importância e o Estado passou a viver de uma renda produzida pelo setor privado para fins privados que teve de ser desviada desses fins pelo poder político.[11] Por um

---

11 A teoria que baseia os impostos na analogia com as mensalidades de um clube ou a compra de serviços, por exemplo, de um médico não faz senão provar o quanto essa parte das ciências sociais é alheia aos hábitos mentais científicos.

lado, a tributação é um atributo essencial da sociedade mercantil – ou, se aceitarmos a concepção de Estado mencionada no primeiro capítulo, do Estado – e, por outro, tem quase inevitavelmente o caráter de um traumatismo causado ao processo de produção.[12] Até aproximadamente 1914 – se concordarmos em considerar somente os tempos modernos –, esse traumatismo estava confinado em limites estreitos. Mas, a partir de então, os impostos passaram gradualmente a ser o item dominante do orçamento tanto familiar quanto empresarial e um importante fator com que explicar o desempenho econômico insatisfatório. Ademais, para arrancar quantias cada vez maiores de um organismo reticente, criou-se um enorme aparato administrativo que não faz senão lutar com a burguesia por cada dólar da sua renda. Por sua vez, esse organismo vem desenvolvendo órgãos de defesa que fazem um trabalho enorme de autoproteção.

Nada mais revela tão bem os desperdícios resultantes do conflito de princípios estruturais em um corpo social. Embora o seu pão de cada dia dependa do princípio do lucro, o capitalismo moderno se recusa a permitir que ele prevaleça. Tal conflito e, consequentemente, tais desperdícios não existiriam na sociedade socialista. Como ela controlaria todas as fontes de renda, os impostos desapareceriam com o Estado ou, caso não se aprove a minha concepção de Estado, com o Estado burguês. Por questão de bom senso, seria claramente absurdo o conselho central pagar rendas para, a seguir, correr atrás dos receptores para recuperar parte delas. Se os radicais não gostassem tanto de azucrinar os burgueses dizendo que não veem nenhum mal nos impostos a não ser o fato de serem demasiado baixos, faz tempo que já se teria reconhecido que aqui colhemos um dos títulos de superioridade mais significativos que se pode atribuir ao plano socialista.

---

12 Há exceções, mas carecem de importância prática.

18

O ELEMENTO HUMANO

Uma advertência

É BEM PROVÁVEL QUE MUITOS ADVERSÁRIOS do socialismo aceitem o resultado a que acabamos de chegar. Mas a sua adesão geralmente há de tomar a seguinte forma: "Tudo bem, ou seja, se vocês tiverem semideuses que dirijam o sistema socialista e arcanjos que nele trabalhem, pode ser que dê certo. Mas o problema é que vocês não os têm e que, sendo a natureza humana o que é, a alternativa capitalista com o seu padrão de motivações e a sua distribuição de responsabilidades e recompensas oferece, afinal de contas, se não a melhor ordem que se possa conceber, pelo menos a mais viável".

Ora, essa resposta não deixa de ser pertinente. Por um lado, temos de nos proteger não só dos perigos que espreitam qualquer tentativa de comparar determinada realidade com uma *ideia*, como também do erro ou ardil inerente a qualquer comparação de determinada realidade com um *ideal*.[1] Por outro,

---

1 Uma ideia, ou esquema, ou modelo, ou planta também incorpora um ideal, mas somente no sentido lógico; um tal ideal significa apenas ausência de elementos inessenciais – o projeto inadulterado, por assim dizer. É claro que persiste uma questão discutível do que exatamente

276 CAPITALISMO, SOCIALISMO E DEMOCRACIA

conquanto eu creia ter deixado bem claro que, na natureza das coisas, nunca pode haver uma defesa geral do socialismo, mas tão somente uma defesa com referência a determinadas condições sociais e determinados estágios históricos, essa relatividade passa a ter muito mais importância agora que deixamos de percorrer o território das plantas.

I. A relatividade histórica do argumento

Ilustremos este ponto com uma analogia. Na sociedade feudal, grande parte do que todos nós, inclusive os adeptos mais ferrenhos da propriedade privada, hoje consideramos como o domínio exclusivo da administração pública era administrada por meio de um arranjo que, para nós, dá a impressão de que aquelas funções públicas tivessem sido transformadas em objetos de apropriação privada e em fontes de ganho privado; em uma hierarquia de relações de vassalagem, cada cavaleiro ou senhor considerava o seu feudo um benefício, não o pagamento de serviços por ele prestados *ao administrá-lo*. As atualmente ditas funções públicas ligadas a isso não passavam de uma remuneração por serviços prestados a um suserano. Mesmo essa fórmula não chega a expressar corretamente a situação: ele conservava o seu feudo porque, sendo cavaleiro ou senhor, tinha o direito de conservá-lo independentemente do que fizesse ou deixasse de fazer. As pessoas que carecem da dimensão histórica

---

incluir nele e do que, consequentemente, considerar como desvio. Posto que essa seja uma questão de técnica analítica, o amor e o ódio podem nela entrar: os socialistas tenderão a incluir na planta do capitalismo tantos aspectos negativos quanto possíveis; os antissocialistas farão o mesmo com a planta socialista; e as duas partes tentarão "alvejar" a sua arrolando o máximo de "máculas" possível entre as inessenciais e, portanto, por implicação, desvios evitáveis. Mesmo que, em determinado caso, concordem em rotular certos fenômenos como desvios, continuarão discrepando quanto ao grau em que o seu sistema e o dos adversários estão sujeitos a desvios. Por exemplo, os economistas burgueses tenderão a atribuir à "interferência política" tudo quanto os desagradar no capitalismo, ao passo que os socialistas sustentarão que tais políticas são a consequência inevitável dos processos e situações criados pelo modo como funciona o mecanismo capitalista. Embora reconheça todas essas dificuldades, não creio que elas afetem a minha exposição, que, como o leitor profissional há de notar, foi concebida de modo a evitá-las.

O ELEMENTO HUMANO

tendem a encarar esse estado de coisas como um acúmulo de "abusos". Mas isso é absurdo. Nas circunstâncias da sua própria época – como todo quadro institucional, o feudalismo sobreviveu àquela que foi verdadeiramente "a sua" época –, essa ordenação era a única factível e incorporava o único método pelo qual aquelas funções públicas podiam ser exercidas. Se Karl Marx tivesse nascido, por exemplo, no século XIV e cometesse a temeridade de defender outro método de administração pública, arriscaria ouvir como resposta que tal sistema era um modo admirável de obter o que sem ele não poderia ser obtido de modo algum e especialmente que, "sendo a natureza humana o que é", a motivação do lucro era indispensável ao funcionamento da administração pública; a sua eliminação teria significado, efetivamente, o caos e podia ser qualificada de sonho impossível.

Do mesmo modo, na época em que a fábrica têxtil ocupava o lugar mais elevado da economia capitalista – até 1850, digamos –, o socialismo não era uma proposição prática e nenhum socialista sensato afirmaria hoje ou teria afirmado então que era. O olho do dono que engorda o gado e transforma a areia em ouro, a galinha dos ovos de ouro e outros mitos corriqueiros desse tipo eram, então, a expressão de uma verdade inegável pronunciada por e para pessoas simples e ignorantes. Proponho aos amigos socialistas que há maneira melhor de combatê-las que a chacota: chacota na esperança que o adversário, um intelectual vaidoso e melindroso como eles próprios, cesse de argumentar tão logo perceba que arrisca bancar o ridículo: é melhor reconhecer a justa pretensão daqueles boçais dentro do seu próprio marco histórico e restringir a refutação a outros marcos históricos. Então pelo menos enfrentaremos a questão relevante – ou seja, a de determinar o que deles subsiste agora – e ainda conservamos suficiente espaço livre para as nossas discordâncias.

Já que temos de visualizar um tipo definido de capitalismo para que a comparação da realidade capitalista com as chances de sucesso do socialismo tenha algum sentido, escolhamos o capitalismo da nossa época, ou seja, o capitalismo *agrilhoado* da grande empresa. E observemos primeiramente que, embora isso defina uma época e um modelo, não define nenhuma data particular, nem mesmo em termos de décadas, porque para saber até que ponto o modelo do capitalismo *agrilhoado* desenvolveu e estabilizou os seus aspectos característicos em determinada época, por exemplo, na atual, ainda seria preciso esperar uma investigação factual; em segundo lugar, que, para esta parte da nossa argumentação, é irrelevante saber se esses grilhões, quaisquer que sejam, foram criados pelo próprio processo capitalista ou devem ser considerados como algo imposto por um agente externo. Terceiro, que, embora agora passemos a lidar com problemas um pouco mais práticos – a saber, até que ponto se pode esperar que o socialismo colha os frutos potencialmente presentes na sua planta –, continuaremos falando unicamente em possibilidades e teremos de recorrer a hipóteses a fim de remediar a nossa ignorância do tipo de socialismo que o destino nos reserva.

II. Sobre semideuses e arcanjos

Voltando ao nosso burguês que falava em semideuses e arcanjos, podemos abrir mão facilmente dos primeiros; para dirigir a máquina socialista, não são necessários semideuses porque, como vimos anteriormente, o problema a resolver – uma vez superadas as dificuldades da transição – será não mais difícil, e sim mais fácil que a tarefa que um capitão de indústria enfrenta no mundo moderno. Os arcanjos representam a conhecida proposição segundo a qual a forma socialista de existência pressupõe um nível ético que não se pode esperar que os homens, sendo como são, alcancem.

Os socialistas que se culpem a si próprios se argumentos desse tipo jogaram água no moinho dos seus adversários. Falaram muito nos horrores da opressão e da exploração capitalistas, cuja mera eliminação bastaria para revelar imediatamente a natureza humana em toda a sua beleza ou, pelo menos, para iniciar um processo de educação que reformaria a alma humana e a conduziria ao nível ético requerido.[2] Assim, eles se expuseram não só à acusação de adular as massas em um grau ridículo, como também de aderir a um rousseaunismo que, a esta altura, devia estar suficientemente desacreditado.

---

2 Entre os neomarxistas, o principal pecador foi Max Adler (não confundir com os outros dois Adler vienenses que ocupam um lugar importante na história do socialismo austríaco, Victor Adler, o grande organizador e dirigente do partido, e o seu filho Fritz Adler, assassino do primeiro-ministro conde Stürgkh).

O ELEMENTO HUMANO

279

Mas isso é absolutamente desnecessário. Pode-se fazer uma boa defesa do socialismo com base no bom senso.

Para tanto, adotemos uma distinção que se mostra útil, posto que os psicólogos lhe façam objeções. Primeiramente, determinado conjunto de propensões a sentir e agir pode ser alterado por mudanças no meio social, ao passo que o sistema fundamental a ele subjacente (a "natureza humana") continua sendo o mesmo. Chamemos isso de "modificação por recondicionamento". Em segundo lugar, ainda dentre desse sistema fundamental, o recondicionamento pode colidir com as inclinações a sentir e agir, que, embora susceptíveis a ser modificadas pelas alterações ambientais – especialmente se estas forem feitas racionalmente – continuam resistindo durante algum tempo e criam perturbações enquanto o fazem. Podemos associar esse fato ao termo "hábitos". Em terceiro lugar, o próprio sistema fundamental pode ser alterado ou dentro do mesmo estoque de material humano, ou pela eliminação dos seus elementos refratários; sem dúvida, a natureza humana é maleável em certa medida, particularmente nos grupos cuja composição pode ser modificada. Até que ponto chega essa maleabilidade é uma questão de investigação séria e não pode ser tratada em estilo de tribuna de debate com afirmações temerárias ou negações igualmente temerárias. Mas não precisamos tomar partido agora, pois não há nenhuma necessidade de reforma fundamental da alma humana para pôr em marcha o socialismo.

Disso podemos nos convencer facilmente. Em primeiro lugar, podemos excluir o setor agrário, que era de esperar que oferecesse as maiores dificuldades. O nosso socialismo não deixaria de ser socialismo mesmo que a gestão socialista se restringisse a um tipo de planificação agrária que diferisse somente em grau da prática já em desenvolvimento. Elaborar um plano de produção; racionalizar a localização (o uso do solo); suprir os agricultores de máquinas, sementes, animais reprodutores, fertilizantes etc.; fixar os preços dos produtos e comprá-los dos agricultores por esses preços – eis todo o necessário, não obstante, isso deixaria o mundo agrário e sua atitude espiritual substancialmente intactos. Há outros caminhos possíveis. Mas o que nos interessa é que haja um que se possa trilhar com muito pouco atrito e que se possa trilhar indefinidamente sem prejudicar o direito da sociedade de continuar se chamando socialista.

Em segundo, há o mundo do operário e do empregado. Deles não se exigiria nenhuma reforma da alma e tampouco uma adaptação penosa. O seu trabalho permaneceria substancialmente igual ao que é – e engendraria, com uma importante ressalva que se acrescentará mais adiante, atitudes e hábitos semelhantes. O operário ou empregado voltaria do trabalho a um lar e a ocupações às quais a fantasia socialista pode dar o nome que quiser – pode, por exemplo, jogar futebol proletário, ao passo que agora joga futebol burguês –, mas que continuariam sendo a mesma espécie de lar e a mesma espécie de ocupações. Nesse setor social não devem surgir grandes dificuldades.

Em terceiro lugar, há o problema dos grupos que, não sem motivo, hão de ser as vítimas da ordenação socialista: trata-se, *grosso modo*, do problema do estrato superior dirigente. Tal problema não pode ser solucionado segundo a doutrina consagrada que se transformou em artigo de fé muito além do campo socialista, a saber: a doutrina segundo a qual esse estrato é constituído unicamente de bem nutridos animais de rapina cuja presença nas suas posições econômicas e sociais só se explica pela sorte e a crueldade e cuja única "função" é explorar os frutos do trabalho das massas laboriosas – ou dos consumidores, como pode ser o caso; que, além disso, esses animais predadores escangalham o seu próprio jogo por incompetência e (acrescentando um toque mais moderno) produzem depressões devido ao hábito de entesourar a maior parte do seu butim; e que a comunidade socialista não precisa se preocupar com eles desde que trate de desalojá-los rapidamente dessas posições e os impeça de cometer atos de sabotagem. Sejam quais forem as suas virtudes políticas e, no caso dos anormais, as suas virtudes psicoterapêuticas, essa doutrina não pode ser considerada bom socialismo. Pois qualquer socialista civilizado, pelo seu bom comportamento e o desejo de ser levado a sério por gente séria, admite muitos fatos ligados à qualidade e às realizações do estrato burguês que são incompatíveis com essa doutrina e, além disso, argumenta que as suas camadas superiores não devem absolutamente ser imoladas, mas, pelo contrário, também precisam ser libertadas dos grilhões do sistema que as oprime moralmente tanto quanto oprime as massas economicamente. A partir desse ponto de vista, que está de acordo com a teoria de Karl Marx, não é difícil chegar à conclusão de que a cooperação dos elementos burgueses pode fazer toda a diferença entre o sucesso e o fracasso da ordem socialista.

O problema se coloca, pois, da seguinte maneira. Eis uma classe que, em virtude do processo seletivo do qual é resultado, contém um material humano de qualidade superior[3] e, portanto, é um ativo nacional que toda organização social logicamente deve usar. Só isso já implica algo mais que a abstenção de a exterminar. De resto, essa classe exerce funções vitais que também têm de ser exercidas na sociedade socialista. Vimos que ela foi e é causalmente associada a quase todas as realizações culturais da época capitalista, assim como a todas as realizações econômicas que não se devem ao crescimento da população trabalhadora: a todo crescimento, ou seja, àquilo que usualmente se denomina produtividade de trabalho (produção por homem-hora).[4] E essa realização, por sua vez, tem sido causalmente associada ao sistema de prêmios e punições de eficiência incomparável que o socialismo é obrigado a abolir. Portanto, trata-se de saber, por um lado, se o material humano burguês pode ou não

---

3 Cf. cap. 6. Mais precisamente, o indivíduo típico da classe burguesa é superior em aptidão intelectual e volitiva ao indivíduo típico de qualquer outra classe da sociedade industrial. Isso nunca foi e dificilmente será comprovado estatisticamente, mas se deduz de uma análise do processo de seleção social da sociedade capitalista. A natureza do processo também determina o sentido em que se deve entender a palavra "superioridade". Mediante uma análise semelhante de outros meios sociais, pode-se demonstrar que o mesmo vale para todas as classes dominantes de que temos informações históricas. Ou seja, pode-se demonstrar em todos os casos, primeiro, que as moléculas humanas ascendem e declinam, dentro da classe em que nascem, em condições que condizem com a hipótese de que tais movimentos se devem às suas aptidões relativas; e, em segundo lugar, também se pode demonstrar que elas ascendem e declinam da mesma maneira transpondo os limites da sua classe. A ascensão a classes superiores e o descenso a classes inferiores requer, em regra, mais de uma geração. Essas moléculas são, por conseguinte, antes famílias que indivíduos. E isso explica por que os observadores que centram a atenção nos indivíduos frequentemente perdem de vista qualquer relação entre a capacidade e a posição de classe e tendem até mesmo a contrastar uma com a outra. Porque os indivíduos começam dotados de modo tão diferente que, salvo nos casos de realizações pessoais inusitadas, essa relação, que, ademais, se refere a uma média e dá espaço a muitas exceções, se revela com muito menos clareza se deixarmos de examinar toda a corrente da qual cada indivíduo é um elo. Naturalmente, essas indicações não demonstram o meu argumento, apenas sugerem como procuraria demonstrá-lo se fosse possível nos limites deste livro. No entanto, posso remeter o leitor à minha "Theorie der sozialen Klassen in ethnisch homogenen Milieu", in *Archiv für Sozialwissenschaft*, 1927.

4 Coisa que, como ficou assinalado na primeira parte, o próprio Marx reconheceu em um *locus classicus* do *Manifesto comunista*.

282 CAPITALISMO, SOCIALISMO E DEMOCRACIA

ser posto a serviço da sociedade socialista e, por outro, se as funções exercidas pela burguesia, mas que o socialismo deve retirar dela, podem ser exercidas por outros agentes ou com a aplicação de métodos não burgueses, ou ambos.

III. O problema da gestão burocrática

A exploração racional do material humano burguês é, sem dúvida, o problema mais difícil de resolver para um regime socialista, e seria necessário um bocado de otimismo para afirmar que será resolvido com sucesso. Entretanto, isso não se deve principalmente às dificuldades inerentes a ele, e sim à dificuldade que os socialistas terão para reconhecer a sua importância e para enfrentá-lo com sensatez. A doutrina sobre a natureza e as funções da classe capitalista a que aludimos acima é, em si, sintoma de uma forte aversão a agir assim e pode ser considerada como uma preparação psicotécnica para se recusar a fazê-lo. E nada tem de surpreendente. O socialista individual, seja um militante independente, seja um funcionário do partido ou do Estado, considera o advento do socialismo de uma maneira ingênua, mas natural, como a *sua* ascensão pessoal ao poder. Para ele, a socialização significa que "nós" vamos tomar o poder. A substituição das gestões existentes é uma parte importante, talvez a mais importante, do espetáculo. E confesso que, conversando com socialistas militantes, muitas vezes duvidei que alguns ou mesmo a maioria deles se interessasse por um regime socialista que, embora perfeito em outros aspectos, fosse dirigido por outras pessoas. Apresso-me a acrescentar que a atitude de outros era impecável.[5]

Em si, a solução bem-sucedida do problema requer acima de tudo que o material humano burguês possa fazer o trabalho para o qual está qualificado por aptidão e tradição e, portanto, que se adote um método de seleção para cargos diretivos que se baseie na capacidade e não discrimine os ex-burgueses. Tais métodos são perfeitamente concebíveis e alguns deles podem até ser comparados favoravelmente com o método capitalista tal como funciona na

---

5 A esse respeito, cf. os comentários sobre as deliberações da Comissão Alemã de Socialização, cap. 23, p.405.

era das grandes sociedades anônimas. No entanto, poder fazer o seu trabalho envolve mais que a nomeação para um cargo apropriado. Uma vez nomeado, o profissional também precisa de liberdade para agir sob a sua própria responsabilidade. E isso coloca a questão da burocratização da vida econômica, que constitui o tema de tantas homilias antissocialistas.

Eu, por exemplo, não posso visualizar, nas condições da sociedade moderna, uma organização socialista que não tenha a forma de um aparato burocrático gigantesco e tentacular. Todas as outras possibilidades que consigo conceber significam fracasso e derrocada. Mas isso não há de horrorizar ninguém que perceba o quanto já avançou a burocratização da vida econômica – até da vida em geral – e que sabe abrir caminho no matagal de frases que cresceu em torno ao tema. Como no caso do "monopólio", essas frases derivam da sua fonte histórica grande parte da influência que exercem sobre o nosso espírito. Na época da ascensão do capitalismo, a burguesia se afirmou principalmente na luta com os poderes territoriais representados por uma burocracia monarquista e por meio da qual eles atuavam. E, na mente coletiva da classe capitalista, tudo quanto o mercador e o manufator consideravam uma interferência irritante ou tola se associava a essa burocracia ou funcionalismo. Uma tal associação é coisa durabilíssima; essa em particular mostrou-se tão durável que até os próprios socialistas têm medo de semelhante bicho-papão e se dão ao trabalho de vir a nós para garantir que nada está mais longe dos seus planos que a ideia de um regime burocrático.[6]

Na próxima parte, veremos que a burocracia não é um obstáculo para a democracia, mas um complemento inevitável dela. Do mesmo modo, é um complemento inevitável do desenvolvimento econômico moderno e, mais do que nunca, será essencial em uma comunidade socialista. Mas o reconhecimento da inevitabilidade da burocratização abrangente não resolve os problemas que ela mesma cria, e convém aproveitar esta oportunidade para explicar no que consistem.

---

6 Na Rússia, há um motivo adicional para tais profissões de fé. O bicho-papão se transformou no bode expiatório que todos os líderes, mas especialmente Trotsky, souberam usar. Contando acertadamente com a irreflexão do público tanto nacional quanto estrangeiro, trataram de atribuir à "burocracia" tudo quanto eles não consideravam digno de admiração na Rússia.

A eliminação da motivação do lucro e do prejuízo, que geralmente se sublinha exclusivamente, não é o ponto essencial. Ademais, a responsabilidade no sentido de a pessoa ter de pagar com o seu dinheiro pelos erros por ela cometidos já está desaparecendo de algum modo (bem que não tão rapidamente como o pensamento volitivo nos quer fazer acreditar) e, sem dúvida, o tipo de responsabilidade que existe nos grandes conglomerados pode ser reproduzido em uma sociedade socialista (cf. adiante). O método de seleção dos executivos do primeiro escalão, que é peculiar a uma burocracia ou ao funcionalismo, tampouco é necessariamente tão ineficaz quanto geralmente se afirma. As normas de nomeação e promoção no funcionalismo não carecem de uma medida apreciável de racionalidade. Às vezes, funcionam melhor na prática do que parecem no papel: em particular, o elemento da opinião corporativa dos funcionários sobre determinado homem, se se lhe der a devida importância, contribui muito para favorecer a capacidade – pelo menos certo tipo de capacidade[7].

Outro ponto é muito mais importante. O método burocrático de fazer negócios e a atmosfera moral que ele dissemina geralmente têm uma influência nociva sobre os espíritos mais ativos. Isso se deve principalmente à dificuldade, inerente à máquina burocrática, de reconciliar a iniciativa individual com o mecanismo do seu funcionamento. Com frequência, essa máquina dá pouca liberdade à iniciativa e muita às manobras hostis destinadas a asfixiá-la. Disso pode resultar uma sensação de frustração e futilidade que, por sua vez, induz um hábito mental que se exterioriza na crítica esterilizante do esforço dos demais. Isso não precisa ser assim; muitas burocracias lucram com o conhecimento mais íntimo do seu trabalho. Mas é difícil de evitar e não há nenhuma receita simples para tanto.

Sem embargo, não é difícil inserir o elemento humano de origem burguesa no seu lugar adequado na burocracia socialista e reconfigurar-lhe os hábitos de trabalho. Mais adiante, veremos que, pelo menos no caso da socialização realizada na hora certa, as condições para a aceitação moral da ordem socialista e para a transferência das lealdades a ela provavelmente se verificarão e não haverá necessidade de comissários que boicotar e insultar. Então, o tratamento racional dos elementos ex-burgueses com uma visão para assegurar o

---

7 Ver adiante, cap. 24.

desempenho máximo deles não exigirá nada que não seja igualmente necessário no caso do pessoal gerencial de outra extração. Algumas autoridades socialistas responderam de modo tão razoável e pouco demagógico a questão do que esse tratamento racional implica que basta um breve exame dos pontos importantes.

Seria conveniente reconhecer desde o começo que confiar exclusivamente em um senso de dever puramente altruísta é tão irreal quanto negar totalmente a sua importância e as suas possibilidades. Mesmo se levarmos em consideração os vários elementos ligados ao senso de dever, como, por exemplo, a satisfação derivada do trabalho e da direção, é presumível que um sistema de recompensas se mostre vantajoso, pelo menos na forma de reconhecimento e prestígio sociais. Por um lado, a experiência comum ensina que é difícil encontrar um homem ou uma mulher, por elevado que seja o seu espírito, cujo altruísmo ou senso de dever funcione com independência absoluta dessa espécie de egoísmo ou, se se preferir, de vaidade ou desejo de autoafirmação. Por outro, é claro que a atitude subjacente a esse fato muitas vezes pateticamente óbvio está mais fundamente arraigada que o sistema capitalista e pertence à lógica da vida dentro de qualquer grupo social.

Por isso, não pode ser eliminada por frases acerca da peste do capitalismo que infecta os espíritos e distorce as suas propensões "naturais". No entanto, é facílimo lidar com esse tipo de egoísmo individual de modo a explorá-lo para o bem da sociedade. Coisa que uma comunidade socialista se acha em uma situação particularmente favorável para fazer.

Na sociedade capitalista, o reconhecimento social do desempenho ou prestígio social tem uma forte conotação econômica, tanto porque o ganho pecuniário é índice típico de sucesso, conforme os padrões capitalistas, quanto porque a maior parte da parafernália do prestígio social – particularmente o mais sutil de todos os bens econômicos, a distância social – tem de ser comprada. Naturalmente, esse valor de prestígio ou de distinção da riqueza privada sempre foi reconhecido pelos economistas. John Stuart Mill, que não era nenhum mago da premonição nem do *insight*, o viu. E é claro que, entre os incentivos a um rendimento supernormal, este é um dos mais importantes.

Ficou demonstrado na Parte II que a própria evolução capitalista tende a enfraquecer essa motivação do desejo de riqueza, assim como todas as outras. Por isso, o socialismo não tem necessidade de impor aos elementos atuais da classe dominante uma revalorização dos valores da vida tão grande quanto a que teria sido preciso impor há cem anos. Além disso, a motivação do prestígio, mais que qualquer outra, pode ser moldada por simples recondicionamento: os realizadores bem-sucedidos podem ficar quase tão satisfeitos com o privilégio – se concedido com economia judiciosa – de ser autorizado a colar um selo de um centavo na calça como ficam ao receber um milhão por ano. Isso tampouco seria irracional. Pois, supondo que o selo de um centavo impressione o público a ponto de induzi-lo a tratar com deferência quem o usa, esse selo lhe dará muitas das vantagens por conta das quais ele atualmente preza o milhão por ano. Este argumento nada perde pelo fato de que tal prática não faria senão reviver um recurso que, no passado, foi usado amplamente e com ótimos resultados. Por que não? O próprio Trotsky aceitou a Ordem da Bandeira Vermelha.

Quanto ao tratamento preferencial em termos de renda real, convém observar em primeiro lugar que, até certo ponto, se trata de uma questão de comportamento racional para com o estoque existente de recursos sociais, independentemente do aspecto do estímulo. Do mesmo modo como os cavalos de corrida e os touros premiados são os receptores agradecidos de atenções que não seria racional nem possível outorgar a todos os cavalos e a todos os touros, também se deve conceder um tratamento preferencial ao realizador humano supernormal para que prevaleçam as regras da racionalidade econômica. É claro que elas não precisam prevalecer. A comunidade pode preferir pôr em prática ideais que excluam isso e se recusar a olhar para os homens como se fossem máquinas. E a única coisa que o economista tem o direito de dizer a esse respeito é que a comunidade não deve agir na ignorância do fato de que tais ideais têm um custo. Este ponto é de importância considerável. Muitas rendas elevadas a ponto de provocar comentários hostis não dão a quem as recebe mais do que condições de vida e de trabalho – inclusive distância e supressão de pequenos aborrecimentos – que bastam para mantê-los em forma para o trabalho que fazem.

À medida que se levar em conta esse ponto, ele resolverá simultaneamente, pelo menos em parte, o problema de proporcionar estímulos puramente econômicos. Mas, colocando-me novamente na perspectiva da racionalidade, penso que a comunidade socialista tem muito a ganhar se ultrapassar os limites impostos pela analogia do cavalo de corrida ou da máquina. Uma vez mais, esta opinião se inspira, por um lado, na observação do comportamento humano e, por outro, na análise da economia e da civilização do capitalismo, e ambas constatam que carece de fundamento a concepção segundo a qual a possibilidade de a sociedade explorar a cobiça provocada por um tratamento preferencial seria um produto das condições capitalistas. Essa cobiça é a propulsora de um esforço socialmente valioso. Se se negar toda chance de satisfação, o resultado será menor do que podia ser, posto que seja impossível dizer em que medida e posto que a importância desse elemento venha a ser tanto menor quanto mais estacionário for o processo econômico quando da implantação do socialismo.

Isso não significa que, para aproveitar as possibilidades de estímulos desse tipo, as rendas nominais tenham de chegar a uma altura semelhante à atual. Atualmente, elas incluem impostos, poupanças, e assim por diante. A eliminação desses itens seria suficiente para reduzir drasticamente as cifras que tanto escandalizam a mentalidade pequeno-burguesa da nossa época. Ademais, como já vimos, as pessoas que se acham nas categorias superiores de renda se habituam progressivamente a ideias mais modestas e, aliás, estão perdendo a maior parte das suas motivações – que não a do prestígio – para desejar os níveis de renda que costumavam bancar despesas em escala senhorial; as suas ideias serão ainda mais modestas na época em que for possível esperar que o socialismo seja um sucesso.

Naturalmente, os fariseus econômicos continuarão a arrancar os cabelos com santo horror. Para o benefício deles, permito-me assinalar que já se dispõe de meios para aplacar os seus escrúpulos. Esses meios surgiram no mundo capitalista, mas foram muito desenvolvidos na Rússia. Essencialmente, consistem em uma combinação de pagamentos em espécie com uma provisão liberal de dinheiro destinado, teoricamente, a cobrir as despesas do cumprimento adequado de certos deveres. Sem dúvida, na maioria dos países, os altos escalões do funcionalismo são remunerados muito modestamente, às vezes irracionalmente até, e os grandes cargos políticos geralmente pagam salários decorosamente módicos. Mas, pelo menos em muitos casos, isso é parcialmente – em alguns casos amplamente – compensado não só por honrarias, como também por residências funcionais com pessoal pago pelo erário, verbas para hospitalidade "oficial", o uso de navios da marinha e de outros iates, gratificações para o serviço em comissões internacionais ou no quartel-general de um exército, e assim por diante.

IV. Poupança e disciplina

Finalmente, que dizer das funções atualmente exercidas pela burguesia que o regime socialista deve dela retirar? Sob esse título, discutiremos a poupança e a disciplina.

No tocante à primeira – função quase inteiramente exercida pela burguesia, especialmente pelos seus estratos mais elevados –, não vou alegar que a poupança seja desnecessária ou antissocial. Tampouco vou pedir ao leitor que confie na propensão a poupar dos camaradas individuais. Não que a sua contribuição seja negligenciável, mas decerto seria inadequada, a menos que concebamos a economia socialista como quase estacionária. Com muito mais eficiência, como vimos, a autoridade central pode fazer tudo quanto hoje é feito pela poupança privada, destinando diretamente parte dos recursos nacionais à produção de novas fábricas e equipamentos. A experiência russa pode ser inconclusiva em muitos pontos, mas não neste. O Kremlin impôs privações e "abstinência" em um grau que nenhuma sociedade capitalista teria podido impor. Em um estágio mais avançado de desenvolvimento econômico, não seria necessário exigir tanto para garantir progresso no ritmo capitalista. Quando o predecessor capitalista tivesse chegado a um estágio quase estacionário, até a poupança voluntária seria suficiente. O problema, embora sempre solucionável, mostra uma vez mais que situações diferentes requerem socialismos diferentes e que o tipo idílico só pode ser bem-sucedido se o progresso econômico for considerado sem importância, caso em que o critério econômico perde a relevância, ou se, ainda que apreciando o progresso econômico anterior, considerar-se que ele já avançou o suficiente para ser irrelevante no futuro.

Quanto à disciplina: há uma relação óbvia entre a eficiência do mecanismo econômico e a autoridade sobre os empregados que a sociedade mercantil faculta ao empregador burguês por meio das instituições da propriedade privada e da contratação "livre". Não se trata simplesmente de um privilégio conferido aos possuidores para que possam explorar os despossuídos. Por trás do interesse privado imediatamente afetado está o interesse social pelo funcionamento sem travas do aparato produtivo. As opiniões podem variar bastante quanto até que ponto, em determinada situação, o interesse social é efetivamente servido pelos interesses patronais e em que medida o método de confiar o interesse social aos interesses dos empregadores infligiu privações inúteis aos descamisados. Mas, historicamente, não pode haver nenhuma diferença de opinião quanto à existência desse interesse social nem quanto à eficácia geral desse método, que, ademais, na época do capitalismo intacto, era evidentemente o único possível. Daí, temos duas perguntas a que responder. Esse interesse social persistirá no meio socialista? Se assim for, o plano socialista pode suprir a quantidade, seja ela qual for, de autoridade requerida?

Seria conveniente substituir o termo "autoridade" pelo seu complemento "disciplina autoritária", que designa o hábito, inculcado por agentes que não os próprios indivíduos disciplinados, de obedecer a ordens e aceitar a supervisão e a crítica. Dela distinguimos a autodisciplina – observando que, pelo menos em parte, se deve à exposição anterior, mesmo ancestral, à influência disciplinadora da autoridade – e a disciplina grupal, que é o resultado da pressão da opinião do grupo sobre cada um dos seus membros e igualmente devida, em parte, aos hábitos de submissão impostos no passado.

Pois bem, dois fatos provavelmente contribuirão para que a autodisciplina e a disciplina grupal sejam mais rigorosas na ordem socialista. O caso, como muitos outros, tem sido desfigurado por idealizações ridículas – o quadro absurdo de operários que, por meio da discussão inteligente (enquanto descansam de agradáveis jogos), chegam a decisões que logo tratam de levar a cabo em alegre emulação. Mas esse tipo de coisa não deve nos cegar para fatos e inferências de fatos que dão apoio a expectativas favoráveis de natureza mais razoável.

Primeiramente, é presumível que a ordem socialista obtenha a adesão moral que vem sendo cada vez mais recusada ao capitalismo. Convém sublinhar que isso dará ao trabalhador uma atitude mais sadia para com os seus deveres do que sob um sistema que ele passou a reprovar. Além disso, boa parte dessa reprovação resulta das influências às quais está exposto. Ele reprova porque o mandam reprovar. É sistematicamente dissuadido da sua lealdade e do orgulho de um bom desempenho. Toda a sua visão da existência é distorcida pelo complexo da guerra de classes. Mas grande parte daquilo que em outra ocasião chamei de interesse especial pela agitação social desaparecerá – ou será obrigada a desaparecer como logo veremos – juntamente com todos os outros interesses especiais. Naturalmente, a isso se deve contrapor a eliminação da influência disciplinadora exercida pela responsabilidade que cada qual tem pelo seu destino econômico.

Em segundo lugar, um dos principais méritos da ordem socialista é o fato de ela mostrar com clareza inequívoca a natureza dos fenômenos econômicos, ao passo que, na ordem capitalista, a sua cara é coberta pela máscara do interesse no lucro. Podemos pensar o que quisermos dos crimes e loucuras que os socialistas sustentam que são perpetrados atrás dessa máscara, mas não podemos negar a importância da própria máscara. Por exemplo, em uma sociedade socialista, ninguém poderia duvidar que, no comércio internacional, aquilo que uma nação obtém são as importações e que as exportações são o sacrifício que ela tem de fazer para poder importar, enquanto, na sociedade mercantil, em regra, essa concepção de bom senso é totalmente escondida do homem da rua, que, por esse motivo, apoia alegremente políticas que lhe são desvantajosas. Ou, sejam quais forem os outros equívocos que a gestão socialista possa cometer, ela decerto não pagará prêmio a ninguém com o objetivo expresso de induzi-lo a *não* produzir. Ou ninguém poderá enunciar impunemente disparates sobre a poupança. De um ponto de vista muito mais geral, a política econômica será, portanto, racionalizada e se evitarão algumas das piores fontes de desperdício simplesmente porque o significado econômico das medidas e procedimentos ficará patente para cada camarada. Entre outras coisas, cada camarada compreenderá o verdadeiro significado da indisciplina no trabalho e especialmente das greves. Pouco importa que isso não seja motivo para que ele condene *ex post facto* as greves do período capitalista, contanto que chegue à conclusão de que "agora" as greves não passariam de ataques antissociais ao bem-estar da nação. Se, apesar disso, ele entrar em greve, será com a consciência pesada e não contará com aprovação pública. Mesmo porque já não haverá nenhum burguês bem-intencionado que ache tremendamente empolgante aplaudir os grevistas e os seus líderes.

V. Disciplina autoritária no socialismo: uma lição da Rússia

Mas esses dois fatos nos levam além de uma inferência no sentido de que, à medida que eles ocorrem, poderia haver mais autodisciplina e mais disciplina grupal na sociedade socialista e, portanto, menos necessidade de disciplina autoritária do que há na sociedade do capitalismo agrilhoado. Também sugerem que, quando se fizer necessária, a imposição autoritária da disciplina será uma tarefa mais fácil.[8] Antes de expor os motivos pelos quais acredito nisso, tenho de apresentar as razões que me levam a acreditar que a sociedade socialista não poderá prescindir da disciplina autoritária.

Em primeiro lugar, na medida em que a autodisciplina e a disciplina grupal são, pelo menos em considerável medida, o resultado de um aprendizado anterior, possivelmente ancestral, propiciado pela disciplina autoritária, elas se extinguirão se o aprendizado for interrompido durante um período longo o bastante, independentemente de a ordem socialista fornecer ou não motivos adicionais para conservar o tipo de comportamento requerido, que pode apelar para considerações racionais ou para a adesão moral de indivíduos ou grupos. Tais motivos e a sua aceitação são fatores mais importantes para induzir as pessoas a se submeterem a essa educação e a um sistema de sanções do que para lhes permitir manterem o seu ramerrão habitual. Esse aspecto ganha importância se tivermos em conta que estamos examinando a disciplina na opacidade da rotina cotidiana, não glorificada pelo entusiasmo, enfadonha em alguns detalhes, se não em todos, e que a ordem socialista elimina, entre outras coisas, a pressão da motivação da sobrevivência, que muito incentiva a autodisciplina na sociedade capitalista.

Em segundo lugar, intimamente associada à necessidade de treinamento incessante do trabalhador normal, está a necessidade de lidar com o de

---

8 Dificilmente se pode exagerar a importância disso caso se possa demonstrar que é razoável esperar que se mantenha, pelo menos em alguns tipos de sistema capitalista. Não é só que a disciplina melhora a qualidade e, caso necessário, aumenta o volume do trabalho; independentemente disso, a disciplina é um fator importantíssimo de economia de recursos. Lubrifica as engrenagens da máquina econômica e reduz muito o desperdício e o esforço total por unidade de desempenho. A eficiência da planificação, assim como a da gestão corrente em particular, pode se elevar a um nível muito superior a tudo quanto é factível nas condições atuais.

desempenho subnormal. Esta palavra não designa casos patológicos isolados, e sim uma ampla margem de cerca de 25% da população. Como o desempenho subnormal se deve a defeitos morais ou volitivos, é absolutamente irrealista esperar que ele desapareça com o capitalismo. O grande problema e a grande inimiga da humanidade, a subnormalidade, continuará conosco tanto quanto agora. Não pode ser resolvido pela disciplina grupal *sem auxílio* – embora, naturalmente, seja possível construir o mecanismo da disciplina autoritária para que funcione, pelo menos parcialmente, por meio do grupo do qual o subnormal é um elemento.

Terceiro, conquanto seja de esperar que o interesse especial pela agitação social desapareça em parte, há motivo para acreditar que não desaparecerá inteiramente. A fomentação de inquietude e a sabotagem continuarão sendo uma carreira ou um atalho para uma carreira; tanto quanto agora, continuarão sendo a reação natural tanto dos idealistas quanto dos egoístas descontentes com a sua situação ou com as coisas em geral. Além disso, haverá muita coisa por que lutar em uma sociedade socialista. Afinal, somente uma das grandes fontes de controvérsia será eliminada. Além da probabilidade óbvia da sobrevivência de interesses secionais – geográficos e industriais –, podem surgir conflitos de opinião, por exemplo, sobre o peso relativo a ser atribuído, respectivamente, ao desfrute imediato e ao bem-estar das gerações futuras, e uma gestão que favoreça este último pode muito bem se ver confrontada com uma atitude não muito diferente da atitude atual dos sindicatos e do público em geral para com a grande empresa e a sua política de acumulação. Enfim, recordando o que dissemos sobre a indeterminação cultural do socialismo, teremos de entender que muitos dos grandes problemas da vida nacional continuarão pendentes como sempre e que há poucos motivos para esperar que os homens cessem de lutar por eles.

Ora, ao apreciar a capacidade da gestão socialista de enfrentar as dificuldades que podem surgir nesses três âmbitos, convém ter em mente que a comparação se fará com o capitalismo tal como é nos nossos dias ou até mesmo com o capitalismo como se pode esperar que venha a funcionar em um estágio de desintegração ainda mais avançado. Quando discutimos a importância da subordinação incondicional na empresa individual,[9] tão desdenhada por

---

9 Cf. cap. 11, p.178-9.

muitos economistas desde a época de Jeremy Bentham, vimos que a evolução capitalista tende a minar as suas próprias bases sociopsicológicas. A disposição do trabalhador de acatar ordens nunca se deveu a uma convicção racional das virtudes da sociedade capitalista ou a uma percepção racional das vantagens pessoais que tal atitude podia lhe valer. Deveu-se à disciplina inculcada pelo predecessor feudal do seu patrão burguês. A esse patrão, o proletariado transferiu parte do respeito – mas de modo algum todo – que os seus ancestrais, nos casos normais, tinham pelo senhor feudal, cujos descendentes também facilitaram muito a vida da burguesia conservando o poder política durante a maior parte da história capitalista.

Ao combater o seu "estrato protetor", ao aceitar a igualdade na esfera política, ao ensinar aos operários que eles eram cidadãos tão valiosos como quaisquer outros, a burguesia abriu mão dessa vantagem. Durante algum tempo, subsistiu autoridade suficiente para dissimular a transformação paulatina, mas incessante, que dissolveria a disciplina da fábrica. Agora ela desapareceu quase totalmente. Desapareceram quase todos os meios com que manter a disciplina e, mais ainda, o poder de usá-los. Desapareceu o apoio moral que a comunidade costumava dar ao patrão na sua luta com as transgressões da disciplina. Finalmente, desapareceu – sobretudo em consequência do desaparecimento desse apoio – a antiga atitude dos órgãos governamentais; podemos rastrear passo a passo o caminho que levou do apoio ao patrão à neutralidade, e, depois de passar por diversos *matizes* de neutralidade, à defesa do direito do operário de ser considerado uma parte em pé de igualdade com as outras nas negociações, e, a partir disso, a respaldar o sindicato tanto contra os patrões quanto contra os trabalhadores individuais.[10] O quadro se completa com a atitude do executivo contratado que, ciente de que, se se declarar em luta

---

10 A tolerância, equivalente ao estímulo, com práticas como o piquete grevista, serve de ponto de referência útil em um processo que não transcorre em linha reta. A legislação e, muito mais ainda, a prática administrativa americanas são particularmente interessantes porque os problemas envolvidos foram apresentados com ênfase incomparável devido ao fato de a mudança, depois adiada durante tanto tempo, se haver concentrado em um prazo muito breve. A falta de conhecimento de que, ao adotar a sua atitude em face dos problemas do trabalho, o Estado pode levar em conta outros interesses sociais que não o interesse em curto prazo da classe operária é tão característico quanto a adoção relutante, mas significativa, da tática da luta

pelo interesse público, suscitará não indignação, mas apenas hilaridade, conclui que é mais agradável ser elogiado pelo espírito progressista – ou tirar férias – do que ficar sujeito à vituperação ou ao perigo de fazer o que ninguém admite que seja o seu dever.

Tendo em conta esse estado de coisas, não precisamos projetar em um futuro remoto as tendências a ele inerentes para visualizar situações em que *o socialismo pode ser o único meio de restaurar a disciplina social.* Mas, em todo caso, é claro que as vantagens que uma gestão socialista terá nesse aspecto são consideráveis a ponto de pesar grandemente na balança da eficiência produtiva.

Em primeiro lugar, a gerência socialista terá ao seu dispor muito mais instrumentos de disciplina autoritária do que uma gestão capitalista jamais voltará a ter. A ameaça de demissão é praticamente o único que lhe resta – conforme a ideia de Bentham de um contrato entre iguais firmado e dissolvido racionalmente – e o cabo desse instrumento é feito de modo a cortar a mão que tentar usá-lo. Mas a ameaça de demissão pela gestão socialista pode significar a ameaça de retirar o sustento do trabalhador sem que ele tenha a possibilidade de obtê-lo com outro emprego. Ademais, enquanto na sociedade capitalista a regra geral é obrigatoriamente demissão ou nada – porque, em princípio, a opinião pública reprova a própria ideia de uma parte contratante disciplinar a outra –, a gestão socialista tem a possibilidade de aplicar essa ameaça em qualquer grau que lhe pareça racional, assim como a de também aplicar outras sanções. Entre as menos drásticas, figuram algumas a que a gestão capitalista não pode recorrer devido à sua falta da autoridade moral. Mas, em uma atmosfera social nova, a mera advertência é capaz de ter um efeito que certamente não teria agora.

Em segundo lugar, a gestão socialista achará muito mais fácil usar quaisquer ferramentas de disciplina autoritária de que disponha. Não haverá governo para interferir. Os intelectuais como grupo já não serão hostis e os indivíduos que o forem serão contidos por uma sociedade que, uma vez mais,

---

de classes por parte dos sindicatos estadunidenses. Boa parte disso se explica por uma configuração política peculiar e pela impossibilidade especificamente americana de acomodar de qualquer outro modo o proletariado em uma organização eficaz. Mas essas circunstâncias não fragilizam essencialmente o valor ilustrativo da situação operária dos Estados Unidos.

acredita nos seus próprios padrões. Tal sociedade será particularmente firme na orientação da juventude. E, reiterando, a opinião pública já não tolerará o que lhe parecer uma prática semicriminosa. Uma greve seria um motim.

Em terceiro, o grupo dirigente terá infinitamente mais motivação para sustentar a autoridade do que a tem o governo em uma democracia capitalista. Atualmente, a atitude dos governos para com as empresas é parecidíssima com a atitude que, na vida política, associamos à oposição: crítica, paralisante e fundamentalmente irresponsável. Não há de ser assim no socialismo. O ministério da produção será responsável pelo funcionamento do mecanismo produtivo. Sem dúvida, essa responsabilidade seria somente política e, possivelmente, a boa oratória encobrirá muitos pecados. No entanto, o interesse do governo de se opor às empresas será forçosamente eliminado e substituído por uma poderosa motivação para o sucesso. As necessidades econômicas deixarão de ser motivo de riso. As tentativas de paralisar as operações e de colocar as pessoas contra o seu trabalho equivalerão a atacar o governo. E é de esperar que este reaja contra semelhante coisa.

Uma vez mais, como no caso da poupança, as diversas objeções que se podem apresentar contra as generalizações da experiência russa não prejudicam o valor das suas lições em uma matéria que, em uma sociedade socialista mais madura ou mais próxima do normal, apresentaria menos e não mais dificuldades. Pelo contrário, dificilmente podemos esperar uma ilustração melhor dos pontos principais da argumentação acima.

A revolução bolchevique de 1917 completou a desorganização do proletariado industrial da Rússia, pequeno, mas altamente concentrado. As massas escaparam inteiramente ao controle e materializaram a sua concepção da nova ordem das coisas mediante inumeráveis greves e ocupação de fábricas.[11] A gestão dos conselhos operários ou sindicatos entrou na ordem do dia e muitos líderes a aceitaram por como coisa absolutamente normal. Graças a um compromisso negociado em 1918, assegurou-se com dificuldade um mínimo de influência dos engenheiros e do Conselho Supremo, cujo funcionamento

---

11 Essa quebra da disciplina verificou-se na maior parte dos casos históricos. Por exemplo, foram a causa imediata do fracasso das experiências quase socialistas tentadas em Paris durante a revolução de 1848.

totalmente insatisfatório foi um dos principais motivos da adoção da Nova Política Econômica em 1921. Então, os sindicatos retomaram durante algum tempo funções e atitudes de certo modo parecidas com as observadas em um capitalismo fortemente agrilhoado. Mas o primeiro Plano Quinquenal (1928) mudou tudo isso: em 1932, o proletariado industrial estava mais sob controle do que sob o último tsar. Por mais que tenham fracassado em outras coisas, nisto certamente os bolcheviques tiveram sucesso desde então. O modo como o fizeram é altamente instrutivo.

Os sindicatos não foram suprimidos. Pelo contrário, o governo os incentivou: o número de membros aumentou rapidamente e, já em 1932, chegava a quase 17 milhões. Mas, deixando de ser expoentes de interesses de grupo e obstáculos à disciplina e ao desempenho, transformaram-se em expoentes dos interesses sociais e em instrumentos de disciplina e desempenho, adquirindo uma atitude tão completamente diferente daquela que se associa aos sindicatos dos países capitalistas que algumas representações operárias ocidentais se recusam terminantemente a reconhecê-los como sindicatos. Já não se opõem às privações inerentes ao ritmo da industrialização. Aceitaram de bom grado a extensão da jornada de trabalho sem remuneração suplementar. Abandonaram o princípio de salários iguais e adotaram um sistema de prêmios e outros incentivos ao esforço, como o *stakhanovismo* e outros que tais. Reconheceram – ou a ele se submeteram – o direito do gerente de demitir trabalhadores à vontade, desestimularam "assembleísmo democrático" – a prática de os operários discutirem as ordens recebidas antes de cumpri-las – e, cooperando com os "tribunais de camaradas" e as "comissões de expurgo", adotaram medidas bastante rigorosas contra os indolentes e os subnormais. Nunca mais se falou no direito de greve nem no de intervir na produção.

Ora, isso não suscitou nenhuma dificuldade ideológica. É risível a pitoresca terminologia que etiquetava de contrarrevolucionária e oposta à doutrina de Marx qualquer coisa que não concordasse prontamente com o interesse do governo pela utilização plena da mão de obra. Mas, na realidade, não há nada antissocialista nessa atitude: é simplesmente lógico que, com o fim da guerra de classes, as práticas obstrucionistas desapareçam e o caráter dos acordos coletivos mudem. Os críticos erram em desconhecer a quantidade de autodisciplina e de disciplina grupal que o sistema conseguiu desenvolver e que confirma inteiramente as expectativas que formamos a esse respeito. Ao mesmo tempo, não é menos equivocado desconhecer o papel desempenhado pela disciplina de tipo autoritário nessa realização, tal como se apresenta, apoiando e complementando poderosamente os outros tipos de disciplina.

Os sindicatos individuais, bem como o seu órgão central, o Conselho Geral, foram submetidos ao controle do governo e do Partido Comunista. Neste, suprimiu-se a chamada oposição trabalhista e se removeram as lideranças que teimavam em reconhecer um interesse peculiar dos operários. Assim, desde a reorganização governamental de 1921, com toda certeza desde 1929, os sindicatos praticamente deixaram de ter condições de dizer ou fazer algo que contrariasse os desejos do grupo dominante. Transformaram-se em órgãos de disciplina autoritária: fato que ilustra bem um argumento apresentado acima.

Na medida em que a atitude malsã do operário moderno para com o seu trabalho se deve à influência a que ele está exposto, é essencial observar a diferença tremenda que se verifica quando o persuadem incessantemente do senso do dever e do orgulho do desempenho em vez de dissuadi-lo disso incessantemente. O fato de o Estado russo, ao contrário do capitalista, ter condições de impor, na educação e na orientação dos jovens, conformidade com os seus fins e as suas ideias estruturais aumenta-lhe a capacidade de criar uma atmosfera favorável à disciplina industrial. Evidentemente, os intelectuais não têm como alterar isso. E não há opinião pública que estimule infrações.

Enfim, a demissão que significa privação, as transferências equivalentes à deportação, as "visitas" das brigadas de choque e, ocasionalmente, também dos camaradas do Exército Vermelho, seja qual for a sua fundamentação legal, são meios nas mãos do governo com que salvaguardar o desempenho. Não faltam motivos para usá-los e, como é universalmente notório, eles têm sido usados implacavelmente. Sanções que nenhum empregador capitalista pensaria em aplicar, mesmo que tivesse o poder de fazê-lo, ameaçam severamente por trás da psicotécnica mais branda.

As conotações sinistras de tudo isso não são essenciais à nossa argumentação. Nada há de sinistro no que estou tentando expressar. Em grande medida, as crueldades contra indivíduos e grupos inteiros são atribuíveis à imaturidade da situação, às circunstâncias do país e à qualidade do seu pessoal governante. Em outras circunstâncias, em outras etapas de desenvolvimento e com outro pessoal governante, elas não seriam necessárias. Se for desnecessário aplicar sanções, tanto melhor. O ponto essencial é que pelo menos um regime socialista se mostrou realmente capaz de fomentar a disciplina grupal e de impor a disciplina autoritária. O que importa é o princípio, não as formas particulares em que ele foi posto em prática.

Assim, mesmo à parte os méritos e deméritos das plantas, a comparação com o capitalismo agrilhoado não é desfavorável à alternativa socialista. Convém frisar uma vez mais que estamos falando unicamente em possibilidades, ainda que em um sentido diferente do que era relevante para a nossa discussão da planta. Muitas hipóteses seriam necessárias para transformá-las em certezas ou mesmo em probabilidades práticas, e, sem dúvida, seria igualmente legítimo adotar outras hipóteses que produzissem resultados diferentes. Aliás, basta presumir que prevaleçam as ideias que constituem aquilo que denominei socialismo idílico para que nos convençamos da probabilidade de fracasso completo e até ridículo. Esse não seria o pior resultado possível. Um fracasso patente a ponto de ser ridículo poderia ser remediado. Muito mais insidioso e mais provável seria um fracasso não tão completo que levasse as pessoas a acreditarem, mediante o emprego da psicotécnica política, que se tratou de um sucesso. Além disso, os desvios com relação à planta do sistema e aos seus princípios de funcionamento naturalmente não são menos prováveis do que na sociedade mercantil, mas podem se mostrar mais graves e menos autocorretivos. Mas, se o leitor voltar a relancear os passos da nossa argumentação, creio que se convencerá de que as objeções enraizadas nesse tipo de considerações não prejudicam substancialmente a nossa tese – ou de que, mais precisamente, são objeções não ao socialismo *per se*, tal como o definimos para os nossos fins, e sim aos aspectos que tipos particulares de socialismo podem apresentar. Tais objeções não levam à conclusão de que é absurdo ou maldade lutar pelo socialismo. Levam somente à conclusão de que a luta pelo socialismo só significa uma coisa determinada se estiver ligada a uma percepção do tipo de socialismo que há de funcionar. Se tal socialismo é compatível com aquilo que usualmente entendemos por democracia é outra questão.

19

TRANSIÇÃO

1. Dois problemas diferentes

CREIO QUE TODOS RECONHECEM, particularmente todos os socialistas ortodoxos, que a transição da ordem capitalista para a socialista sempre coloca problemas *sui generis*, sejam quais forem as condições em que ela ocorrer. Mas a natureza e a extensão das dificuldades esperadas diferem muito conforme o estágio da evolução capitalista em que se fizer a transição, e conforme os métodos que o grupo socializante puder e quiser empregar, de modo que é conveniente construir dois casos diversos a fim de tipificar dois diferentes conjuntos de circunstâncias. A aplicação desse procedimento de exposição é muito mais fácil porque há uma conexão óbvia entre o quando e o como. No entanto, me ocuparei de ambos os casos com referência apenas ao capitalismo plenamente desenvolvido e "agrilhoado" – não gastarei espaço com as possibilidades ou impossibilidades apresentadas por quaisquer etapas anteriores. Tendo isso em mente, chamá-los-emos casos de socialização madura e prematura.

A maior parte da argumentação da Parte III pode se resumir na proposição marxista segundo a qual o processo econômico tende a *se* socializar – e também a alma humana. Com isso, queremos dizer que os pré-requisitos tecnológicos, organizacionais, comerciais, administrativos e psicológicos do socialismo tendem a se concretizar cada vez mais. Voltemos a visualizar o estado de coisas que se delineia no futuro se projetarmos essa tendência. A economia, com exceção do setor agrícola, é controlada por um reduzido número de grandes empresas burocratizadas. O progresso vem diminuindo e se torna mecanizado e planificado. A taxa de juros converge para zero, não temporariamente e sob pressão da política do governo, mas permanentemente em virtude da redução das oportunidades de investimento. A propriedade e a gestão industriais se despersonalizaram: a propriedade se degenerou em detenção de ações e obrigações, e os executivos adquiriram uma mentalidade parecida com a dos funcionários públicos. A motivação e os padrões capitalistas definharam quase inteiramente. A inferência, quanto à transição a um regime socialista realizada sem pressa, é óbvia. Dois pontos, porém, merecem ser mencionados.

Em primeiro lugar, pessoas diferentes – até mesmo socialistas diferentes – divergem entre si tanto na apreciação do grau de aproximação desse estado que lhes será satisfatório quanto no diagnóstico do grau de aproximação realmente alcançado em determinada época. Isso é muito natural, pois o progresso rumo ao socialismo, que é inerente ao processo capitalista, avança devagar e nunca ultrapassa um sinal fechado que seja perfeitamente reconhecível e mostre, sem lugar a dúvida, exatamente onde a rua está aberta. O espaço para discordância honesta aumentou muito graças ao fato adicional de as condições de sucesso requeridas não evoluírem necessariamente *pari passu*. Por exemplo, pode-se alegar plausivelmente que, em 1913, a estrutura industrial dos Estados Unidos, considerada em si mesma, estava mais "madura" que a da Alemanha. Contudo, pouca gente duvida que, se se fizesse o experimento nos dois países, as chances de sucesso seria infinitamente maior para os alemães espremidos pelo Estado, guiados e disciplinados como eram pela melhor burocracia do mundo e por seus excelentes sindicatos. Mas, além das diferenças de opinião honestas – inclusive as que são explicáveis por diferenças de temperamento semelhantes às que levam médicos igualmente competentes a divergirem quanto à conveniência de uma operação –, sempre haverá a suspeita, frequentemente muito fundamentada, de que uma das partes na discussão não quer e nunca há de querer admitir a maturidade porque na verdade não quer o socialismo, ao passo que a outra parte, por razões que podem emanar de bases idealistas ou não, presume a maturidade em todas as circunstâncias, sejam elas quais forem.

Em segundo, mesmo supondo que se chegue a um inequívoco estado de maturidade, a transição não deixará de exigir uma intervenção específica e de apresentar vários problemas.

O processo capitalista plasma coisas e almas para o socialismo. No caso limite, pode fazê-lo tão cabalmente que o passo final não seria mais que uma formalidade. Porém, mesmo nesse caso, a ordem capitalista não se transformaria em socialista por si só; esse passo final, a adoção oficial do socialismo como a lei da vida da comunidade, ainda precisaria ser dado, por exemplo, na forma de uma emenda constitucional. No entanto, na prática, as pessoas não esperarão que surja o caso limite. Fazê-lo tampouco seria racional porque se pode alcançar a maturidade, para todos os fins e efeitos, em uma época em que os interesses e as atitudes capitalistas ainda não desapareceram completamente de todos os cantos e gretas da estrutura social. E, nesse caso, a aprovação da emenda constitucional seria mais que uma formalidade. Seria preciso vencer algumas resistências e algumas dificuldades. Antes de considerar isso, vamos introduzir outra discussão.

Fundamentalmente, as coisas e as almas se moldam automaticamente para o socialismo, *i.e.*, independentemente da vontade de quem quer que seja e de quaisquer medidas tomadas com esse fim. Mas, entre outras coisas, esse processo também produz tal vontade e, por conseguinte, tais medidas: leis, ações administrativas etc. A soma total dessas medidas faz parte da política de socialização que, por isso, deve ser concebida de modo a cobrir um longo espaço de tempo, no mínimo muitas décadas. Mas a sua história, naturalmente, se divide em dois segmentos separados pelo ato de adotar e organizar o regime socialista. Antes desse ato, a política de socialização é – pouco importa se intencionalmente ou não – preparatória; depois desse ato, constitutiva. O primeiro segmento será objeto de uma breve discussão no fim deste capítulo. Agora vamos nos concentrar no segundo.

II. Socialização em estado de maturidade

No caso da socialização madura, as dificuldades que ela terá de enfrentar como primeira tarefa da "socialização *après la lettre*" não só não são insuperáveis como nem mesmo chegam a ser muito grandes. A maturidade pressupõe que a resistência será fraca e que se contará com a cooperação da maior parte de *todas* as classes – um sintoma da qual será precisamente a possibilidade de levar a cabo a adoção por meio de uma emenda constitucional, *i.e.*, de modo pacífico e sem a ruptura da continuidade legal. *Ex hypothesi*, as pessoas compreenderão a natureza desse passo, e mesmo a maioria dos seus adversários se resignarão com ele sem demasiado esforço. Ninguém ficará perplexo nem sentirá que o mundo está desmoronando.

Mesmo assim, é claro que a possibilidade de uma revolução não está inteiramente descartada. Mas esse perigo não é grande. A ausência total ou parcial de resistência organizada, por um lado, e de agitação violenta, por outro, não só reduz a oportunidade de um rompante revolucionário, como também haverá um grupo de homens experientes e responsáveis prontos para tomar as rédeas do governo e ao mesmo tempo dispostos e capazes de manter a disciplina e de usar métodos racionais que minimizarão o choque. Eles contarão com o auxílio de burocracias públicas e privadas bem treinadas e habituadas a receber ordens da autoridade legal, seja ela qual for, e que, em todo caso, não são muito favoráveis aos interesses capitalistas.

Para começar, simplificaremos os problemas transicionais do novo ministério ou conselho central do mesmo modo como já simplificamos os seus problemas permanentes, *i.e.*, presumindo que ele deixará os agricultores substancialmente em paz. Isso não só eliminará uma dificuldade que pode ser fatal – pois em nenhum outro segmento o interesse de propriedade é tão vivo como entre os agricultores ou camponeses; o mundo rural não é universalmente povoado por mujiques *russos* – como também conquistará um apoio adicional, porque ninguém detesta mais a indústria em larga escala e, especificamente, o interesse capitalista do que o camponês. Também é de esperar que o conselho concilie homens modestos de outro tipo: em torno das indústrias socializadas, podem-se autorizar, pelo menos temporariamente, o pequeno artesão a fazer o seu trabalho para lucrar e o pequeno varejista independente a vender como hoje faz o tabaqueiro nos países em que o fumo e os produtos dele derivados são monopolizados pelo Estado. Na outra extremidade da escala, pode-se cuidar facilmente dos interesses pessoais do homem cujo trabalho tem importância individual – o tipo executivo, digamos –, nos termos indicados acima, para evitar graves tropeços no funcionamento do mecanismo econômico. Claro está que a imposição drástica dos ideais igualitários pode pôr tudo a perder.

E os interesses capitalistas? Com o tempo, como indiquei acima, podemos igualá-los, *grosso modo*, aos dos portadores de ações e obrigações – sendo que entre estes últimos também figuram os detentores de hipotecas e apólices de seguro. O socialista que só conhece o evangelho marxista e está convencido de que esse grupo se compõe de um reduzidíssimo número de mandriões imensamente ricos ficaria surpreso: é possível que, na maturidade, esse grupo venha a constituir a maioria do eleitorado que não verá com bons olhos as propostas de confisco dos seus títulos, por modestos que sejam individualmente. Mas pouco importa que o regime socialista possa ou "deva" expropriá-los sem indenização. Para nós, o que importa é a falta de necessidade econômica de fazê-lo e, no caso de se optar pelo confisco, essa seria uma escolha livre da comunidade em conformidade, por exemplo, com os princípios éticos por ela adotados, mas não por falta de alternativa. Porque o pagamento de juros das obrigações e hipotecas, desde que de propriedade de indivíduos, mais o pagamento, no lugar dos dividendos, de juros sobre as obrigações a serem emitidas pelo conselho central aos ex-acionistas – de modo que, mesmo perdendo o direito de voto, eles mantenham uma renda aproximadamente igual a uma média cuidadosamente determinada dos dividendos de outrora –, não chega a ser uma carga insuportável, como demonstraria um rápido exame das estatísticas pertinentes. Enquanto a comunidade socialista continuar usando poupanças privadas, será boa política aceitar esse fardo. Pode-se obter a limitação no tempo transformando todos esses pagamentos em anuidades amortizáveis ou então com o uso adequado dos impostos de renda e de herança, que, desse modo, poderiam prestar o seu derradeiro serviço antes de desaparecer para sempre.

Isso, penso eu, caracteriza suficientemente um método viável de "socialização *après la lettre*" que, nas circunstâncias em foco, pode-se esperar que execute a tarefa da transição com firmeza, segurança e tranquilidade, com um mínimo de perda de energia e de prejuízo para os valores culturais e econômicos. As gestões dos grandes conglomerados serão substituídas somente nos casos em que houver razões específicas para tanto. Se, no momento da transição, se encontrarem sociedades privadas entre as empresas a serem socializadas, elas serão primeiramente transformadas em companhias e depois socializadas do mesmo modo que as outras. Naturalmente, proibir-se-á a fundação de novas empresas. A estrutura das relações entre as sociedades – particularmente entre as de *holding* – será racionalizada, *i.e.*, reduzida às relações favoráveis à eficácia administrativa. Todos os bancos passarão a ser filiais da instituição central e, nessa forma, poderão reter não só parte das suas funções mecânicas – caber-lhes-á quase necessariamente pelo menos de parte da contabilidade social – como possivelmente também certo poder sobre as gerências industriais, que pode tomar a forma de poder de conceder ou negar "créditos"; neste caso, o banco central poderá permanecer independente do próprio ministério da produção e se transformar em uma espécie de supervisor geral.

Assim, com o conselho central inicialmente avançando devagar e tomando as rédeas aos poucos, sem arranco, o sistema econômico terá tempo para se instalar e encontrar a sua orientação enquanto os problemas menores inerentes à transição vão sendo resolvidos um a um. No começo, seriam poucos os ajustes da produção necessários – no máximo cerca de 5% da produção total. Pois, a menos que as ideias igualitárias se imponham com muito mais vigor do que presumi, a estrutura da demanda não será gravemente afetada. É verdade que a transferência de profissionais – os advogados por exemplo – para outras atividades será em escala algo maior porque, na indústria capitalista, há funções que deixarão de existir na economia socialista. Mas isso tampouco criará grandes dificuldades. Os problemas maiores da eliminação das unidades de produção subnormais, da posterior concentração sobre as melhores oportunidades, da racionalização geográfica, com a eventual redistribuição da população, da padronização dos bens de consumo e de produção, e assim por diante, não surgirão ou, em todo caso, não precisarão surgir antes que o sistema tenha digerido a sua mutação orgânica e voltado a funcionar suavemente como antes. Nada tem de absurdo esperar que, com o tempo, um socialismo desse tipo realize todas as possibilidades de desempenho superior inerentes à sua planta.

III. Socialização em estado de imaturidade

1. Nenhum desses prognósticos é possível no segundo caso, o da adoção prematura do princípio do socialismo. Esta pode ser definida como a transição da ordem capitalista para a socialista numa época em que os socialistas têm a possibilidade de obter o controle dos órgãos centrais do Estado capitalista, mas sem que as coisas e as almas já estejam preparadas. Reitero que não vamos discutir situações de tal modo imaturas que a esperança de sucesso pareça quimérica a qualquer pessoa sensata e a tentativa de conquistar o poder não possa ser mais que um *putsch* ridículo. Portanto, não vou alegar que a socialização imatura tenha de terminar, inevitavelmente, em turbação completa ou que o arranjo resultante esteja fadado a desmoronar. Continuo tendo em mente o capitalismo agrilhoado do tipo atual, com referência ao qual se pode pelo menos levantar o problema razoavelmente. Em tal cenário, é até provável que ele seja levantado cedo ou tarde. A situação em longo prazo se torna cada vez mais favorável às ambições socialistas. E, o que é mais importante ainda, podem ocorrer situações em curto prazo – a situação alemã em 1918 e 1919 é um bom exemplo; alguns também apontariam para a situação americana em 1932 –, nas quais a paralisia temporária dos estratos capitalistas e dos seus órgãos oferece oportunidades tentadoras.

2. Para perceber facilmente o que significa essa falta de preparo ou imaturidade das coisas e das almas, basta que o leitor se volte para o quadro de uma situação madura que foi traçado algumas páginas acima. Entretanto, desejo acrescentar alguns retoques ao caso particular dos Estados Unidos em 1932.

Um período de vigorosa atividade industrial – posto que não anormal em termos de taxas de progressão – havia precedido uma depressão cuja própria violência testificou a extensão dos ajustes necessários aos resultados do "progresso". Esse progresso, nas suas linhas mestras, obviamente não estava completo – basta apontar para os campos da eletrificação rural e domiciliar, para todas as novidades na química e para as possibilidades que se abriam na indústria da construção. Portanto, era seguramente previsível que a socialização burocratizante ocasionasse uma perda considerável de energia empresarial, de eficiência produtiva e do futuro bem-estar das massas. É curioso perceber que, na histeria da depressão, a opinião geral que os intelectuais de tendências socialistas infundiram no público foi exatamente a oposta. Isso, porém, pertence mais ao campo do diagnóstico da psicologia social desenvolvida pela depressão do que à sua interpretação econômica.

A imaturidade também se fez sentir na organização industrial e comercial. Não só ainda era muito considerável o número de empresas pequenas e médias e a sua cooperação nas associações comerciais e outras que tais estava longe de ser perfeita, como o desenvolvimento da própria grande empresa, apesar de ser objeto de muita admiração e hostilidade acríticas, não avançara a ponto de tornar segura e fácil a aplicação do nosso método de socialização. Se considerarmos de larga escala as empresas com ativos de pelo menos 50 milhões de dólares, somente 53,3% do total nacional pertencia a grandes corporações, somente 36,2% se excluirmos as instituições financeiras e as empresas de utilidade pública, e somente 46,3% no setor manufatureiro.[1] Mas, em geral, as corporações menores que essas não se prestam facilmente à socialização e não se pode esperar que, sob o socialismo, continuem funcionando na forma atual. Todavia, mesmo que desçamos a um limite de 10 milhões de dólares, continuaremos sem encontrar mais que 67,5%; 52,7% e 64,5% respectivamente. A mera tarefa de assumir um organismo assim estruturado seria formidável. A tarefa ainda mais formidável de fazê-lo funcionar e de aprimorá-lo teria de ser enfrentada sem uma burocracia experiente e com uma força de trabalho tão imperfeitamente organizada e, em parte, tão questionavelmente liderada que provavelmente seria difícil de controlá-la.

As almas estariam ainda mais despreparadas que as coisas. Apesar do choque provocado pela depressão, não só os homens de negócio, como uma parte muito grande do operariado e do campesinato pensaram e sentiram nos termos da ordem burguesa e, *na verdade*, não tinham ideia clara de nenhuma alternativa; para eles, a concepção de socialização ou mesmo de muito menos que isso continuava sendo "antiamericana". Não havia nenhum partido socialista eficiente, aliás, nenhum apoio quantitativamente significativo aos grupos socialistas oficiais, com exceção dos comunistas de persuasão stalinista. Os agricultores tinham pelo socialismo, apesar do esforço deste para tranquilizá-los, uma aversão apenas um pouco menor que a que devotavam às grandes

---

1 Cf. W. L. Crum, "Concentration of Corporate Control", *Journal of Business*, v.viii, p.275.

corporações em geral e pelas ferrovias em particular. Ainda que o apoio fosse frágil e grande parte dele clamorosamente interessado ou, pelo contrário, tíbio, a resistência teria sido forte. Seria a resistência de pessoas que sentiam sinceramente que ninguém, muito menos o Estado, podia fazer tão bem o que elas estavam fazendo e que, ao resistir, lutavam não só pelos seus interesses, mas também pelo bem comum: pela luz absoluta contra a treva absoluta. A burguesia americana estava perdendo a vitalidade, mas não a perdera completamente. Teria resistido com uma consciência clara e teria condições de recusar tanto o consentimento quanto a cooperação. Um sintoma da situação teria sido a necessidade de usar a força não contra indivíduos isolados, mas contra grupos e classes; outro seria a impossibilidade de levar a cabo a adoção do princípio socialista da emenda constitucional, *i.e.*, sem ruptura da continuidade legal: a nova ordem teria de ser imposta pela revolução, provavelmente por uma revolução sangrenta. Pode-se alegar que esse exemplo particular de situação imatura se encaixa na categoria dos casos absurdamente desesperados. Mas o quadro combina e ilustra as principais características apresentadas por toda socialização imatura e, portanto, nos será útil na discussão do caso geral.

Este, naturalmente, é o caso contemplado pelos socialistas ortodoxos, a maior parte dos quais seria incapaz de se conformar com qualquer coisa menos fascinante que a degola espetacular do dragão capitalista pelo são Jorge proletário. Entretanto, não é por causa da infeliz sobrevivência da antiga ideologia revolucionária burguesa que vamos examinar as consequências decorrentes da combinação de oportunidade política com despreparo econômico, mas porque os problemas característicos do ato da socialização, tal como geralmente o entendemos, surgem unicamente neste caso.

3. Suponhamos que o "povo revolucionário" – na revolução bolchevique, essa denominação se transformou em uma espécie de título oficial como a de "rei cristianíssimo" – tenha conquistado os principais órgãos repartições do governo, os partidos não socialistas, a imprensa não socialista etc. e neles instalado os seus homens. Os funcionários desses órgãos, assim como o pessoal dos conglomerados industriais e comerciais, serão em parte obrigados – *ex hipothesi* – a cooperar e em parte substituídos pelos líderes sindicais e os intelectuais que migrarão dos cafés para tais cargos. Temos de conceder duas coisas ao novo conselho central: um exército vermelho forte o bastante para sufocar

a resistência aberta e reprimir excessos – particularmente as socializações descontroladas –,[2] disparando imparcialmente à esquerda e à direita, e suficiente bom senso para deixar os camponeses ou agricultores em paz como indicamos acima. Não formulamos nenhuma hipótese acerca do grau de racionalidade ou humanidade no tratamento dispensado aos membros dos antigos estratos dominantes. Na realidade, em tais circunstâncias, é difícil conceber a possibilidade de um tratamento que não seja o mais draconiano. Cientes de que os adversários encaram a sua ação como uma agressão traiçoeira e que eles correm o perigo de ter o trágico destino de Karl Liebknecht e Rosa Luxemburgo, os revolucionários logo serão compelidos a agir com uma violência muito superior à sua intenção inicial. Dificilmente poderão deixar de se comportar com ferocidade criminosa em face dos adversários, os quais serão considerados criminosos ferozes – sejam os que ainda defendem a ordem antiga, sejam os que formam o novo partido esquerdista, que surgirá inevitavelmente. No entanto, nem a violência nem o sadismo resolverão os problemas. Que há de fazer o conselho central a não ser queixar-se da sabotagem e pedir poderes adicionais para enfrentar conspiradores e destruidores?

A primeira coisa que precisa ser feita é provocar inflação. Os bancos devem ser confiscados e combinados ou coordenados com o tesouro, e o conselho ou ministério tem de criar depósitos e papel-moeda recorrendo aos métodos tradicionais tanto quanto possível. Acredito na inevitabilidade da inflação porque ainda não encontrei um único socialista que negue que, no caso em discussão, a revolução socialista paralisará o processo econômico, pelo menos temporariamente, ou que, em consequência, o tesouro e os centros financeiros ficarão momentaneamente sem liquidez. Como o sistema socialista de contabilidade e de cálculo das "unidades de renda" ainda não está em condições de funcionamento, não resta ao governo senão uma política análoga à da Alemanha durante e depois da Primeira Guerra Mundial, e à da França durante e depois da Revolução de 1789, apesar do fato de, nesses casos, ter sido justamente a recusa a romper com o sistema de propriedade privada e com os

---

2 Socializações descontroladas – expressão que adquiriu *status* oficial – são as tentativas dos operários de cada fábrica de desbancarem os diretores e tomarem a gestão nas próprias mãos: o pesadelo de todo socialista responsável.

métodos da sociedade mercantil que impôs a inflação durante um tempo tão considerável; no entanto, para o "dia seguinte à revolução socialista", quando nada estiver em forma, essa diferença não tem relevância.

Não obstante, convém acrescentar que, à parte a necessidade, o governo tem outro motivo para seguir esse caminho. A inflação é, em si, um excelente meio de mitigar certas dificuldades transitórias e de proceder à expropriação parcial. No tocante ao primeiro ponto, é evidente, por exemplo, que o aumento drástico dos salários nominais evita, durante algum tempo, as explosões de indignação perante a queda dos salários reais, que terá de ser imposta pelo menos provisoriamente. No tocante ao segundo, a inflação expropria o titular de créditos em termos monetários de um modo encantadoramente simples. O conselho pode até facilitar as coisas para si pagando aos proprietários de capital real – fábricas etc. – qualquer volume de indenizações se, ao mesmo tempo, decidir que elas perderão o valor em breve. Enfim, não se pode esquecer que a inflação golpeará poderosamente os blocos de empresas privadas que continuarem provisoriamente intactos. Pois, como observou Lenin, nada desorganiza tanto quanto a inflação: "Para destruir a sociedade burguesa, é preciso corromper o seu dinheiro".

4. A segunda coisa a ser feita é, naturalmente, socializar. A discussão dos problemas da transição tem como ponto de partida a antiga controvérsia entre os próprios socialistas – mais precisamente, entre os socialistas e os mais adequadamente chamados trabalhistas – sobre socialização total ou de um só golpe *versus* socialização parcial ou gradual. Ao que parece, muitos socialistas pensam que, para preservar a pureza da fé e a verdadeira crença na eficácia da graça socialista, devem defender aquela em quaisquer circunstâncias e desprezar os frágeis trabalhistas que, neste e em muitos outros pontos, são tolhidos pelos mais inconvenientes resíduos de certo senso de responsabilidade. Mas eu voto nos verdadeiros crentes.[3] Agora não vamos discutir a política de transição em um sistema capitalista; esse é outro problema de que trataremos quando virmos que a socialização gradual *no âmbito do capitalismo* não só é possível, como é a coisa mais óbvia que se pode

---

3 No entanto, as escrituras não os apoiam claramente. Se o leitor passar os olhos pelo *Manifesto comunista*, encontrará um desconcertante "gradual" inscrito bem na passagem mais relevante.

esperar. Vamos discutir uma política transicional completamente diferente a ser adotada *depois* do estabelecimento do regime socialista mediante uma revolução política.

Nesse caso, mesmo que os excessos cometidos não ultrapassem o mínimo inevitável e que um punho forte imponha um procedimento comparativamente ordenado, é difícil imaginar uma etapa em que algumas das grandes indústrias estejam socializadas ao mesmo tempo que se espera que as outras continuem funcionando como se nada tivesse acontecido. Sob um governo revolucionário, que deve estar à altura de algumas das ideias propagadas no tempo da irresponsabilidade, toda e qualquer indústria privada restante pode perfeitamente deixar de funcionar. Não penso primordialmente na obstrução que se há de esperar dos empresários e dos interesses capitalistas em geral. Agora o seu poder tem sido exagerado e deixará de existir em grande medida sob os olhos dos comissários. E não é próprio da burguesia recusar-se a cumprir os deveres cotidianos; próprio da burguesia é se apegar a eles. Haverá resistência, mas será na esfera política e fora da fábrica, não dentro dela. As indústrias não socializadas deixarão de funcionar simplesmente porque os comissários supervisores e o estado de ânimo dos operários e do público as impedirão de funcionar à sua maneira peculiar – a única maneira como pode funcionar uma indústria capitalista.

Mas esse argumento se aplica apenas aos casos de grandes indústrias e aos setores que podem ser facilmente fundidos em unidades de controle de larga escala. Não abrange completamente todo o terreno entre a esfera agrícola, que nós excluímos, e as indústrias em larga escala. Nesse terreno, constituído principalmente de empresas pequenas e médias, o conselho central pode, presumivelmente, manobrar segundo as conveniências e, em particular, avançar e retroceder conforme as condições cambiantes. Esta continuaria sendo socialização plena no significado que damos à expressão.

Falta acrescentar um ponto. É óbvio que a socialização em qualquer situação imatura a ponto de requerer uma revolução, não só no sentido de ruptura da continuidade legal, como também no de um subsequente reinado do terror, não beneficia ninguém em curto nem em longo prazos, a não ser aqueles que a arquitetaram. Despertar o entusiasmo pela revolução e glorificar a coragem de tudo arriscar por ela deve ser um dos deveres menos

TRANSIÇÃO

edificantes do agitador profissional. Mas, quanto ao intelectual desinteressado, a única coragem que o pode honrar é a de criticar, acautelar e refrear.

IV. Política socialista *avant la lettre*; o exemplo inglês

Mas acaso temos de concluir que, agora e nos próximos cinquenta ou cem anos, os socialistas sérios nada poderão fazer a não ser pregar e aguardar? Ora, o fato de isso ser mais do que se espera de qualquer partido que queira conservar algum militante e todos os argumentos – e zombarias – que fluem dessa fonte por demais humana não devem nos fazer perder de vista o fato de haver argumentos de peso a favor dessa conclusão. Pode-se até alegar, com bastante lógica, que os socialistas têm interesse em fomentar o desenvolvimento que lhe é favorável e, portanto, em desagrilhoar o capitalismo em vez de agrilhoá-lo ainda mais.

Não creio, porém, que isso signifique que os socialistas nada têm a fazer, pelo menos nas condições da nossa época. Embora as tentativas de instaurar o socialismo no presente momento equivalessem, sem dúvida, na maior parte das grandes nações e em muitas pequenas, a arriscar o fracasso – talvez o fracasso do socialismo como tal, mas certamente o fracasso dos grupos socialistas responsáveis pela aventura, ao passo que outro grupo não necessariamente socialista no sentido habitual da palavra é, então, facilmente capaz de tirar partido da situação – e embora, em consequência, uma política de socialização *après la lettre* provavelmente seja uma questão bem duvidosa, uma política de socialização *avant la lettre* oferece chances muito melhores. Tal como os outros partidos, mas com uma percepção mais clara do objetivo, os socialistas podem participar dela sem comprometer o triunfo final. O que tenho a dizer a esse respeito ficará mais claro na forma de um exemplo particular.

A Inglaterra moderna apresenta todos os aspectos que podemos desejar para o nosso exemplo. Por um lado, a sua estrutura industrial e comercial obviamente não está madura para o sucesso da socialização de um só golpe, sobretudo porque a concentração do controle empresarial não avançou o bastante. Eis porque nem os gerentes, nem os capitalistas, nem os operários estão dispostos a aceitá-la: na Inglaterra persiste um "individualismo" vigoroso o suficiente para opor resistência e recusar toda cooperação. Por outro, observa-se mais ou menos desde o início do século um perceptível esmorecimento do esforço empresarial, que resultou, entre outras coisas, em que a direção e o controle estatal de setores importantes, como o da produção de energia elétrica, fossem não só aprovadas, como também exigidas por *todos* os partidos. Com mais justiça que em qualquer outro país, pode-se dizer que o capitalismo cumpriu a maior parte da sua missão. Ademais, o povo inglês já se habituou ao estatismo. Os operários ingleses são bem organizados e, em regra, contam com lideranças responsáveis. Uma burocracia experiente, de padrões culturais e morais impecáveis, poderia ser encarregada de assimilar os novos elementos exigidos pela expansão das atribuições do Estado. A integridade sem rival do político inglês e a presença de uma classe dominante singularmente capaz e civilizada facilitam muitas coisas que seriam impossíveis em outro lugar. Em particular, esses grupos dirigentes combinam, nas proporções mais viáveis, o respeito pelas tradições formais a uma adaptabilidade extrema a novos princípios, pessoas e situações. Aspiram a governar, mas estão dispostos a fazê-lo em nome de interesses cambiantes. Administram a Inglaterra industrial tão bem quanto administraram a Inglaterra agrícola, a Inglaterra protecionista e a Inglaterra livre-cambista. E possuem um talento absolutamente inigualável para se apropriar não só dos programas das oposições, como também dos seus cérebros. Assimilaram Disraeli, que em outro país teria se transformado em um novo Lassalle. Se necessário, teriam assimilado o próprio Trotsky, ou melhor, o conde de Prinkipo K. G., como ele certamente seria neste caso.

Em tais condições, é concebível uma política de socialização que, implementando um programa extensivo de nacionalizações, dê, por um lado, um grande passo em direção ao socialismo e, por outro, deixe intacto e imperturbado, durante um período indefinido, todos os interesses e atividades não incluídos nesse programa. Aliás, eles podiam ser livrados de muitos entraves e encargos fiscais e outros que hoje os estorvam.

Os seguintes setores de atividade econômica poderiam ser socializados sem grave perda de eficiência ou graves repercussões nos setores deixados em regime de gestão privada. A questão das indenizações pode ser resolvida nos termos sugeridos na nossa discussão sobre a socialização madura; com as modernas taxas de imposto de renda e de transmissão *causa mortis*, esse não seria um problema sério.

Em primeiro lugar, o sistema bancário inglês está, sem sombra de dúvida, bem maduro para a socialização. O Bank of England é pouco menos que um ministério da fazenda, aliás menos independente do que uma comunidade socialista bem ordenada desejaria que o seu órgão financeiro fosse. No tocante aos bancos comerciais, a concentração e a burocratização parecem ter cumprido plenamente a sua missão. Os grandes estabelecimentos financeiros poderiam ser levados a absorver toda a banca independente ainda sujeita a ser absorvida e então fundir-se com o Bank of England para se converter na Administração Bancária Nacional, que também poderia absorver as caixas econômicas, os bancos de crédito imobiliário, e assim por diante, sem que nenhum cliente se desse conta da mudança, a não ser lendo o jornal. O ganho oriundo da racionalização da coordenação dos serviços bancários seria substancial. Do ponto de vista socialista, também haveria um ganho em forma de aumento da influência do governo sobre os setores não nacionalizados.

Em segundo, as companhias de seguro são um antigo candidato à nacionalização e, atualmente, vêm se automatizando em grande medida. Seria factível a integração com pelo menos alguns ramos de seguro social; o preço das apólices se reduziria consideravelmente, e os socialistas se alegrariam uma vez mais com o acesso ao poder que o controle dos fundos das companhias de seguro daria ao Estado.

Em terceiro lugar, pouca gente se disporia a dificultar a nacionalização do transporte ferroviário ou mesmo do rodoviário. Evidentemente, o transporte doméstico é, de fato, o campo mais óbvio para o sucesso da gestão do Estado.

Quarto, a nacionalização da mineração, particularmente do carvão e dos derivados do carvão e do alcatrão, inclusive a benzina, assim como a do comércio do carvão e dos derivados mencionados, pode resultar em um ganho imediato de eficiência e se revelar um grande sucesso desde que os problemas trabalhistas sejam resolvidos satisfatoriamente. Do ponto de vista tecnológico e comercial, o caso parece claro. Mas parece igualmente claro que, com a empresa privada ainda ativa na indústria química, não se pode esperar o mesmo sucesso de uma tentativa de transpor o limite indicado.

Em quinto lugar, como a nacionalização da produção, da transmissão e da distribuição de energia elétrica está substancialmente completa, a única coisa que resta dizer a esse respeito é que a indústria eletrotécnica constitui um exemplo típico da esperança que se pode continuar a depositar na iniciativa privada – coisa que prova o quanto é irracional, falando em termos econômicos, posicionar-se a favor da socialização geral ou contra qualquer socialização. Mas o caso da produção de energia também mostra a dificuldade de fazer com que uma indústria socializada funcione gerando lucro, sendo que este seria uma condição essencial do sucesso caso o Estado absorva uma parcela tão grande da vida econômica nacional e ainda tenha de executar todas as tarefas de um Estado moderno.

Em sexto, a socialização da indústria do ferro e do aço revelar-se-ia uma proposição muito mais controversa que as apresentadas até aqui. Mas essa indústria já saiu da adolescência e doravante pode ser "administrada" – sendo que a administração naturalmente inclui um gigantesco departamento de pesquisa. Alguns ganhos resultariam da coordenação. E não haveria grande perigo de perder os frutos de quaisquer impulsos empresariais.

Em sétimo lugar, com a possível exceção da participação dos arquitetos, a indústria de construção e a de material de construção podiam, a meu ver, ser exploradas com sucesso por uma corporação pública judiciosamente concebida. Uma parte tão grande delas já está regulamentada, subvencionada e controlada de um ou de outro modo que pode até haver um ganho de eficiência – mais que suficiente, talvez, para compensar as fontes de perda que porventura surgirem.

Isso não é necessariamente tudo. Mas qualquer passo além deste programa teria de se justificar por motivos especiais e, em geral, de ordem extraeconômica: as indústrias-chave como, por exemplo, a de armamento, a cinematográfica, a de construção naval e o comércio de produtos alimentícios. Em todo caso, esses sete itens são suficientes para passar um bom tempo sendo digeridos, também bastam para fazer com que um socialista responsável bendiga o seu trabalho e aceite as concessões que, ao mesmo tempo, seria racional fazer fora do setor nacionalizado. Se ele também insistir em nacionalizar

TRANSIÇÃO

a terra – deixando intacto, suponho eu, o *status* do agricultor – *i.e.*, transferindo para o Estado todos os remanescentes da renda do solo e dos *royalties*, não tenho objeção a fazer como economista.[4]

A guerra atual naturalmente alterará os dados sociais, políticos e econômicos do nosso problema. Muitas coisas se tornarão possíveis; muitas outras, impossíveis, ao contrário do que eram antes. Algumas páginas no fim deste livro se ocuparão desse aspecto. Mas me parece essencial, a bem da clareza do pensamento político, visualizar o problema independentemente dos efeitos da guerra. Do contrário, a sua natureza não se destacará como deve. Por isso deixo este capítulo, tanto na forma quanto no conteúdo, exatamente como o escrevi no verão de 1938.

---

4 Não me cabe expressar aqui as minhas preferências pessoais. No entanto, quero esclarecer que a afirmação acima é feita por questão de dever profissional e não pressupõe que eu seja favorável a essa proposta, à qual, se eu fosse inglês, me oporia com toda a minha força.

PARTE IV
SOCIALISMO E DEMOCRACIA

20

A CONFIGURAÇÃO DO PROBLEMA

I. A ditadura do proletariado

NADA É TÃO ENGANOSO QUANTO O ÓBVIO. Os acontecimentos dos últimos vinte ou 25 anos nos ensinaram a ver o problema que se esconde atrás do título desta parte. Até 1916, a relação entre socialismo e democracia teria parecido bastante óbvia para a maioria das pessoas e a ninguém mais que aos expoentes credenciados da ortodoxia socialista. Não ocorreria a ninguém pôr em dúvida o direito dos socialistas de ingressar no clube democrático. Naturalmente, eles próprios – com exceção de alguns grupos sindicalistas – até se consideravam os únicos democratas verdadeiros, os vendedores exclusivos da mercadoria autêntica, a qual nunca se podia confundir com a falsificação burguesa.

Além de tentar realçar com naturalidade os valores do seu socialismo pelos valores da democracia, eles tinham uma teoria a oferecer, que, na sua opinião, provava que o socialismo e a democracia eram indissoluvelmente ligados. Segundo essa teoria, o controle privado dos meios de produção era a base tanto da capacidade da classe capitalista de explorar a operária quanto da sua capacidade de impor os ditames dos seus interesses de classe à gestão dos negócios políticos da comunidade; assim, o poder político da classe capitalista aparecia como uma forma particular do seu poder econômico. Conclui-se, por um lado, que não pode haver democracia enquanto esse poder existir – a mera democracia política não passa de uma farsa – e, por outro, que a eliminação desse poder será o fim da "exploração do homem pelo homem" e, ao mesmo tempo, o início do "governo do povo".

Claro está, esse argumento é essencialmente marxista. E, justamente por decorrer logicamente – aliás, tautologicamente – das definições de termos do esquema marxista, está fadado a ter o mesmo destino que este e, em particular, o destino da doutrina da "exploração do homem pelo homem".[1] Vou apresentar a seguir uma análise que me parece mais realista da relação entre os grupos socialistas e o credo democrático. Mas também queremos uma teoria mais realista da relação que pode existir entre o socialismo e a democracia, ou seja, da possível relação, independentemente dos desejos e *slogans*, entre a ordem socialista tal como a definimos e o *modus operandi* do governo democrático. Para resolver esse problema, primeiro temos de analisar a natureza da democracia. Mas outro ponto requer elucidação imediata.

Uma vez estabelecido, o socialismo pode ser o próprio ideal de democracia. Mas os socialistas nem sempre são exigentes quanto à maneira como estabelecê-lo. As palavras revolução e ditadura saltam à vista nos textos sagrados, e muitos socialistas modernos têm mostrado ainda mais explicitamente que nada têm a opor ao ato de arrombar a porta do paraíso socialista mediante a violência e o terror, os quais prestam auxílio a meios de conversão mais democráticos. A própria posição de Marx no tocante a essa questão é, sem dúvida, susceptível de uma interpretação capaz de absolvê-lo aos olhos dos democratas. Na Parte I, ficou demonstrado como se podem reconciliar as suas opiniões sobre a revolução e a evolução. Aquela não significa necessariamente a tentativa de uma minoria de impor a sua vontade a um povo recalcitrante; pode significar simplesmente a remoção dos obstáculos contrários à vontade do povo erguidos por instituições obsoletas dominadas por grupos interessados na sua

---

1 O fato de o poder individual e o grupal não poderem ser definidos tem termos puramente econômicos – como os define a teoria das classes sociais de Marx – é, no entanto, uma razão ainda mais fundamental para que esse argumento seja inaceitável.

preservação. A ditadura do proletariado permite uma interpretação parecida. Para corroborar esta tese, posso mencionar uma vez mais para o teor das passagens relevantes do *Manifesto comunista* nas quais Marx fala em arrancar as coisas da burguesia "gradualmente" e no desaparecimento das distinções de classe "durante a evolução": frases que, apesar da ênfase que dão à "violência", parecem apontar para um procedimento que poderia integrar o significado da democracia tal como ordinariamente se entende.[2]

Mas os fundamentos dessa interpretação, que praticamente reduzem a famosa revolução social e a não menos famosa ditadura em meros floreios de agitação destinados a inflamar a imaginação, não são deveras concludentes. Muitos socialistas que foram discípulos de Marx e outros tantos que se declaravam tais tinham opinião diferente. Submetendo-me à autoridade dos verdadeiros escribas e fariseus, que hão de conhecer a Lei melhor do que eu, e a uma impressão baseada na leitura atenta dos volumes do *Die Neue Zeit*, devo admitir a possibilidade de que, se tivesse tido de escolher, Marx colocaria o socialismo acima da observância de um procedimento democrático.

Nesse caso, Marx teria declarado sem dúvida, como muitos fizeram depois dele, que, na realidade, não estava se desviando do caminho verdadeiramente democrático porque, para pôr no mundo uma democracia autêntica, é necessário dissipar os miasmas venenosos do capitalismo que a asfixiam. Ora, para o crente na democracia, a importância de observar um procedimento democrático aumenta, obviamente, na proporção da importância da questão em foco. Daí que a sua observância nunca precisa ser mais zelosamente vigiada nem mais cuidadosamente salvaguardada por todas as garantias disponíveis do que no caso da reconstrução fundamental da sociedade. Quem estiver disposto a abrir mão dessa exigência e a aceitar francamente um procedimento não democrático ou um método para garantir decisões formalmente democráticas por meios não democráticos mostra com isso, concludentemente, que dá mais valor a outras coisas que à democracia. O democrata autêntico considera toda reconstrução assim implementada como viciada nas próprias raízes, por mais que possa aprová-la em outros terrenos.

---

2 No capítulo 25, retomarei a questão de como o problema da democracia se apresentava a Marx pessoalmente.

Tentar obrigar o povo a aceitar algo que se julga bom e glorioso, mas que ele não quer – mesmo que seja de esperar que fique satisfeito quando experimentar os seus resultados –, é indício inequívoco de fé antidemocrática. Cabe ao casuísta decidir se se pode ou não fazer uma exceção a esse princípio no caso dos atos não democráticos que se perpetram com o único fim de realizar a verdadeira democracia, desde que não existam outros meios para atingir esse fim. Porque tal exceção, mesmo quando admitida, não se aplica ao caso do socialismo, que, como vimos, tem toda probabilidade de se tornar factível pela via democrática justamente quando se puder esperar que ele seja bem-sucedido na prática.

Seja como for, porém, é óbvio que todo argumento a favor da protelação da democracia durante o período de transição proporciona uma excelente oportunidade de fugir à responsabilidade por ela. Tais arranjos provisórios podem muito bem durar um século ou mais, e o grupo governante instalado no poder por meio de uma revolução vitoriosa dispõe de meios para prolongá-los indefinidamente ou para adotar formas de democracia despojadas de substância.

II. A história dos partidos socialistas

Quando nos dedicamos a examinar a história dos partidos socialistas, surgem inevitavelmente dúvidas a respeito da validez da sua pretensão de sempre terem sido os campões do credo democrático.

Em primeiro lugar, existe uma grande comunidade socialista governada por um partido minoritário que não oferece nenhuma oportunidade a nenhum outro. E os representantes desse partido, reunidos no décimo oitavo congresso, ouviram relatórios e aprovaram resoluções unanimemente sem nada parecido com o que poderíamos chamar de discussão. Acabaram votando – como se afirma oficialmente – que "o povo russo [?], com devoção incondicional ao partido de Lenin-Stalin e ao seu grande líder, aceita o programa das grandes obras projetadas no documento mais sublime da nossa época, o informe do camarada Stalin, para realizá-las sem vacilação" e que "o nosso partido bolchevique, sob a direção do gênio do grande Stalin, entra em

A CONFIGURAÇÃO DO PROBLEMA 323

uma nova fase de desenvolvimento".[3] Isso e as eleições com candidatura única, complementados por processos simulados e os métodos da GPU, podem
constituir, sem dúvida, "a democracia mais perfeita do mundo", desde que se
atribua a essa expressão um significado adequado – mas não é exatamente o
que a maioria dos americanos entenderia por ela.

No entanto, pelo menos na essência e nos princípios, essa é uma comunidade socialista, e socialistas foram as criações efêmeras desse tipo que tiveram
por cenário a Baviera e especialmente a Hungria. Mas, sem dúvida alguma,
existem grupos socialistas que até hoje se atêm coerentemente ao que nos
Estados Unidos se entende por ideais democráticos; entre eles figuram, por
exemplo, a maioria dos socialistas ingleses, os partidos socialistas da Bélgica,
da Holanda e dos países escandinavos, o partido americano dirigido pelo sr.
Norman Thomas e os grupos alemães no exílio. Do ponto de vista deles, assim como do ponto de vista do observador, é tentador negar que o sistema
russo constitua um socialismo "verdadeiro" e sustentar que, pelo menos do
ponto de vista democrático, ele é uma aberração. Mas o que significa socialismo "verdadeiro" a não ser "o socialismo de que gostamos"? Portanto, o que
significam tais afirmações a não ser o reconhecimento do fato de existirem
formas de socialismo que não contam com a adesão de todos os socialistas,
entre as quais se incluem as formas não democráticas? Que um regime socialista pode não ser democrático é de fato inegável, como já vimos, pelo motivo puramente lógico de que a característica definidora do socialismo nada
implica acerca do procedimento político. Assim sendo, a única pergunta é se
o socialismo *pode* ser democrático e em que sentido.

Em segundo lugar, os grupos socialistas que defendiam com firmeza a fé
democrática nunca tiveram uma chance nem um motivo para professar qualquer outra. Viviam em meios que repudiariam com veemência os discursos e
as práticas não democráticas e que, na verdade, sempre foram contra os sindicalistas. Em alguns casos, eles tinham toda razão em abraçar os princípios

---

3   Não falo russo. As passagens acima foram fielmente traduzidas do jornal alemão que costuma-
    va ser publicado em Moscou e estão expostas a possíveis objeções à sua tradução com relação
    ao texto russo; muito embora esse jornal naturalmente não tivesse condições de publicar nada
    que não fosse inteiramente aprovado pelas autoridades.

democráticos que os protegiam e à sua atividade. Em outros, a maioria dos socialistas estava satisfeita com os resultados, políticos ou não, que os progressos realizados em linhas democráticas prometiam produzir. É fácil imaginar o que teria acontecido aos partidos socialistas, por exemplo, da Inglaterra ou da Suécia se tivessem apresentado sintomas graves de propensões antidemocráticas. Ao mesmo tempo, eles sentiam que o seu poder aumentava constantemente e que os cargos de responsabilidade caíam lentamente em suas mãos por si sós. Quando isso ocorria, aceitavam-no com satisfação. Assim, ao professar adesão à democracia, simplesmente estavam fazendo o óbvio. O fato de a sua política não agradar a Lenin não prova que este teria se comportado de modo diferente se estivesse na mesma situação. Na Alemanha, onde o partido se desenvolveu melhor ainda, mas onde, até 1918, o acesso à responsabilidade parecia estar bloqueado, os socialistas, enfrentando um Estado forte e hostil e tendo de depender, para sua proteção, das simpatias burguesas e do poder dos sindicatos, que na melhor das hipóteses eram semissocialistas, eles tinham ainda menos liberdade para se desviar do credo democrático, pois isso seria simplesmente fazer o jogo dos seus inimigos.[4] Intitular-se social-*democratas* foi para eles uma questão de prudência elementar.

Mas, em terceiro lugar, os casos de teste com resultado favorável são escassos e não muito convincentes.[5] Em certo sentido, é verdade que, em 1918, o Partido Social-Democrata da Alemanha teve uma oportunidade de escolha, decidiu-se a favor da democracia e (caso isso seja uma prova de fé democrática) reprimiu os comunistas com energia implacável. Mas a agremiação se cindiu por causa disso. Perdeu grande parte da ala esquerda, e os dissidentes que se afastaram tinham mais direito ao título de socialistas do que os que ficaram. Além disso, muitos destes, embora se submetessem à disciplina partidária, a reprovavam. E boa parte dos que a aprovavam faziam-no meramente porque, pelo menos a partir do verão de 1919, as chances de sucesso por vias mais radicais (*i.e.*, neste caso, antidemocráticas) haviam se tornado

---

4 Discutiremos essa situação mais cabalmente na Parte v.

5 Vamos nos restringir às atitudes dos partidos socialistas na política nacional. A sua prática e a dos sindicatos referente aos trabalhadores não socialistas ou não sindicalizados é, naturalmente, ainda menos convincente.

A CONFIGURAÇÃO DO PROBLEMA

insignificantes e porque, em particular, uma política esquerdista em Berlim significaria um grave perigo de secessão na Renânia e nas regiões ao sul do Meno, ainda que não sofresse uma derrota fragorosa imediatamente. Enfim, para a maioria ou, em todo caso, para o elemento sindicalista dentro dela, a democracia dava tudo que queriam, inclusive cargos públicos. Eles não hesitaram em dividir o butim com o partido do Centro (católico). Mas a barganha foi satisfatória para ambos. Os socialistas não tardaram a se transformar realmente em democratas vociferantes. Entretanto, isso ocorreu quando o avanço de uma oposição associada a um credo antidemocrático começava a se voltar contra eles.

Não vou condenar os social-democratas alemães pelo senso de responsabilidade que mostraram nem pela complacência com que se instalaram nas confortáveis poltronas do oficialismo. Esta é uma fraqueza humana geral, e aquele muito os honrou como tentarei mostrar na última parte deste livro. Mas é preciso um pouco de otimismo para citá-los como testemunhas da inquebrantável adesão dos socialistas ao procedimento democrático. Ora, sou incapaz de imaginar um caso experimental melhor – a menos que concordemos em aceitar os casos russo e húngaro, ambos os quais apresentam a combinação crucial da possibilidade da conquista do poder com a impossibilidade de fazê-lo por meios democráticos. A nossa dificuldade é bem ilustrada pelo caso austríaco, cuja importância vai muito além da importância do país pela qualidade excepcional do grupo dirigente (neomarxista). Os socialistas austríacos aderiram à democracia em 1918 e 1919, quando isso ainda não era uma questão de autodefesa para eles, como logo passou a ser. Mas, durante os poucos meses em que a monopolização do poder pareceu ao seu alcance, a posição de muitos deles não foi inequívoca. Naquele tempo, Fritz Adler qualificava o princípio da maioria de fetichismo dos "caprichos da aritmética" (*Zufall der Arithmetik*) e muitos outros davam de ombros para as regras do procedimento democrático. No entanto, esses homens eram membros regulares do partido e não comunistas. Quando se implantou o bolchevismo na Hungria, a questão do rumo a escolher tornou-se candente. Ninguém pode ter acompanhado a discussão dessa época sem perceber que o sentimento do partido se exprimia bem pela fórmula: "Não nos agrada muito a perspectiva de ter de ir para a esquerda (= adotar os métodos soviéticos). Mas, se tivermos de empreender essa viagem, iremos todos juntos".[6] Tal avaliação da situação geral do país e do perigo do partido era eminentemente razoável. Assim como a conclusão. Uma lealdade ardente aos princípios democráticos não era conspícua em nenhuma delas. A conversão lhes chegou com o tempo. Mas não pelo arrependimento, e sim em consequência da contrarrevolução húngara.

Peço aos leitores que não pensem que estou acusando os socialistas de insinceridade ou que desejo expô-los ao desprezo por serem maus democratas ou intrigantes sem princípios e oportunistas. Acredito plenamente, apesar do maquiavelismo infantil a que alguns dos seus profetas se entregam, que, fundamentalmente, a maioria deles sempre foi tão sincera na sua profissão de fé quanto quaisquer outros homens. Além disso, não creio em insinceridade na luta social, pois as pessoas sempre acabam pensando o que querem pensar e o que professam incessantemente. No que diz respeito à democracia, os partidos socialistas não são, presumivelmente, mais oportunistas que quaisquer outros; simplesmente apoiam a democracia quando ela serve aos seus ideais e interesses e na medida em que os serve, mas não em outro caso. Para que os leitores não fiquem chocados nem julguem que só os políticos mais calejados têm uma opinião tão imoral, vamos fazer, a seguir, um experimento mental que nos servirá ao mesmo tempo de ponto de partida da nossa investigação da natureza da democracia.

III. Um experimento mental

Suponhamos que uma comunidade organizada de modo a satisfazer o critério de democracia do leitor tome a decisão de perseguir os dissidentes religiosos. O exemplo não é fantasioso. Comunidades que a maioria de nós reconheceria prontamente como democracias queimaram hereges no poste – a

---

6 Em linguagem clara, essa declaração de um dos dirigentes mais importantes queria dizer que eles tinham plena consciência do perigo de encenar o bolchevismo em um país totalmente dependente das potências capitalistas para obter alimento e com as tropas francesas e italianas praticamente à sua porta, mas também que, se a pressão da Rússia por meio da Hungria chegasse a ser excessiva, eles não cindiriam o partido, tentariam conduzir todo o rebanho ao campo bolchevique.

A CONFIGURAÇÃO DO PROBLEMA 327

república de Genebra o fez na época de Calvino – ou então os perseguiu de uma maneira repulsiva para os nossos padrões morais – o Massachusetts colonial pode servir de exemplo. Os casos desse tipo não deixam de ser relevantes quando ocorrem em Estados não democráticos. Pois é ingênuo acreditar que o processo democrático deixa completamente de funcionar em uma autocracia ou que um autocrata nunca deseja agir de acordo com a vontade do povo ou ceder a ela. Quando ele o faz, podemos concluir que uma ação semelhante também teria sido adotada se o padrão político fosse democrático. Por exemplo, pelo menos as primeiras perseguições aos cristãos certamente contaram com a aprovação da opinião romana e, presumivelmente, não seriam menos rigorosas se Roma fosse uma democracia pura.[7]

A caça às bruxas provê outro exemplo. Nascida da própria alma das massas, ela era tudo menos uma invenção diabólica de sacerdotes e príncipes, que, pelo contrário, a suprimiam tão logo se sentissem capazes disso. É verdade que a Igreja católica castigava a bruxaria. Mas, se compararmos as medidas efetivamente tomadas nesse terreno com as tomadas contra a heresia, nas quais Roma tinha interesse econômico, temos imediatamente a impressão de que, na questão da bruxaria, a Santa Sé cedeu à opinião pública mais do que a instigou. Os jesuítas combateram a caça às bruxas, inicialmente sem sucesso. No fim do século XVII e no XVIII – quer dizer, quando o absolutismo monárquico estava plenamente estabelecido no continente –, as proibições governamentais finalmente prevaleceram. Entretanto, o modo curiosamente cauteloso com que uma governante forte como a imperatriz Maria Teresa empreendeu a proibição da prática mostra claramente que ela sabia que estava lutando contra a vontade do povo.

---

7 Um exemplo ilustrará que tipo de prova se pode invocar a favor dessa afirmação. Na sua biografia de Nero (*De vita Caesarum, liber VI*), Suetônio relata primeiramente os atos do reinado de Nero que o próprio Suetônio considerava em parte incensuráveis e em parte até dignos de elogio (*partim nulla reprehensione, partim etiam non mediocri laude digna*) e depois as suas malfeitorias (*probra ac scelera*). A perseguição aos cristãos por parte de Nero, ele a incluiu não sob o segundo título, mas sob o primeiro, em meio a uma lista de medidas administrativas meritórias (*afflicti suppliciis Christiani, genus hominum superstitionis novae ac maleficae*). Não há razão para supor que Suetônio expressasse coisa diferente da opinião (e, por conseguinte, da vontade) do povo. Não é exagero suspeitar que a motivação de Nero era agradar o povo.

Enfim, para escolher um exemplo que tenha alguma relação com as questões modernas, o antissemitismo foi uma das atitudes populares mais fundamente arraigadas na maioria das nações em que havia um número elevado de judeus relativamente à população total. Nos tempos modernos, essa atitude desapareceu em parte sob a influência racionalizante da evolução capitalista, mas restou bastante para garantir o sucesso popular de qualquer político que apelasse para ela. A maioria dos movimentos anticapitalistas da nossa época, à parte o socialismo propriamente dito, aprendeu efetivamente a lição. Na Idade Média, porém, não é exagero dizer que os judeus deveram a sobrevivência à proteção da Igreja e dos príncipes, que os ampararam em face da oposição popular e, no fim, os emanciparam.[8]

Passemos agora ao nosso experimento. Transportemo-nos a um país hipotético que pratica democraticamente a perseguição aos cristãos, a queima dos bruxos e o massacre dos judeus. Certamente não aprovaríamos essas práticas pelo fato de elas terem sido decididas de acordo com as normas do procedimento democrático. Mas a questão crucial é: aprovaríamos a própria constituição democrática que gerou tais resultados preferivelmente a uma constituição não democrática que os evitasse? Se não a aprovarmos, estaremos nos comportando exatamente como os socialistas fervorosos para os quais o capitalismo é pior que a caça às bruxas e que, portanto, estão dispostos a aceitar métodos não democráticos para suprimi-lo. Assim sendo, eles e nós estamos no mesmo barco. Há ideais e interesses supremos que o democrata mais ardente coloca acima da democracia, e a única coisa que ele quer dizer ao professar uma adesão incondicional a ela é que se sente convencido de que a democracia garantirá esses ideais e interesses como a liberdade de consciência e de expressão, a justiça, o governo decente, e assim por diante.

Não é preciso procurar muito longe o motivo pelo qual isso é assim. A democracia é um *método* político, quer dizer, certo tipo de arranjo institucional para chegar a decisões políticas – legislativas e administrativas – e, por

---

8 Um bom exemplo da atitude protetora dos papas é a bula *Etsi Judaeis* (1120), da qual a reiterada confirmação pelos sucessores de Calixto II prova tanto a continuidade dessa política quanto a resistência em que esbarrava. Compreender-se-á mais facilmente a atitude protetora dos príncipes se se assinalar que as expulsões ou as matanças de judeus significavam, para eles, a perda de rendas muitíssimo necessárias.

A CONFIGURAÇÃO DO PROBLEMA

isso, não pode ser um fim em si, independentemente das decisões que produza em determinadas condições históricas. E esse deve ser o ponto de partida de toda tentativa de defini-la.

Seja qual for o traço distintivo do método democrático, os exemplos históricos que acabamos de relancear nos ensinam algumas coisas a respeito dele que são suficientemente importantes para justificar uma reformulação explícita.

Em primeiro lugar, esses exemplos bastam para frustrar toda tentativa de questionar a afirmação que acabamos de formular, a saber, que, sendo a democracia um método político, não pode constituir um fim em si, do mesmo modo que não o pode nenhum outro método. Seria possível objetar que, do ponto de vista lógico, um método enquanto tal pode ser um ideal absoluto ou um valor supremo. Sim, pode. Sem dúvida alguma, é concebível que se sustente que, por criminoso e burro que seja aquilo que o procedimento democrático procura realizar em determinada situação histórica, a vontade do povo deve prevalecer ou, em todo caso, não deve ser contrariada, a não ser pelos meios sancionados pelos princípios democráticos. Mas, em tais casos, parece mais natural falar em gentalha, não no povo, e combater a sua criminalidade ou burrice com todos os meios disponíveis.

Em segundo lugar, se conviermos em que a adesão incondicional à democracia só pode se dever à adesão incondicional a certos interesses ou ideais, os quais se espera que a democracia sirva, os nossos exemplos também excluem a objeção segundo a qual, embora a democracia não seja um ideal absoluto por mérito próprio, é, no entanto, um substitutivo do ideal em virtude do fato de que servirá necessariamente, em todo tempo e em todo lugar, certos interesses ou ideais pelos quais estamos incondicionalmente dispostos a lutar e morrer. Obviamente, isso não pode ser verdade.[9] Tal como qualquer outro método político, a democracia nem sempre produz os mesmos resultados e nem sempre favorece os mesmos interesses ou ideais. Assim, a adesão racional

---

9   Em particular, não é verdade que a democracia sempre salvaguarde a liberdade de consciência melhor que a autocracia. Tomemos por testemunha o mais famoso dos processos. Do ponto de vista dos judeus, Pilatos era, certamente, o representante da autocracia. No entanto, ele tentou defender a liberdade. E cedeu a uma democracia.

a ela pressupõe não só um esquema de valores hiper-racionais, como também certos estados da sociedade nos quais é de esperar que a democracia funcione de maneiras que aprovemos. As proposições acerca do funcionamento da democracia carecem de sentido sem uma referência a determinados tempos, lugares e situações,[10] e o mesmo vale, naturalmente, para os argumentos antidemocráticos.

Isso, afinal, é evidente. Não pode surpreender e muito menos chocar quem quer que seja. Porque não tem absolutamente nada a ver com o fervor ou a dignidade da convicção democrática em determinada situação. Perceber a validez relativa das suas convicções e, no entanto, defendê-las resolutamente é o que distingue o homem civilizado do bárbaro.

IV. Em busca de uma definição

Temos um ponto de partida do qual proceder à nossa investigação. Mas uma definição que nos ajude na tentativa de analisar as relações entre a democracia e o socialismo ainda não é visível. Algumas dificuldades preliminares nos obstruem a visão.

Não nos ajudaria muito buscar em Aristóteles, que usava essa expressão para designar um dos desvios do seu ideal de comunidade bem ordenada. Mas recordar o significado que atribuímos à expressão "método político" pode deitar alguma luz nas nossas dificuldades. Trata-se do método que uma nação utiliza para chegar a decisões. Deveríamos poder caracterizar tal método indicando quem toma essas decisões e como. Se equipararmos "tomar decisões" a "governar", podemos definir a democracia como "governo do povo". Por que isso não é suficientemente preciso?

Não o é porque abrange tantos significados quantas combinações há entre todas as definições possíveis do conceito de "povo" (*demos*, o *populus* romano) e todas as definições possíveis do conceito de "governar" (*kratein*), e porque essas definições não são independentes da discussão sobre a democracia. Quanto ao primeiro conceito, o *populus* no sentido constitucional pode

---

10 Cf. cap. 23.

A CONFIGURAÇÃO DO PROBLEMA

excluir os escravos completamente e outros habitantes parcialmente; a lei pode reconhecer um número qualquer de *status* entre a escravidão e a cidadania plena ou até privilegiada. E, independentemente da discriminação legal, grupos distintos se consideraram o "povo" em épocas distintas.[11]

Naturalmente, podemos dizer que democrática é a sociedade que não faz tais diferenças, pelo menos nas questões relativas aos negócios públicos, como a do direito de voto. Mas, em primeiro lugar, houve nações que, mesmo praticando discriminações desse tipo, apresentavam a maior parte das características que geralmente se atribuem à democracia. Em segundo lugar, a discriminação nunca pode estar inteiramente ausente. Por exemplo, em nenhum país, por democrático que seja, se estende o direito de voto a indivíduos abaixo de uma idade específica. Entretanto, se procurarmos o motivo dessa restrição, descobriremos que ela também se aplica a um número indefinido de habitantes acima do limite etário. Se as pessoas abaixo desse limite não são autorizadas a votar, não podemos chamar de antidemocrática uma nação que também exclui outras pessoas por razões idênticas ou análogas. Observemos: não é relevante se nós, observadores, admitimos ou não a validez desses motivos ou das regras práticas pelas quais se exclui parte da população; a única coisa que importa é que a sociedade em questão a admita. Tampouco se deve objetar que, se essa discriminação é legítima quando as exclusões se baseiam na incapacidade pessoal (*e.g.*, a "idade da razão"), passa a ser arbitrária se trata de exclusões em bloco de grupos por motivos que nada têm a ver com a capacidade de fazer uso inteligente do direito de voto. Porque habilitação é uma questão de opinião e de grau. A sua presença deve ser estabelecida por um conjunto de regras. Pode-se alegar, *sem absurdo ou insinceridade*, que a habilitação pode ser medida pela própria capacidade da pessoa de se sustentar. Em uma comunidade de forte convicção religiosa ou em uma antifeminista,

---

11 Cf., por exemplo, a definição dada por Voltaire em *Letters Concerning the English Nation* (publicada em inglês, 1733; reimpressão da primeira edição publicada por Peter Davies, 1926, p.49): "a parte mais numerosa da humanidade, a mais útil, a mais virtuosa até e, consequentemente, a mais respeitável, composta dos que estudam as leis e as ciências; dos negociantes, dos artesãos, em suma, de todos os que não eram tiranos, isto é, daqueles que se chamam o povo". Atualmente, é provável que "povo" signifique as "massas"; mas o conceito de Voltaire se aproxima mais de identificar o povo para o qual se escreveu a Constituição dos Estados Unidos.

pode-se sustentar – também sem absurdo nem insinceridade – que a dissidência ou o sexo desqualificam para o exercício do voto. Uma nação com convicções raciais pode associar a habilitação a considerações raciais.[12] E assim por diante. O ponto essencial, reitero, não é o que *nós* achamos de uma ou de todas as possíveis desqualificações. O ponto essencial é que, dadas opiniões adequadas sobre essas questões e outras parecidas, as desqualificações fundadas no *status* econômico, na religião e no sexo entram na mesma categoria que as desqualificações que todos nós consideramos compatíveis com a democracia. Podemos reprová-las, é claro. Mas, se o fizermos, é lógico que também reprovemos as teorias a respeito da importância da propriedade, da religião, do sexo, da raça etc. em vez de chamar tais sociedades de antidemocráticas. O fervor religioso, por exemplo, certamente é compatível com a democracia independentemente de como a definirmos. Há um tipo de atitude religiosa para a qual o herege é considerado pior que um demente. Disso não decorre que o herege deva ser excluído da participação nas decisões políticas tanto quanto o lunático.[13] Não convém deixar que cada *populus* se defina a si próprio?

Usualmente, contorna-se essa conclusão ineludível mediante a introdução de hipóteses adicionais na teoria do processo democrático, algumas das quais discutiremos nos dois próximos capítulos. Nesse meio-tempo, simplesmente notaremos que isso despeja boa parte da neblina do caminho. E, entre outras coisas, revela o fato de que a relação entre democracia e liberdade deve ser consideravelmente mais complexa do que temos o hábito de acreditar.

O segundo elemento que entra no conceito de democracia, o *kratein*, suscita dificuldades ainda mais sérias. A natureza e o *modus operandi* de todo "governo" sempre são difíceis de explicar. Os poderes legais jamais garantem a capacidade de usá-los, embora sejam importantes pontos de apoio, assim como entraves; o prestígio tradicional sempre serve para alguma coisa, mas nunca para tudo; o sucesso pessoal e a importância pessoal, em parte

---

12   Assim, os Estados Unidos excluem os orientais; e a Alemanha, os judeus da cidadania; no sul dos Estados Unidos, os negros são frequentemente privados do direito de voto.

13   Para os bolcheviques, todo não bolchevique integra a mesma categoria. Daí que o governo do partido bolchevique não seria, para nós, motivo suficiente *per se* para qualificar a República Soviética de não democrática. Temos o direito de assim a qualificar unicamente se o próprio partido bolchevique for dirigido de maneira não democrática, como manifestamente é.

independente do sucesso, agem sobre e sofrem as reações dos componentes tanto legais quanto tradicionais no arcabouço institucional. Nenhum monarca ou ditador ou grupo de oligarcas tem poder absoluto. Eles governam não só com sujeição aos dados da situação nacional, como também com sujeição à necessidade de agir com a ajuda de algumas pessoas, de ter boas relações com outras, de neutralizar outras e de subjugar o resto. E isso se pode fazer numa variedade quase infinita de maneiras, cada uma das quais determina o que uma ordenação formal dada realmente significa, seja para a nação em que ocorre, seja para o observador científico; falar em monarquia como se significasse uma coisa definida é diletantismo. Mas, se é o povo, seja qual for a definição que dele se dê, que deve exercer o *kratein*, ainda surge outro problema. Como é tecnicamente possível ao "povo" governar?

Há uma categoria de casos nos quais esse problema não surge, pelo menos não de forma aguda. Nas comunidades pequenas e primitivas com estrutura social simples,[14] nas quais são escassos os motivos de discordância, é concebível que todos os indivíduos que formam o povo, tal como o define a constituição, participem efetivamente de todas as obrigações da legislação e da administração. Mesmo em tais casos, é possível que persistam algumas dificuldades, e o psicólogo do comportamento coletivo ainda teria algo a dizer a respeito da liderança, da propaganda e de outras fontes de desvio do ideal popular de uma democracia. Todavia, teria sentido óbvio falar na vontade ou na ação da comunidade ou do povo como tal – no governo pelo povo – particularmente se o povo chegar às decisões políticas por meio de debates realizados com a presença física de todos, como se fazia, por exemplo, na *polis* grega ou na assembleia municipal da Nova Inglaterra. Este caso, às vezes denominado "democracia direta", serviu, de fato, de ponto de partida de muitos teóricos da política.

O nosso problema se coloca em todos os outros casos, mas podemos resolvê-lo com relativa facilidade desde que nos disponhamos a renunciar ao governo pelo povo e substituí-lo pelo governo aprovado pelo povo. Não faltam motivos para aceitar essa sugestão. Muitas proposições que costumamos

---

14 E exiguidade dos números e a concentração local da população são essenciais. O primitivismo da civilização e a simplicidade da estrutura social são menos importantes, mas facilitam muito o funcionamento da democracia

enunciar sobre a democracia se aplicariam a todos os governos que contam com a adesão geral de uma grande maioria do povo ou, melhor ainda, de uma grande maioria de cada classe do povo. Isso vale particularmente para as virtudes geralmente associadas ao método democrático: a dignidade humana, a satisfação oriunda do sentimento de que as questões políticas se conformam em grande medida com as ideias da pessoa de como elas devem ser, a coordenação da política com a opinião pública, a atitude de confiança do cidadão no governo e sua cooperação com ele, a confiança deste no respeito e no apoio do homem da rua – a ideia de governo aprovado pelo povo abrange satisfatoriamente tudo isso e muito mais que a tantos de nós pareceria a própria essência da democracia. E como é óbvio que, com exceção do caso da "democracia direta", o povo como tal nunca pode governar realmente, a defesa dessa definição parece estar completa.

Apesar de tudo, não a podemos aceitar. Sobejam os exemplos – talvez eles sejam a maioria dos casos históricos – de autocracias, tanto *dei gratia* quanto ditatoriais, de várias monarquias de tipo não autocrático, de oligarquias aristocráticas e plutocráticas, que normalmente contam com a adesão incondicional, muitas vezes ardorosa, de uma maioria esmagadora de todas as classes do povo e que, considerando as suas condições ambientais, fizeram bem em garantir o que a maioria de nós acredita que cabe ao método democrático garantir. É importante frisar isso e reconhecer o grande elemento de democracia – neste sentido – que entra em tais casos. Um antídoto assim contra o culto das meras formas vazias e das fraseologias ocas seria altamente desejável. Mas isso não altera o fato de que, ao aceitar essa solução, perderíamos o próprio fenômeno que desejamos identificar: as democracias se fundiriam em uma categoria de sistemas políticos muito mais ampla, que contém indivíduos de compleição claramente não democrática.

Não obstante, o nosso fracasso ensina uma coisa. Além da democracia "direta", há uma infinita riqueza de formas possíveis nas quais o "povo" pode participar dos negócios do governo ou influir ou controlar aqueles que realmente governam. Nenhuma dessas formas, particularmente nenhuma das que são praticáveis, tem um título óbvio ou exclusivo para se denominar "governo pelo povo" se essas palavras forem tomadas no seu sentido natural. Se alguma delas vier a adquirir tal denominação, será unicamente em virtude de

A CONFIGURAÇÃO DO PROBLEMA

um acordo arbitrário para determinar o significado que se deve atribuir ao termo "governar". Tal acordo é sempre possível, naturalmente: o povo nunca governa de fato, mas sempre se pode fazer com que governe por definição.

As "teorias" jurídicas da democracia que se desenvolveram nos séculos XVII e XVIII eram concebidas justamente para oferecer definições tais que vinculassem certas formas reais ou ideais de governo à ideologia do "governo pelo povo". Não é difícil compreender por que essa ideologia se impôs. Naquela época, pelo menos nas nações da Europa ocidental, o manto da autoridade ordenada por Deus estava caindo rapidamente dos ombros da realeza[15] – o processo naturalmente se iniciou muito antes –, e, como princípio tanto ético quanto explicativo, a "vontade do povo" ou o "poder soberano do povo" sobressaiu-se como o substituto mais aceitável para uma mentalidade que, embora estivesse preparada para renunciar a esse *charisma* particular da autoridade suprema, não estava disposta a ficar sem carisma nenhum.

Uma vez colocado o problema nesses termos, a mentalidade jurídica esquadrinhou o desvão dos seus constructos em busca de instrumentos com que reconciliar esse postulado supremo com os sistemas políticos existentes. Contratos fictícios de sujeição a um príncipe,[16] segundo os quais se supunha que o povo soberano havia alienado a sua liberdade ou o seu poder, ou contratos não menos fictícios mediante os quais havia delegado esse poder ou parte dele aos representantes eleitos foi substancialmente o que o desvão forneceu. Por mais que tenham servido certos fins práticos, esses constructos carecem totalmente de valor para nós. Não são defensáveis nem mesmo do ponto de vista jurídico.

Pois, para ter sentido, os termos delegação e representação devem se referir não aos cidadãos individuais – essa seria a doutrina dos feudos medievais –, e sim ao povo como um todo. Neste caso, seria preciso conceber que o povo como tal delegava o seu poder a, por exemplo, um parlamento encarregado

---

15 Pode-se considerar o *Patriarcha* de *sir* Robert Filmer (publicado em 1680) a última exposição importante da teoria do direito divino na filosofia política inglesa.

16 Esses contratos eram *fictiones juris et de jure*. Mas não lhes faltava uma analogia realista, a saber, a submissão voluntária e contratual de um homem livre a um senhor medieval muito praticada entre os séculos VI e XII. O homem livre aceitava a jurisdição do senhor e certas obrigações econômicas. Renunciava ao seu *status* de homem totalmente livre. Em troca, recebia a proteção do senhor e outras vantagens.

de representá-lo. Mas só uma pessoa (física ou moral) pode delegar ou ser representada juridicamente. Assim, as colônias ou estados americanos que enviavam delegados aos congressos continentais que se reuniram na Filadélfia a partir de 1774 – os chamados "congressos revolucionários" – eram, na realidade, representados por aqueles delegados. Mas o povo dessas colônias ou estados não o eram, já que um povo como tal não tem personalidade jurídica: dizer que ele delega poderes a um parlamento ou por ele é representado é dizer algo completamente destituído de significado jurídico.[17] O que é um parlamento então? Não é preciso ir muito longe em busca da resposta: é um órgão do Estado exatamente como o governo ou um tribunal. Se um parlamento representa o povo, há de ser em outro sentido que ainda falta descobrir.

Não obstante, essas "teorias" acerca da soberania do povo e da delegação e representação refletem mais que um postulado ideológico e alguns fragmentos de técnica jurídica. Elas complementam uma sociologia ou filosofia social do corpo político que, em parte sob a influência do ressurgimento das especulações gregas sobre a questão e em parte sob a influência dos acontecimentos da época,[18] tomou forma e chegou ao apogeu no fim do século XVIII e procurou realmente resolver o problema. Posto que essas expressões gerais nunca sejam adequadas ou rigorosamente corretas, arrisco qualificar essa filosofia – à maneira usual – de fundamentalmente racionalista, hedonista e individualista: a felicidade, definida em termos hedonistas, dos indivíduos dotados de uma percepção clara – ou susceptíveis de receber uma educação que lhes confira uma percepção clara – tanto deste fim quanto dos meios adequados

---

17 Do mesmo modo, não há sentido jurídico em designar uma acusação pública como um caso de "o Povo *versus* Fulano". A pessoa jurídica acusadora é o Estado.

18 Essa influência é particularmente óbvia na Inglaterra e sobretudo no caso de John Locke. Como filósofo político, ele simplesmente escrevia, à guisa de argumentação geral, contra Jaime II e a favor dos seus amigos *whig*, que haviam assumido a responsabilidade pela revolução "gloriosa". Isso explica o sucesso de uma linha de raciocínio que, sem essa conotação prática, teria sido desprezada. O fim do governo é o bem do povo, e esse bem consiste na proteção da propriedade privada, motivo pelo qual os homens "entram em sociedade". Para esse fim se reúnem e celebram um Contrato Original de submissão a uma autoridade comum. Mas esse contrato é rompido, a propriedade e a liberdade correm perigo, e a resistência se justifica quando, para dizê-lo com franqueza, os aristocratas *whig* e os mercadores de Londres não estão de acordo com o governo.

para atingi-lo, era concebida como o sentido da vida e o grande princípio de ação, tanto na esfera privada quanto na política. Também podemos designar essa sociologia ou filosofia social, produto do capitalismo incipiente, como a expressão introduzida por John Stuart Mills, ou seja, utilitarismo. Segundo ele, o comportamento que se adequava a esse princípio não era meramente o único racional e justificável, mas também *ipso facto* o único comportamento "natural". Essa proposição é a ponte entre as teorias, tão diversas em outros aspectos, do *contrato social* de Bentham e Rousseau – nomes que nos podem servir de faróis naquilo que, de resto, aqui há de ficar nas trevas.

Se esta brevidade desesperada não tiver impedido os leitores de acompanhar a minha argumentação, a relevância desta filosofia sobre o tema da democracia há de estar clara. Ela produziu evidentemente, entre outras coisas, uma teoria da natureza do Estado e dos fins para os quais ele existe. Além disso, em virtude da ênfase que dá ao indivíduo racional e hedonista e à sua autonomia ética, parece ter condições de ensinar os únicos métodos políticos corretos para dirigir esse Estado e atingir aqueles fins: a maior felicidade para o maior número e outros que tais. Enfim, ela proporcionou o que parecia ser um fundamento racional para a fé na vontade do povo (*volonté générale*) e a orientação que resume tudo quanto a democracia significa para o grupo de escritores que ficou conhecido como "radicais filosóficos":[19] educar o povo e deixá-lo votar livremente.

Uma crítica contrária a essa construção surgiu quase imediatamente como parte da reação geral contra o racionalismo do século XVIII que se seguiu às guerras revolucionárias e napoleônicas. Independentemente do que pensemos dos seus méritos e deméritos, o movimento usualmente chamado de romantismo certamente gerou um entendimento mais profundo da sociedade pré-capitalista e da evolução histórica em geral e, assim, revelou alguns dos erros fundamentais do utilitarismo e da teoria política a que ele serviu de base. A análise histórica, sociológica, biológica, psicológica e econômica posterior foi destrutiva para ambos e, hoje em dia, é difícil encontrar um estudioso dos processos sociais que diga uma palavra favorável a um ou à

---

19 Para uma orientação geral, cf. especialmente Kent, *The Philosophical Radical*; Graham Walas, *The Life of Francis Place*; Leslie Stephen, *The English Utilitarians*.

outra. Mas, por estranho que pareça, a ação política continuou se inspirando nessa teoria durante todo o tempo em que ela se partia em cacos. Quanto mais se demonstrava a sua insustentabilidade, mais completamente ela dominava a fraseologia oficial e a retórica dos políticos. É por isso que temos de dedicar o próximo capítulo a uma discussão sobre aquela que se pode denominar "teoria clássica da democracia".

Mas nenhuma instituição, prática ou crença se mantém ou desaba com a teoria que lhe serve de apoio em determinado momento. A democracia não é uma exceção. Aliás, é possível construir uma teoria do processo democrático que leve em conta todas as realidades da ação coletiva e da mentalidade pública. Essa teoria será apresentada no capítulo 22, e então finalmente poderemos dizer como se pode esperar que a democracia se saia numa ordem de coisas socialista.

21

A DOUTRINA CLÁSSICA DA DEMOCRACIA

I. O bem comum e a vontade do povo

A FILOSOFIA DA DEMOCRACIA DO SÉCULO XVIII pode ser resumida na seguinte definição: o método democrático é o arranjo institucional para se chegar a decisões políticas que realiza o bem comum fazendo com que o próprio povo decida as questões mediante a eleição de indivíduos que se reúnem para lhe satisfazer a vontade. Desenvolvamos as implicações disso.

Sustenta-se, pois, que existe um bem comum, o óbvio farol orientador da política, que sempre é fácil de definir e pode ser percebido por toda pessoa normal por meio da argumentação racional. Portanto, não há desculpa para não o enxergar e, aliás, não há nenhuma explicação para a existência de quem não o enxergue, a não ser a ignorância – que pode ser eliminada –, a burrice e o interesse antissocial. De resto, esse bem comum implica respostas definidas a todas as questões, de modo que todo fato social e toda medida adotada ou a ser adotada possam ser classificados inequivocamente de "bons" ou "ruins". Portanto, como todo o mundo tem de estar de acordo, pelo menos em princípio, também há uma vontade comum do povo (= vontade de todos os indivíduos sensatos) que coincide exatamente com o bem comum, o interesse comum ou o bem-estar comum. À parte a burrice e os interesses perniciosos, a única coisa capaz de ocasionar desacordo e explicar a existência de uma oposição é a diferença de opinião quanto à velocidade com que se deve atingir a meta, a qual é comum a quase todos. Assim, cada membro da comunidade, consciente dessa meta, sabendo o que quer e discernindo o que é bom e o que é ruim, participa ativa e responsavelmente do fomento do bom e da luta contra o ruim e, juntos, todos eles controlam os negócios públicos.

É verdade que a gestão de alguns desses negócios exige aptidões e técnicas especiais e deve ser confiada a especialistas que as tenham. No entanto, isso não afeta o princípio, pois tais especialistas agem simplesmente para realizar a vontade do povo, exatamente como um médico age para realizar a vontade do paciente, que é sarar. Também é verdade que, em uma comunidade de qualquer magnitude, especialmente se apresentar o fenômeno da divisão do trabalho, seria sumamente inconveniente para o cidadão individual ter de entrar em contato com todos os outros cidadãos, a cada questão pendente, a fim de participar do mando ou do governo. Mais conveniente seria reservar tão somente as decisões mais importantes para que os cidadãos individuais se pronunciem sobre elas – por exemplo, mediante referendo – e cuidar das outras por intermédio de uma comissão por eles nomeada: uma assembleia ou parlamento constituído de membros eleitos pelo voto popular. Como vimos, essa comissão ou corpo de delegados não representa o povo no sentido jurídico, representa-o em um sentido menos técnico: interpreta, reflete ou representa a vontade do eleitorado. Se for numerosa, essa comissão pode se desmembrar, também por conveniência, em subcomissões encarregadas dos diversos departamentos dos negócios públicos. Por fim, entre essas comissões menores, haverá uma incumbida dos assuntos gerais, principalmente de tratar dos assuntos correntes da administração, chamada gabinete ou governo e possivelmente dirigida por um secretário-geral ou testa de ferro ou, como se diz, primeiro-ministro.[1]

Tão logo aceitemos todas as hipóteses formuladas por essa teoria da forma de governo – ou que nela estejam implícitas –, a democracia adquire um

---

[1] A teoria oficial das funções de um ministro sustenta, deveras, que ele é nomeado para fazer com que a vontade do povo seja cumprida no seu ministério.

significado deveras inambíguo e não há nenhum problema a ela ligado, salvo o de implantá-la. Além disso, temos de abrir mão de alguns escrúpulos lógicos para poder acrescentar que, nesse caso, o arranjo democrático não só seria o melhor de todos os concebíveis, como pouca gente se daria ao trabalho de levar outro em consideração. Todavia, não é menos óbvio que essas hipóteses não passam de constatações que teriam de ser provadas uma a uma se quisermos chegar a essa conclusão. E é muito mais fácil refutá-las.

Em primeiro lugar, não existe um bem comum univocamente determinado a respeito do qual todos os homens concordem ou possam ser levados a concordar por força de uma argumentação racional. Isso se deve não ao fato de alguns quererem coisas diferentes do bem comum, mas principalmente ao fato muito mais fundamental de que, para os diversos indivíduos e grupos, o bem comum está fadado a significar coisas diversas. Esse fato, invisível para os utilitaristas devido à estreiteza da sua perspectiva do mundo das avaliações humanas, introduz frinchas em questões de princípio que não se podem reconciliar mediante uma argumentação racional, porque os valores supremos – as nossas concepções do que devem ser a vida e a sociedade – estão fora do alcance da mera lógica. Em alguns casos, é possível estender uma ponte sobre elas, mas em outros não. Os americanos que dizem "queremos que o nosso país se arme até os dentes para lutar em todos os lugares do mundo pelo que consideramos justo" e os americanos que dizem "queremos que o nosso país resolva os seus problemas, pois essa é a única maneira de servir a humanidade" estão confrontados com diferenças irredutíveis de valores supremos que um compromisso não faria senão mutilar e degradar.

Em segundo, mesmo que um bem comum suficientemente definido – como, por exemplo, o máximo de satisfação econômica dos utilitaristas –,[2] se mostrasse aceitável para todos, isso não pressuporia respostas igualmente definidas aos problemas individuais. As divergências de opinião a respeito deles poderiam ser graves a ponto de produzir a maior parte dos efeitos de uma

---

2 O próprio significado da "maior felicidade" está sujeito a uma séria dúvida. Porém, mesmo que se remova essa dúvida e se atribua um significado definido à soma total da satisfação econômica de um grupo de pessoas, aquele máximo continuará sendo relativo a determinadas situações e avaliações, de modo que talvez seja impossível alterá-lo ou negociá-lo por meios democráticos.

discrepância "fundamental" sobre os próprios fins. Os problemas centrados na avaliação das satisfações presentes *versus* futuras, até mesmo no caso de socialismo *versus* capitalismo, ficariam em aberto, por exemplo, após a conversão de cada cidadão individual ao utilitarismo. A "saúde" pode ser desejada por todos, no entanto, as pessoas continuariam divergindo quanto à vacinação ou à vasectomia. E assim por diante.

Os pais utilitaristas da doutrina democrática não conseguiram enxergar toda a importância disso simplesmente porque nenhum deles considerou seriamente uma modificação substancial do quadro econômico nem dos hábitos de uma sociedade burguesa. Enxergavam pouco além do mundo de um ferreiro do século XVIII.

Mas, em terceiro lugar, como consequência das duas proposições anteriores, desaparece no ar o conceito particular de vontade do povo ou *volonté générale*, do qual os utilitaristas se apropriaram. Porque esse conceito pressupõe a existência de um bem comum inequivocamente determinado e discernível por todos. Ao contrário dos românticos, os utilitaristas não tinham ideia dessa entidade semimística dotada de vontade própria – dessa "alma do povo" tão apreciada pela escola histórica da jurisprudência. Derivavam ingenuamente a sua vontade do povo das vontades dos indivíduos. E, a menos que haja um centro, o bem comum, para o qual gravitam, pelo menos em longo prazo, *todas* as vontades individuais, não obteremos esse tipo especial de *volonté générale* "natural". O centro de gravidade utilitarista, por um lado, unifica as vontades individuais, tende a fundi-las, por meio da discussão racional, na vontade do povo e, por outro, confere a esta a dignidade ética exclusiva reivindicada pelo credo democrático clássico. *Esse credo não consiste simplesmente em cultuar a vontade do povo como tal*, mas se apoia em certas hipóteses acerca do objeto "natural" dessa vontade, o qual é sancionado pela razão utilitária. Tanto a existência quanto a dignidade dessa espécie de *volonté générale* se esfumam tão logo nos falte a ideia do bem comum. E ambos os pilares da teoria clássica se esmigalham inevitavelmente.

II. A vontade do povo e a volição individual

Por concludentes que sejam, os argumentos anteriores contra essa concepção particular da vontade do povo naturalmente não nos impedem de tentar erigir outro mais realista. Não pretendo questionar a realidade nem a importância dos fatos sociopsicológicos nos quais pensamos ao falar na vontade de uma nação. A sua análise é certamente o pré-requisito do avanço de todo estudo dos problemas da democracia. Entretanto, seria melhor não conservar o termo porque ele tende a obnubilar o fato de que, tão logo separemos a vontade do povo da sua conotação utilitarista, passamos a construir não meramente uma teoria diferente da mesma coisa, mas a teoria de uma coisa completamente diferente. Não nos faltam razões para nos precavermos contra as armadilhas escondidas no caminho desses defensores da democracia que, ao mesmo tempo que, sob a pressão das provas que vão se acumulando, reconhecem cada vez mais os fatos do processo democrático, procuram ungir os resultados gerados por esse processo com o óleo tirado dos potes do século XVIII.

Mas, embora ainda se possa dizer que uma espécie de vontade comum ou de opinião pública surge do emaranhado infinitamente complexo das situações, volições, influências, ações e reações individuais e coletivas do "processo democrático", o resultado carece não só de unidade racional, como também de sanção racional. Unidade racional significa que, embora do ponto de vista da análise o processo democrático não seja simplesmente caótico – para o analista, nada que possa ser colocado ao alcance dos princípios explanatórios é caótico –, os resultados não teriam sentido por si sós, a não ser por casualidade, como o teria, por exemplo, a realização de qualquer fim ou ideal definido. A falta de sanção racional significa que, como *essa* vontade já não condiz com nenhum "bem", agora, para revestir o resultado de uma dignidade ética, será necessário recorrer a uma confiança injustificada nas formas democráticas de governo como tais – confiança essa que, em princípio, teria de ser independente da desejabilidade dos resultados. Como já vimos, não é fácil adotar esse ponto de vista. Porém, mesmo que o adotemos, o abandono do bem comum utilitarista nos deixa às voltas com muitas dificuldades.

Em particular, continuamos à mercê da necessidade prática de atribuir à vontade do *indivíduo* uma independência e uma qualidade racional que são completamente irrealistas. Se quisermos argumentar que a vontade dos cidadãos é, *per se*, um fator político digno de respeito, primeiro é preciso que essa vontade exista. Em outras palavras, ela tem de ser mais que um punhado indeterminado de vagos impulsos a girarem frouxamente em torno a *slogans* dados e a impressões equivocadas. Cada qual precisaria saber exatamente o que quer defender. Essa vontade claramente definida teria de ser implementada pela capacidade de observar e interpretar corretamente os fatos que são diretamente acessíveis a todos e de peneirar criticamente a informação sobre os fatos que não o são. Finalmente, seria necessário derivar dessa vontade claramente definida e desses fatos verificados uma conclusão nítida *e rápida* sobre questões particulares de acordo com as regras da inferência lógica – e, ademais, com um grau tão elevado de eficiência geral que se poderia sustentar, sem absurdo flagrante, que a opinião de um homem seria aproximadamente tão boa quanto a de qualquer outro.[3] E tudo isso o cidadão médio teria de realizar para si e independentemente da pressão dos grupos e da propaganda,[4]

---

3   Isso explica o caráter fortemente igualitário tanto da teoria clássica da democracia quanto das crenças democráticas populares. Mais adiante, indicaremos como a igualdade pode adquirir o *status* de postulado ético. Como declaração factual acerca da natureza humana, ela não pode ser aplicada de modo algum aos homens tais como são. Em reconhecimento disso, o próprio postulado foi reformulado com frequência de modo a significar "igualdade de oportunidade". Mas, desconsiderando até mesmo as dificuldades inerentes à palavra "oportunidade", essa reformulação não nos ajuda muito porque é uma igualdade real e não potencial de desempenho na questão do comportamento político que se requer se se quiser que o voto de cada homem tenha o mesmo peso na decisão das questões.

Deve-se observar *en passant* que a fraseologia democrática foi instrumental na promoção da associação de qualquer tipo de desigualdade à "injustiça", que é um elemento tão importante no padrão psíquico do malsucedido e no arsenal do político que o utiliza. Um dos sintomas mais curiosos desse fenômeno foi a instituição ateniense do ostracismo, ou melhor, o uso que às vezes dela se fazia. O ostracismo consistia na proscrição de um indivíduo pelo voto popular, mas não necessariamente por um motivo particular: às vezes, servia como método de eliminação de um cidadão proeminente incômodo que parecia "valer mais que um".

4   Esse termo é usado aqui no sentido original, não no sentido que hoje ele vem adquirindo rapidamente e que sugere a seguinte definição: propaganda é toda manifestação emanada de uma fonte de que não gostamos. Suponho que a palavra derive do nome da comissão de cardeais encarregada das questões relativas à difusão da fé católica, a *congregatio de propaganda fide*. Portanto, não tem nenhum significado pejorativo e, em especial, não implica distorção dos fatos. Pode-se fazer propaganda, por exemplo, de um método científico. Significa simplesmente a

A DOUTRINA CLÁSSICA DA DEMOCRACIA

pois as volições e inferências que se impõem ao eleitorado obviamente não podem ser consideradas os dados últimos do processo democrático. A questão se essas condições são cumpridas na medida necessária para fazer com que a democracia funcione não se deve responder com uma afirmação irrefletida nem com uma negativa igualmente irrefletida. Só se pode responder com uma apreciação laboriosa de todo um labirinto de provas contraditórias.

Não obstante, antes de empreendê-la, quero ter certeza de que o leitor aprecia plenamente outro ponto já assinalado. Repetirei, portanto, que mesmo que as opiniões e desejos dos cidadãos individuais fossem dados perfeitamente definidos e independentes a ser elaborados pelo processo democrático, e mesmo que todo o mundo agisse sobre eles com racionalidade e rapidez ideais, não se seguiria necessariamente que as decisões políticas produzidas por esse processo a partir da matéria-prima dessas volições individuais representassem uma coisa que se pudesse denominar, de modo convincente, vontade do povo. Quando as vontades individuais estão muito divididas, é não só concebível, como também muito provável que as decisões políticas produzidas não coincidam com "o que o povo realmente quer". Tampouco se pode retrucar que, se o povo não obtiver exatamente o que quer, pelo menos obterá um "compromisso honrado". Pode ser que sim. As chances de isso acontecer são muito maiores quando se trata de problemas de natureza quantitativa ou que admitam gradação, como a questão de quanto se deve gastar em auxílio aos desempregados, desde que todos sejam favoráveis a algum gasto com esse fim. Mas com os problemas qualitativos, como a questão de perseguir os hereges ou entrar em uma guerra, o resultado obtido pode muito bem contrariar igualmente todas as pessoas, ainda que por motivos diferentes, ao passo que a decisão imposta por um organismo não democrático pode lhes ser muito mais aceitável.

Ilustremos essa ideia com um exemplo. Creio que posso classificar de ditadura militar o governo de Napoleão quando era primeiro-cônsul. Uma das necessidades mais prementes daquele momento era um acordo religioso que pusesse fim ao caos deixado pela revolução e o diretório e levasse a paz a milhões de corações. Isso ele conseguiu fazer mediante uma série de golpes

---

apresentação de fatos e argumentos com a finalidade de influenciar as ações ou opiniões das pessoas em uma direção determinada.

de mestre que culminou com uma concordata com o papa (1801) e os "artigos orgânicos" (1802), que, reconciliando o irreconciliável, deram exatamente a quantidade certa de liberdade de culto ao mesmo tempo que mantiveram vigorosamente a autoridade do Estado. Napoleão também reorganizou e refinanciou a Igreja católica francesa, resolveu a delicada questão do clero "constitucional" e lançou o novo *establishment* com grande sucesso e um mínimo de atrito. Se alguma vez houve uma justificação para se sustentar que o povo realmente quer algo definido, esse arranjo proporciona um dos melhores exemplos da história. Isso há de ser óbvio para quem examinar a estrutura de classe da França da época e é plenamente confirmado pelo fato de essa política eclesiástica ter contribuído muito para a popularidade quase universal de que o regime consular gozou. Mas é difícil enxergar como esse resultado podia ter sido obtido de maneira democrática. O sentimento antieclesiástico não estava morto nem se restringia aos jacobinos vencidos. As pessoas dessa convicção ou os seus dirigentes não podiam de modo algum ter negociado um compromisso dessa extensão.[5] No outro prato da balança, uma onda fortíssima de furioso sentimento católico ganhava impulso constantemente. As pessoas que compartiam esse sentimento ou os dirigentes que dependiam da sua boa vontade não podiam ter parado no limite imposto por Napoleão; em particular, não podiam ter tratado a Santa Sé com tanta firmeza, para a qual, ademais, não havia nenhum motivo para ceder, em vista do rumo que as coisas estavam tomando. E a vontade dos camponeses, que acima de tudo queriam os seus sacerdotes, as suas igrejas e as suas procissões, teria sido paralisada pelo medo muito natural de que a solução revolucionária da questão agrária corresse perigo quando o clero – especialmente os bispos – voltasse ao poder. O resultado mais provável de qualquer tentativa de resolver a questão democraticamente seria a paralisia ou uma luta interminável que engendraria cada vez mais irritação. Mas Napoleão soube resolvê-la com sensatez, precisamente porque todos esses grupos, que não teriam podido abandonar os seus pontos de vista por vontade própria, eram capazes e, ao mesmo tempo, estavam dispostos a aceitar um compromisso imposto.

---

5 Os corpos legislativos, por acovardados que estivessem, se recusaram a apoiar Napoleão nessa política. E alguns dos seus paladinos mais fiéis se opuseram a ela.

A DOUTRINA CLÁSSICA DA DEMOCRACIA   347

Este exemplo, naturalmente, não é isolado.[6] Se os resultados que em longo prazo se mostram satisfatórios para o povo em geral servirem de teste do governo *para* o povo, então o governo *pelo* povo, tal como o concebia a teoria clássica da democracia, muitas vezes seria reprovado.

III. A natureza humana na política

Falta responder à nossa questão acerca da definidade e independência da vontade do eleitor, da sua capacidade de observação e interpretação dos fatos e da sua aptidão para fazer, clara e prontamente, inferências racionais das duas coisas. Esse tema pertence a um capítulo da psicologia social que poderia se intitular "A natureza humana na política".[7]

Na segunda metade do século XIX, a ideia da personalidade humana como uma unidade homogênea e a ideia de uma vontade definida como a força motriz primária da ação passaram a desvanecer constantemente – mesmo antes do tempo de Théodule Ribot e de Sigmund Freud. Em particular, essas ideias foram cada vez mais desacreditadas no campo das ciências sociais, no qual a importância dos elementos extrarracionais ou irracionais da nossa conduta vem recebendo cada vez mais atenção, como comprova *Mind and*

---

6 Poder-se-iam citar outros exemplos a partir da prática de Napoleão, um autocrata que procurava fazer simplesmente o que ele acreditava que o povo queria ou necessitava, desde que isso não afetasse os seus interesses dinásticos nem a sua política externa. Isso é o que queria dizer o conselho que ele deu a Eugène de Beauharnais sobre a sua administração da Itália do Norte.

7 Esse é o título de um livro sincero e encantador de um dos radicais ingleses mais amáveis que já existiu, Graham Wallas. A despeito de tudo que se escreveu desde então sobre a matéria e especialmente apesar de todos os minuciosos estudos de caso que agora possibilitam enxergar muito mais claramente, esse livro ainda pode ser recomendado como a melhor introdução à psicologia política. Contudo, depois de ter atacado com admirável honestidade a aceitação acrítica da teoria clássica, o autor não tira a conclusão óbvia. Isso é tanto mais notável quanto ele insiste com razão na necessidade de uma atitude mental científica e não deixa de censurar *lord* Bryce por se haver declarado, no seu livro sobre a *commonwealth* americana, "raivosamente" decidido a ver uma nesga de céu azul em meio às nuvens dos fatos decepcionantes. Ora, Graham Wallas parece exclamar, o que pensaríamos de um meteorologista que, desde o começo, insistisse em dizer ter visto um pouco de céu azul? Entretanto, na parte construtiva desse livro, ele adota aproximadamente o mesmo ponto de vista.

Society de Pareto. Das muitas fontes de provas que se têm acumulado contra a hipótese da racionalidade, vou mencionar apenas duas.

Uma delas, apesar do trabalho posterior muito mais cuidadoso, ainda pode ser associada ao nome de Gustave Le Bon, o fundador ou pelo menos o primeiro expoente efetivo da psicologia das multidões (*psychologie des foules*).[8] Ao expor, ainda que com exagero, as realidades do comportamento humano sob a influência da aglomeração – particularmente o repentino desaparecimento, em um estado de excitação, das coibições morais e dos modos civilizados de pensar e sentir, a súbita irrupção de impulsos primitivos, de infantilismo e de tendências criminosas –, ele nos confrontou com fatos abomináveis que todos conhecíamos, mas que ninguém queria ver e, com isso, desferiu um sério golpe na concepção da natureza humana em que se baseavam a doutrina clássica da democracia e o folclore democrático acerca das revoluções. Sem dúvida, muito se pode dizer a respeito da estreiteza da base factual das inferências de Le Bon, que, por exemplo, em nada corresponde ao comportamento normal de uma multidão inglesa ou anglo-americana. Os críticos, especialmente os que não simpatizavam com as implicações desse ramo da psicologia social, não deixaram de tirar partido dos seus pontos vulneráveis. Mas, por outro lado, não se deve esquecer que os fenômenos de psicologia das multidões não se restringem de modo algum às turbas sublevadas nas ruas estreitas de uma cidade latina. Todo parlamento, toda comissão, todo conselho de guerra composto por uma dezena de generais sexagenários apresenta, ainda que de forma atenuada, algumas características que se manifestam tão claramente no caso da chusma, especialmente um reduzido senso de responsabilidade, um nível inferior de energia intelectual e maior sensibilidade para as influências alógicas. Além disso, tais fenômenos não se limitam a uma multidão no sentido de aglomeração física de muita gente. Os leitores de jornais, os radiouvintes, os membros de um partido, mesmo sem estar reunidos fisicamente, têm uma facilidade enorme para se transformar em uma multidão

---

8 O termo alemão *Massenpsychologie* sugere uma advertência: a psicologia das multidões não se deve confundir com a psicologia das massas. Aquela não contém necessariamente nenhuma conotação de classe e, em si, nada tem a ver com um estudo do modo de pensar e sentir da classe operária, por exemplo.

A DOUTRINA CLÁSSICA DA DEMOCRACIA   349

psicológica e chegar a uma situação de frenesi em que qualquer tentativa de argumentação racional não faz senão incitar os espíritos animalescos.

A outra fonte de provas desenganadoras que vou mencionar é muito mais modesta: ela não jorra sangue; jorra tão somente disparate. Ao aprender a observar mais detidamente os fatos, os economistas começaram a descobrir que, mesmo nos atos mais ordinários da vida cotidiana, os consumidores não correspondem plenamente à ideia que os manuais de economia costumavam transmitir a seu respeito. Por um lado, as suas necessidades estão longe de ser definidas e as suas ações relativas a essas necessidades estão longe de ser racionais e rápidas. Por outro, eles são tão sensíveis à influência da propaganda e de outros métodos de persuasão que, muitas vezes, parece que são os produtores que comandam a sua vontade em vez de ser comandados por eles. A técnica da propaganda bem-sucedida é particularmente instrutiva. É verdade que quase sempre há certo apelo à razão. Mas uma simples afirmação repetida com frequência tem mais peso que um argumento racional, e o mesmo se pode dizer do ataque direto ao subconsciente, que toma a forma de tentativas de evocar e cristalizar associações agradáveis de natureza inteiramente extrarracional e, muito amiúde, sexual.

A conclusão, embora óbvia, deve-se tirar com cautela. No curso ordinário das decisões que frequentemente se repetem, o indivíduo se submete à influência saudável e racionalizante das suas experiências favoráveis e desfavoráveis. Também se submete à influência das motivações e dos interesses relativamente simples e não problemáticos que só ocasionalmente sofrem a interferência de excitações. Historicamente, o desejo dos consumidores por sapatos pode ter sido plasmado, pelo menos em parte, pela ação dos produtores que lhes ofereciam calçados atraentes e deles faziam propaganda; no entanto, em um determinado tempo, ele passa a ser uma necessidade genuína, cuja definidade vai além dos "sapatos em geral" e cuja experiência prolongada elimina grande parte das irracionalidades que talvez o tenham cercado inicialmente.[9] Ademais, sob o estímulo dessas motivações simples, os consumidores

---

9 Na passagem acima, irracionalidade significa incapacidade de agir racionalmente com relação a determinado desejo. Não se refere à racionalidade que tenha o próprio desejo na opinião do observador. É importante levar isso em conta, porque os consumidores às vezes a exageram,

aprendem a agir em certas coisas (casas, automóveis) de acordo com o conselho de expertos imparciais e eles próprios se tornam expertos em outras. É simplesmente falso que as donas de casa se deixem enganar facilmente em questões de produtos alimentícios, artigos domésticos *conhecidos* e roupas. E, como todo vendedor sabe por experiência própria, a maioria delas faz questão do exato produto que querem.

Claro que isso é ainda mais obviamente válido no caso dos produtores. Sem dúvida, um fabricante pode ser indolente, um mau avaliador de oportunidades ou incompetente de qualquer outro modo; mas há um mecanismo eficaz que o obriga a se reformar ou o elimina. Uma vez mais, o taylorismo se estriba no fato de que o homem pode executar operações manuais simples durante milhares de anos e, mesmo assim, executá-las de modo ineficiente. Mas nem a intenção de agir tão racionalmente quanto possível nem uma pressão constante para a racionalidade podem ser questionadas seriamente, seja qual for o nível de atividade industrial ou mercantil que optemos por contemplar.[10]

E assim é com a maioria das decisões da vida cotidiana dentro do pequeno campo que a mente do cidadão individual abrange com um sentido pleno da sua realidade. *Grosso modo*, isso consiste nas coisas que concernem diretamente a ele, à sua família, às suas transações comerciais, aos seus passatempos, aos seus amigos e inimigos, ao seu município ou bairro, à sua classe, igreja, sindicato ou a qualquer outro grupo social de que ele for um membro ativo: as coisas que estão sob a sua observação pessoal, as coisas que lhe são familiares independentemente do que diz o seu jornal, as quais ele pode influenciar ou dirigir diretamente e pelas quais desenvolve o tipo de responsabilidade induzida por uma relação direta com os efeitos favoráveis ou desfavoráveis de uma linha de ação.

---

confundindo as duas coisas. Assim, a roupa luxuosa de uma operária fabril pode parecer a um professor um indício de comportamento irracional, para ele, a única explicação são os artifícios publicitários. Na realidade, talvez seja a única coisa a que ela aspira. Neste caso, a despesa que tem para tanto pode ser de uma racionalidade ideal no sentido expresso acima.

10 Esse nível varia, naturalmente, não só entre épocas e lugares como também, em uma época e um lugar determinados, entre os diversos setores industriais e as classes. Não existe algo como um padrão universal de racionalidade.

A DOUTRINA CLÁSSICA DA DEMOCRACIA

Reiterando: a definidade e a racionalidade do pensamento e da ação não são garantidas por essa familiaridade com os homens e as coisas nem pelo senso de realidade e de responsabilidade.[11] Para isso, seriam necessárias outras condições que geralmente não são cumpridas. Por exemplo, uma geração após outra pode sofrer devido a um comportamento irracional em matéria de higiene e, no entanto, não relacionar esse sofrimento com os seus hábitos nocivos. Enquanto essa relação não se estabelecer, é claro que as consequências objetivas, por regulares que sejam, não produzirão uma experiência subjetiva. Por isso foi incrivelmente difícil para a humanidade perceber a relação entre o contágio e as epidemias: os fatos apontavam para ela com uma clareza que nos parece inequívoca; mesmo assim, no fim do século XVIII, os médicos não faziam praticamente nada para impedir que as pessoas acometidas de doenças infecciosas como o sarampo ou a varíola se misturassem com as outras. E é de esperar que as coisas sejam piores se, além da incapacidade, também houver relutância em reconhecer as relações causais ou quando um interesse qualquer se opuser ao seu reconhecimento.

Sem embargo e apesar de todas as restrições que se impõem, há para cada um de nós, dentro de um horizonte muito mais amplo, um campo mais estreito – bem diferente em extensão, dependendo dos diversos grupos e indivíduos, e limitado por uma larga zona, não por uma linha nítida –, que se distingue por um senso de realidade ou familiaridade ou responsabilidade. E esse campo abriga volições individuais relativamente definidas. Muitas vezes, elas nos parecem desinteligentes, estreitas e egoístas; e pode não ser óbvio para todos por que, quando se trata de chegar a decisões políticas, haveríamos de tributar culto aos seus santuários, menos ainda por que nos sentiríamos obrigados a considerar cada uma delas como uma unidade e nenhuma como mais

---

11 A racionalidade do pensamento e a racionalidade da ação são duas coisas diferentes. A racionalidade do pensamento nem sempre garante a racionalidade da ação. E esta pode estar presente sem nenhuma deliberação consciente e independente da capacidade de formular corretamente as razões fundamentais dos atos de uma pessoa. O observador, particularmente o observador que emprega os métodos de entrevista e questionário, muitas vezes perde de vista essa distinção e, por isso, adquire uma ideia exagerada da importância da irracionalidade no comportamento. Essa é outra fonte dos exageros que encontramos tão amiúde.

que isso. No entanto, se decidirmos tributar culto à vontade do povo, pelo menos não encontraremos o santuário vazio.[12]

Ora, essa definidade relativa de volição e racionalidade do comportamento não desaparece repentinamente quando nos distanciamos das inquietudes da vida cotidiana, no lar ou nos negócios, que nos educam e disciplinam. No reino dos negócios públicos, há setores que, mais que outros, estão ao alcance da mente do cidadão. Isso se aplica, em primeiro lugar, aos assuntos locais. Mesmo aí, encontramos uma reduzida capacidade de discernir os fatos, uma reduzida disposição para agir de acordo com eles, um reduzido senso de responsabilidade. Nós todos conhecemos o homem – geralmente um ótimo espécime – que diz que a administração local não é problema seu e dá de ombros friamente para práticas que ele preferiria morrer a sofrê-las no seu escritório. Os cidadãos bem-pensantes e de disposição exortativa, que pregam a responsabilidade dos eleitores ou contribuintes individuais, descobrem invariavelmente que esses eleitores ou contribuintes não se sentem responsáveis pelo que os políticos locais fazem. Entretanto, especialmente nas comunidades não grandes a ponto de impedir o contato pessoal, o patriotismo local pode ser um fator importantíssimo para "fazer com que a democracia funcione". Em muitos aspectos, os problemas de uma cidade são parecidos com os de um conglomerado industrial. O homem que compreende estes também há de compreender aqueles até certo grau. O fabricante, o vendeiro ou o operário não precisam sair do seu mundo para ter uma opinião racionalmente

---

12 Convém observar que, ao falar de volições definidas e autênticas, não quero dizer que as elevo a últimos dados para todos os tipos de análises sociais. São, obviamente, produto do processo social e do meio social. A única coisa que quero dizer é que podem servir como dados para o tipo de análise de fins especiais que o economista tem na imaginação quando deriva os preços dos gostos ou das necessidades considerados como "dados" num instante concreto e que não precisam continuar sendo analisados cada vez. De maneira semelhante, podemos falar, para os nossos fins, de volições autênticas e definidas que, em todo momento, se dão com independência das tentativas de fabricá-las, posto que reconheçamos que essas mesmas volições autênticas são resultado das influências ambientais do passado, inclusive as influências publicitárias. Essa distinção entre volições autênticas e fabricadas (cf. adiante) é uma distinção difícil e não se pode aplicar a todos os casos e para todos os fins. Para o nosso propósito, porém, basta assinalar que está evidentemente fundamentada no bom senso.

A DOUTRINA CLÁSSICA DA DEMOCRACIA

defensável (que, naturalmente, pode ser certa ou errada) sobre a limpeza das ruas ou o prédio da prefeitura.

Em segundo lugar, há muitas questões nacionais que afetam os indivíduos e os grupos tão direta e inequivocamente que neles chegam a suscitar volições perfeitamente genuínas e definidas. O exemplo mais importante é oferecido pelas questões que envolvem uma vantagem pecuniária imediata e pessoal para os eleitores individuais e para os grupos de eleitores, como os pagamentos diretos, as tarifas aduaneiras protetoras, a subvenção aos produtores de prata e assim por diante. Uma experiência que remonta à Antiguidade mostra que, em linhas gerais, os eleitores reagem pronta e racionalmente a toda oportunidade dessa natureza. Mas a doutrina clássica da democracia tem, evidentemente, pouco a ganhar com exibições de racionalidade desse tipo. Com elas, os eleitores se mostram ruins e até corruptos de tais questões,[13] e amiúde se revelam juízes ruins dos seus próprios interesses em longo prazo, pois só as promessas em curto prazo interessam politicamente e só a racionalidade em curto prazo prevalece efetivamente.

Não obstante, quando nos afastamos ainda mais das preocupações privadas da família e do escritório e nos embrenhamos nas regiões dos negócios nacionais e internacionais, que carecem de um nexo direto e inequívoco com aquelas preocupações privadas, a volição individual, o conhecimento dos fatos e o método de inferência logo deixam de cumprir os requisitos da doutrina clássica. O que mais me surpreende e me parece ser o cerne de todas as dificuldades é o fato de se haver perdido tão completamente o senso da realidade.[14] Normalmente, as grandes questões políticas compartilham o seu lugar, na economia psíquica do cidadão típico, com os interesses das horas de lazer que

---

13 O motivo pelo qual os benthamistas perderam isso de vista tão completamente foi não considerar as possibilidades da corrupção em massa no capitalismo moderno. Ao cometer na teoria política o mesmo erro que cometeram na teoria econômica, não viram nenhum inconveniente em postular que "as pessoas" eram os melhores juízes dos seus próprios interesses individuais e que estes tinham de coincidir necessariamente com os interesses de todas as pessoas tomadas em conjunto. Naturalmente, isso lhes era mais fácil porque eles filosofavam realmente, posto que não intencionalmente, em termos de interesses burgueses que tinham mais a ganhar com um Estado parcimonioso que com quaisquer subornos diretos.

14 O "senso pungente da realidade" de William James. Graham Wallas frisou particularmente a relevância desse ponto.

ainda não chegaram ao grau de passatempos e com os temas de conversação irresponsável. Aqui essas coisas parecem fora de lugar; nada têm em comum com uma proposta de negócio; os perigos podem não se materializar absolutamente e, se se materializassem, não se mostrariam tão graves assim; a gente tem a impressão de se movimentar em um mundo fictício.

Esse reduzido senso de realidade explica não só um senso reduzido de responsabilidade, como também a ausência de volição efetiva. Cada qual tem as suas frases, é claro, e desejos, ilusões, queixas: especialmente, cada qual tem as suas simpatias e antipatias. Mas ordinariamente elas não chegam a ser o que chamamos de vontade: a contrapartida psíquica de uma ação resoluta e responsável. Aliás, para o cidadão particular que medita sobre os assuntos nacionais, não há espaço para tal vontade nem trabalho que ela possa desenvolver. Ele é membro de uma comissão incapaz de funcionar, a comissão constituída por toda a nação, e por isso envida menos esforço disciplinado para dominar um problema político do que em um jogo de *bridge*.[15]

O senso reduzido de responsabilidade e a falta de volições efetivas explicam, por sua vez, essa ignorância do cidadão comum e a falta de julgamento em questões de política nacional e externa, que são mais surpreendentes, se é que podem surpreender, no caso das pessoas instruídas e das que atuam com sucesso em situações da vida alheias à política do que no caso de pessoas pouco instruídas ou de condição humilde. A informação é abundante e prontamente acessível. Mas isso parece não fazer a menor diferença. Tampouco devemos nos admirar com isso. Para ver a diferença, basta comparar a atitude de um advogado para com o seu arrazoado com a atitude do mesmo advogado para com as exposições do fato político apresentadas pelo seu jornal. No primeiro caso, ele se capacitou para entender a relevância jurídica dos fatos durante

---

15 Para esclarecer este ponto, será útil perguntar-nos por que, a uma mesa de *bridge*, mostramos uma inteligência e uma lucidez tão superiores do que, por exemplo, numa discussão política entre não políticos. À mesa de *bridge*, temos uma tarefa definida; temos regras que nos disciplinam; o sucesso e o fracasso estão claramente definidos; e não podemos nos comportar irresponsavelmente porque cada erro cometido não só se manifesta imediatamente, como também nos é imediatamente imputado. Essas condições, por deixar de ser cumpridas no comportamento político do cidadão comum, mostram por que, na política, lhe falta toda a circunspecção e o julgamento que ele pode apresentar na sua profissão.

anos de trabalho resoluto que realizou sob o estímulo definido do interesse pela sua competência profissional; e, sob um estímulo não menos poderoso, direciona os seus conhecimentos, o seu intelecto e a sua vontade para o conteúdo do arrazoado. No outro caso, o advogado não se deu ao trabalho de se capacitar; não se preocupa em absorver a informação nem em lhe aplicar os cânones da crítica que sabe manejar tão bem e se impacienta com uma argumentação longa ou complicada. Tudo isso mostra que, sem a iniciativa que provém da responsabilidade imediata, a ignorância persistirá, mesmo diante de grandes quantidades de informação completa e correta. Persiste mesmo em face dos esforços meritórios que se fazem para ir além da apresentação de conferências, aulas e grupos de discussão. Os resultados não são nulos. Mas são escassos. Não se pode carregar as pessoas escada acima.

Assim, o cidadão típico desce a um nível inferior de desempenho mental tão logo adentra o campo político. Argumenta e analisa de um modo que ele mesmo qualificaria prontamente de infantil dentro da esfera dos seus interesses reais. Volta a ser primitivo. O seu pensamento se torna associativo e afetivo.[16] E isso implica duas outras consequências de significado nefasto.

Em primeiro lugar, mesmo que não houvesse nenhum grupo político empenhado em influenciá-lo, o cidadão típico tenderia, em questões políticas, a ceder a preconceitos e impulsos extrarracionais ou irracionais. A fragilidade dos processos racionais que ele aplica à política e a falta de controle lógico efetivo dos resultados a que chega bastariam por si sós para explicar isso. Ademais, simplesmente por "não ter inteligência normal", ele há de relaxar os seus padrões morais habituais e de ceder, ocasionalmente, a desejos obscuros que as condições da vida privada o ajudariam a reprimir. Mas, quanto à sensatez ou racionalidade das suas inferências e conclusões, esta pode ser tão ruim quanto se ele entregar a uma explosão de generosa indignação. Isso tornará ainda mais difícil para ele enxergar as coisas nas suas proporções corretas ou até enxergar mais de um aspecto de uma coisa ao mesmo tempo. Portanto, se ele emergir uma vez da sua vagueza usual e mostrar a vontade definida postulada pela doutrina clássica da democracia, é bem provável que se torne

---

16 Cf. cap. 12.

ainda mais desinteligente e irresponsável do que costuma ser. Em certas circunstâncias, isso pode ter consequências fatais para o seu país.[17]

Em segundo lugar, porém, quanto mais frágil for o elemento lógico nos processos da mente pública e mais completa for a falta de crítica racional e da influência racionalizadora da experiência e da responsabilidade pessoais, melhores são as oportunidades para os grupos com interesses escusos. Esses grupos podem ser constituídos por políticos profissionais, ou por defensores de um interesse econômico, ou por idealistas de um ou de outro tipo, ou por pessoas simplesmente interessadas em encenar e dirigir os *shows* políticos. A sociologia de tais grupos é irrelevante para o meu argumento. O único ponto que interessa aqui é que, sendo a "natureza humana em política" tal como é, eles são capazes de plasmar e, dentro de limites muito amplos, até mesmo de criar a vontade do povo. O que observamos ao analisar os processos políticos é em grande medida não uma vontade autêntica, e sim uma vontade fabricada. E, com frequência, esse artefato é o único que na realidade corresponde à *volonté générale* da doutrina clássica. Assim sendo, a vontade do povo é o produto do processo político, não a sua força motriz.

Os modos como se manufaturam os problemas e a vontade popular sobre qualquer um deles são exatamente análogos aos modos da publicidade comercial. Neles encontramos as mesmas tentativas de entrar em contato com o subconsciente. Encontramos a mesma técnica de criar associações favoráveis e desfavoráveis, que são tanto mais eficazes quanto menos racionais forem. Encontramos os mesmos subterfúgios e reticências e o mesmo truque de produzir opinião por força da afirmação reiterada, que é bem-sucedida precisamente na medida em que evita a argumentação racional e o perigo de despertar as faculdades críticas das pessoas. E assim por diante. Só que todos esses artifícios têm infinitamente mais alcance na esfera dos negócios públicos que na da vida privada e profissional. Em longo prazo, o retrato da moça

---

17 Não se pode pôr em dúvida a importância de tais explosões. Mas se pode duvidar da sua autenticidade. A análise mostra em muitos exemplos que elas são induzidas pela ação de um grupo qualquer e não surgem espontaneamente nas pessoas. Neste caso, entram numa (segunda) classe de fenômenos da qual trataremos em breve. Pessoalmente, acredito que existem exemplos genuínos. Mas não tenho certeza de que uma análise mais exaustiva não revele um esforço psicotécnico no fundo deles.

A DOUTRINA CLÁSSICA DA DEMOCRACIA 357

mais linda do mundo acaba se mostrando incapaz de manter as vendas de um cigarro ruim. Não há nenhuma salvaguarda igualmente eficaz no caso das decisões políticas. Muitas decisões de importância capital são de tal natureza que torna impossível para o público fazer experiências com elas nas horas de lazer e a um custo moderado. No entanto, mesmo que isso seja possível, em regra não é tão fácil formar um juízo como no caso do cigarro, porque os efeitos são mais difíceis de interpretar.

Mas tais artifícios também viciam, numa extensão completamente desconhecida no campo da publicidade comercial, as formas de propaganda política que se professam dirigidas à razão. Para o observador, o apelo antirracional ou, em todo caso, extrarracional ao subconsciente e a desproteção da vítima se destacam mais, e não menos, quando disfarçados de fatos e argumentos. Vimos acima por que é tão difícil transmitir ao público informações imparciais a respeito dos problemas políticos e das suas inferências logicamente corretas e por que essas informações e argumentos sobre questões políticas só são "aceitáveis" quando coincidem com as ideias preconcebidas do cidadão. Mas, por via de regra, não são suficientemente definidas para determinar conclusões especiais. Como elas próprias podem ser fabricadas, uma argumentação política eficaz pressupõe quase inevitavelmente a tentativa de manipular as premissas volitivas existentes para que tomem uma forma particular, e não meramente a tentativa de implementá-las ou de ajudar o cidadão a se decidir.

Assim, é provável que as informações e os argumentos que realmente persuadem o cidadão estejam a serviço de um fim político. Como a primeira coisa que o homem faz pelo seu ideal e o seu interesse é mentir, é de esperar – e, aliás, não é outra coisa que se comprova – que, em matéria política, a informação mais eficiente quase sempre seja adulterada ou seletiva e que o raciocínio eficaz consista principalmente em procurar alçar certas afirmações à dignidade de axiomas e em excluir outras da lista; a isso se reduz a psicotécnica mencionada acima.[18] O leitor que me acha indevidamente pessimista só precisa se perguntar se não ouviu alguma vez – ou não o disse ele mesmo – que este ou aquele fato embaraçoso não deve ser mencionado em público ou que certa linha de raciocínio, posto que válida, é indesejável. Se os homens que, segundo

---

18 A informação seletiva, se correta em si, é uma tentativa de mentir dizendo a verdade.

um padrão corrente qualquer, são perfeitamente honoráveis ou até de espírito elevado aceitam as implicações disso, não mostram o que pensam dos méritos e até da existência da vontade do povo?

Naturalmente, há limites para tudo isso.[19] Há verdade no dito de Jefferson segundo o qual, no fim, o povo é mais inteligente do que pode ser qualquer indivíduo isolado, ou no de Lincoln sobre a impossibilidade de "enganar todas as pessoas o tempo todo". Mas as duas frases sublinham de maneira muito significativa o aspecto em longo prazo do problema. Sem dúvida, é possível argumentar que, com o tempo, a psique coletiva desenvolverá opiniões que nos surpreenderão com frequência pelo seu caráter sumamente razoável e até pela sua perspicácia. No entanto, a história consiste em uma sucessão de situações de curto prazo que podem alterar para sempre o curso dos acontecimentos. Se em curto prazo é possível "enganar todas as pessoas" e conduzi-las paulatinamente a algo que elas não querem e se esse não é um caso excepcional que possamos nos dar ao luxo de desconsiderar, nenhuma quantidade de bom senso retrospectivo alterará o fato de que, na realidade, elas não colocam nem decidem as questões, mas que as questões que plasmam o seu destino normalmente são colocadas e decididas em seu nome. Mais do que qualquer um, o amante da democracia tem todo motivo para aceitar esse fato e defender o seu credo contra os caluniadores que o acusam de se estribar em uma trapaça.

IV. Razões da sobrevivência da doutrina clássica

Mas como é possível que uma doutrina tão patentemente contrária aos fatos tenha sobrevivido até os nossos dias e continue ocupando o seu lugar no coração do povo e na linguagem oficial dos governos? Os fatos que a refutam são conhecidos de todos; não há quem não os reconheça com uma franqueza perfeita e muitas vezes cínica. A sua base teórica, o racionalismo utilitarista, está morta; ninguém a aceita como uma teoria correta do corpo político. Sem embargo, essa pergunta não é difícil de responder.

---

19 É possível que esses limites se mostrassem com mais clareza se as controvérsias se decidissem mais amiúde por referendo. É presumível que os políticos saibam por que são quase invariavelmente hostis a essa instituição.

A DOUTRINA CLÁSSICA DA DEMOCRACIA

Em primeiro lugar, ainda que não conte com o apoio dos resultados de uma análise empírica, a teoria clássica da ação coletiva conta com o forte apoio da associação com a fé religiosa para a qual já chamei a atenção. Isso pode não ser óbvio à primeira vista. Os líderes utilitaristas eram tudo menos religiosos no sentido comum do termo. Aliás, eles se acreditavam antirreligiosos e eram reputados tais quase universalmente. Orgulhavam-se da sua atitude, a qual consideravam precisamente antimetafísica, e não tinham a menor simpatia pelas instituições religiosas e pelos movimentos religiosos da sua época. Porém basta relancear uma vez mais o quadro do processo social por eles traçado para descobrir que este continha aspectos essenciais da fé da cristandade protestante e que, na verdade, derivava dessa fé. Aos intelectuais que haviam abandonado a sua religião, o credo utilitarista proporcionava um substituto dela. Para muitos dos que conservaram a sua fé religiosa, a doutrina clássica veio a ser o seu complemento.[20]

Assim transposta para as categorias da religião, essa doutrina – e, consequentemente, o tipo de persuasão democrática nela baseado – muda a sua própria natureza. Já não há necessidade de escrúpulos lógicos acerca do "bem comum" e dos "valores supremos". Tudo isso nos é propiciado pelo plano do Criador, cujo propósito tudo define e sanciona. O que antes parecia indefinido ou desmotivado fica de repente perfeitamente definido e convincente. Por exemplo, a voz do povo é a voz de Deus. Ou tomemos a Igualdade. O seu significado preciso é duvidoso, e não há uma justificação racional para alçá-la à categoria de postulado enquanto nos movimentarmos na esfera da análise empírica. Mas o cristianismo encerra em si um forte elemento igualitário. O Redentor morreu por todos. Não fez diferença entre indivíduos de diferentes *status* sociais. Assim agindo, Ele corroborou o valor intrínseco da alma individual, valor esse que não admite gradações. Acaso essa não é a sanção – e, na minha opinião, a única possível –[21] da fórmula "cada qual vale um; ninguém

---

20 Observe-se a analogia com a fé socialista, que também é um substitutivo da fé cristã para uns e um complemento dela para outros.

21 Poder-se-ia objetar que, por difícil que seja atribuir um significado *geral* à palavra igualdade, tal significado pode ser extraído do contexto na maioria dos casos, se não em todos. Por exemplo, pode-se inferir das circunstâncias em que o discurso de Gettysburg foi proferido que, ao afirmar que "todos os homens nascem livres e iguais", Lincoln simplesmente se referia à igualdade

vale mais que um", uma sanção que impregna de significado supramundano os artigos do credo democrático para os quais não é fácil encontrar outro? É claro que essa interpretação não abrange todo o terreno. Entretanto, até onde chega, ela parece explicar muitas coisas que de outro modo seriam inexplicáveis e, na realidade, sem sentido. Em particular, explica a atitude do crente para com a crítica: uma vez mais, como no caso do socialismo, a dissidência fundamental é considerada não meramente um erro, mas um pecado; suscita não só contra-argumento lógico, como também indignação moral.

Podemos equacionar o nosso problema de outro modo e dizer que a democracia, quando assim motivada, deixa de ser um simples método susceptível de ser discutido racionalmente como um motor a vapor ou um desinfetante. Na realidade, transforma-se em uma coisa na qual, de outro ponto de vista, afirmei que ela era incapaz de se transformar, a saber, em um ideal, ou melhor, em parte de um esquema ideal das coisas. A própria palavra pode se transformar em uma bandeira, em um símbolo de tudo quanto é mais querido para um homem, de tudo quanto ele ama na sua nação, exista um nexo racional entre as duas coisas ou não. Por um lado, a questão de saber de que modo as várias proposições implícitas na crença democrática se relacionam com os fatos da política passa a ser irrelevante para ele, assim como, para o crente católico, é irrelevante saber como os atos de Alexandre VI condizem com o halo sobrenatural que cerca a dignidade de papa. Por outro, o democrata desse tipo, embora aceite postulados que trazem no seu bojo importantes implicações sobre a igualdade e a fraternidade, estará em condições de também aceitar com toda sinceridade quaisquer desvios de tais princípios que o seu comportamento ou a sua situação possa envolver. Isso nem chega a ser lógico. A mera distância do fato não é nenhum argumento contrário a um preceito ético ou a uma esperança mística.

---

de *status* jurídico em oposição ao tipo de desigualdade que está implícita no reconhecimento da escravidão. Esse significado seria bastante definido. Mas, se perguntarmos por que essa proposição nos há de obrigar moral e politicamente e se nos recusarmos a responder "Por que todo homem é por natureza exatamente igual aos outros homens", só nos resta tornar a recorrer à sanção divina proporcionada pela fé cristã. Essa solução está possivelmente implícita na palavra "nascem".

A DOUTRINA CLÁSSICA DA DEMOCRACIA   361

Em segundo, para muitas nações, as formas e frases da democracia clássica estão associadas a fatos e desenvolvimentos da sua história entusiasticamente aprovados pelas grandes maiorias. É provável que qualquer oposição a um regime estabelecido use essas formas e frases, sejam quais forem o seu significado e as suas raízes sociais.[22] Se ela prevalecer e se os seus desenvolvimentos subsequentes se mostrarem satisfatórios, essas formas se arraigarão na ideologia nacional.

Os Estados Unidos são um ótimo exemplo. A sua própria existência como Estado soberano está associada a uma luta contra a Inglaterra monárquica e aristocrática. Na época do governo Grenville, com exceção de uma minoria realista, os americanos provavelmente deixaram de considerar o monarca inglês como o *seu* rei e a aristocracia inglesa como a *sua* aristocracia. Na Guerra da Independência, eles combateram aquilo que, de fato e no seu sentimento, se havia transformado em um monarca estrangeiro e em uma aristocracia estrangeira que interferiam na sua política e nos seus interesses econômicos. Já desde uma fase anterior do conflito, apresentaram a sua luta, que era realmente nacional, como uma luta do "povo" contra os seus "dominadores", nos termos dos "direitos inalienáveis do homem" e à luz dos princípios gerais da democracia clássica. A linguagem da Declaração da Independência e da Constituição incorporou esses princípios. Seguiu-se um desenvolvimento prodigioso que absorveu e satisfez a maioria das pessoas e, desse modo, pareceu confirmar a doutrina resguardada nos documentos sagrados da nação.

As oposições raramente triunfam quando os grupos dominantes estão no auge do poder e do sucesso. Na primeira metade do século XIX, ergueram-se oposições que professavam o credo clássico da democracia e acabaram prevalecendo contra governos, alguns dos quais – especialmente na Itália – se achavam notoriamente em estado de decadência e eram sinônimo de incompetência, brutalidade e corrupção. Isso veio naturalmente, bem que não logicamente o bastante, a beneficiar o credo democrático, que, de resto,

---

22 Pode parecer conveniente abrir uma exceção no caso das oposições que redundam em regimes francamente autocráticos. Mas até mesmo a maioria delas surgiu, historicamente, de maneiras democráticas e basearam o seu domínio na aprovação popular. César não foi assassinado pelos plebeus. Mas os oligarcas aristocráticos que o mataram também empregavam frases democráticas.

se mostrava superior em comparação com as superstições obscurantistas propugnadas por aqueles governos. Em tais circunstâncias, a revolução democrática significou o advento da liberdade e da decência; e o credo democrático, um evangelho da razão e do melhoramento. Sem dúvida, essa vantagem estava fadada a se perder; e o abismo entre a teoria e a prática da democracia, fadado a ser descoberto. Mas o encanto da aurora demorou a desvanecer.

Em terceiro lugar, não se pode esquecer que há modelos sociais nos quais a doutrina clássica corresponde efetivamente aos fatos com um grau suficiente de aproximação. Como já se assinalou, esse é o caso de muitas sociedades pequenas e primitivas que, na realidade, serviram de protótipo para os autores daquela doutrina. Também pode ser o caso de sociedades que não são primitivas, desde que não sejam excessivamente diferenciadas nem enfrentem graves problemas. A Suíça é o melhor exemplo. Há tão pouco por que se agastar em um mundo de camponeses que, à parte os bancos e os hotéis, não contém nenhuma grande indústria capitalista e cujos problemas políticos são tão simples e estáveis que é de esperar que uma maioria esmagadora os compreenda e se ponha de acordo a seu respeito. Mas, se podemos concluir que, nesses casos, a doutrina clássica se aproxima da realidade, temos de acrescentar imediatamente que isso não ocorre pelo fato de ela descrever um mecanismo eficaz de decisão política, mas unicamente porque não há grandes decisões a serem tomadas. Finalmente, pode-se invocar uma vez mais o caso dos Estados Unidos a fim de mostrar que a doutrina clássica às vezes parece coincidir com os fatos mesmo em uma sociedade grande e altamente diferenciada, na qual há problemas enormes a resolver, contanto que circunstâncias favoráveis neutralizem o efeito desses problemas. Até a entrada dos Estados Unidos na Primeira Guerra Mundial, a opinião pública se ocupava principalmente da questão de explorar as possibilidades econômicas do país. Enquanto essas questões não sofressem uma intervenção grave, nada importava seriamente ao cidadão comum, que via com afável desprezo as excentricidades dos políticos. Alguns setores podiam se irritar com as tarifas aduaneiras, com a política da prata, com o mau governo local ou com uma disputa ocasional com a Inglaterra. O povo em geral não se interessava pela política, salvo em um caso de grave desacordo que levou a um desastre nacional: a Guerra de Secessão.

E, em quarto lugar, os políticos naturalmente apreciam uma fraseologia que adula as massas e lhe oferece uma excelente oportunidade não só de fugir à responsabilidade, como também de esmagar os seus adversários em nome do povo.

22

OUTRA TEORIA DA DEMOCRACIA

I. A competição pela liderança política

Acredito que a maioria dos estudiosos da política já decidiu aceitar a crítica à doutrina clássica da democracia apresentada no capítulo anterior. Também acredito que quase todos eles concordam – ou não tardarão a concordar – em aceitar outra teoria que se aproxima muito mais da realidade e, ao mesmo tempo, salva do naufrágio grande parte daquilo que os defensores do método democrático realmente entendem por essa expressão. Assim como a teoria clássica, ela pode ser definida em poucas palavras.

Recordemos que as nossas principais dificuldades com a teoria clássica se centravam na proposição segundo a qual "o povo" tem uma opinião definida e racional sobre toda questão individual e a manifesta – em uma democracia – elegendo "representantes" encarregados de fazer com que essa opinião seja posta em prática. Assim, a escolha dos representantes é secundária em relação à meta principal do sistema democrático, que é conferir ao eleitorado o poder de decidir as questões políticas. Supondo que invertamos os papéis desses dois elementos, tornando secundária a decisão das questões por parte do eleitorado em relação à escolha dos homens incumbidos de decidir. Para exprimi-lo de outro modo, passamos a adotar o critério segundo o qual o papel do povo é criar um governo ou qualquer outro organismo intermediário, que, por sua vez, criará um executivo nacional ou governo.[1] E assim chegamos à nossa definição: o método democrático é o sistema institucional para chegar a decisões políticas, no qual os indivíduos adquirem o poder de decidir por meio de uma luta competitiva pelo voto do povo.

A defesa e a explicação desta ideia nos mostrarão prontamente que, no tocante tanto à plausibilidade das hipóteses quanto à credibilidade das proposições, ela aperfeiçoa muito a teoria do processo democrático.

Em primeiro lugar, essa concepção nos oferece um critério razoavelmente eficiente para distinguir os governos democráticos dos outros. Vimos que a teoria clássica topa com dificuldades nessa esfera, porque tanto a vontade quanto o bem do povo podem ser – e foram em muitos exemplos históricos – tão bem ou mais bem atendidos por governos que não podem ser considerados democráticos conforme qualquer uso aceito desse termo. Agora estamos em uma situação um pouco melhor, em parte porque decidimos enfatizar um *modus procedendi* cuja presença ou ausência é fácil de comprovar na maior parte dos casos.[2]

Por exemplo, uma monarquia parlamentar como a inglesa cumpre os requisitos do método democrático porque o monarca é praticamente obrigado a nomear para o Gabinete as pessoas escolhidas pelo Parlamento. Uma monarquia "constitucional" não está qualificada para se chamar democrática porque os eleitorados e os parlamentos, posto que tenham todos os outros direitos que os eleitorados e os parlamentos têm nas monarquias parlamentares, carecem do poder de impor as suas opções na composição da comissão governante: neste caso, os ministros do gabinete são servidores do monarca, tanto na essência quanto no nome, e, em princípio, podem ser demitidos e nomeados por ele. Tal sistema é capaz de satisfazer o povo. O eleitorado tem a possibilidade de confirmar esse fato votando contra toda proposta de mudança.

---

1 A ambígua palavra "executivo" aponta para a direção errada. Mas deixa de nos desorientar se a empregarmos no sentido em que falamos nos "órgãos executivos" de uma empresa, os quais fazem muito mais do que "executar" a vontade dos acionistas.

2 Cf., porém, o quarto ponto a seguir.

OUTRA TEORIA DA DEMOCRACIA

E o monarca pode ser popular a ponto de se sentir capaz de derrotar qualquer pretendente à magistratura suprema. Mas, como não existe nenhum mecanismo que torne essa competição efetiva, o caso da monarquia constitucional não entra na nossa definição de regime democrático.

Em segundo lugar, a teoria incorporada nessa definição deixa todo o espaço que desejarmos para um reconhecimento adequado do fato vital da liderança. A teoria clássica não fazia isso, mas, como vimos, atribuía ao eleitorado um grau completamente irrealista de iniciativa que praticamente equivalia a desconsiderar a liderança. Mas as coletividades atuam quase exclusivamente mediante a aceitação da liderança, que é o mecanismo essencial de toda ação coletiva que seja mais que um simples reflexo. As proposições acerca do funcionamento e dos resultados do método democrático que levam em conta esse fator são, por necessidade, infinitamente mais realistas que as proposições que o desdenham. Longe de se restringir à execução de uma *volonté générale*, elas vão além para mostrar como esta surge ou como é substituída ou falsificada. O que chamamos de "vontade fabricada" já não fica fora da teoria, uma aberração por cujo desaparecimento oramos fervorosamente; ela entra no rés do chão como devia.

Em terceiro lugar, porém, enquanto houver autênticas volições de grupo – por exemplo, a vontade dos desempregados de receber um auxílio desemprego ou o desejo de outros grupos de ajudá-los –, a nossa teoria não as negligencia. Pelo contrário, agora as podemos inserir exatamente no papel que elas desempenham na realidade. Em regra, tais volições não se afirmam diretamente. Mesmo quando são vigorosas e definidas, permanecem latentes, amiúde durante décadas, até que um líder político as chame à vida e então as transforme em fatores políticos. Isso ele faz (ou os seus agentes o fazem por ele) organizando essas volições, instigando-as e, enfim, incluindo itens adequados na sua oferta competitiva. A interação entre os interesses setoriais e a opinião pública e a maneira pela qual eles produzem o padrão que denominamos situação política aparecem, desse ponto de vista, a uma luz nova e muito mais clara.

Em quarto lugar, claro está que a nossa teoria não é mais precisa que o conceito de disputa pela liderança. Esse conceito apresenta dificuldades parecidas com as que são inerentes ao conceito de concorrência na esfera econômica, com o qual é possível compará-lo de modo proveitoso. Na vida econômica, a concorrência nunca está inteiramente ausente, mas dificilmente chega a ser perfeita.[3] Do mesmo modo, na vida política, sempre há certa competição, bem que talvez apenas potencial, pela adesão do povo. Para simplificar a questão, restringimos o tipo de competição pela liderança que define a democracia unicamente ao caso da livre competição pelo voto livre. A justificação disso é que a democracia parece implicar um método reconhecido pelo qual se leva a cabo a luta competitiva, e que o método eleitoral é praticamente o único de que as comunidades de qualquer magnitude dispõem. Mas, ainda que isso exclua muitos meios para obter a liderança que de fato devem ser excluídos,[4] como a competição pela insurreição militar, não exclui certos casos que são surpreendentemente análogos aos fenômenos econômicos que rotulamos de concorrência "desleal" ou "fraudulenta" ou de restrição da concorrência. E não os podemos excluir porque, se o fizermos, não nos restará senão um ideal completamente alheio à realidade.[5] Entre esse caso ideal, que não existe, e os casos em que toda competição com o líder estabelecido é tolhida pela força, há uma gama contínua de variações dentro da qual é possível passar dos métodos de governo democrático aos de governo autocrático mediante passos imperceptíveis. Mas, se o que queremos é compreender, e não filosofar, é assim que deve ser. O valor do nosso critério não fica seriamente prejudicado pela diversidade dos tipos de democracia.

Em quinto lugar, a nossa teoria parece esclarecer a relação que subsiste entre a democracia e a liberdade individual. Se esta significar a existência de uma esfera de autonomia individual cujos limites são historicamente variáveis – *nenhuma* sociedade tolera a liberdade absoluta, nem mesmo de consciência ou

---

3 Na Parte II, tivemos exemplos dos problemas por isso suscitados.

4 Também exclui métodos que não deviam ser excluídos, por exemplo, a aquisição da liderança política pela aceitação tácita do povo ou por uma eleição *quasi per inspirationem*. Esta só difere da eleição pelo voto por uma tecnicidade. Mas aquela não carece inteiramente de importância nem mesmo na política moderna; o predomínio exercido pelo chefe de partido *dentro do seu partido* frequentemente se baseia apenas na aceitação tácita da sua liderança. Entretanto, falando em termos comparativos, estes são pormenores que, na minha opinião, podemos deixar de lado em um esboço como este.

5 Tal como no terreno econômico, *algumas* restrições são implícitas nos princípios jurídicos e morais da comunidade.

de manifestação do pensamento, *nenhuma* sociedade reduz essa esfera a zero –, o problema passa a ser claramente uma questão de grau. Vimos que o método democrático não garante necessariamente uma quantidade de liberdade individual maior que a permitida por outro método político em circunstâncias semelhantes. Pode perfeitamente ser o contrário. Mas nem por isso deixa de haver uma relação entre as duas. Se, pelo menos em princípio, todo o mundo é livre para disputar a liderança política apresentando-se ao eleitorado,[6] isso significará, na maioria dos casos, se bem que não em todos, uma quantidade considerável de liberdade de discussão *para todos*. Em particular, normalmente significará uma quantidade considerável de liberdade de imprensa. Essa relação entre a democracia e a liberdade não é absolutamente rígida e pode ser alterada. Mas, do ponto de vista do intelectual, é importantíssima. Ao mesmo tempo, esta é a única coisa que se tem a dizer a respeito dessa relação.

Em sexto lugar, deve-se observar que, ao tornar a função de criar um governo (diretamente ou por meio de um organismo intermediário) a principal função do eleitorado, era minha intenção incluir nesta frase também a função de o afastar. Uma significa simplesmente a aceitação de um líder ou de um grupo de líderes, a outra significa simplesmente a retirada dessa aceitação. Isso leva em consideração um elemento que talvez tenha escapado ao leitor. Ele pode ter pensado que o eleitorado não só instala o governo no poder, como também o fiscaliza. Mas, como os eleitorados normalmente não fiscalizam os seus líderes políticos de modo algum, a nãos ser recusando-se a reelegê-los ou negando-se a reeleger as maiorias parlamentares que os apoiam, convém reduzir as nossas ideias sobre essa fiscalização aos meios indicados pela nossa definição. Ocasionalmente, verificam-se sublevações espontâneas que derrubam diretamente um governo ou um ministro individual, ou então os obrigam a seguir determinada linha de ação. Mas, além de excepcionais, esses casos são, como veremos, contrários ao espírito do método democrático.

Em sétimo lugar, a nossa teoria deita uma luz muito necessária em uma antiga controvérsia; quem aceita a doutrina clássica da democracia e, consequentemente, acredita que o método democrático deve garantir que as

---

6 Aqui se emprega "livre" no sentido de que todo o mundo tem a liberdade de abrir uma nova fábrica de tecidos.

questões sejam decididas e as políticas sejam formuladas de acordo com a vontade do povo está fadado a topar com o fato de que, mesmo que essa vontade fosse inegavelmente real e definida, em muitos casos, a decisão por maiorias simples a distorceria em vez de efetivá-la. Evidentemente, a vontade da maioria é a vontade da maioria, não a vontade "do povo". Esta constitui um mosaico que aquela não "representa" absolutamente. Equiparar as duas por definição não é resolver o problema. No entanto, os autores de diversos planos de "representação proporcional" procuraram encontrar soluções reais.

Esses planos foram alvo de críticas fundadas em razões práticas. É evidente que a representação proporcional não só oferece oportunidades de afirmação a todos os tipos de idiossincrasia como também pode impedir a democracia de produzir governos eficientes e, assim, vir a ser um perigo em épocas de crise.[7] Mas, antes de chegar à conclusão de que a democracia se torna inviável se o seu princípio for aplicado consequentemente, seria bom nos perguntarmos se esse princípio realmente pressupõe a representação proporcional. Ocorre que ele não a pressupõe. Se a aceitação da liderança for a verdadeira função do voto do eleitorado, a defesa da representação proporcional cai por terra porque as suas premissas deixam de ser válidas. O princípio da democracia significa então simplesmente que as rédeas do governo devem ser entregues àqueles que contam com mais apoio do que qualquer um dos indivíduos ou equipes que participam da competição. E isso, por sua vez, parece garantir a permanência do sistema majoritário dentro da lógica do método democrático, ainda que o possamos condenar com base em razões alheias a essa lógica.

II. A aplicação do princípio

Tendo bosquejado a nossa teoria na seção anterior, agora vamos testá-la em alguns dos aspectos mais importantes da estrutura e do funcionamento do mecanismo político dos países democráticos.

---

7 O professor F. A. Hermens expôs muito bem a argumentação contrária à representação proporcional in "The Trojan Horse of Democracy", *Social Research*, novembro de 1938.

OUTRA TEORIA DA DEMOCRACIA

I. Em uma democracia, como já disse, a principal função do voto do eleitor é produzir governo. Pode se tratar da eleição de uma equipe completa de funcionários individuais. Nada obstante, essa prática geralmente caracteriza a formação do governo local, e, por conseguinte, será deixada de lado.[8] Considerando apenas o governo nacional, podemos dizer que produzir governo praticamente significa decidir quem será o seu líder.[9] Tal como antes, vamos chamá-lo de "primeiro-ministro".

Só existe uma democracia em que o voto do eleitorado o faz diretamente, a saber, os Estados Unidos.[10] Em todos os outros casos, o voto do eleitorado

---

8 Fazemos isso unicamente para simplificar. O fenômeno se adapta perfeitamente ao nosso esquema.

9 Isso é só aproximadamente verdadeiro. O voto do eleitor leva deveras ao poder um grupo que, em todos os casos normais, reconhece um líder individual, mas, em regra, há líderes de segunda e terceira classes que gozam de influência política pessoal e aos quais o líder é obrigado a confiar cargos apropriados. Nós nos ocuparemos desse caso em breve.

Convém ter outro ponto em mente. Embora não faltem motivos para esperar que um homem que se alça a uma posição de mando supremo geralmente seja dotado de uma força pessoal considerável, à parte as suas outras qualidades – retomaremos este tema mais tarde –, isso não significa que sempre seja assim. Portanto, o termo "líder" ou "dirigente" não implica que os indivíduos assim designados sejam necessariamente dotados de qualidades de liderança ou que sempre imprimam diretivas pessoais. Há situações políticas favoráveis à ascensão de homens desprovidos de qualidades de liderança (assim como de outras) e desfavoráveis ao estabelecimento de posições individuais fortes. Logo, um partido ou uma combinação de partidos pode ser ocasionalmente acéfalo. Mas todo o mundo reconhece que essa é uma situação patológica e uma das causas típicas de derrota.

10 Podemos, creio eu, desconsiderar o colégio eleitoral. Ao chamar o presidente dos Estados Unidos de primeiro-ministro, desejo salientar a semelhança fundamental da sua posição com a dos primeiros-ministros das outras democracias. Mas não quero minimizar as diferenças, posto que algumas sejam mais formais que reais. A menos importante delas é que o presidente também exerce certas funções em grande parte cerimoniais próprias, por exemplo, dos presidentes franceses. Porém mais importante é ele não poder dissolver o Congresso – mas o primeiro-ministro francês tampouco pode fazê-lo. Por outro lado, a sua posição é mais forte que a do primeiro-ministro inglês em virtude do fato de a sua liderança ser independente de contar com uma maioria no Congresso – pelo menos legalmente, pois de fato acaba sendo derrotado se não tiver maioria. Ele também pode nomear e destituir os membros do gabinete (quase) à vontade. Estes não podem ser chamados de ministros no sentido inglês da palavra e, na realidade, não passam de "secretários" na acepção corrente dessa palavra. Poderíamos dizer, pois, que, de certo modo, o presidente é não só o primeiro-ministro, como também o único ministro,

não produz governo diretamente, e sim um órgão intermediário doravante chamado Parlamento,[11] ao qual transfere a função de produzir governo. Pode parecer fácil explicar a adoção, ou melhor, a evolução desse sistema, tanto por razões históricas como por razões de conveniência, assim como as diversas formas por ela adotadas nos diversos sistemas sociais. Mas não se trata de um constructo lógico; trata-se de um resultado natural cujas nuanças sutis e as consequências escapam totalmente às teorias oficiais e mais ainda às jurídicas.

Como um Parlamento produz governo? O método mais óbvio consiste em elegê-lo ou, de maneira mais realista, em eleger o primeiro-ministro e depois votar a lista de ministros por ele apresentada. Esse método raramente é usado.[12] Mas revela a natureza do procedimento melhor que qualquer outro. Além disso, todos os outros podem ser reduzidos àquele, porque o homem que chega a primeiro-ministro é, em todos os casos normais, o mesmo que o parlamento elegeria. O modo como ele é efetivamente nomeado para o cargo – por um monarca na Inglaterra, por um presidente na França, por um órgão ou uma comissão especial como no Estado Livre da Prússia na República de Weimar – é meramente uma questão de forma.

A prática inglesa clássica é a seguinte: depois de uma eleição geral, o partido vitorioso normalmente conta com a maioria dos assentos no parlamento e, assim, tem condições de lançar um voto de desconfiança contra todos salvo o seu próprio líder, que dessa maneira negativa é designado "pelo Parlamento" para assumir a liderança nacional. Ele é nomeado pelo monarca – um "beija-mão" –, ao qual apresenta a sua lista de ministros, da qual faz parte a lista de ministros do gabinete. Nesta figuram em primeiro lugar alguns veteranos

---

a menos que encontremos uma analogia entre as funções de um ministro do gabinete inglês e as funções dos chefes das forças administrativas no Congresso.

Não há dificuldade para interpretar e explicar essas e muitas outras peculiaridades desse ou de qualquer outro país que usa o método democrático. Mas, para economizar espaço, levaremos em conta principalmente o modelo inglês e consideraremos todos os outros casos como "desvios" mais ou menos importantes da teoria segundo a qual, até agora, a lógica do governo democrático se desenvolveu mais completamente na prática inglesa, se bem que não nas suas formas legais.

11 Recordemos que defini o parlamento como um órgão do Estado. Embora o tenha definido simplesmente por razões de lógica formal (legal), essa definição condiz especialmente bem com a nossa concepção do método democrático. Por conseguinte, o mandato parlamentar é um cargo.

12 Por exemplo, foi adotado na Áustria após a derrocada de 1918.

OUTRA TEORIA DA DEMOCRACIA 373

do partido, que recebem o que se poderia chamar de cargos honoríficos; em segundo lugar, os dirigentes do segundo escalão, homens com os quais ele conta para a luta habitual no parlamento e que devem o seu erguimento em parte ao seu valor político positivo e em parte ao seu valor de perturbadores potenciais; em terceiro lugar, os homens em ascensão, os quais ele convida ao círculo encantado do poder a fim de extrair os cérebros dos que ficam "abaixo do corredor"[13] e, algumas vezes, em quarto lugar, uns poucos homens que ele considera especialmente qualificados para exercer certas funções.[14] Mas, repito que em todos os casos normais, essa prática tende a produzir o mesmo resultado que a eleição do primeiro-ministro pelo Parlamento produziria. O leitor também verá que lá onde, como na Inglaterra, o primeiro-ministro tem o poder real de dissolver o Parlamento ("dirigir-se ao país"), o resultado se aproxima em certa medida do resultado que era de esperar de uma eleição direta do gabinete pelo eleitorado, desde que este o apoie.[15] Um exemplo famoso pode servir de ilustração.

---

13 Em inglês, *below the gangway* (abaixo do corredor), expressão supostamente cunhada por Winston Churchill para designar os assentos, no Parlamento, ocupados por políticos independentes, partidos minoritários e parlamentares rebeldes que não acatam a linha política do partido. (N. T.)

14 Não vem ao caso lamentar, como fazem alguns, a escassa importância que se dá à capacidade para o exercício de um cargo nesses sistemas; é essencial ao governo democrático que os valores políticos tenham importância primordial, ao passo que a aptidão só tem relevância incidental. Cf. adiante, cap. 23.

15 Se, como foi o caso na França, o primeiro-ministro não tiver tal poder, as *coteries* parlamentares adquirem tanta independência que esse paralelismo entre a aceitação de um homem pelo parlamento e a aceitação do mesmo homem pelo eleitorado se enfraquece ou é destruído. Essa é a situação em que o "jogo social" da política parlamentar foge ao controle. Do nosso ponto de vista, esse é um desvio do *design* da máquina constitucional. Raymond Poincaré era da mesma opinião. Tais situações naturalmente também se verificam na Inglaterra. Porque o poder de dissolução do primeiro-ministro – rigorosamente, o seu poder de "aconselhar" o monarca a dissolver a Câmara dos Comuns – é inoperante, tanto se o círculo dirigente do seu partido se opuser a ele quanto se não houver chance de as eleições fortalecerem o seu domínio sobre o parlamento. Quer dizer, o primeiro-ministro pode ser mais forte (embora possivelmente ainda frágil) no parlamento que no país. Tal estado de coisas tende a se desenvolver com certa regularidade depois que um governo passou alguns anos no poder. Mas, no sistema inglês, esse desvio do *design* não pode durar muito tempo.

2. Em 1870, quando o governo Beaconsfield (Disraeli), depois de quase seis anos de próspero exercício do poder que culminou com o sucesso espetacular do Congresso de Berlim,[16] tinha todos os motivos para se esperar ganhar as eleições, Gladstone galvanizou subitamente o país com uma série de discursos de vigor insuperável (campanha Midlothian), nos quais salientou com tanto sucesso as atrocidades turcas que acabou se vendo na crista da onda do entusiasmo popular *por ele pessoalmente*. O partido oficial nada teve a ver com isso. Aliás, várias das suas lideranças o desaprovaram. Anos antes, Gladstone havia renunciado à liderança da agremiação e agora conquistava o país sem a ajuda de ninguém. Mas, quando o partido liberal obteve sob esse ímpeto uma vitória esmagadora, ficou claro para todo o mundo que Gladstone precisava ser novamente aceito como líder do partido – e mais, que tinha de ser líder do partido em virtude da sua liderança nacional e que simplesmente não havia espaço para mais ninguém. Ele chegou ao poder com uma auréola de glória.

Ora, esse caso muito nos ensina a respeito do funcionamento do método democrático. Para começar, observe-se que o exemplo é único na sua qualidade dramática, mas só nesse aspecto. É o espécime excepcional de um gênero normal. O caso dos dois Pitt, de Peel, de Palmerston, de Disraeli, de Cambell Bannermann e de outros dele difere apenas em grau.

Primeiramente, no tocante à liderança política do primeiro-ministro,[17] o nosso exemplo mostra que ela se compõe de três elementos distintos que

---

16 Com isso, não quero dizer que a solução temporária das questões colocadas pela guerra russo-turca e a aquisição perfeitamente inútil da ilha de Chipre hajam constituído por si sós tais obras-primas da estadística. Mas, sim, quero dizer que, do ponto de vista da política doméstica, elas foram justamente o tipo de sucesso vistoso que normalmente adularia a vaidade do cidadão comum e melhoraria muito as perspectivas do governo em uma atmosfera de patriotismo *jingo* (belicoso). Aliás, era opinião geral que Disraeli teria ganhado a eleição se houvesse dissolvido o Parlamento imediatamente depois de voltar de Berlim.

17 É característico da maneira inglesa de fazer as coisas que o reconhecimento oficial da existência do cargo de primeiro-ministro tenha sido adiado até 1907, quando lhe foi permitido constar na ordem de precedência oficial na corte. Mas o cargo é tão antigo quanto o governo democrático. Entretanto, como este nunca foi introduzido por meio de uma lei especial, mas evoluiu vagarosamente como parte de um processo social abrangente, não é fácil indicar nem mesmo aproximadamente a sua data ou período de nascimento. Há um prolongado

OUTRA TEORIA DA DEMOCRACIA 375

não se devem confundir e que, em cada caso, se misturam em proporçõcs diferentes, sendo que essa mescla determina o caráter do governo de cada primeiro-ministro individual. Diante disso, ele chega ao cargo na qualidade de chefe do seu partido *no Parlamento*. No entanto, assim que se instala no poder, passa a ser, de certo modo, o *líder do Parlamento*, diretamente da Câmara de que é membro e indiretamente também da outra. Isso é mais que um eufemismo oficial e inclusive mais do que pressupõe o domínio por ele exercido sobre o seu próprio partido. O primeiro-ministro adquire influência sobre os demais partidos, assim como sobre os seus membros individuais, ou então lhes desperta a antipatia, e essas ações e reações podem alterar muito

---

lapso de tempo que apresenta casos embrionários. É tentador datar a instituição a partir do reinado de Guilherme III, cuja posição, muito mais frágil que a dos seus predecessores autóctones, parece dar uma aparência de verossimilhança à ideia. Sem embargo, a objeção a isso não é que a Inglaterra de então não fosse uma "democracia" – o leitor há de recordar que não definimos a democracia pela extensão do direito de voto –, e sim que, por um lado, o caso embrionário de Danby havia ocorrido sob Carlos II e que, por outro, Guilherme III nunca se reconciliou com esse arranjo e conseguiu conservar certos poderes nas mãos. Naturalmente, não devemos confundir os primeiros-ministros com meros conselheiros, por mais poder que tivessem sobre os seus soberanos e por mais firmemente entrincheirados que estivessem no próprio centro do organismo gerador de poder público – como foi o caso, por exemplo, de homens como Richelieu, Mazarino ou Strafford. Godolphin e Harley, sob a rainha Ana, foram claramente casos de transição. O primeiro homem a ser universalmente reconhecido na sua época e pelos historiadores políticos foi *sir* Robert Walpole. Mas tal como ao duque de Newcastle (ou ao seu irmão Henry Pelham, ou a ambos conjuntamente), e de fato a todos os homens que exerceram a liderança até o lorde Shelburne (incluindo Pitt, o velho, que, mesmo como secretário do Exterior, esteve muito próximo de cumprir *in substance* os nossos requisitos), faltava-lhe uma ou outra das características. O primeiro espécime plenamente desenvolvido foi Pitt, o jovem.

É interessante observar que o que o seu próprio tempo reconheceu no caso de *sir* Robert Walpole (e mais tarde no de *lord* Carteret [conde de Granville]) não foi que ali houvesse um órgão essencial do governo democrático abrindo caminho por entre tecidos atrofiados. Pelo contrário, a opinião pública via nele um tumor dos mais malignos, cujo crescimento era uma ameaça ao bem-estar nacional e à democracia – "ministro único" ou "primeiro-ministro" era então uma expressão de opróbio lançada sobre Walpole pelos seus inimigos. Esse fato é significativo. Não só indica a resistência com que as instituições novas topam usualmente. Também indica que essa instituição era considerada incompatível com a doutrina clássica da democracia, que, de fato, não tinha lugar para a liderança política no nosso sentido; portanto, tampouco tinha lugar para as realidades da posição de um primeiro-ministro.

as suas chances de sucesso. No caso extremo, cujo melhor exemplo é a prática de *sir* Robert Peel, ele pode coagir o seu próprio partido apoiando-se em outro. Finalmente, embora em todos os casos normais o primeiro-ministro também seja o chefe do seu partido *no país*, o espécime bem desenvolvido do gênero terá uma posição no país diferente da que adquire automaticamente por chefiar a organização partidária. Lidera criativamente a opinião do partido – molda-a – e, com o tempo, se alça a uma liderança formativa da opinião pública para além das linhas partidárias, rumo à liderança nacional que, até certo ponto, pode se tornar independente da mera opinião partidária. É ocioso dizer o quanto esse feito é pessoal e como é grande a relevância de tal ponto de apoio fora do partido e do Parlamento. É como pôr na mão do líder um látego cujo estalo é capaz de impor obediência aos partidos recalcitrantes ou conspiradores, muito embora as suas correias lacerem a mão que o usar desastradamente.

Isso sugere uma importante restrição à nossa afirmação de que, em um sistema parlamentarista, a função de produzir governo incumbe ao parlamento. O parlamento decide normalmente quem será o primeiro-ministro, mas, ao fazê-lo, não é completamente livre. Decide mais por aceitação que por iniciativa. Em regra, com exceção dos casos patológicos como o da *chambre* francesa, os desejos dos deputados não são os dados finais do processo do qual surge o governo. Os deputados não só ficam algemados pelas obrigações partidárias, como também são dirigidos pelo homem que eles "elegem" – dirigidos pelo próprio ato da "eleição" exatamente como são dirigidos por ele uma vez que o "elegeram". Todo cavalo naturalmente é livre para dar coice e nem sempre obedece ao freio. Mas a sublevação ou a resistência passiva contra a direção do líder apenas evidencia a relação normal. E essa relação normal é da essência do método democrático. A vitória pessoal de Gladstone em 1880 é a resposta à teoria oficial de que o Parlamento cria e depõe governo.[18]

---

18 O próprio Gladstone apoiava essa teoria com firmeza. Em 1874, derrotado nas eleições, ainda exigiu se apresentar perante o Parlamento porque cabia ao Parlamento aprovar a sentença de destituição. Mas é claro que isso não significa nada. Do mesmo modo, ele professava diligentemente uma deferência ilimitada para com a Coroa. Um após outro, os seus biógrafos se maravilharam com essa atitude cortesã do grande líder democrata. Mas, seguramente, a rainha Vitória mostrou mais discernimento que tais biógrafos, a julgar pela forte aversão que demonstrou a

OUTRA TEORIA DA DEMOCRACIA

3. Vejamos agora a natureza e o papel do gabinete.[19] Trata-se de uma coisa curiosamente bifronte, o produto conjunto do Parlamento e do primeiro-ministro. Este designa os seus membros por nomeação, como vimos, e aquele aceita a sua escolha, embora também a influencie. Considerado do ponto de vista do partido, é um agrupamento de sublíderes que reflete mais ou menos a sua própria estrutura. Do ponto de vista do primeiro-ministro, é um agrupamento não só de companheiros de armas, como também de correligionários que têm de levar em conta os seus próprios interesses e perspectivas: um parlamento em miniatura. Para que a combinação se realize e funcione é necessário que os futuros ministros do gabinete decidam servir sob o sr. x e que o sr. x elabore o seu programa de modo que os colegas no gabinete não se sintam tentados com excessiva frequência a "reconsiderar a sua posição", como diz o jargão oficial, ou a fazer corpo mole. Assim, o gabinete – e o mesmo se aplica ao ministério mais amplo, que também compreende funcionários políticos que não fazem parte do gabinete – tem, no processo democrático, uma função diferente da do primeiro-ministro, da do partido, da do Parlamento e da do eleitorado. Essa função de liderança intermediária é associada aos negócios correntes (mas de modo algum neles baseada) que os membros individuais do gabinete despacham nos diversos departamento para os quais são nomeados a fim de manter as mãos do grupo dirigente na máquina burocrática. E tem apenas uma relação distante, se é que a tem, com a de "cuidar

---

Gladstone a partir de 1879, a qual os biógrafos atribuem simplesmente à influência funesta de Disraeli. É realmente necessário indicar que essas profissões de deferência podem significar duas coisas diferentes? O homem que trata a esposa com rebuscada cortesia não é, em regra, o que aceita a camaradagem entre os sexos em termos de igualdade. De fato, a atitude cortesã é justamente o método para evitar tal camaradagem.

19 Ainda mais nebulosa que a evolução do cargo de primeiro-ministro é a do gabinete em virtude da continuidade histórica que dissimula as mudanças na natureza da instituição. Até o presente, o gabinete inglês é legalmente a parte operativa do *Privy Council*, que era, naturalmente, um instrumento do governo em tempos decididamente pré-democráticos. Mas, por baixo dessa superfície, desenvolveu-se um órgão inteiramente diferente. Tão logo percebamos a existência desse órgão, acharemos a tarefa de datar o seu surgimento um pouco mais fácil que foi no caso do primeiro-ministro. Embora existissem gabinetes embrionários no tempo de Carlos II (o ministério "da cabala" foi um, e o comitê dos quatro, formado em conexão com o experimento de Temple, foi outro), a "*junto*" *whig* sob Guilherme III é uma boa candidata ao primeiro lugar. A partir do reinado da rainha Ana, não restam senão pontos de somenos sobre os quais discordar.

para que a vontade do povo se cumpra em cada departamento". Precisamente nos exemplos melhores, apresentam-se ao povo resultados nos quais ele nunca pensou e os quais não teria aprovado antecipadamente.

4. Retomemos o Parlamento. Defini aquela que me parece ser a sua função primordial e especifiquei essa definição. Mas pode-se objetar que a minha definição não leva em consideração as suas outras funções. Obviamente, o Parlamento faz muitas outras coisas além de instituir e derrubar governos. Legisla. E até administra. Pois, ainda que todo ato de um Parlamento, com exceção das resoluções e declarações políticas, faça "lei" no sentido formal, há muitas leis que devem ser consideradas como medidas administrativas. O orçamento é o exemplo mais importante. A sua elaboração é uma função administrativa. No entanto, nos Estados Unidos, ele é elaborado pelo Congresso. Mesmo que fosse elaborado pelo ministro da Fazenda com a aprovação do gabinete, como na Inglaterra, o Parlamento tem de votá-lo e, em virtude desse voto, ele se transforma em um "ato do Parlamento", ou seja, em uma lei. Isso não refuta a nossa teoria?

Quando dois exércitos operam um contra o outro, seus respectivos movimentos sempre se centram em objetivos particulares que são determinados pela situação estratégica ou tática de cada um. Eles podem disputar determinada faixa de terra ou determinada colina. Mas a desejabilidade de conquistar essa faixa de terra ou essa colina deriva do objetivo tático ou estratégico, que é vencer o inimigo. Seria obviamente absurdo tentar derivá-la de quaisquer propriedades extramilitares que a faixa de terra ou a colina porventura tivesse. Do mesmo modo, o fim primeiro e primordial de cada partido político é prevalecer sobre os outros para tomar ou conservar o poder. Tal como a conquista da faixa de terra ou da colina, a decisão das controvérsias políticas é, do ponto de vista do político, não o fim, mas somente a matéria-prima da atividade parlamentar. Como os políticos disparam palavras em vez de balas, e como essas palavras são inevitavelmente supridas pelos problemas em debate, é possível que isso não fique tão claro quanto no caso militar. Mas a vitória sobre o adversário é a essência dos dois jogos.[20]

---

20 Às vezes os políticos surgem das névoas fraseológicas. Para citar um exemplo ao qual não se possa opor nenhuma objeção por motivo de frivolidade: um político da envergadura de *sir*

OUTRA TEORIA DA DEMOCRACIA

Fundamentalmente, pois, a produção corrente de decisões parlamentares sobre as questões nacionais é o próprio método pelo qual o parlamento mantém ou se recusa a manter um governo no poder ou pelo qual aceita ou se recusa a aceitar a liderança do primeiro-ministro.[21] Com as exceções que mencionaremos em breve, *cada* voto é um voto de confiança ou de desconfiança, e os votos assim chamados tecnicamente simplesmente revelam *in abstrato* o elemento essencial e comum a todos. Podemos nos convencer disso observando que, em regra, a iniciativa de levar as questões à decisão parlamentar pertence ao governo ou então ao gabinete paralelo da oposição, mas não a membros individuais do Parlamento.

É o primeiro-ministro que escolhe, no fluxo incessante de problemas correntes, quais tornar questões parlamentares, ou seja, aqueles sobre os quais o seu governo proporá a introdução de projetos de lei ou, caso ele não se sinta seguro nesse terreno, pelo menos de projetos de resolução. Naturalmente, todo governo recebe do seu predecessor um legado de questões pendentes que talvez não consiga engavetar; outras são acolhidas como questão de política rotineira; só no caso de um sucesso dos mais brilhantes é que um primeiro-ministro tem condições de impor medidas sobre uma questão política criada por ele próprio. Em todo caso, porém, livre ou não, a escolha ou a direção do governo é o fator que domina a atividade parlamentar. A apresentação de um projeto de lei por parte da oposição significa que ela está desafiando o

---

Robert Peel caracterizou a natureza do seu ofício quando disse, depois da sua vitória parlamentar sobre o governo *whig* na questão da política deste na Jamaica: "A Jamaica era um bom cavalo para começar". O leitor deveria meditar sobre isso.

21 Isso se aplica, naturalmente, à prática parlamentar francesa anterior a Vichy e à prática italiana anterior ao fascismo tanto quanto à prática inglesa. Entretanto, pode haver dúvida no caso dos Estados Unidos, onde a derrota do governo em uma questão importante não implica a renúncia do presidente. Mas isso se deve simplesmente ao fato de a Constituição, que incorpora uma teoria política diferente, não permitir que a prática parlamentarista se desenvolva de acordo com a sua lógica. Na verdade, porém, essa lógica não deixa de se afirmar em parte. As derrotas em questões de importância, posto que não levem à substituição do presidente, fragilizam o seu prestígio a ponto de desalojá-lo da sua posição de liderança. Por ora, isso cria uma situação anormal. Mas, ganhe ele ou não a eleição presidencial seguinte, o conflito se resolve então de uma maneira que não difere fundamentalmente do modo como um primeiro-ministro inglês trata de uma questão semelhante quando dissolve o Parlamento.

governo: tal iniciativa é um ataque que o governo tem de frustrar apropriando-se da questão ou fazendo com que a proposta seja rejeitada. A apresentação de um importante projeto de lei que não consta da lista do governo por um grupo do partido governamental significa uma revolta, e é desse ponto de vista, e não a partir dos méritos extratáticos do caso, que ele há de ser considerado pelos ministros. Isso se aplica até mesmo às propostas de debate. A menos que seja sugerido ou sancionado pelo governo, elas são sintoma de que o poder lhe escapa das mãos. Finalmente, uma medida aprovada mediante um acordo entre os partidos significa uma batalha não decidida ou evitada por razões estratégicas.[22]

5. As exceções a esse princípio de liderança governamental nas assembleias "representativas" só servem para mostrar o seu caráter realista. Tais exceções são de dois tipos.

Em primeiro lugar, nenhuma liderança é absoluta. A liderança política exercida de acordo com o método democrático é ainda menos absoluta que as outras graças ao elemento competitivo tão essencial à democracia. Como teoricamente todo prosélito tem o direito de substituir o seu líder e como quase sempre alguns têm uma oportunidade real de fazê-lo, o correligionário particular e o ministro – caso sinta que poderia conseguir um posto mais elevado –, dentro ou fora do círculo encantado, adotam uma linha de conduta intermediária entre a adesão incondicional à pauta do líder e o estabelecimento

---

22 Quanto a isso, pode-se mencionar outro exemplo muito significativo da técnica inglesa. Um projeto de lei importante geralmente não prospera ou não prosperava se a maioria que o apoiava se reduzisse a um número muito baixo na segunda leitura. Em primeiro lugar, essa prática reconhecia uma importante limitação do princípio da maioria tal como realmente aplicado nas democracias bem administradas: não seria correto dizer que, em uma democracia, a minoria sempre seja obrigada a se render. Mas há um segundo ponto. Embora a minoria nem sempre seja obrigada a se submeter à maioria na questão particular em debate, praticamente sempre é obrigada a se submeter a ela – posto que haja exceções – quando se discute se o gabinete deve permanecer no poder ou não. Pode-se dizer que tal voto, na segunda leitura, sobre uma medida importante do governo, constitui uma combinação de voto de confiança com voto pelo engavetamento do projeto de lei. Se a única coisa importante fosse o conteúdo do projeto, não teria sentido votar a seu favor se não se quisesse que ele fosse transformado em lei. Mas, se o parlamento estiver interessado primordialmente em manter o gabinete no poder, essas táticas se tornam imediatamente compreensíveis.

OUTRA TEORIA DA DEMOCRACIA

incondicional de uma pauta própria, sopesando os riscos e as chances com uma sutileza por vezes realmente admirável.[23] O líder, por sua vez, reage adotando uma linha de ação intermediária entre exigir a manutenção da disciplina e permitir a oposição. Abranda a pressão com concessões mais ou menos judiciosas, os reproches com elogios, as punições com recompensas. Esse jogo resulta, conforme a força relativa dos indivíduos e conforme as suas posições, numa quantidade de liberdade muito variável, mas considerável na maior parte dos casos. Em particular, os grupos suficientemente fortes para fazer sentir a sua insatisfação, mas não a ponto de se beneficiar incluindo os seus protagonistas e os seus programas no arranjo governamental, geralmente obtêm o que desejam em questões de somenos ou, em todo caso, em questões que o primeiro-ministro pode ser induzido a considerar desimportantes ou de relevância parcial. Desse modo, grupos de prosélitos ou até membros individuais chegam a ter a ocasional oportunidade de obter a aprovação de projetos de lei próprios e, naturalmente, gozam de tolerância ainda maior à mera crítica ou à recusa de votar automaticamente a favor de cada proposta do governo. Mas basta olhar para essas concessões com um espírito prático para perceber, pelos limites impostos ao uso dessa liberdade, que elas incorporam não o princípio do funcionamento de um parlamento, e sim desvios dele.

Em segundo lugar, há casos em que a máquina política deixa de se ocupar de certos problemas ou porque o alto comando das forças governamentais e das oposicionistas não compreendem o seu valor político, ou porque tal valor é de fato duvidoso.[24] Então tais problemas talvez sejam acolhidos pelos *outsiders* que preferem aspirar ao poder como independentes a servir nas fileiras de um dos partidos existentes. Claro que essa é uma política perfeitamente

---

23 Um dos exemplos mais instrutivos com que ilustrar a tática acima é a linha de ação adotada por Joseph Chamberlain no tocante à questão irlandesa na década de 1880. Ele acabou derrotando Gladstone, posto que tivesse iniciado a campanha oficialmente na qualidade de um seu adepto ardente. E o caso só é excepcional pela força e o brilhantismo do homem. Como todo capitão político sabe, lealdade só se pode esperar dos medíocres. Por isso alguns dos maiores desses capitães, Disraeli por exemplo, viviam cercados de nulidades.

24 Uma questão que nunca foi posta à prova é o exemplo típico da primeira classe. Os motivos típicos pelos quais o governo e o gabinete paralelo da oposição podem concordar tacitamente em deixar um problema de lado apesar de perceber as suas potencialidades é a dificuldade técnica de lidar com ele e o temor de que venha a causar dificuldades setoriais.

normal. Mas há outra possibilidade. Um homem pode tomar tão a peito determinada questão que chega a entrar na arena política simplesmente para tentar resolvê-la à sua maneira e sem nutrir o menor desejo de iniciar uma carreira política normal. No entanto, isso é tão inusitado que dificilmente se acham exemplos importantes dessa atitude. Um deles talvez tenha sido Richard Cobden. É verdade que os exemplos de importância secundária são mais frequentes, especialmente os do tipo "cruzado". Mas ninguém pretende que eles sejam mais que desvios da prática normal.

Podemos resumir do seguinte modo. Em regra, ao observar as sociedades humanas, não achamos difícil especificar, pelo menos da maneira tosca do mero senso comum, os diversos fins pelos quais as sociedades aqui estudadas lutam. Pode-se dizer que esses fins proporcionam a razão de ser ou o significado das atividades individuais correspondentes. Mas daí não se segue que o significado social de um tipo de atividade proveja necessariamente a potência motriz e, portanto, a explicação dessa atividade. Se não a provê, uma teoria que se contenta com uma análise do fim ou necessidade social que lhe cabe suprir não pode ser aceita como uma explicação adequada das atividades que a servem. Por exemplo, a razão pela qual existe algo como a atividade econômica é, naturalmente, que as pessoas precisam comer, vestir-se etc. Prover os meios de satisfazer essas necessidades é o fim ou sentido social da produção. Sem embargo, estamos todos de acordo em que essa proposição seria um ponto de partida irrealíssimo para uma teoria da atividade econômica numa sociedade mercantil e em que procederíamos com muito mais acerto se partíssemos de proposições acerca do lucro. Do mesmo modo, o sentido ou função social da atividade parlamentar é, sem dúvida, produzir legislação e, em parte, medidas administrativas. Mas, para compreender como a política democrática serve a esse fim social, temos de partir da luta competitiva pelo poder e pelos cargos e perceber que a função social se cumpre, por assim dizer, incidentalmente – no mesmo sentido em que a produção é incidental à obtenção de um lucro.

6. Finalmente, quanto ao papel do eleitorado, é preciso mencionar um ponto adicional. Já vimos que os desejos dos membros de um Parlamento não são os dados finais do processo produtor de governo. No caso do eleitorado, pode-se fazer uma afirmação semelhante. A sua escolha – glorificada ideologicamente na expressão "chamado do povo" – não emana da sua iniciativa, mas

OUTRA TEORIA DA DEMOCRACIA

é plasmada, e a sua plasmação é uma parte essencial do processo democrático. Os eleitores não decidem problemas. Mas tampouco elegem os parlamentares com plena liberdade em meio à população elegível. Em todos os casos normais, a iniciativa é tomada pelo candidato que concorre a um mandato parlamentar e à liderança local que esse mandato pode implicar. Os eleitores se limitam a aceitar essa candidatura preferivelmente a outras ou a rejeitá-la. Até mesmo a maior parte dos casos excepcionais em que um homem é *genuinamente* escolhido pelos eleitores pertence à mesma categoria por uma destas duas razões: é natural que um homem não precise se candidatar à liderança se já a adquiriu; ou então é possível que um líder local capaz de dominar ou influenciar o voto, mas que não pode ou não quer disputar pessoalmente uma eleição, designe outra pessoa que, então, parece que foi descoberta pelos eleitores agindo por iniciativa própria.

Não obstante, até mesmo aquilo que implicaria a iniciativa do eleitorado de aceitar um dos candidatos rivais seria restringida pela existência dos partidos. Um partido não é, como a teoria clássica (ou Edmund Burke) nos levaria a acreditar, um grupo de homens empenhados em promover o bem-estar público "com base em um princípio sobre o qual estão de acordo". Essa racionalização é perigosa por ser sedutora. Porque, claro está, todos os partidos se equipam em determinado momento com um arsenal de princípios ou plataformas que podem ser tão característicos do partido que os adota e tão importantes para o seu sucesso quanto, para uma loja de departamentos, o são as marcas dos bens que ela vende. Mas a loja de departamentos não pode ser definida pelas suas marcas e um partido não pode ser definido pelos seus princípios. Um partido é um grupo cujos membros se propõem a agir de modo concertado em uma luta competitiva pelo poder político. Se não fosse assim, seria impossível a partidos diferentes adotarem exatamente ou quase exatamente o mesmo programa. Mas isso acontece, como todos sabem. O partido e a máquina política são simplesmente a reação ao fato de a massa eleitoral ser incapaz de uma ação que não seja o "estouro da boiada" e constituem uma tentativa de regular a competição política de um modo exatamente igual às práticas correspondentes dos grupos empresariais. A psicotécnica da direção de um partido e a propaganda partidária, as palavras de ordem e os *jingles* não são meros acessórios. São a essência da política. Assim como o "cacique" político.

23

CONCLUSÃO

I. Algumas implicações da análise precedente

A TEORIA DA LIDERANÇA COMPETITIVA nos forneceu uma interpretação satisfatória dos fatos do processo democrático. Portanto, nós a utilizaremos na tentativa de desvendar a relação entre a democracia e uma ordem de coisas socialista. Como se afirmou anteriormente, os socialistas não só reivindicam compatibilidade, como pretendem que democracia implica socialismo, e que não pode haver democracia verdadeira fora do socialismo. Por outro lado, o leitor há de conhecer alguns panfletos, pelo menos dos muitos que se publicaram nos Estados Unidos nos últimos anos para provar que, uma economia planificada, para não falar no socialismo plenamente desenvolvido, é completamente incompatível com a democracia. Claro está que os dois pontos de vista são fáceis de compreender pela base psicológica dessa controvérsia e pelo desejo natural de ambas as partes de garantir o apoio de um povo cuja grande maioria acredita fervorosamente na democracia. Mas suponhamos que nos perguntemos: onde está a verdade?

A nossa análise, nesta e nas partes anteriores deste livro, nos dá prontamente uma resposta. Entre o socialismo, tal como o definimos, e a democracia, tal como a definimos, não há uma relação necessária: um pode existir sem a outra. Ao mesmo tempo, tampouco há incompatibilidade: em situações adequadas do meio social, o sistema socialista pode funcionar conforme os princípios democráticos.

Mas observe-se que essas afirmações simples dependem da nossa visão do que são socialismo e democracia. Portanto, elas significam não só menos, como também algo diferente daquilo que cada parte da contenda tem em mente. Por essa razão e também porque, por trás da questão da mera compatibilidade, surge inevitavelmente outra questão, ou seja, se o método democrático funcionará mais ou menos efetivamente num regime socialista em comparação com um capitalista, ainda temos de explicar muita coisa. Em particular, temos de tentar formular as condições em que se pode esperar que o método democrático seja satisfatório. Isso se fará na segunda seção deste capítulo. Agora vamos estudar algumas das implicações da nossa análise do processo democrático.

Primeiramente, de acordo com o critério por nós adotado, democracia não significa nem pode significar que o povo realmente governe em nenhum dos sentidos óbvios dos termos "povo" e "governar". Democracia significa tão somente que o povo tem a oportunidade de aceitar ou rejeitar os homens que hão de governá-lo. Mas como o povo também pode decidir isso por meios absolutamente não democráticos, tivemos de restringir a nossa definição acrescentando outro critério identificador do método democrático, a saber, a competição livre entre os aspirantes à liderança política pelo voto do eleitorado. Ora, é possível exprimir um aspecto desse critério dizendo que democracia é o governo do político. É importantíssimo compreender claramente o que isso implica.

Muitos expoentes da doutrina democrática se esforçam para despojar a atividade política de toda conotação profissional. Sustentam vigorosamente, por vezes apaixonadamente, que a política não deve ser uma profissão e que a democracia se degenera sempre que tal coisa acontece. Mas isso não passa de ideologia. É verdade, por exemplo, que homens de negócios ou advogados são eleitos para servir no Parlamento e, ocasionalmente, até assumem o cargo sem deixar de ser principalmente homens de negócios e advogados. Também é verdade que muitos dos que se tornam principalmente políticos continuam dependendo de outras atividades para o seu sustento.[1] Mas, normalmente, o sucesso pessoal na política, mais que a ascensão ocasional a um cargo ministerial em particular, implica uma concentração de tipo profissional e relega as outras atividades de um homem à categoria de ocupações acessórias ou de afazeres necessários. Se quisermos enfrentar abertamente os fatos, temos de reconhecer que, nas democracias modernas de tipo diferente do da Suíça, a política é inevitavelmente uma carreira. Isso, por sua vez, significa reconhecimento de um interesse profissional claramente determinado no político individual e de um interesse de grupo claramente determinado da profissão política como tal. É essencial inserir esse fator na nossa teoria. Basta levar isso em consideração para que muitos enigmas se resolvam.[2] Entre outras coisas, cessamos imediatamente de nos perguntar por que é que os políticos deixam com muita frequência de servir os interesses da sua classe ou dos grupos a que estão ligados pessoalmente. Falando em termos políticos, o homem ainda há de estar no jardim de infância se não tiver digerido, de modo a nunca o esquecer, o ditado atribuído a um dos políticos mais afortunados que já existiu: "O que os homens de negócios não entendem é que eu opero com votos exatamente como eles operam com petróleo".[3]

---

1 Os exemplos são abundantes, é claro. Uma classe especialmente instrutiva é a dos juristas na *chambre* e no *sénat* franceses. Alguns destacados líderes políticos também eram grandes *advogados*: pensemos, por exemplo, em Waldec-Rousseau e em Poincaré. Mas, em regra (e se preferirmos negligenciar os casos em que os escritórios de advocacia funcionam milagrosamente por si sós quando um dos seus sócios é um dirigente político frequentemente chamado a exercer cargos ministeriais), o sucesso nos tribunais e o sucesso na política não andam juntos.

2 Convém observar como este argumento se conecta com a nossa análise da posição e do comportamento dos intelectuais no capítulo 13, seção II.

3 Tal visão às vezes é acusada de frivolidade ou cinismo. Eu, pelo contrário, creio que frívolo ou cínico é defender em público *slogans* para as quais, privadamente, a pessoa simplesmente sorri com desdém. Mas também é conveniente observar que essa opinião não é tão depreciativa para o político como pode parecer. Não exclui ideais ou certo senso de dever. A analogia com o homem de negócios ajudará uma vez mais a esclarecer isso. Como já disse em outra parte, nenhum economista que conheça um pouco da realidade da vida econômica sustentaria um só momento que o senso de dever e os ideais acerca do serviço e da eficiência não têm nenhum papel na formação do comportamento do homem de negócios. No entanto, o mesmo economista tem todo direito de fundamentar a sua explicação desse comportamento em um esquema apoiado no motivo do lucro.

Observemos que não há motivo para acreditar que os políticos sejam melhores ou piores em uma organização socialista da sociedade. O médico ou o engenheiro que ambiciona o sucesso profissional como médico ou engenheiro continuará sendo um tipo distinto de homem e terá um padrão distinto de interesses; o médico ou o engenheiro que quer operar ou reformar as instituições do seu país continuará sendo outro tipo de homem e terá outro padrão de interesses.

Em segundo lugar, os estudiosos da organização política sempre tiveram dúvidas quanto à eficiência administrativa da democracia em sociedades grandes e complexas. Em particular, alega-se que, em comparação com outros sistemas, a eficiência do governo democrático fica inevitavelmente prejudicada por causa da tremenda perda de energia que a incessante batalha travada no Parlamento e fora ele impõe aos dirigentes. Pelo mesmo motivo, fica ainda mais prejudicada pela necessidade de sujeitar as medidas a serem tomadas às exigências da guerra política. Nenhuma dessas proposições pode ser posta em dúvida. Ambas são apenas corolários do nosso teorema anterior, segundo o qual o método democrático produz legislação e administração como subproduto da luta pelos cargos políticos.

Imaginemos, por exemplo, a situação de um primeiro-ministro. Quando os governos são tão instáveis quanto o foram na França desde 1871 e até o colapso de 1940, a sua atenção tem de ficar quase monopolizada por uma tarefa parecida com a de tentar construir uma pirâmide com bolas de bilhar. Somente homens de um vigor extraordinário podem ter tido, em tais condições, a possibilidade de reservar alguma energia para o trabalho administrativo comum, para os projetos de lei etc., e somente tais homens excepcionais podem ter adquirido alguma autoridade sobre os funcionários subordinados que sabiam, como todo o mundo, que o seu chefe estava prestes a cair. Claro está que a coisa não é tão ruim assim no caso inglês. As combinações governamentais instáveis são exceções e, normalmente, um governo pode contar com uma vida de aproximadamente cinco ou seis anos. Os ministros podem se impor no cargo e não é tão fácil derrubá-los no Parlamento. Mas isso não quer dizer que eles estejam isentos da necessidade de pelejar. Sempre há uma contenda em curso e, se os governos não estão constantemente dispostos a lutar pela vida, é só porque, em regra, são capazes de sufocar os ataques correntes

CONCLUSÃO

antes que se tornem perigosos. O primeiro-ministro tem de vigiar o tempo todo os seus adversários, precisa conduzir incessantemente o seu próprio rebanho, deve estar preparado para tapar as brechas que podem se abrir em qualquer momento, acompanhar as medidas que estão sendo debatidas, controlar o seu gabinete – tudo isso se resume no seguinte: quando o parlamento está em sessão, ele tem sorte se lhe restarem algumas horas livres para meditar sobre as coisas e trabalhar de verdade. Não raro, os fracassos individuais e as derrotas de um governo como um todo se devem ao esgotamento físico do chefe ou dos chefes.[4] É lícito perguntar como o primeiro-ministro poderia empreender o trabalho de dirigir e supervisionar um organismo administrativo que é obrigado a abranger todos os problemas da vida econômica?

Mas esse desperdício de energia do governo não é tudo. A luta competitiva incessante para chegar ao poder ou nele se manter imprime em cada consideração de políticas e medidas a propensão tão admiravelmente expressa pela frase "operar com votos". O fato de, em uma democracia, o governo ter de atender primordialmente os valores políticos de um programa, de um projeto de lei ou de um decreto administrativo – ou seja, o próprio fato que impõe o princípio democrático da subordinação do governo aos votos do parlamento e do eleitorado – provavelmente distorce todos os prós e os contras. Em particular, essa circunstância impõe aos homens que estão ao leme ou perto dele uma visão de curto prazo e torna-lhes dificílimo atender os interesses de longo prazo da nação que requerem um trabalho continuado para fins remotos; a política externa, por exemplo, corre o risco de degenerar em política doméstica. E não torna menos difícil dosar racionalmente as medidas. A dosagem que um governo faz com os olhos fitos nas suas

---

4 Para dar um exemplo portentoso: nenhum estudioso da origem da Guerra Mundial de 1914-1918 deixa de se surpreender com a passividade do governo inglês desde o assassinato do arquiduque até as declarações de guerra. Não é que não se tenham feito esforços para evitar a conflagração. Mas foram singularmente ineficazes e ficaram muito aquém do que podiam ter sido. É claro que isso se pode explicar com base na teoria de que, no fundo, o governo Asquith não queria evitar a guerra. Mas, se essa teoria for considerada insatisfatória, como acho que deve ser, não nos resta senão recorrer a outra: é perfeitamente possível que os cavalheiros da fileira do governo estivessem tão absortos no seu jogo político que só perceberam os perigos da situação internacional quando era tarde demais.

oportunidades políticas não é necessariamente a que produzirá os resultados mais satisfatórios para a nação.

Assim, pode-se comparar o primeiro-ministro de uma democracia com um cavaleiro que está tão completamente absorto em se manter na sela que não pode planejar a sua cavalgada, ou a um general tão plenamente empenhado em garantir que o exército obedeça às suas ordens que acaba abandonando a estratégia ao acaso. E isso continua sendo verdade (e, no caso de alguns países como França e Itália, tem de ser francamente reconhecido como uma das fontes em que brota o sentimento antidemocrático) apesar dos fatos que se podem invocar como atenuantes.

Há, para começar, o fato de que os exemplos em que essas consequências se mostram numa dimensão que se pode considerar insuportável amiúde se explicam pelo fato de o sistema social não condizer com o funcionamento das instituições democráticas. Como mostram os exemplos da França e da Itália, isso pode ocorrer em países muito mais civilizados do que alguns que são bem-sucedidos nessa tarefa. No entanto, o peso da crítica se reduz assim à afirmação de que o funcionamento satisfatório do método democrático depende do cumprimento de certas condições – tema que abordaremos em breve.

Segue-se a questão da alternativa. Essas fragilidades obviamente também estão presentes nos sistemas não democráticos. Abrir caminho a uma posição eminente, por exemplo, num tribunal, pode absorver energia e distorcer as opiniões tanto quanto a luta democrática, ainda que tal desgaste ou distorção não se manifeste tão flagrantemente. Isso equivale a dizer que as tentativas de avaliação comparativa dos sistemas de governo podem levar em conta muitos outros fatores além dos princípios institucionais envolvidos.

Ademais, um de nós replicará aos críticos que talvez queiramos exatamente um nível inferior de eficiência governamental. Por certo, não queremos ser os objetos da eficiência ditatorial, meros peões num grande jogo. Uma coisa como o Gosplan pode ser impossível agora nos Estados Unidos. Mas isso não prova justamente que o seu *analogon* hipotético nesse país violaria, como o Gosplan russo, tanto o espírito quanto a estrutura orgânica da federação americana?

Finalmente, algo se pode fazer para reduzir a pressão sobre as lideranças mediante dispositivos institucionais adequados. O sistema americano, por exemplo, conta com vantagens nesse ponto. Sem dúvida, o "primeiro-ministro" estadunidense tem de ficar de olho no tabuleiro de xadrez político. Mas não precisa se sentir responsável por cada medida individual. E, como não tem assento no Congresso, está pelo menos livre da fadiga física que isso envolveria. Tem todas as oportunidades que quer para cuidar do seu vigor.

Em terceiro lugar, a nossa análise do capítulo anterior dá muito destaque ao problema da qualidade dos homens que o método democrático seleciona para os cargos de liderança. É ocioso recordar o conhecido argumento a esse respeito: o método democrático cria políticos profissionais para depois os transformá-los em administradores e "estadistas" amadores. Desprovidos dos conhecimentos necessários para lidar com as tarefas que lhes cabe enfrentar, eles nomeiam os "juízes que não sabem direito e diplomatas que não sabem francês" do lorde Macaulay, arruinando o serviço público e desencorajando os melhores funcionários. Pior ainda, há outro ponto independente de qualquer questão de competência especializada e experiência: as qualidades de intelecto e caráter que fazem um bom candidato não são necessariamente as que fazem um bom administrador, e a seleção pelo critério do sucesso nas urnas pode prejudicar as pessoas que teriam êxito na direção dos negócios do país. E mesmo que os produtos dessa seleção sejam bem-sucedidos no poder, é bem possível que esses sucessos venham a ser fracassos para a nação. O político que for um bom tático pode sobreviver muito bem a uma grande quantidade de malogros administrativos.

O reconhecimento dos elementos de verdade em tudo isso deve ser temperado, uma vez mais, pelo reconhecimento dos fatos atenuantes. Em particular, a defesa da democracia tem condições de se beneficiar com o estudo das alternativas: nenhum sistema de seleção, seja qual for a esfera social – com a possível exceção do capitalismo de concorrência –, testa exclusivamente a capacidade de desempenho e escolhe do mesmo modo que um treinador escolhe o cavalo que vai disputar o Grande Prêmio. Ainda que em graus variáveis, todos os sistemas também premiam outras qualidades, as quais muitas vezes são hostis ao desempenho. Mas talvez possamos ir mais além. Não é verdade que, no caso médio, o sucesso na política nada prove a favor de um homem ou que o político não passe de um amador. Há uma coisa importantíssima que ele conhece profissionalmente, a saber, o trato dos homens. E, pelo menos de modo geral, a capacidade de galgar uma posição de liderança política se associa a certo grau de energia pessoal e também a outras aptidões que podem prestar bons serviços no gabinete de um primeiro-ministro. Afinal de contas, não faltam pedras na corrente que leva os políticos aos mais elevados cargos nacionais, e elas não são inteiramente ineficazes para barrar o avanço do idiota ou do fanfarrão.

Nessas questões, não se pode esperar que uma argumentação geral, em um ou outra direção, leve a uma conclusão precisa. É muito mais curioso e significativo constatar que a prova factual não é de modo algum mais concludente, pelo menos à primeira vista. Nada mais fácil do que compilar uma lista impressionante de fracassos do método democrático, especialmente se incluirmos não só casos em que houve um colapso real ou um desconcerto nacional como também aqueles em que, embora a nação tenha levado uma vida saudável e próspera, o desempenho do setor político foi claramente inferior em comparação com o desempenho dos outros setores. Mas é igualmente fácil apresentar provas não menos impressionantes a favor do político. Para citar um exemplo notável: é verdade que, na Antiguidade, as guerras não eram tão técnicas como passaram a ser posteriormente. Não obstante, seria plausível pensar que, mesmo naquela época, a capacidade de ser bem-sucedido na guerra tinha muito pouco a ver com a capacidade de ser eleito a um cargo político. No entanto, todos os generais romanos do período republicano eram políticos e todos obtiveram o comando militar diretamente por meio dos cargos eletivos que ocupavam ou haviam ocupado anteriormente. Alguns dos piores desastres se deveram a isso. Mas, no conjunto, esses soldados-políticos se comportaram notavelmente bem.

Por que é assim? Só pode haver uma resposta a essa pergunta.

II. Condições para o sucesso do método democrático

Se um físico observar que o mesmo mecanismo funciona diferentemente em tempos diferentes e em lugares diferentes, concluirá que o funcionamento desse mecanismo depende de condições externas a ele. Não podemos senão chegar à mesma conclusão. E é tão fácil ver quais condições são essas

CONCLUSÃO

quanto era fácil ver em quais condições se podia esperar que a doutrina clássica da democracia fosse condizente com a realidade em grau aceitável.

Essa conclusão remete claramente ao ponto de vista rigorosamente relativista que vimos professando o tempo todo. Assim como não há nenhum argumento favorável ou contrário ao socialismo que seja válido em todos os tempos e em todos os lugares, não existe nenhum argumento favorável ou contrário ao método democrático que seja absolutamente válido. E, exatamente como no caso do socialismo, essa circunstância dificulta uma argumentação por meio de uma cláusula *ceteris paribus*, pois "outras coisas" *não podem* ser iguais como entre situações nas quais a democracia é um arranjo viável – ou o único viável – e situações em que não o é. A democracia floresce em sistemas sociais que apresentam certas características, e é perfeitamente lícito duvidar que tenha sentido perguntar como ela se sairia em sistemas que carecem dessas características – ou como o povo se sairia em tais sistemas. As condições que, na minha opinião, devem ser cumpridas para que o método democrático seja um sucesso[5] – nas sociedades em que lhe é possível funcionar minimamente – eu as agruparei sob quatro títulos; e me limitarei às grandes nações industriais do tipo moderno.

A primeira condição é que o material humano da política – os homens que compõem a máquina partidária, que são eleitos para servir no parlamento, que ascendem aos cargos ministeriais – devem ser de qualidade suficientemente alta. Isso significa que não basta existir um número suficiente de indivíduos de capacidade e caráter moral adequados. Como observamos anteriormente, o método democrático não seleciona os políticos simplesmente no conjunto da população, mas só entre os elementos da população que têm vocação política ou, mais precisamente, que postulam a eleição. É claro que todos os métodos de seleção fazem isso. Portanto, segundo o grau em que determinada vocação atrai talento e caráter, todos eles podem produzir um nível de desempenho acima ou abaixo da média nacional. Mas, por um lado, a luta

---

5 Com "sucesso" quero dizer simplesmente o caso em que o processo democrático se reproduz constantemente sem criar situações que imponham o recurso a métodos não democráticos e que enfrenta os problemas correntes de um modo que todos os interesses politicamente relevantes considerem aceitável em longo prazo. Não quero dizer que todo observador tenha de aprovar os seus resultados do seu ponto de vista individual.

competitiva pelos cargos de responsabilidade desperdiça pessoal e energia. Por outro, o processo democrático pode criar facilmente no setor político condições que, uma vez estabelecidas, afugentam a maioria dos homens que podem ser bem-sucedidos em qualquer outra atividade. Por essas duas razões, a adequação do material humano é particularmente importante para o sucesso do governo democrático. Não é verdade que, em uma democracia, os homens sempre tenham o tipo e a qualidade de governo que desejam ou merecem.

Pode haver muitas maneiras de contar com políticos de qualidade suficientemente boa. No entanto, até agora, a experiência parece sugerir que a única garantia efetiva está na existência de um estrato social, ele mesmo produto de um processo rigorosamente seletivo, que leva naturalmente à política. Se esse estrato não for excessivamente exclusivo nem muito facilmente acessível para o *outsider* e se for forte o bastante para assimilar a maior parte dos elementos que ele costuma absorver, não só fornece para a carreira política produtos de classe que passaram com sucesso por muitos testes em outros campos – tiveram, por assim dizer, o seu aprendizado nos negócios privados – como também desenvolve as suas aptidões dotando-os de tradições que incorporam a experiência, com um código profissional e um fundo comum de opiniões.

Não é por mera coincidência que a Inglaterra, o único país que cumpre a nossa condição completamente, também seja o único país que tem uma sociedade política nesse sentido. Mais instrutivo ainda é o caso da Alemanha no período da República de Weimar (1918-1933). Como espero demonstrar na Parte v, os políticos alemães desse período nada tinham do que ordinariamente se considerava um defeito flagrante. A média dos membros do Parlamento, dos primeiros-ministros e dos ministros de gabinete era de homens honestos, sensatos e conscientes. Isso se aplica a todos os partidos. No entanto, com o devido respeito às esporádicas manifestações de talento, ainda que raras nos cargos próximos do alto comando, deve-se acrescentar que a maioria deles estava nitidamente abaixo do nível médio, em alguns casos, muito abaixo. Obviamente, isso não se devia à falta de capacidade e de energia da nação como um todo. Mas os homens de valor e de caráter desprezavam a carreira política. E não havia classe nem grupo cujos membros considerassem a política como a sua vocação predestinada. Aquele sistema político fracassou por muitos motivos. Mas o fato de, no fim, ter sofrido uma derrota esmagadora

CONCLUSÃO

nas mãos de um líder antidemocrático é indício da falta de uma liderança democrática motivante.

A segunda condição para o sucesso da democracia é que o domínio efetivo da decisão política não seja desmedidamente dilatado. Até que ponto se pode dilatá-lo depende não só das limitações gerais do método democrático, que se deduzem da análise apresentada na seção anterior, como também das circunstâncias particulares de cada caso individual. Para expressá-lo de modo mais concreto: o alcance depende não só, por exemplo, do tipo e da abundância das questões com que um governo submetido à tensão de uma luta incessante pela sua vida política pode lidar com sucesso; também depende, em determinado tempo ou lugar, da qualidade dos homens que formam o governo, do modelo de máquina política e do tipo da opinião pública com que eles têm de trabalhar. Do ponto de vista da nossa teoria da democracia, não é necessário exigir, como seria do ponto de vista da teoria clássica, que o aparato político trate unicamente das questões que a maioria do povo pode compreender plenamente e a respeito das quais tem uma opinião séria. Mas um requisito menos rigoroso da mesma natureza ainda se impõe. Ele exige um comentário adicional.

Evidentemente, não pode haver limites legais àquilo que um Parlamento dirigido pelo primeiro-ministro pode submeter à sua decisão, ainda que, se necessário, por meio de uma emenda constitucional. Mas, como argumentou Edmund Burke ao discutir o comportamento do governo e do Parlamento ingleses em relação às colônias americanas, para funcionar de maneira adequada, esse Parlamento todo-poderoso tem de impor limites a si próprio. De modo semelhante, podemos argumentar que, mesmo dentro da categoria de questões que devem ser submetidas ao voto parlamentar, o governo e o Parlamento frequentemente têm necessidade de aprovar medidas sobre as quais a sua decisão é puramente formal ou, no máximo, de natureza puramente fiscalizadora. Do contrário, o método democrático pode gerar monstrengos legislativos. Tomemos, por exemplo, o caso de um texto tão volumoso e tão técnico como um código penal. O método democrático se aplicará à questão de determinar se um país deve ter semelhante codificação ou não. Também se aplicará a certas "questões" que o governo decidir tornar objeto de uma decisão política que é mais que formal: por exemplo, se certas práticas das associações operárias ou patronais devem ser consideradas criminosas ou não. Mas, de resto, o governo e o Parlamento têm de aceitar o parecer dos especialistas, independentemente do que eles porventura pensarem. Porque o crime é um fenômeno complexo. De fato, o termo engloba muitos fenômenos que têm pouquíssimo em comum. Os *slogans* populares a seu respeito são quase invariavelmente errôneos. E um tratamento racional do crime requer que a legislação sobre a matéria esteja protegida tanto dos arrebatamentos de revanchismo quanto dos arrebatamentos de sentimentalismo, aos quais os leigos no governo e no Parlamento são propensos a se entregar alternativamente. Eis o que eu queria expressar ao sublinhar as limitações do domínio *efetivo* das decisões políticas – o domínio da esfera dentro da qual os políticos decidem tanto sobre o conteúdo quanto sobre a forma.

Uma vez mais, a condição em questão pode ser cumprida efetivamente graças a uma limitação correspondente das atividades do Estado. Mas o leitor cometeria um erro grave se pensasse que tal limitação é uma decorrência necessária. A democracia não exige que todas as funções do Estado se submetam ao seu método político. Por exemplo, na maioria dos países democráticos, concede-se aos juízes um alto grau de independência em relação aos organismos políticos. Outro exemplo é a posição mantida pelo Banco da Inglaterra até 1914. Algumas das suas funções eram, de fato, de natureza pública. No entanto, essas funções eram atribuídas a um organismo que, legalmente, não passava de uma sociedade mercantil suficientemente independente do setor político para ter uma política própria. Certas agências federais dos Estados Unidos são outros exemplos. A *Interstate Commerce Commission* representa uma tentativa de estender a esfera da autoridade pública sem estender a esfera da decisão política. Ou, para apresentar mais um exemplo, certos estados americanos financiam universidades estaduais "sem restrições", ou seja, sem interferir na sua autonomia, que em alguns casos é praticamente total.

Assim, quase todos os tipos de atividade humana podem ser incluídos na esfera do Estado sem vir a fazer parte do material da luta competitiva pela liderança política além do que está implícito na aprovação de medidas que concedem o poder e criam a agência que o exercerá e o contato que está implícito no papel do governo de supervisor geral. Naturalmente é verdade que essa supervisão pode degenerar em uma influência perniciosa. O poder do

CONCLUSÃO

político de designar o pessoal dos órgãos públicos não políticos, se for exercido arbitrariamente, geralmente bastará para corrompê-los. Mas isso não afeta o princípio em questão.

Como terceira condição, na sociedade industrial moderna, o governo democrático deve contar, para todos os propósitos incluídos na esfera de atividade pública – sejam eles numerosos ou não –, com os serviços de uma burocracia bem treinada que goze de boa reputação e se apoie numa tradição sólida, dotada de um forte senso de dever e de um espírito de corpo não menos forte. Tal burocracia é a melhor resposta que se pode dar ao argumento segundo o qual o poder é exercido por amadores. Potencialmente, trata-se da única resposta à pergunta que se ouve com tanta frequência nos Estados Unidos: a política democrática se mostrou incapaz de produzir governos municipais decentes; como podemos esperar que a nação se saia se todas as atividades, inclusive a totalidade do processo de produção, ficarem à mercê do Estado? E, finalmente, essa também é a principal resposta à pergunta sobre como a nossa segunda condição pode ser cumprida quando a esfera do controle público for ampla.[6]

Não basta que a burocracia seja eficiente na administração corrente e competente para aconselhar. Ela deve ser suficientemente forte para orientar e, se necessário, instruir os políticos que chefiam os ministérios. Para tanto, precisa ter condições de desenvolver princípios próprios e ser independente o bastante para afirmá-los. Deve ser um poder por direito próprio. Isso equivale a dizer que, de fato, posto que não de direito, a nomeação, a permanência e a promoção devem depender em grande medida – dentro das normas do funcionalismo que os políticos hesitam em violar – das suas próprias opiniões corporativas, apesar de todo o clamor que certamente se levantará toda vez que os políticos ou o público se virem tolhidos por essas opiniões, coisa que há de ser frequente.

---

6 A referência a alguns comentários sobre o tema da burocracia no capítulo 18 convencerá o leitor de que, nos três aspectos, a resposta dada pela burocracia não é considerada ideal em nenhum sentido. Por outro lado, os leitores não devem se deixar influenciar indevidamente pelas associações ligadas a essa expressão na linguagem popular. Em todo caso, essa solução é a única realista.

Uma vez mais, como no caso do pessoal político, a questão do material humano disponível é importantíssima. O treinamento, ainda que essencial, tem relevância secundária no caso. E, uma vez mais, tanto o material humano quanto o código tradicional, ambos necessários para o funcionamento de um quadro funcional desse tipo, podem ser obtidos facilmente se houver um estrato social de qualidade adequada e que goze do prestígio correspondente, no qual o Estado possa recrutar os seus agentes – um estrato não excessivamente rico nem excessivamente pobre, não excessivamente exclusivo nem excessivamente acessível. As burocracias europeias, apesar do fato de terem sido alvo de crítica hostil suficiente para macular a sua reputação, exemplificam muito bem o que estou tentando expressar. Elas são o resultado de um longo desenvolvimento iniciado com os *ministeriales* dos magnatas medievais (originalmente servos incumbidos de funções administrativas e militares que assim adquiriram o status de pequena nobreza) e prosseguiu ao longo dos séculos até que surgisse a poderosa máquina que hoje contemplamos. Semelhante máquina não se pode criar às pressas. Não se pode "alugar" por dinheiro. Mas cresce em toda parte, seja qual for o método político adotado por uma nação. A sua expansão é a única certeza no nosso futuro.

O quarto conjunto de condições pode ser resumido na expressão "autocontrole democrático". Todo mundo naturalmente há de convir que o método democrático não pode funcionar sem atrito, a menos que todos os grupos importantes de uma nação se disponham a aceitar todas as medidas legislativas enquanto elas vigorarem e todas as ordens executivas dadas pelas autoridades legalmente competentes. Mas o autocontrole democrático implica muito mais do que isso.

Acima de tudo, os eleitorados e os parlamentos devem ter um nível intelectual e moral suficientemente elevado para resistir às ofertas dos trapaceiros e vigaristas, caso contrário, homens que não são nem uma coisa nem outra arriscam seguir o caminho daqueles. Além disso, os fracassos que desacreditam a democracia e solapam a adesão a ela também podem ocorrer se se aprovarem medidas que não levem em consideração os direitos dos outros cidadãos ou a situação nacional. As propostas individuais de reformas legislativas ou de ação administrativa têm de se contentar, por assim dizer, em esperar comportadamente na fila, não devem tentar tomar a loja de assalto. Recordando o que dissemos no capítulo anterior sobre o *modus operandi* do método democrático, o leitor compreenderá que isso envolve muita subordinação voluntária.

Em particular, os políticos no Parlamento devem resistir à tentação de derrubar ou embaraçar o governo toda vez que tiverem oportunidade de fazê-lo. Nenhuma política eficaz é possível se eles agirem assim. Isso significa que os que apoiam o governo têm de aceitar a sua liderança e deixa-lo elaborar um programa e agir de acordo com ele e que a oposição deve aceitar a liderança do "gabinete paralelo" e deixá-lo conduzir a luta de acordo com certas regras. O preenchimento desses requisitos, cuja violação habitual significa o começo do fim de uma democracia, exige, como se verá, uma dose precisa de tradicionalismo não exageradamente grande nem exageradamente pequena. Proteger esse tradicionalismo é, efetivamente, uma das razões de ser das regras de procedimento e da etiqueta parlamentares.

Fora do Parlamento, os eleitores devem respeitar a divisão do trabalho entre eles próprios e os políticos eleitos. Não devem retirar a sua confiança com demasiada facilidade no período entre as eleições e precisam compreender que, uma vez que elegeram um indivíduo, cabe a ele a ação política, não aos eleitores. Isso significa que estes têm de se abster de lhe dar instruções sobre o que fazer – princípio este que foi reconhecido universalmente pelas constituições e pela teoria política desde o tempo de Edmund Burke. Mas as suas implicações geralmente são mal compreendidas. Por um lado, pouca gente percebe que esse princípio colide com a doutrina clássica da democracia e, na realidade, significa o seu abandono. Porque, se fosse para o povo governar no sentido de decidir questões individuais, o que poderia ser mais natural para ele do que dar instruções aos seus representantes como faziam os eleitores dos Estados Gerais franceses em 1789 e antes dessa data? Por outro, reconhece-se ainda menos que, se ele aceitar o princípio da não ingerência dos eleitores na atividade dos seus representantes, deve-se proscrever tanto as instruções formais – como a dos *cahiers* franceses – quanto as tentativas menos formais de restringir a liberdade de ação dos membros do parlamento, das quais a prática de bombardeá-los com cartas e telegramas é um exemplo.

Não podemos entrar nos diversos e delicados problemas que isso coloca em relação à verdadeira natureza da democracia tal como a definimos. A única coisa que interessa aqui é que a prática democrática bem-sucedida nas sociedades grandes e complexas tem sido invariavelmente hostil à ingerência de "conselheiros indesejáveis" – a ponto de recorrer à diplomacia secreta e à dissimulação de intenções e compromissos – e que, para se abster disso, o cidadão precisa ter muito autocontrole.

Finalmente, a competição efetiva pela liderança exige um alto grau de tolerância para com as diferenças de opinião. Observamos anteriormente que essa tolerância não é nem pode ser absoluta. Mas todo candidato a líder que não estiver legalmente excluído da competição deve ter a possibilidade de defender a sua causa sem produzir desordem. E isso pode implicar que as pessoas aguardem pacientemente quando alguém atacar os seus interesses mais vitais ou ofender os seus ideais mais queridos – ou, como alternativa, que o aspirante a líder que sustentar tais opiniões se contenha adequadamente. Nenhuma alternativa é possível sem genuíno respeito pelas opiniões dos concidadãos, respeito esse que equivale à disposição a subordinar as suas próprias opiniões.

Todo sistema pode suportar uma prática desviante até certo ponto. Porém, mesmo o mínimo necessário de autocontrole democrático requer, evidentemente, certo tipo de caráter nacional e de hábitos nacionais de que não tiveram oportunidade de se desenvolver em todos os países e que não se pode esperar que o próprio método democrático se encarregue de produzir. E esse autocontrole não suportará em parte alguns testes que ultrapassem um grau variável de severidade. Aliás, ao leitor basta repassar as nossas condições para se convencer de que o governo democrático só funciona com plena vantagem se todos os interesses importantes forem praticamente unânimes, não só na sua fidelidade ao país, como também na sua fidelidade aos princípios estruturais da sociedade existente. Sempre que esses princípios forem questionados e surgirem problemas que dividam a nação em dois campos hostis, a democracia funciona com desvantagem. E pode deixar de funcionar completamente tão logo entrarem em jogo interesses e ideais sobre os quais os homens se recusam a chegar a um acordo.

Pode-se generalizar a observação acima dizendo que o método democrático fica em desvantagem nas épocas turbulentas. De fato, as democracias de todos os tipos reconhecem praticamente com unanimidade que há situações nas quais é sensato abandonar a liderança concorrencial e adotar a liderança monopolista. Na Roma antiga, a constituição estabelecia um cargo não eletivo que conferia tal monopólio de liderança nas emergências. O titular desse cargo se chamava *magister populi* ou *dictator*. Conhecem-se cláusulas semelhantes praticamente em todas as constituições, inclusive na dos Estados Unidos: em certas eventualidades, o presidente americano adquire um poder que, para todos os efeitos, o transforma num ditador no sentido romano da palavra, apesar das grandes diferenças existentes tanto na construção jurídica quanto nos pormenores práticos. Se o monopólio se limitar deveras a um período determinado (como era originalmente em Roma) ou à duração de determinada emergência de curto prazo, o princípio democrático da liderança concorrencial fica simplesmente suspenso. Se o monopólio não tiver limitação temporal nem juridicamente nem de fato – e, se não se limitar no tempo, tenderá, obviamente, a se tornar ilimitado em tudo o mais –, o princípio democrático fica revogado e temos o caso da ditadura no sentido atual da palavra.[7]

III. A democracia na ordem socialista

1. Ao apresentar as nossas conclusões, é preferível começar com a relação entre a democracia e a ordem de coisas capitalista.

A ideologia da democracia, tal como se reflete na doutrina clássica, baseia-se em uma concepção racionalista da ação humano e dos valores da vida. Como se infere de um argumento anterior (capítulo 11), tal fato é suficiente para sugerir que essa ideologia tem origem burguesa. A história confirma claramente essa sugestão: historicamente, a democracia moderna nasceu ao mesmo tempo que o capitalismo e em conexão causal com ele. Mas o mesmo vale para a pratica democrática: a democracia, no sentido da nossa teoria da

---

7 Na Roma antiga, em relação à qual costumamos empregar abusivamente a palavra ditadura, desenvolveu-se uma autocracia que, durante vários séculos, apresentou certos aspectos não diferentes dos das ditaduras modernas, se bem que não se deva levar a analogia longe demais. Mas aquela autocracia não lançou mão do cargo republicano de ditador, salvo em um caso, o de Caio Júlio César. A ditadura de Sila foi simplesmente uma magistratura temporária criada para um fim determinado (a reforma constitucional). E não outros casos que não sejam completamente "regulares".

liderança concorrencial, presidiu o processo de transformação política e institucional mediante o qual a burguesia remodelou a estrutura social e política que precedeu a sua ascensão e a racionalizou a partir do seu próprio ponto de vista: o método democrático foi o instrumento político dessa reconstrução. Já vimos que o método democrático funciona igualmente (e muito bem) em certas sociedades extracapitalistas e pré-capitalistas. Mas a democracia moderna é um produto do processo capitalista.

Se a democracia é ou não um dos produtos do capitalismo que estão fadados a perecer com ele, é, naturalmente outra questão. E ainda outra questão é se a sociedade capitalista está bem ou mal dotada para a tarefa de funcionar de acordo com o método democrático por ela desenvolvido.

Quanto a esta última questão, é claro que a sociedade capitalista se qualifica bem em um aspecto. A burguesia tem uma solução peculiar para o problema de como reduzir a esfera das decisões políticas a proporções que não transponham os limites além dos quais o método da competição pela liderança deixa de ser aplicável. O sistema burguês restringe a esfera da política limitando a esfera da autoridade pública; a sua solução está no ideal de um Estado parcimonioso que existe primordialmente para garantir a legalidade burguesa e prover um marco firme para o esforço individual autônomo em todos os campos. Se, além disso, levarmos em conta as tendências pacifistas – em todo caso antimilitaristas – e livre-cambistas inerentes à sociedade burguesa, veremos que a importância do papel desempenhado pela decisão política no Estado burguês pode ser reduzida – pelo menos em princípio – a quase qualquer medida que as imperfeições do setor político possam requerer.

Ora, sem dúvida alguma, esse tipo de Estado deixou de nos atrair. A democracia burguesa é, certamente, um caso histórico muito especial e as pretensões que se podem formular em seu nome implicam, evidentemente, a aceitação de normas que já não são nossas. Mas seria absurdo negar que essa solução que nos desagrada seja uma solução e que a democracia burguesa seja uma democracia. Pelo contrário, à medida que as suas cores se desmaiam, torna-se mais importante reconhecer como ela era colorida no tempo da sua vitalidade; como eram amplas *e iguais* as liberdades que oferecia às famílias (se não aos indivíduos); como era grande a liberdade pessoal que concedia aos que eram aprovados nas suas provas (ou aos seus filhos). Também é importante

CONCLUSÃO

reconhecer que ela resistiu, pelo menos durante algumas décadas, à pressão de condições desfavoráveis e funcionou muito bem quando desafiada por reivindicações estranhas e hostis aos interesses burgueses.

Também em outro aspecto a sociedade capitalista em estado de maturidade está bem qualificada para a tarefa de fazer da democracia um sucesso. Isso é mais fácil para uma classe cujos interesses são mais bem servidos por uma política de não intervenção do que pelas classes que, por sua natureza, tendem a viver do Estado. Absorvido sobretudo pelos seus assuntos privados – e enquanto esses assuntos não forem seriamente ameaçados – o burguês geralmente tem propensão a mostrar muito mais tolerância pelas diferenças políticas e muito mais respeito pelas opiniões que ele não compartilha do que qualquer outro tipo de ser humano. Ademais, enquanto as normas burguesas dominarem uma sociedade, essa atitude tenderá a se propagar também pelas outras classes. Os interesses latifundiários ingleses aceitaram a derrota de 1845 com relativa boa graça; o operário inglês lutou pela supressão das incapacidades, mas, até o início deste século, só lentamente passou a reivindicar privilégios. É verdade que essa autolimitação foi muito menos visível nos outros países. Tais desvios do princípio da tolerância nem sempre foram graves nem se associaram exclusivamente a interesses capitalistas. Mas, em alguns casos, a vida política se transformou quase completamente numa luta de grupos de pressão e, em muitos casos, práticas incompatíveis com o método democrático chegaram a adquirir importância suficiente para lhe desfigurar o *modus operandi*. Não obstante, seria um exagero óbvio afirmar que "não pode" haver democracia verdadeira na ordem capitalista.[8]

Nos dois aspectos, porém, o capitalismo está perdendo rapidamente as vantagens que tinha outrora. A democracia burguesa, que está vinculada a esse ideal de Estado, vem funcionando há algum tempo com atrito crescente. Em parte, isso se deve ao fato de que, como vimos acima, o método democrático nunca funciona da melhor maneira quando as nações estão muito divididas

---

8 O que se deve dizer é que alguns desvios do princípio da democracia estão vinculados à presença de interesses capitalistas organizados. Mas, assim corrigida, a afirmação é verdadeira tanto do ponto de vista da teoria clássica quanto do ponto de vista da nossa teoria da democracia. Do primeiro ponto de vista, o resultado significa que os meios à disposição dos interesses privados são usados frequentemente para frustrar a vontade do povo. Do segundo ponto de vista,

por problemas fundamentais de estrutura social. E essa dificuldade, por sua vez, se mostra particularmente grave porque a sociedade burguesa deixou escandalosamente de cumprir outra condição para possibilitar o funcionamento correto do método democrático. A burguesia produziu indivíduos que tiveram sucesso na liderança política fazendo-os ingressar numa classe política de origem não burguesa; mas não criou um estrato político próprio bem-sucedido, posto que, pode-se pensar, que as terceiras gerações das famílias industriais tenham tido todas as oportunidades de formar semelhante estrato. Na Parte II, explicamos exaustivamente por que isso aconteceu. Tomados em conjunto, todos esses fatos parecem sugerir um prognóstico pessimista para esse tipo de democracia. Também sugerem uma explicação da aparente facilidade com que, em alguns casos, a democracia burguesa capitulou em face das ditaduras.

2. A ideologia do socialismo clássico é filha da ideologia burguesa. Em particular, comparte plenamente o fundo racionalista e utilitarista desta e muitas das ideias e dos ideais que faziam parte da doutrina clássica da democracia. Nesse sentido, os socialistas não tiveram nenhuma dificuldade para se apropriar dessa parte da herança burguesa e para mostrar que os elementos da doutrina clássica que o socialismo é incapaz de absorver – por exemplo, a ênfase à proteção da propriedade privada – estão em contradição com os princípios fundamentais da democracia. Crenças desse tipo poderiam sobreviver inclusive em formas de socialismo totalmente antidemocráticas, e podemos confiar que os escribas e fariseus saberão estender uma ponte de frases adequadas sobre qualquer abismo que venha se abrir entre a teoria e a prática. Mas é a prática que nos interessa: o destino da prática democrática tal como a interpretou a teoria da liderança competitiva. E assim, como vimos que o socialismo não democrático é perfeitamente possível, a questão real é, uma vez mais, a de saber até que ponto o socialismo está bem ou mal qualificado para a tarefa de fazer o método democrático funcionar, caso tente fazê-lo.

O ponto essencial que se deve compreender é o seguinte: nenhuma pessoa responsável pode ver com serenidade as consequências da extensão do método democrático – ou seja, da esfera da "política" – a todas as questões

---

o resultado significa que esses recursos privados são usados amiúde para interferir no funcionamento do mecanismo da liderança competitiva.

econômicas. Se acreditar que o significado do socialismo democrático é justamente tal extensão, essa pessoa concluirá naturalmente que ele está fadado a malograr. Mas essa conclusão não se impõe necessariamente. Como indicamos anteriormente, a extensão do domínio da gestão pública não implica uma extensão correspondente do domínio da gestão política. É concebível que aquele se estenda a ponto de absorver todas as questões econômicas de uma nação, ao passo que este ainda permanece no interior das fronteiras delineadas pelas limitações do método democrático.

Segue-se, porém, que, em uma sociedade socialista, essas limitações colocam um problema muito mais grave. Porque a sociedade socialista carece das restrições automáticas que a ordem de coisas burguesa impõe à esfera política. Além disso, em uma sociedade socialista, já não será possível achar consolo na ideia que as ineficiências do procedimento político são, afinal de contas, uma garantia de liberdade. A falta de gestão eficiente se traduzirá em falta de pão. No entanto, as agências encarregadas de operar a máquina econômica – o conselho central que encontramos na Parte III, assim como os órgãos subordinados incumbidos da direção das indústrias ou conglomerados individuais – podem ser organizados e providos de pessoal de modo a ficar, no cumprimento das suas obrigações correntes, suficientemente livres da interferência dos políticos ou, o que vem a ser a mesma coisa, dos comitês cidadãos intrometidos ou dos seus operários. Ou seja, podem se arredar suficientemente da luta política para não ficar expostas a outras causas de ineficiências além das associadas ao termo "burocracia". E mesmo estas *podem* ser muito reduzidas por uma concentração adequada da responsabilidade nos indivíduos e por um sistema de estímulos e sanções bem escolhidos, do qual os métodos de nomeação e promoção seria a parte mais importante.

Os socialistas sérios, quando não estão em campanha eleitoral e se acham em disposição responsável, sempre tiveram consciência desse problema e também do fato de a "democracia" não ser resposta para ele. Um exemplo interessante são as deliberações da Comissão Alemã de Socialização (*Sozialisierungskommission*). Em 1919, quando o Partido Social-Democrata alemão se havia oposto decididamente ao bolchevismo, os seus membros mais radicais ainda acreditavam que alguma medida de socialização era iminente como questão de necessidade prática, e, consequentemente, nomeou-se uma comissão para definir fins e recomendar métodos. Embora essa comissão não fosse formada exclusivamente por socialistas, a influência socialista era a dominante. Karl Kautsky a presidiu. Só se fizeram recomendações precisas a respeito do carvão e, mesmo essas, às quais se chegou sob as nuvens ameaçadoras de um sentimento antissocialista, não são muito interessantes. Muito mais interessantes são as opiniões esgrimidas na discussão quando ainda prevaleciam esperanças mais ambiciosas. A ideia de que os gerentes de fábrica fossem eleitos pelos operários das mesmas fábricas foi condenada franca e unanimemente. Os conselhos operários que se haviam formado durante os meses de colapso universal foram objeto de desagrado e de suspeita. Procurando se apartar ao máximo das ideias populares sobre a "democracia industrial",[9] a comissão fez o possível para torná-los inofensivos e pouco cuidou de desenvolver as suas funções. Mas se preocupou muito em reforçar a autoridade e salvaguardar a independência do pessoal administrativo. Envidou muito esforço intelectual na questão de como evitar que os gerentes perdessem a sua vitalidade capitalista e soçobrassem na rotina burocrática. Na verdade – se é que se pode falar em resultados de discussões que em breve perderiam a importância prática –, esses gerentes socialistas não teriam diferido muito dos seus antecessores capitalistas e, em muitos casos, os mesmos indivíduos teriam voltado a ser designados. Assim, chegamos, por um caminho diferente, à conclusão a que já havíamos chegado na Parte III.

Mas agora temos condições de vincular essa conclusão a uma resposta ao problema da democracia no socialismo. De certo modo, é claro, as formas e órgãos atuais do procedimento democrático são um produto da estrutura e

---

9 Democracia industrial ou democracia econômica é uma expressão que figura em tantas quase utopias que conservou um significado muito pouco preciso. Segundo me parece, significa principalmente duas coisas: primeiro, o domínio dos sindicatos sobre as relações industriais; segundo, a democratização da fábrica monárquica mediante a representação dos operários nas juntas diretivas ou por meio de outras fórmulas calculadas para garantir aos trabalhadores uma influência na introdução de melhorias tecnológicas, na política da empresa em geral e, naturalmente, na disciplina da fábrica em particular, inclusive nos métodos de admissão e demissão. A participação nos lucros é uma panaceia de um subgrupo de esquemas. Pode-se dizer com certeza que boa parte dessa democracia econômica se esfumaria em um regime socialista. Isso também não é tão grave quanto parece. Porque muitos dos interesses que esse tipo de democracia pretende salvaguardar terão deixado de existir.

dos problemas do mundo burguês, tanto quanto o princípio fundamental da própria democracia. Mas isso não é motivo para que desapareçam com o capitalismo. As eleições gerais, os partidos, os parlamentos, os gabinetes e os primeiros-ministros ainda podem mostrar que são os instrumentos mais convenientes para tratar da agenda que a ordem socialista reservar para a decisão política. A lista dessas questões será alijada de todos os itens que atualmente provêm do conflito de interesses privados e da necessidade de regulá-los. No lugar deles haverá outros novos. Tratar-se-á de decidir questões como a de qual será o volume de investimento ou de como reformar as regras existentes de distribuição do produto social etc. Os debates gerais sobre a eficiência das comissões de investigação do tipo da Comissões Reais Inglesas (*English Royal Commissions*) continuariam desempenhando as suas funções atuais.

Assim, os políticos do gabinete e, em particular, os políticos à testa do Ministério da Produção afirmariam, sem dúvida, a influência do elemento político, tanto com as suas medidas legislativas relativas aos princípios gerais de funcionamento da máquina econômica como com o seu poder de nomear, o qual não poderia faltar absolutamente nem de ser inteiramente formal. Mas eles não precisam interferir em uma medida que seja incompatível com a eficiência. E o ministro da Produção não precisa interferir no funcionamento interno das indústrias individuais mais do que os ministros ingleses da Saúde ou da Guerra interferem no funcionamento interno dos seus respectivos ministérios.

3. É ocioso dizer que operar uma democracia socialista da maneira indicada seria um empreendimento perfeitamente desesperado, a não ser no caso de uma sociedade que preencha todos os requisitos de "maturidade" enumerados na Parte III, inclusive e especialmente a capacidade de estabelecer a ordem socialista de modo democrático e a existência de uma burocracia de prestígio e experiência adequados. Mas uma sociedade que preenchesse tais requisitos – não me ocuparei de nenhuma outra – disporia em primeiro lugar de uma vantagem de importância possivelmente decisiva.

Salientei que só se pode esperar que a democracia funcione satisfatoriamente se a grande maioria da população de todas as classes estiver disposta a acatar as regras do jogo democrático, e que isso, por sua vez, pressupõe que esses cidadãos estejam substancialmente de acordo quanto aos fundamentos da sua estrutura institucional. Atualmente, esta condição não é preenchida. São tantos os que abjuraram e tantos outros abjurarão a adesão aos padrões da sociedade capitalista que só por esse motivo a democracia está condenada a funcionar com atrito crescente. No entanto, na etapa visualizada, o socialismo pode cimentar essa fenda. Pode restabelecer a harmonia no tocante aos princípios arquitetônicos do edifício social. Se ele a restabelecer, os antagonismos restantes serão exatamente do tipo dos que o método democrático pode resolver perfeitamente.

Na Parte III, também mostramos que, com a eliminação dos interesses capitalistas conflitantes, esses antagonismos remanescentes continuarão decrescendo em número e importância. As relações entre a agricultura e a indústria, entre a indústria pequena e a grande, entre as indústrias produtoras de aço e as consumidoras de aço, entre as indústrias protecionistas e as de exportação deixarão – ou podem deixar – de ser questões políticas cuja solução depende do peso relativo dos grupos de pressão para se transformar em problemas técnicos aos quais os técnicos darão respostas desapaixonadas e inequívocas. Ainda que pareça utópico esperar que não haja interesses econômicos diferentes nem conflitos entre eles e mais utópico ainda esperar que não haja controvérsias extraeconômicas sobre as quais divergir, é perfeitamente possível sustentar a esperança de que a soma total das questões controversas diminuirá, mesmo em comparação com o que ele era no tempo do capitalismo intacto. Já não haverá *silver men*,[10] por exemplo. A vida política se purificará.

À primeira vista, o socialismo não tem solução óbvia a oferecer para o problema resolvido em outras formas de sociedade pela presença de uma classe política de tradições estáveis. Disse anteriormente que haverá a figura do político profissional no socialismo. É possível que se desenvolva uma casta política sobre cuja qualidade seria ocioso especular.

Até aqui, o socialismo se qualifica. Ainda se pode alegar que essa qualificação pode ser facilmente contrabalançada pela importância e a probabilidade de possíveis desvios. Até certo ponto, nos adiantamos a isso ao insistir

---

10 *Silver men* (homens de prata), assim eram chamados os políticos americanos que, por razões eleitorais, defendiam o emprego monetário da prata ou a concessão de subvenções aos produtores desse metal. (N. T.)

na maturidade econômica, que implica, entre outras coisas, que não há necessidade de exigir um grande sacrifício de uma geração para beneficiar outra posterior. Porém, mesmo que não haja necessidade de fazer o povo suar sob o peso de um Gosplan, a tarefa de manter a rota democrática pode se mostrar extremamente delicada. As circunstâncias em que os indivíduos ao leme normalmente teriam sucesso em resolvê-la talvez não sejam mais fáceis de imaginar do que as circunstâncias em que, confrontados com um espetáculo de paralisia no setor político que se propagasse a toda a economia da nação, eles fossem levados tomar uma linha de ação que sempre deve ser tentadora para os homens conscientes do tremendo poder da organização socialista sobre o povo. Afinal, gestão efetiva da economia socialista significa ditadura na fábrica: não *do* proletariado, mas *sobre* o proletariado. Os homens que lá são tão rigorosamente disciplinados seriam, é verdade, soberanos nas eleições. Mas, do mesmo modo que eles podem usar essa soberania para relaxar a disciplina na fábrica, os governos – justamente os que se preocupam com o futuro da nação – também podem se aproveitar dessa disciplina para restringir a soberania. Por razões de necessidade prática, não é impossível que a democracia socialista acabe se revelando uma fraude maior do que a própria democracia capitalista.

Em todo caso, essa democracia não significará o aumento da liberdade pessoal. E, volto a repetir, tampouco significará uma aproximação maior dos ideais glorificados pela doutrina clássica.

PARTE V

ESBOÇO HISTÓRICO DOS PARTIDOS SOCIALISTAS

PREÂMBULO

Não me cumpre escrever uma história dos partidos socialistas. Tanto as situações históricas em que eles surgiram e soçobraram quanto os modos pelos quais se digladiaram com os seus problemas exigem uma tela maior e um pincel mais vigoroso que o meu. Por outro lado, ainda não chegou a hora de tentar escrevê-la: embora os últimos vinte anos tenham produzido muitas monografias valiosas que deitam toda a luz necessária sobre situações ou fases particulares, ainda é preciso fazer uma vasta quantidade de pesquisa até que se possa escrever uma história do socialismo moderno em ação que satisfaça as exigências científicas. Mas certos fatos são necessários para complementar ou pôr na perspectiva adequada muito do que se disse nas partes anteriores deste livro. E desejo apresentar alguns outros pontos que me ocorreram a partir do estudo ou da observação pessoal,[1] pois parecem ser interessantes por si sós. Com este propósito duplo, reuni os fragmentos a seguir na esperança de que, mesmo sendo fragmentos, venham a indicar contornos do conjunto.

Nem todo leitor – nem mesmo o leitor socialista – aprovará a posição central em que este fragmento coloca Marx e o marxismo. Confesso

---

1 Já tratamos de um desses pontos em outra parte. Cf. cap. 20.

prontamente certa parcialidade pessoal na questão. Para mim, o que há de fascinante na política socialista – o que faz com que ela chame a atenção e lhe confere uma dignidade própria, tanto intelectual quanto moral – é a sua relação clara e íntima com uma base doutrinária. Pelo menos em princípio, ela é teoria implementada pela a ação ou inação em torno da percepção verdadeira ou falsa de uma necessidade histórica (cf. Parte I). Mesmo as considerações de conveniência e de mera tática têm esse *character indelebilis* e sempre são discutidos à luz desse princípio. Mas tudo isso só é verdadeiro acerca da linha marxista; não mais verdadeiro, naturalmente, do que é, dentro do conglomerado burguês, acerca dos radicais benthamistas, os radicais "filosóficos", como significativamente se chamavam. Todos os grupos socialistas não marxistas são mais ou menos como os outros grupos e partidos; só os marxistas de convicção andaram coerentemente na luz de uma teoria que, para eles, continha todas as respostas para todas as perguntas. Como veremos, não admiro essa atitude incondicionalmente. Ela pode muito bem ser chamada de estreita e até de ingênua. Mas os doutrinários de todos os tipos, sejam quais forem as suas incapacidades práticas, têm certas qualidades estéticas que os elevam muito acima do nível comum dos profissionais da política. Também contam com fontes de energia que os meros profissionais nunca serão capazes de compreender.

24

A MINORIDADE

As DOUTRINAS SOCIALISTAS, em algumas das suas raízes presumivelmente tão antigas quanto o pensamento articulado, foram sonhos belos ou detestáveis – anelos impotentes sem contato com as realidades sociais – enquanto careceram de meios para convencer quem quer que fosse de que o processo social trabalhava a favor da realização do socialismo. O esforço socialista equivaleu a uma pregação no deserto enquanto não estabeleceu contato com uma fonte de poder social real ou potencial – a uma pregação de tipo platônica a respeito de algo com que nenhum político precisava se preocupar e que nenhum observador dos processos sociais precisava arrolar entre os fatores operativos.

Essa é a essência da crítica de Marx à maioria dos socialistas que o precederam ou que, na sua época, propagavam ensinamentos competitivos e explica por que ele os chamava de utópicos. O importante não era tanto que muitos daqueles esquemas fossem obviamente aberrações ou de nível intelectual inferior, e sim que eram essencialmente inaplicados e inaplicáveis. Isso se pode ilustrar com alguns exemplos que substituirão a pesquisa num grande corpo de literatura. Também bastarão para mostrar até que ponto o critério de Marx estava equivocado.

A *Utopia* de Thomas More (1478–1535), lida, admirada e até mesmo copiada ainda em pleno século XIX – como comprova o sucesso de Cabet e de

Bellamy –, apresenta o quadro de uma sociedade frugal, moral e igualitária que era exatamente o oposto da sociedade inglesa da época de More. Esse ideal só pode ser a forma literária de uma crítica social. Talvez não precisemos admitir isso para uma apresentação da opinião de More sobre os fins do planejamento social prático. Entretanto, se for para ser entendida neste último sentido – e o foi –, a dificuldade que apresenta não está na sua impraticabilidade. Em alguns aspectos, é menos impraticável que certas formas contemporâneas de socialismo idílico. Por exemplo, enfrenta a questão da autoridade e aceita abertamente a perspectiva – sem dúvida, elevada a virtude – de um nível de vida modesto. O verdadeiro inconveniente é que não tenta mostrar como a sociedade há de evoluir rumo a esse Estado ideal (salvo, possivelmente, por conversão) nem sobre quais fatores reais se poderia atuar para produzi-lo. Podemos gostar do ideal ou não. Mas não podemos fazer muito por ele. Para pôr os pingos práticos nos is, nele não há nada em que alicerçar um partido nem com que elaborar um programa.

Outro tipo pode ser ilustrado pelo socialismo de Robert Owen (1771–1858). Fabricante e reformador prático, ele não se contentava em conceber – ou em adotar – a ideia de pequenas comunidades autossuficientes que produzissem e consumissem os seus meios de subsistência de acordo com os princípios comunistas na acepção mais ousada da palavra. Ele tentou efetivamente realizá-la. Em primeiro lugar, depositava esperanças na ação do governo, depois tentou o efeito de dar o exemplo. Assim quiçá parecesse que o seu plano fosse mais viável que o de More: não havia apenas um ideal, mas também uma ponte que a ele conduzia. Na realidade, porém, essa espécie de ponte só serve para ilustrar mais precisamente a natureza do utopismo. Porque tanto a ação governamental quanto os esforços individuais são introduzidos como *dei ex machina* – a coisa teria de ser feita só para que um agente qualquer achasse que valia a pena fazê-la. Nenhuma força social que avançasse em direção à meta era nem podia ter sido indicada. Não se provia solo para as roseiras: elas que se alimentassem de beleza.[1]

---

1 O mesmo se pode dizer do plano parecido de Charles Fourier (1772–1837), que, no entanto, nem todos chamariam de socialista, já que a força de trabalho devia receber apenas 5/12 do produto social, sendo que o resto ia para o capital e a administração. Ainda que, em si, se tratasse

A MINORIDADE

Pode-se dizer o mesmo do anarquismo de Proudhon (1809–1865), salvo que, no seu caso, o erro claramente econômico é muito mais evidente que na maioria dos outros clássicos do anarquismo, que desprezavam a argumentação econômica e, se enfatizavam o ideal da cooperação livre e não estatal dos indivíduos ou o trabalho de destruição que era necessário realizar para lhe abrir caminho, evitavam os erros de raciocínio principalmente por evitar o próprio raciocínio. Como "o lunático, o amante e o poeta" que "são compostos só de imaginação",[2] eles eram constitucionalmente incapazes de fazer qualquer coisa que não fosse destroçar os planos socialistas e semear a confusão nas situações de agitação revolucionária. Não é difícil simpatizar com a aversão de Marx, às vezes eivada de desespero, pela conduta de M. Bakunin.

Mas o anarquismo era um utopismo com vingança. Esta espécie patológica é mencionada unicamente para deixar bem claro que tais ressurgências da mentalidade do século XIV não se devem confundir com o socialismo utópico genuíno que os escritos de St. Simon (1760–1825) expõem na sua melhor forma. Neles encontramos sentido e responsabilidade ligados a um poder analítico considerável. A meta visada não era absurda nem visionária. O que lhe faltava era o caminho: aqui, uma vez mais, o único método sugerido era a ação governamental: ação de governos que, nessa época, eram essencialmente burgueses.

Se se aceitar esse ponto de vista, a grande ruptura que pôs fim à minoridade do socialismo tem de se associar ao nome e à obra de Karl Marx. Portanto, podemos datá-la, se é que se pode fazê-lo em tais matérias, da publicação do *Manifesto do Partido Comunista* (1848) ou da fundação da Primeira Internacional (1864): foi nesse período que se chegou a critérios doutrinais e políticos

---

de uma tentativa meritória de levar em conta as realidades, é divertido observar que, naquele estado de coisas ideal, a força de trabalho ficaria em situação realmente pior que na sociedade capitalista. Na Inglaterra do pré-guerra, por exemplo (cf. A. Bowley, *The Division of the Product of Industry*, 1921, p.37), os salários abaixo de 160 libras absorviam, nas fábricas e nas minas, 62% do valor da produção líquida, ou 68% se contarmos os salários acima de 160 libras. Naturalmente, os ideais de Fourier não eram primordialmente econômicos; mas naquilo em que o eram, ilustram muito bem o vasto elemento de ignorância acerca dos fatos capitalistas que entrava nos credos reformistas.

2 Referência à peça *A Midsummer Night's Dream* [Sonho de uma noite de verão], de William Shakespeare: "*the lunatic, the lover and the poet are of imagination all compact*". (N. T.)

sérios. Mas, por um lado, essa realização somente sintetiza os desenvolvimentos dos séculos da minoridade e, por outro, formulava-os de um modo particular que talvez fosse o único possível em termos práticos, mas certamente não em termos lógicos. Até certo ponto, pois, é preciso rever a sentença emitida pelo socialismo ortodoxo sobre os homens da minoridade.

Antes de mais nada, se os esquemas socialistas desses séculos eram sonhos, na maioria, eram sonhos racionalizados. E o que os pensadores individuais conseguiram racionalizar mais ou menos perfeitamente não foram simplesmente os seus sonhos individuais, mas os sonhos das classes não dirigentes. Assim sendo, tais pensadores não viviam inteiramente nas nuvens; também ajudaram a trazer à tona aquilo que dormitava sob ela, mas estava prestes a despertar. A esse respeito, até mesmo os anarquistas, remontando-nos até os seus predecessores medievais que floresceram em muitos mosteiros e mais ainda nos grupos terciários da Ordem Franciscana, adquirem um significado que os marxistas normalmente não lhes concedem. Por desprezíveis que as suas crenças possam parecer ao socialista ortodoxo, grande parte da força propulsora do socialismo provém, mesmo hoje em dia, daqueles anelos irracionais da *alma* – não da barriga – faminta que eles exprimiam.[3]

Em segundo lugar, os pensadores socialistas da minoridade forneceram muitos tijolos e muitas ferramentas que depois foram de grande utilidade. Afinal, a própria ideia de uma sociedade socialista era criação deles, e foi ao seu esforço que se deveu o fato de Marx e os seus contemporâneos terem podido discuti-la como coisa conhecida de todos. Mas grande parte dos utopistas foi muito além disso. Eles elaboraram pormenores do plano socialista ou de certas variantes dele, assim formulando problemas – posto que inadequadamente – e limpando muito terreno. Não se pode negligenciar nem mesmo a sua contribuição para a análise puramente econômica. Ela proporcionou o fermento muito necessário a um *pudim* que, de outro modo, acabaria ficando

---

3 É por isso que o esforço do socialista culto para se livrar daquilo que ele próprio admite ser absurdo ou visionário no credo do crente inculto nunca pode ser completamente bem-sucedido. O apelo popular do socialismo *não* se deve ao que nele se pode demonstrar racionalmente, mas precisamente às heresias místicas que os economistas burgueses e socialistas concordam em condenar. Ao tentar se distanciar delas, o socialista não só se mostra ingrato para com a onda que os transporta, como também corre o perigo de ver as suas forças a serviço de outra causa.

A MINORIDADE 419

angustiantemente pesado. De resto, grande parte do utopismo era simplesmente trabalho profissional que aprimorou a teoria existente e, entre outras coisas, teve grande utilidade para Marx. Os socialistas e quase socialistas ingleses que elaboraram a teoria do valor-trabalho – como William Thompson – dão o melhor exemplo disso.

Em terceiro lugar, nem todos os que os marxistas costumam incluir no rol dos utopistas careciam de contato com os movimentos de massa. Algum contato resultou inevitavelmente do fato de que a situação social e econômica que punha em movimento a pena do intelectual também impulsionava um grupo ou classe do povo: camponeses ou artesãos ou trabalhadores agrícolas ou simplesmente os vagabundos e a ralé. Porém muitos utopistas estabeleceram um contato bem mais íntimo. As reivindicações dos lavradores durante as revoluções do século XVI já foram formuladas por intelectuais, e essa coordenação e cooperação se tornaram cada vez mais estreitas no transcurso dos séculos. "Graco" Babeuf, o espírito condutor do único movimento puramente socialista dentro da Revolução Francesa, foi considerado suficientemente importante pelo governo para merecer a homenagem da guilhotina em 1797. Uma vez mais, a Inglaterra é o país que melhor ilustra esse desenvolvimento. Basta comparar o movimento dos niveladores, do século XVII, com o movimento cartista do século XIX. No primeiro caso, Winstanley ingressou no movimento e o liderou enquanto indivíduo; no segundo, grupos de intelectuais reagiram em bloco e, embora a sua cooperação tenha desembocado no socialismo cristão, não foi meramente um mero assunto estudantil inteiramente divorciado de um movimento de massas contemporâneo. Na França, o melhor exemplo é o das atividades de Louis Blanc em 1848. Portanto, neste e em outros aspectos, o socialismo utópico diferia do socialismo "científico" mais em grau que em espécie: a relação dos socialistas da época da minoridade com os movimentos de classe era ocasional e não necessariamente uma questão de princípio fundamental, ao passo que, com Marx e com o socialismo pós-marxista, passou a ser precisamente uma questão de princípio fundamental e parecido com relação de um governo com o seu exército permanente.

Resta assinalar um ponto importantíssimo – espero que ele não se transforme num obstáculo. Disse que a teoria que afirma a existência de uma tendência para o socialismo[4] e o contato permanente com uma fonte real ou potencial de poder social – os dois requisitos do socialismo como um fator político sério – foram estabelecidos definitivamente por volta da metade do século XIX de um modo que, logicamente, não era o único possível. Marx e a maioria dos seus contemporâneos deram uma orientação particular à sua teoria ao sustentar que a classe operária era a única ativamente associada a essa tendência para o socialismo e que, por isso, era a única fonte de poder a ser explorada pelos socialistas. Para eles, o socialismo significava principalmente libertação da força de trabalho da exploração, e "a emancipação dos operários tem de ser obra da própria classe operária".

Agora é fácil compreender por que a conquista do interesse do operário, como proposição prática, deve ter atraído Marx mais que qualquer outra linha de ação e por que a sua doutrina foi plasmada de acordo com isso. Mas a ideia se arraigou tão firmemente, inclusive em algumas mentes não socialistas, que excluiu certos fatos cuja explicação dá um bocado de trabalho, a saber, que o movimento operário, embora frequentemente aliado ao socialismo, permanece diferente dele até hoje, e que, para os socialistas, não foi nada fácil estabelecer no mundo dos trabalhadores esferas de influência nas quais o seu credo fosse aceito como coisa natural. Seja qual for a maneira como interpretemos esses fatos, deve ficar claro que o movimento operário não é essencialmente socialista, do mesmo modo que o socialismo não é necessariamente trabalhista ou proletário. Tampouco isso chega a surpreender. Porque já vimos na Parte II que, como o processo capitalista socializa lentamente a vida econômica e muitas outras coisas mais, isso significa uma transformação da *totalidade* do organismo social, do qual *todas* as partes são igualmente afetadas. A renda real e o peso social da classe operária se elevam nesse processo, e a sociedade capitalista se torna cada vez mais incapaz de lidar com as dificuldades da força de trabalho. Mas isso é um pobre substituto do quadro marxista

---

4 Para o significado exato desta frase, convém ao leitor rever as nossas discussões das Partes I e II. Aqui ela significa duas coisas: em primeiro lugar, que as forças sociais reais, independentemente da sua desejabilidade ou indesejabilidade, rumam para o socialismo, que, portanto, adquirirá cada vez mais o caráter de uma proposição prática; em segundo lugar, que, assim sendo, há espaço efetivo para as atividades partidárias nas linhas socialistas. Discutiremos este último ponto no cap. 25.

A MINORIDADE 421

da classe operária sendo instigada pelo sofrimento cada vez mais intolerável a mergulhar na grande revolução. Se descartarmos esse quadro e nos dermos conta de que o que realmente aumenta é a participação da classe operária no sistema capitalista, pensaremos inevitavelmente menos no chamamento particular endereçado à classe operária pela lógica da evolução. Ainda menos convincente é o papel que o marxismo atribui ao proletariado na catástrofe do drama social. Se a transformação for gradual, o proletariado pouco terá que fazer. E, se houver uma grande revolução, o proletariado simplesmente será persuadido ou forçado a aderir. A ponta de lança será formada pelos intelectuais auxiliados pela ralé semidelinquente. E as ideias de Marx sobre a matéria não passam de "ideologia" – exatamente tão utópicas quanto as crenças dos utopistas.

Assim, embora continue sendo substancialmente verdadeiro que, à diferença da maioria dos seus predecessores, Marx tentou racionalizar um movimento existente e não um sonho, e também que ele e os seus sucessores tenham adquirido realmente um controle parcial do movimento, a diferença é menor do que os marxistas nos fariam acreditar. Como vimos, havia mais realismo no pensamento dos utopistas e mais sonho irreal no pensamento de Marx do que eles admitem.

À luz desse fato, olharemos com mais simpatia para os socialistas da época da minoridade *porque* eles não enfatizaram exclusivamente o aspecto proletário. Em particular, o seu apelo aos governos ou a outras classes que não o proletariado nos parecerá menos visionário e mais realista do que parecia a Marx. Porque o Estado, a sua burocracia e os grupos encarregados do organismo político são perspectivas muito promissoras para o socialista em busca da sua fonte de poder social. Como agora há de estar claro, é provável que eles avancem na direção desejada com uma necessidade não menos "dialética" que as massas. E essa excrecência do estrato burguês que chamaremos (*a posteriori*) de socialismo fabiano também é sugestiva.[5] A escolha de Marx de força

---

5 Cf. cap. 26. Naturalmente, os marxistas responderão que esses fenômenos são meros derivados do fenômeno genuíno, meros efeitos do avanço do proletariado. Isso é verdade se significar que este é um dos fatores da situação que aquele produziu e produz. Mas, tomada nesse sentido, tal proposição não constitui uma objeção. Se significar que há uma relação unidirecional ou puramente de causa e efeito entre o proletariado e o socialismo de Estado, então constitui uma

motriz social produziu, assim, um caso especial que, embora praticamente importantíssimo, está logicamente em pé de igualdade com outros que são fraudes e heresias para os ortodoxos.

---

objeção, mas errada. O processo sociopsicológico descrito na Parte II produzirá, sem nenhuma pressão de baixo, um socialismo de Estado e fabiano que *até ajudará a produzir essa pressão*. Como veremos em breve, é justo indagar onde estaria o socialismo sem o seu companheiro de viagem. É verdade que o socialismo (como coisa diferente do movimento operário do tipo sindicalista) não chegaria a parte alguma sem o líder intelectual de origem burguesa.

25

A SITUAÇÃO QUE MARX ENFRENTOU

1. SEGUNDO ENGELS, EM 1847, Marx adotou o termo "comunista" preferivelmente ao "socialista", porque, na época, o socialismo havia adquirido certo ranço de respeitabilidade burguesa. Por mais que esse ranço fosse burguês e por mais que optemos por explicar esse fato, se é que foi um fato – mais de uma vez, vimos uma boa razão para interpretar o socialismo como um produto da mentalidade burguesa –, não pode haver a menor dúvida de que os próprios Marx e Engels era intelectuais burgueses típicos. Exilados de origem e tradições burguesas – essa fórmula explica muita coisa tanto no pensamento de Marx quanto nas diretrizes e táticas políticas que ele recomendava. O assombroso é o quanto as suas ideias prevaleceram

Em primeiro lugar, o intelectual desarraigado que Marx era, com a experiência formativa de 1848 impressa para sempre em toda a sua alma, abandonou a sua própria classe e por ela foi abandonado. Dali por diante, os intelectuais igualmente desarraigados e, até certo ponto, as massas proletárias passaram a ser tudo que lhe era acessível e em que ele tinha de depositar confiança. Isso explica a doutrina que, como vimos no capítulo precedente, precisa mesmo de explicação, a saber, a de que os operários "se emanciparão por si sós".

Em segundo, o mesmo intelectual desarraigado naturalmente se tornou internacionalista *de coração*. Isso significava mais do que o fato de os problemas e vicissitudes de qualquer país particular – e os de proletariados nacionais individuais – não serem a sua preocupação principal e sempre ficarem na periferia dos seus interesses. Também significava que, desse modo, lhe era muito mais fácil criar a religião socialista supranacional e conceber um proletariado internacional cujas partes componentes eram, pelo menos em princípio, muito mais estreitamente ligadas entre si do que cada uma delas o era com os seus próprios compatrícios de outra classe social. No terreno da lógica fria, qualquer um podia ter idealizado essa concepção obviamente irrealista e tudo quanto ela implica para a interpretação da história passada e dos critérios dos partidos marxistas sobre política externa. Mas então ela teria de competir com todas as influências afetivas exercidas pelos ambientes nacionais e nunca seria abraçada apaixonadamente por um homem preso a um país por inúmeros vínculos. Nenhum desses vínculos existia para Marx. Não tendo pátria, ele não tardou a se convencer de que o proletariado também não a tinha.

Logo veremos por que – e até que ponto – essa doutrina sobreviveu e o que chegou a significar em diversas circunstâncias. O próprio Marx aceitou, sem dúvida, as suas implicações não intervencionistas e pacifistas. Certamente, acreditava não só que as "guerras capitalistas" não interessavam ao proletariado, como também que eram os meios de subjugá-lo ainda mais completamente. A concessão que se pode julgar que ele tenha decidido fazer, *i.e.*, que a participação na defesa do próprio país contra uma agressão não é incompatível com os deveres dos fiéis, não passava, evidentemente, de um recurso tático muito necessário.

Em terceiro lugar, fosse qual fosse a sua doutrina,[1] o burguês desarraigado levava a democracia no sangue. Quer dizer, para ele, a fé na parte do esquema burguês de valores que se centra na democracia não era unicamente uma questão de percepção racional das condições peculiares do sistema social do seu tempo ou de qualquer outra época. Tampouco era simplesmente uma questão de tática. É verdade que as atividades socialistas (e a sua obra

---

1 Cf. cap. 20 e 23.

A SITUAÇÃO QUE MARX ENFRENTOU

pessoal) não poderiam ter sido desenvolvidas com certa comodidade em um ambiente que professasse outros princípios que não os democráticos, tal como se entendiam então. Salvo em casos muito excepcionais, todas as oposições têm de defender a liberdade – que, para ele, significava democracia – e de se lançar à mercê do "povo". Naturalmente, esse elemento era importantíssimo, e mesmo hoje ainda o é em muitos países. Justamente por isso, como já observei, a profissão de fé democrática por parte dos partidos socialistas não significa muito enquanto o seu poder político não tiver aumentado a ponto de lhes dar a opção de uma alternativa e, particularmente, por isso não lhes interessava estabelecer uma relação fundamental entre a lógica do socialismo e a lógica da democracia. No entanto, pode-se dizer com certeza que, para Marx, a democracia estava acima de toda discussão e que qualquer outro sistema político lhe era inferior. Isso é preciso reconhecer no revolucionário do tipo de 1848.[2] É claro que, para ele, estava fora de cogitação aceitar um artigo de fé burguesa tão importante como esse, coisa que deixaria a descoberto uma extensão excessivamente grande de terreno comum. Mas já vimos na Parte anterior que ele sabia se esquivar dessa dificuldade fingindo ousadamente que só a democracia socialista era democracia verdadeira e que a democracia burguesa estava longe de ser democracia.

2. Era esse, pois, o "*a priori*" político de Marx.[3] Não há necessidade de frisar que era totalmente diferente dos "*a priori*" do socialista inglês médio não só do seu tempo, como de qualquer outro – diferente a ponto de tornar quase impossível a simpatia mútua e até mesmo o pleno entendimento mútuo, independentemente do hegelianismo e de outras barreiras doutrinárias. A mesma diferença se sobressairá ainda mais se compararmos Marx com outro intelectual alemão muito parecido, Ferdinand Lassalle (1825–1864). Rebento da mesma raça, produto do mesmo estrato, moldado por uma tradição cultural muito similar, condicionado de modo semelhante pela experiência

---

2 A atitude emotiva adquirida em 1848 também o impediu completamente de entender e muito menos de fazer justiça ao regime não democrático que o exilou. Uma análise desapaixonada não deixaria de revelar as suas realizações e possibilidades. Mas, neste caso, tal análise estava além do seu alcance.

3 Nenhum idioma que eu conheça admite oficialmente essa palavra como substantivo. No entanto, é um solecismo muito conveniente.

de 1848 e pela ideologia da democracia burguesa, Lassalle, entretanto, difere de Marx de um modo que não se pode explicar totalmente pela comparação pessoal. Muito mais vital que isso era o fato de Marx ser exilado e Lassalle não. Lassalle nunca se desvinculou do seu país nem das outras classes à parte o proletariado. Nunca foi internacionalista como Marx. Por proletariado, ele entendia principalmente o proletariado alemão. Não tinha objeção à cooperação com o Estado existente. Não se opunha ao contato pessoal com Bismarck nem com o rei da Baviera. Tais coisas são importantes, mais importantes, talvez, que as diferenças doutrinárias mais profundas; suficientemente importantes para produzir tipos diferentes de socialismo e antagonismos irreconciliáveis.

Posicionemo-nos agora quanto ao "*a priori*" de Marx e examinemos os dados políticos que ele enfrentou.

Primeiramente, as enormes massas industriais sobre as quais Marx escreveu e pensou só existiam na Inglaterra. Mesmo naquele país, com o declínio do movimento cartista na época em que ele se orientou e tomou pé, a classe operária vinha se tornando cada vez mais realista e conservadora. Decepcionados com o fracasso das atividades radicais anteriores, os homens se arredavam dos programas vistosos e dos seus cantos de sereia sobre o direito do trabalhador ao produto total. Aderiram sensatamente a uma tentativa de aumentar a sua participação nele. Os dirigentes procuravam cuidadosamente estabelecer, fortalecer e aumentar o *status* legal e o poder econômico dos sindicatos dentro do marco político da sociedade burguesa. Por princípio, assim como por considerações táticas óbvias, tinham de encarar as ideias ou atividades revolucionárias como um estorvo e como uma sabotagem idiota ou frívola do trabalho sério dos operários. Também se interessavam pelo estrato superior da classe operária; já pelo inferior, nutriam sentimentos bem próximos do desprezo.

Em todo caso, porém, Marx e Engels, nas circunstâncias em que se achavam e sendo os tipos que eram, nunca teriam pensado em arregaçar as mangas para organizar o proletariado industrial ou um dos seus grupos particulares conforme as suas próprias ideias. A única coisa que podiam esperar era entrar em contato com as lideranças e com a burocracia sindical. Ao contemplar, por um lado, a atitude do operário "respeitável" e, por outro, a atitude da ralé

A SITUAÇÃO QUE MARX ENFRENTOU 427

(então) inorganizável das grandes cidades, com a qual não queriam atuar,[4] eles enfrentavam num dilema desagradável. Não podiam deixar de reconhecer a importância do movimento sindical, que estava prestes a levar a cabo, pouco a pouco, a gigantesca tarefa de organizar as massas em algo parecido com uma classe articulada, ou seja, a resolver o problema que eles próprios consideravam o mais importante de todos. Mas, por estar completamente fora dele e por perceber o perigo de que aquela classe viesse a adquirir uma situação burguesa e a adotar uma atitude burguesa, eram obrigados a não gostar e a desconfiar dos sindicatos tanto quanto os sindicatos não gostavam e desconfiavam deles – na medida em que tinham conhecimento da sua existência. Desse modo, ficavam reduzidos à posição que veio a ser característica do socialismo clássico e que, embora muito reduzida em importância, expressa até hoje o antagonismo fundamental entre os intelectuais socialistas e o operariado (que, em casos importantes, é *grosso modo* comparável com o antagonismo fundamental entre os partidos socialistas e os sindicatos). Para eles, o movimento sindical precisava ser convertido à doutrina da guerra de classes; como meio de tal conversão, a cooperação ocasional com o movimento era adequada para o crente sempre que as agitações operárias radicalizassem as massas e preocupassem ou excitassem os funcionários dos sindicatos a ponto de induzi-los a escutar o evangelho. Mas enquanto a conversão não fosse completa e, em particular, enquanto a opinião dos sindicatos continuasse em princípio contrária à ação revolucionária ou simplesmente política, o movimento não estava em estado de graça, mas, pelo contrário, em erro, interpretando mal os seus verdadeiros fins e deixando-se enganar com trivialidades que eram piores que fúteis; portanto, a não ser com o fim de solapar por dentro, o crente tinha de manter distância.

Essa situação mudou já durante a vida de Marx e mais ainda durante a de Engels. O crescimento do proletariado industrial, que o tornou uma potência também no continente, e o desemprego decorrente das depressões daquele período aumentaram a sua influência junto às lideranças operárias, posto que eles nunca tivessem adquirido influência direta sobre as massas. No entanto, até o fim, foram principalmente os intelectuais que lhes forneceram material

---

4 Recorde-se que os marxistas tendem a falar em uma ralé proletária (*Lumpenproletariat*).

com que trabalhar. Mas, embora o seu sucesso nesse quadrante fosse considerável, os intelectuais lhes criavam mais problemas que a indiferença – que às vezes chegava à hostilidade – dos operários. Havia uma facção de intelectuais socialistas que não viam inconveniente em se identificar com os sindicatos ou com a reforma social de tipo burguês radical ou mesmo conservador. E, naturalmente, eles divulgavam um socialismo muito diferente que, acenando com a promessa do benefício imediato, era um concorrente perigoso. Além disso, havia intelectuais, entre os quais o principal era Lassalle, que, tendo conquistado posições entre as massas, eram ainda mais diretamente concorrenciais. E, enfim, havia intelectuais que iam muito longe em termos de ardor revolucionário, mas que Marx e Engels consideravam, com toda razão, os piores inimigos do socialismo sério: os "putschistas" como Blanqui, os sonhadores, os anarquistas, e assim por diante. Considerações doutrinárias e táticas impunham o combate a todos esses grupos com um inflexível "não".

3. Esse fundo doutrinário e essa situação tática tornaram dificílimo para Marx encontrar resposta para duas questões vitais que, com certeza, todo seguidor ou possível seguidor se colocaria: a da atitude para com as medidas políticas dos partidos burgueses e a do programa imediato.

Quanto à primeira, não se poderia aconselhar os partidos socialistas a vigiarem em silêncio as políticas burguesas. A sua tarefa óbvia era criticar a sociedade capitalista, expor a farsa dos interesses de classe, mostrar que tudo seria muito melhor no paraíso socialista e se empenhar por recrutar: criticar e organizar. Contudo, para qualquer partido com certa importância política, seria impossível manter uma atitude completamente negativa, por mais satisfatória que fosse em princípio. Ele colidiria inevitavelmente com a maior parte das aspirações reais do operariado organizado e, se persistisse durante algum tempo, reduziria o número de seguidores a um punhado de ascetas políticos. Considerando a influência exercida pela doutrina de Marx até 1914 sobre o grande partido alemão e sobre muitos grupos menores, é interessante ver como ele enfrentou essa dificuldade.

Enquanto lhe pareceu possível fazê-lo, Marx adotou a única posição logicamente inatacável. Os socialistas tinham de se recusar a participar dos falsos melhoramentos com que a burguesia tentava enganar o proletariado. Tal participação – mais tarde batizada "reformismo" – significava um desvio da fé,

A SITUAÇÃO QUE MARX ENFRENTOU

uma traição aos verdadeiros fins, uma tentativa insidiosa de consertar o que devia ser destruído. Os discípulos como Bebel, que peregrinavam ao santuário depois de assim se haver extraviado do caminho certo, eram tidos em alta estima. É verdade que, na época do seu partido comunista de 1847, os próprios Marx e Engels haviam cogitado cooperar com grupos burgueses da ala esquerda. O *Manifesto comunista* também reconhecia a necessidade de compromissos e alianças ocasionais, assim como admitia que as táticas diferissem conforme as circunstâncias de tempo e lugar. Tudo isso estava implícito na máxima imposta ao crente de usar todos os antagonismos entre as burguesias de diferentes países e entre os grupos burgueses de cada país – pois dificilmente se podia fazer isso sem uma dose de cooperação com alguns deles. Mas tudo isso era apenas limitar um princípio a fim de defendê-lo com mais eficácia. Em cada caso, era preciso perscrutar rigorosamente a exceção, sendo a presunção sempre contra ela. Além disso, tratava-se de cooperação em certas emergências definidas, preferivelmente nas revoluções, não em uma aliança mais duradoura que envolvesse entendimentos, no curso ordinário da vida política, capazes de pôr em perigo a pureza do credo.

Um exemplo dado pelo próprio mestre num caso importantíssimo permite-nos inferir claramente como os marxistas deviam se comportar em face de uma política do inimigo burguês que viesse a beneficiar claramente o proletariado. O livre-câmbio era um dos pontos principais do programa do liberalismo inglês; Marx era um economista bom demais para não enxergar o benefício que essa liberdade de comércio conferia à classe operária nas circunstâncias daquela época. Era possível minimizar a importância do benefício, era possível aviltar as motivações dos livres-cambistas burgueses. Mas isso não resolveria o problema, pois, com toda certeza, os socialistas seriam obrigados a apoiar o livre-câmbio, particularmente o dos produtos alimentícios. Ora, eles o apoiariam: claro que não por considerar o pão mais barato uma dádiva – nada disso! –, mas porque o livre-câmbio aceleraria o ritmo da evolução social e, portanto, o advento da revolução social. O ardil tático é admirável. O argumento, além disso, é inteiramente verdadeiro e aplicável a muitos casos. Todavia, o oráculo não diz o que os socialistas devem fazer com as políticas que, embora também beneficiem o proletariado, não promovem a evolução capitalista – como a maior parte das medidas de melhoramento social, de seguridade e outras que tais – ou que, embora incentivem a evolução capitalista, não beneficiam diretamente o proletariado. Mas, se o campo burguês se cindisse por tais questões, o caminho da evolução se abriria em virtude do preceito de usar as dissensões capitalistas. Por esse ângulo, Marx também teria tratado das reformas patrocinadas, em oposição à burguesia, por elementos extraburgueses como a aristocracia fundiária e a nobreza, se bem que o seu esquema de coisas não reservasse um lugar separado para esse fenômeno.

A segunda questão é menos espinhosa. Nenhum partido pode viver sem um programa que mantenha a promessa de benefícios imediatos. Mas, em termos rigorosamente lógicos, o marxismo não tinha tal programa para oferecer. Toda realização positiva feita ou por fazer na atmosfera viciada do capitalismo estava contaminada *ipso facto*. Marx e Engels se preocupavam deveras com isso e sempre desencorajavam programas que envolvessem uma política construtiva na ordem capitalista e tivessem, inevitavelmente, gosto de radicalismo burguês. No entanto, quando eles próprios se viram defrontados com o problema em 1847, cortaram resolutamente o nó górdio. O *Manifesto comunista*, de modo completamente ilógico, arrola uma série de objetivos imediatos da política socialista, simplesmente ancorando a barcaça socialista ao lado do transatlântico liberal.

Educação gratuita, sufrágio universal, supressão do trabalho infantil, imposto de renda progressivo, nacionalização da terra, da banca e do transporte, expansão da empresa estatal, recuperação das terras devolutas, *serviço industrial obrigatório para todos*, difusão dos centros industriais pelo país afora – tudo isso mostra claramente em que medida (naquela época) Marx e Engels se permitiam ser oportunistas, posto que se inclinassem a negar o privilégio aos outros socialistas. Porque o surpreendente nesse programa é a ausência de qualquer ponto que reconhecêssemos como tipicamente ou exclusivamente socialista se o encontrássemos em outro contexto – até mesmo a nacionalização da terra era preconizada, por motivos especiais, por escritores em tudo os mais burgueses –, e a maioria deles simplesmente foi tirada do caldeirão radical. Essa era, naturalmente, a única coisa sensata a fazer. Mas também não passava de uma improvisação obviamente destinada a esconder uma fragilidade prática embaraçosa. Se Marx se interessasse realmente por aqueles itens, não lhe restaria senão se unir à ala radical do liberalismo burguês. A verdade é que não se interessava nem se sentia obrigado a fazer nenhum sacrifício por eles; se os burgueses radicais os tivessem mantido todos, Marx provavelmente teria uma surpresa desagradabilíssima.

4. Os mesmos princípios, as mesmas táticas e dados políticos semelhantes produziram o discurso inaugural da Associação Internacional dos Trabalhadores (a "Primeira Internacional") em 1864. A sua fundação significou, na realidade, um grande passo além da *Arbeiterbildungsverein* alemã de 1847 ou do pequeno grupo internacional do mesmo ano. Não era, naturalmente, uma organização dos partidos socialistas – embora, por exemplo, as duas agremiações alemãs tivessem ingressado, a *Allgemeiner Deutscher Arbeiterverein* de Lassalle se retirou rapidamente – e menos ainda uma organização internacional do proletariado. Mas grupos operários de muitos países e de muitos tipos estavam deveras representados, e até mesmo sindicatos ingleses mostraram bastante interesse em tolerar durante certo tempo, de modo um tanto evasivo e de olho em vantagens imediatas, uma aliança algo incompatível. George Odger figurou entre os fundadores.[5] As grandes pretensões alardeadas pela associação e por alguns dos seus historiadores quanto ao seu papel nos movimentos revolucionários e nas importantes agitações operárias da época não estão isentas de exagero. Mas, se ela nunca dirigiu nem dominou, pelo menos soube oferecer uma fraseologia unificadora. E estabeleceu contatos que, no fim, podiam tê-la alçado a uma posição de real importância, com o amável auxílio dos seus inimigos burgueses, que eram suficientemente burros para dela fazer propaganda. Inicialmente, tudo correu bastante bem e os primeiros quatro "congressos" foram claramente bem-sucedidos, sendo que os membros ortodoxos, com muito tato, fizeram vista grossa a certos incidentes não socialistas, como o voto favorável ao princípio da herança. No entanto, a invasão de Bakunin (1869) e a sua expulsão (1872) desfecharam-lhe um golpe do qual a Associação foi incapaz de se recuperar, ainda que se mantivesse viva até 1874.

---

5 Atuou até como presidente do conselho da Internacional. Isso significou muito, já que ele havia sido um dos promotores mais importantes da federação e fusão entre os sindicatos, organizador do London Trade Council e importante funcionário da liga reformista para a emancipação dos operários urbanos.

Marx teve consciência, desde o começo, das possibilidades e dos perigos inerentes àquele caravançará que hospedava intelectuais de posição duvidosa junto com operários obviamente determinados a usar a associação ou a renegá-la conforme as circunstâncias. Eram as possibilidades pelas quais e os perigos contra os quais ele sempre lutara. A primeira tarefa era manter a organização unida; a segunda, imprimir-lhe a inclinação marxista, e ambas tinham de se resolver apesar do fato de os seus adeptos pessoais serem sempre minoritários e de a sua influência sobre os outros membros ser muito menor do que se podia inferir da circunstância de ele ter sido designado – ou melhor, autorizado – pela maioria para fazer o discurso programático. Consequentemente, esse discurso continha concessões a opiniões não marxistas parecidas com as que haviam chocado o próprio Marx ao encontrá-las no programa de Gotha do Partido Social-Democrata da Alemanha (1875). Do mesmo modo, manobras e compromissos judiciosos ficaram muito em evidência desde então – o tipo de coisa que certa vez levou Marx a exclamar com um desespero semi-humorístico: "*Je ne suis pas marxiste*". Mas o significado do compromisso depende do homem que o faz e do espírito com que o faz. Quem se preocupa só com a tendência pode tolerar muitos desvios. Evidentemente, Marx estava convencido de que era capaz de manter a sua tendência permanentemente e encontrar o caminho de volta a ela após cada desvio. Mas há de ter tido temores quando viu outros fazerem o mesmo jogo. De modo que havia mais do que mero egoísmo tanto nas suas falácias táticas quanto nas suas venenosas denúncias das falácias alheias.

É claro que tanto a tática quanto o princípio daquela que, desde então, passou a ser a política clássica do socialismo ortodoxo estão sujeitos a crítica. O exemplo tático estabelecido por Marx faculta aos seus seguidores justificar praticamente toda e qualquer linha de ação ou inação com um ato ou um preceito do mestre. O princípio foi acusado de indicar um caminho que não leva a parte alguma. O mais importante é compreender a sua lógica. Marx acreditava na revolução proletária. Também acreditava – muito embora a sua própria doutrina devia tê-lo feito duvidar disso – que o momento apropriado para ela não se achava longe, do mesmo modo que a maioria dos cristãos primitivos acreditava que o dia do Juízo Final estava próximo. Por conseguinte, o seu método político se alicerçava deveras em um erro de diagnóstico. Os intelectuais que exaltam a sua argúcia política não se dão conta absolutamente da quantidade de pensamento volitivo que participava do seu julgamento prático.[6] Mas, aceitando-se os fatos dentro do seu horizonte e as inferências a que chegou a partir deles, o que se segue é esse método, tal como as suas opiniões sobre a questão dos resultados imediatos e em íntimo compadrio com os reformistas burgueses. Fundar um partido homogêneo, baseado no proletariado organizado de todos os países, que avançasse rumo à meta sem perder a fé revolucionária nem molhar a sua pólvora no caminho era, nesse ponto de vista, a tarefa de importância suprema, em comparação com a qual tudo o mais não passava de ninharia.

---

6 Cf., por exemplo, Benedetto Croce, *Materialismo Storico ed Economia Marxista*, trad. C. M. Meredith, 1914.

26

DE 1875 A 1914

I. A evolução inglesa e o espírito do fabianismo

HÁ CERTO SIGNIFICADO SIMBÓLICO NESSAS DUAS DATAS. O ano 1875 presenciou o nascimento do primeiro partido puramente socialista com força suficiente para ser um fator na política. A esse acontecimento momentoso seguiu-se a fusão dos dois grupos alemães – o de Lassalle e outro fundado por Bebel e Liebknecht em 1869 – no Partido Social-Democrata, que, embora na época (programa de Gotha) tenha feito concessões consideráveis ao credo de Lassalle,[1] acabou abraçando o marxismo (programa de Erfurt, 1891) e lutou permanentemente até chegar à posição altiva que ocupava em 1914, quando, como todos os partidos socialistas, mergulhou na crise que o destino lhe reservara.[2] Antes de comentar o surpreendente desenvolvimento que trouxe

---

1 A principal panaceia de Lassalle era a organização dos operários em cooperativas de produtores subvencionadas pelo Estado, que deviam competir com a indústria privada e, no fim, eliminá-la. Isto sabe tão obviamente a utopismo que não é difícil entender a aversão de Marx.

2 Ele ocupava então 110 dos 397 assentos no Reichstag, e, devido à incapacidade dos grupos burgueses de organizar grandes partidos homogêneos, isso significava muito mais do que sugere o número em si.

um partido marxista, sem nenhum compromisso que envolvesse sacrifício de princípio e na cercania da liderança parlamentar, examinaremos a marcha dos acontecimentos em outros países e, em primeiro lugar, o socialismo inglês desse período, que, à primeira vista, oferece um contraste tão impressionante e instrutivo com aquele.

Claro está que, sob a superfície, há processos sociais substancialmente similares, e deles fazem parte movimentos operários igualmente similares. As diferenças entre o caso inglês e o alemão quanto ao tom, à ideologia e à tática se explicam facilmente. Desde o colapso da Owenite Grand National Consolidated Trade Union em 1834 ou desde o declínio gradual do cartismo, o movimento operário inglês deixara de provocar uma hostilidade clara e específica. Algumas das suas metas econômicas contaram com o apoio do partido liberal e outras com o do conservador.[3] Por exemplo, as leis sindicais de 1871, 1875 e 1876 foram aprovadas sem que nada tivesse instigado os operários à militância. Ademais, a batalha pela concessão do direito de voto era travada por grupos não socialistas, sem que as massas tivessem de fazer mais que aplaudir ou vaiar. Em tudo isso, muito se sobressai a qualidade superior da massa trabalhadora inglesa, assim como a qualidade superior da sociedade política inglesa; depois de ter se mostrado capaz de evitar uma repetição da Revolução Francesa e de eliminar os perigos que lhe ameaçavam o pão de cada dia, ela continuou sabendo administrar situações sociais cada vez mais difíceis e ceder com certa graça – prova disso é a Trades Disputes Act de 1906.[4] Consequentemente, o

---

3 O surgimento de uma atitude pró-operária no campo conservador é particularmente impressionante. À guisa de ilustração, podem-se mencionar, por um lado, o grupo dirigido pelo lorde Ashley e, por outro, o grupo da Jovem Inglaterra (a Democracia Tory de Disraeli).

4 Atualmente, é difícil perceber o quanto essa medida deve ter surpreendido as pessoas que ainda acreditavam em um Estado e em um sistema jurídico centrados na instituição da propriedade privada. Porque, ao abrandar a aplicação da lei da conspiração no caso do piquete pacífico – que praticamente significava a legalização de uma ação dos sindicatos que incluía a ameaça do uso da força –, e ao isentar os fundos sindicais de responsabilidade em ações por danos *for torts* – o que praticamente significava decretar que os sindicatos não podiam errar –, essa medida transferiu parte da autoridade do Estado para os sindicatos e lhes outorgou uma posição de privilégio que a extensão formal da isenção dos sindicatos patronais não podia afetar. No entanto, o projeto de lei foi resultado do informe de uma comissão real formada em 1903, quanto o Partido Conservador estava no poder. E o líder conservador (Balfour), num discurso na

DE 1875 A 1914

proletariado inglês demorou mais a adquirir "consciência de classe" ou a chegar à etapa em que Keir Hardie pudesse organizar o Partido Trabalhista Independente (1893). Mas a ascensão do New Unionism [novo sindicalismo] finalmente anunciou um estado de coisas que, salvo na expressão verbal, não diferia essencialmente do da Alemanha.[5]

A natureza e o alcance dessa diferença ficarão mais claros se dedicarmos um instante ao exame do grupo cujas metas e métodos os expressam perfeitamente, a Sociedade Fabiana. Os marxistas sorrirão com desprezo disso que lhes deve parecer um exagero enorme da importância de um pequeno grupo de intelectuais que nunca desejou ser outra coisa. Na realidade, os fabianos na Inglaterra, ou as atitudes que eles personificavam, eram tão importantes quanto os marxistas na Alemanha.

Os fabianos surgiram em 1883 e, durante todo o nosso período, continuaram sendo um grupo reduzido de intelectuais burgueses.[6] Provinham de Bentham e Mill e conservavam a sua tradição. Entretinham as mesmas esperanças generosas para a humanidade que os radicais filosóficos tiveram antes

---

terceira leitura, o aceitou sem dar o menor sinal de incômodo. Sem dúvida, a situação política de 1906 explica muito essa atitude. Mas isso não invalida o meu ponto de vista.

5 O novo unionismo significa a propagação das organizações regulares e estáveis que, até a metade da última década do século XIX, estavam substancialmente limitadas aos ofícios qualificados e tinham desenvolvido atitudes de orgulho profissional e respeitabilidade burguesa (alguns dirigentes dos anos 1880, como Crowford, sublinhavam com frequência o abismo que separava as pessoas respeitáveis da massa proletária nos sindicatos) até os estratos mais ou menos sem qualificação e inferiores a eles. Estes se sentiam muito menos seguros do seu poder de barganhar e, portanto, eram muito mais receptivos à propaganda socialista e ao argumento segundo o qual as greves sozinhas eram armas inseguras e que deviam ser complementadas com a ação política. Assim, há um nexo importante entre aquela propagação do unionismo para baixo e a mudança de atitude dos sindicatos para com a atividade política, por um lado, e para com o socialismo, por outro. Foi então – alguns anos depois da grande greve portuária de 1889 – que os congressos sindicais começaram a aprovar resoluções socialistas.

6 O grupo, que nunca ultrapassou os 3 mil ou 4 mil membros, era na realidade ainda mais reduzido do que esse número indica. Porque o núcleo operativo não chegava a mais que 10% ou 20% dele. Esse núcleo era burguês na origem, na tradição e também em outro aspecto: a maioria dos seus membros era economicamente independente pelo menos no sentido de que tinha uma aptidão com que ganhar a vida.

deles. Seguiram trabalhando para a reconstrução racional e o melhoramento com o mesmo espírito de progressismo prático.

Eram cautelosos com os seus fatos, que alguns deles se esforçavam exaustivamente para coletar por meio de intensa pesquisa, e críticos dos argumentos e das medidas. Mas se mostravam bastante acríticos quando se tratava dos fundamentos culturais e econômicos das suas metas. Estas, eles as davam por líquidas e certas, o que não passa de outra maneira de dizer que, como bons ingleses, eles se davam a si próprios por líquidos e certos. Eram incapazes de ver a diferença entre um cortiço e a Câmara dos Lordes. Ora, o bom senso dizia que ambos eram obviamente "coisas ruins", não? E quem podia duvidar que mais igualdade econômica ou a autonomia da Índia ou os sindicatos ou o livre-câmbio eram coisas não menos obviamente "boas"? O único pensar necessário era sobre como reformar as coisas ruins e garantir as boas; tudo o mais não passava de futilidade irritante. A devoção resoluta ao serviço público era tão evidente quanto a intolerância com outras as opiniões a respeito dos valores individuais e nacionais – à sua maneira, tão pronunciada quanto a dos marxistas – e um elemento de ressentimento pequeno-burguês contra tudo quanto fosse aristocrático, inclusive a beleza.

Inicialmente, não havia nada por trás dos fabianos. Eles procuravam persuadir quem lhes desse ouvidos. Ministravam palestras para a classe trabalhadora e para as multidões burguesas. Panfletavam hábil e extensivamente. Recomendavam ou combatiam políticas, planos e projetos de lei particulares. No entanto, o mais importante de todos os seus meios de influenciar era o contato com "homens-chave" individuais, ou melhor, com indivíduos do *entourage* das lideranças políticas, industriais e operárias. O seu país e a sua própria posição social e política nesse país ofereciam uma oportunidade única de estabelecer e explorar tais contatos.

Nem sempre a sociedade política inglesa aceita conselhos de *outsiders*, porém, muito mais que qualquer outra sociedade, ela se dispõe a escutá-los. E certos fabianos não eram meros *outsiders*. Alguns podiam se valer de relações formadas nos grêmios estudantis e nas salas comuns de Oxford e Cambridge. Em termos morais, não viviam em outro planeta. Na maioria, eram inimigos diretos da ordem estabelecida. Todos se dispunham muito mais a cooperar que a ser hostis. Não tinham intenção de fundar um partido e execravam a fraseologia da guerra de classes e da revolução. Sempre que possível, preferiam ser úteis a ser um estorvo. E tinham algo a oferecer ao parlamentar ou ao administrador, que frequentemente aceitavam sugestões sobre o que fazer e como fazê-lo.

Em geral, um ministro de gabinete moderno encontra entre as paredes do seu ministério quase todas as informações e sugestões de que precisa. Em particular, não sofre por falta de estatísticas. Mas não era assim nas últimas décadas do século xix. Com raras exceções, os servidores públicos de todas as categorias sabiam pouco mais do que a sua rotina. Fora das linhas das políticas estabelecidas, o parlamentar em exercício, e mais ainda o parlamentar fora do exercício, frequentemente ignorava os fatos e as ideias, especialmente no campo dos problemas sociais "novos". Um grupo que os tinha à mão e sempre se dispunha a fornecê-los arrumadinhos e prontos para o uso, sobre o erário ou sobre qualquer outro setor, certamente tinha *entrée*, especialmente pela porta dos fundos. O funcionalismo aceitava isso. E não só isso: simpatizante em grau considerável pelo menos das aspirações imediatas dos fabianos, deixava-se educar por eles. Os fabianos, por sua vez, também aceitavam esse papel de servidores públicos extraoficiais. Papel que, na verdade, muito lhes convinha. Eles não eram pessoalmente ambiciosos. Gostavam de servir nos bastidores. A ação por intermédio da burocracia, cujo crescimento em número e em poder eles previam e aprovavam, combinava perfeitamente com o esquema geral do seu socialismo de Estado democrático.

Mas de que podia servir – Marx se teria perguntado, assim como se perguntou o pequeno grupo de marxistas ingleses (a Federação Democrática de Hyndman, criada em 1881) – esse tipo de coisa senão de conspiração com os expoentes políticos dos interesses burgueses? Como aquilo podia se chamar socialista e, caso se chamasse, não seria outra edição do socialismo utópico (no sentido marxista definido acima)? É fácil imaginar como os fabianos e os marxistas se achavam reciprocamente repugnantes e como cada qual desprezava as ilusões do outro, ainda que fosse prática dos fabianos evitar discutir os princípios e as táticas fundamentais, coisa de que tanto gostavam os marxistas, e ter para com estes uma atitude de simpatia levemente condescendente. Entretanto, o observador distanciado não tem dificuldade para responder àquelas perguntas.

O esforço socialista do tipo fabiano não teria chegado a nada em qualquer outra época. Mas chegou a muito durante as três décadas que precederam 1914, porque as coisas e as almas estavam prontas para aquele tipo de mensagem, mas não para uma que fosse mais radical ou menos radical. A formulação e a organização da opinião existente eram as únicas coisas necessárias para transformar as possibilidades numa política articulada, e os fabianos proporcionaram essa "formulação organizadora" da maneira mais competente. Eram reformadores. O espírito da época os tornou socialistas. Eles foram socialistas genuínos porque pretendiam contribuir para uma reconstrução fundamental da sociedade que, no fim, se destinava a fazer da gestão econômica um assunto público. Foram socialistas voluntaristas e, portanto, em qualquer etapa anterior, teriam se encaixado no conceito marxista de utopistas. Mas eles tinham a sua orientação, e as implicações daquele conceito não lhes eram aplicáveis. Do seu ponto de vista, teria sido uma verdadeira loucura despertar nos meios burgueses a consciência do perigo falando em revoluções e guerras de classe. O despertar da consciência de classe era justamente o que eles queriam evitar, pelo menos no início, já que ela impossibilitaria a difusão pacífica, mas efetiva, dos seus princípios por meio dos órgãos políticos e administrativos da sociedade burguesa. Quando as coisas amadureceram suficientemente, eles não vacilaram em ajudar a criação do Partido Trabalhista Independente, em cooperar com o (e no) Comitê de Representação do Trabalho (Labour Representation Committee) de 1900, em iniciar os "sindicatos" na sua carreira política, em moldar a orientação do Partido Progressista no Conselho do Condado de Londres, em pregar primeiro o socialismo municipal, depois o socialismo geral e, enfim, as virtudes do sistema soviético.

Sem dúvida, nisso tudo um há aspecto que seria facilmente objeto de comentário desfavorável. Mas, afinal de contas, se os fabianos jamais lançaram uma sonora declaração de guerra *more Marxiano* nem contaram à sua presa exatamente o que lhe iam fazer, também nada fizeram para protegê-la. Do ponto de vista oposto, poder-se-ia fazer outra crítica a eles, a saber, que o seu *modus procedendi* corria o perigo de ficar entalado nas defesas exteriores do sistema capitalista e que isso podia não levar à grande batalha campal por não ter em conta a sua atitude peculiar. A seu favor, pode-se responder que, se, *par l'impossible*, seu ataque ao sistema capitalista fosse bem-sucedido em

reformá-lo suficientemente sem matá-lo, isso decerto seria motivo de felici-
tação. E, quanto à batalha campal, eles responderiam antecipadamente aos
críticos revolucionários com a acertada e singular adoção do nome do general
romano que, com toda circunspeção, fez mais que qualquer um dos seu impe-
tuosos predecessores para expulsar Aníbal da Itália.

Assim, conquanto se possa dizer com razão que, tanto na questão da
guerra de classes quanto nas outras, o fabianismo é justamente o oposto do
marxismo, também se poderia sustentar que os fabianos eram, de certo modo,
mais marxistas que o próprio Marx. Concentrar-se nos problemas que estão
na esfera da política prática, marchar no ritmo da evolução das questões sociais e deixar a meta final cuidar de si mesma estão realmente mais de acordo
com a doutrina fundamental de Marx do que a ideologia revolucionária que
ele próprio lhe impôs. Não ter ilusões sobre a iminente catástrofe do capitalismo, perceber que a socialização é um processo lento que tende a transformar a atitude de *todas* as classes sociais significam até mesmo superioridade
na doutrina fundamental.

II. A Suécia de um lado e a Rússia de outro

Cada país tem o seu socialismo. Mas as coisas não diferem muito do paradigma inglês nos países continentais cujas contribuições para o fundo de
valores culturais da humanidade são tão surpreendentemente desproporcio-
nadas do seu tamanho: particularmente os Países Baixos e os países escandinavos. Tomemos o exemplo da Suécia. Assim como sua arte, sua ciência, sua
política e suas instituições sociais, seu socialismo e seus socialistas devem sua
peculiaridade não a aspectos peculiares de princípio ou intenção, mas à matéria de que é feita a nação sueca e à sua estrutura social excepcionalmente
bem equilibrada. Por isso é tão absurdo para as outras nações tentar copiar
os exemplos suecos; o único meio efetivo de fazê-lo seria importar os suecos
e incumbi-los desse trabalho.

Sendo os suecos o que são e sendo a sua estrutura social o que é, não teremos dificuldade para entender as duas características excepcionais do seu
socialismo. O partido socialista, quase sempre dirigido de maneira hábil e

consciente, cresceu vagarosamente em reação a um processo social muito normal, sem nenhuma tentativa de apressar o desenvolvimento normal nem de antagonizar por antagonizar. Por isso mesmo, a sua ascensão ao poder político não gerou convulsões. O cargo de responsabilidade chegou de uma maneira natural aos seus dirigentes, que podiam enfrentar as lideranças dos outros partidos em pé de igualdade e em grande medida em terreno comum: até hoje, embora naturalmente se tenha desenvolvido um grupo comunista, as diferenças na política corrente se reduzem a questões como se é conveniente gastar mais ou menos milhões de coroas num programa social aceito por todos. E, dentro do partido, os antagonismos entre os intelectuais e os operários são quase invisíveis a olho nu precisamente porque, devido ao nível de uns e de outros, não há nenhum grave abismo cultural entre eles e porque, como o organismo social sueco produz uma oferta relativamente menor de intelectuais "inempregáveis" do que os demais organismos sociais, os intelectuais exasperados e exasperantes não são tão numerosos como em outros lugares. Isto às vezes é chamado de "controle enervante" exercido pelos sindicatos sobre o movimento socialista em geral e sobre o partido socialista em particular. Para os observadores impregnados da fraseologia do radicalismo corrente, pode parecer assim. Mas esse diagnóstico não faz justiça absolutamente ao meio social e racial que produziu não só os operários como também os intelectuais e que impede uns e outros de elevar o seu socialismo à categoria de religião. Ainda que seja possível encontrar espaço para tais padrões na doutrina de Marx, é claro que não se pode esperar que o marxista médio veja com bons olhos um partido socialista do tipo do sueco ou admita que ele encarna um caso genuíno de esforço socialista. Os socialistas suecos, por sua vez, tingiram-se levemente de marxismo, se bem que usassem amiúde a linguagem condizente com o que então se considerava a etiqueta socialista, especialmente nas suas relações internacionais com os outros grupos socialistas.

Na Rússia, a outra extremidade da escala, encontramos um socialismo quase puramente marxista e que, por isso mesmo, gozava daquele favor ao máximo, mas que não é menos fácil de compreender pelo exame do meio em que surgiu. A Rússia tsarista era um país agrário de compleição sobretudo pré-capitalista. O proletariado industrial, à medida que era acessível ao socialista profissional, constituía apenas uma pequena parte da população total de aproximadamente 150 milhões.[7] A burguesia comercial e industrial, proporcionalmente frágil em número, não era muito mais eficiente que qualquer outra, posto que a evolução capitalista, fomentada pelo governo, vinha ganhando ímpeto rapidamente. Em meio a essa estrutura, havia uma *intelligentsia* cujas ideias eram tão exóticas no país quanto os vestidos parisienses das mulheres da alta sociedade.

Para muitos intelectuais, a forma de governo então imperante – um monarca absoluto (autocrata) à frente de uma burocracia enorme e aliado da aristocracia da terra e da igreja – era, obviamente, uma abominação. E a opinião pública do mundo todo aceitou a sua interpretação da história. Mesmo os escritores mais hostis ao regime que sucedeu ao dos tsares se apressam invariavelmente a garantir aos seus leitores que estão devidamente horrorizados com a monstruosidade do tsarismo. Assim, a verdade simples perdeu-se completamente em um labirinto de frases hipócritas. A verdade é que aquela forma de governo não era menos adequada ao sistema social que a havia produzido do que a monarquia parlamentarista da Inglaterra e a república democrática dos Estados Unidos. O desempenho da burocracia, tendo em conta as condições em que era obrigada a funcionar, era muito superior ao que o mundo foi levado a crer; as suas reformas social, agrária e outras e os seus passos vacilantes rumo a um tipo diluído de constitucionalismo eram a única coisa que se podia esperar naquelas circunstâncias. Foi o radicalismo importado e o interesse de grupo dos intelectuais que colidiu com o espírito da nação, não a monarquia tsarista, que, pelo contrário, contava com forte apoio na vasta maioria de todas as classes.

Seguem-se aqui duas conclusões que à primeira vista parecem paradoxais, se bem que nenhum estudioso sério da história as considere assim. Por um lado, qualquer movimento grande ou repentino na direção desejada pelos advogados, médicos, professores e servidores públicos liberais que formavam o partido Kadet (o partido dos Democratas Constitucionais) era impossível, não tanto pelo fato de o seu programa ser inaceitável para a monarquia quanto por eles serem muito frágeis. Admiti-los no poder significaria admitir um elemento que não contava com mais apoio entre as massas, e sim com menos,

---

7 Em 1905, o emprego nas fábricas somava cerca de 1,5 milhão de operários.

e que não simpatizava com os sentimentos e interesses das massas mais que os grupos que dirigiam o tsarismo, e sim menos. Não havia espaço para um regime burguês e muito menos para um socialista. Tampouco havia analogia entre a situação da França em 1789 e a situação da Rússia em 1905. A estrutura social que desmoronou na França de 1789 era obsoleta, barrava a passagem de quase tudo que tivesse alguma vitalidade na nação e era incapaz de enfrentar os problemas fiscais, econômicos e sociais do momento. Não era essa a situação da Rússia de 1905. Tinha havido uma perda de prestígio em virtude da derrota sofrida nas mãos do Japão e, consequentemente, havia descontentamento e desordem. Mas o Estado se mostrou à altura das tarefas não só de suprimir a desordem como também de atacar os problemas por trás dela. Na França, o resultado foi Robespierre; na Rússia, Stolypin. Isso não teria sido possível se o tsarismo estivesse sem vida como foi o caso do *ancien régime* francês. Não há motivo para supor que, se não fosse a pressão a que a Grande Guerra submeteu a estrutura social, a monarquia russa teria deixado de se transformar pacificamente e com sucesso sob a influência do desenvolvimento econômico do país e de acordo com ele.[8]

Por outro lado, era justamente por causa da estabilidade fundamental da estrutura social que os intelectuais, sem a mais remota esperança de prevalecer por métodos normais, se entregavam a um radicalismo desesperado

---

8 É claro que esta análise levanta questões de grande interesse relativas, por um lado, à natureza do que costumamos chamar de necessidade histórica e, por outro, ao papel desempenhado pela qualidade da liderança individual no processo histórico. Creio que seria difícil sustentar que uma necessidade inexorável levou a Rússia a entrar na guerra. Os interesses em jogo na contenda sérvia não eram de importância vital, para dizer o mínimo. A situação interna, em 1914, não era tal que impusesse uma política de agressão militar como último recurso. Aqueles incentivavam, sem dúvida, os nacionalistas; esta estimulava alguns (não todos) reacionários extremistas, e ambos impeliam uma série de indivíduos e grupos com interesses a defender. Mas um mínimo de prudência e firmeza no último tsar podia, sem dúvida, ter evitado a participação na guerra. Teria sido mais difícil, mas não impossível, evitar a catástrofe mais tarde, quando a situação havia revelado o seu verdadeiro caráter e quando, depois da batalha de Gorlice, desaparecera toda esperança de sucesso militar. Mesmo depois da queda da monarquia, não é certo, absolutamente, que o governo de Kerensky não pudesse ter salvado a situação economizando cuidadosamente os seus recursos e recusando-se a ceder à insistência dos aliados em vez de ordenar aquele último ataque desesperado. Mas a sociedade tsarista antes da revolta burguesa e a sociedade burguesa depois dela viram a fatalidade que se acercava num estado de

DE 1875 A 1914

445

e tomavam o caminho da violência criminosa. O tipo de radicalismo por eles adotado era inversamente proporcional às suas possibilidades práticas: o radicalismo da impotência. Os assassinatos eram inúteis e não produziam senão repressão, mas não havia muito mais que fazer. Por sua vez, a brutalidade dos métodos de repressão produzia retaliação, e, assim, aquela tragédia se desenvolvia, a tragédia da crueldade e do crime a se reforçarem incessantemente um ao outro, e essa era a única coisa que o mundo enxergava, sentia e diagnosticava como era de esperar.

Ora, Marx nunca foi putschista. Pelas excentricidades de alguns revolucionários russos, especialmente os do tempo de Bakunin, ele sentia tanto ódio quanto era compatível com o desprezo. Além disso, deve ter visto – talvez tenha visto – que a estrutura social e econômica russa não cumpria as condições que, de acordo com a sua doutrina, eram essenciais para o sucesso e até para o surgimento do seu tipo de socialismo. Mas, se por motivos lógicos isso devia impedir os intelectuais russos de abraçarem tal doutrina, compreenderemos facilmente por que, pelo contrário, ela teve um tremendo sucesso entre eles. Aqueles intelectuais eram revolucionários – mais ou menos seriamente – e se entediavam por falta do que fazer. E deram com um evangelho revolucionário de força insuperável. As frases radiantes e a profecia quiliasta de Marx eram exatamente o que eles necessitavam para sair do sinistro deserto do niilismo. Ademais, aquela mistura de teoria econômica, filosofia e história correspondia perfeitamente ao gosto russo. Pouco importava que o evangelho fosse

---

paralisia tão inequívoco quanto difícil de explicar. Ora, claro está que a presença da incompetência coletiva num campo e de capacidade e energia no outro não se pode atribuir ao acaso. Mas, neste caso, a incompetência do antigo regime significava meramente que ele não estava à altura de uma situação de desorganização completa, e, sem dúvida alguma, essa situação podia ter sido evitada.

O leitor não há de esperar que a minha análise do socialismo russo e das suas condições ambientais coincida com a de Trotsky (*History of the Russian Revolution*, tradução inglesa de M. Eastman, 1934). Ainda mais importante é o fato de ambas as análises não diferirem *toto coelo* e, em particular, de Trotsky haver considerado a questão do que teria acontecido se o movimento revolucionário tivesse topado com um "tsar diferente". É verdade que ele descarta a inferência óbvia a partir de considerações dessa ordem. Mas reconhece que a doutrina marxista nos obriga a negligenciar o elemento da personalidade, posto que pareça não admitir toda a sua importância para um diagnóstico da Revolução Russa.

completamente inaplicável ao caso deles e não lhes oferecesse promessa alguma. O crente sempre ouve o que quer ouvir, independentemente do que o profeta deveras diz. Quanto mais a situação real se distanciasse do estado de maturidade visualizado por Marx, mais dispostos os intelectuais russos – não só os intelectuais socialistas declarados – se mostravam a nele buscar a solução dos seus problemas.

Assim, já 1883 surgiu um grupo marxista que evoluiria para o Partido Social-Democrata em 1898. Os dirigentes e, inicialmente, os membros da agremiação eram principalmente intelectuais, é claro, se bem que a atividade organizadora clandestina entre as "massas" fosse acompanhada de suficiente sucesso para permitir que os observadores simpatizantes falassem em fusão dos grupos operários sob liderança marxista. Isso explica a ausência de muitas das dificuldades enfrentadas por outros grupos marxistas em países com robustos sindicatos operários. Em todo caso, no começo, os trabalhadores que ingressavam na organização aceitavam a liderança dos intelectuais com a suma docilidade e raramente pretendiam decidir por si sós o que quer que fosse. Por conseguinte, a evolução da doutrina e da ação seguiu linhas rigorosamente marxista e de alto nível. Naturalmente, isso atraiu as bênçãos dos defensores alemães da fé, que, ao contemplar aquela virtude encantadora, sentiam evidentemente que devia haver algumas exceções à tese marxista segundo a qual o socialismo sério só podia brotar no capitalismo cabalmente desenvolvido. No entanto, Plekhanov, fundador do grupo de 1883 e a figura principal das primeiras duas décadas, cujas competentes e sábias contribuições para a doutrina marxista inspiravam respeito universal, aceitava realmente aquela tese e, portanto, não podia ter esperança na realização prematura do socialismo. Embora travasse valentemente a boa luta contra o reformismo e todas as outras heresias contemporâneas que ameaçavam a pureza da fé, e embora continuasse acreditando na meta e no método revolucionários, esse marxista verdadeiro não deve ter tardado a sentir receios ao ver a ascensão, dentro do partido, de um grupo que parecia determinado a agir no futuro imediato, posto que simpatizasse com ele e com o seu líder, Lenin.

O inevitável conflito que dividiu o partido em bolcheviques e mencheviques (1903) significou algo muito mais grave que uma mera divergência acerca da tática, como sugerem os nomes dos dois grupos. Naquele momento, nenhum observador, por experiente que fosse, podia ter enxergado plenamente a natureza da cisão. Hoje o diagnóstico deve ser óbvio. A fraseologia marxista que ambos os grupos conservavam toldava o fato de que um deles havia rompido irrevogavelmente com o marxismo clássico.

Lenin, evidentemente, não tinha ilusões quanto à situação russa. Sabia que o regime tsarista só podia ser atacado com sucesso quando estivesse temporariamente fragilizado por uma derrota militar e que, na desorganização subsequente, um grupo resoluto e muito disciplinado podia derrubar, mediante um terror impiedoso, qualquer outro regime que porventura tentasse substituí-lo. Para essa contingência, cuja probabilidade ele parece ter percebido com mais clareza que os outros, havia decidido preparar o instrumento adequado. Eram-lhe inúteis a ideologia semiburguesa sobre os camponeses – que, obviamente, constituíam o problema social relevante na Rússia – e, mais ainda, as teorias sobre a necessidade de esperar que o proletariado se levantasse por iniciativa própria para realizar a grande revolução. Lenin necessitava era de uma escolta de janízaros revolucionários bem treinados, surdos a qualquer argumento que não o dele, livres de toda inibição, impermeáveis às vozes da razão ou de humanidade. Naquelas circunstâncias e com a qualidade requerida, semelhante tropa só podia ser recrutada no estrato intelectual, e o melhor material disponível seria encontrado dentro do partido. A sua tentativa de obter o controle deste significava, portanto, uma tentativa de destruir a sua própria alma. A maioria e o seu dirigente, L. Martov, devem tê-lo percebido. Martov não criticou Marx nem defendeu uma nova linha de ação. Opôs resistência a Lenin em nome de Marx e sustentou a teoria marxista de um partido proletário de massas. A nota de novidade, quem a deu foi Lenin.

Desde tempos imemoriais, os hereges declaram invariavelmente que não têm a intenção de destruir o evangelho existente, e sim, pelo contrário, a de lhe restaurar a imaculada pureza. Ao adotar essa prática consagrada, Lenin exaltou e até excedeu o próprio Marx em vez de renunciar à adesão a ele. Quando muito, limitou-se a pôr em pauta o que estava implícito na expressão que se tornou tão popular com Trotsky e Stalin: "o marxismo na época do imperialismo". E o leitor verá prontamente que, até certo ponto crucial, não foi difícil para Lenin adotar tanto a forma quanto o conteúdo do marxismo autêntico. Mas não é menos fácil ver que, a partir desse reduto, ele passou a

448 CAPITALISMO, SOCIALISMO E DEMOCRACIA

ocupar uma posição essencialmente não marxista. Não marxista era não só a ideia de socialização por meio de um *pronunciamiento* numa situação obviamente imatura; muito mais não marxista era a ideia de que a "emancipação" não seria, como quer o dogma marxista, obra do próprio proletariado, mas a de um bando de intelectuais a comandarem a turba.[9] Isso significou mais que uma opinião diferente a respeito da prática da agitação e dos compromissos, mais que uma divergência sobre pontos secundários da teoria marxista. Significou um desvio do seu significado mais profundo.[10]

---

9 De fato, houve contato com elementos criminosos, se bem que por iniciativa não do próprio Lenin, mas dos seus lugares-tenentes. Isso levou à atividade dos "ex" (grupos de choque encarregados das "expropriações" práticas, *i.e.*, assaltos) tanto na Rússia propriamente dita quanto na Polônia. Tratava-se de puro gangsterismo, embora os intelectuais ocidentais tenham engolido uma "teoria" que o desculpava.

10 Para os nossos fins, não há necessidade de continuar comentando os pormenores de uma história bem conhecida. Bastam as seguintes observações: Lenin não conseguiu subjugar o partido socialista russo, cujos dirigentes, pelo contrário, dele se afastaram com o tempo; a dificuldade da situação deles, proveniente do desejo de manter algo parecido com uma frente única sem se desfazer os seus princípios, é bem ilustrada pelas vacilações de Plekhanov. Mas Lenin conseguiu, sim, manter o seu grupo unido, reduzi-lo à obediência e ajustar a sua linha de ação aos problemas colocados pela revolta de 1905 e as suas consequências, inclusive a presença de um elemento leninista na Duma. Ao mesmo tempo, conseguiu manter contato com a Segunda Internacional e permanecer dentro dela (cf. adiante), da qual assistiu a três congressos e em cujo *bureau* representou o partido russo durante algum tempo. Isso dificilmente teria sido possível se as suas opiniões e atividades tivessem permitido impressionar os representantes das outras nações como impressionavam a maioria dos socialistas russos. Sendo esse organismo como era, e a opinião socialista ocidental em geral considerava-o simplesmente a figura mais destacada da ala esquerda da ortodoxia e o tolerava com o seu extremismo inflexível, admirando-o em alguns aspectos e não o levando muito a sério em outros. Assim, na sua esfera de política, ele desempenhou um papel duplo, ao qual não faltava analogia com o papel duplo do regime tsarista, cuja atitude internacional (tal como se mostrava com a sua defesa da arbitragem e da segurança internacionais) também diferia consideravelmente da sua atitude na política interna. Nem essas realizações nem as suas contribuições para o pensamento socialista – a maioria delas francamente medíocre (como, aliás, foram as de Trotsky) – lhe teriam assegurado um lugar na linha de frente dos socialistas. A sua grandeza veio depois do colapso da Rússia na Primeira Guerra Mundial e foi o resultado tanto de uma combinação única de circunstâncias que tornaram as suas armas adequadas quanto da sua capacidade suprema de manejá-las. Nesse aspecto, posto que em nenhum outro, a *proskynesis* do professor Laski na *Encyclopaedia of the Social Sciences* (verbete Ulyanov) é plenamente compreensível, já que, claro está, aqueles intelectuais *tinham* de se prostrar perante os ídolos do seu tempo.

III. Os grupos socialistas nos Estados Unidos

Nos Estados Unidos, um sistema social totalmente diferente mostrou-se tão desfavorável quanto o da Rússia ao desenvolvimento de um movimento de massas genuinamente socialista. Assim, os dois casos apresentam semelhanças que não são menos interessantes que as diferenças. Se o mundo agrário da Rússia, apesar da veia de comunismo inerente à estrutura da aldeia russa, era praticamente impermeável à influência do socialismo moderno, o mundo agrário dos Estados Unidos proporcionava uma força antissocialista capaz de desfazer a obra de quaisquer atividades de orientação marxista suficientemente importante para ser detectada. Se o setor industrial da Rússia não conseguiu produzir um importante partido de massas socialista, em virtude do fato de a evolução capitalista ser excessivamente tardia, o setor industrial dos Estados Unidos não o produziu porque a evolução capitalista se precipitou num ritmo vertiginoso.[11]

A diferença mais importante era a existente entre os respectivos grupos de intelectuais: ao contrário da Rússia, os Estados Unidos não produziram, até o fim do século XIX, uma fornada de intelectuais subempregados e frustrados. O esquema de valores que surgiu do empenho nacional em desenvolver as possibilidades econômicas do país atraiu quase todos os cérebros para os negócios e imprimiu a atitude do homem de negócios na alma da nação. Fora de Nova York, os intelectuais no nosso sentido não eram bastante numerosos para ter importância. Além disso, a maioria deles aceitava esse esquema de valores. Se não o aceitassem, a *Main Street* se recusava a lhes dar ouvidos e, instintivamente, passava a vê-los com maus olhos, e isso era muito mais eficaz para discipliná-los do que os métodos da polícia política russa. A hostilidade da classe média às ferrovias, aos serviços públicos e às grandes empresas em geral absorvia quase tudo quanto havia de energia "revolucionária".

---

11 Naturalmente, a existência da "fronteira" reduzia muito as possibilidades de atrito. No entanto, é provável que a importância desse elemento, por grande que seja, tenha sido superestimada. Esse ritmo da evolução industrial criava incessantemente novas fronteiras industriais, e tal fato era muito mais importante que a oportunidade de fazer as malas e ir para o Oeste.

O operário médio, competente e respeitável era um homem de negócios e se sentia como tal. Dedicava-se com sucesso a explorar as suas oportunidades individuais, a vencer na vida ou, em todo caso, a vender o seu trabalho o mais vantajosamente possível. Compreendia e compartia em grande medida o modo de pensar do patrão. Quando achava útil se aliar aos colegas na mesma empresa, fazia-o com o mesmo espírito. Mais ou menos a partir da metade do século xix, essa prática foi tomando cada vez mais a forma de comitês de empregados, os precursores dos sindicatos de empresa do pós-guerra, que adquiriram pleno significado econômico e cultural nas "cidades operárias" (*company towns*).[12]

Para além disso, geralmente era um bom negócio para o operário unir-se em escala nacional com os colegas de ofício a fim de aumentar o seu poder de barganha tanto diretamente contra os patrões quanto indiretamente contra os outros ofícios. Esse interesse moldou muitos sindicatos tipicamente americanos, explica em grande medida a adoção do princípio do ofício, que é muito mais eficaz que qualquer outro para excluir os concorrentes potenciais, e realmente produziu cartéis de operários. Naturalmente, esses cartéis apresentaram a falta de radicalismo que os socialistas e companheiros de viagem, tanto domésticos como estrangeiros, lamentavam e lamentam com muita eloquência. As únicas coisas que lhes importavam eram as taxas de salários e as jornadas de trabalho, e eles estavam dispostos a estudar os desejos do público ou até dos patrões em tudo o mais, especialmente na sua fraseologia. Isso

---

12 O bom senso desse arranjo e a sua adequabilidade particular às condições americanas são tão óbvios quanto o fato de ele ter sido um espinho fincado na carne dos sindicatos e também na dos intelectuais radicais de um tipo posterior. As palavras de ordem atuais – recentemente oficializadas – estigmatizavam assim os sindicatos de empresa como produto de uma tentativa diabólica dos patrões de desbaratar o esforço pela representação efetiva dos interesses dos operários. Embora essa opinião também seja perfeitamente compreensível do ponto de vista segundo o qual a organização militante do proletariado é da natureza de um axioma moral – e do ponto de vista do estado corporativo que se desenvolve ante os nossos olhos –, ela vicia a sua interpretação histórica. O fato de os patrões darem espaço físico a esse tipo de organização, tomarem a iniciativa frequentemente e procurarem influenciá-la de modo a ter boas relações com ela não exclui nem refuta o outro fato de os sindicatos de empresa e os seus precursores desempenharem uma função muito necessária e de, nos casos normais, servirem perfeitamente os interesses dos homens.

é perfeitamente ilustrado pelo tipo e o comportamento das lideranças tanto dos sindicatos individuais quanto da Federação Americana do Trabalho, que encarnava esse espírito, assim como as tentativas da burocracia sindical de entrar com os fundos dos sindicatos na esfera da empresa industrial e financeira, com a qual simpatizavam muito.[13]

É claro que o fato de os credos e *slogans* – as ideologias – serem tão pouco revolucionários e tão contrários à luta de classes tem uma importância limitada. Os sindicalistas americanos não eram muito inclinados a teorizar. Se o fossem, podiam ter dado uma interpretação marxista à sua prática. No entanto, continua sendo verdade que, à parte a barganha na contratação, eles não se consideravam do outro lado da cerca em todas as coisas e que essa cooperação – que aqueles que não gostam dela a chamarão de colusão – com os patrões estava de acordo não só com os seus princípios como também com a lógica da sua situação. A não ser em uma estreita gama de questões, a ação política, além de desnecessária, não tinha sentido para eles. E quanto à sua possível influência, o intelectual radical teria igual sucesso se tentasse converter a diretoria da Estrada de Ferro da Pensilvânia.

Mas havia outro mundo dentro do mundo do operário americano. Ao lado dos elementos de qualidade acima do normal, a imigração incluiu desde o começo alguns abaixo do nível normal, que aumentaram em números relativos e absolutos depois da Guerra de Secessão. Esses números se dilataram com a presença de indivíduos que, embora não fossem subnormais em aptidão física, em inteligência ou em energia, gravitavam em torno àquele grupo devido a desgraças passadas ou à persistência da influência do meio desfavorável do qual provinham ou simplesmente por causa da inquietude, do temperamento

---

13 A figura de Warren Sanford Stone, da Brotherhood of Locomotive Engineers, oferece um exemplo excelente (ainda que tardio) do último aspecto mencionado, assim como os demais. Outros exemplos da época de Samuel Gompers virão tão facilmente à imaginação do leitor que não há necessidade de mencioná-los. Mas não se deve interpretar aquele no sentido de que os sindicatos, com as suas elevadas taxas de ingresso e as suas longas listas de espera, sejam ou fossem a única espécie de sindicato nos Estados Unidos. Pelo contrário, os imigrantes importaram todas as variedades europeias e, independentemente disso, desenvolveram-se formas semelhantes às que se acham em partes da Europa em que as condições foram favoráveis, ou seja, especialmente nos lugares e ramos da indústria relativamente antigos e consolidados.

inadaptável ou de propensões criminosas. Todos esses tipos eram uma presa fácil da exploração, que era facilitada pela ausência de obrigações morais, e alguns deles reagiam com um ódio cego e impulsivo que não tardava a se cristalizar em crime. Em muitas comunidades industriais novas e em rápido crescimento, nas quais se juntavam pessoas das mais diversas origens e inclinações e nas quais era preciso manter a lei e a ordem por meio de uma ação que estava ela própria fora da lei, gente rude se tornava ainda mais rude devido ao tratamento recebido, enfrentava os patrões ou os agentes dos patrões, que ainda não tinham desenvolvido senso de responsabilidade e eram levados, com frequência, a atitudes brutais por medo de perder não só a propriedade como também a vida.

Havia, como o observador socialista tende a dizer, guerra de classes no sentido mais literal, com disparos de armas de verdade para ilustrar o conceito marxista. Acontece que não havia nada disso. É difícil imaginar um conjunto de condições menos favoráveis ao desenvolvimento do trabalhismo político ou do socialismo sério, e, enquanto aquelas condições duraram, foi muito pouco o que se viu de um e de outro.

A história dos Knights of Labor,[14] a única organização realmente importante e de abrangência nacional de todos os assalariados, independentemente de aptidão ou ofício – e, na verdade, de todos os que quisessem se filiar –, abarca aproximadamente um decênio de poder e atividade importantes (1878–1889). Em 1886, o número de membros da Noble Order chegava a quase 700 mil. A parte deles que consistia em operários industriais – quase todos não qualificados – participava energicamente e até as iniciaram as greves e boicotes que acompanharam a depressão daquela época. O exame dos programas e pronunciamentos revela uma mistura um tanto incoerente de todos os tipos de ideias socialistas, cooperativistas e ocasionalmente anarquistas que podemos rastrear, se quisermos, em uma variedade de fontes: entre as quais, Owen, os socialistas agrários ingleses, Marx e os fabianos. O ponto de vista político

---

14 Noble and Holy Order of the Knights of Labor [Nobre e Santa Ordem dos Cavaleiros do Trabalho]: organização de defesa operária pré-sindical fundada em 1869 nos Estados Unidos. Inspirada no modelo maçônico, operou secretamente até 1878, cresceu muito até 1886 e entrou em declínio nos anos subsequentes. Suas últimas lojas desapareceram depois da Segunda Guerra Mundial. (N. T.)

estava muito em evidência, assim como a ideia de planificação e de reconstrução social. Mas essa definidade de metas que podemos descobrir se deve realmente ao fato de as interpretarmos retrospectivamente, do ponto de vista do nosso próprio tempo. Na realidade, não havia objetivos definidos, e o que atraía tanta gente, até mesmo agricultores e profissionais liberais, era justamente o caráter abrangente da ideologia da Boa Vida (Uriah S. Stephens, o fundador, aspirava a ser pastor protestante) e da Constituição americana. Assim, a Ordem era uma espécie de intercâmbio dos planos de toda sorte de reformadores. Nesse aspecto, desempenhou realmente a função que os seus líderes tinham em mente quando sublinharam o aspecto educativo das suas atividades. Mas uma organização formada de argilas tão diferentes era constitucionalmente incapaz de ação. Quando se insistiu em uma profissão de fé claramente socialista, ela quebrou. Outros movimentos parecidos (os Populistas de Henry George etc.) contam a mesma história.

A inferência óbvia é que, no ambiente americano daquela época, não havia nem podia haver o material necessário ou a força motriz necessária a um movimento de massas socialista. Isso se pode comprovar seguindo o fio que conduz dos Knights aos Industrial Workers of the World (IWW) [Trabalhadores Industriais do Mundo]. Esse fio é personificado pela carreira de um intelectual marxista, Daniel de León e, portanto, para o crente, deve ter um peso específico considerável.[15] Foi sob o seu comando que, em 1893, os socialistas da Knights of Labor se levantaram contra o antigo dirigente Powderly, o que foi um golpe mortal para a organização. A ideia era criar um instrumento de ação política mais ou menos na linha marxista. Um partido proletário tinha de patrocinar a guerra de classes, a revolução, a destruição do Estado capitalista e tudo o mais. Mas nem o Partido Socialista Operário (Socialist Labor Party) (1890) nem a Aliança Mercantil e Operária Socialista (Socialist Trade and Labor Alliance) de De León (1895) tinham vitalidade. Não só a massa operária que os seguia era escassa – isso em si não teria sido decisivo – como também não se teve sequer um sucesso do tipo russo, quer dizer, a conquista de um núcleo dominante de intelectuais. O Partido Socialista Operário

---

15 Mesmo porque o próprio Lenin se deu ao trabalho, coisa absolutamente inusitada para ele, de homenagear a obra e o pensamento de De León.

primeiro se dividiu, depois perdeu quase todo o terreno que lhe restava para o novo partido socialista.

Este chegou tão perto de ser um sucesso ortodoxo quanto qualquer outro grupo nos Estados Unidos. Para começar, a sua origem era ortodoxa. Ele surgiu das lutas operárias de 1892–1894, quando as greves eram reprimidas com o uso da força, sendo que o governo federal e o Judiciário davam um apoio resoluto aos patrões.[16] Isso converteu muitos homens outrora "conservadores" em sindicalistas de ofício. Em todo caso, converteu Eugene Victor Debs primeiro ao sindicalismo industrial e depois ao princípio da ação política. Em segundo lugar, a atitude adotada pelo Partido Socialista era ortodoxa. Ele procurou trabalhar com os sindicatos e "incomodar dentro" deles. Deu-se uma organização política regular. Em princípio, era revolucionário no mesmo sentido que o eram os grandes partidos socialistas da Europa. A sua doutrina não era completamente ortodoxa. Aliás, ele não sublinhava muito os aspectos doutrinários – nem sob Debs nem depois –, mas dava uma liberdade considerável às atividades doutrinárias dentro das suas fileiras. Contudo, embora não tenha conseguido absorver os pequenos partidos operários locais, que continuavam pipocando em todo o país, desenvolveu-se muito bem até o pós-guerra, quando a concorrência comunista se afirmou. Acho que a maioria dos socialistas teria concordado em chamá-lo de único partido socialista autêntico dos Estados Unidos. A sua força eleitoral, ainda que aumentada, como a da maioria dos partidos socialistas, pelos simpatizantes não socialistas, dá uma ideia do campo que havia para um esforço socialista sério.

---

16 Observe-se que isso se fazia numa época em que a maioria dos governos europeus vinha tomando rapidamente outra atitude. No entanto, isso não significava simplesmente que houvesse "atraso" neste lado do Atlântico. É verdade que, nos Estados Unidos, o prestígio social e político do interesse empresarial era muito maior que em qualquer outro país e que, consequentemente, a democracia americana adotou uma opinião acerca dos problemas operários muito mais estreita que, por exemplo, o governo *junker* da Prússia. Mas isso se pode reconhecer e até julgar de acordo com o padrão moral ou humanitário de cada um e, ao mesmo tempo, também reconhecer que, em parte devido ao pouco desenvolvimento da administração pública, em parte devido à existência de elementos com os quais nenhum método mais brando teria funcionado e em parte devido à determinação da nação de pressionar o desenvolvimento econômico, os problemas se apresentam sob um aspecto diferente e assim teriam se apresentado mesmo a uma agência governamental inteiramente livre de antolhos burgueses.

Não obstante, De León teve outra oportunidade. Esta surgiu – e desapareceu – com a Federação dos Mineiros do Oeste (Western Federation of Miners), cujo radicalismo, totalmente independente de qualquer fundo doutrinário, não era mais que a reação de gente rude a um meio rude. Esse sindicato foi a pedra angular do edifício do IWW (1905). De León e seus companheiros recolheram os escombros do seu naufrágio e do de outras organizações malsucedidas, assim como cacos das mais variadas proveniências, geralmente de caráter duvidoso: intelectuais ou proletários ou ambos. Mas a liderança – e consequentemente a fraseologia – era robusta. Além do próprio De León, lá estavam Haywood, Trautmann, Foster e outros.

Táticas de choque que não conheciam inibições e um espírito de guerra inflexível explicam uma série de sucessos isolados, e a ausência de tudo quanto escapasse ao universo das frases e das táticas de choque explica o malogro final, que foi acelerado pelas disputas com os comunistas e pelas defecções para estes, assim como pelas incessantes dissensões internas. Mas não há necessidade de tornar a contar uma história que tem sido contada tão amiúde de todos os pontos de vista concebíveis. O que nos importa é o seguinte: a organização foi chamada de sindicalista – até mesmo de anarquista – e contra ela se aplicaram as leis penais contra o sindicalismo em vários estados. O princípio da ação "direta" imediata e a concessão doutrinária à Federação dos Mineiros do Oeste, que atribuía aos sindicatos industriais um papel básico na construção da sociedade socialista – contribuição ou desvio de De León do marxismo clássico –, sugerem sem dúvida o que ele era. Mas parece mais correto falar na inserção de elementos sindicalistas naquilo que, substancialmente, era e continuava sendo um ramo do caule marxista do que basear o diagnóstico inteiramente nesses elementos.

Assim, aquele grande sociólogo, o homem da rua, estava uma vez mais com a razão. Ele disse que o socialismo e os socialistas eram antiamericanos. Se o entendi bem, as suas palavras coincidem com o que estou tentando comunicar, ainda que menos suscintamente. O desenvolvimento americano praticamente queimou a etapa do socialismo que viu a carreira do marxismo puro e da Segunda Internacional. Mal se compreenderam os seus problemas essenciais. As atitudes adequadas para com eles existiam tão somente como importações esporádicas. Ocasionalmente, os problemas e as atitudes americanas tomaram emprestados esses artigos importados. Mas isso foi tudo. E os acontecimentos da etapa seguinte quicaram em intelectuais e num proletariado que não tinham passado pela escola marxista.

IV. O caso francês; análise do sindicalismo

No quadro francês, veremos melhor o que o sindicalismo realmente é.[17] Mas antes faremos algumas breves observações sobre o socialismo francês em geral.

Primeiramente, a sua história ideológica é mais antiga e talvez mais distinta que a de qualquer outro país. Mas nenhuma variedade desse socialismo se cristalizou tão completamente e atraiu uma adesão tão ampla como o socialismo do tipo fabiano, por um lado, e o do tipo marxista, por outro. O socialismo fabiano requer a sociedade política inglesa, e nada parecido com ela se desenvolveu na França: a grande revolução e o subsequente fracasso dos elementos aristocráticos e burgueses em se fundirem o impediram. O socialismo marxista requer um movimento operário extenso e unificado; ou, enquanto credo mobilizador para os intelectuais, requer tradições culturais totalmente incompatíveis com a *limpidité* francesa. Mas todos os outros credos socialistas que surgiram até agora atraem somente mentalidades e situações sociais particulares e são sectários por natureza.

Em segundo lugar, a França era tipicamente o país do camponês, do artesão, do funcionário e do pequeno *rentier*. A evolução capitalista avançou lentamente e a indústria em grande escala restringiu-se a uns poucos centros. Fossem quais fossem os conflitos que dividiam essas classes, elas eram economicamente conservadoras no começo – em lugar algum o conservadorismo se escorou em base tão ampla – e, mais tarde, deram cada vez mais apoio aos grupos que propugnavam uma reforma da classe média, entre os quais os

---

17 O sindicalismo italiano e o espanhol serviriam quase igualmente bem. No entanto, em proporção ao número de analfabetos, o elemento anarquista é tão numeroso nesses países que distorce o que me parece ser as verdadeiras características. Esse elemento tem o seu lugar. Mas não deve ser excessivamente realçado.

radicaux-socialistes, partido que fica muito bem descrito se dissermos que não era nem radical nem socialista. Muitos operários eram do mesmo tipo sociológico e da mesma mentalidade. Muitos profissionais liberais e intelectuais se adaptaram a isso, coisa que explica o fato de a superprodução e o subemprego dos intelectuais, embora existissem, não se afirmarem como seria de esperar em outro caso. Havia inquietude. Mas, entre os descontentes, os católicos, que reprovavam as tendências anticlericais que diversas circunstâncias colocaram no primeiro plano na Terceira República, eram mais importantes que as pessoas insatisfeitas com a ordem de coisas capitalista. Foi daqueles, não destes, que surgiu o perigo real para a república burguesa na época do *affaire Dreyfus*.

Em terceiro, segue-se, embora uma vez mais por motivos diferentes, que na França não havia muito mais espaço para um socialismo sério do que na Rússia ou nos Estados Unidos. Por isso, aquele país tinha uma variedade de socialismos e quase socialismos que não eram sérios. O partido blanquista, cuja esperança era a ação de "alguns homens resolutos", pode servir de exemplo: um pequeno bando de intelectuais com uma tendência à conspiração e os revolucionários profissionais, juntamente com a ralé de Paris e de duas ou três outras cidades grandes, era tudo que chegava a entrar no horizonte de grupos como esse. Mas, por fim, Guesde e Lafargue fundaram um *partido operário* marxista, com um programa de guerra de classes (1883) que recebera a sanção do próprio Marx. Ele desenvolveu linhas ortodoxas, combatendo numa frente o putschismo do tipo de Hervé e o anarquismo, e em outra o reformismo de Jaurès, tal como fez o seu equivalente alemão. Mas nunca adquiriu importância semelhante e nunca significou tanto para as massas nem para os intelectuais, apesar da fusão dos grupos socialistas na *chambre* a que se chegou em 1893 (48 assentos em comparação com os trezentos ocupados pelos republicanos governamentais) e que enfim levou à formação do Partido Socialista Unificado (1905).

Em quarto lugar, simplesmente registrarei o fato, sem tentar destrinçá-lo, de o sistema social relanceado acima ter impedido o surgimento de partidos grandes e disciplinados do tipo inglês. Em vez disso, como todo o mundo sabe, a política parlamentar se transformou num *cotillon* de grupos pequenos e instáveis que se combinavam e se dissolviam em reação a situações momentâneas e a interesses e intrigas individuais, formando e derrubando gabinetes segundo os princípios de um jogo de salão como apontei anteriormente. Uma das consequências disso foi a ineficiência governamental. Outra foi o gabinete de apoio do primeiro-ministro ficar ao alcance dos grupos socialistas e quase socialistas antes que nos países cujos partidos socialistas eram muito mais poderosos, mas que geriam as suas políticas de acordo com métodos um pouco mais racionais. Até a crise nacional de 1914, Guesde e o seu grupo se mostraram impermeáveis à tentação e, coerentemente, recusaram a cooperação com os partidos burgueses no melhor estilo ortodoxo. Mas o grupo reformista, que em todo caso se transformou gradualmente no radicalismo burguês e cujos princípios – reforma sem revolução – não condenavam tal cooperação, realmente não tinha motivo para fazer o mesmo. Jaurès, por conseguinte, não sentiu nenhuma compunção, no tempo da crise de Dreyfus (1898), ao apoiar um governo burguês para defender a República. Assim, um antigo problema de princípio e tática socialista, que não era de modo algum problema na Inglaterra ou na Suécia, mas sim um problema fundamental em qualquer outro lugar, irrompeu subitamente no mundo socialista e de forma sumamente prática. Adquiriu a sua intensidade particular em virtude de uma circunstância adicional: apoiar um governo burguês era uma coisa, ainda que bastante ruim do ponto de vista da ortodoxia rígida, mas compartilhar as suas responsabilidades nele ingressando efetivamente era coisa completamente diferente. M. Millerand fez exatamente isso. Em 1899, entrou no gabinete Waldeck-Rousseau – juntamente com M. de Galliffet, um general conservador mais conhecido pelo público devido à sua vigorosa participação na repressão à Comuna de Paris em 1871.

Dois patriotas a sacrificarem as suas opiniões pessoais para enfeixar forças em uma crise nacional – e daí? Presumo que isso expresse a reação da maioria dos meus leitores. Não preciso lhes assegurar que, pessoalmente, não tenho o menor desejo de sustentar que os dois cavalheiros se hajam desonrado. Além disso, é perfeitamente possível indagar se, mesmo assim, M. Millerand acaso merecia ser chamado de socialista.[18] Finalmente, a classe operária

---

18 É verdade que ele se havia alçado a uma posição de destaque entre os "esquerdistas" ao defender os líderes de greves e, quando entrou no gabinete Waldeck-Rousseau, era a figura principal dentre os sessenta membros da chamada "esquerda socialista". Entretanto, não fizera nada

francesa tem toda razão para recordar com gratidão o que ele fez por ela, legislativa e administrativamente, enquanto esteve no gabinete.

Ao mesmo tempo, precisamos tentar compreender que o "millerandismo" estava fadado a colidir com os guedistas na França e com os socialistas ortodoxos de toda a Europa. Para eles, significava erro e pecado, traição à meta, corrupção da fé. Isso era muito natural, e natural foi o anátema lançado sobre ele pelo congresso internacional de Amsterdã (1904). Mas, para além e por trás do anátema doutrinário, havia uma dose de simples bom senso. Para que o proletariado não emprestasse as costas para que políticos ambiciosos galgassem o poder, todo desvio da prática aprovada tinha de ser vigiado com muito zelo.

O ardil de invocar uma crise nacional sempre que convinha aos carreiristas ávidos pelo poder – afinal, já houve alguma situação em que os políticos *não* vislumbrassem crise? – era por demais conhecido e estava por demais desacreditado para impressionar quem quer que fosse, muito menos o proletariado francês, que aprendera a reconhecer o verdadeiro valor da verbiagem política. Havia o perigo de as massas se afastarem do socialismo político por desprezo.[19]

Na verdade, havia mais que mero perigo. As massas estavam realmente se afastando dele. Assistindo, como toda a nação, ao triste espetáculo da ineficiência política, da incompetência e da frivolidade, que eram o produto do sistema sociológico imperfeitamente esboçado acima, elas não tinham a menor confiança no Estado, nem no mundo político, nem nos escribas, e não respeitavam nenhum deles ou, aliás, não respeitavam nada nem ninguém, a não ser a memória de algumas grandes figuras do passado. Parte do proletariado industrial ainda conservava a fé católica. O resto vivia à deriva. E, para os que superaram as suas tendências burguesas, o sindicalismo era muito mais atraente que qualquer tipo de socialismo direto ao seu alcance, cujos defensores

---

que um radical burguês não pudesse ter feito. Portanto, a sua atitude posterior como ministro de Obras Públicas (1909) e ministro da Guerra (1912) não significou uma ruptura tão grande como diziam os seus inimigos. A sua aliança subsequente com o *bloc national* e o seu conflito com o *cartel des gauches* durante o exercício do cargo de presidente depois de 1920 foram questões diferentes, se bem que também admitem justificações plausíveis.

19 Aliás, os socialistas italianos declinaram os três convites de Giolitti para participar do gabinete (1903, 1906 e 1911).

prometiam reproduzir, em menor escala, o jogo dos partidos burgueses. É claro que a tradição revolucionária do tipo francês, da qual o sindicalismo era o principal herdeiro, contribuiu muito.

Porque sindicalismo não é meramente trade-unionismo revolucionário. Este pode significar muitas coisas que pouco têm a ver com aquele. O sindicalismo é apolítico e antipolítico no sentido de que despreza a ação nos órgãos da política tradicional em geral e nos parlamentos em particular – ou por meio deles. É anti-intelectual, tanto no sentido de que despreza os programas construtivos apoiados em teorias como no sentido de que despreza a liderança do intelectual. Ele apela *realmente* para os instintos do operário – e não, como o marxismo, para a ideia do intelectual do que deveriam ser os instintos do operário –, prometendo-lhe o que ele pode compreender, ou seja, a conquista da oficina em que trabalha, conquista pela violência física, em última instância por meio da greve geral.

Ora, ao contrário do que se passa com o marxismo e o fabianismo, ninguém que ainda conserve em si algum vestígio de formação econômica ou sociológica pode aderir ao sindicalismo. Este não tem fundamentação racional. Os autores que, baseados na hipótese de que tudo é susceptível de racionalização, tentam construir uma teoria para ele emasculam-no inevitavelmente. Alguns o vincularam ao anarquismo que, como filosofia social, é completamente estranho a ele em raízes, objetivos e ideologia, por mais que o comportamento dos seguidores operários de Bakunin (1872–1876) nos pareça semelhante. Outros tentaram subsumi-lo ao marxismo como um caso especial caracterizado por uma orientação tática especial, o que envolve descartar tudo quanto é mais essencial a ambos. Ainda outros construíram uma espécie socialista nova para funcionar como a ideia platônica dele – socialismo de guilda –, mas, ao fazê-lo, tinham de atribuir o movimento a um esquema definido de valores supremos, cuja ausência é um dos seus aspectos importantes. Os homens que organizaram a Confédération Générale du Travail durante a sua etapa sindicalista (1895–1914) eram, na maioria, proletários autênticos ou funcionários de sindicato ou as duas coisas. Estavam saturados de ressentimento e de vontade de lutar. Não se importavam com o que fazer com os escombros em caso de sucesso. Isso não basta? Por que nos recusaríamos a reconhecer a verdade que a vida nos ensina diariamente: que há uma coisa como combatividade em abstrato que não precisa de nenhum argumento nem lhe presta atenção e se ocupa unicamente da vitória enquanto tal?

Mas qualquer intelectual pode preencher o vazio por trás dessa violência brutal de um modo que lhe agrade o gosto. E a própria violência, combinada com o anti-intelectualismo e o viés antidemocrático, adquire uma conotação significativa se encarada no quadro de uma civilização desintegradora que tanta gente odeia por razões de todos os tipos. Aqueles que sentiam isso na época, mas não detestavam tanto os arranjos econômicos da sociedade capitalista quanto o seu racionalismo democrático, não estavam livres para retroceder a um socialismo ortodoxo que prometia ainda mais racionalismo. O rude anti-intelectualismo sindicalista pode muito bem ter atraído o seu anti-intelectualismo intelectual – fosse nietzschiano, fosse bergsoniano – como complemento – no mundo das massas – do seu próprio credo. Assim se estabeleceu efetivamente uma aliança estranhíssima, e o sindicalismo enfim encontrou o seu filósofo em Georges Sorel.

Naturalmente, todos os movimentos e ideologias revolucionários que coexistem em determinado tempo sempre têm muito em comum. São produtos do mesmo processo social e, em muitos aspectos, têm de reagir de modo semelhante a necessidades semelhantes. Também não podem deixar de tomar emprestado uns dos outros e de se salpicar mutuamente com as suas cores nas suas próprias disputas. Finalmente, os indivíduos e os grupos muitas vezes ignoram a que lugar pertencem, se é que pertencem a algum, e, umas vezes por ignorância, outras por ter a percepção correta de uma vantagem, juntam desordenadamente princípios contraditórios e os transformam em híbridos credos próprios. Tudo isso confunde os observadores e explica a grande variedade de interpretações correntes. Particularmente confuso é o caso do sindicalismo que floresceu brevemente e logo foi abandonado pelos seus expoentes intelectuais. No entanto, seja qual for a nossa apreciação do que o sindicalismo significou para Sorel e do que Sorel significou para o sindicalismo, as suas *Réfléxions sur la violence* e as suas *Illusions du progrés* nos ajudam a chegar a um diagnóstico. O fato de a sua teoria econômica e a sua sociologia diferirem completamente das de Marx pode não significar muito em si. Mas, colocada como está em meio à torrente anti-intelectualista, a filosofia social de Sorel deita muita luz sobre a primeira manifestação prática de uma força social que era e é revolucionária num sentido em que o marxismo não era.

V. O partido e o revisionismo alemães; os socialistas austríacos

Mas por que as táticas e os métodos ingleses não prevaleceram na Alemanha? Qual é o motivo daquele sucesso marxista que acentuou os antagonismos e dividiu a nação em dois campos hostis? Isso seria fácil de entender se não tivesse havido grupos extrassocialistas a trabalharem pela reconstrução social ou se o estrato dominante tivesse feito ouvidos moucos para as suas propostas. Isso se transforma em um enigma tão logo nos damos conta de que a autoridade pública alemã estava não menos e sim mais alerta às exigências sociais da época do que a sociedade política inglesa, e de que um grupo muito parecido estava fazendo a obra dos fabianos de um modo não menos e sim mais eficaz que na Inglaterra.

A Alemanha não estava atrasada, mas, até a aprovação da legislação de seguridade inglesa associada principalmente ao nome de Lloyd George, liderava em termos de "política social". Também foi a iniciativa do governo que colocou as medidas de melhoramento social na legislação positiva, e não a pressão de baixo, que se afirmava mediante lutas exasperantes. Bismarck iniciou a legislação de previdência social. Os homens que a desenvolveram e acrescentaram outras linhas de melhoramento social eram servidores públicos conservadores (von Berlepsch, conde Posadowsky) seguindo as instruções de Guilherme II. As instituições criadas eram realizações verdadeiramente admiráveis e assim foram consideradas em todo o mundo. Simultaneamente, desagrilhoou-se a atividade sindical e houve uma mudança significativa na atitude da autoridade pública para com as greves.

Sem dúvida, a roupagem monarquista com que tudo isso apareceu era diferente do procedimento inglês. Mas essa diferença levou a mais sucesso, não a menos. A monarquia, depois de se ter entregado ao liberalismo econômico durante algum tempo ("manchesterianismo", como o chamavam os críticos), simplesmente retomou as suas antigas tradições, fazendo – *mutatis mutandis* – pelos operários o que antes havia feito pelos camponeses. O funcionalismo público, muito mais desenvolvido e muito mais poderoso que o da Inglaterra, produziu uma excelente máquina administrativa, assim como as ideias e os conhecimentos necessários à redação da legislação. E esse funcionalismo era, no mínimo, tão acessível às propostas de reforma social quanto o inglês. Composto em grande parte de *junkers* pobres – muitos dos quais não tinham meios de subsistência além dos seus vencimentos verdadeiramente espartanos –, inteiramente dedicado ao dever, bem-educado e informado, altamente crítico da burguesia capitalista, entregou-se a esse trabalho como um peixe se entrega à água.

As ideias e propostas da burocracia normalmente provinham dos seus professores nas universidades: os "socialistas de cátedra". Independentemente do que pensemos das realizações científicas dos professores que se organizaram no *Verein für Sozialpolitik* e cujo trabalho muitas vezes carecia de refinamento científico,[20] eles estavam tomados de um ardor genuíno pela reforma social e foram inteiramente bem-sucedidos na sua difusão. Enfrentaram resolutamente o descontentamento burguês não só concebendo medidas individuais de reforma prática, como também proclamando o espírito de reforma. Tal como os fabianos, estavam interessados principalmente pelo trabalho à mão e desprezavam a guerra de classes e a revolução. Mas, tal como os fabianos, sabiam aonde iam – sabiam e não se importavam com a possibilidade de o socialismo assomar no fim do caminho. Claro está, o socialismo de Estado que eles imaginavam era nacional e conservador. Mas não era uma falsificação nem uma utopia.

O mundo em geral jamais compreendeu esse sistema social e a natureza da monarquia constitucional por ele produzida. Ou então esqueceu o que porventura chegou a saber outrora. Mas, tão logo divisamos a verdade, achamos ainda mais difícil entender como, naquele meio não plutocrático, foi possível o crescimento do maior de todos os partidos socialistas, com um programa

---

20 Queria verdadeiramente poder induzir o leitor a ler atentamente a breve história dessa organização única, tão característica do que era na realidade a Alemanha imperial, embora não tenha sido traduzida e, provavelmente, nunca o será. O seu autor foi durante décadas secretário da *Verein* e a sua história é ainda mais impressionante por ser despretensiosa (Franz Boese: *Geschichte des Vereins für Sozialpolitik.* Berlim, 1939).

puramente marxista e com uma fraseologia marxista de virulência insuperável, que pretendia combater a exploração cruel e um Estado escravo dos escravocratas. Com certeza, isso não se pode explicar pela "lógica da situação social objetiva".

Ora, presumo que tenhamos de reconhecer uma vez mais que, em curto prazo – e quarenta anos são curto prazo em tais questões –, os métodos e erros, a *manque de savoir-faire* individual e grupal, talvez expliquem muito mais do que essa lógica. Tudo o mais que eu assinalar é obviamente inadequado. Claro está, havia a luta pela extensão do direito de voto nos legislativos dos estados individuais. Mas grande parte do que mais importava para as massas industriais era da competência do parlamento imperial (*Reichstag*), para o qual Bismarck introduzira desde o começo o sufrágio masculino universal. Mais importante era a proteção à agricultura: o pão de cada dia. Sem dúvida, isso contribuiu muito para envenenar a atmosfera, especialmente porque os seus principais beneficiários eram os grandes e médios proprietários rurais da Prússia Oriental, não os camponeses. No entanto, quanto à pressão real que isso gerou, há o fato concludente de que, por volta de 1900, a emigração praticamente cessou. Não – não é por esse caminho que encontraremos a explicação.

Mas que *manque de savoir faire* tão eivado de maneiras alemãs! É possível esclarecer as coisas recorrendo à analogia óbvia com o comportamento da Alemanha em matéria de relações internacionais. Antes de 1914, as suas ambições coloniais e outras no exterior eram indiscutivelmente modestas – parece justo dizê-lo a esta distância no tempo –, especialmente em comparação com as manobras claras e efetivas com que a Inglaterra e a França aumentaram os seus impérios naquela época. Nada que a Alemanha fez de fato ou indicou a intenção de fazer é comparável, por exemplo, com a batalha de Tel-El-Kebir ou com a guerra dos bôeres ou ainda com a conquista de Túnis ou da Indochina francesa. Porém, muito menos modesto e muito mais agressivo era o discurso a que os alemães se entregavam, e insuportavelmente ofensivo era o modo bazófio com que apresentavam até mesmo as pretensões mais razoáveis. Pior ainda: nunca adotavam uma linha de conduta definida; as precipitadas arremetidas em direções sempre cambiantes se alternavam com recuos jactanciosos, propiciações indignas acompanhadas de recusas gratuitas, até que

DE 1875 A 1914

465

todos os fatores que formam a opinião mundial ficassem inteiramente indignados e desinquietos.[21] As coisas não eram diferentes nos negócios internos.

O erro fatal foi realmente de Bismarck. Consistiu na tentativa – explicável unicamente com base na hipótese de ele ter um conceito completamente equivocado da natureza do problema – de suprimir as atividades socialistas pela coerção, que culminou com uma lei especial (*Sozialistengesetz*) aprovada em 1879 e que vigorou até 1890 (quando Guilherme II exigiu a sua revogação), quer dizer, tempo suficiente para educar o partido e para submetê-lo durante o resto do período anterior à guerra à liderança de homens que haviam conhecido a prisão e o exílio e adquirido muito da mentalidade do preso e do exilado. Ocorre que, por uma infeliz combinação de circunstâncias, isso viciou todo o curso dos acontecimentos seguintes. Porque a única coisa que aqueles homens moldados pelo exílio não podiam tolerar era o militarismo e a ideologia da glória militar. E a única coisa que a monarquia – no mais, simpática a boa parte do que os socialistas sensatos consideravam como objetivos práticos imediatos – não podia tolerar eram caçoadas com o exército e com as glórias de 1870. Mais que qualquer outra coisa, isso era para ambos os lados o que distinguia o inimigo do mero adversário. Acrescente-se a fraseologia marxista – ainda que obviamente acadêmica – às convenções do partido, por um lado, e a jactância acima mencionada, por outro, e teremos o quadro. Nenhuma quantidade de legislação social fecunda e nenhuma quantidade de comportamento obediente à lei serviu para impedir o *non possumus* recíproco, a barreira de papelão pela qual as duas hostes se injuriavam, faziam caretas

---

21 Quero deixar bem claro que as afirmações acima não intentam atribuir essa política total ou principalmente a Guilherme II. Ele não era um governante insignificante. Além disso, fazia jus ao comentário feito pelo príncipe Bülow a seu respeito na defesa mais inusitada que já se fez de um monarca num parlamento: "Dizei o que queirais, ele não é um filisteu". Se brigou com o único homem que lhe podia ter ensinado a técnica do seu ofício, os críticos do seu comportamento com Bismarck não deviam esquecer-se de que a desavença foi principalmente por causa da perseguição aos socialistas, que o imperador queria suspender, e por causa da implementação de um grande programa de legislação social. Se desconsiderarmos o discurso e tentarmos simplesmente reconstruir as suas intenções acompanhando os atos do imperador ano após ano, não podemos deixar de chegar à conclusão de que ele frequentemente estava certo nas suas opiniões sobre as grandes questões do seu tempo.

uma para a outra e, em princípio, se devoravam mutuamente – e sem causar nenhum dano real.

Desse estado de coisas surgiu uma situação que, sem dúvida, tinha lá os seus perigos – um poder grande sem responsabilidade sempre é perigoso –, mas não era de modo algum tão perturbadora quanto talvez parecesse. Os governos federal e estaduais – ou os servidores públicos antigos promovidos ao escalão ministerial que formava aqueles governos – cuidavam principalmente da administração honesta e eficiente, da legislação benéfica e em geral progressista e do orçamento do exército e da marinha. Nenhum desses objetos era seriamente ameaçado pelos votos contrários dos socialistas, e, em particular, a aprovação do orçamento do exército e da marinha era quase sempre garantida pelo apoio da grande maioria da população. O Partido Social-Democrata, por sua vez, bem organizado e brilhantemente dirigido por August Bebel, estava absorto na consolidação e na expansão do seu eleitorado, que de fato aumentava rapidamente. Esse trabalho não sofria interferência séria dos governos, já que a burocracia observava escrupulosamente a letra da lei, que dava toda a liberdade de ação realmente necessária à atividade partidária.[22] E tanto a direção da burocracia quanto a do partido tinham razão para ficar reciprocamente agradecidas, especialmente durante o exercício do poder por Bülow, por proporcionarem válvulas de escape ao excesso de capacidade oratória de que uma e outra precisavam.

Assim, o partido não só se desenvolveu satisfatoriamente, como também se estabilizou. E desenvolveu uma burocracia partidária, uma imprensa partidária, um *staff* de estadistas experientes, todos adequadamente financiados, em regra seguros nas suas posições e, no conjunto, altamente respeitável em todos os sentidos da palavra, inclusive no burguês. Formou-se um núcleo de afiliados da classe operária para os quais ser membro do partido não era uma questão de escolha, e sim uma coisa natural. Cada vez mais pessoas "nasciam no partido" e eram educadas para a aceitação incondicional da sua liderança

---

22 Sem dúvida, não faltavam fustigos, e os socialistas, naturalmente, aproveitavam ao máximo tudo quanto pudesse ser rotulado de fustigo. Mas esse tipo de coisa não chegou a ter grande importância, como, aliás, a história da atividade socialista de 1890 à Primeira Guerra Mundial é suficiente para provar. Ademais, os fustigos desse tipo têm realmente a natureza de um serviço prestado ao partido "perseguido".

e do seu catecismo, que para alguns deles significava tanto ou mais que o catecismo religioso para a média das mulheres e dos homens de hoje.

Tudo isso ficava muito mais fácil devido à incapacidade dos partidos não socialistas de disputarem o voto operário com eficácia. Havia uma exceção. O Partido Centrista (católico), que, por um lado, dispunha de todo o talento necessário por contar com o apoio de um clero de qualidade excepcionalmente elevada e, por outro, estava preparado para lutar pelo voto dos operários avançando em direção à reforma social tanto quanto se sentia capaz de avançar sem afrontar a sua ala direita e apoiando-se na doutrina das encíclicas *Inmortale Dei* (1885) e *Rerum Novarum* (1891).[23] Mas todos os outros partidos, ainda que por motivos diferentes e em diferentes graus, se mantinham num estado de mútua desconfiança ou mesmo hostilidade com o proletariado industrial e nunca chegaram a tentar conquistar um número significativo de votos operários. Estes, a menos que fossem católicos militantes, praticamente não tinham partido a que se voltar, a não ser o social-democrata. Por incrível que pareça, à luz da experiência inglesa e americana, o fato é que justamente essa inépcia possibilitou ao exército socialista, em meio a todo o clamor acerca dos perigos horrendos que o ameaçavam, penetrar território politicamente desguarnecido.

Agora temos condições de entender o que, à primeira vista, parece tão incompreensível, ou seja, por que os socialistas alemães aderiram com tanta tenacidade ao credo marxista. Para um partido poderoso que podia se dar ao luxo de um credo distintivo, apesar de estar completamente excluído não só da responsabilidade política como de qualquer perspectiva imediata dela, era natural tratar de conservar a pureza da fé marxista, já que a havia abraçado. Essa atitude puramente negativa para com a reforma não socialista e todos os atos do Estado burguês – que, como vimos acima, era o princípio tático recomendado por Marx em todos os casos, salvo nos excepcionais – lhe era realmente imposta. Os dirigentes não eram irresponsáveis nem delinquentes. Mas

---

23 Observemos de passagem um fenômeno interessante (quase americano): temos aqui um partido político que continha no seu bojo quase todas as nuanças de opinião sobre as questões econômicas e sociais que é possível ter, desde o mais forte conservantismo até o socialismo radical, e, mesmo assim, era uma organização política poderosíssima. Homens dos mais diferentes tipos, origens e desejos, democratas extremos e autoritários extremos, cooperavam com uma suavidade que, só pelo vigor da sua submissão à Igreja católica, podia ter despertado a inveja dos marxistas.

percebiam que, naquela situação, o partido não tinha muito que fazer, a não ser criticar e manter a sua bandeira hasteada. Qualquer sacrifício do princípio revolucionário seria perfeitamente gratuito. Não faria senão desorganizar os seus adeptos sem dar ao proletariado muito mais do que ele obtinha de qualquer jeito, não pela iniciativa dos outros partidos, mas pela iniciativa da burocracia monarquista. Os pequenos sucessos adicionais que podiam ser alcançados mal justificavam o risco do partido. Assim, homens sérios, patriotas e observantes da lei continuavam repetindo *slogans* irresponsáveis de revolução e traição – cujas implicações sanguinárias combinavam tão estranhamente com o aspecto pacífico e respeitável daqueles que os lançavam –, beatificamente conscientes da escassa probabilidade de levá-los à prática.

Em breve, porém, começou a despontar em alguns deles a suspeita de que mais dia, menos dia a conversa revolucionária arriscava topar com a arma mais letal da controvérsia política: os sorrisos. Talvez tenha sido uma apreensão desse tipo ou simplesmente a percepção da discrepância quase ridícula entre a fraseologia marxista e a realidade social daquele tempo que finalmente levou um personagem da estatura do velho Engels a declarar *ex cathedra* – quer dizer, em um prólogo que escreveu a uma nova edição de *A luta de classes na França* de Marx – que, afinal, as lutas de rua apresentavam certos inconvenientes e que o crente não precisava se sentir necessariamente envolvido com elas (1895).[24]

Essa retificação oportuna e modesta suscitou a ira de uma pequena minoria absolutamente furibunda, sendo que a sra. Rosa Luxemburgo superou a si própria em ferozes denúncias do velho. Mas foi enquadrada pelo partido – possivelmente com um suspiro de alívio – e é provável que se tenham dado, discretamente, outros passos cautelosos na mesma direção. Todavia, quando Eduard Bernstein se pôs a "revisar" friamente toda a estrutura do credo do partido, houve um grande entrevero. Depois do que disse sobre a situação, isso não há de surpreender.

Até mesmo o mais mundano dos partidos tem consciência dos perigos envolvidos na alteração de alguns componentes importantes da sua

---

24 Ryazanov provou que o editor desse livro tomou liberdades com o texto de Engels. Mas o argumento anterior não foi afetado nem mesmo pela mais elevada estimativa possível dos estragos do seu lápis. Cf. Ryazanov, *Karl Marx and Friedrich Engels* (tradução de Kunitz, 1927).

DE 1875 A 1914   469

plataforma. No caso de um partido cujo programa e cuja existência se baseavam num credo em que cada pormenor tinha sido elaborado com fervor teológico, uma reforma radical só podia causar um choque terrível. Esse credo era objeto de uma reverência quase religiosa. Fora mantido durante um quarto de século. Sob a sua bandeira o partido havia marchado rumo ao sucesso. Era a única coisa que ele tinha para mostrar. E agora, sem a menor cerimônia, eis que deixavam de lado a bem-amada revolução – que, para eles, era como o Segundo Advento do Senhor para os cristãos primitivos. Não mais luta de classes. Não mais gritos de guerra eletrizantes. No seu lugar, cooperação com os partidos burgueses. Tudo isso vindo de um membro da velha guarda, de um antigo exilado e, surpreendentemente, de um dos militantes mais queridos do partido!

Mas Bernstein foi mais longe ainda.[25] Pôs as mãos sacrílegas nos sacrossantos fundamentos da doutrina. Atacou a base hegeliana. Passou pelo crivo da crítica a teoria do valor-trabalho e a da exploração. Duvidando da inevitabilidade do socialismo, ele o reduziu a uma insossa "desejabilidade". Olhou com desdém para a interpretação econômica da história. As crises não matariam o dragão capitalista; pelo contrário, com o tempo, o capitalismo ganharia mais estabilidade. O aumento da miséria era um absurdo, claro está. O liberalismo burguês havia produzido valores duradouros que valia a pena procurar conservar. Disse até que o proletariado não era tudo. Onde já se viu!

Claro que isso era mais do que o partido podia suportar. Seria insuportável mesmo que Bernstein tivesse incontestavelmente razão em cada ponto, pois os credos incorporados a uma organização não podem ser reformados por meio de holocaustos. Mas ele não a tinha. Era um homem excelente, mas estava longe de ser um par intelectual de Marx. Vimos na Parte I que Bernstein foi longe demais na questão da interpretação econômica da história, a qual não podia ter compreendido plenamente. Também foi excessivamente longe ao afirmar que os desenvolvimentos no setor agrário refutavam a teoria da concentração do controle econômico de Marx. E havia outros pontos

---

25 Os seus dois livros mais importantes para o nosso propósito são *Die Voraussetzungen des Sozialismus und die Aufgaben der Sozialdemokratie* (1899), tradução de E. C. Harvey, 1909, e *Zur Geschichte und Theorie des Sozialismus* (1901).

a convidarem uma réplica efetiva, tanto que Karl Kautsky,[26] o campeão da ortodoxia, não teve dificuldade para manter a sua posição – ou parte dela. Tampouco está tão claro que teria sido vantajoso para o partido se as recomendações táticas de Bernstein prevalecessem. Com toda certeza, uma ala teria se separado. O prestígio do partido teria sofrido muito. Como dissemos acima, não se obteria nenhum benefício imediato. Portanto, havia muito que dizer a favor do ponto de vista "conservador".

Dadas as circunstâncias, o rumo tomado por Bebel não foi tão obviamente insensato nem tão obviamente tirânico como acharam na época certos companheiros de viagem e outros críticos. Ele denunciou vigorosamente o revisionismo: vigorosamente a ponto de manter o domínio sobre os seus esquerdistas. Providenciou para que fosse anatematizado nos congressos de Hanôver (1899) e Dresden (1903). Mas assegurou que as resoluções que reafirmavam a luta de classes e outros artigos de fé fossem formuladas de modo a possibilitar aos "revisionistas" aceitá-las. Estes as aceitaram, e não se tomaram outras medidas contra eles, posto que, segundo me parece, tenha havido alguns estalidos do chicote. O próprio Bernstein teve a possibilidade de entrar no Reichstag com o apoio do partido. Von Vollmar permaneceu no rebanho.

As lideranças sindicais deram de ombros e resmungaram sobre as ruminações doutrinárias. Fazia tempo que eram revisionistas. Mas, enquanto o partido não interferiu nos seus interesses imediatos e enquanto não as exortou a fazer algo que realmente as contrariasse, não se preocuparam muito. Deram proteção a alguns revisionistas e também a alguns dos seus órgãos literários. Deixaram bem claro que, fosse qual fosse a filosofia do partido, negócio era negócio. Mas isso foi tudo.

Os revisionistas intelectuais, para os quais a doutrina não era uma coisa indiferente, e os simpatizantes não socialistas, alguns dos quais gostariam de ingressar num partido socialista que não enfatizasse tanto a guerra de classes

---

26 A partir daquela época, Kautsky, fundador e editor do *Neue Zeit* e autor de vários tratados sobre teoria marxista, sustentou uma posição que só se pode definir em termos eclesiásticos, defendendo a doutrina "revolucionária" contra o revisionismo, como depois defendeu a ortodoxia contra os hereges bolcheviques. Era o mais pedagogo dos homens e muito mais atraente que Bernstein. Em conjunto, no entanto, os dois setores do partido tinham de se congratular pelo nível moral e intelectual dos seus campeões.

DE 1875 A 1914

471

e a revolução, pensavam de maneira diferente, é claro. Eram eles que falavam em crise do partido e sacudiam a cabeça ao pensar no futuro dele. Tinham toda razão em fazê-lo, pois o seu futuro dentro e em torno do partido estava de fato ameaçado. Aliás, Bebel, que não era intelectual nem amigo de socialistas de salão, não perdeu tempo em ameaçá-los de expulsão. Mas a massa do partido pouco se preocupava com essas coisas. Seguia os seus dirigentes e repetia as suas palavras de ordem até que, sem dar a mínima ao que Marx ou Bebel diriam disso, se apressaram a pegar em armas para defender o seu país.

Os fatos paralelos ocorridos na Áustria,[27] ainda que diferentes, lançam uma luz interessante sobre o desenvolvimento que acabamos de examinar. Como era de esperar do ritmo muito mais lento da sua evolução capitalista, o socialismo demorou mais de vinte anos para se tornar um fator político importante. Crescendo lentamente a partir de um começo diminuto e não muito meritório, acabou se estabelecendo em 1888 (Congresso de Hainfeld) sob a liderança de Victor Adler, que triunfara no esforço quase desesperado de unir os socialistas de todas as nações que habitavam aquele país e que ele lideraria com consumada habilidade durante mais trinta anos.

Ora, esse partido também era oficialmente marxista. O pequeno círculo de judeus brilhantes que formavam o seu núcleo intelectual,[28] os neomarxistas, contribuiu substancialmente até para o desenvolvimento da doutrina marxista, como vimos na Parte 1, seguindo a linha ortodoxa, por certo alterando-a no processo, mas combatendo obstinada e habilmente quem quer que tentasse alterá-la e sempre mantendo a ideologia revolucionária na sua forma mais intransigente. As relações com o partido alemão eram estreitas e cordiais. Ao mesmo tempo, todo o mundo sabia que Adler não toleraria nenhum disparate. Tendo, por razões culturais e raciais, muito mais autoridade sobre

---

27 Áustria aqui designa a metade ocidental da monarquia austro-húngara que, desde 1866, tinha parlamento e governo próprios (embora não os ministérios de Relações Exteriores e da Guerra), que eram coordenados em pé de igualdade com o parlamento e o governo da metade oriental – a Hungria ou, para usar a linguagem oficial, "os países da Sagrada Coroa de Santo Estêvão". O Partido Social-Democrata húngaro tomou o austríaco por modelo, mas nunca chegou a ter importância quantitativa.

28 Trotsky, que ainda atendia por Bronstein, se apresentou ocasionalmente entre eles e parece ter sofrido a sua influência.

os seus extremistas intelectuais que Bebel sobre os dele, podia lhes permitir todo o marxismo que quisessem nos seus cafés e utilizá-los sempre que achasse oportuno sem deixar que eles interferissem no que realmente interessava: a organização e a imprensa do partido, o sufrágio universal, a legislação progressista e também o funcionamento adequado do Estado. Essa combinação de doutrina marxista com prática reformista funcionou admiravelmente. Os governos austríacos logo descobriram que ali havia um fator não menos importante que a Igreja ou o exército, que, por interesse próprio, estava fadado a apoiar a autoridade central na sua luta perene com as oposições nacionalistas obstrucionistas, especialmente a alemã e a tcheca. Esses governos – na maioria gabinetes de funcionários públicos, como na Alemanha, embora a Coroa tentasse incessantemente incluir políticos, pelo menos como ministros sem pasta – procederam, consequentemente, a conceder favores ao partido, aos quais este retribuía plenamente.[29] E, quando o governo (um gabinete de funcionários públicos presidido pelo barão Gautsch) aderiu à causa do sufrágio universal, Adler, sem encontrar oposição entre os seus seguidores, pôde declarar publicamente que, naquele momento, os socialistas eram um "partido governamental" (*Regierungspartei*), posto que o cargo ministerial não lhes fosse oferecido nem teria sido aceitável para eles.[30]

VI. A Segunda Internacional

O princípio internacionalista do programa dos partidos marxistas exigia uma organização internacional como a extinta Primeira Internacional. Os

---

29 Um estratagema que os socialistas usaram reiteradamente para ajudar o governo foi este: quando os obstrucionistas nacionalistas paralisavam o Parlamento e todos os negócios ficavam travados, eles propunham a "urgência" do orçamento. A moção de urgência, quando devidamente aprovada, significava praticamente que a medida assim declarada urgente tramitaria se contasse com uma maioria (que sempre se podia obter no caso do orçamento) independentemente das regras formais de procedimento parlamentar que os obstrucionistas impediam de observar.

30 A principal dificuldade era, presumo, a forte posição que o partido alemão assumira nessa matéria. Os escrúpulos dos próprios socialistas austríacos eram de importância secundária. A aversão da burocracia austríaca ou do velho imperador, se é que existia, ocupava apenas o terceiro lugar entre os fatores que evitaram aquela consumação.

outros grupos socialistas e trabalhistas não eram internacionalistas no sentido do credo marxista. Mas, em parte por herança do radicalismo burguês e em parte por aversão aos governos da classe dominante das suas respectivas nações, todos eles haviam adquirido, ainda que em graus variáveis, opiniões e simpatias internacionais e pacifistas, de modo que a cooperação internacional não lhes foi difícil. Assim, a fundação da Segunda Internacional (1889) encarnou um compromisso que realmente tentou reconciliar o irreconciliável, mas funcionou até 1914. Umas poucas observações sobre esse tema serão suficientes.

Havia um *bureau* internacional. E havia congressos com solenes debates sobre questões de táticas e de princípio. A julgar pelas suas realizações tangíveis, a importância da Segunda Internacional equivalia a zero. E, na realidade, tanto os ativistas revolucionários quanto os trabalhistas a consideravam igual a zero. O fato, porém, é que não se pretendia ação imediata de sorte alguma; a ação na época, fosse revolucionária, fosse reformista, só podia ter sido nacional. Tratava-se de organizar contatos entre os partidos e grupos afiliados, padronizar os pontos de vista, coordenar linhas de avanço, conter o irresponsável e estimular o indolente, criar, na medida do possível, uma opinião socialista internacional. Do ponto de vista socialista, tudo isso era sumamente desejável e importante, se bem que, pela natureza das coisas, os resultados positivos teriam tardado muitas décadas a amadurecer.

Consequentemente, o chefe e os membros do *bureau* não passavam de uma junta diretiva do socialismo internacional. Não lhes cabia plasmar nenhuma política nem impor programa algum, como tinha sido o caso da Primeira Internacional. Os partidos nacionais e os grupos trabalhistas permaneceram perfeitamente autônomos e livres para se unir a outras organizações internacionais que tivessem afinidade com as suas aspirações particulares. Os sindicatos – também as cooperativas e os órgãos educacionais – foram bem acolhidos e até cortejados, mas não desempenhavam nenhum papel importante. Contudo, os partidos nacionais eram mantidos num terreno comum suficientemente amplo para que nele se movimentassem Stauning e Branting, por um lado, e Lenin e Guesde por outro. Sem dúvida, alguns membros desse instituto internacional zombavam da cautela pusilânime dos outros, e estes opunham objeções ao exaltado radicalismo daqueles. E, às vezes, as coisas chegavam perigosamente perto de um confronto. Mas, em conjunto, todos eles aprenderam, uns com os outros, lições de diplomacia socialista. Como esse *modus vivendi* – com plena liberdade de concordar e discordar – era o único possível, isso em si não deixou de ser uma grande realização.

Por estranho que possa parecer, os alemães foram – com o apoio russo e dos guesdistas – os principais responsáveis por isso. Eles eram o único grande partido marxista e davam ao terreno comum um revestimento de marxismo. Mas percebiam com toda clareza que a maioria dos homens que representavam as forças socialistas fora da Alemanha não era marxista. Para a maioria desses homens, tratava-se de assinar os 39 artigos, reservando-se ao mesmo tempo uma liberdade ilimitada de interpretação. Como não podia deixar de ser, os crentes mais ardentes ficavam chocados com isso e diziam que a fé estava degringolando em uma questão de forma sem nenhum conteúdo. Mas as lideranças alemãs se resignavam com isso. Toleravam até mesmo a heresia declarada que teriam atacado furiosamente no seu país. Bebel sabia até onde podia ir e que a sua tolerância, tão estreitamente unida à inglesa, valeria a pena no fim, como seguramente teria valido se não fosse a guerra. Assim, ele manobrava para cimentar a frente operária a fim de vitalizá-la com o tempo e, nisso, mostrou uma habilidade que, se a diplomacia da Alemanha a tivesse tido, podia ter evitado a Primeira Guerra Mundial.

Alguns resultados amadureceram, sim. As discussões um tanto indefinidas da primeira década finalmente focalizaram a política externa e finalmente começou a surgir algo parecido com uma opinião comum. Foi uma corrida contra o tempo. Corrida que se perdeu. Hoje em dia, todo jornalista que se refere àquela época se sente no direito de condenar a Internacional pelo que ele qualifica de fracasso do socialismo internacional ante a deflagração da catástrofe. Mas esse é o ponto de vista mais superficial que se pode adotar. O Congresso extraordinário da Basileia (1912) e o seu apelo aos trabalhadores de todas as nações para que se esforçassem pela paz era, certamente, a única coisa que se podia fazer naquelas circunstâncias. A convocação à greve geral dirigida a um proletariado internacional que existe unicamente na imaginação de alguns intelectuais, teria sido não mais eficaz, e sim menos eficaz ainda. Realizar o possível não é fracassar, mas ter sucesso, por inadequado que esse sucesso possa se mostrar no fim. Se houve fracasso, foi nas frentes domésticas dos partidos nacionais individuais.

27

DA PRIMEIRA À SEGUNDA GUERRA MUNDIAL

I. O "gran rifiuto"

Como membros da sua organização internacional, os partidos socialistas fizeram tudo que puderam para evitar a guerra. Mas, quando ela estourou, aderiram às suas causas nacionais com uma facilidade que foi verdadeiramente assombrosa. Os marxistas alemães vacilaram menos ainda que os trabalhistas ingleses.[1] Naturalmente, é preciso levar em conta que cada nação beligerante estava inteiramente convencida de que estava travando uma guerra puramente defensiva – toda guerra é defensiva ou pelo menos "preventiva" aos olhos das nações que a fazem.[2] Mas, se refletirmos que os partidos socialistas tinham o direito constitucional incontestável de votar contra os orçamentos de guerra e que, dentro do esquema moral geral da democracia burguesa, ninguém tem obrigação de se identificar com a política nacional – aliás, em todos os países beligerantes, homens muito alheios ao antimilitarismo socialista reprovaram

---

1 O Partido Trabalhista inglês foi, de fato, o único que adotou uma postura séria em defesa da paz em 1914, posto que mais tarde tenha ingressado na coalizão de guerra.

2 Por isso que a tentativa dos vitoriosos de decidir a questão moral por meio de uma cláusula em um tratado e paz imposto foi não só injusta, como também tola.

a guerra –, parece que enfrentamos um problema que não se resolve com referência duvidosas a Marx ou a declarações anteriores de Bebel e von Vollmar de que defenderiam o seu país se fosse atacado. Não devia ter havido nenhuma dificuldade para recordar a verdadeira doutrina de Marx sobre a matéria. Além disso, defender o próprio país significa apenas cumprir um dever com o exército; não implica votar com o governo nem entrar em *unions sacrées*.[3] Guesde e Sembat na França e Vandervelde na Bélgica, que aceitaram cargos em gabinetes de guerra, assim como os socialistas alemães, que votaram os orçamentos de guerra, fizeram assim mais do que exigia a lealdade a seus países, tal como geralmente se entendia então.[4]

Não há senão uma solução para o enigma. Acreditassem ou não no internacionalismo marxista – talvez essa crença tivesse tido então o mesmo destino que a fé numa revolução espetacular –, os políticos socialistas, na sua maioria, decerto se davam conta de que qualquer posição tomada com base no evangelho lhes teria custado os adeptos. As massas primeiro os encarariam com surpresa e depois retirariam a adesão a eles, assim refutando *via facti* a doutrina marxista segundo a qual o proletariado não tem pátria e a guerra de classes é a única que lhe diz respeito. Nesse sentido, e com a ressalva de que as coisas podiam ter sido diferentes se a guerra houvesse ocorrido depois de um período mais prolongado de evolução dentro do arcabouço burguês, um pilar vital da estrutura marxista desabou em agosto de 1914.[5]

Isso se sentiu deveras amplamente. Sentiu-se no campo conservador: os conservadores alemães passaram repentinamente a falar no partido socialista com uma linguagem que era todo o primor da cortesia. Sentiu-se na parte do campo socialista que ainda conservava o antigo ardor. Até mesmo na Inglaterra, MacDonald perdeu a liderança do partido trabalhista e, enfim, o seu assento por não ingressar na coalizão de guerra. Na Alemanha, Kautsky e Haase

---

3 Tampouco é verdade que deixar de fazê-lo teria enfraquecido a causa nacional. É claro que o pedido de demissão de lorde Morley não prejudicou a Inglaterra.

4 Atualmente, muitos de nós hão de pensar de modo diferente. Mas isso simplesmente mostra o longo caminho que percorremos desde as antigas amarras da democracia liberal. Elevar a unidade nacional a um preceito moral significa aceitar um dos princípios mais importantes do fascismo.

5 Até certo ponto, isso também se deve atribuir ao sucesso das reformas não socialistas.

abandonaram a maioria (março de 1916) e, em 1917, organizaram o Partido Social-Democrata Independente, se bem que a maioria dos seus membros importantes voltaram ao rebanho em 1919.[6] Lenin declarou que a Segunda Internacional estava morta e que a causa do socialismo tinha sido traída.

Nisso havia um elemento de verdade. No referente à maioria dos partidos marxistas, o socialismo na encruzilhada não suportara o teste. Eles não escolheram o caminho marxista. Os credos, as palavras de ordem, os objetivos supremos, as organizações, as burocracias, as lideranças não mudaram. Continuaram sendo no dia seguinte do *gran rifiuto* o que tinham sido na véspera. Mas o que eles significavam e defendiam havia mudado muitíssimo. Depois de semelhante *experimentum crucis*, nem os socialistas nem os antissocialistas podiam enxergar aqueles partidos à mesma luz que antes. E os partidos tampouco podiam continuar com as suas travessuras antigas. Para o bem e para o mal, tinham saído da torre de marfim. Tinham demonstrado o fato de que, para eles, o destino da pátria significava mais do que a meta socialista.

Sem embargo, o caso *era* diferente para aqueles que, como os partidos social-democratas dos países escandinavos, nunca haviam estado numa torre de marfim. E até mesmo com relação aos outros, o caso *parecerá* diferente aos observadores que nunca levaram a sério aquelas travessuras revolucionárias. No tocante ao partido alemão em particular, pode ser mais próximo da verdade dizer que os "social-traidores" – como eram chamados – simplesmente haviam descido das nuvens irrealistas e que a crise nacional lhes ensinou a ficar de pé, não de ponta-cabeça – coisa que, acrescentarão alguns de nós, lhes foi muito louvável e de maneira alguma um *rifiuto*. Mas, seja qual for o ponto de vista que adotemos, não pode haver a menor dúvida de que a nova atitude de responsabilidade encurtou drasticamente a longa distância que, antes de 1914, parecia separá-los da meta natural de todo partido: o cargo

---

6 Vale a pena notar que os independentes não foram de modo algum recrutados exclusivamente entre os marxistas incondicionais. Kautsky e Haase pertenciam a esse setor, porém muitos que a eles se uniram, não. Bernstein, por exemplo, aderiu a eles assim como vários outros revisionistas cuja motivação não pode ter sido o respeito pela fé marxista. Mas nisso não há nada surpreendente. Obviamente, o marxismo ortodoxo não era a única razão que um socialista podia ter para reprovar o rumo tomado pela maioria. Esses revisionistas simplesmente compartiam a convicção de Ramsay MacDonald.

político. Estou realmente longe de atribuir aos social-democratas alemães quaisquer cálculos desse tipo ou de duvidar da sinceridade da sua decisão de não aceitar cargos na sociedade burguesa. Mas é óbvio que, em consequência da posição que adotaram no início da guerra, eles se viram – se me é permitido dizê-lo – "numa ótima situação" no fim dela. Ao contrário dos outros partidos, não se haviam comprometido percorrendo todo o caminho com grande alarde. Mas tampouco deixaram a pátria na mão na hora do perigo.

II. Os efeitos da Primeira Guerra Mundial sobre as chances dos partidos socialistas da Europa

1. Qualquer guerra importante que termine em derrota abala o tecido social e ameaça a posição do grupo dominante; a perda de prestígio resultante da derrota militar é uma das coisas mais difíceis para a sobrevivência de um regime. Não conheço nenhuma exceção a essa regra. Mas a proposição inversa não é tão certa. A menos que o sucesso seja rápido ou, em todo caso, surpreendente e claramente associado ao desempenho do estrato dominante – como foi, por exemplo, o sucesso da Alemanha em 1870 –, o esgotamento econômico, físico e psicológico pode perfeitamente produzir, mesmo em caso de vitória, efeitos sobre a posição relativa das classes, dos grupos e dos partidos, efeitos esses que não diferem essencialmente dos da derrota.

É o que a Primeira Guerra Mundial ilustra bem. Nos Estados Unidos, o esforço não foi suficientemente prolongado e esgotante para mostrá-lo. Mesmo assim, o governo responsável pela condução da guerra sofreu uma derrota esmagadora nas urnas. Mas, em todos os outros países vitoriosos, o prestígio dos estratos dominantes e o apoio com que contavam do povo diminuíram, não aumentaram. Para a sorte dos partidos socialistas alemão e inglês, isso significou a ascensão ao poder ou, em todo caso, aos cargos públicos. Na Alemanha, o controle dos órgãos centrais da sociedade foi imposto ao partido: posto que, a fim de salvar as aparências doutrinárias, alguns deles insistissem, assim como alguns antissocialistas, em falar numa revolução, o fato é que assumiram o governo em resposta a um pedido – e foi um pedido humilde. Na Inglaterra, o voto trabalhista, que havia sido pouco superior a meio milhão em janeiro de 1910 e não chegou a 2,25 milhões em 1918,[7] chegou a 4.236,733 em 1922 e a 5.487.620 em 1924 (8.362.594 em 1929). MacDonald reconquistou a liderança, e, em 1924, o partido obteve cargos políticos, se não realmente o poder. Na França, a estrutura do mundo político evitou toda consumação de uma mudança tão facilmente perceptível; mas os contornos gerais eram os mesmos: houve um ressurgimento sindicalista imediatamente depois da guerra; mas a Confédération Générale du Travail, ao sair da recém-fundada Confédération Générale du Travail Unitaire, comunista, para absorver os elementos inadaptáveis, desincentivou as orientações revolucionárias e se preparou lentamente para um papel político dominante.

Além disso, é bem possível que os partidos socialistas ou quase socialistas que então assumiram a responsabilidade que lhes coube hajam sentido que tinham quase um monopólio de muitas das credenciais requeridas para ter sucesso na sua aventura. Melhor que qualquer outro grupo, eles eram capazes de sujeitar as massas descontentes e agitadas. Como mostra o exemplo alemão, naquele momento, tinham mais condições que qualquer um então de lidar firmemente com os distúrbios revolucionários – recorrendo até ao uso da força se necessário. Em todo caso, eles eram as pessoas indicadas para administrar a dose certa de reforma social, para levá-la a cabo, por um lado, e para fazer com que as massas a aceitassem por outro. O mais importante é que, do seu ponto de vista, tinham toda razão em acreditar que também eram as pessoas indicadas para curar as feridas deixadas pela "guerra imperialista", para restaurar as relações internacionais e para pôr ordem no caos em que, sem culpa deles, os governos puramente burgueses haviam transformado a paz. Nisso cometeram o mesmo tipo de erro que, de um ponto de vista diferente, perpetraram os seus concorrentes burgueses que acreditavam na segurança coletiva, na Liga das Nações, na reconstrução do padrão-ouro e na supressão das barreiras comerciais. Mas, se admitimos a premissa equivocada, também temos de admitir que os socialistas tinham razão em esperar o sucesso, particularmente no campo da política externa.

---

7 O aumento de 1910 a 1918 se explica perfeitamente pela concessão do voto à mulher e pela simplificação da qualificação eleitoral.

2. As realizações dos dois governos MacDonald – o trabalho de MacDonald e Henderson no Foreign Office – são suficientes para ilustrar isso. Mas o caso alemão é ainda mais significativo. Primeiramente, tão só os social-democratas tinham condições morais de aceitar o tratado de paz e manter uma política que visasse o cumprimento das suas estipulações. Obviamente, lamentavam a catástrofe nacional e os fardos que ela impunha. Porém, sentindo o que sentiam pela glória militar, nem a própria derrota nem a paz significava uma humilhação insuportável para eles. Alguns quase subscreviam à teoria anglo-francesa da guerra. A maioria deles pouco se importava com o rearmamento. Enquanto os outros alemães se entregavam à taciturna amargura, os sociais-democratas trabalhavam em prol de um entendimento pacífico com os vencedores em um espírito completamente isento, se não de ressentimento, pelo menos de ódio apaixonado. Quanto ao que para os outros era uma democracia imposta, eles a viam com os mesmos olhos que as nações ocidentais: depois de ter reprimido os levantes comunistas de 1918–1919 e de adquirir, mediante um compromisso judicioso, um papel dominante na política interna, achavam-se no seu estado de espírito mais democrático.

Em segundo lugar, o prestígio que os socialistas tinham nas massas era suficientemente robusto para tornar essa atitude politicamente eficaz. Por ora, grande parte da população enxergava as coisas à mesma luz. Os seus pontos de vista sobre a situação e a maneira certa de lidar com ela temporariamente se transformaram na opinião oficial, fosse qual fosse a política do governo que porventura estivesse no poder. Eles deram apoio político às coalizões que negociaram o plano Dawes e o pacto de Locarno, as quais não poderiam ter se formado ou, tendo se formado, não poderiam haver adotado aquela linha sem eles. Stresemann não era socialista. Entretanto, a política associada ao seu nome era a do Partido Social-Democrata: a política pela qual os sociais-democratas obteriam todo o crédito durante uma década e toda a punição em outra.

Em terceiro, eles tinham uma vantagem nas suas relações com a opinião política no exterior. O mundo sabia pouco acerca da Alemanha. Mas compreendia duas coisas: por um lado, percebia que havia um partido disposto a aceitar definitivamente muitos dos arranjos do pós-guerra e, aliás, até aprovava alguns deles, um partido que era inimigo daquele que a França e a Inglaterra se haviam convencido a si próprias de que era *seu* inimigo; por outro, dava-se

DA PRIMEIRA À SEGUNDA GUERRA MUNDIAL

conta de que não era preciso temer a social-democracia alemã por outras acusações: nenhum governo, por mais conservador que fosse, tinha necessidade de se opor ao socialismo alemão como se opunha ao russo. Em longo prazo, isso era uma fragilidade. Tinha muito a ver com o tratamento dilatório que se dispensava às queixas alemãs, pois induzia os ministérios das Relações Exteriores da Inglaterra e da França a acreditar que a Alemanha continuaria sendo indefinidamente a pedinte submissa que se podia fazer feliz com promessas de um dia ser elevada a uma posição de igualdade com as nações superiores. Em curto prazo, porém, e especialmente durante os dias sombrios da invasão do Ruhr, foi uma vantagem: o partido – ou melhor, os governos que sabiam que dependiam do apoio do partido – teve uma *entrée* que seria negada aos outros.

Em quarto lugar, havia os antigos contatos do Partido Social-Democrata com os seus equivalentes dos outros países, contatos esses que datavam da Segunda Internacional. A guerra não os havia cortado por completo. Afinal, a Segunda Internacional não fora dissolvida oficialmente, e muitos indivíduos e grupos dentro dela – especialmente, mas de modo algum exclusivamente, os dos países neutros – tinham mantido intactas as suas convicções internacionalistas. O secretário (C. Huysmans) continuara atuando e, em 1917, por sugestão dos socialistas escandinavos, até havia tentado convocar um congresso, que fracassou unicamente porque as potências aliadas, então dispostas a esmagar o inimigo, se recusaram a conceder os passaportes.[8] De modo que era natural que muitos socialistas achassem normal ressuscitá-la.

3. A Segunda Internacional foi ressuscitada, mas não sem dificuldades. As primeiras conferências realizadas com esse fim, em 1919 e 1920, tiveram um sucesso apenas moderado. A atração exercida pela Internacional Comunista (Terceira Internacional), que havia surgido nesse ínterim (cf. adiante), era um sério obstáculo para a unidade dos partidos trabalhistas e socialistas do mundo. E vários grupos importantes que não se dispunham a compartilhar a sorte com os comunistas precisavam de algo mais atualizado que a Segunda

---

8 Antes disso, tinha havido dois congressos na Suíça – em Zimmerwald (1915) e em Kenthal (1916) – que, contrariamente à intenção original, creio eu, adquiriram uma coloração diferente devido ao fato de os participantes não terem sido representativos dos partidos oficiais. Retomarei brevemente o assunto mais adiante.

Internacional. Essa situação se resolveu afortunadamente por meio de um recurso tático inteligente. Por iniciativa dos socialistas austríacos, aos quais os independentes alemães e o Partido Trabalhista Independente inglês se haviam unido, formou-se uma nova organização, a União Internacional Operária de Partidos Socialistas (a chamada Internacional de Viena), a fim de radicalizar os membros da Segunda Internacional ressuscitada, de restringir os que tinham forte tendência ao comunismo e de alinhar uns e outros por meio de judiciosas formulações de metas.[9]

O apelido que os comunistas não tardaram a dar a essa operação revela exatamente o seu significado: "Internacional número dois e meio". Foi justamente por isso que ela teve condições de atender as necessidades da época. No Congresso de Hamburgo (1923), a Segunda Internacional e a Internacional de Viena se uniram para formar a Internacional Trabalhista e Socialista, para estigmatizar a paz como "imperialista" e para reivindicar uma frente única contra a reação internacional – a qual, em todo caso, soava bem –, a jornada de trabalho de oito horas e uma legislação social internacional. Um ano antes (Resoluções de Frankfurt, 1922), haviam-se declarado necessárias a redução das indenizações de guerra pagas pela Alemanha a um valor definido e razoável, a abolição das dívidas interaliadas e a evacuação do território alemão. À luz dos acontecimentos subsequentes, não podemos deixar de constatar que essa foi uma grande realização – e um grande serviço.

III. O comunismo e o elemento russo

1. Nesse ínterim, os partidos comunistas se desenvolveram rapidamente. Essa era a única coisa que se podia esperar. E não representava um perigo. Todo partido que experimenta a influência moderadora da responsabilidade tem, inevitavelmente, de dar espaço para que partidos mais à esquerda (ou à

---

9 Algumas dessas formulações honrariam qualquer diplomata do século XVIII. O grande obstáculo era a guerra de classes. Os grupos continentais não podiam viver sem ela, os ingleses não podiam viver com ela. Assim, quando se consumou a fusão no Congresso de Hamburgo, a *Klassenkampf* e a *lutte de classes* se mantiveram nos textos alemão e francês, mas, no texto inglês, foram substituídas por uma circunlocução irreconhecível.

direita) se desenvolvam, e é improvável que esse espaço fique muito tempo desocupado. Desde que se possa manter as defecções dentro de certos limites, isso não precisa ser mais que uma inconveniência – e pode até ser preferível a manter elementos ingovernáveis no rebanho. Os partidos socialistas sempre tiveram problemas com as alas hiper-radicais.[10] Que esses grupos "esquerdistas" ganhassem terreno nos dias turbulentos que se seguiram à guerra e que aproveitassem a oportunidade para adquirir o *status* de partidos diferentes não surpreende mais do que o fato de eles seguirem o uso clássico e se chamarem "comunistas" ou mostrarem uma inclinação internacionalista muito mais forte que a dos partidos oficiais da época.

Recordemos que tudo isso é completamente independente do aspecto russo do caso. Teria havido partidos comunistas e uma Internacional Comunista mesmo que os tsares ainda reinassem na Rússia. Mas, como o elemento russo se transformou em um fato de importância decisiva na plasmação do destino tanto do socialismo quanto do comunismo em todo o mundo – aliás, na modelagem da história social e política do nosso tempo –, é essencial reafirmar como se desenvolveu e se aprecia a sua natureza e importância. Com esse fim, dividiremos o seu desenvolvimento em três etapas.

2. No princípio – quer dizer, até a tomada do poder pelos bolcheviques em 1917 –, não havia nada particularmente russo no desenvolvimento dos grupos comunistas, salvo que o homem mais forte porventura era um russo e que havia um traço de despotismo mongol no seu esquema de pensamento. Quando, com o início da guerra, a Segunda Internacional foi suspensa *via facti* e quando Lenin a declarou morta e afirmou que estava na hora de lançar mão de métodos mais eficazes, era natural que os que sentiam como ele se unissem. A oportunidade se apresentou nos dois congressos realizados na

---

10 As cisões ocorridas na Inglaterra e na Alemanha por causa da guerra foram, naturalmente, uma questão diferente e de importância tão somente temporária. Até a Liga Spartacus alemã, fundada por Karl Liebknecht e Rosa Luxemburgo em 1916, ainda que tenha avançado muito mais na sua oposição à guerra do que os independentes aceitavam, demorou a desenvolver uma atitude claramente hostil e, mesmo então, pelo menos oficialmente, não fez mais que exigir o cumprimento do velho programa de Erfurt. Que eu saiba, nem Liebknecht nem a sra. Luxemburgo romperam totalmente com o partido. Esta foi uma das críticas mais implacáveis da prática bolchevista.

Suíça, em Zimmerwald (1915) e em Kienthal (1916). Como praticamente todos os que haviam abraçado a causa das suas nações estavam ausentes, os militantes presentes não tiveram muita dificuldade para aderir – mais ou menos – ao programa de Lenin de transformar a guerra imperialista numa revolução internacional. Nisso havia algo mais que uma mera profissão de fé no marxismo prístino e na sua promessa messiânica. Também havia, em alguns deles, a percepção clara da verdade, para a qual os burgueses de todos os países estavam completamente cegos, de que o tecido da sociedade burguesa era incapaz de suportar as tensões e violências de uma guerra "total" prolongada e que ocorreriam colapsos pelo menos em alguns países. Para além disso, porém, a liderança de Lenin não foi aceita. A maioria dos presentes pensou em convencer, intimidar e usar os partidos socialistas existentes, não em destruí-los. Ademais – e Lenin concordava com isso –, a revolução internacional seria levada a cabo pelas ações individuais dos proletariados nacionais, e primeiro nos países "adiantados".

A segunda etapa, eu a dato de 1917 e 1927, ou seja, desde a ascensão dos bolcheviques ao poder na Rússia até a expulsão de Trotsky do Comitê Central do partido bolchevique (outubro de 1927). Essa década assistiu ao surgimento dos partidos comunistas e de uma Internacional Comunista (a "Terceira"). Também presenciou a ruptura definitiva (por ora) com os partidos socialistas e trabalhistas, que, no caso da Alemanha, foi irremediavelmente amargada pelas duras medidas repressivas adotadas pelos sociais-democratas, então no poder, durante o inverno de 1918–1919. E finalmente testemunhou o forjamento da cadeia russa.

Mas, durante toda essa década, a cadeia não irritou nem distorceu. Convém lembrar que a conquista bolchevique do poder na mais atrasada de todas as grandes nações não passou de um golpe de sorte.[11] Até certo ponto, o próprio Lenin reconheceu isso. Repetiu muitas vezes que a vitória final só seria obtida mediante a ação das forças revolucionárias nos países mais adiantados e que essa ação era a realmente importante. Naturalmente, ele continuava mandando nos comunistas como havia mandado antes e insistia numa organização

---

11 Por esse golpe de sorte, é possível que o bolchevismo tenha ficado em dívida com o Estado-Maior alemão, por cuja ordem Lenin foi transportado à Rússia. Se isso for considerado um

estritamente centralista da Internacional Comunista – cujo birô assumiu a faculdade de prescrever cada movimento dos partidos individuais –, mas o fazia no papel de líder comunista, não no de déspota russo. Isso marcava toda a diferença. Os quartéis-generais da Internacional ficavam em Moscou, o líder real era russo, mas a política era dirigida com um espírito totalmente internacionalista, sem nenhuma referência particular aos interesses nacionais russos e baseada em princípios com os quais os comunistas de todos os países concordavam substancialmente. Embora a relação pessoal entre o Birô da Internacional e o Birô Político da potência soviética fosse então muito mais estreita do que seria posteriormente, os dois organismos eram completamente diferentes.[12] Assim, a própria Internacional e os partidos individuais não se comportavam diferentemente de como teriam se comportado na ausência de vínculo com a Rússia.

Durante aquela década, pois, a importância da conexão russa, ainda que grande, não chegou a ir muito além disso. Em primeiro lugar, havia o fato importante de que, por insignificante que fosse a quantidade e a qualidade dos militantes de um grupo comunista e por poucas que fossem as suas pretensões de ser levado a sério, ele poderia desfrutar da glória refletida por aquele outro grupo que havia conquistado um império e dele receber estímulo. Em segundo lugar, apesar da realidade bolchevista – o terror, a miséria, a confissão de fracasso implícita na adoção da NEP (Nova Política Econômica) depois da revolta de Kronstadt –, dali por diante foi possível mostrar um sistema socialista que "funcionava". Os bolcheviques se revelaram mestres na arte de explorar o fato de que a opinião pública na Inglaterra e nos Estados Unidos engoliria qualquer coisa desde que fosse servida com roupagem de *slogans* conhecidos. Isso, naturalmente, também redundou em vantagem para os outros partidos comunistas. Em terceiro lugar, enquanto os comunistas de todos os

---

exagero da sua participação pessoal nos acontecimentos de 1917, há vários outros fatores acidentais na situação que nos mostram a peculiaridade desse pedaço da história.

12 No tempo de Lenin, a autoridade administrativa era exercida pelo Birô Político, dirigido pelo próprio Lenin, pelo Conselho Militar, sob o domínio de Trotsky, e pela Tcheka, então sob o comando de Dzerzhinsky. Nenhum dos três órgãos era reconhecido pela Constituição do Estado soviético, que outorgava essa autoridade ao "Soviete dos Comissários do Povo". Talvez devessem se chamar teoricamente órgãos do partido. Mas o partido era o Estado.

países (inclusive o próprio Lenin) acreditaram na iminência de uma revolução mundial, o exército russo significou para eles a mesma coisa que o exército do tsar Nicolau I havia significado para os grupos reacionários durante o segundo quartel do século XIX.[13] Em 1919, tais esperanças eram menos insensatas e bem mais próximas de se tornarem realidade do que hoje as pessoas se dispõem a acreditar. É verdade que só se estabeleceram repúblicas comunistas na Baviera e na Hungria.[14] Mas, na Alemanha, na Áustria e na Itália, a estrutura social estava perigosamente próxima do desmoronamento, e é difícil dizer o que teria acontecido a esses países e, possivelmente, mais a oeste se a máquina de guerra de Trotsky estivesse em condições de agir naquela época e não envolvida nas guerras civil e da Polônia.[15] Não se deve esquecer que a Internacional Comunista foi fundada naquela atmosfera de iminente luta de vida ou morte. Muitas coisas que depois adquiriram um significado diferente – como a direção centralizada, que tem um poder ilimitado sobre os partidos individuais e os priva de toda liberdade de ação – podiam parecer razoáveis então.

Escolhi a expulsão de Trotsky (1927) para datar o início da terceira etapa porque esse é um conveniente ponto de referência na ascensão de Stalin

---

13 Note-se que os comunistas abandonaram o antimilitarismo e o não intervencionismo com a mesma facilidade com que haviam abandonado a democracia.

14 O caso da Hungria (o governo Béla Kun) é altamente instrutivo. A paralisia das classes superiores e a indiferença do campesinato possibilitaram a um pequeno grupo de intelectuais tomar o poder sem encontrar uma resistência significativa. Eram um bando estranho – alguns deles apresentavam sinais patológicos inequívocos (coisa que também se verificou na Baviera) – que não estava de modo algum à altura daquela nem de nenhuma outra tarefa séria. Mas eles tinham uma ilimitada confiança em si e no seu credo e não se opunham nem mesmo a métodos terroristas. E isso se mostrou suficiente. Permitiu-se-lhes encenar a sua ópera e podiam ter prosseguido durante um tempo indefinido se os aliados não houvessem permitido (ou ordenado) que o exército romeno os expulsasse.

15 Portanto, é duvidoso que seja correto dizer que as potências ocidentais agiram de modo tolo e ineficaz ao apoiar sem muito entusiasmo as diversas contrarrevoluções que se tentaram na Rússia, particularmente as aventuras de Denikin e de Wrangel. Parece-me que, ou por uma avaliação perspicaz da situação, ou por sorte, elas conseguiram exatamente o que talvez desejassem: neutralizar a potência soviética num momento crucial e, assim, deter o avanço do bolchevismo. Menos que isso teria posto em perigo os seus próprios sistemas sociais; mais que isso teria envolvido esforços prolongados, custosos e talvez inúteis, que podiam ter levado facilmente os seus propósitos ao fracasso.

DA PRIMEIRA À SEGUNDA GUERRA MUNDIAL

ao poder absoluto. Depois disso, toda decisão real em questões políticas parece ter sido dele, posto que ainda tenha enfrentado alguma oposição no Birô Político e em outros lugares até o julgamento de Kamenev e Zinoviev (1936) ou mesmo até o reinado do terror de Yezhov (1937). Para os nossos fins, isso significa que, dali por diante, cada decisão foi a decisão de um político russo que agia em nome dos interesses nacionais russos vistos pela perspectiva de um despotismo simplificado. E isso, por sua vez, se verdade for, define aquela que deve ter sido a sua atitude diante da Kommintern (a Internacional Comunista) e dos partidos comunistas estrangeiros. Estes se transformaram em instrumentos da política russa, ocupando um lugarzinho no enorme arsenal de tais ferramentas e sendo realisticamente comparados entre si conforme as circunstâncias. Até a guerra atual, que pode revivê-la, a revolução mundial foi um ativo congelado. Os veteranos sobreviventes, assim como os neófitos do comunismo internacionalista, podem ter sido desprezíveis. Mas ainda tinham certa utilidade. Podiam entoar as glórias do regime russo. Podiam servir de alfinetes com que espetar os governos hostis. Aumentavam o poder de barganha da Rússia. De modo que valia a pena tolerar o incômodo e a despesa de mantê-los submissos, de supervisioná-los com o auxílio de agentes da polícia secreta, e dotar o birô da Kommintern de servos absolutamente reverentes que obedecessem temerosos e trêmulos.

3. Em tudo isso (e ao se apoiar nisso), Stalin acompanhou a prática estabelecida pelos tempos. A maior parte dos governos nacionais agiu como ele e é pura hipocrisia professar indignação específica no seu caso. Os exemplos mais óbvios são oferecidos pela prática dos governos que abraçavam um credo religioso. Enquanto os respectivos credos tiveram vitalidade suficiente para motivar a ação, esses governos muitas vezes usaram para os seus fins grupos estrangeiros do mesmo credo. Mas, como a história do período de 1793 a 1815 basta para provar, a prática é muito mais geral do que sugerem esses exemplos. Não menos padronizada é a reação – fraseológica ou outra qualquer – dos governos por ela afetados: os políticos de todos os tipos e classes adoram ter oportunidade de chamar um adversário de traidor.

Mas, para os partidos comunistas de fora da Rússia, era um problema grave receber ordens de um *caput mortuum* nas mãos de um tsar modernizado. O seu servilismo abjeto coloca duas questões, uma relativa às suas causas e outra relativa à sua possível influência sobre o caráter futuro e o destino do socialismo revolucionário.

A primeira questão é, talvez, menos difícil de responder do que parece. A única coisa que temos de fazer é colocar-nos no lugar do comunista e, levando em conta o seu tipo, encarar a sua situação com espírito prático. Ele não teria objeções ao regime de Stalin por considerações humanitárias. Poderia até mesmo exaltar a matança – alguns neurastênicos degenerados a exaltam, e outros, os comunistas do fracasso e do ressentimento, sentem satisfação com sofrimento de certo tipo de vítimas. Além disso, por que ele havia de lamentar crueldades que não impedem gente completamente burguesa de idolatrar o regime? Por que havia de condenar o bolchevismo por esse motivo se o deão Canterbury não o condena?[16] Ora, por quê?

Uma vez mais, os comunistas dificilmente teriam razão para se opor com base no "termidorismo". Esta palavra foi empregada primeiramente pelos adversários da Nova Política Econômica; mas depois Trotsky a adotou para estigmatizar o regime de Stalin de "reacionário", no sentido em que ação dos homens que derrubaram Robespierre em 1794 foi "reacionária". Mas isso não tem o menor sentido. Afinal de contas, foi Stalin que coletivizou a agricultura, que "liquidou" os cúlaques, que revogou a Nova Política Econômica. Na realidade, como bom tático, suprimiu a oposição e implementou substancialmente o programa da oposição.

Finalmente, o que a potência protetora faz dentro das suas fronteiras não é de importância primordial para o comunista de outro país contanto que tal potência jogue limpo com ele. E mesmo que não jogue limpo, fazer o quê? A cadeia apertava e feria. Mas também dava apoio. Os partidos socialistas não o teriam aceitado. Os operários normais de mentalidade sã dele se apartavam com um lamento. Consideravam-no tão perdido quanto Trotsky.

---

16 Os sentimentos expressos no livro por esse eclesiástico não podem ser defendidos com base em que os princípios do "experimento russo" são uma coisa; e o seu modo de execução, outra. Porque o realmente terrível no regime de Stalin não é o que ele fez com milhões de vítimas, mas o fato de que *tinha de fazê-lo se quisesse sobreviver*. Em outras palavras, aqueles princípios e aquela prática são inseparáveis.

Stalin não tinha condições de agir sem a sua cadeia,[17] e, ao aceitar a sua escravidão, ele podia ter esperado – pode ser que ainda espere – que surgissem conjunturas que lhe permitissem puxá-la à sua maneira... quem sabe depois da atual guerra mundial...

O último ponto se aproxima um pouco da resposta à segunda questão. Por certo, há uma possibilidade de o despotismo russo se estender sobre as ruínas da civilização europeia – ou até para além delas – e de que, neste caso, os partidos comunistas de todo o mundo se transformem em guarnições russas. Mas há outras possibilidades. E uma delas é a de que o regime russo desmorone no processo ou a de que, ao se estender sobre os outros países, adquira aspectos mais condizentes com os solos nacionais individuais. Um caso especial desse tipo seria o de que, no fim, o elemento russo não mudasse em nada o futuro caráter do socialismo revolucionário. Apostar nisso é, sem dúvida, arriscado. Mas não é tão insensato quanto esperar que a nossa civilização emerja ilesa da atual conflagração – a menos, é claro, que essa conflagração termine mais depressa do que temos o direito de esperar.

IV. Administrar o capitalismo?

1. Até aqui, pois, não vimos nenhum motivo convincente pelo qual os experimentos em responsabilidade política feitos pelos partidos socialistas depois de 1918 não tenham sido perfeitamente bem-sucedidos. Reiterando: em alguns países – na Suécia, por exemplo – os socialistas meramente continuaram a consolidar um poder que haviam adquirido anteriormente; em

---

17 É claro que isto se aplica particularmente ao grupo ou aos grupos comunistas dos Estados Unidos. As condições da política americana não favorecem o crescimento de um partido comunista oficial – algumas tesourarias de condado não são grande coisa em termos de recrutamento. Mas não se deve medir a importância do elemento comunista pelo número de militantes do partido oficial. Os intelectuais que são ou comunistas declarados, ou meros companheiros de viagem não têm motivo algum para se filiar a ele. Têm todos os motivos para ficar fora do partido, pois podem servi-lo muito melhor sem ostentar a insígnia, conquistam posições nos comitês formadores de opinião ou nos órgãos administrativos etc., ficando livres para negar, com toda a verdade, que sejam comunistas no sentido de filiação partidária. Tais grupos invisíveis são incapazes de ação concertada, a não ser por orientação de Moscou.

outros, o poder chegou-lhes naturalmente sem precisar ser conquistado pela ação revolucionária; em todos os países, eles mostraram ter muito mais condições de enfrentar os grandes problemas da época que qualquer outro partido. Como já assinalei, os socialistas pareciam quase monopolizar as condições essenciais do sucesso. Além disso, embora a maioria deles não tivesse nenhuma experiência anterior no poder, havia adquirido muita experiência sumamente útil em organização, negociação e administração. Aliás, deve-se dizer prontamente que eles praticamente jamais cometeram uma grande insensatez. Finalmente, nem o surgimento inevitável de um partido novo à esquerda dos socialistas nem o vínculo desse partido com Moscou foi tão grave para eles quanto os seus adversários tentaram fazer acreditar.

Mas, apesar de tudo isso, a situação deles era precária em toda parte. Para o verdadeiro crente, deve ter parecido impossível. Porque todas aquelas vantagens táticas ocultavam uma dificuldade fundamental que os socialistas eram incapazes de remover. A guerra e a agitação por ela causada os haviam levado ao poder; mas, por baixo dos farrapos da velha roupagem, o organismo social e particularmente o processo econômico seguiam sendo o que tinham sido até então. Quer dizer, os socialistas foram obrigados a governar em um mundo essencialmente capitalista.

Marx visualizara a conquista do poder político como o pré-requisito da socialização, à qual era preciso deitar mão imediatamente. Mas isso implicava, como, aliás, toda a argumentação de Marx, que a oportunidade dessa conquista ocorreria quando o capitalismo tivesse concluído o seu desenvolvimento natural ou, para usar uma vez mais a nossa expressão, quando as coisas e as almas estivessem maduras. O colapso que ele vislumbrava era o do motor econômico do capitalismo a partir de causas internas.[18] O colapso político do mundo burguês seria uma mera consequência disso. Mas agora o colapso político – ou algo parecido – havia ocorrido e surgira a oportunidade política, ao passo que o processo econômico ainda estava longe da maturidade. A "superestrutura" avançara mais rapidamente que o mecanismo propulsor. Tratava-se de uma situação sumamente antimarxista.

---

18 Isso explica em parte a preferência, nos Estados Unidos, pelas teorias que tendem a demonstrar que, na verdade, o capitalismo está ruindo devido a causas internas. (Cf. cap. 10.)

O estudioso no seu gabinete pode especular sobre o rumo que as coisas teriam tomado se os partidos socialistas, reconhecendo o estado de coisas, tivesse recusado o cavalo de Troia do poder, permanecido na oposição e deixado a burguesia às voltas com os escombros deixados pela guerra e pela paz. Talvez tivesse sido melhor para eles, para o socialismo, para o mundo – quem há de saber? Mas, para homens que, àquela altura, haviam aprendido a se identificar com o seu país e a assumir o ponto de vista da responsabilidade, não havia escolha. Eles enfrentaram resolutamente um problema que era fundamentalmente insolúvel.

Havia um sistema social e econômico que não funcionaria senão em parâmetros capitalistas. Os socialistas podiam controlá-lo, regulá-lo no interesse dos trabalhadores, espremê-lo a ponto de prejudicar a sua eficiência – mas não eram capazes de fazer nada especificamente socialista. Teriam de "administrar o capitalismo". E não foi outra coisa que fizeram. Trataram de revestir as suas medidas de um linguajar socialista e, com algum sucesso, aplicaram a lente de aumento a toda e qualquer diferença entre a sua política e a que se supunha que fosse a alternativa burguesa em cada caso. Substancialmente, porém, tiveram de fazer o que os liberais ou os conservadores fariam nas mesmas circunstâncias. Porém, mesmo sendo o único rumo possível,[19] segui-lo era perigosíssimo para os partidos socialistas.

Não que ele fosse inteiramente desesperançado ou, do ponto de vista da fé socialista, inteiramente indefeso. No início da década de 1920, é possível que os socialistas da Europa esperassem que, com sorte e direção cautelosa, eles se estabeleceriam dentro ou nas imediações dos centros de poder político de modo a ter condições de evitar qualquer perigo de "reação" e reforçar a posição do proletariado até o dia em que fosse possível socializar a sociedade sem uma ruptura violenta; eles presidiriam a eutanásia da sociedade burguesa e, ao mesmo tempo, assegurariam que o processo de morte corresse bem e que a vítima não ressuscitasse. Mas, à parte a presença de outros fatores que

---

19 Não me proponho a discutir, como outra possibilidade, a tentativa de reconstrução fundamental na linha russa, pois me parece demasiado óbvio que semelhante tentativa terminaria rapidamente em caos e contrarrevolução.

não os que figuram na visão da sociedade do socialista ou do operário, essa esperança podia ter se realizado.

É possível que a defesa do ponto de vista da Fé se tenha baseado na proposição apresentada acima, a saber, que a situação era nova e não fora prevista por Marx. A vítima burguesa pedindo proteção aos socialistas – evidentemente, o esquema dele não previa tal caso. Podia se haver alegado que, naquelas circunstâncias, até mesmo a mera "administração do capitalismo" era um grande passo à frente. Mesmo porque não se tratava de administrar o capitalismo no interesse capitalista, e sim de fazer um trabalho honesto no campo da reforma social e de construir um Estado que girasse em torno dos interesses do trabalhador. Fosse como fosse, aquela era a única coisa a fazer se se optasse pelo caminho democrático, pois a imaturidade da situação se evidenciava justamente no fato de não haver maiorias favoráveis à alternativa socialista. Não admira que os partidos socialistas que haviam decidido assumir o governo em tais circunstâncias proclamassem em altos brados a sua adesão à democracia!

Assim a ânsia do arrivista político por cargos podia achar justificativa na mais elevada doutrina e no interesse do proletariado. O leitor não terá dificuldade para se dar conta de como essa confortável concordância há de ter impressionado os críticos radicais. Mas, como os acontecimentos posteriores induziram tanta gente a falar no malogro daquela política e a dar lições aos dirigentes daquela época sobre o que deviam ter feito, quero frisar tanto o fundamento racional dos seus pontos de vista quanto a natureza impositiva do padrão ao qual eles tinham de se amoldar. Se houve malogro, é preciso procurar as suas causas em qualquer outra coisa, mas não na burrice ou na traição. Para que nos convençamos disso, basta-nos examinar os casos inglês e alemão.

2. Tão logo arrefeceu a orgia de sentimento nacionalista que acompanhou o fim da guerra, desenvolveu-se na Inglaterra uma situação genuinamente revolucionária, o mau humor das massas a se afirmar, por exemplo, em greves políticas. Tais fatos – e o perigo de a nação ser levada a um estado de ânimo verdadeiramente reacionário – compeliram tão completamente os socialistas e os trabalhistas responsáveis a se unirem que, dali por diante, eles aceitaram uma liderança comum, pelo menos no concernente às manobras parlamentares. A parte do leão do peso combinado cabia aos interesses trabalhistas e, dentro destes, à burocracia de alguns grandes sindicatos, de

modo que se desenvolveu quase imediatamente uma oposição de intelectuais insatisfeitos. Esses intelectuais questionavam o caráter trabalhista da aliança e se declaravam incapazes de nela ver alguma coisa socialista. O oportunismo ideológico dos trabalhistas empresta um pouco de cor a essa opinião, mas, enfatizando mais os fatos da situação do que os *slogans*, daremos valor igual, apesar de tudo, ao conjunto das forças políticas trabalhistas à medida que elas aceitavam a liderança de MacDonald, com o Partido Social-Democrata da Alemanha.

Tendo emergido com sucesso dessa situação revolucionária, o partido melhorou continuamente a sua posição até que MacDonald chegasse ao governo em 1924. Ele e os seus homens tiveram uma atuação tão respeitável que até mesmo os intelectuais descontentes se contiveram temporariamente. Em questões de política externa e colonial, esse governo foi capaz de tocar uma nota própria – particularmente com relação à Rússia. Nos assuntos internos, isso foi menos fácil, principalmente porque o radicalismo fiscal fora (e continuava sendo) mantido, na medida do possível naquelas circunstâncias, por governos conservadores que dependiam em parte do voto trabalhista. Entretanto, ainda que não fosse além de detalhes comparativos em matéria de legislação, o governo trabalhista se mostrou qualificado para administrar os negócios da nação. O excelente desempenho de Snowden no cargo de ministro da Fazenda teria sido suficiente para mostrar à nação e ao mundo que os trabalhistas eram capazes de governar. E isso em si era um serviço à causa do socialismo.[20]

Naturalmente, *esse* sucesso foi muito facilitado – e qualquer outro tipo de sucesso tornou-se mais difícil ou até impossível – pelo fato de o governo trabalhista ser minoritário e depender não só da cooperação dos liberais – com os quais tinha muito em comum, por exemplo, os seus pontos de vista sobre o livre-comércio –, como também, em certa medida, da tolerância dos conservadores. Os trabalhistas se achavam numa situação parecidíssima com a dos conservadores durante os seus breves períodos no poder nas décadas de 1850 e 1860. Para eles, não seria tão fácil assumir uma atitude responsável se

---

20 Ademais, do ponto de vista da tática partidária, dificultou as coisas para os conservadores muito mais do que o radicalismo obstinado teria dificultado.

tivessem a maioria. Mas, como dissemos acima, o próprio fato de não a terem provaria até mesmo a um tribunal marxista que ainda não tinha chegado
a hora de uma linha de ação mais radical – pelo menos em qualquer plano que
atendesse aos requisitos democráticos.

As bases, porém, não gostaram disso. E muito menos as massas compreendiam que deviam ao partido trabalhista não só o que ele próprio reali-
zava, como também parte do que o seu concorrente conservador pelo voto
operário vinha fazendo por elas. Sentiam falta de propostas espetaculares de
reconstrução e de promessas de benefícios imediatos e não sabiam como estavam sendo injustas quando perguntavam ingenuamente: "Por que os socialistas não fazem algo por nós agora que estão no poder?". Os intelectuais, que
detestavam ser deixados de lado, naturalmente aproveitaram a oportunidade
oferecida por esse estado de espírito para atacar a influência dos trabalhistas
sobre os verdadeiros socialistas e para transformar queixas comuns e correntes em erros horrendos cruelmente negligenciados por burocratas sindicais
tirânicos. Sob a sua influência, o Partido Trabalhista Independente tornou-se
cada vez mais insubmisso nos anos subsequentes de oposição, especialmente quando MacDonald se mostrou insensível aos seus argumentos favoráveis
a um programa mais radical.[21] Assim, para muita gente, o sucesso era pareci-
díssimo com o fracasso; e a responsabilidade, parecidíssima com a covardia.

Isso, no entanto, era inevitável. As dificuldades e os perigos inerentes a
uma política de partidos socialistas que envolve a aceitação do poder em condições de "imaturidade" são ainda mais bem ilustrados pela história do segundo governo de MacDonald.[22] Os historiadores aprenderam a fazer justiça às

---

21 Esse programa contemplava principalmente a socialização da banca e de certas indústrias-chave e, portanto, não seguia realmente a linha do socialismo ortodoxo. Mas, naquelas circunstâncias, era apresentado como a coisa verdadeira, ao passo que o de MacDonald era tachado de
"reformista" – termo que, de acordo com o uso clássico, se aplica igualmente bem ao programa
do Partido Trabalhista Independente.

22 Pode ser que os leitores sintam falta de um comentário sobre a greve geral de 1926. Embora fosse do interesse dos dois partidos rivais minimizar-lhe a importância sintomática e embora as teorias oficiais a respeito tenham sido plasmadas de acordo com esse interesse, ela foi
muito mais que uma série de erros táticos cometidos numa situação em que o congresso dos
sindicatos tinha de "blefar" e o governo conservador tinha de pagar para ver. Basta nos perguntarmos quais teriam sido as consequências do sucesso, para a autoridade do governo e a

qualidades de estadista de *sir* Robert Peel.[23] Espero que aprendam a fazê-la às de MacDonald. Ele teve a singular desdita de tomar posse bem no início da depressão mundial, que, além disso, foi a causa imediata do colapso do sistema internacional representado pela Liga das Nações.

Homens de menor estatura podiam pensar – aliás, pensaram deveras – que havia chegado uma oportunidade de reconstrução fundamental. Isso teria dividido a nação em duas e não pode haver a menor dúvida sobre qual seria o resultado. Contudo, na falta dessa reconstrução fundamental, recomendava-se amplamente uma política de expansão monetária combinada com uma reforma social não tão fundamental assim – por exemplo, medidas isoladas de nacionalização e uma legislação previdenciária adicional –, bem como o recurso a políticas mercantilistas no campo das relações internacionais. Mas, sem dúvida alguma, parte desse programa intensificaria a depressão e o resto dele – o abandono do padrão-ouro da libra e o mercantilismo – significava uma ruptura tão radical com a tradição nacional e com a tradição do próprio Partido Trabalhista que os socialistas dificilmente seriam capazes de levá-lo a cabo e muito menos de fazer dele um sucesso; implementá-lo segura e eficazmente significava implementá-lo por consenso, ou seja, por uma coalizão.

Como a coalizão não era possível, MacDonald e a sua equipe se dedicaram à tarefa de fazer com que o sistema funcionasse tal como o haviam

---

democracia, para vermos que a greve foi um acontecimento histórico de grande importância. Se essa arma tivesse se mostrado eficaz, os sindicatos teriam se tornado os donos absolutos da Inglaterra e nenhum poder político, judiciário ou econômico continuaria existindo ao lado deles, a menos que contasse com a sua tolerância. E, nessa situação, não poderiam continuar sendo o que eram. Ainda que com repugnância, as lideranças teriam de usar o poder absoluto que se lhes impunha.

Para o nosso fim, é suficiente destacar dois pontos. Primeiramente, a situação descrita acima, em especial o descontentamento que se difundiu na massa e que foi assiduamente fomentado por muitos elementos irresponsáveis teve muito a ver com a causação da greve. Em segundo lugar, a greve não prejudicou o poder do partido como podia tê-lo prejudicado. Pelo contrário, a derrota parece ter produzido a radicalização das massas, o que explica em parte o triunfo do partido em 1929.

23 A analogia se estende de certos aspectos da situação política e econômica que cada homem enfrentou (posto que Peel tivesse a vantagem de tomar posse *depois* da crise de 1836–1939) a questões de detalhe político. Em ambos os casos, houve cisão no partido, corajosamente arriscada e, enfim, corajosamente aceita; em ambos os casos, os líderes foram considerados "traidores".

encontrado. Essa, naquelas circunstâncias, era a mais difícil das tarefas que podiam ter empreendido. Enquanto todo o mundo clamava que era preciso fazer alguma coisa imediatamente, enquanto os irresponsáveis de todos os tipos tinham a palavra, enquanto as massas resmungavam, os homens de negócios se desesperavam, os intelectuais vociferavam, eles defenderam cada palmo do seu terreno. Internamente, puseram as finanças em ordem, sustentaram a libra e procuraram não acelerar a máquina legislativa. Externamente, empenharam-se com desesperada energia – e sucesso considerável – em fazer com que o sistema de Genebra funcionasse e reduzir os perigos e tensões em toda parte. É assim que o interesse nacional pareceu garantir o risco partidário, deram o passo decisivo e auxiliaram o nascimento do Governo Nacional.

É triste constatar que, em muitos casos importantes, uma política está fadada a ser tanto mais impopular com o público e com o crítico intelectual quanto mais sensata for. Este é um exemplo típico. O crítico radical, que não sabia associar essa política à relativa suavidade da depressão na Inglaterra e à firmeza da sua recuperação subsequente, nela só enxergava fraqueza, incompetência, tradicionalismo rígido, se não abandono traiçoeiro da causa socialista. Aquele que provavelmente foi um dos melhores desempenhos na história da política democrática e um dos melhores exemplos de ação responsavelmente decidida a partir da percepção correta de uma situação econômica e social, o crítico a encarava com "vergonha e repugnância". Na melhor das hipóteses, considerava MacDonald simplesmente um péssimo cavaleiro que pusera o cavalo de joelhos. Mas a hipótese que mais o atraía era a de que o governo MacDonald havia cedido aos cochichos diabólicos (ou pior que isso) dos banqueiros ingleses ou à pressão dos seus patrocinadores americanos.

Infelizmente, semelhante absurdo é um fator de importância real e deve ser levado em conta em qualquer tentativa de prognóstico. Pode interferir seriamente na capacidade dos partidos socialistas de servir a causa da civilização durante a era transicional em que vivemos. Mas, se descartarmos esse elemento e também o truísmo que qualquer partido que fizer um sacrifício pelo interesse nacional sofrerá por isso no curto prazo, teremos pouca dificuldade para reconhecer que, no longo prazo, a influência trabalhista pode perfeitamente acabar fortalecida graças ao segundo governo de MacDonald. Coisa que, uma vez mais, a analogia com o segundo governo de *sir* Robert Peel ajuda a ilustrar.

A maioria conservadora deste dividiu-se devido à questão da revogação das leis dos grãos. A ala de Peel, posto que muito mais numerosa e importante que os seguidores pessoais de MacDonald, não tardou a se desintegrar. O partido conservador ficou mutilado e se mostrou incapaz de tomar o poder – embora tivesse participado três vezes do governo – até a grande vitória de Disraeli em 1873. Mas, depois disso e até a vitória de *sir* Henry Campbell Bannerman em 1905, manteve-se no poder cerca de dois terços do tempo. Mais importante ainda: a aristocracia e a nobreza rural inglesas mantiveram uma posição de força o tempo *todo* muito melhor do que a teriam mantido se não se tivesse removido o estigma do pão caro.

Na realidade, o partido trabalhista recuperou e consolidou rapidamente a sua posição no país durante os anos subsequentes à cisão. Pode-se dizer com segurança que, mesmo no curso normal das coisas – isto é, independentemente da guerra –, os socialistas não demorariam a voltar ao governo, com mais poder e melhores chances de sucesso, e que poderiam adotar uma linha mais radical que a anterior. Mas também se pode dizer com igual segurança que, tanto no tocante ao programa quanto no referente à sua capacidade de implantá-lo, a política socialista teria diferido somente em grau da política de MacDonald – principalmente em algumas medidas individuais de socialização.

3. A carreira do Partido Social-Democrata alemão no pós-guerra difere, naturalmente, da do Partido Trabalhista inglês em muitos aspectos. Mas, tão logo aceitaram o governo e decidiram combater o comunismo, os socialistas alemães que permaneceram no Partido Social-Democrata se comprometeram tanto quanto os seus colegas ingleses a "administrar o capitalismo". Se aceitarmos essas premissas e levarmos em conta o fato de que eles não tinham, e não podiam esperar ter num futuro calculável, maioria no parlamento federal nem da dieta prussiana nem na população, tudo o mais se segue com uma lógica inexorável. Em 1925, a população total era de aproximadamente 62 milhões. O proletariado (trabalhadores e suas famílias; incluo os empregados domésticos) chegava a 28 milhões, e parte do voto dessa classe ia para outros partidos. A população "independente" não era muito menor – uns 24 milhões – e em grande medida insensível à persuasão socialista. Mesmo que excluamos o estrato superior – 1 milhão, digamos – e nos restrinjamos aos grupos que têm peso nas eleições – os camponeses, artesãos, varejistas –,

não havia muito que conquistar ali, não só por ora como até mesmo no futuro próximo. Entre esses dois grupos, havia os empregados de colarinho branco, não menos que 10 milhões (incluindo-se as famílias). É claro que o Partido Social-Democrata sabia que essa classe ocupava a posição-chave e se esforçava muito para conquistá-la. Mas, apesar do sucesso considerável, esse esforço só servia para mostrar que os colarinhos-brancos são uma barreira muito mais grave do que devia ser segundo a teoria marxista das classes sociais.[24]

Assim, mesmo que os comunistas fossem aliados dos sociais-democratas em vez de ser seus piores inimigos, o partido continuaria em minoria. É verdade que a maioria não socialista não era ativamente hostil em todas as suas vertentes: os liberais de esquerda (o Partido Democrático Popular), mais forte em talento que em números, sempre esteve disposto a cooperar (até certo ponto). Também é verdade que essa maioria estava dividida em muitos grupos incapazes de agir em uníssono e cujos militantes e simpatizantes estavam longe de ser disciplinados como os sociais-democratas. Mas as pessoas sensatas que não podiam nem queriam enveredar por caminhos arriscados perceberiam, apesar de tudo, que para elas só havia uma linha a tomar – a da democracia – e que essa linha significava coalizão.

O partido que mais se qualificava para o papel de aliado era o católico (Zentrum, o Centro). Um partido poderoso. Até o advento de Hitler, parecia que nada podia abalar a lealdade dos seus adeptos. A sua organização era excelente. Contanto que os interesses da Igreja estivessem protegidos, ele se dispunha a ir quase tão longe na reforma social do tipo imediatamente prático quanto os próprios socialistas; em certos aspectos, mais longe até. Como não cultivava sentimentos particularmente fervorosos pelas dinastias depostas,

---

24 Quando confrontados com esse fato, os socialistas geralmente se consolam argumentando ou que os empregados não socialistas não passam de ovelhas desgarradas que ainda não encontraram o seu verdadeiro lugar político, mas que seguramente acabarão encontrando-o, ou que a pressão exercida pelos patrões os impede de ingressarem no partido. O primeiro argumento não convence ninguém fora do rebanho marxista – já vimos que a teoria das classes sociais é um dos elos mais frágeis da corrente marxista. O segundo argumento é inegavelmente falso. Por muita verdade que possa ter tido em outros tempos, os patrões alemães do segundo decênio do nosso século, salvo exceções sem importância quantitativa, não tinham condições de influenciar o voto dos seus empregados.

DA PRIMEIRA À SEGUNDA GUERRA MUNDIAL

apoiava francamente a Constituição de Weimar. E, enfim, acolhia de bom grado os acordos que garantissem os seus domínios. Assim, chegou-se ao entendimento com uma facilidade que pareceria surpreendente ao observador de fora. Os socialistas tratavam a Igreja católica com suma deferência e tato. Não criaram dificuldades para uma concordata com o papa que dava ao clero mais do que ele tivera sob os heréticos Hohenzollern. Em política, praticamente não havia divergências.

Mas, embora essa aliança fosse fundamental, nenhum partido que professasse adesão à Constituição de Weimar estrava excluído do governo. Democratas, nacionais liberais, nacionais (= conservadores), todos eram admitidos até mesmo em cargos de alto mando. Coalizão como princípio universal significava compromisso como princípio universal. Fizeram-se prontamente as concessões necessárias quanto às medidas. Deixou-se o exército em paz, praticamente sob administração da sua própria escolha e adequadamente abastecido de meios. A Prússia Oriental recebeu subvenção e a agricultura em geral passou a ser objeto de um cuidado solícito. Para que algumas consequências disso que acaso não condissessem perfeitamente com as profissões de fé socialistas se tornassem mais palatáveis para o proletariado, que pagava a conta, dava-se a esse tipo de coisa o nome de planejamento – talvez o leitor sinta que não há nada de novo debaixo do Sol.

Na sua atitude para com as massas industriais e para com o seu próprio programa, o Partido Social-Democrata "trabalhistou-se". Inicialmente, fez-se um pagamento simbólico com a aprovação de um projeto de lei moderadíssimo, no qual o aspecto mais radical consistia na palavra socialização inserida no título (1919). Mas os socialistas não tardaram a engavetar tudo isso para se dedicar à legislação trabalhista do tipo que o New Deal tornou familiar para os americanos. Isso satisfez os sindicatos, cuja burocracia passava cada vez mais a formar a seção operativa da máquina de fazer política do partido.

Pode-se pensar que isso foi difícil para um partido com uma tradição marxista que continuava prevalecendo nas suas escolas. Mas não. Com exceção de certa quantidade de defecções comunistas, os intelectuais dos quais era de esperar oposição interna foram mantidos sob controle total. Ao contrário do partido inglês, o alemão se instalou no aparato administrativo do Reich, dos estados e dos municípios. Além disso, tinha muitos empregos próprios que oferecer na sua imprensa e em outras partes. A obediência significava preferência no serviço público, na carreira acadêmica, nas numerosas empresas estatais e assim por diante. Esses meios foram eficazes para pôr os radicais de joelhos.

O firme controle que os sociais-democratas adquiriram em todas as partes da maquinaria da administração pública não só resultou numa disciplina mais rigorosa, como também ajudou a aumentar a militância e, para além da militância, o número de votos com que o partido podia contar. Claro está, também incrementou o seu poder de outras maneiras. Por exemplo, os socialistas passaram a ter poder dominante no Estado Livre da Prússia. Isso lhes deu o controle da força policial, e eles tiveram o cuidado de escolher membros do partido ou carreiristas confiáveis para os cargos de presidentes (chefes) de polícia nas grandes cidades. Desse modo, fortaleceram o seu campo até que a sua posição parecesse inexpugnável conforme todos os padrões ordinários. E, uma vez mais de acordo com todas as normas ordinárias da análise política, até mesmo um marxista ortodoxo teria podido se consolar argumentando que eles podiam habitar confortavelmente aquelas trincheiras até que as coisas, no seu curso secular, transformassem por si mesmas a minoria em maioria e abrisse a cortina que por ora encobria o Objetivo Supremo. Citação no *Manifesto comunista*...

Independentemente da mecânica da máquina partidária, a situação política, bem como a situação social geral, parecia notavelmente estável. Além disso, por mais que se pudessem criticar muitas medidas individuais, legislativas e administrativas, o conjunto das políticas da coalizão favorecia a estabilidade, não a desfavorecia. Muito do que se fez merece o nosso sincero respeito. Nada do que se fez serve de explicação para qualquer coisa pior que a medida normal de descontentamento provocado por qualquer regime a que faltem autoridade e encanto. A única possível exceção está na esfera financeira. Parte das realizações culturais e políticas desse sistema de governo estava associada ao gasto público grande e em rápido crescimento. Ademais, essa despesa era financiada por métodos – embora entre eles figurasse um imposto de vendas altamente bem-sucedido – que drenavam as fontes de acumulação. Enquanto prosseguiu o influxo de capital estrangeiro, tudo correu comparativamente bem, se bem que as dificuldades orçamentárias e até de caixa tenham começado a aparecer mais de um ano antes que ele cessasse. Quando cessou enfim, surgiu a conhecidíssima situação que teria minado a posição do mais carismático dos líderes. Em suma, porém, os críticos socialistas do partido e da sua conduta durante esse período no poder poderão gabar-se de realizações nada insignificantes se, caso estivessem instalados no governo, eles tivessem um desempenho igualmente bom.

V. A guerra atual e o futuro dos partidos socialistas

O modo como a guerra atual afetará o destino dos grupos socialistas existentes depende, naturalmente, da sua duração e do seu resultado. Para os nossos fins, não vejo sentido em especular a esse respeito. No entanto, à guisa de exemplo, consideremos dois casos dentre tantos outros possíveis.

Mesmo agora (julho de 1942), muitos observadores parecem esperar que a Rússia saia da guerra com um grande aumento de poder e prestígio; aliás, que Stalin emerja como o verdadeiro vencedor. Se assim for, não se segue necessariamente que a consequência seja uma revolução comunista mundial ou mesmo que haja uma "russificação" da Europa continental acompanhada do extermínio dos estratos superiores e de um acerto de contas com os grupos socialistas não comunistas (e trotskistas). Porque, mesmo excluindo uma possível resistência anglo-americana à expansão da potência russa, não é seguro que o próprio interesse da autocracia russa aponte para essa direção. Mas é seguro que as chances de tal consumação – a realização da íntegra do programa de Lenin – aumentará incomensuravelmente. Contudo, essa revolução mundial pode diferir da ideia marxista; para os que estão dispostos a aceitá-la como um substitutivo, sem dúvida alguma, ela deixaria de ser uma quimera. E não só no que se refere à Europa.

Nesse caso, o destino do socialismo ortodoxo e de tudo quanto ele representa estaria selado. E selado estará o destino do continente europeu se as potências fascistas forem bem-sucedidas. Entretanto, se presumirmos uma vez mais a vitória completa da aliança russo-anglo-americana – quer dizer, uma vitória que imponha capitulação incondicional, mas com todas as honras nas mãos da Inglaterra e dos Estados Unidos – vemos imediatamente que o socialismo ortodoxo do tipo social-democrata alemão ou de um tipo ainda mais trabalhista tem muito mais chance de sobreviver no continente europeu, pelo menos durante algum tempo. Uma razão para acreditar nisso é que, se o caminho bolchevista e o fascista forem excluídos, as pessoas podem perfeitamente enxergar na república social-democrata a mais óbvia das opções restantes. Mas há uma razão muito mais importante: o socialismo trabalhista contará com a simpatia dos vencedores. Porque a consequência de uma vitória tão completa como a que agora vislumbramos será a gestão anglo-americana dos negócios do mundo – uma espécie de governo anglo-americano que, a julgar pelas ideias que estão se plasmando diante dos nossos olhos, pode ser chamado de imperialismo ético. Semelhante ordem mundial, na qual os interesses e ambições das outras nações contariam unicamente na medida em que fossem compreendidos e aprovados pela Inglaterra e os Estados Unidos só pode ser estabelecida pela força militar e mantida pela disposição permanente para usá-la. Talvez seja ocioso explicar por que, nas condições políticas e econômicas da nossa época, isso significaria para esses dois países uma organização social que seria mais bem definida como "socialismo militarista". Mas é claro que, por um lado, a recriação e a nova criação de Estados pequenos e ineficientes na Europa e, por outro, a instalação de governos de tipo trabalhista ou social-democrata facilitariam muito a tarefa de controlar e policiar o mundo. Especialmente na Alemanha e na Itália, os escombros dos partidos social-democratas constituiriam o único material político com que erigir governos que eventualmente aceitassem essa ordem mundial por mais tempo que um período de prostração e cooperassem com os agentes do protetorado mundial sem reservas mentais. Seja como for, essa é a chance do socialismo liberal.

Não obstante, do ponto de vista do tema deste livro (posto que de nenhum outro), tudo isso é de importância secundária. Seja qual for o destino de *grupos* socialistas particulares, não há a menor dúvida de que a atual conflagração significará – inevitavelmente, em toda parte e independentemente do resultado da guerra – outro grande avanço rumo à *ordem* socialista. Para que esse prognóstico se justifique, basta recordar os efeitos da Primeira Guerra Mundial sobre o tecido social da Europa. Mas, desta vez, o avanço também se dará nos Estados Unidos.

DA PRIMEIRA À SEGUNDA GUERRA MUNDIAL

Mas essa experiência, embora seja um guia valioso, é inadequada. Transcorreu um quarto de século. Não é um intervalo desprezível nem mesmo com relação às forças seculares que favorecem o socialismo no sentido explicado na Parte II. Independentemente de tudo o mais, no fim desta guerra, enfrentaremos uma situação econômica, uma atmosfera social e uma distribuição do poder político substancialmente diferentes das de 1918. No entanto, nesses 25 anos, aconteceram muitas coisas que não podiam ter sido previstas exclusivamente a partir das tendências seculares. Entre outras, houve uma grande depressão que, ao impactar uma situação delicada, abalou as estruturas sociais até os alicerces, principalmente nos Estados Unidos. Ainda mais eficazes no solapamento dessas estruturas foram as políticas com as quais se enfrentou a depressão. E grande parte disso se deve atribuir a configurações políticas parcialmente acidentais. As consequências são óbvias. Em particular, desenvolveram-se burocracias gigantescas que hoje são suficientemente poderosas para manter o seu terreno e implementar políticas de reconstrução fundamental.

Em nenhum país a tributação de guerra sobre os negócios e a classe dos negociantes será reduzida na proporção em que foi a partir de 1919. Isso, por si só, pode bastar para paralisar definitivamente os motores do capitalismo e, assim, prover mais um argumento a favor da administração pelo Estado. A inflação, ainda que não aumente mais do que o inevitável, por exemplo, nos Estados Unidos e no atual sistema político, pode muito bem fazer o resto, tanto diretamente quanto indiretamente, por meio da radicalização dos proprietários expropriados de ações e apólices. De resto, em parte alguma os controles de guerra serão liquidados na extensão em que a experiência dos anos posteriores a 1918 pode nos levar a acreditar. Terão outros usos. Nos Estados Unidos, já se estão tomando providências para preparar a opinião pública para a administração estatal dos ajustes do pós-guerra e para descartar a alternativa burguesa. Por fim, não há motivo algum para acreditar que os governos venham a afrouxar o controle que obtiveram sobre o mercado de capitais e o processo de investimento. Sem dúvida alguma, isso não constitui socialismo. Mas, em tais condições, o socialismo pode se impor como a única alternativa factível aos impasses e ao atrito incessante.

É claro que os pormenores e as frases variarão de país para país. E que diferentes serão as táticas políticas e os resultados econômicos. Os desenvolvimentos ingleses são comparativamente fáceis de prever. Os trabalhistas entraram no governo Churchill em reação ao chamado de emergência. Mas, como já se observou, na época, eles já estavam bem entrados no caminho do governo *e* do poder independentemente de qualquer emergência. Por isso, é muito natural que tenham condições de administrar a reconstrução do pós-guerra sozinhos ou – o que pode se revelar o método mais eficaz – numa coalizão sob o seu controle. A economia de guerra terá atingido alguns dos seus objetivos imediatos. Em considerável medida, eles só precisarão conservar aquilo que já obtiveram. Pode-se esperar que um novo avanço rumo à meta socialista seja relativamente fácil em condições nas quais aos capitalistas não resta muito por que lutar. E talvez seja possível ser bastante franco a esse respeito e levar a cabo a socialização com serenidade, de maneira ordenada e em grande parte por consenso. Por muitos motivos, mas principalmente em virtude da fragilidade do partido socialista oficial, o prognóstico não é tão fácil no caso desse país. Mas não é provável que os resultados finais sejam diferentes, posto que os *slogans* quase certamente o sejam – assim como os custos em termos tanto de bem-estar quanto de valores culturais.

Uma vez mais: somente o socialismo no sentido definido neste livro é tão previsível. Nada mais o é. Em particular, há pouca razão para acreditar que esse socialismo signifique o advento da civilização com que sonha o socialismo ortodoxo. É muito mais provável que apresente aspectos fascistas. Essa seria uma resposta estranha às orações de Marx. Mas a história às vezes se dá ao luxo de piadas de mau gosto.

28

AS CONSEQUÊNCIAS DA SEGUNDA GUERRA MUNDIAL

Mundus regitur parva sapientia

Agora (julho de 1946), podemos acrescentar um pouco mais ao que dissemos na última seção acerca dos efeitos da guerra sobre a estrutura social da nossa época e sobre a situação e as perspectivas dos grupos socialistas ortodoxos (*i.e.*, não comunistas). Em julho de 1942, era evidente que, fosse qual fosse o destino de *grupos* socialistas particulares, haveria um grande avanço em direção à *ordem* socialista e que, dessa vez, esse avanço também se verificaria nos Estados Unidos. Estava igualmente claro que o destino dos grupos socialistas existentes dependeria da duração e do desfecho da guerra. Enfim, sugerimos que, em caso de vitória completa da aliança russo-anglo-americana (com a capitulação incondicional do inimigo), o resultado para o socialismo ortodoxo seria diferente se Stalin emergisse como o verdadeiro vencedor ou se a Inglaterra e os Estados Unidos ficassem com todas as honras. Nesta segunda hipótese, o socialismo ortodoxo do tipo social-democrata alemão ou o trabalhismo do tipo inglês teriam uma boa chance de melhorar a sua posição no continente europeu.

Stalin emergiu senhor da Europa Oriental. A Inglaterra e os Estados Unidos estão lutando para manter certa influência na Europa Central e

Ocidental. O destino dos partidos socialista e comunista reflete essas condições. Mas há outro elemento capaz de afetar substancialmente a situação social em todo o mundo, a saber, o desenvolvimento econômico dos Estados Unidos, que pode, quem sabe, favorecer a ordem capitalista. Portanto, este capítulo tratará, primeiramente, da situação do socialismo ortodoxo e do trabalhismo e, em particular, da situação inglesa; em segundo lugar, dos possíveis efeitos do evidente sucesso industrial dos Estados Unidos; em terceiro, dos possíveis efeitos do sucesso político da Rússia. Assim, a nossa argumentação se divide, naturalmente, em três partes, a saber:

I. O socialismo ortodoxo da Inglaterra,

II. As possibilidades econômicas dos Estados Unidos,

III. O imperialismo e o comunismo russos.

I. O socialismo ortodoxo da Inglaterra

Muitos fatos mostram que, independentemente do elemento russo no caso, os efeitos da Segunda Guerra Mundial sobre a situação social da Europa serão parecidos com os da Primeira Guerra Mundial, só que mais fortes. Ou seja, estamos presenciando a aceleração da tendência existente à organização socialista da produção *no sentido definido neste livro.*

O mais importante desses fatos é o sucesso do Partido Trabalhista inglês. Como indicamos no capítulo anterior, esse sucesso era de esperar e não devia surpreender ninguém. Tampouco foi mais completo do que devíamos esperar. Graças ao sistema eleitoral inglês, a atual redistribuição das cadeiras tende a apresentar um quadro exagerado. Houve cerca de 12 milhões de votos trabalhistas contra uns 10 milhões de votos conservadores. O tempo do liberalismo acabou, é claro, mas até mesmo os doze membros liberais sobreviventes representam mais votos que 72 membros trabalhistas tomados a esmo. Em outras palavras, em um sistema de representação proporcional, o Partido Trabalhista não teria obtido maioria parlamentar sobre os conservadores e liberais combinados, embora uma coalizão trabalhista-liberal gozasse de uma margem confortável. A própria lógica do sistema eleitoral inglês é produzir governos fortes e evitar impasses. Foi o que ela fez neste caso. Mas, apesar de

AS CONSEQUÊNCIAS DA SEGUNDA GUERRA MUNDIAL

tudo, a situação nacional, diferentemente da parlamentar, não deixa de ter importância para uma avaliação do que é e do que não é politicamente possível. A inferência óbvia é reforçada pelo fato de os grupos à esquerda do Partido Trabalhista oficial não terem conseguido melhorar a sua situação parlamentar: o Partido Trabalhista Independente apenas manteve as suas três cadeiras e os partidos Commonwealth e Comunista perderam uma das quatro que tinham anteriormente. Considerando os muitos motivos que havia para esperar "radicalização", essa é uma prova notável e impressionante da maturidade política da Inglaterra.

Essa situação certamente se afirmará. Aliás, já se afirmou tanto no caráter do gabinete quanto nas medidas tomadas ou anunciadas. Convido o leitor a reler o texto acima intitulado "Política socialista *avant la lettre*" (cap. 19, seção IV). Ele observará primeiramente que tudo quanto o governo trabalhista faz ou se propõe a fazer está no espírito e nos princípios do programa lá delineado; e, em segundo lugar, que a prática real não chega tão longe. Particularmente a nacionalização do Banco da Inglaterra é um símbolo altamente significativo e, portanto, pode se sobressair como um marco histórico. Mas a sua importância prática pode muito bem ser considerada nula: o banco passou a ser praticamente um departamento do Tesouro desde 1914, e, nas condições modernas, nenhum banco central pode ser outra coisa. E, hoje, medidas como as tomadas com relação ao carvão ou a legislação de pleno emprego dificilmente são controversas – na Inglaterra. A maneira como o governo trabalhista lida ou tem probabilidade de lidar com elas contará com apoio quase universal. As disputas sobre questões de princípios fundamentais avivarão, sem dúvida, o trabalho sério; mas não porque essas questões ou diferenças sejam tão importantes assim, mas porque os governos e os parlamentos não podem viver sem elas. Tudo isso é como devia ser. Sem dúvida, trata-se uma vez mais de um caso de administrar o capitalismo, mas por causa da guerra e do decurso do tempo, isso se fará com um propósito mais claro e com mão mais firme que antes e com a liquidação definitiva da empresa privada mais claramente em vista. No entanto, três pontos merecem particular atenção.

Primeiramente, é precisamente essa conformidade quase ideal da ação política com os dados da situação social e econômica que tem tanta importância e, do ponto de vista da sociedade da propriedade privada, é tão perigosa.

Digam o que quiserem os extremistas intelectuais – e, é claro, a atitude do governo trabalhista lhes dá muito que falar – o avanço rumo a uma Inglaterra socialista será ainda mais substancial porque nele há pouquíssimo despautério. Não é preciso recuar sobre passos dados com tanta responsabilidade. Excluindo-se os distúrbios vindos de fora, pode-se evitar perfeitamente o desastre social, político e econômico. Se conseguir manter a sua linha, o governo executará exatamente a tarefa que fica entre as tarefas dos governos trabalhistas sem poder (como o de MacDonald, cf. cap. 27, seção IV) e as tarefas dos governos trabalhistas do futuro, cuja maioria parlamentar se equipararáa à maioria do eleitorado. Essa é a única esperança do socialismo democrático. Tal esperança, que existe no continente europeu, é, naturalmente, algo fortalecida pelo paradigma inglês.

Em segundo lugar, observamos no capítulo anterior que os primeiros pensadores socialistas jamais previram – e não se podia esperar que previssem – uma situação em que o poder político fosse imposto aos trabalhadores e em que a vítima burguesa se voltasse para eles em busca de proteção. Também observamos outra coisa que não previram nem podiam prever, a saber, até que ponto seria possível expropriar a estrutura burguesa sem destruir *formalmente* o arcabouço jurídico da ordem capitalista e por métodos tão pouco revolucionários como a tributação e a política salarial. A tributação e os controles de guerra decerto não se poderão manter integralmente. Mas é possível deter o seu recuo num ponto em que alguns dos itens mais populares do programa socialista sejam cumpridos automaticamente. A igualação das rendas tributadas já foi longe a ponto de prejudicar a eficiência, para usar a expressão russa, de "especialistas" como os médicos ou os engenheiros. Isso se faz por meio de um aparato desajeitado e custoso, e é possível que em breve ocorra às pessoas que talvez seja melhor limitar as rendas pagas àquilo que os impostos diretos delas deixam em vez de pagar aquilo que depois tem de ser recuperado. Porém, seja como for, a laranja a ser espremida, e com ela muita retórica radical, está prestes a secar.

Em terceiro lugar, supondo que na próxima eleição o trabalhismo melhore a sua posição atual e obtenha o apoio de uma maioria substancial do eleitorado, o que o governo deve fazer? Pode avançar um pouco mais em direção à igualação das rendas; pode aperfeiçoar os serviços sociais na linha do

AS CONSEQUÊNCIAS DA SEGUNDA GUERRA MUNDIAL

Plano Beveridge e em outras, um pouco além do que qualquer governo faria; pode adiantar consideravelmente a socialização das indústrias. Mas nada disso será fácil. Vimos que, nas condições da Inglaterra moderna, há pouca objeção puramente econômica a uma grande medida de socialização. Tampouco é provável que a resistência burguesa chegue a ser um sério obstáculo; a Inglaterra depende do trabalho dos seus industriais muito mais que a Rússia em 1917, mas, a menos que eles sejam hostilizados desnecessariamente, é possível contar com sua ajuda. Enfim, também não há necessidade de dar excessiva importância ao argumento que tanto atrai os mais ardentes partidários da socialização, a saber, que o sistema de gabinete não é adequado à tarefa de levar a cabo a socialização: os intelectuais que se comprazem com a visão de métodos ditatoriais podem deveras duvidar da sua eficiência; mas esse é o único sistema disponível para completar a socialização democraticamente – a administração real das indústrias socializadas naturalmente exigirá órgãos semiautônomos com os quais os gabinetes terão de cooperar como fazem, por exemplo, com o estado-maior dos seus exércitos. Mas o problema real é a força de trabalho. A não ser que socialização signifique colapso econômico, um governo socializante não pode tolerar a prática sindical atual. O mais irresponsável dos políticos teria, no caso em foco, de enfrentar o problema básico da sociedade moderna que só a Rússia resolveu, o problema da disciplina industrial. Um governo que se proponha a socialização em larga escala terá de socializar os sindicatos. E, sendo as coisas o que são, a força de trabalho é a mais difícil de socializar. Não que o problema seja insolúvel. Na Inglaterra, as chances de uma solução bem-sucedida pelo método político da democracia são maiores que em qualquer outro país. Mas o caminho da solução pode ser tortuoso e longo.

Com exceção do elemento russo, a situação política no continente europeu é essencialmente semelhante. Onde há liberdade de escolha, observa-se uma forte tendência das massas a conservar ou retomar a sua antiga lealdade à social-democracia ou aos partidos católicos. Os exemplos mais óbvios são os países escandinavos. Mas é possível distinguir uma propensão parecida até mesmo na Alemanha, e se pode afirmar com segurança que, se ela fosse livre e eximida de influências, algo muito parecido com a República de Weimar surgiria da miséria atual. Embora as provas para esse efeito fiquem parcialmente invalidadas pela simpatia que as autoridades inglesas e americanas mostram pelos social-democratas, elas são robustecidas pelo fato de a autoridade russa também ter autorizado a reconstrução de uma organização social-democrata na sua zona. Condições políticas e econômicas impossíveis, irracionalmente impostas ao povo alemão, certamente desacreditarão os governos trabalhistas e aniquilarão as suas chances, tais como são, de se estabelecerem. Entretanto, se em nome de um experimento mental optarmos por desconsiderar o elemento russo do caso e, ademais, escolhermos postular que os Estados Unidos e a Inglaterra ajam com a Alemanha à maneira ditada pela decência e o bom senso, seriam esses o diagnóstico geral e o prognóstico a se adotar. Um prognóstico similar se sugere para os outros países, posto que com atributos variados: regimes trabalhistas – nos países católicos, frequentemente em coalizão com partidos católicos – com grupos comunistas do próprio país e não demasiado importantes à esquerda deles e uma política mais avançada que a dos anos 1920, mas ainda na mesma linha, com tudo que isso implica econômica, política e culturalmente. O pequeno exemplo da Áustria é instrutivo. Os socialistas cristãos (partido católico que compreende elementos conservadores) se saíram bem; os comunistas, nem tanto; os sociais-democratas quase recuperaram a posição antiga, com a maioria de suas velhas lideranças sobreviventes bem-entrincheirada no alto comando do partido. Nem mesmo os programas mudaram muito no que se refere aos princípios gerais. O movimento recente em direção à socialização não foi feito por escolha. O caso dos outros países pequenos até agora independentes da Rússia se enquadram no mesmo tipo, assim como o da Itália. O caso francês difere desse tipo em virtude da força dos comunistas (cf. adiante, seção III). E só a nossa incapacidade de entender qualquer padrão que não seja o nosso próprio nos impede de perceber que o caso espanhol é, na realidade, o menos problemático de todos.[1]

---

[1] O regime de Franco simplesmente reproduz um padrão institucional que, por necessidades fáceis de compreender, se estabeleceu com firmeza na Espanha do século XIX. Franco fez e faz o que antes dele fizeram Narvaez, O'Donnell, Espartero, Serrano. O fato de a infeliz Espanha ter se transformado na bola de futebol do jogo do poder da política internacional, no qual ela nada tem a ganhar, é responsável por uma propaganda que turva um estado de coisas muito simples.

II. As possibilidades econômicas dos Estados Unidos

1. Redistribuição da renda pela tributação
2. A grande possibilidade
3. Condições para a sua realização
4. Problemas de transição
5. A tese estagnacionista
6. Conclusão

1. Ao discutir o caso inglês, observamos que, nas condições modernas – numa medida que os socialistas do século XIX nem sonharam –, é possível extrair do estrato burguês, pela tributação e pela política salarial, o grosso daquilo que a terminologia marxista denomina mais-valia.[2] A mesma observação se aplica aos Estados Unidos. Numa extensão que geralmente não é apreciada, o New Deal foi capaz de expropriar as camadas de alta renda antes mesmo da guerra. Uma indicação há de bastar, uma que não mostra senão os efeitos do aumento na renda (pessoal) e na sobretaxa *só até 1936*: em 1929, quando o total da renda paga foi calculada em 80,6 bilhões de dólares, as camadas acima de 50 mil dólares (renda tributável) retiveram 5,2 bilhões depois do imposto de renda e da sobretaxa; em 1936, quando o total da renda paga foi estimada em 64,2 bilhões de dólares, retiveram menos que 1,2 bilhão.[3] A renda tributável

---

2 É claro que o leitor há de observar que a proposição nada afirma sobre os efeitos de tal política sobre o tamanho – e a taxa de crescimento em longo prazo – da renda nacional. Em particular, ela não exclui a possibilidade de a força de trabalho receber menos renda real, na quantidade total e no longo prazo, se as rendas forem completamente igualadas do que receberia se o total da mais-valia marxista recaísse sobre a camada capitalista.

3 Cf. o artigo altamente instrutivo de I. de Vegh "Savings, Investment, and Consumption", *American Economic Review* (Papers and Proceedings of the 53d Annual Meeting, fevereiro de 1941, p.237 ss. Como ele explica, os dados a partir dos quais se calcularam as somas retidas excluem a renda oriunda de apólices do governo totalmente isentas de imposto e incluem os ganhos de capital. Além disso, essas somas não são, naturalmente, rigorosamente comparáveis às cifras da renda total paga (estimativas comerciais), que, no entanto, podem ser consideradas como índices das cifras comparáveis. O motivo pelo qual não tomei simplesmente estas últimas (das *Statistics of Income*) é óbvio, mas a escolha dos anos de comparação precisa de explicação: 1929 foi o ano para o qual as rendas acima de 50 mil dólares depois do imposto de renda e da

acima de 100 mil dólares era, *mesmo então*, totalmente absorvida se levarmos em conta os impostos territoriais. Do ponto de vista do radicalismo ingênuo, o único problema dessas e de outras medidas de confisco é não terem ido longe o bastante. Mas isso não altera o fato que nos interessa no momento, a saber, que, independentemente da guerra, se efetuou na realidade uma transferência enorme de riqueza, transferência essa que, em termos quantitativos, é comparável à efetuada por Lenin. A atual distribuição de rendas disponíveis se compara perfeitamente com a prevalecente na Rússia, particularmente em vista do fato posterior de que, devido à importância maior dos orçamentos de serviços pessoais e mercadorias da camada superior, que contêm relativamente muito trabalho, o poder de compra do dólar dessa camada caiu muito mais, nos Estados Unidos, que o do dólar das faixas inferiores.[4] Além disso,

---

sobretaxa chegaram a um máximo absoluto; escolhi 1936 por ter sido o último ano que, em primeiro lugar, não foi afetado pela recessão de 1937–1938 e, em segundo, ficou inteiramente livre das influências da guerra que se afirmaram a partir de 1939.

4 A comparação entre diferentes países é, naturalmente, difícil e talvez nunca inteiramente convincente. Mas a lei russa de 4 de abril de 1940, concernente ao imposto de renda, revela que as rendas inferiores a 1.812 rublos anuais estavam sujeitas a tributação. Também revela a existência de rendas superiores a 300 mil rublos, que então eram tributadas à taxa de 50%. Ora, desconsideremos totalmente o imposto sobre as rendas mais baixas e suponhamos que a renda típica do grupo de 1.812–2.400 rublos é a de 2 mil rublos. Suponhamos ainda que a renda líquida típica retida no grupo mais alto não seja superior a 150 mil rublos (posto que os 300 mil rublos antes do recolhimento do imposto fossem um limite baixo). Mesmo que presumamos que o equivalente americano para 1940 (não em poder aquisitivo, é claro, mas no sentido da posição equivalente na escala da renda) do tipo inferior não ultrapassasse os mil dólares, não encontraremos, evidentemente, muita base na distribuição das rendas *retidas* dos Estados Unidos (mesmo desprezando as reduções motivadas especificamente pelas exigências do financiamento da guerra) para sustentar, à luz do paradigma russo, as frases correntes a respeito das desigualdades atrozes, da "concentração do poder" medida pela concentração da renda, e outras que tais. A prova apresentada no célebre livro de Bienstock, Schwarz e Yugov sobre *Industrial Management* na Rússia tende a apoiar essa opinião. Muitos outros pormenores apontam na mesma direção, por exemplo, o fato de os profissionais liberais que antes podiam ter empregados domésticos nos Estados Unidos, mas agora não podem, desfrutarem desse privilégio na Rússia – que vale tanto quanto uma tonelada de eletrodomésticos. Tudo isso deixa de levar em conta vantagens que não aparecem nos cálculos da renda. O poder e a posição social – que é uma das razões principais para considerar uma renda como elevada – do gestor industrial, especialmente se for dirigente de uma unidade local do partido bolchevique, está muito acima da de um industrial americano.

AS CONSEQUÊNCIAS DA SEGUNDA GUERRA MUNDIAL

também podemos repetir uma observação feita anteriormente a respeito da Inglaterra. Claro está, a pressão sobre as camadas superiores não se restringe a "50 mil dólares ou mais". Em grau decrescente, estende-se a rendas de 5 mil dólares. E não pode haver a menor dúvida, especialmente no caso dos médicos das categorias médias do sucesso profissional, de que às vezes isso redunda na perda da muito necessária eficiência.

Até aqui, pois, o efeito sobre a estrutura social da guerra e dos distúrbios trabalhistas que são a sua consequência natural se pareceria muito com o da Inglaterra. O fato de não haver nos Estados Unidos nenhum partido trabalhista nacional bem organizado pode nos levar a especular sobre a possibilidade de desenvolvimento na linha de um socialismo de guildas, não na de um socialismo centralista. No mais, esse fato apenas fortalece a defesa do prognóstico elaborado neste livro, pois os grupos de pressão são tão poderosos quanto os partidos e muito menos responsáveis e, portanto, aríetes mais eficazes.

2. Mas há outro fato na situação social dos Estados Unidos que não tem análogo em nenhum outro lugar do mundo e pode afetar o nosso diagnóstico concernente às chances do sistema de empresa privada, pelo menos em um curto prazo de aproximadamente cinquenta anos, refiro-me ao colossal sucesso industrial que estamos presenciando. Alguns observadores parecem pensar que esse sucesso, que ganhou a guerra e, ademais, resguardou o operariado americano da privação, também dominará a situação do pós-guerra, a ponto de aniquilar toda a defesa do socialismo na medida em que ela seja de natureza puramente econômica. Exponhamos esse argumento na sua forma mais otimista.

Desprezando por ora os complexos problemas transicionais e fixando 1950 como o primeiro ano "normal" – prática bastante comum entre os previsores –, calcularemos hipoteticamente o Produto Interno Bruto – o valor, antes dos descontos por depreciação ou desgaste, de todos os bens e serviços

---

Fenômeno interessante – essa defasagem das ideias! Nos Estados Unidos, muita gente bem-intencionada *agora* professa horror ou indignação em face das desigualdades sociais que existiam há cinquenta anos, mas já não existem. As coisas mudam, os *slogans* permanecem.

produzidos no país –, com base no índice BLS[5] do nível de preços para 1928, em 200 bilhões. Não se trata, claro está, de uma previsão do volume real da produção a ser esperado naquele ano. Não se trata sequer de uma estimativa do qual será a produção potencial em condições de alto ou mesmo "pleno" emprego. Trata-se de uma estimativa de qual pode ser essa produção potencial desde que se cumpram certas condições que vamos apresentar. Essa estimativa é elevada, mas não inusitada – já se mencionaram cifras mais elevadas – nem insensata. Condiz com a experiência passada do desempenho médio do sistema em longo prazo: se aplicarmos a nossa "taxa normal de crescimento de 3,7% ao ano" (cf. cap. 5) ao Produto Interno Bruto de 1928, que foi de cerca de 90 bilhões, teremos pouco menos que 200 bilhões em 1950. A isso não se deve atribuir nenhuma importância indevida. Contudo, vou repetir que uma objeção no sentido de que esta extrapolação é despropositada *porque* a produção deixou de crescer a essa taxa na década de 1930 seria errônea e não provaria senão a incapacidade do objetor de compreendê-la. No entanto, no tocante à produção potencial, as indicações oferecidas pelo desempenho real do sistema durante a guerra certamente são mais convincentes: se as estatísticas de guerra são dignas de confiança, o produto interno bruto, reduzido ao nível de preços de 1928, chegou, em 1943, bem perto de onde devia ter chegado para alcançar os 200 bilhões em 1950.

Suponhamos agora que essa possibilidade se realize deveras.[6] E façamos, para reposição e "investimentos" novos (inclusive residências), a ampla

---

5 Bureau of Labor Statistics [Instituto de Estatística do Trabalho], órgão do governo americano, ligado ao Departamento do Trabalho, encarregado da economia do trabalho e das estatísticas. (N. T.)

6 Supõe-se que a realização dessa possibilidade pressuponha a semana de quarenta horas mais as horas extras nos engarrafamentos. Mas não se supõe o pleno emprego. As definições de pleno emprego e as estimativas da quantidade de emprego que satisfazem uma definição qualquer variam amplamente e envolvem não só controvérsias estatísticas, como também controvérsias teóricas um tanto delicadas. Tenho de me contentar em afirmar que, nas condições do mercado de trabalho dos Estados Unidos, e presumindo que a força de trabalho total seja de aproximadamente 60 milhões em 1950 (incluindo-se os 2 ou 3 milhões nas forças armadas), não creio que o número de mulheres e homens *estatisticamente* desempregados seja inferior a 5 ou 6 milhões naquele ano, cifra que inclui, além do desemprego genuinamente involuntário (*i.e.*, desemprego involuntário que seja desemprego involuntário de acordo com *qualquer*

AS CONSEQUÊNCIAS DA SEGUNDA GUERRA MUNDIAL

dedução de 40 bilhões (20%, igual à média do professor Kuznets por década no período 1879-1929).[7] Para o nosso objeto, o significado dos 160 bilhões restantes se estriba em dois fatos. Primeiro: a menos que haja um desgoverno atroz, a grande massa das mercadorias e serviços disponíveis representada por essa cifra (e que ainda não inclui habitação nova) promete um nível de satisfação das necessidades econômicas até dos membros mais pobres da sociedade, inclusive os idosos, os desempregados e os doentes, que (com a semana de quarenta horas) eliminaria qualquer coisa que porventura pudesse ser descrita como sofrimento ou privação. Temos salientado neste livro que a defesa do socialismo não é de modo algum exclusivamente econômica e também que, até agora, o aumento da renda real foi incapaz de conciliar as massas ou os seus aliados intelectuais. Mas, neste exemplo, a promessa é não só espetacular, como também imediata: o seu cumprimento não envolve muito mais que a capacidade e os recursos que demonstraram o seu poder durante a guerra, desviados da produção com fins bélicos, inclusive a exportação de bens de consumo aos países aliados, para a produção destinada ao consumo doméstico; a partir de 1950, o argumento se aplicaria *a fortiori*. Segundo – uma vez mais, desde que não haja um desgoverno atroz –, tudo isso se pode realizar sem violar as condições orgânicas da economia capitalista, inclusive os altos prêmios para os sucessos industriais e todas as outras desigualdades de renda necessárias para que a máquina capitalista funcione de acordo com o *design*.

---

definição), uma grande margem para o desemprego semi-involuntário e para o desemprego meramente estatístico. A cifra não inclui o desemprego "oculto". Creio que ela é compatível com a meta dos 200 bilhões para aquele ano. Tem pouco a ver com os vícios específicos do sistema capitalista, mas muito com a liberdade que a sociedade capitalista outorga à mão de obra. Até mesmo no livro de *sir* William Beveridge sobre o pleno emprego há alusões pudicamente veladas à regulamentação e à coação. É preciso acrescentar, no entanto, que vislumbro 1950 como um ano de prosperidade cíclica. Se não for, deve-se entender que a nossa discussão se refere ao primeiro ano próspero depois dele. Em uma média de anos bons e ruins, o desemprego (estatístico) deve ser superior a 5 ou 6 milhões – talvez 7 ou 8 milhões. Isso não deve horrorizar ninguém, porque, como se explicará, é possível fazer uma provisão adequada para os desempregados. Mas as flutuações cíclicas da economia capitalista são a causa principal de qualquer excesso acima do desemprego "normal".

7 Um desconto de depreciação de 10% a 12% não é indevidamente elevado para um sistema que funciona a um nível de produção tão alto. De 8% a 10% para o investimento "novo" é certamente muito e, segundo a maioria dos previsores, demais. Cf. adiante, subseção 5.

Só nos Estados Unidos não é necessário espreitar, por trás dos programas modernos de melhoramento social, o dilema fundamental que em todos os outros países paralisa a vontade de cada homem responsável, o dilema entre o progresso econômico e o incremento imediato da renda real das massas.

Além disso, com um produto interno bruto de 200 bilhões, não há dificuldade para recolher renda pública no valor de 40 bilhões sem prejudicar o motor econômico. Trinta bilhões são suficientes, a preços de 1928, para financiar todas as funções realmente executadas pelos governos federal, estaduais e municipais em 1939 mais um *establishment* militar muito ampliado, mais o serviço da dívida e outras obrigações permanentes em que se incorreu desde então.[8] Isso deixará aproximadamente 10 bilhões – a preços de 1928 ou uma importância correspondentemente mais elevada a qualquer nível mais elevado de preços que venha a prevalecer –[9] em 1950 e muito mais que isso em outra década, para o financiamento dos novos serviços sociais ou de melhoramentos nos existentes.

3. Mas é justamente aqui, na esfera das finanças públicas e da administração, que somos levados a compreender com mais clareza o significado da nossa ressalva: "a menos que haja um desgoverno atroz". Porque, nessa esfera, temos realmente um desgoverno dos recursos nacionais que é deveras atroz. Com os princípios e a prática atuais, *não* é verdade que, em um produto interno bruto de 200 bilhões, se possam colher 40 bilhões sem prejudicar o motor econômico. E *não* é verdade que os 30 bilhões – ou o seu equivalente a níveis de preços que não os de 1928 – preencham os requisitos mencionados. Isso só será verdade se toda a administração pública for racionalizada de modo a eliminar as atividades de via dupla ou tripla – como as que temos no caso dos impostos de renda, para referir apenas um deles –, nas quais se sobrepõem órgãos federais, estaduais e municipais – a falta de coordenação

---

8 Para os nossos fins, não é necessário distinguir despesa pública em bem e serviços de "transferências". Mas se supõe que, *grosso modo*, os trinta bilhões se dividem em 25 bilhões para aquela e 5 bilhões para estas. Convém observar que isso não leva em conta (para 1950) as pensões e outros benefícios dos veteranos, problema que deve ser tratado separadamente.

9 Em geral, não se pode presumir que a renda mude proporcionalmente ao nível dos preços. No entanto, para o nosso propósito, que é meramente obter uma ideia aproximada, podemos adotar essa hipótese simplificadora.

AS CONSEQUÊNCIAS DA SEGUNDA GUERRA MUNDIAL

efetiva e de responsabilidade individual bem definida – que, no caso federal, se deve principalmente à inexistência de "ministérios" robustos e à existência de um grande número de "autoridades" ou "conselhos" semi-independentes – e muitas outras coisas que são fonte de desperdício e obstáculos à eficiência, mas, acima de tudo, o espírito de desperdício que se deleita em gastar 1 bilhão ali onde 100 milhões bastariam. O atual estado de coisas não pressagia nada de bom para a administração pública da fazenda e da indústria e, na verdade, é por si só uma razão boa e suficiente para que a ela se oponham muitos que são qualquer coisa menos "realistas econômicos".

Mas isso não é tudo. De certo modo, a *economia* – como essa palavra se tornou impopular! – pode ser menos necessária em um país rico que em um país pobre, especificamente no sentido de que o desperdício pode gerar escassez neste, mas não naquele. Mas, em outro sentido, a economia – isto é, a economia real, não a falsa economia da burocracia e do Congresso, que sempre estão dispostos a economizar centavos ao mesmo tempo que esbanjam milhões – é tão necessária em um país rico, para fazer uso eficiente da sua riqueza, quanto em um país pobre, para garantir a subsistência.[10] E isso se aplica não só ao custo da administração pública, como também ao uso dos fundos que se gastarão em vários benefícios. O exemplo clássico é, naturalmente, o auxílio desemprego, desde que consista em pagamentos a indivíduos. A não ser que o comportamento dos trabalhadores, no local de trabalho e fora dele, esteja sob rigoroso controle público como na Rússia, o uso econômico dos fundos disponíveis para o sustento dos desempregados significa inevitavelmente que o benefício deve ser substancialmente inferior aos salários que o desempregado pode esperar ganhar. Como sugerem as estatísticas americanas da rotatividade da força de trabalho, normalmente há no país uma larga margem de desemprego semivoluntário e semi-involuntário, cujo ônus está fadado a aumentar devido à administração irresponsável dos benefícios aos desempregados ou a taxas que são elevadas relativamente aos salários, de modo a destruir a possibilidade de atingir a meta de 2 bilhões.

Ainda seria necessário preencher outra condição para justificar essa possibilidade: a "política" e a burocracia não devem nos impedir de atingi-la. Não

---

10 Adiante, na subseção 5, discutiremos a teoria que sustenta exatamente o contrário disso.

deve haver nada mais óbvio que o fato de o organismo econômico não poder funcionar de acordo com o *design* quando os seus "parâmetros de ação" mais importantes – salários, preços, juros – são transferidos para a esfera política e por ela tratados conforme as exigências do jogo político ou, coisa que às vezes é mais grave ainda, conforme as ideias de alguns planejadores. Três exemplos bastam para ilustrar isso. Primeiramente, a atual situação dos trabalhadores, se persistir, é suficiente por si só para obstruir o progresso rumo àquela meta de produto interno bruto de 200 bilhões e mais ainda o avanço para além dela. As taxas de salário resultantes são apenas um dos motivos para tanto; igualmente importantes são o deslocamento do planejamento empresarial e a desorganização dos trabalhadores mesmo quando empregados. Além de impedir a expansão da produção, que de outro modo seria possível, essas condições reduzem o emprego abaixo do seu nível factível ao oferecer um prêmio anormal a quem empregar o mínimo de mão de obra possível – elas induzem a uma espécie de "fuga da mão de obra".[11]

---

[11] Note-se que aumento da produção e aumento do emprego não são considerados sinônimos. Aliás, é possível, dentro de certos limites, diminuir o emprego sem diminuir a produção ou aumentar esta sem aumentar aquele. A razão pela qual a literatura corrente geralmente faz com que a produção e o emprego variem proporcionalmente se acha em um dos aspectos fundamentais do sistema keynesiano. Esse sistema se restringe a lidar com cadeias de causação de curtíssimo prazo, presumindo que a quantidade e a qualidade do equipamento industrial permaneçam constantes, de modo que a combinação de fatores de produção não possa mudar significativamente. Se assim fosse (e no curtíssimo prazo é aproximadamente assim), é claro que eles variariam juntos, embora, em geral, não proporcionalmente.

Também convém observar que o nosso argumento pressupõe que as mudanças nos salários monetários causem mudanças no emprego no sentido oposto. Acredito, na verdade, que o alto nível dos salários monetários americanos sempre foi, especialmente na década de 1930, uma das principais causas do desemprego nos Estados Unidos e que se devem esperar consequências parecidas no futuro se a política de salários elevados continuar. Essa proposição contradiz o ensinamento da ortodoxia keynesiana, bem como o de alguns outros economistas, e não pode ser demonstrada aqui. Portanto, é uma felicidade o fato de que, para os nossos fins atuais e no que se refere a 1950 e a nenhum outro desdobramento posterior, basta uma proposição mais fraca e que obteve o assentimento do falecido lorde Keynes: nas condições que provavelmente prevalecerão naquele país durante os próximos quatro anos, e, a menos que sejam compensadas por aumentos adicionais de preços, as taxas salariais mais elevadas afetarão negativamente tanto a produção quanto o emprego, este mais que aquela.

AS CONSEQUÊNCIAS DA SEGUNDA GUERRA MUNDIAL

Em segundo lugar, sejam quais forem as virtudes que o leitor lhe atribuir, o controle de preços tal como vem sendo praticado até aqui é outro obstáculo à expansão da produção. Ouvi dizer que o regime stalinista incentiva a crítica à sua burocracia. Evidentemente, não é bem assim entre nós. Acatando a etiqueta predominante, declaro abertamente que muitos homens capazes vêm prestando um excelente serviço no OPA;[12] que muitos outros, não tão capazes, têm feito o máximo possível; e vou arredar do pensamento quaisquer dúvidas que possam existir quanto às realizações do OPA até este momento, especialmente porque os seus fracassos mais conspícuos estão ligados a circunstâncias que lhe escapavam ao controle. Mas se deve admitir realmente, pelo menos quanto ao presente e ao futuro, que a política de estimular o aumento das taxas salariais combinado com o controle de preço, a não ser que tenha a *intenção* de impor a capitulação da empresa privada, é irracional e inimiga de uma rápida expansão da produção; que a perturbação do sistema de preços relativos decorrente do fato de a agência controladora poder "conter alguns preços" – os preços dos produtores com pouca influência política – muito mais eficazmente que outros – os preços dos produtores com muita influência política –, reduz o grau de eficiência econômica do sistema; que a fixação dos preços *per se* não define toda a extensão do estrago causado: igualmente importante é o prêmio que a prática de "subsidiar" produtores de alto custo e "espremer" produtores de baixo custo outorga à ineficiência.[13]

---

12 Office of Price Administration [Escritório de Administração de Preços], criado em agosto de 1941 no âmbito do Escritório de Gestão de Emergência do governo dos Estados Unidos, tinha a função de controlar o dinheiro (controle de preços) e os aluguéis depois da irrupção da Segunda Guerra Mundial. Foi extinto em maio de 1947. (N. T.)

13 Não pretendo saber qual será o resultado final da confusão criada pelo veto presidencial à Primeira Lei de Controle de Preços e pela aprovação de outra lei, um mês depois, dispondo a rápida liberalização. Como, porém, estou disposto a argumentar que o OPA, tal como realmente funcionava, estava fadado a obstruir o caminho de uma da economia de paz eficiente, e como as possíveis consequências dessa confusão por certo serão apresentadas como provas positivas da necessidade de manter o controle de preços, tenho de pedir ao leitor que considere duas coisas. Primeiramente, um argumento a favor da abolição do controle de preços não é um argumento a favor de deixá-lo expirar sem preparação ou substituto transicional, quando ninguém esperar nem estiver preparado para tal coisa. Em segundo lugar, se, em reação à sua derrota, o governo atacar vingativamente alvos escolhidos mais pela sua impopularidade que

A persistente hostilidade da burocracia, vigorosamente apoiada como é pela opinião pública, ao autogoverno industrial – auto-organização, autorregulação, cooperação – é um terceiro obstáculo ao progresso ordenado e, incidentalmente, a um desenvolvimento que resolva muitos problemas da política de ciclo econômico e, eventualmente, também o problema da transição para o regime socialista. Os porta-vozes da burocracia negam invariavelmente que esta visão tenha fundamento porque a ação conjunta dos empresários passa a ser ilegal e passível de perseguição se implicar "restrição colusiva". Porém, mesmo que se pudesse aceitar essa interpretação legalista da prática predominante – e que também se pudessem aceitar as teorias oficiais sobre o que constitui restrição colusiva ou prática antissocial em geral –,[14] continuaria sendo verdade que (a) o conceito de "restrição" inclui a maior parte das tentativas de cooperação industrial no tocante a políticas de preço e produção mesmo ali onde tal cooperação desempenha uma função muito necessária; (b) não há segurança de que os casos limítrofes e aqueles em que o elemento de restrição entra sem constituir o ponto principal de um acordo sejam considerados com imparcialidade por um pessoal composto de muitos indivíduos pouco familiarizados com a natureza dos problemas dos negócios e de alguns violentamente contrários ao sistema que lhes cabe regular ou, pelo menos, ao seu setor de "grandes empresas"; (c) que a ameaça constante de perseguição

---

por qualquer outro motivo defensável, podem surgir consequências completamente desligadas da abolição do controle de preços *per se*. Quanto ao problema da inflação, cf. adiante, subseção 4.

14 Na realidade, porém, essas teorias não podem ser aceitas. Elas cobrem, de fato, um leque de práticas que todos hão de convir que devem ser postas fora da lei por qualquer sistema jurídico. Mas, além dessas, há outra série de práticas com relação às quais a mentalidade jurídica simplesmente adota a atitude ditada pelos preconceitos populares. Uma importante fonte de exemplos é a discriminação. Até o economista mais competente terá dificuldades consideráveis para analisar *todos* os efeitos de longo prazo de determinado caso. Se a justiça for administrada unicamente com base em *slogans* gerais jurídicos ou populares e por "impulsos" de demonstração, o elemento de bom senso contido na atitude antidiscriminatória pode desaparecer por inteiro. E o bem-intencionado método de perseguição seletiva, que se destina a possibilitar os casos em que a discriminação formalmente ilegal beneficia *todas* as partes afetadas – qualquer um que tenha feito um curso elementar de economia conhece ou devia conhecer tais casos –, só pode servir para acrescentar uma arbitrariedade irritantíssima. Tão somente em uma observação *em passant* é que podemos indicar os métodos de remediar esse estado de coisas.

AS CONSEQUÊNCIAS DA SEGUNDA GUERRA MUNDIAL

por crimes nem sempre fáceis de distinguir das práticas empresariais lícitas pode ter efeitos indesejáveis sobre a condução dos negócios.

O último ponto ilustra um aspecto dos problemas trabalhistas, dos problemas do OPA e dos problemas "antitruste" que nunca recebe a devida atenção, a saber, a consequente drenagem de energia empresarial e gerencial. O homem de negócios que é incessantemente arredado da sua atividade, não só por ter de enfrentar dados institucionais sempre novos, como também para comparecer ante esta ou aquela comissão, acaba ficando sem energia para cuidar dos seus problemas tecnológicos e comerciais. A atitude mecanicista do economista e o seu distanciamento da "vida real" são claramente revelados pelo fato de nem mesmo um entre dez deles reconhecer esse "elemento humano" particular do que é, afinal de contas, um organismo humano – embora nenhuma pessoa sensata deixe de vincular, por exemplo, o desempenho relativamente medíocre dos índices do volume físico da produção industrial de 1945 a esse elemento como uma das suas muitas causas. E isso não é tudo. Na situação atual, o sucesso na condução de uma empresa depende muito mais da capacidade de lidar com as lideranças sindicais, com os políticos e com os funcionários públicos do que da capacidade empresarial no sentido próprio do termo. Portanto, salvo nos maiores conglomerados que podem se dar ao luxo de empregar especialistas de todos os tipos, as posições-chave tendem a ser ocupadas mais por "quebra-galhos" e "*trouble shooters*" que por "homens da produção".

Pode parecer ao leitor que uma política nas linhas indicadas por tudo isso esteja fora de cogitação – que ela esteja fadada a se destroçar em uma tempestade de justa indignação ou a soçobrar nos rochedos da sabotagem e das outras formas de resistência e que, por conseguinte, a própria meta de 200 bilhões não passa de um devaneio. Mas não é bem assim. Por um lado, o motor econômico dos Estados Unidos é forte o bastante para suportar certa quantidade de desperdício e irracionalidade – inclusive, como sabemos, certa quantidade de desemprego evitável, o preço da liberdade individual. Por outro, os políticos e o público vêm dando, ultimamente, sinais de estar "voltando a si". E não devemos esquecer a maleabilidade da natureza humana já tão sublinhada neste livro (cf. especialmente cap. 18, seção II). A experiência dos períodos do New Deal e da guerra pode ser inconclusiva porque a burguesia industrial nunca esperou que aquelas situações durassem. Mas provavelmente teve certo efeito "educativo". Assim, é possível que sejam necessários apenas ajustes relativamente pequenos na tributação existente, se não para uma eficiência máxima, pelo menos para um grau adequado de eficiência.[15] Em outra direção,

---

15 Por exemplo – e este não pretende ser mais que um exemplo em meio a um conjunto de métodos possíveis –, as seguintes medidas podem ser substancialmente suficientes: (a) A eliminação da dupla tributação da parte da renda das sociedades anônimas industriais que é paga na forma de dividendos; para a prática britânica, isso dificilmente justificaria uma "tempestade de justa indignação": a nossa prática é a alemã e o argumento puramente formal a favor dela se deve ao economista Adolf Wagner (1835-1917). (b) Autorização para deduzir da renda tributável a parte da renda individual que é investida. Pessoalmente, concordo com a opinião do professor Irving Fisher segundo a qual a parte *poupada* devia ser deduzida (particularmente diante do perigo da inflação). Mas, para poupar susceptibilidades keynesianas, restrinjo-me à parte investida. As dificuldades técnicas não são graves, pelo menos não são insuperáveis. (c) A adoção de um dos vários métodos disponíveis que permitem a dedução total das perdas ao longo do tempo. (d) A nacionalização, a sistematização e o desenvolvimento dos impostos sobre as vendas ou as transferências. Isso deve agradar os admiradores da Rússia ao invés de lançá-los em paroxismos de raiva. Na realidade, a taxas como as russas (*e.g.*, 31 centavos por libra da farinha de trigo da melhor qualidade [em Moscou e para 1940] ou, como a conversão de rublos em dólares é uma questão duvidosa, 62% do preço de varejo da batata, 73% do açúcar, 80% do sal; cf. P. Haensel, "Soviet Finances" in *Openbare Financiën*, n. 1, 1946) e, numa população tão desesperadamente pobre como a russa, o imposto sobre as vendas pode ser deveras um flagelo terrível; mas a taxas moderadas e num país rico como os Estados Unidos, é um instrumento de finanças públicas excelente e perfeitamente inofensivo, especialmente útil no financiamento de propósitos que beneficiem exclusivamente os grupos de baixa renda. Com isso, poder-se-iam levantar 5 ou 6 bilhões sem que ninguém sentisse o peso. Mas como os governos estaduais e municipais teriam de ser compensados pela perda da renda incidente à nacionalização do imposto – claro está, não é rigorosamente correto falar em "introdução" – e como, além disso, seriam necessários certos ajustes dos impostos e taxas existentes, o ganho líquido do Tesouro Federal não pode ser estimado em mais que uns 2 ou 3 bilhões de dólares, de modo que o imposto sobre as vendas e as taxas específicas devem totalizar algo próximo de 9 ou 10 bilhões. (e) A nacionalização e a drástica revisão para baixo, a favor de esposas e filhos, dos impostos estaduais, sendo o motivo disso o fato de a legislação existente eliminar, por meio do confisco acima de cifras muito moderadas, um dos elementos essenciais do esquema capitalista das coisas. Segundo esse ponto de vista, quem aprovar tal confisco por motivos extraeconômicos faz muito bem em defender uma emenda constitucional com esse fim; quem aprovar esse confisco com base no argumento econômico que se acha na p.373 da *General Theory of Employment, Interest and Money* do falecido lorde Keynes – ou num seu derivativo – está redondamente enganado. Não nos preocupa a questão do que satisfaria os interesses *politicamente* afetados. Na verdade, porém, a maior parte das propostas de reforma tributária que até agora vieram de organizações

AS CONSEQUÊNCIAS DA SEGUNDA GUERRA MUNDIAL

um incremento relativamente pequeno da proteção jurídica – a ser concedido, talvez, mediante uma codificação apropriada do direito industrial – poderia retirar o tormento ou ameaça de aflição arbitrária do dia a dia do empresário, e a experiência crescente das agências reguladoras e a melhor capacitação do seu pessoal se encarregariam do resto.[16] De resto, não faz muito tempo, o país deu provas da sua disposição a aceitar legislações como a NRA.[17] E, no tocante à situação dos trabalhadores, pode-se derivar certo consolo do fato de a política no sentido indicado não só não precisar abrir mão de um único item daquela que a maioria das pessoas considera a principal realização da reforma social do New Deal como também ter condições de prover uma base econômica para o progresso posterior. Note-se, em particular, que o Salário Anual só é uma ameaça à chance de atingir a nossa meta se for introduzido, administrado e financiado de modo a causar o máximo de dano possível. Em si, é uma proposição perfeitamente possível.[18]

---

empresariais é claramente modesta, coisa que, se não tiver outra relevância para nossa argumentação, parece mostrar que a classe empresarial vem se "educando" efetivamente.

16 Refiro-me aqui a um ponto importante para muitos outros tópicos além do que ora nos ocupa. Uma boa burocracia cresce vagarosamente e não pode ser criada a bel-prazer. Os órgãos burocráticos dos Estados Unidos apresentam os males do crescimento rápido num grau que impõe uma política temporária de desaceleração como questão não só de interesse público, mas também do interesse dos próprios órgãos. Entre outras coisas, a burocracia de Washington ainda não descobriu o seu lugar. É frequente os seus membros individuais implementarem programas próprios, sentirem-se reformadores e negociarem com congressistas, senadores e membros de outras agências, passando por cima dos seus chefes. Algumas ideias chegam a adquirir repentinamente uma força cuja origem ninguém conhece. Esse caminho leva ao caos e ao fracasso.

17 National Recovery Administration [Administração Nacional de Recuperação], órgão criado pelo governo norte-americano em 1933 mediante a lei especial National Industrial Recovery Act. A NRA determinava que as indústrias criassem "normas de concorrência sadia", evitassem a "concorrência destrutiva" e ajudassem os trabalhadores a fixarem salários mínimos e picos máximos da jornada de trabalho. O seu propósito era garantir rendas mínimas que sustentassem o poder aquisitivo dos trabalhadores e impedissem as perdas financeiras das grandes indústrias, evitando a quebra de muitas delas e o consequente aumento do desemprego. (N. T.)

18 Para ilustrar esse ponto, recordemos um pouco da história recente. No início da década de 1930, os advogados do New Deal criaram o hábito de caçoar do *slogan* Reforma *versus* Recuperação. A caçoada prova que estavam perfeitamente conscientes do elemento de verdade que ele encerrava. Aliás, enquanto *slogan* político, era perfeitamente justo. Mas convém entender que

Mesmo assim, é preciso ser muito otimista para esperar que se efetuem esses ajustes tão necessários – ou até mesmo que as condições da política do país produzam a vontade de empreender um trabalho tão sério e abnegado, desprovido de *slogans* glorificantes, cheio de dificuldades de detalhes e eminentemente ingrato. A massa do povo gostaria que os Estados Unidos emergissem desse trabalho, mas odiaria o homem que o tomasse em mãos.

4. Ainda não mencionamos os problemas transicionais. Na verdade, eles não são relevantes para o nosso tema, a não ser neste aspecto: as dificuldades transicionais podem produzir situações e induzir medidas capazes de impedir quase permanentemente a expansão da produção e de invalidar completamente a nossa "estimativa de possibilidades". O exemplo mais óbvio e mais sério é o perigo de inflação. O índice de preços por atacado de 1920 era cerca de 2,3 vezes o de 1914. Isso aconteceu em decorrência de um esforço de guerra que não só foi menor e mais breve que o recente, em termos de bens e serviços, como também mais responsavelmente financiado por unidade de bens e serviços. Não havia nada parecido com o atual acúmulo de demanda. E os privilégios tributários motivaram adequadamente os investidores a conservarem para sempre grandes quantidades de vales de guerra. No estado atual, os depósitos totais ajustados (tempo e demanda, com exceção dos depósitos interbancários e do governo estadunidense, subtraídos os itens em processo de cobrança) e a moeda fora dos bancos chegaram a 174 bilhões em abril deste ano (55,17 em junho de 1929 e 60,9 em junho de 1939), e não há quem saiba dizer que parte dos títulos do governo em poder do público será convertida em dinheiro *para fins outros que não o reembolso de dívidas*. Qualquer pessoa sensata há de ser capaz de formar uma opinião acerca do que isso significa nas atuais circunstâncias, especialmente considerando o incentivo (ou conivência) do governo à demanda inconsequente, mas universal, de taxas mais elevadas de salário monetário – pois a inflação vem pela folha

---

se referia ao desmazelo e à irresponsabilidade com que se estava levando a cabo a "reforma", não aos seus objetivos professados. Agora estamos numa situação parecida, e a desgraça é que os danos causados ao processo econômico do capitalismo são justamente o aspecto da reforma que mais agrada certas pessoas. Reforma sem tais estragos não as atrairia. E reforma acompanhada de uma política que garanta o sucesso capitalista seria o pior que lhes podia acontecer.

AS CONSEQUÊNCIAS DA SEGUNDA GUERRA MUNDIAL

de pagamento.[19] Essa mesma pessoa sensata não teria a menor dificuldade para se decidir quanto aos autores que pregam a inexistência de "qualquer" perigo de inflação,[20] bem como quanto aos que enxergam inflação galopante atrás da primeira esquina. A fim de salientar o ponto relevante da nossa argumentação e diante da impossibilidade de tratar satisfatoriamente do problema aqui, permita-me o leitor expressar a minha opinião meramente no interesse da precisão: parece-me possível – *possível* – projetar, para 1950, a nível de preços aproximadamente 50% acima da cifra de 1928 (com surtos superiores no intervalo); parece-me *racional* usar os movimentos do nível de preços como um instrumento de adaptação; e me parece um exagero enorme o pavor de semelhante aumento dos preços gerais, assim como o pavor de uma queda nos anos subsequentes. Mas, para manter o aumento inevitável dos preços dentro daquele limite, são necessárias algumas medidas, todas elas altamente impopulares, todas a exigirem, para produzir os seus resultados, experiência e capacidade que não vejo, e algumas das quais reduzirão, até certo ponto, a velocidade da expansão da produção; ninguém pode combater uma inflação ameaçadora sem interferir na produção. Ora, se, em vez disso, não se fizer nada, salvo instituir outro OPA e impor pesados tributos justamente àquelas rendas das quais – mesmo de acordo com a doutrina defendida pelos nossos radicais – *não* provém ameaça de inflação e, se, ademais, as taxas salariais sofrerem elevação sem levar em conta as consequências, pode surgir uma situação em que, no desespero, Washington recorra a medidas desastradas e brutais como a desvalorização, o "congelamento" dos depósitos, a assunção do "controle direto", a punição dos "aproveitadores" e "monopolistas" ou de outros bodes expiatórios, mas poupando cautelosamente os agricultores. E isso pode arruinar os planos a ponto de nos levar à vizinhança não

---

19 O leitor há de observar que esta afirmação é muito keynesiana e, portanto, deve contar com o beneplácito dos economistas de Washington.

20 Entre estes, temos de incluir alguns previsores da demanda do pós-guerra que prognosticaram que, imediatamente após a cessação de grande parte da demanda de guerra do governo, certamente haveria um declínio e desemprego generalizado, impondo maior despesa com déficit. Acerca dessas previsões de curto prazo, cf. o artigo de E. Schiff em um número ainda inédito da *Review of Economic Statistics*. Adiante, na subseção 5, discutiremos os correspondentes prognósticos de longo prazo.

da meta de 200 bilhões, mas de um socialismo meio cru. *Pode*. É claro que há outras possibilidades.

5. Resta notar aquele que, para muitos economistas, é *o* problema do pós--guerra *par excellence*: como assegurar um consumo adequado. Até aqui, nós vimos de fato muitos motivos para duvidar que a meta prevista – um produto interno bruto de 200 bilhões em dólares de 1928 – seja deveras atingida em 1950. Mas todos eles se baseavam na possibilidade ou probabilidade de obstáculos *alheios* ao processo econômico obstruírem o caminho. No entanto, o poder do próprio processo econômico de produzir resultado tem sido questionado por muitos economistas, a maioria dos quais, mas não todos, se identifica com certos artigos de fé política, bem como científica. Para designá-los, usaremos um termo que está em voga: estagnacionistas.[21]

O tipo relevante de teoria estagnacionista foi desenvolvido pelo falecido lorde Keynes. Com a sua aplicação ao caso em foco, o leitor pode se familiarizar mais estudando uma ou mais estimativas da demanda no pós-guerra que foram produzidas nos últimos anos.[22] Os seus autores concordam conosco em calcular a produção *potencial* de 1950 em cifras da mesma ordem de magnitude que a nossa, de modo que, no interesse da simplicidade, podemos continuar falando num produto interno bruto de 200 bilhões. Eles são até mais otimistas, já que não insistem na necessidade de condições ambientais favoráveis ao desenvolvimento capitalista,[23] mas raciocinam com base na suposição tácita de que as atuais práticas políticas, administrativas e trabalhistas persistirão. Ademais, eu me absterei de quaisquer objeções que porventura tenha contra as suas estimativas do mínimo inevitável de desemprego, ou a validade dos seus métodos estatísticos, e também aceitarei as várias hipóteses por meio das quais eles chegam aos números da renda nacional líquida e da renda disponível (a soma total das rendas individuais após o recolhimento de impostos e outros pagamentos compulsórios não tributários). Para maior

---

21 Sobre alguns aspectos gerais da tese estagnacionista, cf. cap. 10.

22 A mais importante delas foi analisada criticamente por A. G. Hart no seu artigo "Model Building and Fiscal Policy", *American Economic Review*, setembro de 1945. De modo que não há necessidade de outras referências.

23 Confesso que ocasionalmente me pergunto se eles têm consciência do tremendo elogio à empresa privada que isso significa.

AS CONSEQUÊNCIAS DA SEGUNDA GUERRA MUNDIAL

clareza, presumamos que esses números da renda disponível cheguem a cerca de 150 bilhões e que os lucros indivisos das sociedades anônimas sejam de uns 6 bilhões.[24]

A demanda do pós-guerra, quer dizer, a soma total do que se espera que as famílias gastem em bens de consumo (com exceção de novas moradias), se obtém mediante o cálculo baseado nos dados do período anterior à guerra, por exemplo, 1923–1940, a relação média entre a despesa *per capita* nesses bens de consumo e a renda disponível *per capita*, ambas deflacionadas pelo índice de custo de vida, e mediante a aplicação dessa relação à renda disponível de 150 bilhões.[25] Se esse procedimento gerar, por exemplo, a importância de 130 bilhões, ficamos com um resíduo da ordem de 20 bilhões para poupanças ou, se acrescentarmos os lucros indivisos das sociedades anônimas, com 26 bilhões. A argumentação geralmente prossegue avaliando os possíveis gastos dessa importância, as oportunidades de investimento (moradias, aumento dos estoques, fábricas e equipamento, investimento estrangeiro), para concluir ou sugerir que eles não podem de modo algum absorver tanto quanto as pessoas quererão poupar no nível de renda nacional de pleno emprego de 1950, pelo menos não sem a ajuda do governo. Daí a necessidade de gastos governamentais internos ou de ação governamental para forçar o "investimento estrangeiro". Ultimamente, porém, outra recomendação vem sendo bem acolhida. Como, na situação atual, quem defender o financiamento do déficit

---

24 Esses números se aproximam dos de um calculador da demanda do pós-guerra. Não são meus. Nem são compatíveis com os números experimentais com que raciocinamos na seção II. Para o procedimento quando aplicado a períodos passados – em que as hipóteses naturalmente são substituídas por fatos –, cf., por exemplo, *Federal Reserve Bulletin*, abril de 1946, p.436. Entretanto, convém observar, primeiramente, que esses números estão em dólares correntes e, em segundo lugar, que a enorme quantidade de "poupanças líquidas dos indivíduos" nada prova quanto aos percentuais de poupança em tempos "normais" e que mesmo os dados de 1937, 1938, 1939 e 1940 não devem ser aceitos sem crítica nem, especialmente, sem referência à definição de poupança adotada pelo Departamento do Comércio.

25 Na verdade, o procedimento é algo mais complicado que isso. As equações de regressão usadas também contêm um fator de tendência que consiste em levar em conta possíveis mudanças das relações no transcurso do tempo. Além disso, também se devem considerar os efeitos da demanda adiada e da acumulação de meios líquidos. Mas, para nos concentrarmos no ponto mais destacado, não entramos nessa questão.

governamental arrisca fazer papel ridículo, os economistas de Washington mudaram diametralmente de opinião e passaram a recomendar orçamentos equilibrados, mas equilibrados a um nível elevadíssimo de tributação, sendo os impostos altamente progressivos a fim de eliminar as altas rendas, de onde provém primordialmente a ameaça da poupança. Isso concorda com o lema segundo o qual (devido à economia feita por quem tem alta renda) "nas sociedades modernas, a principal causa do desemprego é a desigualdade das rendas".

Assim, o alto nível de renda nacional, no qual procuramos a solução de muitos problemas econômicos e sociais, acabou se revelando o problema mais grave de todos. Como renda alta significa poupança alta e como essa poupança não será inteiramente compensada por gastos em investimento, a economia não tem como manter esse alto nível de renda e emprego – a menos que a política fiscal o faça –, se é que se pode de fato alcançar esse nível. Deve-se observar que, pelo menos em parte, essa teoria conta com o apoio da opinião pública e, em particular, da opinião do empresariado. Nada é mais comum que o talante segundo o qual tudo dará certo se pudermos induzir as pessoas "a usarem plenamente a sua renda" ou se conseguirmos "obter uma demanda suficiente de bens de consumo". Não deixa de ser interessante indagar por que homens inteligentes que certamente não têm envolvimento com nenhum programa político que pressuponha despesa governamental ou igualação da renda se preocupam com isso mesmo assim. A mentalidade de vendeiro do país, somada à experiência dos vinte anos anteriores à guerra, é a única explicação que posso dar para o fato espantoso de a teoria em questão não ser simples motivo de chacota.

Os adversários dessa teoria erram quando tentam argumentar que o produto interno bruto, portanto a renda, será menor e que as oportunidades de investimento serão maiores do que supõem os estimadores – tão otimistas ao calcular aquele e tão pessimistas quando se trata de calcular estas. Pode haver muita verdade nos argumentos nessa linha e em outras parecidas. Em particular, pode-se ressaltar que, em 1830, ninguém previu nem podia ter previsto as exigências de capital na era da estrada de ferro ou, cinquenta anos depois, as exigências de capital da era da eletricidade. Mas o argumento decisivo é muito mais simples. A teoria se estriba no postulado de que os indivíduos poupam

AS CONSEQUÊNCIAS DA SEGUNDA GUERRA MUNDIAL

segundo uma lei psicológica estável,[26] independentemente da presença ou da ausência de oportunidade de investimento. Evidentemente, este não é um caso normal. Normalmente, as pessoas poupam com o intuito de obter retorno em dinheiro ou em serviços de algum "bem de investimento". Não é só que o volume das poupanças individuais – e, claro está, praticamente todas as poupanças das empresas que, por sua vez, constituem-se na maior parte das poupanças – seja feito com um propósito específico de investimento em mente. Em regra, a decisão de investir precede a decisão de poupar, e o ato de investir a precede com muita frequência. Mesmo nos casos em que o indivíduo poupa sem a intenção específica de investir, qualquer atraso na tomada de decisão de investimento é punido com a perda de retorno no intervalo. Aparentemente, disso decorre, em primeiro lugar, que, a menos que enxerguem oportunidades de investimento, as pessoas normalmente não poupam e que uma situação de desaparecimento da oportunidade de investimento provavelmente também é de desaparecimento da poupança; e, em segundo, que, quando observamos que as pessoas apresentam "preferência de liquidez", quer dizer, o desejo de poupar não acompanhado pelo desejo de investir – desejo de entesourar –, isso se explica por razões especiais, não com o recurso a uma lei psicológica qualquer postulada *ad hoc*.

Tais razões existem, porém, e entre elas há uma de importância considerável nas profundezas das depressões cíclicas – em média, num ano a cada dez. Quando as coisas se mostram sombrias e as pessoas não esperam senão prejuízo em qualquer negócio que venham a contemplar, é claro que se recusam a investir as suas economias correntes (e até mesmo a reinvestir as somas

---

26 Essa lei psicológica diz que a despesa em consumo de uma comunidade C (e, portanto, também o volume que ela deseja poupar, S) depende da renda nacional, Y, de tal modo que, quando Y cresce ΔY, C cresce $\Delta C < \Delta Y$ (ou $\Delta C / \Delta Y < 1$). Esta é a genuína hipótese keynesiana sobre o que se conhece como função de consumo. Mas o próprio Keynes usou ocasionalmente, e seus seguidores usam com frequência, a suposição mais forte de que, à medida em a renda aumenta, aumenta a *porcentagem* de poupança. A única coisa que nos interessa é a hipótese genuína. No entanto, deve-se observar que é um equívoco chamá-la de lei psicológica. Em economia, as leis psicológicas são, na melhor das hipóteses, clientes duvidosos. Mas a proposição em questão não tem nem mesmo o direito de ser dignificada por esse termo, como o tem, por exemplo, a proposição segundo a qual a nossa vontade de comer mais uma fatia de pão perde intensidade à medida que comemos mais pão.

que geralmente retornam devido ao rendimento de inversões anteriores), ou então adiam o investimento a fim de lucrar com novas reduções de preços. Ao mesmo tempo, as economias não só não se reduzem, como também aumentam para todos os que esperam a queda iminente da renda, nos seus negócios ou devido ao desemprego. Esse é um elemento importante no mecanismo das depressões, e as despesas públicas com déficit são, de fato, um dos meios mais óbvios para romper tais "espirais viciosas". Contudo nenhuma defesa de uma teoria da "superpoupança" pode se basear nelas porque isso só ocorre como consequência de uma depressão, que, portanto, não pode ser explicada por elas. Mas produz uma explicação psicológica da lei psicológica keynesiana. A grande depressão de 1929–1932 e a sua lenta recuperação ainda estão na memória de todos. E a lei psicológica e a teoria do entesouramento que nela se baseia são simplesmente generalizações dessa experiência.[27]

O entesouramento na depressão não é, portanto, uma genuína exceção à nossa proposição geral, a saber, que as decisões de poupar dependem das decisões de investir e também as pressupõem, posto que o inverso não seja verdadeiro porque é obviamente possível financiar um investimento com um empréstimo bancário, caso em que não tem o menor sentido falar em poupança de quem quer que seja.[28] Há exceções autênticas, além das aparentes. Mas nenhuma tem relevância. Exemplos de exceções autênticas são os atos

---

27 Espera-se que a adaptação do argumento acima e certos fatores do período da guerra expliquem as acumulações de meios líquidos durante o conflito sem recorrer à hipótese de um apetite insaciável de entesouramento inerente à natureza humana.

28 A nossa proposição, contudo, não é tão simples quanto pode parecer ao leitor pouco familiarizado com a discussão que se tem travado desde a publicação da *General Theory* de lorde Keynes (1936). Aliás, ela parece repetir um velho teorema da "teoria clássica" (Turgot, A. Smith, J. S. Mill) e não pode ser sustentada pelo mesmo raciocínio que satisfazia os clássicos. Seria necessária uma longa e tediosa argumentação para estabelecê-la plenamente, uma argumentação cuja elaboração desanima por apresentar poucos resultados novos e interessantes e, além disso, por simplesmente destruir o que se construiu com tanta dificuldade na década de 1930. A falta de espaço, porém, nos impede de entrar nela. Mas um aspecto deve ser mencionado para evitar um mal-entendido que seria tão lamentável quanto natural. Embora a nossa proposição mostre que a tese da estagnação não pode se basear no elemento poupança e embora isso se possa expressar dizendo que não há problemas de poupança *nesse sentido*, não quer dizer que não haja problemas de poupança *em outros sentidos*. Há. A maioria deles se centra em torno do caso em que poupanças individuais, por meio da compra de títulos, são aplicadas no

AS CONSEQUÊNCIAS DA SEGUNDA GUERRA MUNDIAL   531

de apinhoar com o intuito de acumular um tesouro, coisa que, como se sabe, foi feita extensamente na Índia, na China e no Egito; e, temporariamente, a poupança decorrente de um hábito que, uma vez criado, sobrevive aos seus fundamentos racionais como qualquer outro hábito.[29] Exemplos de exceções aparentes semelhantes ao nosso caso de entesouramento na depressão são as acumulações com o fim de financiar um investimento enorme, um caso possível, mas evidentemente irrelevante; ou a "poupança" feita com o propósito de cobrir contingências, a velhice etc., e seria feita mesmo que não houvesse oportunidades de adquirir nenhum "retorno" além da sensação de segurança.[30]

Assim, se os dissabores dos estagnacionistas fossem a nossa única preocupação, não teríamos por que duvidar que chegaríamos ao produto interno

---

reembolso das dívidas bancárias em que as empresas incorrem no curso da expansão de sua fábrica e equipamento. Mas essa é outra questão.

29 A persistência de hábitos de poupança que estão profundamente enraizados no esquema burguês de vida, especialmente na sua variante puritana, não pode parecer irrelevante. Mas o desaparecimento das oportunidades de investimento, que tornaria esses hábitos irracionais seria, na ausência de fatores externos, um processo lento durante o qual a adaptação poderia e teria tempo para fazer o seu trabalho. Os economistas de Washington que, não obstante, desejam afirmar que a persistência de hábitos de poupança que se tornaram irracionais é um fator da situação econômica estão, portanto, diante de uma alternativa nada invejável: teriam de admitir *ou* que a situação dos anos 1930 era de entesouramento na depressão – o que significa o abandono da tese da estagnação secular –, ou que a atração do investimento foi reduzida com comparativa subitaneidade por um fator externo que não poderia ser senão as políticas que eles próprios defenderam. Se eles adotarem esse último ponto de vista, certamente não cabe a mim objetar.

30 A irrelevância disso decorre principalmente de dois fatos: primeiro, que essas acumulações se esgotam correntemente (embora, com a renda nacional cambiante e uma distribuição etária da população, os acréscimos e decréscimos em geral não se equilibrarão exatamente); e, segundo, que, enquanto houver alguma poupança motivada por retornos monetários, a presença na "oferta" total de um elemento que não tenha essa motivação não prova nenhuma tendência à poupança excessiva. Esse caso não precisa ser reforçado. Mas, na verdade, é possível reforçá-lo observando que, nas condições modernas, o seguro reduz muito as quantidades necessárias para se atingir os objetos da poupança de contingência: antigamente, as provisões para a velhice e para as necessidades das esposas e dos filhos normalmente significavam o acúmulo de uma "fortuna" (bem que, naturalmente, ela não deixasse de ser aplicada); hoje em dia, tal provisão se efetua pela "abstenção do consumo" no valor dos prêmios do seguro. Por conseguinte, o aumento do seguro nos últimos 25 anos indica exatamente o contrário do que querem indicar os escritos estagnacionistas.

bruto de 2 bilhões. E, se 20 bilhões fossem mais do que se poderia reinvestir com taxa de retorno satisfatória para o poupador marginal, ora, as pessoas não poderiam senão se deleitar em consumir o excesso. Não teríamos de nos preocupar com medidas que as levassem a "usar integralmente a sua renda" nem com escoadouros para as poupanças empresariais ou individuais. Em particular, não veríamos necessidade de forçar o investimento estrangeiro, cuja defesa, nas condições atuais, não passa de uma tentativa de tornar palatável ao país aquilo que realmente equivale à imposição de uma indenização de guerra.[31]

Por outro lado, temos de concordar com os defensores das despesas governamentais com déficit até o seguinte ponto: quando houver perigo, seja por causas inerentes ao ciclo econômico, seja por quaisquer outras, de um "processo cumulativo descendente", isto é, quando houver perigo de surgir uma situação na qual a restrição da produção de A induza B a restringir a sua e assim por diante em toda a economia, na qual os preços caem porque caem, na qual o desemprego se alimenta de si próprio, a despesa governamental com déficit detém essa "espiral viciosa" e, por conseguinte, se optarmos por negligenciar todas as outras considerações, pode ser chamado com justiça de remédio eficiente.[32] A verdadeira objeção não é contra a despesa governamental geradora de renda nas emergências que já surgiram, e sim contra as políticas que criam as emergências nas quais tais gastos se impõem.

---

31 Longe de mim a intenção de dizer ou insinuar que, por motivos morais ou políticos, não se possam defender grandes sacrifícios por parte do povo americano. Mas essa defesa deve ser feita francamente por motivos morais e políticos, não com a negação da realidade desses sacrifícios e com base em princípios econômicos questionáveis. A sugestão de que parte das poupanças excessivas devia ser utilmente direcionada a canais em que evidentemente não há esperança de reembolso e muito menos de lucro é a mais insidiosa possível, pois a classe cuja tarefa devia ser se opor a tal política aceitá-la-á com entusiasmo: em um sistema de garantias governamentais, o empresário individual arrisca pouco ou nada. E dá pouca ou nenhuma importância ao prejuízo nacional – especialmente se lhe disserem que esse prejuízo, graças ao emprego que garante, é na verdade um lucro nacional.

32 É por isso que o projeto de lei de Murray, na forma original (não só na forma em que foi promulgado), era impecável *no que dizia respeito a considerações puramente econômicas*. A condenação total da despesa governamental geradora de renda em quaisquer circunstâncias é compreensível e pode ser justificável em pessoas que pensam que, uma vez admitido o uso desse instrumento, a porta ficará escancarada para todos os tipos de irresponsabilidade legislativa e administrativa. Mas não se pode defender essa posição com razões puramente econômicas.

AS CONSEQUÊNCIAS DA SEGUNDA GUERRA MUNDIAL

6. Infelizmente, porém, se fosse questão de prever o que acontecerá de fato, o nosso resultado não diferiria tanto das expectativas dos estagnacionistas quanto o leitor pode esperar. Posto que não haja nada a temer na tendência das pessoas a poupar, há muito que temer em outros fatores. A inquietação operária, a regulamentação dos preços, a administração problemática e a tributação irracional são mais que suficientes para produzir resultados para a renda e o emprego que hão de parecer exatamente a confirmação da teoria estagnacionista e podem, na verdade, produzir situações em que se imponham despesas públicas com déficit. Podemos presenciar até mesmo algo parecido com poupança excessiva, isto é, condições em que as pessoas se mostrarão relutantes em pôr em execução as suas decisões de investir. Estávamos discutindo uma possibilidade. Descobrimos que não há causas inerentes ao próprio processo econômico que a impeçam de se realizar. Também vimos que há causas externas ao processo econômico capazes de fazê-lo. Para além disso, não pretendo saber qual será o resultado final. Seja qual for, será um fator dominante na situação social não só dos Estados Unidos, como do mundo. Mas só no próximo meio século aproximadamente. O diagnóstico de longo prazo elaborado neste livro não será afetado.

III. O imperialismo e o comunismo russos

O outro fator relevante para o nosso diagnóstico é a vitória da Rússia sobre os seus aliados. Ao contrário do sucesso econômico dos Estados Unidos, essa vitória não é apenas uma possibilidade, mas, por ora, um fato consumado. Partindo de uma posição que estava longe de ser demasiado forte – posição essa em que a Rússia, de acordo com todas as regras ordinárias do jogo político, podia ter tido de aceitar o que quer que os aliados achassem conveniente impor e de desempenhar um papel secundário na nova ordem internacional –, ela se alçou a uma posição de poder muito superior à que chegou a ter sob os tsares, a despeito de tudo quanto se possa presumir que a Inglaterra e os Estados Unidos desejassem ou lutassem por obter. E – realização suprema! – os métodos peculiares ao seu sistema de governo possibilitaram-lhe expandir o poder real de que dispõe para além das suas conquistas oficiais e, ao mesmo tempo, fazer com que ele pareça muito menor do que é – de modo que as falsas concessões em pontos críticos que satisfazem os escapistas e apaziguadores jamais envolvem um sacrifício real, mesmo quando não significam uma vantagem real, como é o caso às vezes.[33] Se o leitor recordar os objetivos que motivaram a política dos Estados Unidos a partir de 1930 – democracia, liberdade perante o medo e a necessidade, nações pequenas etc. –, perceberá que o que ocorreu equivale a uma rendição não muito menos completa do que se poderia esperar de uma vitória militar da Rússia sobre os seus dois principais aliados.

Antes de mais nada, esse resultado exige explicação. Infelizmente, os analistas da história que só reconhecem fatores impessoais – e quiçá um elemento de sorte – não se sairão bem nessa tarefa. Todos os fatores impessoais ou objetivos estavam contra a Rússia. Mesmo o seu exército enorme não era simplesmente produto de uma população numerosa e de uma economia rica, mas a obra de um homem forte o suficiente para manter aquela população em pobreza e submissão abjetas e para concentrar no objetivo militar todas as forças de um aparato industrial pouco desenvolvido e defeituoso. Mas isso não bastaria. Aqueles que não entendem como a sorte e a genialidade se entrelaçam, naturalmente apontarão para casualidades felizes na longa série de acontecimentos que culminou num sucesso tão estupendo. Mas essa série de acontecimentos contém muitíssimas situações desesperadas nas quais o regime bolchevista teve todas as possibilidades de perecer. O gênio político consiste precisamente na capacidade de explorar as possibilidades favoráveis e de neutralizar as desfavoráveis tão completamente que, depois do fato, o observador superficial não enxerga senão aquelas. Acompanhando os acontecimentos a partir do primeiro golpe de mestre – o "entendimento" com a Alemanha –, contemplamos uma obra-prima. Mas isso não faz senão reforçar a defesa de uma filosofia da história que deixa espaço adequando para o pessoal dirigente e para o caso especial desta: a qualidade do líder individual. A única concessão que a análise realista pode fazer à "teoria impessoal" é esta:

---

33 Por exemplo, a concessão de falsa independência a países que estão totalmente sob controle, como a Polônia, que teimamos em tratar como agentes independentes, aumenta os votos à disposição da Rússia nos organismos internacionais e também os subsídios e empréstimos que o governo russo pode receber; a Rússia seria mais fraca do que é se tivesse anexado toda a Polônia descaradamente.

AS CONSEQUÊNCIAS DA SEGUNDA GUERRA MUNDIAL

em questões de política externa, o autocrata é livre e desembaraçado de todas as considerações que distraem a atenção do líder democrático.[34]

Mas, em segundo lugar, ainda que, acompanhando minuciosamente os desenvolvimentos, possamos compreender como essa situação inacreditável surgiu, isso não nos ajuda a entender como o mundo a tolera agora que ela está diante dos olhos de todos. O problema se reduz à atitude dos Estados Unidos. Porque os países da Europa continental, exaustos, famintos e expostos à retaliação russa como estão, decerto não têm condições de opor uma resistência significativa. O único país continental verdadeiramente independente da Rússia é a Espanha – fato que a política russa para esse país mostrou recentemente à maioria de nós. A França, que podia ser quase igualmente independente, tem a maior de todas as guarnições russas materializada no Partido Comunista Francês.[35] No tocante à Inglaterra, não faltam sintomas a

---

34 Alguns leitores observarão que, neste ponto, estamos repassando uma antiga controvérsia entre os sociólogos da história e também entre os historiadores. Portanto, é necessário declarar que não estou recomendando a adoração do herói nem adotando o *slogan* "a história é feita por homens [individuais]". A metodologia envolvida na argumentação do nosso texto não vai além disto: ao explicar o curso histórico dos fatos, lançamos mão de uma grande variedade de dados. Entre eles figuram o clima, a fertilidade, o tamanho etc. dos países, mas também as qualidades invariantes a curto prazo da sua população. E como a qualidade da população não é a única coisa que determina a qualidade do pessoal político e esta, por sua vez, não é a única que determina a qualidade da liderança, as duas devem ser enumeradas separadamente. Em outras palavras: em determinada situação, o cérebro e os nervos do homem no leme são fatos tão objetivos quanto a quantidade de ferro nas jazidas minerais do país e a presença ou ausência de molibdênio ou vanádio.

35 Esse fato é interessantíssimo. Provavelmente, alguns americanos acreditaram que o povo francês ia aclamar a sua libertação com arroubos de alegria e gratidão e que não tardaria a se dedicar à tarefa de reconstruir uma França democrática. Na realidade, nós nos deparamos com aquilo que Léon Blum eufemisticamente chamou de *convalescence fatiguée* ou, falando claramente, uma relutância universal em adotar o método democrático. Há três partidos de força numérica mais ou menos igual e igualmente incapazes de produzir governos efetivos em linhas democráticas: o MRP (Mouvement Républicain Populaire, o partido católico e gaullista), os socialistas e os comunistas. Para nós, só três pontos são relevantes: primeiro, a ausência praticamente completa de grupos "liberais"; segundo, a ausência de qualquer grupo com o qual o político estadunidense possa cooperar plenamente; terceiro e mais importante, a força dos comunistas. Obviamente, essa força não se explica pela conversão de um número tão grande de franceses aos princípios comunistas. Muitos deles não podem de modo algum ser comunistas no sentido doutrinário.

indicarem que, se ela tivesse podido agir conforme o seu ponto de vista, todo o curso dos acontecimentos desde 1941 teria sido muito diferente e que toda a Inglaterra que conta politicamente encara a situação atual com repulsa e apreensão. Se, entretanto, ela não adota uma linha firme, isso só pode se explicar pelo fato de que fazê-lo implicaria assumir um risco terrível, o risco de travar guerra com a Rússia sozinha. Porque, embora seja muito provável, *não é seguro* que os Estados Unidos se unam a ela. Por quê?

Para um observador de outro planeta, nada seria mais óbvio, por todas as considerações de honra e interesse, que os Estados Unidos não tolerassem uma situação em que grande parte da humanidade se vê privada daquilo que consideramos direitos humanos elementares, em que há mais crueldade e anarquia do que a guerra se propôs a combater, em que um poder e um prestígio tremendos estão concentrados nas mãos de um governo que encarna a negação dos princípios que significam alguma coisa para a grande maioria do povo americano. Com toda certeza, não valeu a pena para este povo fazer sacrifícios para enfrentar um conflito em que se infligiram horrores incalculáveis a milhões de mulheres e crianças inocentes se o principal resultado foi livrar o mais poderoso dos ditadores dos dois exércitos que o encurralavam. Certamente, este é um caso em que um trabalho pela metade é pior que nada. Ademais, a outra metade teria sido não só possível, como relativamente fácil, já que, depois da capitulação do Japão, as forças militares e as técnicas dos Estados Unidos, para não falar no seu poder econômico de dar ou negar, lhe asseguravam uma superioridade incontestável.

Mas, se o observador de outro planeta argumentasse desse modo, teríamos de responder que ele não entende nada de sociologia política. Na Rússia stalinista, política externa é política externa como era no tempo dos tsares.

Aqueles que não o são acabam sendo comunistas *ad hoc*, quer dizer, comunistas em virtude da sua concepção da situação nacional. Mas isso significa que eles são simplesmente pró-russos. Consideram a Rússia "o grande fato do dia", o poder que (dólares de reconstrução à parte) realmente importa, o poder ao qual *il faut s'accrocher* e ao qual, para renascer, a França deve aderir, contra a Inglaterra e os Estados Unidos, em qualquer luta futura – que, precisamente por isso, há de se transformar numa coisa chamada revolução mundial. Neste ponto, abre-se um feixe fascinante de problemas! Mas o meu dissabor pela impossibilidade de estudá-los é algo mitigado pela certeza de que os meus leitores se recusariam a acompanhar a argumentação.

AS CONSEQUÊNCIAS DA SEGUNDA GUERRA MUNDIAL

Nos Estados Unidos, política externa é política doméstica. Há de fato uma tradição que deriva da recomendação de Washington. Mas é essencialmente isolacionista. Não há nenhuma tradição e não há órgãos para jogar o jogo complexo da política externa. Quando violentamente instigado pela propaganda, o país pode tomar ou aceitar um rumo ativista de interferência no ultramar. Mas não tarda a se cansar disso, e agora está cansado – cansado dos horrores da guerra moderna, dos sacrifícios, dos impostos, do serviço militar, das regulações burocráticas, dos *slogans* de guerra, dos ideais de governo mundial – e ansiosíssimo por retornar ao seu modo de vida habitual. Incitá-lo a um novo e persistente esforço – na ausência de um perigo imediato de ataque – seria um péssimo negócio político para o partido ou grupo de pressão que porventura desejasse fazê-lo. Mas nenhum partido ou grupo parece cultivar semelhante desejo. Aqueles que são movidos por um ódio exaltado à Alemanha ou ao regime nacional-socialista estão satisfeitos. Com os mesmos argumentos que usavam para estigmatizar os escapistas, hoje apoiam a política para a Rússia que eles condenavam como apaziguamento no caso da Alemanha hitlerista. E, se examinarmos toda a lista de interesse que formam a pauta da política americana, constatamos que todos eles concordam, ainda que por motivos diferentes, com o apaziguamento. Os agricultores não se preocupam muito. Os operários organizados podem ser ou não ser significativamente influenciado por uma ala autenticamente pró-russa, e pode ser ou não ser verdade que os sindicatos, ou alguns deles, se oporiam ativamente a uma guerra contra a Rússia. Não precisamos entrar nessa questão – normalmente tratada com negativas ou afirmações temerárias – porque a única coisa que importa para a situação, tal como no momento ela se apresenta para os políticos, é o fato de que ninguém duvida: os trabalhadores que não eram favoráveis à guerra em 1940 agora são decididamente contra ela. No entanto, a observação mais interessante a fazer é que se pode sustentar a mesmíssima coisa acerca da classe mercantil e industrial e que a sua atitude, embora naturalmente não seja pró-russa por sentimento ou intenção, é pró-russa de fato. Os intelectuais radicais adoram atribuir à burguesia a intenção de pular na jugular da república soviética. Com certeza, descreveriam a guerra com a Rússia como uma guerra travada pelas grandes empresas contra o socialismo. Nada pode ser mais irrealista. A classe empresarial também está cansada de *slogans* de guerra, de impostos, de regulações. A guerra com a Rússia conteria a maré que, por ora, flui a favor dos interesses empresarias e significaria ainda mais tributação e ainda mais regulação. Colocaria os trabalhadores numa posição ainda mais forte. Além disso, não só perturbaria os negócios domésticos, como também ceifaria perspectivas de negócios de um tipo muito atraente. A Rússia soviética pode vir a ser um freguês importantíssimo. Nunca deixou de pagar pontualmente. E muitas convicções antissocialistas da burguesia estão sendo solapadas por esse fato. É assim que funciona a mentalidade burguesa – sempre funcionará, mesmo diante da corda do carrasco. Mas não é difícil recorrer a uma racionalização para apartar da mente essa visão desagradável. Deixemos a Rússia engolir mais um ou dois países, por que não? Tratemos de abastecê-la bem de tudo quanto precisa, e ela deixará de fazer caretas. Dentro de vinte anos, os russos serão tão democráticos e pacíficos quanto nós – e pensarão e sentirão exatamente como nós. Mesmo porque até lá Stalin já terá morrido.[36]

Uma vez mais: o propósito deste livro não é encaminhar os leitores a conclusões práticas já definidas, e sim apresentar análises que lhes sejam úteis para

---

36 As últimas frases são todas citações. São reveladoras e valiosas justamente por não ser respostas a perguntas de entrevistas que o entrevistado reconhece como tal. São afirmações espontâneas feitas sem consciência do fato de o orador estar revelando os seus processos mentais ou, mais precisamente, a sua atitude alógica e semiconsciente que ele procurava racionalizar *para si*. Com exceção da terceira, que se sobressai pela ingenuidade, as afirmações – ou outras muito semelhantes – se ouviram mais de uma vez. Em quase todos os casos, a irracionalidade da atitude do orador (inclusive a sua incoerência em relação às atitudes de 1939–1941) lhe foi assinalada. Em nenhum caso houve uma resposta logicamente apresentável ou uma reação, salvo (a) a demonstração de uma espécie do aborrecimento bem-humorado ou (b) um gesto de desesperança que parecia admitir a crítica, mas com alguma ressalva como "e daí?". No entanto, tendo em vista uma observação feita anteriormente nesta seção, devo acrescentar que na realidade existe algo na quarta fuga da realidade. Se for verdade, como já afirmei, que capacidades como as do líder da Rússia ocorrem raríssimamente em qualquer população, parece, de fato, que a ação da natureza resolverá muitos problemas adequadamente. Só que, se se admitir que há algo no argumento, também se deve afirmar que ele pode ser exagerado em demasia. Em alguns aspectos, pode ser mais fácil lidar com um inimigo de capacidade suprema do que com um menos capaz – o que não chega a ser um paradoxo. Ademais, ainda que seja necessário um gênio de primeira ordem para construir, *e.g*, a Standard Oil, não há necessidade de um gênio para administrá-la depois de construída. O século russo, uma vez iniciado, pode seguir o seu curso quase por si só.

AS CONSEQUÊNCIAS DA SEGUNDA GUERRA MUNDIAL 539

tirar conclusões práticas próprias. De mais a mais, em matérias tão sujeitas ao acaso e à interferência de fatores novos e inesperados, a previsão pode não passar de profecia e, portanto, não ter nenhuma perspectiva científica. Apesar de convencido de que isso se compreendeu plenamente, agora vou adotar, à guisa de resumo desta parte da minha argumentação, o que parece ser uma inferência racional, mas sem nenhum propósito além de *fixer les idées*. Em outras palavras: o que vamos fazer é exatamente o que vimos fazendo em todo este livro com referência ao grande tema do socialismo em geral: extrapolar tendências observáveis.

Os fatos que vimos de relance sugerem que, a menos que Stalin cometa o primeiro erro na vida, não haverá guerra nos próximos anos e a Rússia terá sossego para desenvolver os seus recursos, reconstruir a sua economia e erigir aquela que há de ser, de longe, em termos tanto absolutos quanto relativos, a maior máquina de guerra que o mundo já viu. A ressalva inserida, que restringe o valor prático dessa inferência, mas a meu ver não o aniquila, significa o seguinte: um ato de agressão *espetacular* – um ato de agressão tão espetacular que até mesmo os companheiros de viagem tenham dificuldade para explicá-lo como "defesa" perfeitamente justificável – pode, sem dúvida, precipitar a guerra em qualquer momento. Mas contra essa possibilidade devem-se colocar os fatos, primeiro, de que nada na política externa do regime stalinista impressiona mais do que a sua cautelosa paciência; segundo, que esse regime tem tudo a ganhar sendo paciente; terceiro, que, agindo a partir do pináculo do sucesso imperialista, ele pode se dar ao luxo de ser paciente e abrir mão de postos avançados sempre que houver sinal de perigo real ou sempre que enfrentar "um tom de voz mais firme" que o que tem ouvido ultimamente.[37]

---

37 Deve-se observar, para ilustrar a força do argumento, que nenhum desses três fatos estava presente no caso alemão na situação em que se achava em 1939. Alguns leitores negarão isso no que diz respeito ao terceiro fato, pelo menos para a situação vigente depois de Munique. Mas isso é só porque a nossa atitude para com as ambições alemãs é muito diferente da que tomamos para com as atuais ambições russas. O ponto decisivo, visto pelo ângulo político, é que a Alemanha de então não havia recuperado totalmente o seu território nacional, ao passo que o regime stalinista só precisa ceder, caso as ceda, posições em territórios estrangeiros, coisa que é muito mais fácil. De resto, até agora, o "tom de voz mais firme" mencionado no texto só foi usado para prevenir maiores abusos.

Entretanto, a perspectiva mudará substancialmente após um período de reconstrução de aproximadamente dez anos. A máquina de guerra estará pronta para ser usada e ficará cada vez mais difícil não a usar. Além disso, a não ser que a Inglaterra adira ao bolchevismo e, *além disso*, renuncie a toda a sua posição tradicional, a mera existência daquela ilha independente pode ser tão insuportável para a autocracia russa quanto foi para a autocracia napoleônica – e vice-versa. A percepção desse fato é, naturalmente, a essência das advertências de Churchill e o fundamento racional da já iniciada corrida armamentista.

Mas, para avaliar tudo isso, temos de considerar outra coisa. Na paz e em uma possível guerra futura, e mais ainda nas situações intermediárias que, sem ser de guerra, são dominadas pela ameaça de enfrentamento, os grupos e os partidos comunistas de todo o mundo são, naturalmente, da maior importância para a política externa russa.[38] Consequentemente, não há nada surpreendente no fato de o stalinismo oficial haver retomado recentemente a prática de anunciar a proximidade cada vez maior da luta entre o capitalismo e o socialismo – a iminente revolução mundial –, a impossibilidade de uma paz permanente enquanto o capitalismo sobreviver onde quer que seja, e assim por diante. O mais essencial é perceber que tais *slogans*, por úteis e necessários que sejam do ponto de vista russo, distorcem a questão real que é o imperialismo russo e,[39] à parte considerações sobre a quinta-coluna, nada

---

38 Para os fins da argumentação que se segue, felizmente não é necessário entrar na questão da força que realmente tem a quinta-coluna comunista nos Estados Unidos. Seja como for, ela é muito mais forte do que dão a entender algumas estatísticas ou certas declarações oficiais de porta-vozes de grupos operários, e por certo nada tem de negligenciável. A discussão desse aspecto e das possíveis consequências da atitudes pró-russas sobre a eficiência de um possível esforço de guerra é, creio eu, quase sem valor não só devido ao predomínio de exageros ou minimizações intencionais como também em virtude da incapacidade dos participantes de definir claramente a questão. Como vimos, a atitude de uma pessoa pode ser pró-russa de fato sem o ser em sentimento ou intenção. E pode ser comunista sem ser efetivamente pró-russa. Todas essas variantes – algumas irrelevantes no comportamento de um indivíduo se a guerra for de fato declarada – devem ser cuidadosamente distinguidas.

39 Como o termo imperialismo figura entre os mais mal-empregados em todo o estoque da teoria política popular, convém definir o sentido que aqui lhe damos. Todavia, para os nossos limitados propósitos, não há necessidade de analisar o fenômeno, como fiz em uma monografia publicada há cerca de trinta anos, nem de adotar a definição adequada a uma análise elaborada. Em vez disso, a definição que se segue é suficiente, posto que eu a considere inadequadíssima

AS CONSEQUÊNCIAS DA SEGUNDA GUERRA MUNDIAL

tem a ver com o socialismo. O problema da Rússia não é ser socialista, mas ser a Rússia. Na realidade, o regime stalinista é essencialmente uma autocracia militarista que, por governar mediante um partido único e rigorosamente disciplinado e por não admitir a liberdade de imprensa, compartilha uma das características definidoras do fascismo e explora as massas no sentido marxista.[40] Podemos entender e deplorar o intelectual americano que se acha em tal situação que tem de chamar isso de socialismo democrático – pelo menos em perspectiva –, ainda que a sua expectativa de que acreditemos nele seja um insulto à nossa inteligência. Mas a tendência visível de semelhante regime a estender o seu domínio por toda a Europa e a Ásia evidentemente não pode simplesmente ser identificado com uma tendência do socialismo à expansão. Nem mesmo significa que a expansão do domínio russo favorecerá o socialismo em algum dos sentidos mais usuais da palavra. Se favorecerá ou não depende inteiramente dos interesses reais e putativos da autocracia russa (cf. a última seção do capítulo anterior). Isso se pode ilustrar com o caso análogo da política religiosa do stalinismo: enquanto conveio ao autocrata, a religião era o ópio do povo; tão logo ele se deu conta de que, em algumas regiões do mundo, a Igreja ortodoxa podia ser um instrumento de política externa mais útil que o comunismo ou a Federação Sindical Mundial (1945), a Rússia foi declarada uma "nação amante de Cristo" e, no lugar do "procurador-chefe do Santo Sínodo", surgiu, juntamente com um novo patriarca – que se revelou imediatamente um diligente turista nos países orientais –, um presidente

---

(apesar de condizente com o emprego que dei ao termo nos capítulos 4 e 11 deste livro): imperialista é a política que visa expandir o controle de um governo a outros grupos, além dos compatriotas, contra a sua vontade. Foi o que fez a Rússia, antes da guerra, nos casos da Mongólia Exterior e da Finlândia, e em todos os casos durante e depois do conflito. O problema é que tal política não conhece nenhum limite intrínseco. As palavras de ordem incentivadoras são irrelevantes.

40 Esse é mais um termo que, devido ao mau uso, perdeu todo significado definido. Aliás, o seu emprego no linguajar comum dos Estados Unidos sugere a definição: fascista é qualquer política, grupo ou país do qual o orador ou escritor que usa o termo não gosta. No nosso texto, porém, significa, conforme a teoria política apresentada neste livro (cap. 22), o método político da liderança monopolista, em oposição à concorrencial. Observe-se que isso não quer dizer que, em outros aspectos, o stalinismo seja "a mesma coisa" que o hitlerismo ou o fascismo italiano.

comunista do "conselho para os assuntos da Igreja ortodoxa". É verdade que há uma forte razão para esperar a nacionalização da indústria em todos os países em que a Rússia tiver liberdade de agir sem ser impedida por considerações táticas de política externa: para um conquistador, uma indústria nacionalizada é mais fácil de administrar e explorar e não pode se tornar um centro de oposição. Mas não há nenhuma outra razão. E é impossível dizer se esse motivo prevalecerá ou não sobre outros possíveis.[41] Chega a ser concebível que um avanço maior da potência russa acabe se revelando um obstáculo para desenvolvimentos em direção àquilo que a maioria das pessoas pensa ou sente ao pronunciar a palavra socialismo.

Confundir a questão russa com a socialista – a menos que seja um ardil perpetrado a serviço da Rússia – é, pois, julgar equivocadamente a situação social do mundo. A questão russa tem a ver com a questão socialista em apenas dois aspectos. Primeiramente, em virtude da lógica da sua situação, a presença de grupos comunistas e de alas pró-comunistas em grupos não comunistas tende a radicalizar a política operária. Não é sempre assim: os comunistas franceses, *e.g.*, votaram contra duas importantes medidas de socialização. Mas, em geral, e mesmo que seja só com o propósito de desorganizar os países capitalistas, essa lógica da situação pode se afirmar. Em segundo lugar, em caso de guerra, teremos as consequências sociais e políticas de qualquer guerra nas condições modernas – o fato de ser uma guerra entre um país supostamente socialista e um supostamente capitalista faz pouca diferença.

---

41 O leitor terá a bondade de notar que todas as afirmações de fatos, feitas ou implícitas na argumentação acima, são verificáveis, se necessário, a partir de fontes oficiais russas. Na verdade, tudo quanto é relevante na nossa argumentação, especialmente no nosso diagnóstico da natureza do regime russo, pode ser estabelecido sem necessidade de recorrer a nenhuma afirmação de fato passível de ser contestada. Abstive-me deliberadamente de mencionar, por valioso que pudesse parecer para melhor ilustrar a natureza do regime, que levantasse questões de fatos, como os assassinatos nos países conquistados ou controlados, os *chain gangs* na Geórgia, os campos de concentração etc. A nossa argumentação não seria minimamente afetada se lhe faltasse algo que se pudesse chamar de atrocidade.

PREFÁCIOS E COMENTÁRIOS SOBRE DESENVOLVIMENTOS POSTERIORES

PREFÁCIO À PRIMEIRA EDIÇÃO, 1942

ESTE VOLUME É O RESULTADO DE UM ESFORÇO para dar forma acessível ao grosso de quase quarenta anos de reflexão, observação e pesquisa acerca do tema socialismo. O problema da democracia forçou a entrada no lugar que agora ocupa neste livro porque me pareceu impossível expor a minha opinião sobre a relação entre a ordem socialista da sociedade e o método democrático de governo sem uma análise bastante extensiva deste.

Minha tarefa revelou-se mais difícil do que me pareceu inicialmente. Parte do material heterogêneo que me coube reunir refletia os pontos de vista e as experiências de um indivíduo que, em várias etapas da vida, teve mais oportunidade de observação que um não socialista costuma ter e que reagiu ao que viu de maneira inconvencional. Não quis obliterar os vestígios disso: grande parte do interesse que esta obra pode despertar desapareceria se eu tentasse suprimi-los.

Além disso, este material também refletia o esforço analítico de um indivíduo que, embora sempre tentasse honestamente sondar abaixo da superfície, nunca fez dos problemas do socialismo o tema principal da sua pesquisa profissional durante muito tempo e, portanto, tem muito mais a dizer a respeito de certos tópicos que de outros. Para não dar a impressão de que pretendia escrever um tratado bem equilibrado, achei melhor agrupar o meu material em torno a cinco temas centrais. Claro está, entre eles se estabeleceram vínculos e pontes e espero ter conseguido certa unidade sistemática de apresentação. Mas, essencialmente, trata-se de estudos analíticos quase autônomos – bem que não independentes.

A Parte I, escrita em linguagem não técnica, resume o que tenho a dizer – e o que venho ensinando, efetivamente, há algumas décadas – a respeito da doutrina marxista. Nada mais natural que um marxista prefacie a discussão dos principais problemas do socialismo com uma exposição do seu evangelho. Mas qual é o propósito dessa exposição na entrada de um prédio erigido por um não marxista? Ela comprova que o não marxista atribui a essa mensagem uma importância única, uma importância completamente independente de aceitação ou rejeição. Mas isso dificulta a leitura. E não se usam instrumentos marxistas no resto do trabalho. Posto que o resultado se aproxime frequentemente dos preceitos do grande pensador socialista, os leitores que não se interessarem pelo marxismo podem passar diretamente para a Parte II.

Na Parte II – "O capitalismo pode sobreviver?" –, procurei mostrar que a forma socialista da sociedade surgirá inevitavelmente de uma decomposição igualmente inevitável da sociedade capitalista. Muitos leitores se perguntarão por que achei necessária uma análise tão laboriosa e complexa para provar uma opinião que vem se generalizando rapidamente, mesmo entre os conservadores. A razão é que, embora a maioria de nós concorde com o resultado, não concorda quanto à natureza do processo que está matando o capitalismo nem quanto ao significado preciso que se deve atribuir ao termo "inevitável". Convencido de que a maior parte dos argumentos apresentados – tanto em termos marxistas quanto em mais populares – é equivocada, me senti no dever de enfrentar, e de infligir ao leitor, muitas dificuldades para chegar efetivamente à minha conclusão paradoxal: o capitalismo está sendo assassinado pelas suas próprias realizações.

Tendo constatado, como creio que constataremos, que o socialismo é uma proposição prática que pode se tornar *imediatamente* prática em consequência da guerra atual, na Parte III – "O capitalismo pode funcionar?" –, examinaremos um grande número de problemas que afetam as condições nas quais se pode esperar que a ordem socialista seja um sucesso econômico. Essa

PREFÁCIO À PRIMEIRA EDIÇÃO, 1942

parte é a que mais se aproxima de ser um balanço equilibrado dos seus diversos tópicos, inclusive dos problemas "transicionais". O amor e o ódio turvaram de tal modo o resultado do trabalho tão sério realizado até aqui acerca dessa questão – não foi muito – que mesmo a mera reafirmação de pontos de vida amplamente aceitos pareceu justificável aqui e acolá.

A Parte IV – "Socialismo e democracia" – é uma contribuição para uma controvérsia que se prolonga há algum tempo nos Estados Unidos. Mas convém notar que essa parte só trata de uma questão de princípio. Os fatos e comentários relevantes para o tema estão dispersos por todo o livro, particularmente nas Partes III e V.

A Parte V é o que ela pretende ser, um esboço. Mais do que nas outras, quis me restringir ao que tinha para dizer a partir da observação pessoal e da pesquisa muito fragmentária. Portanto, o material que entrou nessa parte é, sem dúvida, lamentavelmente incompleto.

Nenhum trecho do conteúdo deste volume foi publicado até hoje. No entanto, um antigo esboço da argumentação da Parte II, serviu de base a uma palestra ministrada na Escola de Pós-Graduação do Ministério da Agricultura dos Estados Unidos no dia 18 de janeiro de 1936, e foi mimeografada por essa instituição. Desejo agradecer ao sr. A. C. Edwards, presidente do Comitê de Organização, a autorização a incluir uma versão ampliada neste volume.

Joseph A. Schumpeter
TACONIC, CONNECTICUT, MARÇO DE 1942

PREFÁCIO À SEGUNDA EDIÇÃO, 1946

Esta edição reproduz o livro de 1942 sem nenhuma alteração, salvo o acréscimo de um novo capítulo. O motivo pelo qual me abstive até mesmo de alterações verbais que eram claramente indicadas em vários lugares é que, em matéria do tipo tratado neste livro, é impossível alterar a redação sem lhe modificar o significado ou pelo menos incorrer na suspeita de tê-lo feito. E dou certa importância ao fato de que nem os acontecimentos dos últimos quatro anos nem as críticas oferecidas em resenhas afetaram os meus diagnósticos e prognósticos que, pelo contrário, me parecem plenamente confirmados pelos fatos novos que se manifestaram. O único objetivo do novo capítulo é desenvolver, à luz desses fatos novos, certos argumentos contidos no texto antigo, particularmente a seção IV do capítulo 19 e a seção V do capítulo 27, e mostrar como a situação atual se encaixa na filosofia da história delineada neste livro. Neste prefácio, vou me ocupar de algumas críticas, ou melhor, tipos de crítica ao livro dirigidos – não necessariamente impressos. Mas desejo fazê-lo porque espero que as respostas que tenho a dar sejam úteis aos leitores, não por ter qualquer queixa da acolhida conferida ao livro. Pelo contrário, quero aproveitar esta oportunidade para expressar a minha gratidão aos resenhistas pela sua cortesia e bondade constantes e aos tradutores para sete línguas pelo seu generoso esforço.

Antes de mais nada, permitam-me comentar duas críticas de natureza profissional. Um eminente economista de reputação internacional discrepou da minha proposição segundo a qual, como parte do processo social descrito neste livro, há uma tendência em longo prazo ao desaparecimento dos lucros: segundo ele, a atividade comercial sempre terá o seu preço. Não me parece que haja uma diferença real entre nós, somente usamos o termo "lucros" em sentidos diferentes. Essa atividade comercial, que ainda pode ser requerida numa economia instalada numa rotina estável, terá, sem dúvida, de colher os seus benefícios como os colherá qualquer outro tipo de atividade ligada à gestão de um negócio. Mas os incluo na remuneração da gestão a fim de isolar e enfatizar aquela que, a meu ver, é a fonte fundamental do ganho industrial, a saber, os lucros que a ordem capitalista outorga à introdução bem-sucedida de novos produtos, de novos métodos de produção ou de novos tipos de organização. Não vejo como negar que a história industrial demonstra convincentemente a importância desse elemento da renda capitalista. E sustento que, com a mecanização crescente do "progresso" industrial (trabalho de equipe nos departamentos de pesquisa etc.), esse elemento e, com ele, o pilar mais importante da posição econômica de classe do capitalista estão fadados a desabar com o tempo.

No entanto, a crítica mais frequente ao argumento puramente econômico deste livro que chegou ao meu conhecimento – por vezes exasperada até a expostulação – foi contra aquela que muitos leitores consideraram uma defesa da prática monopolista. Sim, acredito que a *maior parte* da discussão corrente sobre o monopólio, assim como *toda* a discussão corrente sobre os efeitos nefastos da poupança, não passa de ideologia radical e carece de fundamento factual. Nos momentos mais descontraídos, me expresso ocasionalmente em termos mais incisivos especialmente a respeito das "políticas", reais e propostas, baseadas nessa ideologia. Mas aqui, e como questão de dever de ofício, simplesmente desejo declarar que a única coisa que o leitor encontra neste livro sobre monopólio se reduz, em última análise, às seguintes proposições que sustento que nenhum economista competente pode negar.

PREFÁCIO À SEGUNDA EDIÇÃO, 1946

1. A teoria clássica da fixação monopolista dos preços (a teoria Cournot-Marshall) não é inteiramente desprovida de valor, especialmente quando ajustada de modo a tratar não só da maximização instantânea do ganho monopolista, mas também da maximização no decurso do tempo. Entretanto, ela trabalha com hipóteses tão restritivas que excluem a sua aplicação *direta* à realidade. Em particular, não pode ser usada naquilo que vem *sendo* usada no ensino atual, ou seja, para uma comparação entre o modo como uma economia puramente competitiva funciona e o modo como funciona uma economia que contém elementos substancias de monopólio. O principal motivo disso é o fato de a teoria supor determinadas condições de demanda e custo, as mesmas tanto no caso concorrencial e quanto no monopolista, ao passo que é da essência da grande empresa moderna que a sua demanda e as suas condições de custo sejam, para grandes quantidades de produção, muito mais favoráveis – e inevitavelmente – que a demanda e as condições de custo que existiriam nas mesmas indústrias em um regime de concorrência perfeita.

2. A teoria econômica corrente é quase inteiramente uma teoria da administração de determinado aparato industrial. Porém muito mais importante que a maneira como o capitalismo administra certas estruturas industriais é a maneira como ele as cria. (cf. cap. 7 e 8). E o elemento monopólio entra necessariamente nesse processo de criação. Tal circunstância dá uma feição completamente diferente ao problema do monopólio e aos métodos legislativos e administrativos para lidar com ele.

3. Em terceiro lugar, os economistas que imprecam contra os cartéis e outros métodos de autogoverno industrial geralmente não afirmam nada que seja errado em si. Mas omitem as restrições necessárias. E omitir as restrições necessárias é não apresentar toda a verdade. Há outras coisas que mencionar, mas me abstenho a fim de me ocupar de uma segunda classe de objeções.

Pensei que havia tomado o cuidado necessário para deixar claro que este não é um livro político e que não desejei advogar tese alguma. Todavia, para minha recreação, me foi imputada a intenção – e mais de uma vez, se bem que, tanto quanto sei, não em publicações impressas – de "advogar o coletivismo estrangeiro". Refiro-me a esse fato não pelo seu mérito próprio, mas para mostrar outra objeção que se esconde atrás dele. Se não estivesse advogando o coletivismo, estrangeiro ou nacional, ou qualquer outra coisa, por que escrevi afinal? Não é inteiramente fútil elaborar inferências a partir de fatos observados sem chegar a recomendações práticas? Fiquei interessadíssimo toda vez que me deparei com essa objeção – ela é um sintoma tão simpático de uma atitude que explica muita coisa na vida moderna. Nós sempre planejamos muito e pensamos pouco. Irritamo-nos com o apelo ao raciocínio e detestamos a argumentação pouco familiar que não está de acordo com o que já acreditamos ou gostaríamos de acreditar. Avançamos para o futuro como entramos na guerra, de olhos vendados. Ora, foi justamente nisso que quis prestar um serviço ao leitor. Quis fazê-lo pensar. E, para fazê-lo, era essencial não lhe distrair a atenção com discussões, de qualquer ponto de vista, sobre "o que deve ser feito", coisa que monopolizaria o seu interesse. A análise tem uma tarefa distinta e a essa tarefa eu queria me ater, posto que tivesse plena consciência do fato de que essa decisão me custaria grande parte das reações que algumas páginas de conclusões práticas teriam evocado.

Isto, enfim, leva à acusação de "derrotismo". Nego peremptoriamente que esse termo seja aplicável a um esforço de análise. Derrotismo denota certo estado psíquico que só tem significado em referência à ação. Os fatos em si e as inferências a partir deles não podem ser derrotistas nem o contrário disso, seja lá o que for. Comunicar que um navio qualquer está naufragando não é derrotista: a tripulação pode se sentar e beber. Mas também pode se precipitar sobre as bombas. Se os tripulantes simplesmente se recusarem a aceitar o comunicado, por mais confirmado que esteja, então os escapistas são eles. Além disso, mesmo que as minhas declarações de tendências equivalessem mais definidamente a prognósticos do que pretendiam, não teriam nenhuma conotação derrotista. Que homem normal se recusaria a defender a própria vida simplesmente por estar convencido de que cedo ou tarde há de morrer? Isso se aplica aos dois grupos dos quais provém a acusação: os partidários da sociedade da iniciativa privada e os partidários do socialismo democrático. Ambos têm muito a ganhar se enxergarem mais claramente do que costumam enxergar a natureza da situação social na qual eles estão fadados de agir.

A apresentação franca de fatos ominosos nunca foi mais necessária que hoje em dia porque parece que transformamos o escapismo num sistema de pensamento. Esse é o meu motivo e o meu pedido de desculpas por ter escrito o novo capítulo. Os fatos e inferências nele apresentados decerto não são agradáveis nem confortáveis. Mas derrotistas *não* são. Derrotista é aquele que, embora proclame adesão ao cristianismo e todos os outros valores da nossa civilização, se recusa a defendê-los – pouco importa se por aceitar a sua derrota como desfecho inevitável ou por se iludir com esperanças fúteis. Porque esta é uma situação em que o otimismo não é senão uma forma de deserção.

PREFÁCIO À TERCEIRA EDIÇÃO, 1949

Esta nova edição me dá oportunidade de comentar, do ponto de vista deste livro, os desenvolvimentos ingleses dos últimos dois anos – de inseri-los, digamos, no quadro geral da análise que me propus a erigir. No tempo e no espaço ao meu dispor, só tenho a oferecer *membra disjecta*. Mas há outro ponto que desejo esclarecer desde já. Nada está mais longe das minhas intenções que criticar a política de outro país ou dar "conselhos". Para mim, isso não seria senão impertinência. Se, entretanto, algumas formulações derem a impressão de que tive tal intenção, peço aos leitores que entendam que essa é apenas uma das muitas consequências indesejáveis da brevidade extrema.

Antes de ler o que se segue, convém aos leitores ler atentamente a seção iv do capítulo 19 e a seção i do capítulo 28, que deixei inalteradas, assim como o resto do livro.

1. Do nosso ponto de vista, assim como de qualquer outro, o quadro inglês parece complicado, e os seus aspectos principais se acham turvados pela interferência de um processo de transição social que, por sua vez, sofre a interferência de outro processo de transição, o qual – uma vez que, sendo as relações internacionais o que são, é quase impossível falar em transição da economia de guerra para a economia de paz – podia ser chamado de processo de

reajuste em condições de inflação reprimida. Conquanto distintos na lógica, esses dois processos são muito estreitamente entrelaçados para admitir tratamento separado. Mesmo assim, porém, vamos cortar o nó górdio e separá-los. Podemos fazê-lo com a consciência relativamente tranquila, pois um governo conservador moderno – a ser produzido pela próxima eleição – também terá de administrar o reajustamento numa situação dada e numa sociedade em que o interesse trabalhista domina e "a fumaça encobre o farol" da livre iniciativa. Em outras palavras: se o governo trabalhista for substituído por um conservador – pergunta que não posso me considerar competente para responder –, isso fará muito menos diferença do que os partidários ardorosos professam acreditar, salvo, é claro, que a nacionalização não será levada adiante.

2. Examinemos rapidamente, pois, esse componente da política econômica inglesa dos últimos dois anos, que se pode interpretar como "socialista *avant la lettre*" no sentido atribuído a esta expressão na seção IV do capítulo 19. O leitor observará que o governo trabalhista implementou o programa de nacionalização ali delineado e que, no referente ao ponto mais controverso do programa – ou seja, o ponto 6: socialização da indústria siderúrgica –, adiou com moderação notável a ação definitiva até as próximas eleições. Admito prontamente que há espaço para uma honesta discrepância de opinião sobre se esse programa de socialização ou nacionalização deve ou não deve ser considerado socialista. Mas estou convencido de que nada mais do que foi feito merece esse nome. Porque a maior parte do "planejamento" que foi realmente executado ou sugerido nada tem de especificamente socialista, a menos que adotemos uma definição de socialismo excessivamente ampla para ter utilidade analítica. É claro que parte dos esquemas de planejamento e especialmente parte do trabalho de pesquisa realizado para implementá-los apontam na direção socialista, mas decorrerá um longo tempo até que se possa esperar que a contabilidade da renda e a análise de insumo e produção – ambos muito mais avançados nos Estados Unidos que na Inglaterra – gerem frutos socialistas convenientes.

Outro aspecto da situação, porém, é mais importante. De todas as coisas que aconteceram na Inglaterra nos últimos dois anos, nada me impressionou tanto quanto a fragilidade da resistência ao avanço do socialismo. A oposição conservadora no parlamento manteve-se rigorosamente nos

PREFÁCIO À TERCEIRA EDIÇÃO, 1949

limites da rotina parlamentar ordinária e a questão da reconstrução social gerou menos calor que várias questões relativamente secundárias do passado como o livre-comércio, a Irlanda e o *people's budget*. Tanto no parlamento quando no país, o importante setor do Partido Conservador que encara as questões da reconstrução social com uma equanimidade perfeita tem ganhado terreno. A imprensa conservadora fez, naturalmente, as suas críticas; alegou, reclamou, ridicularizou como já fizera muitas vezes, mas não foi além disso. Uma literatura crítica de livros e panfletos veio a público como em ocasiões anteriores, quando se discutiram problemas importantes, mas se a um observador com queda para a estatística ocorresse mensurar a importância das publicações pelo número de páginas ou volumes produzidos pelos "contras", ele não poderia considerar muito grande a importância da questão socialista. Essa não é a maneira como uma nação forte reage ao ataque a princípios a que ela tem firme apego. Deduzo que o princípio da livre-iniciativa já não figura entre eles. Já não há quem oponha resistência ao socialismo com paixão moral. Ele passou a ser uma questão a ser discutida em termos de argumentos utilitaristas. Há indivíduos intransigentes, é claro, mas nada indica que eles contem com apoio suficiente para ter relevância política. E *essa* é a prova de que o desastre se aproxima – a prova de que o éthos do capitalismo desapareceu.

3. Essa situação parece corroborar o meu diagnóstico de 1942 e confirmar, tanto quanto for possível confirmação nessas matérias, os argumentos pelos quais cheguei a ele. Li com respeito e admiração o livro brilhante do meu eminente colega professor Jewkes,[1] mas tenho de confessar que o meu desejo sincero de ser convertido não se satisfez. A própria abordagem do problema pelo professor Jewkes – uma abordagem que tem muito mais a ver com as contrariedades inerentes à política de reajustamento que com as questões

---

[1] John Jewkes, *Ordeal by Planning*, 1948. Com a devida gratidão pela sua crítica cortês à minha argumentação, devo confessar que não reconheço as minhas opiniões em todos os pontos das opiniões criticadas. Por exemplo, preferiria muito dizer que a função empresarial, devido à expansão contínua da extensão do calculável, está fadada a se tornar obsolescente, não que seja realmente obsoleta agora, em parte alguma. Tampouco tencionei negar que ainda há espaço para a liderança militar. Só que essa liderança não significa bem o que significava quando Napoleão, com as balas a assobiarem ao seu redor, ficava plantado na ponte de Arcole.

do socialismo – pode até ser acrescentada ao acúmulo de provas favoráveis à tese deste livro.

A possibilidade de resolver a questão de socializar ou não por meio do aparato da democracia parlamentar já foi demonstrada, assim como o método particular condizente com esse sistema político, a saber, o método da socialização gradual. Os primeiros passos dados podem não equivaler a mais que isso e podem não indicar mais que uma tendência de longo prazo. No entanto, parecem mostrar claramente o que devemos entender não só por socialização democrática, como também por socialismo democrático. Mostram que socialismo e democracia podem ser compatíveis *desde que esta seja definida como no capítulo 22 deste livro*. No capítulo 23, observei que o princípio da democracia política – o princípio segundo o qual os governos devem surgir da disputa dos votos – garante, sim, em certa medida, a liberdade de expressão e a liberdade de imprensa, porém que, no mais, a democracia nada tem a ver com "liberdades". Em particular, no tocante às "liberdades" que interessam aos economistas, a liberdade de investimento, a de escolha dos consumidores e a de escolha ocupacional, agora nos deparamos com um interessante material experimental a indicar que essas "liberdades" podem ser tão limitadas – e em certos aspectos até mais – quanto é provável que um governo socialista exija em condições normais. Em todo caso, a liberdade de investimento privado, nas condições da tributação moderna, perdeu a maior parte do seu significado; mas também vemos como os investimentos podem ser transferidos – independentemente do que nós, como indivíduos, pensemos dos resultados – da esfera privada para a pública. Numa comunidade socialista funcionando em condições normais, a liberdade de escolha dos consumidores poderia ser muito maior do que é atualmente, mas, além disso, vemos que a maleabilidade dos gostos é maior do que os observadores costumavam crer, porque as pessoas não ressentem as restrições ao ponto da resistência ativa, ainda que a necessidade de restrições reais não seja evidente para todos. Do mesmo modo, as restrições às escolhas ocupacionais normalmente não equivalerão a "compulsão", salvo em uma minoria relativamente pequena de casos, especialmente se a lista de escolhas admissíveis se combinar com uma lista de recompensas diferenciais; e vemos que pessoas adequadamente condicionadas a aceitar "diretivas" governamentais não se importam muito com elas.

PREFÁCIO À TERCEIRA EDIÇÃO, 1949 559

Deixem-me reiterar mais uma vez, mesmo que não seja necessário: essas são inferências a partir de fatos que podem ser plenamente verificados, mas não são de modo algum expressões das minhas preferências pessoais. Pessoalmente, prefiro outros padrões culturais.

4. Como já se indicou, a crítica à política econômica do governo trabalhista procura atingir principalmente a sua administração do "processo de reajustamento em condições de inflação reprimida". O governo e a burocracia têm fornecido muita munição a ser usada contra eles mediante uma torrente de regulações minuciosas acerca do diâmetro admissível da cebolinha e outras que tais, mediante decisões administrativas precipitadas e mediante pronunciamentos oficiais fáceis de ridicularizar. Suprimiram muitas atividades, empresariais ou não, que podiam ter melhorado a situação econômica do país. Mas também evitaram o reajustamento do pós-guerra pela catástrofe e conduziram os trabalhadores durante anos críticos, sem desemprego, com um nível ascendente de renda real. E, se esse for o único objetivo reconhecido da política econômica, como parece ser para muitos economistas, pode-se falar em sucesso, assim como, de vários outros pontos de vista, se pode falar em fracasso. Deve-se acrescentar que isso não se conseguiu, como se podia ter conseguido, graças a uma desconsideração completa pelo futuro: o grande volume de investimento público realizado pode sofrer críticas com relação a itens individuais; mas a verdade é que não se negligenciou a necessidade de rejuvenescer o aparato econômico da nação apesar dos protestos contra o investimento excessivo expressados por tanta gente, inclusive por economistas eminentes. Entretanto, só uma questão nos preocupa. É a seguinte: como a eliminação gradual, durante a vigência do plano Marshall, dos aspectos insustentáveis da situação afetará o prognóstico para a nossa questão socialismo *vs.* capitalismo? Ou em outras palavras: como a solução que o socialismo sério pode ter a oferecer obviamente não é política prática e como, consequentemente, é preciso procurar a solução na direção oposta, o socialismo, na Inglaterra e em outras partes, sofrerá um revés e o sistema de iniciativa privada terá uma nova oportunidade de sobreviver?

Não acho essa pergunta muito difícil de responder. Não havendo outra guerra mundial, haverá um revés, mas não grave ou prolongado. A empresa privada recuperará parte do terreno que perdeu, mas não muito.

Fundamentalmente, a situação social ficará como está e há pouca probabilidade de que as peias que estorvam a empresa privada sejam removidas a ponto de lhe permitir a retomada do funcionamento adequado. O argumento que leva a essas conclusões será esboçado nas duas seções restantes deste prefácio. Aplica-se unicamente à Inglaterra. Como deve ser óbvio, o diagnóstico e o prognóstico são diferentes no caso dos Estados Unidos. O fervoroso desejo que alguns economistas europeus parecem nutrir, ou seja, de que haja um colapso espetacular neste país – não uma crise de reajustamento – e de que esse colapso seja o *coup de grâce* no capitalismo dificilmente se realizará, independentemente do que a política americana fizer com as vastas possibilidades que se avizinham inequivocamente no futuro imediato.

5. Entre os aspectos insustentáveis da situação inglesa, não incluo o racionamento nem a regulação minuciosa do comportamento tanto dos consumidores quanto dos produtores. Esses são apenas métodos para suprimir os efeitos da inflação e desaparecerão quando tiverem atingido o seu objetivo: já estão desaparecendo em certos pontos. Mas o próprio estado de inflação reprimida é consequência de dificuldades mais fundamentais e, se não fossem elas, poderia ter sido tratado rapidamente com conhecidos remédios tradicionais como um excedente orçamentário, reforçado por uma tributação especial para reduzir o volume do poder aquisitivo supérfluo, e a política creditícia adequada. Esses meios estão sendo realmente usados agora – não sem sucesso –, embora, nas atuais circunstâncias, não possam ser usados a pleno efeito porque um grande excedente não é possível enquanto os subsídios aos alimentos continuarem como estão, porque as possibilidades de tributação, no que diz respeito aos grupos de renda mais elevada, estão esgotadas – na Inglaterra já não há gente "rica depois de pagar imposto" – e porque uma taxa de juros mais alta esbarra numa resistência aparentemente invencível. Mas a dificuldade básica é o consumo excessivo, isto é, um salário real mais o custo real dos serviços sociais que são, por um lado, incompatíveis com as outras condições da economia inglesa no seu nível atual de produtividade e, por outro, os obstáculos que a impedem de subir a um nível mais elevado. Usualmente, o problema é formulado de outra maneira menos impalatável. O aspecto que está se tornando insustentável, no quadro da situação econômica da Inglaterra, é a balança internacional de pagamentos, de modo que a meta a ser atingida

PREFÁCIO À TERCEIRA EDIÇÃO, 1949

durante a vigência do plano Marshall parece ser um excedente de exportação que reinsira o país na economia mundial e garanta uma conversibilidade real entre a libra e o dólar. Essa maneira de enunciar o problema não é errônea. O erro consiste em acreditar que ela faz um diagnóstico diferente do nosso. Porque, para atingir essa meta e nela ficar sem ajuda estrangeria nem pressão interna, é preciso normalizar a situação doméstica como um pouco de reflexão e uma noção elementar de economia são suficientes para mostrar. Algo se pode ganhar deveras com a exploração mais ou menos mercantilista dos pontos fortes da posição internacional da Inglaterra e com políticas reguladoras de importação e exportação. Eventualmente, quando a meta estiver à vista, a desvalorização da libra pode auxiliar os últimos passos em direção a ela. Mas a condição fundamental de um sucesso durável é o ajuste do seu processo econômico de modo a fazer voltar a produzir, juntamente com os bens do seu consumo doméstico e os bens e serviços para pagar as suas importações, um genuíno excedente líquido para investimento no país e no exterior. Isso não se pode obter sem uma redução temporária do consumo e um aumento permanente da produção; e isso, por sua vez, não se pode realizar sem uma redução impopular do gasto público e sem um deslocamento ainda mais impopular do fardo da tributação.

6. Ao sopesar as implicações disso tudo, o leitor não terá dificuldade para perceber a magnitude do problema político envolvido. Tudo quanto se obtiver será mediante manobras difíceis em um número indefinido de pontos. Parece razoável esperar que o sucesso não ultrapasse em parte alguma o mínimo absoluto, pois, sendo as coisas o que são, cada passo pode ser interpretado como um sacrifício gratuito de algum interesse particular do trabalhismo. E os mínimos absolutos não bastam para reconstruir a sociedade da livre-iniciativa e para lhe permitir mostrar o que é capaz de fazer. Se houvesse necessidade de prova disso, a experiência da década de 1920 seria suficiente para fornecê-la. Portanto, não podemos esperar uma interrupção nas tendências sociais. Não é improvável que a empresa privada tenha uma pausa para tomar fôlego, não só sob um governo conservador, como também sob um trabalhista. Mas, se isso chegar a ocorrer, será muito mais por causa da associação ilógica das políticas socialistas com as vicissitudes do pós-guerra que por causa de alguma aversão, logicamente defensável ou não, às próprias políticas socialistas.

A MARCHA PARA O SOCIALISMO[1]

Para minimizar o perigo de mal-entendidos sempre presentes em discussões sobre tópicos como o desta sessão, quero, antes de mais nada, fixar alguns pontos preliminares antes de me ocupar do meu tema, *que é a relevância, para o futuro econômico deste país, do atual estado de pressão inflacionária.*

1. Para o propósito deste trabalho, defino socialismo (centralista) como a organização da sociedade na qual os meios de produção são controlados e as decisões de como e o que produzir e de quem recebe o que são tomadas pela autoridade pública em vez de por empresas de propriedade privada e

---

1 Joseph Schumpeter ministrou a conferência "A marcha para o socialismo" na American Economic Association, em Nova York, no dia 30 de dezembro de 1949, falando com base em anotações, não em um manuscrito preparado. Estava coligindo essas anotações para os *Proceedings* e quase terminara o seu artigo na noite em que faleceu. Ele esperava concluí-lo no dia seguinte, 8 de janeiro de 1950, antes de viajar a Chicago para dar uma palestra patrocinada pela Walgreen Foundation. Este artigo é um primeiro esboço, mas cuidadosamente escrito de próprio punho como todos os seus trabalhos; ele não teve oportunidade de fazer correções de pormenores nem de escrever os parágrafos finais.

As correções, que consistem em acrescentar sinais de pontuação ou uma palavra porventura omitida restringem-se ao mínimo. Os breves parágrafos finais foram preparados pela sua esposa a partir de anotações e de memória. (N. E.)

privadamente administradas. Logo, a expressão "marcha para o socialismo" é pura e simplesmente a migração dos assuntos econômicos do povo da esfera privada para a pública. Observe-se que, embora os socialistas e os antissocialistas naturalmente têm ideias próprias sobre a matéria, é quase impossível imaginar uma sociedade socialista neste sentido sem um enorme aparato burocrático encarregado de administrar os processos produtivo e distributivo e, por sua vez, pode ser ou não ser controlado por órgãos de democracia política como os que temos hoje – um parlamento ou congresso e um conjunto de agentes políticos cuja posição depende do resultado de uma luta concorrencial por votos. Portanto, podemos equiparar a marcha para o socialismo à conquista da indústria e do comércio privados pelo Estado. O aparente paradoxo de o socialismo clássico descrever esse mesmíssimo processo como "definhamento do Estado" é facilmente resolvido se levarmos em conta a teoria marxista do governo. Observe-se ainda que o socialismo não exclui a tomada de decisão descentralizada no sentido administrativo – assim como o comando central de um exército não priva de iniciativa os comandantes dos subgrupos. E observe-se, enfim, que o socialismo no nosso sentido não exclui necessariamente – isto é, por necessidade lógica – o uso de mecanismos concorrenciais como vemos, *e.g.*, no modelo de Lange-Lerner. A liberdade de escolha do consumidor e a de escolha ocupacional podem, mas não precisam necessariamente, ser restringidas nas sociedades socialistas.

2. Não preconizo o socialismo. Tampouco tenho a intenção de discutir a sua desejabilidade ou indesejabilidade, seja qual for o significado dessas palavras. Mais importante, porém, é deixar bem claro que não o profetizo ou prevejo. Qualquer prognóstico é profecia extracientífica que tenta fazer mais que diagnosticar tendências observáveis e enunciar os possíveis resultados se tais tendências se desenvolverem conforme a sua lógica. Isso em si não equivale a prognóstico ou previsão porque fatores externos à gama de observação escolhida podem intervir de modo a impedir a consumação; porque, com fenômenos como os sociais, que são tão distantes da situação confortável de que os astrônomos têm a sorte de gozar, as tendências observáveis, mesmo que as deixemos se desenvolverem plenamente, podem ser compatíveis com mais do que um resultado; e porque as tendências existentes, lutando com resistências, podem deixar de se desenvolver plenamente e, eventualmente,

A MARCHA PARA O SOCIALISMO

ficar entravadas no meio do caminho. Vamos ilustrar essas observações ponto por ponto.

Primeiramente, nenhum observador competente – e, claro está, suficientemente objetivo – da Rússia na época de Stolypin podia ter diagnosticado a presença de uma tendência a algo parecido com o sistema de Lenin ou nela ter prognosticado coisa diferente de uma evolução econômica rápida e de uma lenta adaptação das instituições ao resultado dessa evolução. Foi uma guerra, e o consequente colapso militar e administrativo que produziu o regime bolchevista e nenhuma quantidade de determinismo anticientífico contra-arrestam esse fato. Em segundo lugar, para ser breve, falo em socialismo centralizado unicamente porque ele ocupa um lugar de honra na discussão. Mas não se devem negligenciar outras possibilidades. Fatos conhecidos da nossa própria prática sindicalista sugerem que o desenvolvimento rumo a alguma forma de socialismo de guilda não está inteiramente descartado. E outro fato conhecido sugere que as tendências observáveis, ou algumas delas, podem ser compatíveis com formas de reorganização social que nada têm de socialistas, pelo menos não no sentido adotado neste trabalho. Por exemplo, a reorganização da sociedade segundo os preceitos da encíclica *Quadragesimo anno*, posto que presumivelmente só possível nas sociedades católicas ou nas sociedades em que a posição da Igreja é suficientemente forte, oferece, sem dúvida, uma alternativa ao socialismo que evitaria o "Estado onipotente". Em terceiro, a maior parte das tendências de qualquer tipo não chega a se desenvolver completamente. Assim, um regime socialista nos Estados Unidos teria de ser deveras audacioso para cogitar tocar na independência subsidiada do agricultor. Até mesmo a posição do "pequeno homem de negócios" pode se revelar demasiado forte para ser dominada pela burocracia, e, portanto, uma larga margem continuaria servindo indefinidamente de palco de acordos e compromissos.

Não obstante, outra coisa é ainda mais importante. À medida que a responsabilidade econômica migra da esfera privada para a pública, muitos desejos que favorecem essa migração vão sendo integral ou parcialmente satisfeitos, de modo que a tendência pode perder o ímpeto. Alguns economistas acrescentarão que qualquer movimento gradual em direção a uma economia centralmente planificada suscita o surgimento de desenvolvimentos desfavoráveis capazes de funcionar como freios. Não tenho tempo para explicar os motivos pelos quais não dou muita importância a nenhuma dessas possibilidades e por que, em particular, é mais provável que os resultados que grupos bastante importantes consideram desfavoráveis exerçam uma influência propulsora, não uma influência inibidora – ou seja, que o remédio para a socialização malsucedida se sugerirá a si só, será mais socialização, não menos. Mas, para o nosso propósito, é essencial observar que a maior parte dos argumentos apresentados para chegar a um resultado favorável à sobrevivência da economia da empresa privada não nega, realmente, a existência de uma tendência ao socialismo no sentido que damos ao conceito, só nega que ela venha a se realizar completamente. Como ninguém pode pôr tal possibilidade em dúvida, há o perigo de essa controvérsia degenerar em uma batalha verbal, especialmente nos Estados Unidos, onde as meras palavras têm tanta importância, onde o termo socialismo só é popular em alguns grupos minoritários relativamente pequenos e onde muita gente que gosta da coisa ao mesmo tempo detesta a palavra e prefere substituí-la por outra, *e.g.*, liberalismo.[2] Por isso parece ser conveniente uma breve tentativa de classificação.

3. As razões para acreditar que a ordem capitalista tende a se autodestruir e que o socialismo centralista – com as qualificações acima mencionadas – é o seu provável herdeiro, eu as expliquei em outra parte. Breve e superficialmente, essas razões se podem resumir em quatro pontos. Primeiro, o próprio sucesso com que a classe empresarial desenvolveu a capacidade produtiva deste país e o fato de esse sucesso ter criado um novo padrão de vida para todas as classes minaram, paradoxalmente, a posição social e política da própria classe empresarial, cuja função econômica, ainda que não obsoleta, tende a se tornar obsolescente e passível de burocratização. Em segundo lugar, a atividade capitalista, sendo essencialmente "racional", tende a propagar hábitos mentais racionais e a destruir lealdades e hábitos de comando e subordinação que, no entanto, são essenciais ao funcionamento eficiente da liderança institucionalizada da fábrica: nenhum sistema social pode funcionar com base exclusiva em uma rede de contratos livres entre partes contratantes (legalmente) iguais

---

2 Por razões óbvias, isso se aplica ainda mais ao termo comunismo, que com exceção da sua versão russa, devia ser usado como sinônimo de socialismo.

A MARCHA PARA O SOCIALISMO

e na qual cada uma se orienta unicamente pelos seus fins utilitários (de curto prazo). Terceiro, a concentração da classe empresarial nas tarefas da fábrica e do escritório contribuiu muito para a criação de um sistema político e de uma classe intelectual cujos estrutura e interesses desenvolveram uma atitude de independência e, enfim, de hostilidade aos interesses da grande empresa. Quarto, em consequência de tudo isso, o esquema de valores da sociedade capitalista, embora causalmente relacionado com o seu sucesso econômico, está perdendo o seu domínio não só sobre o espírito público, como também sobre o próprio estrato "capitalista". Precisaria de mais tempo do que tenho para mostrar como a compulsão moderna pela segurança, a igualdade e a regulação (engenharia econômica) pode ser explicada por essas linhas.

O melhor método de nos convencermos do quanto avançou esse processo de desintegração da sociedade capitalista consiste em observar até que ponto as suas implicações são aceitas tanto pela própria classe empresarial quando pelo grande número de economistas que se sentem adversários do socialismo (100%) e se habituaram a negar a existência de qualquer tendência a ele. Estes últimos, para falar só neles, aceitam sem questionamento e até com aplauso: (1) as várias políticas de estabilização destinadas a prevenir as recessões ou pelo menos as depressões, isto é, uma grande quantidade de intervenção pública nas conjunturas, se não no próprio princípio do pleno emprego; (2) a "desejabilidade de mais igualdade de rendas", raramente definindo até que ponto estão eles dispostos a ir sem chegar à igualdade absoluta; (3) um rico sortimento de medidas regulamentárias, frequentemente racionalizadas mediante *slogans* antitruste em relação aos preços; (4) o controle público dos mercados de trabalho e monetário, se bem que com uma ampla gama de variação; (5) a extensão indefinida da esfera das necessidades a serem satisfeitas, agora ou futuramente, pela empresa pública, gratuitamente ou com base no princípio de cobrança do serviço postal; e, (6) naturalmente, todos os tipos de legislação de seguridade social. Creio que existe, na Suíça, uma montanha na qual tem havido congressos de economistas que desaprovam todas ou quase todas essas coisas. No entanto, esses anátemas nem chegaram a suscitar contra-ataques.

Vocês terão interpretado a minha argumentação de maneira completamente equivocada se pensarem que "reprovo" ou desejo criticar alguma dessas políticas.

Tampouco sou um dos que rotulam todas ou algumas delas de "socialistas". Algumas foram adotadas ainda no século XVIII por governantes conservadores ou mesmo autocráticos; outras figuram nos programas de partidos conservadores e por eles foram executadas muito antes da época do New Deal. A única coisa que quero salientar é o fato de nos termos distanciado consideravelmente dos princípios do capitalismo do *laisser-faire* e também o fato de que é possível desenvolver e regulamentar as instituições capitalistas de modo a condicionar o funcionamento da empresa privada de uma maneira que difira muito pouco da planificação genuinamente socialista. Os economistas que tenho em mente enfatizam, sem dúvida, as diferenças que, na opinião deles, têm probabilidade de persistir. Nem todos estão de acordo quanto à localização precisa da sua casa móvel no meio do caminho. Mas todos entendem o que Marx não entendeu: por um lado, as vastas possibilidades produtivas do sistema capitalista, que promete às massas padrões de vida mais elevados, suplementados por serviços gratuitos *sem* a "expropriação completa dos expropriadores"; por outro, em que medida os interesses capitalistas podem, de fato, ser expropriados sem levar o motor econômico à paralisação e em que medida esse motor pode ser levado a funcionar a favor dos interesses dos trabalhadores. Tendo descoberto a possibilidade de um *capitalismo trabalhista*, eles concluem que *esse* capitalismo pode sobreviver indefinidamente, pelo menos em certas condições favoráveis. Pode ser que tenham razão, mas isso não equivale à negação da minha tese. Capitalismo não significa meramente que a dona de casa pode influenciar a produção ao escolher entre ervilha e feijão; ou que o jovem pode escolher trabalhar numa fábrica ou numa fazenda; ou que os gerentes de fábrica têm algum peso na decisão sobre o que e como produzir: significa um esquema de valores, uma atitude para com a vida, uma civilização – a civilização da desigualdade e da fortuna familiar. Mas essa civilização está desaparecendo rapidamente. Cada qual que festeje ou lamente o fato quanto quiser, mas que ninguém feche os olhos para ele.

Resta um problema autêntico. Todos os diagnósticos que respaldam implicações favoráveis à sobrevivência do trabalhismo muito se estribam em extrapolações do atual desenvolvimento espetacular das forças produtivas da sociedade. Mas nisso há um elemento falacioso. As realizações do passado foram obra de um capitalismo mais ou menos livre de entraves. Não se pode

A MARCHA PARA O SOCIALISMO

presumir sem mais nem menos que o trabalhismo continue tendo o mesmo desempenho. Não precisamos aceitar a tese estagnacionista, tal como a conhecemos, para nos deixar perturbar pela possibilidade de essa tese enfim se confirmar caso o sistema da iniciativa privada seja sobrecarregado e "regulamentado" *permanentemente* e além da sua capacidade de resistência. Neste caso, uma solução totalmente socialista pode se impor como mal menor até mesmo aos inimigos do socialismo.

II

A transformação de uma ordem social em outra é um processo incessante, mas, em si, muito lento. O observador que estudar um intervalo moderado em um período "calmo" pode perfeitamente ter a impressão de que a estrutura social contemplada não mudou absolutamente. Ademais, o processo sofre retrocessos frequentes que, considerados em si mesmos, podem lhe sugerir a presença de uma tendência contrária. Mas, às vezes, também observamos acelerações e uma das suas causas mais óbvias são as grandes guerras. No passado, os conflitos armados bem-sucedidos podiam aumentar o prestígio do estrato dominante e fortalecer o arcabouço institucional a que esse estrato estava associado. Já não é assim nas condições modernas. A Primeira Guerra Mundial afetou pouco a situação social dos Estados Unidos porque o esforço de guerra não foi exaustivo nem prolongado a ponto de deixar uma marca permanente. Mas na Europa foi diferente. Nos países vencidos em que a estrutura social pegou fogo, a tendência latente à reconstrução socialista provou a sua existência subindo à tona e, durante um breve período, arrastando tudo consigo. Ainda mais significativo é o fato de algo semelhante também ter acontecido nos países vitoriosos, embora, claro está, em escala muito reduzida. Na França, a república burguesa deixou de funcionar como havia funcionado antes de 1914. Na Inglaterra, o Partido Trabalhista, que ainda não era socialista, mas influenciado pela ala socialista, se não tomou propriamente o poder, pelo menos obteve cargos. E, nos dois países, a atitude do setor político para com o sistema de iniciativa privada passou silenciosamente por uma mudança fundamental.

Dada a preexistência de uma tendência rumo à meta socialista, isso é fácil de entender. Embora as vozes que exigiam a continuação das políticas estabelecidas durante os anos de economia de guerra não obtivessem muita adesão e embora, durante algum tempo, o ressentimento público contra as regulações de guerra bloqueassem o avanço pelos mesmos caminhos, o retorno às políticas anteriores a 1914 revelou-se impossível mesmo nos lugares em que se tentou a retomada. Isso foi ruidosamente comprovado pela política do ouro da Inglaterra e o seu malogro final: num mundo que já não era o do livre mercado, o padrão-ouro – o filho malcriado que insiste em dizer verdades desagradáveis – se recusou a funcionar.

A crise mundial e a Segunda Guerra Mundial foram "aceleradores" adicionais e, dessa vez, também afetaram os Estados Unidos. Criaram situações que davam a impressão, certa ou errada, de estar fora do alcance dos remédios que os homens da era do livre-mercado achariam recomendáveis. A própria classe empresarial, com medo dos "ajustamentos" que a aplicação desses remédios teria requerido, aceitou – ainda que resmungando sem parar – dispositivos regulatórios destinados a prevenir a recorrência das experiências de 1929–1933 e, posteriormente, outros que evitassem uma crise de pós-guerra como a de 1921. Ela aprendeu muito e desaprendeu mais ainda durante o último quarto de século. Além disso, aceitou novas cargas fiscais, uma mera fração das quais seria considerada insuportável cinquenta anos antes – como seriam, aliás, todos os principais economistas da época. E pouco importa que a classe empresarial aceite essa situação nova ou não. O poder da classe operária é quase suficientemente grande em si – e mais ainda em aliança com os outros grupos que renegaram de fato, se não em palavras, a lealdade ao esquema de valores da economia do lucro privado – para impedir qualquer reversão que vá além de um ocasional desbasta das arestas mais salientes.

Uma vez mais: não sustento um só instante que meros "fatos", mesmo fatos da importância de "guerras totais", ou as situações políticas por eles criadas, ou quaisquer atitudes ou sentimentos nutridos por indivíduos ou grupos com relação a essas situações dominem os contornos de longo prazo da história social – essas são uma questão de forças muito mais profundas. Mas sustento que tais fatos e as situações por eles criadas podem tirar obstáculos do caminho das tendências mais fundamentais, obstáculos que, do contrário,

A MARCHA PARA O SOCIALISMO

retardariam o ritmo da evolução social. Observe-se que isso não constitui necessariamente motivo para que um socialista sério acolha tais fatos de bom grado. A evolução rumo ao socialismo seria mais lenta na ausência deles, mas também mais firme. Os retrocessos e o surgimento de situações incontroláveis seriam menos prováveis. A coordenação de desenvolvimentos nos vários setores da vida nacional seria mais perfeita. Porque, assim como a existência de uma oposição eficiente é um requisito para o funcionamento ordenado do governo democrático, a existência de forças econômicas resistentes às transformações institucionais pode ser necessária para manter a velocidade dessas transformações dentro dos limites de segurança.

Ora, um dos fatores mais poderosos que favorecem a aceleração das transformações sociais é a inflação. Com tantas autoridades a nos dizerem que nada solapa mais a estrutura de uma sociedade do que a inflação, julgo desnecessário estender-me nessa proposição. Se a aceitarmos, decorre do que acabo de dizer que, de todos os pontos de vista imagináveis, com a única exceção do ponto de vista dos revolucionários irresponsáveis, é importantíssimo, depois de uma guerra, ajustar o processo econômico de um país de modo que ele pare de produzir inflação. Mas, ao mesmo tempo, é claro que se trata de uma coisa dificílima de fazer num mundo em que todos receiam as consequências em curto prazo de semelhante política e em que alguns dos ajustamentos requeridos – especialmente a elevação de muitos preços antes controlados sem o aumento das taxas de salário monetário – não são "politicamente possíveis".[3] O rumo óbvio a tomar em tais circunstâncias e que, de fato, foi tomado a partir de 1945 – em meio a recriminações mútuas, mas ainda com consenso – era mitigar as dificuldades transicionais com uma dose de inflação controlada em tempo de paz, que se tornou mais eficaz com a manutenção de um nível elevado de despesas militares e com a política de ajuda à Europa. Substancialmente, tudo isso atingiu o seu objetivo e, como ficou claro para a maioria das pessoas, se bem que não para todos os economistas, abriu-se um período de desenvolvimento econômico vigoroso, envolvendo grandes investimentos, e a esperança de que se evitassem perturbações graves e de que a economia dos

---

3 O curso alternativo, a redução de outros preços e salários monetários, não só é ainda menos "politicamente possível", como também mais difícil de fazer sem causar depressão grave.

572 CAPITALISMO, SOCIALISMO E DEMOCRACIA

Estados Unidos se expandisse com uma lenta elevação dos preços não era totalmente despropositada, pelo menos durante algum tempo – acontecesse o que acontecesse no exterior, salvo mais uma guerra mundial.

Não obstante, as considerações desse tipo não levam em conta um fato ominoso. A um nível elevado de emprego (parece que, enfim, estamos abandonando os *slogans* do pleno emprego), seja "natural", seja imposto por políticas de alto emprego, as reivindicações salariais ou outras reivindicações que aumentem o custo monetário da mão de obra se tornam tanto inevitáveis quanto inflacionárias. Tornam-se inevitáveis porque o alto nível de emprego suprime a única razão pela qual não haveria elevação dos salários. E se tornam inflacionárias porque, com a alta utilização de recursos, os empréstimos bancários e a revisão ascendente dos preços oferecem um método perfeitamente fácil de satisfazê-las. Posto que ainda haja negociações com sindicatos individuais, o movimento é realmente geral, de modo que acabamos entrando numa situação keynesiana em que a taxa de salário monetário já não afeta a produção e o emprego, mas unicamente o valor da unidade monetária. Sendo aquilo que são a situação das lideranças sindicais e a do governo, não há nada que detenha esse mecanismo que – salvo as exceções devidas à situação particular de certas empresas – implica pressão inflacionária perene. As exigências crescentes sobre o Tesouro e os nossos métodos hiperprogressivos de tributação agravam essa condição, naturalmente, mas não a criam.

É ocioso afirmar que as reduções de preços como ocorreram e voltarão a ocorrer não desmentem a presença de pressão inflacionária. Mesmo deixando de lado os movimentos de pós-guerra dos preços agrícolas e outros casos autoexplicativos, tais reduções ocorrem caracteristicamente no curso de toda inflação – coisa que pode ser bem ilustrada pela inflação alemã depois da Primeira Guerra Mundial. As pessoas que são "pegas" em tais baixas imprecam contra a deflação e o fazem em coro com os nossos caros economistas cujos prognósticos deflacionários anteriores foram desmentidos e que, em todo caso, parecem incapazes de prognosticar qualquer coisa que não seja deflação. Mas o fato de haver dúvida sobre o que ameaça mais a nossa sociedade, se a inflação ou a deflação, é um elogio, tanto mais sincero por ser desintencional, às forças produtivas da indústria americana.

A MARCHA PARA O SOCIALISMO

III

Um estado de pressão inflacionária perene terá, qualitativamente, todos os efeitos de fragilização da estrutura social da nação e de fortalecimento das tendências subversivas (ainda que cuidadosamente embrulhadas em frases "liberais") que todo economista competente costuma atribuir às inflações mais espetaculares. Mas isso não é tudo. Além disso, alguns dos remédios-padrão para tais situações não só não mitigarão a situação atual, como até podem agravá-la. Parece-me que esse fato não está sendo plenamente compreendido. Discutamos, pois, com desesperada brevidade, três tipos de tais remédios.

1. A mais ortodoxa das medidas de controle da inflação é a ação sobre o volume empréstimo mediante as taxas de juros ou o racionamento do crédito e outras que tais. É claro que entendo perfeitamente que as taxas monetárias devem ser libertadas do domínio das políticas de dinheiro barato *se se quiser alcançar a normalidade no sentido de economia de livre-iniciativa* e que, para todos os que desejam o retorno a tal normalidade, a libertação – ou reconstrução – de um mercado monetário livre deve ser um ponto de importância primordial. Mas isso não altera o fato de que, atualmente, uma política de crédito restritiva produziria consequências bem diferentes das que a antiga teoria da política de crédito nos levaria a esperar. Aceitando essa teoria sem nenhuma reserva – para fins de argumentação –, não podemos deixar de observar que ela foi concebida para ser aplicada em um mundo no qual tudo era inteiramente flexível e que não tinha medo do que eu chamaria de recessões curativas. Em semelhante mundo, o aumento das taxas de juros devia reduzir o volume de operações, os salários monetários e o *emprego*. Com toda certeza, esses efeitos não se materializariam no presente e, se se materializassem, provocariam imediatamente ação governamental para neutralizá-las. Em outras palavras, hoje em dia, as restrições ao crédito fariam pouco mais do que aumentar as dificuldades das empresas. Mesmo as restrições ao crédito aos consumidores teriam esse efeito em certa medida, posto que, sem dúvida, algo poderia ser feito nesse campo.

2. Dificuldades parecidas obstruiriam o caminho do controle da inflação pelo aumento da tributação – um remédio não menos ortodoxo, mas

574 CAPITALISMO, SOCIALISMO E DEMOCRACIA

que goza de uma popularidade entre os economistas modernos que é negada à restrição do crédito. É bem verdade que se poderia conseguir algo com o aumento dos impostos sobre o consumo. Numa situação inflacionária, isso até seria bom keynesianismo. Mas se se aumentarem os impostos das sociedades anônimas e o imposto de renda das camadas mais abastadas, o efeito sobre a pressão inflacionária seria, na melhor das hipóteses, pequeno e poderia ser até negativo. Porque, se a taxa atual de progresso industrial continuar e, portanto, a taxa atual de obsolescência do equipamento também continuar, seria preciso recorrer cada vez mais ao crédito bancário inflacionário a fim de compensar o declínio dos meios de financiamento não inflacionários disponíveis. Alternativamente, o declínio dessas taxas de progresso e de obsolescência diminuiria, de fato, a pressão inflacionária no momento, mas a aumentaria no longo prazo.[4]

3. O remédio caseiro consiste nos controles diretos: fixação de preços, prioridades e que tais (inclusive subsídios). Não precisamos perder muito tempo tentando explicar por que eles são tão populares em certos setores da opinião pública. Para a burocracia, em particular, a sua reintrodução significaria a reconquista de um terreno perdido; para os sindicatos, significaria uma vantagem decisiva na campanha pela conquista do item do lucro; para as empresas, significaria a perda de uma linha de retirada que estará aberta para elas enquanto a maioria dos ataques contra ela, se não todos, puder ser parcial ou totalmente repelida pelos ajustes de preço. Ou, pelo menos, tornaria essa retirada dependente da autorização do governo, a qual não temos por que acreditar que seria concedida a fim de garantir meios com que aperfeiçoar o motor produtivo. Em outras palavras, o controle de preços pode resultar

---

4 Não tenho dificuldade para entender que esse argumento não impressiona os nossos amigos radicais. Mas confesso que acho difícil compreender a posição de alguns economistas excelentes, que estão acima de qualquer suspeita de que se alegrariam se o nosso sistema industrial deixasse de funcionar com sucesso, mas que, no entanto, incluem a redução do investimento industrial na lista dos meios aceitáveis para combater a inflação, tanto nos Estados Unidos quanto na Inglaterra. Incidentalmente, convém notar que a opinião de alguns robustos conservadores, segundo a qual a tributação alta e altamente progressiva pode promover, e que a redução da tributação (nos lugares certos) pode diminuir os perigos inflacionários, não merece necessariamente as zombarias de que são objeto.

A MARCHA PARA O SOCIALISMO

numa rendição da empresa privada à autoridade pública, isto é, em um grande passo rumo à economia perfeitamente planificada.

[Neste ponto, Joseph Schumpeter interrompeu a escrita das suas anotações. Os que assistiram à palestra devem se lembrar de que, no fim, restava pouco tempo e ele a sintetizou muito brevemente, retomando as suas observações iniciais sobre a relevância, para o futuro econômico do país, do atual estado de pressão inflacionária, nas condições políticas existentes. Alguns dos pontos tocados com "desesperada brevidade" podem se encontrar mais extensamente desenvolvidos na segunda edição americana ou na terceira edição inglesa de *Capitalismo, socialismo e democracia* e em um artigo "There is still time to stop inflation" [Ainda há tempo para deter a inflação], publicado na *Nation's Business* de junho de 1948.

Os parágrafos seguintes foram reconstruídos de memória e a partir das anotações usadas na palestra.]

Não pretendo profetizar; simplesmente reconheço os fatos e aponto as tendências por eles indicadas.

A pressão inflacionária perene pode ter um papel importante na eventual conquista do sistema de iniciativa privada pela burocracia – atribuindo-se os atritos e impasses resultantes à empresa privada e usando-os como pretexto para mais restrições e regulações. Não digo que este ou aquele grupo siga tal orientação com intenção consciente, mas as intenções nunca são totalmente conscientes. É possível que surja uma situação em que a maioria das pessoas considerem a planificação integral como o menor dos males possíveis. Elas certamente não a chamarão de socialismo ou de comunismo e, presumivelmente, abrirão algumas exceções para o agricultor, o varejista e o pequeno produtor; em tais circunstâncias, o capitalismo (o sistema da livre iniciativa), como um esquema de valores, um modo de vida e uma civilização, pode não ser digno de que nos preocupemos com a sua sorte.

Não me atrevo a afirmar que o gênio americano da produção em massa, em cujo passado se estriba todo o otimismo por esse modo de vida, esteja à altura de semelhante teste, não me atrevo a afirmá-lo; tampouco me atrevo a afirmar que as políticas responsáveis por esta situação possam ser revertidas.

Marx errou no seu diagnóstico do modo pelo qual a sociedade capitalista entraria em colapso; mas não errou ao prever que ela finalmente entraria em colapso. Os estagnacionistas erram no seu diagnóstico do motivo pelo qual o processo capitalista se estagnaria; mas podem ter razão ao prever de que ele se estagnará – desde que o setor público preste ajuda suficiente.[5]

---

5 Este trabalho foi reimpresso com a autorização da American Economic Association, para cujos *Papers and Proceedings* (dezembro de 1949) foi escrito. (N. E.)

ÍNDICE REMISSIVO

A

Acumulação primitiva, teoria da, 33, 34, 36
Adler, F., 325
Adler, M., 77, 278n.2
Adler, V., 278n.2, 471
Alocação de recursos, 248
Anarquismo, 417
Ancien Régime, estrutura social do, 191
Anti-intelectualismo bergsoniano, 461
Antissemitismo, 328
Aristóteles, 330
Áustria: socialismo, 462, 471, 482, 510
Aventura de Denikin, a, 486n.15

B

Babeuf, G., 419
Bailey, S., 48n.6
Bakunin, M., 417, 431, 445, 460
Banco da Inglaterra, nacionalização do, 507
Barone, E., 240

Bauer, O., 32n.7, 77
Bebel, A., 429, 435, 466, 470
Bem comum, 273, 307, 339
Bem-estar econômico, 263-4
Bentham, J., 235, 293, 353n.13
Berlepsch, von, 462
Bernstein, E., 29, 468-9, 470n.26
Bismarck, príncipe, 426, 462-5, 465n.21
Blanc, L., 419
Bolcheviques, 233, 446
Bortkiewicz, L. v., 52n.10
Burke, E., 383, 395, 399
Burns, A. F., 94n.2
Burocracia, problema da, 186, 216, 256, 283

C

Caça às bruxas, 327
Capacidade excedente, 149, 269
Capital, estrutura orgânica do, 47; definição
  de Marx, 68

Capitalismo agrilhoado, 277, 291, 298

Capitalismo, desempenho do, 22n.2, 95, 392; natureza evolucionária do, 66; e ação governamental, 152; e ouro, 153; e crescimento demográfico, 96, 153; e países novos, 154; e progresso tecnológico, 133, 155; teoria clássica do, 34, 47

Catástrofe do capitalismo; cf. *Zusammenbruchstheorie*

Chamberlain, E. H., 381n.23

Chigi, A., 176

Civilização racionalista, 172, 214

Clark, C., 162

Clark, J. B., 111n.4

Classe colarinho-branco, alemã, 498

Classes sociais, teoria marxista das, 27-31

Cobden, R., 382

Colapso do capitalismo, 66

Comissão Alemã de Socialização, 282n.5, 405

Comte, A., 172n.1

Comunismo, 233, 482-9, 483, 497

Concentração do poder econômico, 57, 319-20

Concorrência imperfeita, 44-5, 50, 118n.1

Concorrência monopolista, 114, 117

Concorrência perfeita, 9, 13, 45, 113-18, 125, 131, 137, 146; imperfeita, 44-5, 50, 118n.1; monopolista, 114, 117; predatória ou sanguinária, 115; *modus operandi* da, 121

Confédération Générale du Travail, 460, 479

Congresso de Hamburgo, 482

Congresso em Kienthal, 484

Congressos continentais, 336

Conselho central, 233, 243-51

Contabilidade de custo no socialismo, 221

Contabilidade de partidas dobradas, 174

Convenção de Zimmerwald, 481n.8, 483-4

Cournot, A., 113, 551

Crises, teoria de Marx das, 62-6

Croce, B., 433n.6

D

De León, D., 453, 455

Debs, E. V., 454

Délire d'interprétation, 172

Democracia industrial, 406

Democracia, e grupos socialistas, 306, 311, 320, 323, 449; dificuldade de definição, 330, 367, 386; direta, 333; teorias jurídicas da, 335; doutrina clássica da, 339-63; definição de, 328, 386; e desperdício de energia, 389; condições de sucesso da, 300; na ordem socialista, 401-9; burguesa, 402-4

Derrotismo, acusação de, 550

Desaparecimento da oportunidade de investimento, teoria do, 157-69

Desemprego, 59, 76, 101, 213, 271, 427

Desigualdade de renda, Rússia e Estados Unidos, 249, 515, 528

Dinâmica, 146 e n.24, 147n.25

Disciplina, 288-98

Discurso de Gettysburg, 359n.21

Disraeli, B., 312,

Ditadura, 401; do proletariado, 319-22

Dobb, M., 63n.26

Dromard, G., 172

Durkheim, E., 32

E

Economistas clássicos, 109 e n.2

Edgeworth, F. Y., 146

Eleitorado, papel do, 365, 366, 367, 369, 382

Empresário, função do, 186

Encíclica *Rerum Novarum*, 467

Engels, F., 18n.1, 28, 32, 51n.10, 63, 66n.32, 423, 426, 427, 428-30

Entesouramento na depressão, 530

Entrada livre, 148

Equilíbrio, 7-10, 115

Estagnacionistas, teorias dos, 526, 531, 533, 574

ÍNDICE REMISSIVO

Estratégia empresarial, 133
Estratos protetores, 190-6
Evolução rumo ao socialismo, 300, 569
"Ex", 448n.9
Exército de reserva, industrial, teoria do, 59-61
Exploração, 33, 42, 47, 49, 50
Expropriação, teoria da, 57n.18, 66, 566
Extrapolação, 106

F

Fabianos, os, 437-41, 452, 462-3
Família, a desintegração da, 220
Federação Americana do Trabalho, 451
Federação Democrática, 439
Ferrara, F., 146
Filmer, R., 335n.15
Fisher, Irving, 111n.4, 522n.15
Fourier, C., 63n.27, 416n.1
Freud, S., 172, 347
Frisch, R., 146
Fugger, J., 176

G

Gabinete, 340, 366, 377
Galicianismo, 191n.2
Gladstone, W. E., 178, 374, 376, 381n.23
Gobineau, conde, 32
Goncourt, E. e J., 178
Governo pelo povo, 333
Grande empresa e o padrão de vida, 57, 75, 141, 159
Greve geral de 1926, 494n.22
Greve portuária de 1889, 437n.5
Guerra de classes, 33
Guerra Mundial, a primeira, efeitos sobre a posição dos partidos socialistas, 478-82
Guesde, J., 457, 458, 473, 476
Guilherme ii, 462, 465 e n.21

H

Haensel, P., 522n.15
Hart, A. G., 526n.22

Hayek, F., 240n.1
Hegelianismo, 26
Hermens, F. A., 370n.7
Heterogonia dos fins, 185n.1
Hicks, J. R., 146
Hilferding, R., 67, 77, 85
Hungria, episódio bolchevista na, 325. 326n6
Huysmans, C., 481

I

Igualdade, 235, 293
Imperialismo ético, 502
Imperialismo russo, 540, 533-42
Imperialismo, teoria marxista do, 77-82
Incentivos, 285, 296
Inevitabilidade do socialismo, significado da, 21, 469
Infecundidade, 222
Inovações poupadoras de capital, 125, 155, 168
Intelectuais, sociologia dos, 205-11; definição, 205, 2006; história inicial, 207; desemprego e inempregabilidade dos, 213; influência dos, 205
Internacional de Viena, 482
Internacional Trabalhista e Socialista, 482
Interpretação econômica da história, 27-31, 37
Interpretação materialista da história, 28. Cf. interpretação econômica da história
Investimento, salvaguarda do, 126, 136

J

James, W., 353n.14
Jaurès, J., 457-8
Jovem Inglaterra, grupo da, 436n.3
Juglar, C., 65
Junkers, os, e o funcionalismo público alemão, 463

K

Kahn, R. F., 146n.23

Kautsky, K., 77, 257, 300, 406. 470, 476
Keir Hardie, 437
Keynes, J. M., 158, 522n.15, 526, 529n.26
Keynesianismo, 518n.11, 522n.15, 529n.26, 572
Knights of Labor, 452-3
Kondratieff, N. D., 66n.32, 99n.8

L

Lafargue, 457
Lange, O., 241n.2
Lar, a decadência do, 222
Lassalle, F., 35n.10, 50, 312, 425-28, 435
Le Bon, G., 348
Lei de ferro dos salários, 50
Lenin, N., 234, 309, 324, 446-8, 477, 483
Lerner, A. P., 241n.2, 244n.5
Lévy-Bruhl, L., 171n.1
Liberdade de contratar, 198
Liderança concorrencial, 400, 401
Liebknecht, K., 308, 483n.10
Liebknecht, W., 435
Liga Spartacus, 483n.10
Locke. J., 336n.18
Lucros, tendência a desaparecer, 56, 186
Luxemburg, R., 77, 308, 468, 483n.10

M

MacDonald, R., 476, 479, 480, 493-7, 508
Mais-valia, 49-56, 511
Malthus, T. R., 163n.6
Manchesterianismo, 462
Manifesto comunista, 22, 27, 31, 33, 63, 78, 84, 155, 284n.4, 309n.3, 321, 429, 430, 500
Mannheim. K., 28n.3
Marshall, A., 111, 112, 146
Martov, L., 447
Marx, K., 19-88, 119, 152, 158, 172n.1, 196, 211, 227, 252, 277, 280, 296, 321, 415, 421, 423
Marxismo, caráter religioso do, 19

Mason, E. S., 132n.8
Maturidade, 300-1
Médici, os, 176n.6
Mencheviques, 446
Mill, J. S., 43, 146, 285, 337
Millerandismo, 459
Mills, F. C., 94n.4
Ministério da Produção, 233, 270, 295, 304
Ministros do Gabinete, 366
Mises, L. von, 240
Monarquia constitucional, 367, 463
Monopólio, natureza do, 113; teoria do, 140-1; curto prazo, 141
More, T., 415
Motivação familiar, a, 225, 267
Movimento cartista, 419, 426
Multidões, psicologia das, 348
Murray Bill, 532n.32

N

Nacionalização, possibilidades inglesas de, 313-14
Napoleão, e a vontade do povo, 346
Neomarxistas, 59n.21, 67, 78, 81, 471
Nova Política Econômica, 296, 485, 488

O

Odger, G., 431
Oligopólio, 57, 115
Oportunidade de investimento, e saturação, 158; e o declínio da taxa de natalidade, 160; e países novos, 154-5; e avanço tecnológico, 165
Ostracismo, 344n.3
Owen, R., 416, 452

P

Pacifismo, 180
Pacioli, L., 174n.4

ÍNDICE REMISSIVO

581

Padrões vitorianos, 220

Panorama dos partidos socialistas, 322-6

Pareto, V., 97n.7, 176n.5, 240n.2, 348

Parlamento, natureza jurídica do, 335-6; função do, 336, 348

Partido Blanquista, 457

Partido Comunista Francês, 535

Partido do Centro (católico), 325

Partido político, natureza do, 378

Partido Social-Democrata da Alemanha, 324, 405, 432, 493

Partido Social-Democrata da Rússia, 446

Partido Socialista Austríaco, 325, 462

Partido Socialista Unificado (na França), 457

Partido socialista, o americano, 454

Partido Trabalhista Independente, 437

Partido Trabalhista, inglês, 475n.1, 482, 497

Partidos socialistas e a Primeira Guerra Mundial, 475

Pauperização, 42, 57-9, 76

Peel, *Sir* Robert, 142, 374, 376, 495-7

Pensamento racional, evolução do, 207

Pigou, A. C., 10, 101n.10

Plano Quinquenal de 1928, 296

Plekhanov, G. V., 30n.5, 446, 448n.10

Poincaré, R., 373n.15, 387n.1

Política externa russa, 540

Políticas do *New Deal*, 95, 499, 511, 521, 523, 566

Políticas OPA, 519, 521, 525

Políticas trabalhistas russas, 493

População, excesso de, 43

Posadowsky, conde, 462

Poupança, 288

Poupança e investimento, 288, 528

Poupança excessiva, 533

Práticas monopolistas, 125-50

Preços rígidos, 131, 148

Presidente dos Estados Unidos, 371n.10

Primeira Internacional, 417, 431, 473

Primeiro-ministro, 340, 371-9, 388-9

Produção, índice de, 94, 98

Programa de Erfurt, 435, 483n.10

Programa de Gotha, 432, 435

Propaganda, 333, 344n.4

Propriedade, evaporação da, 199, 220

Protecionismo, teoria neomarxista do, 82

Proudhon, P. J., 417

Q

Quesnay, F., 43

R

Radicais filosóficos, 337, 437

Radicaux-socialistes, 457

Representação proporcional, 370

República de Weimar, 372

Resoluções de Frankfurt, 482

Restrições comerciais, 130

Revisionismo, 462-72

Revolução industrial, 99

Revolução mundial, 486, 487, 501

Revolução, a marxista, 87

Rhodes, C., 80

Ribot, T., 347

Ricaço desocupado, 266

Ricardo, D., 43-7, 50, 53, 59-61, 146

Robinson, J., 114n.9

Rodbertus, K., 35n.11, 43, 46, 63

Romantismo, 187, 337

Roos, C. F., 146

S

Sapori, A., 174n.4

Say, J. B., 64

Schmoller, G., 32, 68, 86

Segunda Guerra Mundial, consequências da, 505-42

Segunda Internacional, 455, 472-4

Senior, N. W., 56n.16

Shaw, J. B., 206

Sindicalismo, 215, 232, 235, 437, 454

Sismondi, J. C., 43, 63

Smith, A., 109n.2, 113, 142 e n.18

Socialismo centralista, 255, 513, 564

Socialismo científico, 23, 85

Socialismo cristão, 419

Socialismo inglês no governo, 436

Socialismo Liberal, 502

Socialismo militarista, 502

Socialismo ortodoxo, 418, 432, 461, 494, 501, 504

Socialismo russo antes de 1914, 440

Socialismo sueco, 442

Socialismo utópico, 85, 417, 419

Socialismo, definição de, 232; indeterminação cultural do, 236; lógica pura do, 147, 239; e o regime concorrencial, 150, 262

Socialistas de cátedra, 463

Socialização, 270-1, 282

Socialização, Comissão Alemã de, 282n.5, 405

Sociedade comercial, 107, 177

Sombart, W., 36n.12

Sorel, G., 461

St. Simon, H., 249n.7, 417

stakhanovismo, 296

Stalin, J., 322, 447, 486-8, 501, 505, 539

Stamp, *Lord*, 96n.6, n.7

Stephens, U. S., 453

Sternberg, F., 77

Stone, W. S., 451n.13

Suetônio, 327n.7

Superestrutura, psicológica, 171

T

Taussig, F. W., 43, 111n.4

Taylor, F. M., 241n.2

Taylorismo, 350

Terceira Internacional (Comunista), 481

Termidorismo, 488

Thomas, N., 323

Thompson, W., 419

Tinbergen, J., 146

Tisch, K., 241n.2

Trabalhadores industriais do mundo, 453

Trades Disputes Act, 436

Transição, dois tipos de, 299

Trotsky. L., 286, 312, 445n.8, 448n.10, 484, 486, 488

Tugan-Baranowsky, M., 63n.26

U

Utilitarismo, 180, 182, 204, 225, 337, 342

V

Valor, teoria marxista do, 43-7

Vegh, I. de, 511n.3

Verein für Sozialpolitik, 463

Verelendung, 42, 57

Vinci, L. da, 175

Vollmar, G. v., 470, 476

Voltaire, F., 209, 331n.11

Vontade do povo, 320, 327, 329, 335

W

Wallas, G., 347n.7, 353n.14

Walras, L., 111n.4

Weber, M., 27, 53

Wellington, duque de, 206

Wicksell, K., 111-15, 158

Wieser, F., 240n.2

Wilkes, J., 209

Wissenssoziologie, 28n.3

Wrangel, aventura de, 486n.15

Wundt, W., 185n.1

Z

Zassenhaus, H., 241n.2

Zusammenbruchstheorie, 67

SOBRE O LIVRO

Formato 16 x 23 cm
Mancha 28,4 x 44,9 paicas
Tipologia Hoefler Titling 11,5/16
Papel Off-white 80 g/m^2 (miolo)
Cartão Supremo 250 g/m^2 (capa)
1ª Edição Editora Unesp 2017

EQUIPE DE REALIZAÇÃO

Coordenação geral
Marcos Keith Takahashi

Edição de texto
Nelson Luís Barbosa

Editoração eletrônica
Sérgio Gzeschnik

Projeto gráfico e capa
Grão Editorial

Foto de capa
Above The City, de Lewis W. Hine
Nova York, c. 1931
Acervo George Eastman House / Getty Images